2025年

国家统一法律职业资格考试

主观题120分过关讲义

法律考试中心／组编
张博／主编

法律出版社
LAW PRESS·CHINA
——北京——

图书在版编目（CIP）数据

2025年国家统一法律职业资格考试主观题120分过关讲义 / 法律考试中心组编；张博主编. -- 北京：法律出版社，2024. -- ISBN 978-7-5197-9615-0

Ⅰ. D920.4

中国国家版本馆CIP数据核字第20248YP907号

2025年国家统一法律职业资格考试主观题120分过关讲义
2025 NIAN GUOJIA TONGYI FALÜ ZHIYE ZIGE KAOSHI ZHUGUANTI 120 FEN GUOGUAN JIANGYI

法律考试中心 组编
张 博 主编

策划编辑 徐 菲
责任编辑 徐 菲
装帧设计 李 瞻

出版发行 法律出版社
编辑统筹 法律考试·职业教育出版分社
责任校对 张翼羽
责任印制 胡晓雅
经　　销 新华书店

开本 787毫米×1092毫米 1/16
印张 27.25 **字数** 656千
版本 2024年11月第1版
印次 2024年11月第1次印刷
印刷 永清县金鑫印刷有限公司

地址：北京市丰台区莲花池西里7号(100073)
网址：www.lawpress.com.cn
投稿邮箱：info@lawpress.com.cn
举报盗版邮箱：jbwq@lawpress.com.cn

销售电话：010-83938349
客服电话：010-83938350
咨询电话：010-63939796

书号：ISBN 978-7-5197-9615-0
定价：98.00元

凡购买本社图书，如有印装错误，我社负责退换。电话：010-83938349

前言:走捷径,过主观

带你少走弯路,直击核心考点

自2018年法考改革后,客观题考试距离主观题考试时间只有30天左右。好在主观题考试如果第一次没有过关,还有一次机会。本书作者为顺应主观题命题趋势,更高效地备考,结合多年教学经验研发适合主观题考生的“实战”图书产品。作者将主观题常考核心考点以单元的形式编写成书,带考生少走弯路,直击核心考点。在学习本书之前,先看看主观题的过关要素。

要素一:掌握主观题阅卷规则

知道怎么写能得高分,才是通过主观题的第一要素。法考改革后,主观题试卷主要由论述题、案例分析题、文书题组成。论述题主要针对习近平法治思想学科进行命题(且有答题字数要求),刑法、刑事诉讼法、民法综合为必做的案例分析题,商法和行政法与行政诉讼法是二选一作答题目。**提示:命题人和阅卷人不是一批人,并且没有统一答案。**答题的时候记住如下两点。

1. 答题的时候结论前置,理由要结合案情

答题的时候,一定要先给结论!结论单独评判,而且在法考中有很多开放性的答案,尤其是民商法,关键在能否言之有理。所以,这种题只要有结论就有分,阅卷人一般在阅卷时都会希望考生能多得分,这点毋庸置疑。再者,就是理由部分一定要结合案情,不要照抄,简单一句话总结即可,这里往往也有关键1分。

论述题阅卷要求一篇文章具有四个要素,即“明确观点、理论阐释、结合材料、给出结论”,其中第三个要素就是结合材料进行分析。每个要素单独给分,少哪个部分就扣哪个部分的分数。

2. 运用法言法语“代替”检索法条

主观题考试可以检索法条,但能在规定的时间内答完题的考生已是很优秀了。故要学会在你的“理由”中运用法言法语来“复述”法条。以诈骗罪为例,可以“复述”成:依据刑法及相关规定,以非法占有为目的,使用虚构事实、隐瞒真相的手段使被害人基于错误认识处分财物的行为构成诈骗罪。考试的时候要保证先答完题、对于刑事诉讼法的题目实在不会写,可以当场去查阅法条,但要保证其他题目已经答完。

要素二:直击主观题核心考点

备战主观题,不要用客观题的教材!学习主观题核心考点,为通过主观题打下扎实的基础。本书以单元的体例进行编写,按照主观题试卷的试题顺序进行编写,强烈推荐使用本书备考主

观题！

1. 按照单元体例学习考点

第一单元重点讲习近平法治思想复习指引和论述题解题思路与技巧。重点掌握论述题的解题思路与做题技巧，6、7月开始有针对性地积累素材。

第二单元到第七单元是刑法、刑事诉讼法、民法、民事诉讼法与仲裁制度、商法、行政六个部门法的核心考点。按照单元体例，先通读本单元的考点内容及重点提示，目标是掌握核心考点常考侧面及深度。建议不要着急做题，看不懂的地方重点分析【举例】的内容。

2. 重视主观题小案例

对于案例分析题而言，掌握核心考点后不要着急做真题。可以先看本书中【主观题小案例】部分的案例，考试中真题每个案例一般由5个左右小案例组成。做真题分数不高的主要原因是单个小案例分析不透彻，综合考点就会出现漏答、错答的情况。

要素三：提升主观题答题速度

掌握阅卷规则并把主观题的核心考点融会贯通，想要在240分钟内答完题并通过，一定要提升做题的速度。做题的目的不仅是查漏补缺巩固知识点，更重要的是学会运用考点短时间内来解题得分。

1. 高质量的模拟题目

为了帮助90分至100分成绩的学生快速提分，作者建议先做《主观题必做100题》。这本书中的模拟题是结合核心考点编写的，每个部门法还编写了综合性题目，题目贴近法考主观题命题规律，答案按照法考阅卷规则编写。

2. 巧用历年真题

做历年真题就是做未来的考题，《十年主观题分类阅评与试卷分析》这本书既能帮助考生突破备考瓶颈，又能提升主观题的答题速度。全书按照法考阅卷规则编写答案，有的题目提供了多种答案，让考生更好地提高“整体解决问题”的逻辑思维能力。

所有的应试都有备考的技巧和方法，掌握阅卷规则，学会核心考点，并能够运用到题目中领悟得分要领，长此以往坚持训练，必然能够顺利通关主观题考试。相遇是缘，预祝大家2025年顺利通关。有关主观题考试的最新动态及疑问，可发邮件至“法考私塾课”专用邮箱512588867@qq.com。发邮件的考生均可获得历年真题试卷版电子文档及主观题复习资料礼包。

张博

法考张博

2024年11月

目　录

第一单元　论　述　题

第二单元　刑　　法

第三单元 刑事诉讼法

第四单元 民 法

第五单元 民事诉讼法与仲裁制度

第六单元 商 法

第七单元　行政法与行政诉讼法

行 政 主 体

行 政 行 为

第一单元

论 述 题

1.1 习近平法治思想学科复习指引

2021 年法考大纲正式将“习近平法治思想”学科纳入考试范围,2021 年以来论述题第一题都围绕该学科命题。习近平法治思想是顺应实现中华民族伟大复兴时代要求应运而生的重大理论创新成果,是马克思主义法治理论中国化的最新成果,是全面依法治国的根本遵循和行动指南。习近平法治思想是法考的核心和关键内容,考生备考时务必重视(见图 1-1)。

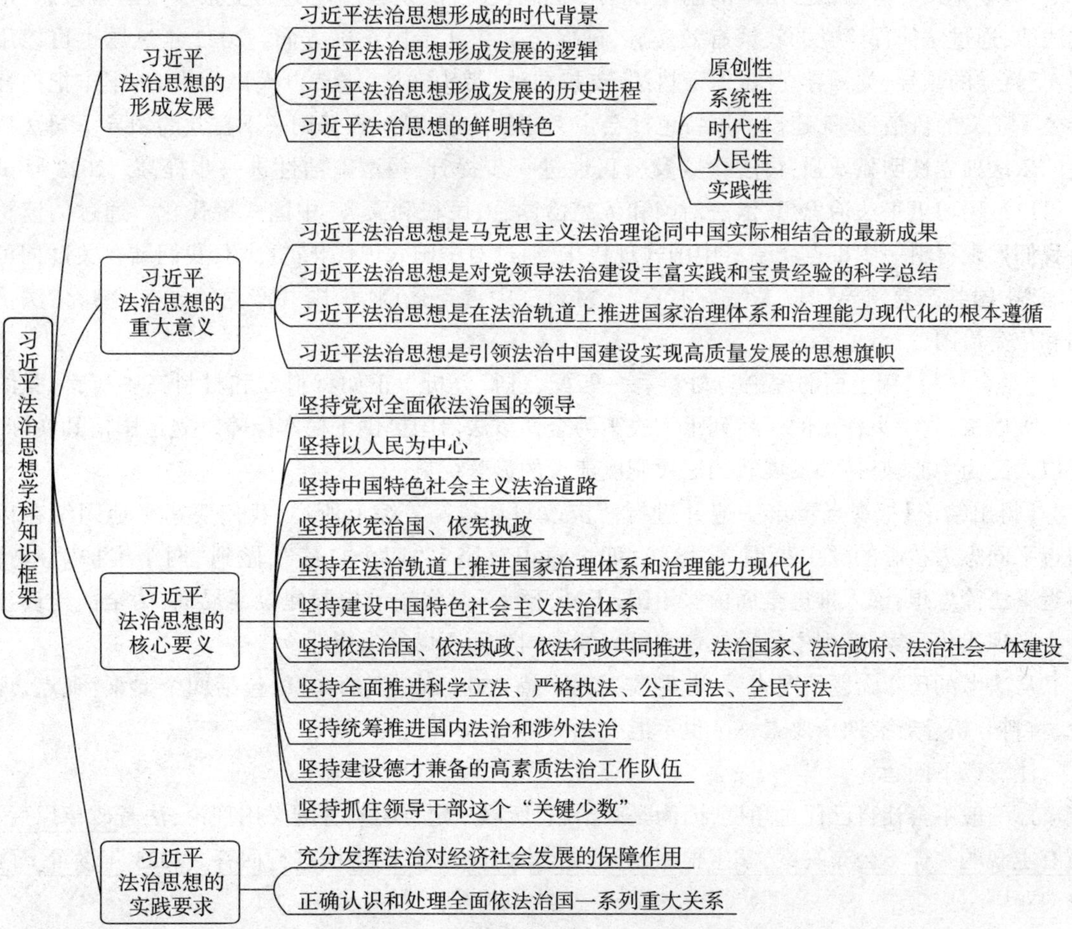

图 1-1 习近平法治思想学科知识框架

1.2 论述题解题思路与技巧

主观题试卷的第一题属于“政治题”，考查方式是给两三段材料，让学生结合习近平法治思想或者重要理论对材料进行分析。这些材料，基本上是国家主席、国务院总理、中央政法委书记等领导人在重要场合的讲话，如在政法工作会议、司法人员培训会议、接见法学工作者（如“十大法学家”）的会议等场合的讲话。材料下面会有一个要求和问题，2023 年设置了两个问题，在复习的过程中一定要注意材料的积累，考试的时候务必用心看题目数量，是否全部回答完毕。

回答此类题目，思路比较清晰，就是依照“四要素”的逻辑、三段论的模式展开。基本思路如下：

【提出观点】中国特色社会主义法治道路的核心要义就是能够体现我国法治道路最本质特征的三项内容，即坚持中国共产党的领导、坚持中国特色社会主义法治理论、坚持人民主体地位。

【讲理论】写习近平法治思想中涉及的重要理论。2021 年试题可以用到的理论：建设中国特色社会主义法治体系，必须坚持党的集中统一领导，实现党领导立法、保证执法、支持司法、带头守法，健全党领导全面依法治国的制度和工作机制，通过法定程序使党的主张成为国家意志，形成法律，通过法律保障党的政策有效实施，确保全面依法治国正确方向。2022 年试题也可以用到：坚持党的领导，党领导立法、保证执法、支持司法、带头守法，坚持以人民为中心，牢牢把握社会公平正义的价值追求，建设中国特色社会主义法治体系，最后再强调一下在党的领导下司法机关的依法独立性明显增强，司法权威及公正性进一步提升，司法廉洁性进一步提高。2023 年试题可以运用习近平法治思想、依法治国和依宪治国、人民权利义务、中国式现代化。通过阅读材料我们发现材料一中重点介绍了中国式现代化，通过对中国式现代化的介绍，我们结合关键词可以写“中国共产党领导”“以人民为中心”。材料二中重点强调“中国共产党领导”“坚持依法治国和依宪治国”。

【结合材料】用上面的理论与材料一一匹配，进行分析。正如材料二和材料三中所言，党的十八大以来，党中央作出的一系列重大决策为全面依法治国提供了根本保障。立足国情和实际，要以人民为中心，坚持和发展我国法律制度建设的显著优势。

【得出结论】把观点重申一遍并进行一定改写和拔高。综上所述，我们要紧密地团结在以习近平同志为核心的党中央周围，增强“四个意识”、坚定“四个自信”、做到“两个维护”，坚持习近平法治思想，深入推进全面依法治国，不断开创新时代法治中国建设新局面，为全面建设社会主义现代化国家、实现中华民族伟大复兴的中国梦而不懈努力奋斗。

从法考的历年命题情况来看，此题需要写一篇 750 ~ 800 字的文章，包括四个要素：观点、理论、材料分析、结论，四个要素一个也不能少。

注意以下问题：

1. 一般不会让自己任选角度，因为是政治题，所以一定会明确答题必用理论，法考改革以后，所有主观题一律不公布答案，学生根据题目“结合 A，谈谈 B”的问法进行回答。2023 年设置了两个问题：

问题一：请根据以上材料，结合宪法中关于基本制度和基本人民权利义务的规定，论述宪法是如何保障中国式现代化的?

问题二:请根据以上材料,结合习近平法治思想,论述依法治国和依宪治国。

2. 一定要知道提问中的"关键词"是什么,关键词在观点和结论里面要有所体现,不能丢,在"讲理论"部分,一定要对关键词进行解释(这都是给分点)。2018 年也是可以多选几个角度,最主要的是"党的领导""指导思想""人民主体地位";2019 年考查的角度是"法治政府建设"和"党的领导"两个考点;2020 年考查的角度是党的领导、人民主体地位、法律监督、科学立法、法治与经济基础关系等考点;2021 年考查的角度是结合习近平法治思想的核心要义,谈谈你对当前和今后一个时期推进全面依法治国重点抓住的"十一个坚持"的认识。2022 年考查的角度是结合你对习近平法治思想的学习理解,谈谈党的十八大以来改革重构司法权力配置和运行机制的重大成就和意义。2023 年考查的角度是:结合宪法中关于基本制度和基本人民权利义务的规定,论述宪法是如何保障中国式现代化的;结合习近平法治思想,论述依法治国和依宪治国。

第二单元

刑　法

2.1　两阶层犯罪构成

2.1.1　犯罪构成体系(☆☆☆)

1.【违法层面】客观要件(行为主体—危害行为—危害结果—因果关系)——客观违法阻却事由(正当防卫/紧急避险/被害人承诺等)。

违法层面主要解决是什么人、(不)干什么事、产生了什么结果(行为和结果之间有无因果关系)、是否具有干这个事的正当性。

2.【有责层面】主观要件(犯罪故意/犯罪过失/无罪过事件/事实认识错误)——主观责任阻却事由(责任年龄/责任能力/违法性认识可能性/期待可能性)。

违法了,但不一定承担刑事责任。一定是主客观相统一后才成立犯罪。

主观题小案例

【案例】小明(9岁)盗窃了一部华为X6款手机(价值2万元),让小强(25岁)保管,小强欣然答应保管。

问题:小明、小强是否构成犯罪,为什么?

分析思路:

(1)小明—盗窃——部手机—没有正当性(违法层面符合)。

故意—责任年龄不符合(有责层面不符合)。

(2)小强—保管—盗赃物—没有正当性(违法层面符合)。

故意—符合责任要件(有责层面符合)。

答案参考:

(1)小明不构成犯罪(盗窃罪)。

理由:小明的盗窃行为符合我国刑法关于以非法占有为目的,窃取他人财物,数额较大的规定,但是小明仅9岁,没有达到刑事责任年龄,所以小明不构成犯罪(盗窃罪)。

(2)小强构成掩饰、隐瞒犯罪所得罪。

理由:我国刑法规定明知是犯罪所得而予以窝藏的,成立掩饰、隐瞒犯罪所得罪,小明虽然不构成犯罪,但是这部手机属于盗赃物,小强明知该事实还予以保管,符合刑法规定,依法构成掩饰、隐瞒犯罪所得罪。

2.1.2 对事实存疑的处理(☆)

在“无法查明”的情况下,对案件事实,即小前提,存疑。因此要遵循“疑罪从轻、疑罪从无”的原则处理。

1. 疑罪从无。在调查案件事实过程中,如果既存在有罪事实的可能,也存在无罪事实的可能,根据存疑时有利于被告人原则,应当认定无罪事实。

2. 疑罪从轻。如果既存在重罪事实的可能,也存在轻罪事实的可能,不存在无罪事实的可能,根据存疑时有利于被告人原则,可以认定轻罪事实。

做题时可以看行为人个数,如果是一个人,对死亡时间无法查明,死亡的时间越早对被告人越有利。如果行为人是两个人,首先判断是否构成共犯,在不构成的情况下,考虑“疑罪从无,疑罪从轻”。

主观题小案例

【案例】王某上车时气不过,让刘某“好好教训这个保安”,随即开车离开。刘某随即让林某、丁某二人开枪,武某中弹身亡。事后查明,其中一人朝武某腿部开枪,未击中腿部,另一人朝武某腹部开枪,但无法查明谁朝腿部开枪、谁朝腹部开枪。事后查明只有一颗子弹击中武某腹部,导致其死亡,但无法查明击中腹部的这颗子弹是谁射击的。(2018 年回忆版真题)

问题:对王某、刘某、林某、丁某如何处理?

分析思路:

(1)事后查明,丁某、林某其中一人朝腿上开枪,另外一人朝武某腹部开枪,在无法查明的情况下,属于对事实存疑。对事实存疑就要作有利于被告人的认定。如何有利?都射腿有利,即认定丁某和林某都实施了故意伤害罪的事实,都朝腿上开枪,但是均没击中。没击中就定故意伤害罪(未遂)。

(2)事后查明,是丁某、林某二人的子弹击中了武某的腹部,导致武某死亡。但无法查明是谁的子弹击中腹部。由于二人在开枪时,客观上具有相互协作的关系,在主观上有意思联络,二人依法成立共同犯罪。基于“部分实行全部责任”的原理,二人都对死亡结果负责。由于二人构成的是故意伤害罪,而非故意杀人罪,因此在主观上对死亡结果持过失心态。此处又考查了结果加重犯的考点,最终认定二人故意伤害罪(未遂),但需要承担致人死亡的刑事责任。

答案参考:王某、刘某、林某、丁某针对武某的死亡依法以故意伤害罪(未遂)致人死亡论处。

我国《刑法》及相关司法解释规定,两人以上共同故意犯罪的属于共同犯罪,对于共同犯罪的处罚适用“部分实行、全部责任”。本案中,王某指使刘某“教训”武某,刘某指使林某、丁某。王某作为教唆犯的教唆者,应以教唆犯论处。王某在共同犯罪中起主要作用,应以主犯论处,基于共犯从属性,刘某、林某、丁某三人对死亡结果均应负责,但由于林某、丁某二人构成的是故意伤害罪,而非故意杀人罪,因此四人均以故意伤害罪(未遂)致人死亡论处。

2.2 行为主体

作为(犯罪)行为的主体,只要求是一个自然人,其是否具备责任年龄、责任能力则属于责任要件。关于自然人犯罪,主要问题是身份,具体可以分为真正身份犯与不真正身份犯。

一、真正身份犯(定罪身份)

行为人只有具备某种特殊身份,才能构成犯罪。**举例:**徇私枉法罪的主体必须是司法工作人员,受贿罪的主体必须是国家工作人员。

1. 定罪身份必须在开始犯罪时就具备。**【注意】**在实施犯罪过程中或者之后形成的身份,不属于定罪身份。

举例:在犯罪集团中起组织、策划、指挥作用的首要分子,主犯、从犯、胁从犯,生产、销售伪劣产品罪的行为人,组织、领导传销活动罪中的组织者,都不是真正的身份犯。

2. 定罪身份是针对实行犯的要求。**【注意】**不具有定罪身份的人,可以构成共犯(帮助犯、教唆犯)。

举例:甲是国家工作人员,可以构成受贿罪的实行犯。乙(甲妻)不是国家工作人员,不能构成受贿罪的实行犯,但可以构成受贿罪的教唆犯或帮助犯。

二、不真正身份犯(量刑身份)

1. 行为人的某种特殊身份不影响定罪,仅影响量刑。

举例:非法拘禁罪的主体是一般主体,但是国家机关工作人员利用职权犯本罪的,要从重处罚。因此,非法拘禁罪就是不真正身份犯,国家机关工作人员的身份就是量刑身份。

2. 根据司法解释,国家机关工作人员包括如下五类:

(1)立法机关中从事公务的人员。

(2)司法机关中从事公务的人员。

(3)行政机关中从事公务的人员。

(4)军事机关中从事公务的人员。

(5)乡(镇)以上中国共产党机关、人民政协机关中从事公务的人员。

3. 国家工作人员主要包括如下四类:

(1)国家机关中从事公务的人员。

(2)国有公司、企业、事业单位、人民团体中从事公务的人员。常见的人民团体有:共青团、妇联、工会。

(3)国家机关、国有公司、企业、事业单位委派到非国有公司、企业、事业单位、社会团体从事公务的人员。

(4)其他依照法律从事公务的人员。村民委员会主任虽然从形式上没有国家工作人员的编制,但如果协助人民政府从事行政管理工作,就具有了国家工作人员的法定职权,可以构成贪污等罪。

4. 国家机关工作人员是定罪身份：

(1)渎职罪(《刑法》分则第九章)。

(2)报复陷害罪(《刑法》第254条)。

(3)包庇、纵容黑社会性质组织罪(《刑法》第294条第3款)。

(4)徇私舞弊不征、少征税款罪(《刑法》第404条)：税务机关工作人员。

(5)放纵走私罪(《刑法》第411条)：海关工作人员。

(6)帮助犯罪分子逃避处罚罪(《刑法》第417条)：有查禁犯罪活动职责的国家机关工作人员。

5. 国家机关工作人员是量刑身份：

(1)非法拘禁罪(《刑法》第238条)。

(2)诬告陷害罪(《刑法》第243条)。

(3)非法搜查罪、非法侵入住宅罪(《刑法》第245条)：司法工作人员。

(4)妨害作证罪，帮助毁灭、伪造证据罪(《刑法》第307条)：司法工作人员。

【注意】窝藏、包庇罪没有规定量刑身份。

6. 关于具有不同身份的人共同实施犯罪的处理：

(1)有身份者是身份犯的实行犯+无身份者是共犯，按实行犯来定罪(按有身份者定罪)。

(2)无身份者是非身份犯的实行犯+有身份者是共犯，按实行犯来定罪(按无身份者定罪)。

(3)A身份者是A身份犯的实行犯+B身份者是B身份犯的实行犯，按实行犯来定罪，存在想象竞合，择一重罪论处。

主观题小案例

【案例1】甲和乙分别是国有医院的院长和药品管理处的主任，甲在订购药品期间收医药代表送的5万元人民币，订购了超额的药品。乙在管理医院药品时，利用职务便利把治疗抗癌的进口药品5折卖给了病人，私吞了相关的收入，并把其中的50%分给了知情的甲。

问题：对甲、乙的行为如何定性?

分析思路：甲、乙在国有医院从事公务，属于国家工作人员。甲利用职权，非法收取医药代表的5万元，构成受贿罪。乙利用职务之便，非法出卖医院的药品，非法占有收入，构成贪污罪，分给甲50%，甲成立贪污罪共犯。

答案参考：甲、乙在贪污罪的范围内成立共同犯罪。刑法规定，两人以上共同故意犯罪的成立共同犯罪，乙作为国有医院的药品管理处主任，利用职务之便，非法出售医院药品，获利分给了知情的甲，两人成立贪污罪。甲收受医药代表送的5万元，符合刑法关于受贿罪的构成要件，依法成立受贿罪。对甲定贪污罪、受贿罪数罪并罚。乙定贪污罪。

【案例2】公安局民警甲利用身份之便和亲戚乙共同非法拘禁欠乙钱不还的丙，其间二人使用暴力殴打丙，致使丙当场死亡。

问题：对甲、乙的行为如何定性?

分析思路：甲具有国家工作人员的身份，与乙共同拘禁丙，使用暴力致丙死亡，依法应该转化为故意杀人罪，二人成立故意杀人罪的共犯。同时，甲有量刑身份，对甲应该从重量刑。

答案参考：甲、乙在故意伤害罪范围内成立共同犯罪，承担故意伤害致人死亡的刑事责任。

刑法规定非法拘禁他人或者以其他方法非法剥夺他人人身自由的，成立非法拘禁罪，非法拘禁使用暴力致人伤残、死亡的以故意伤害罪、故意杀人罪定罪处罚。本案中，甲、乙在非法拘禁过程使用暴力将丙打死，依法成立故意伤害罪（致人死亡），甲具有国家机关工作人员身份，应当从重处罚。

【做题技巧】

1. 判断是否具有国家工作人员身份的核心在于是否从事公务，只要是从事公务，无论在什么单位都具有这个身份。

2. 题目中没有涉及从事公务，就看单位，国有公司是，国有控股公司不是。

3. 有了身份，不一定成立身份犯罪，一定要看是否动用了公权力。

2.3 不作为犯

2.3.1 不作为犯的成立条件

一、应为：负有作为义务

行为人消除危险的作为义务主要来自三个方面（实质上进行归类）：监督义务、保护义务与阻止义务。

二、能为：具有能力履行义务

这是指行为人具有作为的可能性，从行为人自身能力和客观条件两方面进行判断。

1. 义务是客观的，责任是主观的。

举例：甲和20岁的脑瘫儿子小甲共同生活，甲滑倒摔伤，小甲虽然没有作为的能力，但是有救助义务（对有无义务应当进行客观判断）。

2. 不要求冒生命危险履行作为义务。

举例：甲带邻居小孩进入动物园，小孩不慎坠入虎园被老虎撕咬，甲投石块想将老虎吓走未果，小孩被咬死。甲虽然没有跳进虎园救孩子，但不构成不作为犯罪。

三、不作为：没有履行作为义务

不作为的核心是行为人没有履行作为义务，行为人在应当履行作为义务而不履行作为义务的期间所实施的其他行为，不是该不作为的内容，也不影响不作为的成立。

四、等价性

当以不作为方式构成犯罪时，要求不作为与相应的作为在性质上相当。不作为犯罪可能成立未遂犯，可能成立故意犯，也可能成立过失犯。

举例1：游泳健将甲从湖边经过，听到有人喊“救命”，因急着回家没有施救，落水儿童被淹死，甲后来发现落水儿童就是儿子乙。甲没有认识到乙是自己的儿子，即没有认识到产生作为义务的客观事实,故不构成故意的不作为犯罪。

【正确,如果甲看到了是儿子乙,还不救助,即成立不作为的故意杀人罪】

举例2:甲携儿子野泳,儿子抽筋溺水。甲自认为儿子泳技好,没有施救,结果不一会儿儿子溺亡。甲有救助义务,没有救助,成立不作为的故意杀人罪。

【错误,甲负有救助义务,但是甲对死亡结果是过失而不是故意,故甲构成不作为的过失致人死亡罪】

2.3.2 作为义务的来源(☆☆☆)

一、危险源:监督义务

(一)危险物

这包括危险动物、危险物品、危险设施等。主人对饲养的动物负有监督义务,防止其伤人;主人对摆放在阳台上的花盆负有监督义务,防止其坠落砸中他人。生产商对其生产的缺陷产品负有召回义务。广告牌的设置者对广告牌负有管理义务。

(二)危险人

这包括精神病人和未成年人,其监护人或监管人负有监督义务。精神病人发病期间伤害他人,监护人负有制止义务。父母对幼儿负有监督义务,幼儿伤害他人时,父母有阻止义务。幼儿园的老师对幼儿有监督义务,有义务防止幼儿伤害他人。

【注意】精神正常的成年人之间没有监督义务。**举例**:丈夫受贿,妻子没有监督义务。

(三)先行行为

这是指先行行为对他人的法益造成危险,行为人负有消除危险的义务。

1. 先行行为对法益增加或制造法律不允许的危险时,才产生作为义务。

(1)生活行为不产生救助义务。

举例1:甲男与乙女谈恋爱,甲提出分手,乙女声称如分手就自杀,甲依然要与乙分手。乙自杀时,甲不负阻止义务。因为谈恋爱以及分手的行为没有对法益造成法律不允许的危险。

举例2:甲向乙敬酒,乙不胜酒力醉倒。由于是否饮酒由乙本人决定,甲敬酒的行为没有对法益造成法律不允许的危险,甲没有救助义务。

举例3:甲将匕首递给乙观看,乙突然持刀刺杀丙,无论是否在场,甲都没有作为义务。

(2)降低危险的行为不产生救助义务。

举例:路人甲将路边的弃婴抱到民政局门前之后放任不管。甲将A撞倒后逃逸,乙将A送至医院门前之后离开。护士丙偶遇他人昏迷,进行简单心肺复苏后离开。

【举例中甲、乙、丙都没有先行行为,均不产生救助义务。上述对他人救助的行为如果形成相对稳定的依赖关系,则产生救助义务。倘若路人甲将弃婴抱回家后抚养,婴儿就依赖甲的抚养,甲负有继续救助的义务】

(3)被害人自陷风险时,行为人没有救助义务。被害人自陷风险,有两项指标:

①被害人有能力认识风险;

②被害人有能力控制风险。满足两项指标时,被害人自己支配风险,自己对结果承担责任。

举例：甲将吸毒工具借给乙，乙因吸毒过量受伤，甲没有救助义务。丙为了戏弄乞丐，将100元纸币扔入河中。乞丐跳入河中捡拾，不幸溺水。丙没有救助义务。

2. 犯罪行为可以作为先行行为而产生作为义务。

先行行为（合法行为、犯罪行为）对法益增加或制造法律不允许的危险时，都会产生作为义务。因此，当先行行为是犯罪行为时，就必然产生作为义务。那么后续不作为能否独立构成犯罪？这取决于作为与不作为之间的关系。判断标准：吸收关系定一罪，并列关系要并罚。

（1）过失犯罪。

举例1：甲过失致人重伤，故意不救助，被害人死亡后，甲离开。甲的先行行为产生救助义务，其对死亡结果是故意。甲不救助的行为构成不作为的故意杀人罪。由于故意杀人罪可以吸收过失致人重伤罪，对甲仅定故意杀人一罪（针对同一对象，侵犯同一法益）。

举例2：乙过失致人重伤后逃跑，被害人流血过多死亡。乙的先行行为产生救助义务，其对死亡结果是过失。死亡结果由乙的过失行为和不救助的行为共同造成，由于过失致人死亡罪可以吸收过失致人重伤罪，对乙仅定过失致人死亡一罪（针对同一对象，侵犯同一法益）。

举例3：丙醉酒驾驶致人重伤，为逃避法律追究倒车轧死被害人。丙的先行行为产生救助义务，其对死亡结果是故意。由于故意杀人罪不能吸收交通肇事罪，对丙应当以交通肇事罪与故意杀人罪并罚（交通肇事罪侵害的法益是公共安全，故意杀人罪侵害的法益是人身权利）。

（2）故意犯罪。

举例1：甲故意轻伤乙，乙昏迷流血不止。甲故意不救助，乙死亡后，甲离开。甲的先行行为产生救助义务，其对死亡结果是故意。甲不救助的行为构成不作为的故意杀人罪。由于故意杀人罪可以吸收故意伤害罪（轻伤），对甲仅定故意杀人一罪（针对同一对象，侵犯同一法益）。

举例2：A故意重伤B，B昏迷流血不止。A逃离现场，B因得不到及时救助死亡。A的先行行为产生救助义务，其对死亡结果是过失。A不救助的行为构成不作为的过失致人死亡罪。由于故意伤害罪包含故意伤害致人死亡的情形，故意伤害罪可以吸收过失致人死亡罪。故对A仅定故意伤害（致死）一罪（针对同一对象，侵犯同一法益）。

举例3：丙盗掘古墓葬，致使丁的房屋倒塌，丁被砸中。丙明知但继续盗墓，丁流血过多死亡。丙的先行行为产生救助义务，其对死亡结果是故意。丙不救助的行为构成不作为的故意杀人罪。由于故意杀人罪不能吸收盗掘古墓葬罪，对丙应当以盗掘古墓葬罪与故意杀人罪并罚（针对不同对象，侵犯不同法益）。

二、特殊关系：保护义务

（一）法律规定

这是指基于法律规定产生的保护义务。**举例**：母亲对婴儿有哺乳义务，执勤的交警对事故的受害人有救助义务，父母见幼女被人猥亵时具有制止义务。

1. 夫妻之间的救助义务，存在观点展示。

（1）妻子非自愿陷入风险，丈夫有救助义务。**举例**：妻子患病、失足落水、遇到歹徒等，丈夫有救助义务。

（2）妻子自陷风险（自杀、自残等），丈夫有无救助义务？

观点一：有。因为刑法对生命绝对保护，妻子自陷风险只能免除妻子自杀的刑事责任，并不免除丈夫的救助义务。

观点二:没有。妻子作为成年人,精神正常,没有被骗、被胁迫,自己主动陷入险境属于被害人自陷风险,不应让丈夫承担刑法义务。

2. 妻子仅在砍杀婆婆,即丈夫的亲生母亲时,丈夫才有阻止义务(砍杀子女、公公时,同理)。

(二)制度要求

这是指基于职业、制度产生的保护义务。**举例:**游泳教练对游泳学习者有保护义务,保镖有保护雇主安全的义务。

(三)自愿接受(要形成相对稳定的依赖关系)

这是指行为人自愿承担保护法益的义务,当法益的保护依赖行为人时,行为人负有继续保护的义务。

举例1:甲在野外发现弃婴后未予理睬,没有保护义务;甲将弃婴抱起后发现相貌丑陋又放下的,没有形成相对稳定的依赖关系,不负继续保护的义务;甲将弃婴带到加油站后丢弃,是降低风险的行为,没有继续保护的义务;甲将弃婴带回家抚养两天后又丢弃的,由于形成了相对稳定的依赖关系,甲负有继续保护的义务,构成遗弃罪。

举例2:乙在偏僻路段听到枯井内有人求救,扔下绳子后发现是仇人丙,乙转身离开。此时没有形成相对稳定的依赖关系,乙没有继续保护的义务;如果乙提起绳子开始救人时发现是仇人,遂松开绳子转身离开,由于形成了相对稳定的依赖关系,乙负有继续保护的义务;如果乙将丙提至井口,发现是仇人,直接松开绳子致丙摔死。从松开绳子看,乙是作为犯罪,从应当继续救助而不救助看,乙是不作为犯罪,优先认定为作为犯罪。

主观题小案例

【案例】甲生下小甲后,对小甲一直怀有怨恨。某日在寒冷的夜里从外地步行回家,由于太冷,甲没有力气行走,累倒在地上,甲有能力救助小甲却出于其他动机不予救助,而是独自步行回家。小甲第二天早晨被人发现时已经被冻死。

问题:甲的行为是否构成犯罪?

答案参考:甲的行为成立遗弃罪与不作为故意杀人罪,想象竞合,择一重罪论处。

刑法规定,一个行为触犯了数个罪名,成立想象竞合,对于想象竞合从一重罪论处。本案中甲将小甲置于危险境地不予救助,属于"拒绝抚养"的遗弃行为,同时不履行抚养义务直接导致小甲死亡,成立不作为故意杀人罪。

2.4 结　果

2.4.1 实害犯与危险犯

一、实害犯

实害犯是指犯罪的成立必须发生法定的实害结果,也即存在实际法益侵害,最经典的表述是

"情节严重的,造成严重后果的……"

1. 过失致人死亡罪的成立要出现死亡结果。

2. 过失犯罪必须发生法定的实害结果才成立犯罪。因此,过失犯罪都是实害犯。

二、危险犯

这是指行为对法益造成特定危险,犯罪才能成立。根据危险的程度,又可分为具体危险犯和抽象危险犯。

1. 具体危险犯,是指对法益的危险达到具体、现实的程度,犯罪才能成立。

《刑法》第143条规定:生产、销售不符合食品安全标准的食品,足以造成严重食物中毒事故或者其他严重食源性疾病的,处3年以下有期徒刑或者拘役,并处罚金……

成立该罪要求"足以造成严重食物中毒事故或者其他严重食源性疾病",因此该罪是具体危险犯。

2. 抽象危险犯,是指对法益的危险达到抽象、缓和的程度,犯罪就能成立。

《刑法》第144条规定:在生产、销售的食品中掺入有毒、有害的非食品原料的,或者销售明知掺有有毒、有害的非食品原料的食品的,处5年以下有期徒刑……

成立该罪只要求实施生产、销售行为,不要求判断具体危险,因此该罪是抽象危险犯。

2.4.2 结果加重犯(☆☆)

根据结果有无法律的明文规定,可以分为行为犯、结果犯与结果加重犯。

1. 行为犯,是指法定的行为实施完毕,就构成犯罪,实害结果不是犯罪的构成要件(行为犯大致等同于抽象危险犯)。伪证罪、盗窃枪支罪等都是行为犯。

2. 结果犯,是指成立犯罪要求出现实害结果,实害结果是犯罪的构成要件(结果犯大致等同于实害犯)。所有的过失犯罪、滥用职权罪等都是结果犯。

【总结】以下法条为常考的结果犯(实害犯)。

(1)丢失枪支不报罪(《刑法》第129条),要求"造成严重后果"。

(2)侵犯商业秘密罪(《刑法》第219条),要求"情节严重的"。

(3)挪用特定款物罪(《刑法》第273条),要求"国家和人民群众利益遭受重大损害"。

(4)寻衅滋事罪(《刑法》第293条),要求"破坏社会秩序"。

(5)滥用职权罪(《刑法》第397条),要求"致使公共财产、国家和人民利益遭受重大损失"。

3. 结果加重犯,是指犯罪行为导致基本结果以外的加重结果,基于刑法的明确规定而加重处罚。

举例:甲故意伤害乙,过失致其死亡。甲实施了伤害行为(基本行为),导致乙死亡(加重结果)。基于刑法的明文规定,对乙只定故意伤害罪(基本罪名),要适用更重的法定刑(加重处罚)。

结构:基本行为+加重结果=基本罪名+加重处罚。

(1)实施基本行为,造成加重结果。

举例1:甲强奸乙时,为压制反抗卡住其脖子,致乙窒息死亡。甲的强奸行为导致乙死亡,根据刑法规定,甲构成强奸罪的结果加重犯,适用强奸致人死亡的法定刑。

举例2：丁入户抢劫，逃跑时将睡在地上的婴儿踩死。丁逃跑的行为致人死亡，该结果与抢劫行为无关。因此丁不是抢劫致人死亡，应以抢劫罪与过失致人死亡罪并罚。

(2)基本行为与加重结果有因果关系。

举例1：甲拘禁丙，丙因被捆绑过紧，血液流通不畅死亡。甲的拘禁行为造成死亡结果，行为与结果具有直接的因果关系。故甲构成非法拘禁致人死亡。

举例2：乙强奸A后，A自杀。死亡是由自杀导致的，不是强奸行为造成的。强奸行为与死亡结果没有因果关系，乙不构成强奸致人死亡。

(3)行为人对加重结果至少有过失。

①仅限过失。故意伤害致人死亡，行为人如果对死亡结果是故意，则构成故意杀人罪，而不是故意伤害罪(致人死亡)的结果加重犯。

②故意或过失。抢劫致死亡是结果加重犯，行为人对死亡结果可以是故意或者过失。

【注意】强奸致人重伤、死亡，拐卖妇女致人重伤、死亡，抢劫致人重伤、死亡，均可故意构成。

(4)《刑法》分则就加重结果规定加重法定刑。

如果《刑法》没有规定加重法定刑，不管结果多么严重，行为人都不构成结果加重犯。

举例：遗弃致人死亡，因为刑法没有对此规定加重法定刑，行为人就不构成结果加重犯。

【总结】常考的结果加重犯。

(1)《刑法》第234条：故意伤害致人死亡。

(2)《刑法》第236条：强奸致人重伤、死亡。

(3)《刑法》第238条：非法拘禁致人重伤、死亡。

(4)《刑法》第240条：拐卖妇女、儿童致人重伤、死亡或者其他严重后果。

(5)《刑法》第257条：暴力干涉婚姻自由致人死亡(包括被害人自杀)。

(6)《刑法》第260条：虐待致人重伤、死亡(包括被害人自杀、自残)。

(7)《刑法》第263条：抢劫致人重伤、死亡。

(8)《刑法》第318条：组织他人偷越国(边)境造成被组织人重伤、死亡。

(9)《刑法》第321条：运送他人偷越国(边)境造成被运送人重伤、死亡。

(10)《刑法》第384条：挪用公款数额巨大客观上不能退还。

2.5 因果关系

此处的因果关系是刑法上的因果关系，特指实行行为与实害结果(构成要件结果)之间的引起与被引起的关系。

1. 在主观题中，主要是判断行为与结果之间是否具有因果关系。只要行为的发展符合大致的方向，就应该让行为对结果负责。如果出现异常的、偶然的介入因素，则改变了原因果关系，形成新的因果关系。

2. 故意犯罪中，因果关系是解决犯罪是否既遂的问题，而不是解决犯罪是否成立的问题。没有因果关系，只是不对结果承担刑事责任，但可能承担未遂的刑事责任。

3. 有因果关系不一定成立犯罪，还要看行为人的主观要件。如果不具有责难可能性，即主观上不具有非难可能性(如无故意、过失、期待可能性等),也不成立犯罪。

【总结】因果关系与犯罪成立、既遂的关系。

主体(自然人/单位)—犯罪行为(作为/不作为)—主观(故意/过失)。

主客观相统一,犯罪成立。

犯罪既遂 = 犯罪成立 + 因果关系。

举例:过失犯罪是结果犯,不存在犯罪未完成形态,成立过失犯罪需要有因果关系,即过失犯罪 = 主体 + 主观(过失) + 犯罪行为 + 客体 + 因果关系。

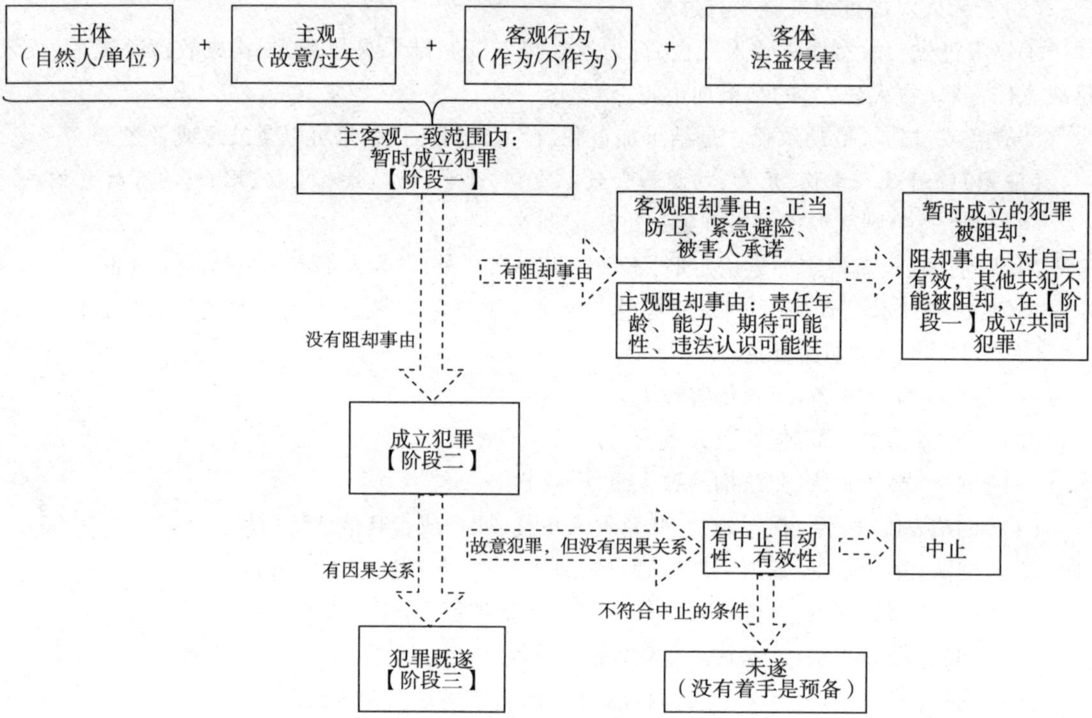

图 2-1　因果关系判断

2.5.1　刑法上的因和果

一、刑法上的因

1. 必须是刑法评价的危害行为,而不是生活行为。

举例 1:张三得知女友移情别恋,内心怨恨想要杀死女友,于是送给她一双旱冰鞋,期望女友运动时摔死。女友欣然接受,在滑旱冰的时候,果真摔死了。张三的行为与女友摔死之间存在刑法上的因果关系。

【错误,因为送旱冰鞋的行为不是刑法上评价的危害行为,危害行为要同时具备有体性、有意性、有害性】

举例 2:三好青年李四在追赶小偷时,小偷慌忙中撞上了正常驾驶的汽车身亡。如果小偷没有被李四追赶就不会被撞死,所以李四的追赶行为与死亡之间具有因果关系。

【错误，三好青年李四追赶小偷的行为不是危害行为】

2. 必须已经着手，有实行行为，而不是预备行为。

“着手”的判断标准：行为对法益是否造成具体、紧迫、现实危险。法考常考的“着手”情形：

(1)开始实施杀人行为是故意杀人罪的着手，之前的行为属于预备。

(2)对人使用暴力、胁迫或者其他强制手段(开始脱衣服、卡脖子时)，就是着手，之前是预备行为。

(3)为了保险诈骗而制造事故的行为是预备行为，向保险公司提出理赔才是着手。制造事故后，打电话咨询理赔相关事宜，也不是着手。

(4)不作为犯的着手一定是不履行作为义务导致法益受到现实、紧迫、直接的危险。

举例：母亲故意不哺乳婴儿，婴儿快要饿死了，如果刚吃饱，即便不哺乳也不成立不作为的故意杀人罪。

(5)间接正犯直接支配行为人实行犯罪才是着手，指使行为不是着手。

(6)隔离犯的着手以危险是否现实、紧迫、直接为标准。

举例：彪哥寄给刚子一盒有毒的饼干，邮寄行为不是着手，刚子收到的时候才是故意杀人罪的着手。

3. 行为没有引起注意规范的保护目的所指向的结果时，不能将结果归于行为。

举例：甲酒后在封闭的高速公路上驾驶机动车，撞死了突然违法横穿高速公路的乙，乙的死亡结果不能归责于甲的酒后驾驶行为。

【正确，禁止酒后驾车是为了防止丧失或者减轻控制车辆的能力而造成伤亡结果，而甲的酒后驾驶行为虽然违法了该规定，但是造成的结果并不是该规范所禁止的结果】

二、刑法上的果

1. 一般犯罪需要实害结果发生才既遂，但抽象危险犯和具体危险犯只需达到危险状态就既遂。

2. 一个行为可能导致多个结果，如果没有分则特殊规定，就按照想象竞合择一重罪论处。比如为了打死仇人，一枪下去仇人死亡，古董打碎，行为人构成故意杀人罪与故意毁坏财物罪，想象竞合，定故意杀人罪。

3. 如果分则有特殊规定，直接按照分则特殊规定处罚。比如结果加重犯就是基本行为导致基本结果和加重结果，最终按照结果加重犯定罪处罚，参见上文结果加重犯部分。

2.5.2 常考的因果关系(☆☆)

一、假定的因果关系

模型：前行为(0作用)+后行为(100%作用)→结果，前行为尚未发生作用，后行为直接引起结果发生，后行为与结果具有因果关系。

举例：乙被执行死刑前1小时，被害人的父亲甲为手刃仇人，夺走警察的枪将乙射杀。如果没有甲的行为，警察同样会执行死刑，如何判断因果关系？结论：甲的行为与结果有因果关系。

二、二重的因果关系

模型：前行为(100%作用)+后行为(100%作用)→结果。两个行为都能独立导致结果发生，相互没有意思联络，同时发生作用，结合到一起导致了结果发生。

举例：甲、乙二人无意思联络，分别在丙的食物中投放足以致死的毒药，两种毒药同时发挥作用，导致丙死亡。如何判断因果关系？结论：甲、乙的行为与结果有因果关系。

三、重叠的因果关系

模型：前行为(50%作用)+后行为(50%作用)→结果。两个行为单独都不能导致结果的发生，相互没有意思联络，结合到一起同时起作用导致了结果的发生。

举例：甲、乙无意思联络，分别向丙的食物中投放了50%致死量的毒药，丙服用后死亡。如何判断因果关系？结论：甲、乙的行为与结果有因果关系。

2.5.3 因果关系的中断(☆)

因果关系的历程可能一路平坦，也可能蜿蜒曲折。这主要取决于在犯罪过程中有无介入因素。

一、无介入因素

当不存在介入因素时，犯罪行为的发展过程表现为：实行行为→实害结果。

二、有介入因素

1. 当存在介入因素时，犯罪行为的发展过程表现为：实行行为→介入因素→实害结果。

2. 当存在介入因素时，实害结果应当归属于实行行为还是介入因素？

判断标准在于：介入因素独立于先前行为且这个介入因素的出现是异常的。

举例：甲向乙的茶水投毒，重病的乙喝了茶水后更加难受，自杀身亡。甲的投毒行为与乙的死亡有无因果关系？

【没有，因为乙是自杀身亡而非中毒身亡】

3. 因果关系破题思路：先找“儿子”(危害结果)，再找“他的亲爹”(直接导致此结果的原因)。万法皆空，因果不虚，所以只要能够捋清事情的“前因后果”即可完美破题。另外，需反复琢磨介入因素的种类。考试中常见的介入因素的种类：

(1)被害人自身的行为。

举例1：甲点燃乙的衣服，乙跳入身边的河中灭火时溺死。介入因素是乙跳河灭火的行为，这很正常，死亡不能归属于介入因素，甲的行为与乙的死亡有因果关系。

举例2：乙在悬崖旁强奸丙致其昏迷，丙苏醒后因头昏跌崖死亡。介入因素是丙跌崖的行为，这很正常，死亡不能归属于介入因素，乙的强奸行为与丙的死亡有因果关系，属于强奸致人死亡。

举例3：丙被打轻伤后逃离，未去就医而是祈祷神灵保佑，并将香灰敷于伤口，后丙因感染而截肢(重伤)。介入因素是敷香灰，这很异常。因感染截肢说明介入因素对重伤结果作用很大。此时介入因素异常并且作用大，重伤应当归属于介入因素，与轻伤行为无因果关系。

(2)他人的行为。

举例1：甲在高速公路上将同车人乙推下，乙跌落后被正常行驶的丙轧死。介入因素是乙被丙轧死,这很正常。死亡不能归属于介入因素,甲的行为与乙的死亡有因果关系。

举例2:乙被丙打致轻伤,流血不止。警察将乙送医,途中遇堵车,乙流血过多死亡。介入因素是堵车,这很正常。死亡不能归属于介入因素,丙的行为与乙的死亡有因果关系。

举例3:丙被甲放火烧伤,医生对其抢救。在抬向手术台时,医生乙不小心扭断丙的脖子致其死亡。介入因素是乙扭断丙的脖子的行为,这很异常,也是导致丙死亡的直接原因。此时介入因素异常并且作用大,死亡应当归属于介入因素,与丙的放火行为无因果关系。

(3)自然事件。

举例1:甲杀乙致其重伤,1小时内必死无疑。但因地震,乙被坠落的石头砸中死亡。介入因素是地震引发石头坠落,这很异常,也是导致乙死亡的直接原因。死亡应当归属于介入因素,与甲的杀人行为无因果关系。

举例2:乙在冬天的深夜致丙轻伤昏迷,丙因无人救助被冻死。介入因素是寒冷的天气,这很正常。死亡不能归属于介入因素,乙的伤害行为与丙的死亡有因果关系。

2.5.4 因果关系其他考点

一、共同犯罪的因果关系

如果结果的发生和共同犯罪人的行为有因果关系,那么共同犯罪人需要对结果负责(既遂),如果没有因果关系,则不需要对结果负责(但成立犯罪不受影响),具体而言:

1. 原则:共同犯罪具有整体性,部分实行全部责任,一人既遂整体既遂。
2. 实行犯没有用到帮助犯的帮助,结果的发生和帮助行为没关系,则帮助犯成立犯罪未遂。
3. 帮助犯要想成立犯罪中止,需要明确告知退出+消除因果力,否则不构成中止。

二、财产犯罪的因果关系

行为人实施诈骗、敲诈勒索、抢劫行为,被害人识破了其行为而基于怜悯、赏识等情况交付了财物,行为人虽然得到了财物,但也仅成立犯罪未遂。

三、对事实存疑的因果关系

1. 故意犯罪同时犯,无法查明,都定未遂。
2. 过失犯罪同时犯,无法查明,都无罪。
3. 构成共同犯罪,不用查明,部分实行全部负责,都定既遂。
4. 聚众斗殴过程中,一人致死,无法查明的,聚众的人对死亡承担责任,其他参与的人不承担。

主观题小案例

【案例1】吴某打算杀死都某某,于是在都某某的水壶里投放了毒鼠强。都某某在穿行沙漠期间,正好要喝水,结果被仇人刘某直接开枪打死。

问题:试分析吴某、刘某的行为。

答案参考：吴某成立故意杀人罪（未遂），刘某成立故意杀人罪。

依据《刑法》第232条的规定，非法剥夺他人生命的成立故意杀人罪。吴某投毒的行为已经“着手”了，但在结果发生之前，介入刘某枪击的因素。介入因素独立于投毒行为，单独导致死亡结果发生。所以，吴某对死亡结果不负责，仅承担未遂的刑事责任，刘某对死亡结果负责。

【案例2】甲、乙无意思联络，同时分别向丙开枪，均未击中要害，因两个伤口同时流血不止，丙失血过多死亡。

问题：甲、乙的行为与丙死亡之间是否具有因果关系？

答案参考：有因果关系。

两个行为单独都不能导致结果的发生，相互没有意思联络，结合到一起同时起作用导致了结果的发生，在理论上被称为重叠的因果关系。甲、乙的行为共同导致丙死亡，二人的行为与死亡结果具有因果关系。

【案例3】甲、乙合谋，由乙将丙引诱到甲家地下室，由甲亲手枪杀丙。乙在驾车载丙前往甲家途中，二人因琐事争吵起来，乙被丙的言语激怒，在车上直接把丙给杀死了。

问题：试分析甲、乙的行为。

答案参考：甲、乙成立故意杀人罪的共同犯罪，但甲对死亡结果不承担刑事责任。

《刑法》规定，帮助正犯犯罪的属于帮助犯，成立帮助犯要求有帮助的行为与帮助的故意。虽然甲与乙共谋杀害丙，但是甲只是让乙把丙引诱到甲家，可乙在路上直接将丙杀死了，这在刑法理论上被称为实行过限，甲对死亡结果不承担责任。

【案例4】黄某放火烧范某的房子，范某发现后跑进房子取财物被砸死，如认定黄某放火与范某被砸死之间存在因果关系，可能有哪些理由？如否定黄某放火与范某被砸死之间存在因果关系，可能有哪些理由？（2012年主观题）

观点一：肯定因果关系的理由。

（1）根据条件说，可以认为放火行为和死亡之间具有“无A就无B”的条件关系。

（2）被害人在当时情况下，来不及精确判断进入住宅取财的危险性。

（3）被害人在当时情况下，进入住宅取财符合常理。

观点二：否定因果关系的理由。

（1）根据相当因果关系说，放火和被害人死亡之间不具有相当性。

（2）黄某实施的放火行为并未烧死范某，范某为抢救数额有限的财物返回高度危险的场所，不合常理。

（3）被害人是精神正常的成年人，对自己行为的后果非常清楚，因此要对自己的选择负责。

（4）被害人试图保护的法益价值有限。如黄某对范某的住宅放火，范某为了抢救婴儿而进入住宅内被烧死的，才能肯定放火行为和死亡后果之间存在因果关系。

【案例5】不会游泳的张三不幸落水，恰巧身边漂过来一救生圈，眼看即将抓住，却被有情仇的李四将救生圈拿走，张三溺水身亡。

问题：李四拿走救生圈的行为与死亡结果之间是否具有因果关系？

答案参考：李四拿走救生圈的行为与死亡结果之间具有因果关系。救生圈的存在，原本可能阻止张三溺水身亡的结果发生，而李四消除了这种条件，导致结果发生，这种情况被称为救助性因果流程的中断，所以，可以肯定李四拿走救生圈的行为与张三死亡结果之间具有因果关系。

2.6 客观(违法)阻却事由

一、假想防卫

1. 行为认定:正当防卫必须是针对现实存在的不法侵害,不能是主观想象的。主观题有可能会考到假想防卫,即误以为存在不法侵害而进行防卫。

举例:甲违章停车,返回时发现乙正尝试打开汽车。甲以为遇到小偷,便捡起木棍将乙打成轻伤。事后查明,乙是交警,当时正想将违章车辆拖走。甲属于假想防卫。

2. 法律后果:假想防卫不能构成故意犯罪。这是因为,防卫人客观上是犯罪行为,但主观上自以为是正当防卫,缺乏犯罪故意。

二、防卫意思(☆☆)

防卫意思 = 防卫认识 + 防卫意志。防卫认识,是指防卫人认识到不法侵害正在进行;防卫意志,是指防卫人具有保护法益免受侵害的正当目的。本部分的内容可能会考查观点展示,考生学习的时候务必注意。

1. 防卫认识——认识到不法侵害正在发生。

(1)传统观点:成立正当防卫要求具有防卫认识,甲没有认识到存在不法侵害,只有杀人故意的,就构成故意杀人罪既遂。

(2)张明楷观点:不要求有防卫认识,制造好结果的行为就是好行为,甲的杀人行为救了被害人,那么甲构成正当防卫,无罪【结果无价值】。

(3)周光权观点:要求有防卫认识,没有防卫认识不构成正当防卫,但是如果制造了好结果,如甲想杀死乙,开枪打死正在对丙行凶的乙,虽然甲杀人的行为是个坏行为,但是制造了好结果,所以甲不构成故意杀人罪既遂,而构成故意杀人罪未遂。

2. 防卫意志——防卫人具有制止不法侵害、保护法益的正当目的,成立正当防卫不需要有防卫意志。如甲看到仇人正在抢劫妇女,出于报复把仇人打成重伤,制止其抢劫行为,甲具有防卫认识,没有防卫意志,但成立正当防卫。

三、偶然防卫(☆)

偶然防卫,是指故意或者过失侵害他人法益的行为,符合正当防卫的情况,客观上起到了人身防卫的效果。2020年主观题全国卷对偶然防卫的观点展示进行命题。

1. 故意型偶然防卫。如熊大想要杀死光头强,正要开枪时,被窗外的李老板开枪打死。李老板没有认识到熊大正要杀人,李老板只有杀死熊大的故意。经事后调查明确,如果李老板当时不开枪打死熊大,熊大就会杀死光头强。

李老板虽然客观上制止了熊大的杀人行为,但是主观上没有认识到这一点,这在理论上被称为偶然防卫。李老板涉嫌的罪名是故意杀人罪。

2. 过失型偶然防卫。如熊大想要杀死光头强,正要开枪时,被附近的李老板开枪打死。李老板是猎人,正坐在附近擦枪,不慎走火将熊大打死。经事后调查明确,如果李老板当时不将熊大打死,熊大就会把光头强打死。

李老板在客观上制止了熊大杀人行为,但主观上没有认识到这一点,这在理论上被称为偶然防卫。李老板涉嫌的罪名是过失致人死亡罪。

观点一:不需要具备防卫认识,就可以成立正当防卫。

偶然防卫成立正当防卫,一个行为只要是好行为(具有正当性),即客观上制造了好结果(制止了不法侵害),就成立正当防卫,不需要行为人主观上认识到自己制造了好结果。基于此,上述故意型偶然防卫和过失型偶然防卫均成立正当防卫。

观点二:需要具备防卫认识,才能成立正当防卫。

偶然防卫不成立正当防卫,一个行为要成为好行为(具有正当性),不仅要在客观上制造了好结果(制止了不法侵害),还要求行为人主观上认识到自己是在干好事。基于此,偶然防卫不构成正当防卫。

1. 故意型正当防卫中,李老板没有认识到熊大在杀光头强,没有制止熊大杀人的防卫认识,只有杀死熊大的故意。因此,李老板不成立正当防卫,依法承担故意杀人罪的刑事责任。但由于李老板制造了好结果(杀了熊大救了光头强),因此不能说李老板构成故意杀人罪既遂,因为既遂是个坏结果。所以,只能定李老板成立故意杀人罪(未遂)。

2. 过失型正当防卫中,李老板没有认识到熊大在杀光头强,也不成立正当防卫。李老板涉嫌过失致人死亡罪。但是成立过失犯罪需要具备:过失行为(坏行为)+实害结果(坏结果)+因果关系。李老板有过失行为,但是没有实害结果,因为杀了熊大,救了光头强(是个好结果)。因此,李老板不构成过失致人死亡罪,作无罪处理。

四、正当防卫与不作为结合(☆☆☆)

甲对正在实施一般伤害的乙进行正当防卫,致乙重伤(仍在防卫限度之内)。乙已无侵害能力,求甲将其送往医院,但甲不理会而离去。乙因流血过多死亡。所以,甲需要承担防卫过当的刑事责任。(2013 年卷二第 7 题)

观点一:正当行为不能成为先前行为,因为合法行为产生的危险不需要实施合法行为的主体承担救助义务,法秩序所许可的合法的危险前行为不产生保证人义务。

观点二:正当防卫有可能成为先前行为,根据具体情况分析如下:

1. 特殊的正当防卫,无救助义务。当正当防卫行为造成被害人死亡也不过当时,防卫人无救助义务。

2. 正当防卫,不过当,且无死亡的紧迫危险,无救助义务。当正当防卫致人受伤,但并未过当,而且该伤害也不可能导致死亡,防卫人没有救助义务。

3. 正当防卫,不过当,但具有死亡的紧迫危险,有救助义务。正当防卫造成了伤害,该伤害本身没有过当,但具有死亡的紧迫危险,发生死亡结果就会过当,则防卫人具有救助义务。这属于先前行为与后面的不作为共同导致的防卫过当。

主观题小案例

【案例 1】张三与李四因口角发生冲突,张三举起拳头正要击打李四的脸部,李四随手拿起身旁的一个旧锅盖挡住自己的脸部，张三一拳打穿锅盖导致手部重伤。

问题：李四的行为是否成立正当防卫？

答案参考：没必要认定李四的行为是正当防卫。因为李四没有实施伤害罪的构成要件行为，张三的伤害结果是自己造成的。因此，没必要去讨论李四的行为是否属于正当防卫以及防卫行为是否过当。

【案例2】张三、李四、王五三人以暴力轮奸妇女，张三奸淫后，因担心被他人发现，于是三人强行将该妇女带往另一地点，欲继续对其实施侵害。

问题：在三人将被害人带往另一地点期间，该妇女或第三者能否针对强奸行为进行正当防卫？

答案参考：可以进行正当防卫。张三、李四、王五对妇女连续进行的不法侵害过程中，即使表面上某段时间停止了不法侵害，但从整体上看侵害行为仍在进行，所以，可以进行正当防卫。

【案例3】独自在路上行走的张三突发心脏病晕倒，恰逢醉酒的李四，且李四的私家车停放在不远处。为挽救张三的生命，李四在不得已的情况下驾车将张三送往医院进行抢救。

问题：李四的行为是否成立紧急避险？

答案参考：李四的行为可以成立紧急避险。李四的具有抽象危险的醉酒驾驶行为能够挽救张三的生命，说明避险行为仍在必要限度内，应当阻却行为的违法性，成立紧急避险。

2.7 主观要件

一、主客观相统一

1. 行为主体

成立故意犯罪，要求行为人对自身有认识。一般而言，行为人对自身当然有认识。

举例1：故意杀人罪中，甲不可能对自己“人”的资格没有认识。如果是真正身份犯，要求行为人明知自己的定罪身份。

举例2：甲不知道自己患有严重性病去嫖娼，甲对定罪身份无认识，没有传播性病罪的故意。

2. 危害行为

这是指行为人对行为内容及其社会意义的认识。**举例**：甲误以为有不法侵害而进行防卫，致乙重伤。甲客观上是犯罪行为，主观上以为是正当防卫。故甲没有认识到行为的内容与社会意义，缺乏犯罪故意。这也是假想防卫故意犯罪的原因。

3. 行为对象

行为人认识到特定对象，才有对其侵害的故意，如果对象是构成要件，需要明知才有故意。不要求行为人对行为对象有非常具体的认识。就好比“奸淫幼女”只要求认识到是幼女，不要求认识到具体年龄；“淫秽物品”只要求认识到是淫秽物品，不要求认识到有多么淫秽。

举例1：甲将乙当成猎物开枪射杀，甲对行为对象缺乏认识，没有杀害乙的故意。

举例2：明知他人是犯罪的人而对其窝藏、包庇的，才有窝藏、包庇罪的故意。明知是赃物而窝藏的，才有掩饰、隐瞒犯罪所得罪的故意。

4. 危害结果

成立故意犯罪,要求行为人明知行为可能造成的危害结果。**举例**:成立故意杀人罪,要求行为人明知可能致人死亡;成立盗窃罪,要求行为人明知会侵犯他人的财产权。有些危害结果不要求认识(明知)。举例:故意伤害致人死亡,不要求行为人明知伤害行为会导致死亡结果;如果行为人对死亡明知,就构成故意杀人罪。

5. 无违法阻却事由

成立故意犯罪,要求行为人认识到无违法性阻却事由。如果行为人以为有违法阻却事由,则无犯罪故意。**举例**:甲向乙借手机,乙点头,事实上乙是在与别人打招呼。甲误以为得到乙的承诺,取走其手机。甲缺乏盗窃罪的故意。

6. 因果关系

因果关系是行为与结果之间的发展过程,充当桥梁作用。成立故意犯罪,要求行为人认识到因果关系的两端,即危害行为与危害结果。但是,不要求其认识到因果关系发展的具体样态,即因果过程的曲折复杂。

举例:甲欲杀乙,将乙推进深井,但是井中无水,乙被摔死。只要甲认识到自己的行为是杀人,可能导致死亡结果,甲就有杀人的故意。至于乙是被淹死还是摔死,不要求行为人有具体认识。

二、犯罪故意

1. 直接故意 = 明知(必然或可能) + 希望。

2. 间接故意 = 明知(可能) + 放任。

如果明知结果必然发生,只能是直接故意。**举例**:甲想杀乙,见乙与丙聊天。甲报仇心切,朝乙扔了一颗手榴弹,结果乙、丙均被炸死。甲对乙、丙的死亡都是直接故意。

理由:第一,甲扔手榴弹时,明知丙会死亡,认识到结果的必然性。第二,"放任"意味着危害结果可能发生或者不发生,具有不确定性。当甲扔手榴弹时,丙必死无疑,这不是放任,而是直接故意。

【总结】间接故意的类型:

(1)为实现非犯罪意图而放任结果发生。**举例**:为了打猎,放任猎物附近孩子的死亡。

(2)为实现犯罪意图而放任另一结果发生。**举例**:甲为杀妻,在食物中投毒,明知孩子可能食用,放任孩子死亡。

(3)在情绪冲动时不计后果,放任结果发生。**举例**:甲、乙斗殴,乙恼羞成怒拔刀刺向甲,连捅数刀,乙对甲的死伤是间接故意。

三、犯意提升(降低)

这是指行为人在实施犯罪的过程中犯意改变,导致此罪与彼罪的转化。犯意提升的特点在于:行为对象同一,并且侵害的法益同类。主观题考试可能会结合共同犯罪进行考查。在共同犯罪的情况下,部分行为人的犯意提升或者另起犯意,其他共犯人对此是否需要负责,核心考查有无共同的故意及行为。

举例1:张同学故意伤害情敌李四,但是为了独自占有小芳,改变犯意,意图将李四杀死(伤害的故意已经提升到杀人的故意了，成立故意杀人罪；反之，也是这个道理）。

举例2：张同学本来想要杀死仇人李四，在杀害的过程中，张同学觉得上天有好生之德，认为弄残了就行，遂停止了杀人行为，造成仇人重伤（犯意降低，成立故意杀人罪的中止）。

结论：在犯意提升的情况下，从高者。在犯意降低的情况下，从旧，按照高的定罪，仅按照一罪论处即可。

四、另起犯意（☆☆）

另起犯意是指在前一个犯罪既遂、未遂或者中止后，又另起犯意实施另一犯罪行为，因而数罪并罚。其特点在于对象不同一或者侵害的法益不同类。或者说，行为对象或侵害的法益较原来计划的发生了转变。

举例1：甲想要抢劫妇女张三，在使用暴力之后，发现张三长得颇有几分姿色，于是另起犯意对张三进行了强奸，对甲的行为应以抢劫罪（中止）与强奸罪定罪，数罪并罚。

举例2：甲想要强奸妇女张三，于是在其饮料中下了迷药。事后，甲发现张三和朋友均喝了饮料晕倒了。甲打量了一下，张三朋友的身材更好，于是仅强奸了朋友。甲的行为成立对张三的强奸罪（中止）和对朋友的强奸罪既遂。由于同种数罪不并罚，仅定强奸罪一罪即可。

结论：原则上要数罪并罚，但在侵害的对象不同一、法益同类的情况下，同种数罪不并罚。

五、无罪过事件

无罪过事件是指行为人主观上不具备可责罚性，没有故意、过失，不成立犯罪。《刑法》第16条规定，行为在客观上虽然造成了损害结果，但是不是出于故意或者过失，而是由于不可抗拒或者不能预见的原因所引起的，不是犯罪。考生要注意：

1. 无罪过事件不是违法阻却事由，阻却事由是已经成立犯罪但因为正当性把犯罪阻却了，而无罪过事件是缺乏主观要件，直接不成立犯罪。

2. 无罪过事件只是不满足主观构成要件，但可能满足因果关系等其他构成要件。张三的行为造成了死亡结果，因为被害人是特殊体质，那么行为与结果之间是存在因果关系的。最终是否成立犯罪要看主观罪过，但无论什么罪过，并不会影响因果关系的成立，只是最后可能不会被定罪。举例3就说明了这个问题。

举例1：甲是血友病患者，乙对此了如指掌。为了杀死甲，乙推了甲一把，导致甲突然流血不止，最后甲死亡。乙的行为和甲死亡有因果关系，乙成立故意杀人罪。

举例2：甲是血友病患者，乙对此不知情。乙在工地推了甲一把（有过失），导致甲摔倒并流血不止而亡。乙的行为和甲死亡有因果关系，乙成立过失致人死亡罪。

举例3：甲是血友病患者，乙对此不知情。甲、乙同窗多年未见，乙见到甲后拍了一下，导致甲流血不止。乙的行为和甲死亡有因果关系，但乙没有故意，也没有过失，属于意外事件，不成立犯罪。

【总结】题干中如果用了行为人过失、玩忽职守、不慎、不料、不小心、不认真负责、不注意、违反操作规则之类的词，一般认为是过失犯罪。题干中用了“突然”“意外”等词，一般认定为意外事件。题干中，如果强调某人是特殊职业，没有尽到应该的注意义务，就认定为过失。

主观题小案例

【案例1】王五贪污大量公款，欲掩盖此事实，企图放火烧毁会计室。王五深夜放火时发现会计甲正在会计室睡觉，明知放火行为可能烧死会计甲，但仍然继续放火，且未对会计甲采取任何防护措施，会计甲被火烧死。

问题：王五的目的是烧毁账簿，并不希望会计甲死亡，王五对会计甲的死亡结果是否具有故意？

答案参考：王五对会计甲的死亡结果具有故意。虽然王五的目的是烧毁账簿，不希望会计甲死亡，但也不是一定期待会计甲不死亡，而是对会计甲的死亡持听之任之的态度，这就是放任的心理态度。因此，王五对会计甲的死亡结果具有间接故意。

【案例2】张三、李四站在山顶欣赏美景，见山下一美女，张三玩心四起，对李四说："这块石头推下去是否能砸中那个美女？"李四说："应该不会这么准吧？"于是，二人合力将石头推下山，结果恰巧把美女砸死。

问题：张三、李四对美女的死亡持何种心理态度？

答案参考：张三、李四属于间接故意，张三、李四对结果持漠不关心的无所谓态度，或者内心决定由推石头的客观行为任意决定美女死亡与否。无论哪一种情况，张三、李四都接受了美女死亡的结果，因此，认定为间接故意。成立故意杀人罪。

【案例3】张三是一烤鸭店老板，某天发现李四盗窃了自己的烤鸭，张三立即乘坐出租摩托车追赶，追上李四后，便抓住李四的衣服并扯其倒地（行为一），随后在询问被盗烤鸭去向的过程中，用脚踢打李四的背部和头部（行为二），李四后被送往医院因伤重不治身亡。经法医鉴定，李四的死因是由于摔倒时，头部右侧倒地造成颅脑损伤死亡。

问题：张三是否构成故意杀人罪或者故意伤害罪（致人死亡）？

答案参考：张三不构成故意杀人罪或者伤害罪（致人死亡）。本案件中，死亡原因是由行为一造成的，但很难认定行为一对伤害结果与死亡结果是否持有故意态度。属于轻微暴力致人死亡的，只能认定为过失犯罪或者意外事件。

2.8 事实认识错误

认识错误分类如图2－2所示。

- 认识错误
  - 法律认识错误
  - 事实认识错误
    - 具体的事实认识错误
      - 对象错误
      - 打击错误
      - 因果关系错误
        - 狭义的因果关系错误
        - 事前的故意
        - 结果提前发生
    - 抽象的事实认识错误
      - 对象错误
      - 打击错误

图2－2 认识错误分类

刑法上的认识错误,有法律认识错误和事实认识错误。法律认识错了,错了等于没错。事实认识错误,是指行为人的主观认识与客观事实不一致。事实认定错误解决两个问题:

第一,行为人的认识与客观事实不一致,能否成立故意犯罪。

第二,行为人的认识与客观事实不一致,能否成立犯罪既遂。

近年来,主观题中经常出现因果关系错误中“事前的故意”这一考点,进而考查观点展示内容。对象错误和打击错误也是历年主观题的常考点,尤其是结合共同犯罪来考查。

2.8.1 主客观不一致

一、客观上的错误

举例1:(对象不能犯)甲在荒山野外,误将野兽当作仇人射杀。

举例2:(对象错误)甲看到不远处的树下有个人,误以为是仇人,开枪射击,走近发现是路人丙。

二、主观上的错误

举例1:(无犯罪故意)文盲甲以为自己贩卖的是普通光碟,实际上是A片。甲对行为对象存在认识错误,属于事实认识错误。因此,甲不成立贩卖淫秽物品罪。

举例2:(有犯罪故意)猎人甲看到仇人之子和一群小朋友在草丛中捉迷藏,想要杀死他。看到草丛中有动静,甲以为是仇人之子而开枪,实际上打死的是一条狗。

三、事实错误的类型

1. 具体的事实认识错误,是同一犯罪构成内的认识错误。这种错误在一个犯罪构成内,只涉及一个罪名,因此是小错误。

举例:甲开枪杀乙,黑夜中误把丙当成乙射杀。甲主观认识的事实(以为是杀乙)与实际发生的事实(实际是杀丙)不一致,但无论是乙还是丙,都是人。这种错误在故意杀人罪的犯罪构成内,是小错误,即具体的事实认识错误。

2. 抽象的事实认识错误,不同的犯罪构成间的认识错误。这种错误超出一个犯罪构成,涉及两个罪名,因此是大错误。

举例:甲欲盗窃手机,得手后发现是枪支。甲认识的事实(盗窃普通财物)与实际发生的事实(盗窃枪支)分别属于不同的犯罪构成。这种错误已经超出了同一犯罪构成,涉及两个罪名,是大错误,即抽象的事实认识错误。

四、两种处理学说

处理事实认识错误有具体符合说和法定符合说。法定符合说曾经是主流观点,但目前两种理论存在激烈争论,是历来考试的重点。**【注意】**如无特别说明,按照法定符合说作答。

1. 具体符合说。

具体符合说认为,行为人主观认识的事实与实际发生的事实具体地相一致时,才能成立故意犯罪既遂。

举例：张三想要杀死情敌吴某某，由于没瞄准将吴某某身边的李四打死了。

主观上，张三有杀死吴某某的故意。客观上，张三没瞄准，死的是李四。

主观和客观不一致，根据具体符合说，张三不成立故意杀人罪的既遂，只能成立故意杀人罪的未遂（故意杀人罪未遂与过失致人死亡罪的想象竞合，择一重罪的结论）。

2. 法定符合说。

法定符合说认为，行为人主观认识的事实与实际发生的事实，只要在一个犯罪构成内相一致，就成立故意犯罪既遂。

举例：张三想要杀死情敌吴某某，由于没瞄准将吴某某身边的李四打死了。

主观上，张三有杀人的故意。客观上，死了人。

无论是吴某某还是李四，都是《刑法》第232条规定的"人"。根据法定符合说，主观上想杀人，客观上也死了人，主客观相统一，张三成立故意杀人罪既遂。

2.8.2 具体认识错误（☆☆☆☆）

一、对象错误（主观认错了）

主观上对具体对象出现认识错误。无论按照具体符合说还是法定符合说，均不影响故意犯罪的成立。误将路人甲当作仇人杀害的，属于典型的对象错误，无论按照什么学说，行为人仍成立故意杀人罪（既遂或者未遂）。

对象错误的本质：主观认识错误，指行为人对某一行为对象的身份属性等产生主观认识错误，如行为人误把王某写成了汪某。在案例中，想杀的人就没出现过，由于主观原因行为人认错了。

二、打击错误（也称方法错误，客观上导致错了）

行为指向的对象没有认识错误，但客观因素导致错误结果。

打击错误的本质：客观结果错误。**举例**：甲想杀乙，因为没有瞄准，射中乙身旁的丙，致丙死亡。甲是否构成故意杀人罪既遂？

1. 具体符合说：

第一，甲主观上想杀乙，杀人行为指向的也是乙，因意志以外的原因未得逞。故甲对乙成立故意杀人罪未遂。

第二，甲主观上认识的事实是杀乙，实际发生的事实是丙死亡。甲的主观认识与客观事实没有具体地相一致，甲对丙的死亡无故意。也就是说，甲对丙构成过失致人死亡罪。

综上所述，甲客观上实施一个行为，因此构成故意杀人罪未遂与过失致人死亡罪，想象竞合，从一重罪处罚。

2. 法定符合说：

第一，甲对乙成立故意杀人罪未遂，理由同上。

第二，甲主观上认识的事实是杀乙（杀人），实际发生的事实是丙死亡（人死亡）。甲的主观认识与客观事实在故意杀人罪的犯罪构成上一致，故甲对丙构成故意杀人罪既遂。

综上所述，甲客观上实施一个行为，因此构成故意杀人罪未遂与故意杀人罪既遂，想象竞合，从一重罪处罚。

【注意】具体符合说中的"认错人""没打准",在法定符合说看来都无关紧要。

【结论】打击错误时,法定符合说与具体符合说处理的结论不同:法定符合说的结论是两个故意犯罪的想象竞合,具体符合说的结论是故意犯罪和过失犯罪(意外事件)相结合。

三、因果关系错误

1. 狭义的因果关系错误。

这是指因果关系的发展过程与行为人预想的不一致。**举例:**甲想杀乙,将乙推入深井,意图将乙淹死,但井中无水,乙被摔死,甲成立故意犯罪既遂。

【注意】如果行为与结果没有因果关系,不是狭义的因果关系错误。甲想杀乙,刀刺乙的心脏,乙是血友病患者,因流血过多而死亡。甲预想的因果过程为用刀直接刺死,实际的因果过程为流血过多死亡,这是狭义的因果关系错误,甲构成故意杀人罪既遂。

2. 事前的故意(结果推迟发生)。

这是指行为人误认为第一个行为造成结果,出于其他目的实施第二个行为,实际上是第二个行为才导致预期结果发生,由于预想的结果推迟发生,也称结果推迟发生。**举例:**甲想杀乙,致乙休克。甲以为乙已经死亡,为了毁尸灭迹,将乙抛至水中(第二个行为),实际上乙是溺水死亡。对甲如何处理?

通说认为,只要能认定第一个行为与实害结果具有刑法上的因果关系,则成立故意犯罪既遂。

3. 结果提前发生。

这是指期望第二个行为导致实害结果,但实施的第一个行为就导致了实害结果。该情形的焦点在于第一个行为能否被认定为故意犯罪的实行行为:如果能够肯定为实行行为,则犯罪提前实现,属于因果关系错误,构成故意犯罪既遂(如果认为行为人实施第一个行为时缺乏既遂的故意,则成立故意犯罪未遂与过失犯罪的想象竞合犯);否则,可能构成故意犯罪预备与过失犯罪的想象竞合。

举例1:丈夫想要毒死妻子从而和小爽双宿双飞,将放了毒药的酒给妻子喝,以为妻子10个小时以后必死无疑。实际上,妻子刚喝完10分钟就死了。由于妻子提前死了,丈夫成立故意杀人罪的预备。

【错误,丈夫已经着手实施犯罪,结果发生时间早晚不影响犯罪既遂的成立,本题丈夫成立故意杀人罪既遂】

举例2:丈夫想要毒死妻子从而和小爽双宿双飞,将放了毒药的酒放在酒柜中,打算第二天结婚纪念日的时候毒死妻子。不料妻子下班后想喝酒,从酒柜中拿出酒瓶一饮而尽,中毒身亡。因为是妻子自己喝的毒酒,丈夫没有着手实施杀人,故丈夫不承担故意杀人罪既遂的刑事责任。

【正确,由于丈夫没有着手,且对死亡结果有过失,故成立故意杀人罪(预备)+过失致人死亡罪,想象竞合择一重罪论处】

2.8.3 抽象认识错误

一、对象错误

这是指行为人误把甲对象当作乙对象加以侵害,而甲对象与乙对象属于不同的犯罪构成。

举例：甲想杀死乙的宠物狗，却误将乙的孩子当作宠物狗射杀。

甲主观认识的事实(杀死宠物狗)与实际发生的事实(致孩子死亡)，分别属于故意毁坏财物罪与过失致人死亡罪的犯罪构成，这就是抽象错误中的对象错误。

二、打击错误

这是指由于行为的偏差，行为人欲攻击的对象与实际受害的对象不一致，而且超出了同一犯罪构成。

举例：甲欲杀乙，但因没有瞄准，将乙身边价值万元的宠物打死。甲主观认识的事实(杀人)与实际发生的事实(毁坏财物)分别属于不同的犯罪构成。

处理方法：想象竞合，择一重罪处罚。

三、抽象认识错误的判断技巧

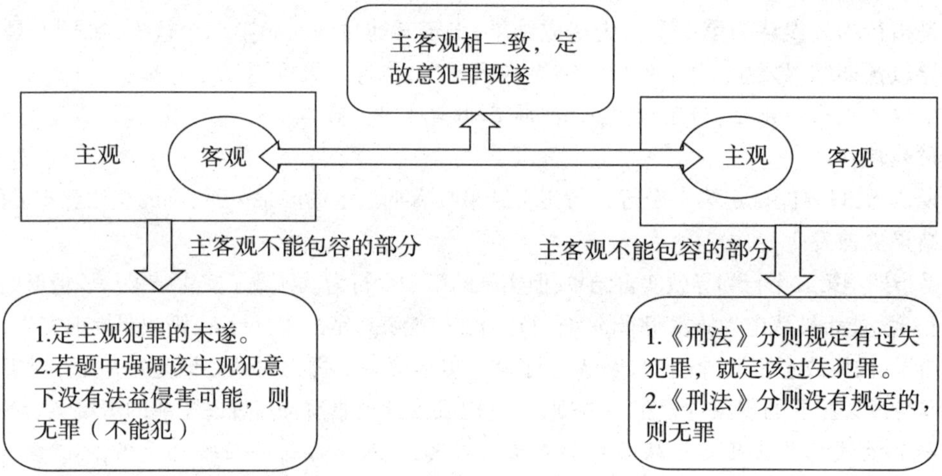

图 2－3 抽象认识错误的判断

【考法一】主观超出了，超出部分定未遂。

主观想犯重罪＋客观上是轻罪＝重罪未遂(或无罪)＋轻罪既遂。

举例1：甲想盗窃一把枪支，实际上仅仅偷到了一个皮枪套。

举例2：甲以为是活人予以强奸，实际上是尸体。

因为是一个行为，最终都要想象竞合，择一重罪处理。

【考法二】客观超出了，超出部分定过失犯罪。

主观上犯轻罪＋客观上是重罪＝轻罪既遂＋重罪过失(或无罪)。

举例1：甲想偷点钱，结果盗窃了一把54式手枪。

举例2：甲以为是刚死的尸体，于是发生性交，但实际上是练龟息功的活人。

因为是一个行为，最终都要想象竞合，择一重罪处理。

主观题小案例

【案例1】甲想要杀死自己的杀父仇人，某日在仇人家对面用狙击步枪瞄准仇人家阳台，不料将去仇人家做客的路人甲当成仇人射杀。

问题:对甲的行为如何定性?

答案参考:甲成立故意杀人罪,属于对象认识错误。

【案例2】乙想要销售假药,实际上却是劣药,且对人体健康造成了严重危害。

问题:对乙的行为如何定性?

答案参考:乙有销售假药的故意,但客观上却销售了劣药,生产、销售、提供假药罪和生产、销售、提供劣药罪之间有刑法上的包容评价关系,根据主客观相统一原则,乙在生产、销售、提供劣药罪范围内成立既遂,而超出主观部分成立生产、销售、提供假药罪未遂,想象竞合,择一重罪处理。

【案例3】事实认识错误之事前的故意,存在观点展示。①

2010年卷四第二题:"赵某致钱某死亡的事实,在刑法理论上称为什么?刑法理论对这种情况有哪几种处理意见?你认为应当如何处理?为什么?"

2015年卷四第二题:"请根据《刑法》相关规定与刑法原理分析高某、夏某、宗某和尹某的刑事责任(要求注重说明理由,并可以同时答出不同观点和理由)。"

2016年卷四第二题:"关于赵某以为钱某已经死亡,为毁灭罪证而将钱某活埋导致其窒息死亡这一事实,可能存在哪几种主要处理意见?各自的理由是什么?"

2019年主观题试卷:"蓝某先离开了现场,洪某误以为赵某已经死亡,便将赵某扔到附近的水库,导致赵某溺死(经鉴定赵某死前头部受重伤)。"

以上题目均考查了事前故意的观点展示。

答案参考:

观点一:行为人的第一个行为成立故意杀人罪未遂,第二个行为成立过失致人死亡罪,有观点成立想象竞合犯,有人主张成立数罪。

观点二:如果在实施第二个行为之际,对于死亡持未必的故意(或间接故意),则整体上成立一个故意杀人罪既遂;如果在实施第二个行为之际,相信死亡结果已经发生,则成立故意杀人罪未遂与过失致人死亡罪。

观点三(通说):将前后两个行为视为一体,视为对因果关系的认识错误,只要因果关系发展过程是在相当的因果关系之内,就成立一个故意杀人罪既遂。

2.9 主观(责任)阻却事由

2.9.1 刑事责任年龄(☆☆)

这是指刑法规定的行为人承担刑事责任必须达到的年龄。如果没有达到法定年龄,即使行为人客观上实施了法益侵害行为,主观上具有故意或者过失,也不承担刑事责任。

一、太小绝对无责任

不满12周岁的人,一般不负刑事责任。

① 关于此处列举真题,参见《2025国家统一法律职业资格考试主观题真题阅评与试卷分析(历年真题版)》。

【注意】生日的第2天才算满周岁,12周岁生日当天为不满12周岁。

二、太老相对减责任

已满75周岁的人故意犯罪的,可以从轻或减轻处罚;过失犯罪的,应当从轻或者减轻处罚。

三、完全责任年龄

《刑法》第17条第1款:已满16周岁的人犯罪,应当负刑事责任。

已满16周岁的人,对一切犯罪行为都要承担刑事责任。这包括故意、过失犯罪,作为、不作为犯罪。

四、相对责任年龄(☆☆)

《刑法》第17条第2款:已满14周岁不满16周岁的人,犯故意杀人、故意伤害致人重伤或者死亡、强奸、抢劫、贩卖毒品、放火、爆炸、投放危险物质罪的,应当负刑事责任。

《刑法》第17条第3款:已满12周岁不满14周岁的人,犯故意杀人、故意伤害罪,致人死亡或者以特别残忍手段致人重伤造成严重残疾,情节恶劣,经最高人民检察院核准追诉的,应当负刑事责任。

1. 八种行为(故意犯罪,不要求有暴力)

《刑法》第17条第2款规定的是八种行为。**举例**:拐卖妇女时又奸淫被拐卖妇女的,根据《刑法》,只定拐卖妇女罪,适用加重的法定刑。如果15周岁的甲拐卖妇女又对其奸淫,甲虽然对拐卖妇女罪不承担责任,但要对强奸行为负责,故甲构成强奸罪。

2. 具体内容

(1)故意杀人:包括转化来的故意杀人罪。**举例**:聚众斗殴致人死亡的,定故意杀人罪。

(2)故意伤害致人重伤、死亡:仅限重伤、死亡结果,对轻伤不负责。

(3)强奸:包括奸淫幼女和拐卖妇女过程中,奸淫被拐卖妇女。

(4)抢劫:包括准抢劫。**举例1**:携带凶器抢夺的,定抢劫罪。**【注意】**不包括事后抢劫。**举例2**:犯盗窃罪,为窝藏赃物,当场使用暴力的,定抢劫罪。对于这类抢劫,司法解释要求行为人年满16周岁才能构成。

(5)贩卖毒品:仅限于贩卖行为,不包括走私、运输、制造行为。

(6)放火:要求危害公共安全,才能定放火罪。

(7)爆炸:要求危害公共安全,才能定爆炸罪。

(8)投放危险物质:包括投放毒害性、放射性、传染病病原体等物质。**【注意】**《刑法修正案(十一)》将投毒罪修改为"投放危险物质罪"。

2.9.2 刑事责任能力

一、精神病人如何担责?

1. 精神病人在不能辨认或者不能控制自己行为的时候造成危险结果的,不负刑事责任。责令他的家属或者监护人严加看管和医疗,必要的时候由政府强制医疗。

2. 间歇性精神病人。

(1)在精神正常的时候犯罪,应当负刑事责任。

(2)在精神完全不正常的时候实施犯罪行为的,不承担刑事责任。

(3)在精神正常的情况下决定并着手实施犯罪,在实施过程中精神病发作丧失责任能力的,如何处理?

①如果犯罪成功,成立犯罪既遂。

②如果实际实施的犯罪与预想实施的犯罪不同,成立原计划实施的犯罪未遂。

二、醉酒人的责任能力

《刑法》第 18 条第 4 款:醉酒的人犯罪,应当负刑事责任。

1. 生理性醉酒:直接追究刑事责任,不能从轻、减轻处罚;

2. 病理性醉酒:按精神病处理,如果行为人知道自己有这个毛病,预见自己饮酒后会实施犯罪,行为人对饮酒造成的结果应当承担刑事责任。

三、生理缺陷的人的责任能力

又聋又哑的人或者盲人由于缺陷无法辨认和控制自己犯罪的,可以从轻、减轻或者免除处罚。

四、吸毒的人的责任能力

吸毒的人有完全责任能力,不能对其从宽处罚。饮酒是合法行为,吸毒是违法行为。根据当然解释,醉酒的人犯罪,应当负刑事责任。举轻以明重,吸毒的人犯罪,更应当负刑事责任。

2.9.3 期待可能性

期待可能性,是指根据行为时的具体情况,有可能期待行为人遵守法律。如果不可能期待行为人继续遵守法律,即使行为人实施了犯罪行为,也无罪。**举例:**甲犯罪后,破坏现场,毁灭证据。不能要求甲犯罪后保护现场,等待警方侦查。故甲毁坏证据的行为没有期待可能性,无罪。常考的有如下几种情况:

1. 亲亲得相首匿。

这是指近亲属之间的窝藏、包庇行为,一般不以犯罪论处或者从宽处罚。**举例:**甲犯罪后,甲的母亲给甲钱,帮其逃跑。法律无法期待儿子犯罪后,母亲对其横眉冷对甚至大义灭亲。因此,对母亲可以不追究窝藏罪的刑事责任或者从宽处罚。这说明期待可能性理论是关乎人性的理论。

2. 犯罪后毁灭证据、伪造证据。

这是指行为人犯罪后,毁灭、伪造自己的犯罪证据,这没有期待可能性,不构成犯罪。这里的"毁灭""伪造",包括自己实施,也包括唆使他人实施。

举例 1:甲杀人后,将尸体掩埋,伪造他人足迹。甲毁灭、伪造证据的行为没有期待可能性,对此不构成犯罪。

举例2：甲杀人后，将凶器遗忘在现场。甲教唆乙将凶器扔在枯井中，乙照办。乙不是犯罪人，对其毁灭证据的行为有期待可能性，故乙构成帮助毁灭证据罪，但甲因没有期待可能性，不构成帮助毁灭证据罪的教唆犯。

3. 无罪的人脱逃。

这是指原本无罪的人，被司法机关错误羁押，趁人不备又脱逃。由于原本无罪，脱逃行为没有期待可能性，行为人不构成脱逃罪。

4. 犯罪后掩饰、隐瞒犯罪所得。

这是指犯罪以后，行为人又对赃物掩饰、隐瞒。**举例**：甲盗窃后，又将赃物出售给他人。法律不能期待小偷盗窃后不销赃，故销赃行为没有期待可能性，甲不构成掩饰、隐瞒犯罪所得罪。

5. 共犯人的窝藏、包庇、毁灭证据。

这是指共犯之间相互窝藏或包庇以及毁灭共同犯罪证据的行为，没有期待可能性，不构成犯罪。**举例**：甲、乙共同盗窃后，为躲避侦查，甲、乙一起藏于甲乡下的老宅。由于甲、乙是共同犯罪，甲窝藏乙的行为没有期待可能性，不构成窝藏罪。

6. 特殊情形的重婚。

因强迫、包办婚姻或因婚后受虐待外逃，或者已婚妇女在被拐卖后，与他人形成事实婚姻的，是为客观条件所迫，没有期待可能性，不构成重婚罪。**【注意】**上述妇女又与他人登记结婚的，有期待可能性，成立重婚罪。

2.10 犯罪形态

犯罪形态，是犯罪在时间上的呈现形态，包括犯罪完成形态（既遂）和犯罪未完成形态（犯罪预备、未遂、中止）。只有（直接）故意犯罪才有犯罪形态，间接故意犯罪、过失犯罪无犯罪形态，因为间接故意犯罪和过失犯罪必须造成结果才能定罪处罚，没有造成结果的不处罚，也就不存在未遂、中止等未完成形态。弄清楚具体的犯罪形态有利于更清楚地界定犯罪，进而更好地定罪量刑，实现罪刑均衡。

法益侵害性：预备阶段的犯罪中止 < 犯罪预备 < 实行阶段的犯罪中止 < 犯罪未遂 < 犯罪既遂。

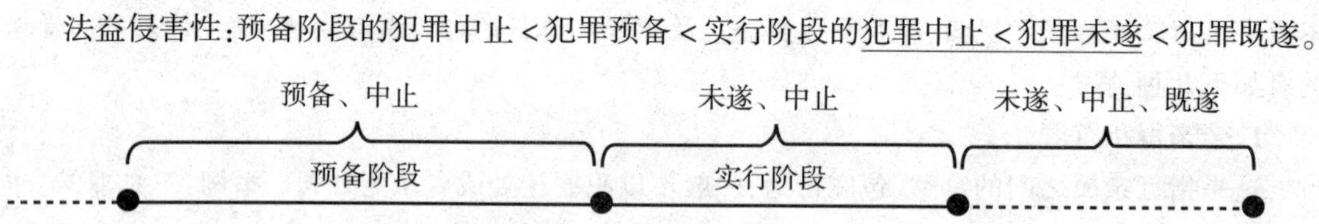

图2-4　犯罪形态示意

犯罪未遂与犯罪中止是考试常考的考点，两者都表示既遂结果没有出现。对于未遂犯而言，未出现既遂结果，违反了行为人的意志。对于中止犯而言，未出现既遂结果，符合行为人意愿，也即行为人主动停止犯罪，属于“迷途知返”，需要大大奖励。在主观题备考中，考生要对犯罪未遂、中止重点掌握。

2.10.1 犯罪预备

1. 主观上为了实行犯罪

预备行为是为实行行为做准备,即为了进一步实施实行行为。**举例:**甲想毒杀乙,先买了毒药。买毒药是预备行为,就是为投毒做准备。

(1)为预备行为实施的“准备”行为,不是犯罪预备。**举例:**甲想毒杀乙,但无钱买毒药。甲先打工挣钱,再买毒药杀乙。买毒药是杀人的预备行为,为了买毒药而打工,是为预备行为做准备。甲打工无罪,打工不是犯罪预备行为。

(2)为了实行犯罪,包括为自己实行犯罪与为他人实行犯罪。**举例:**乙知道甲想盗窃,为其提供一把钥匙。甲后悔,放弃盗窃。甲是预备阶段的犯罪中止,乙是犯罪预备。

2. 客观上实施了预备行为

(1)准备工具(购买凶器、制造凶器等)、制造条件(踩点、尾随被害人、出发前往犯罪现场、等候被害人到来、诱骗被害人前往犯罪现场、商议犯罪计划等)。

(2)预备行为对法益有一定危险,如果是单纯流露,对法益没有危险,则不成立犯罪。

3. 未能着手实行犯罪

这包括两种情况:一是没有完成预备行为,因意志外原因无法着手实行。

举例1:甲在盗窃途中,中风瘫痪。

二是完成预备行为,因意志外原因无法着手实行。

举例2:乙等候被害人出现,因行踪鬼祟,被警察抓获。

4. 自动放弃犯罪

自动放弃犯罪属于预备阶段的中止。**举例:**彪哥见到桂花进入家门,家中正好无人。但是想到自己的行为会给桂花的工作造成不良的影响,于是放弃强奸,默默地祝福她,这属于预备阶段的犯罪中止。

2.10.2 犯罪未遂(☆☆)

1. 已经着手实施犯罪

关于“着手”的判断,“因果关系”中已经详细讲解,不再赘述。

2. 犯罪未得逞

法益虽然面临危险但尚未被侵害,没有发生行为人所希望或者放任的、行为性质所决定的犯罪结果。**举例:**彪哥都将桂花的衣服脱了,但这个时候刚子出现将彪哥制止。彪哥是因意志以外的原因未得逞,未造成希望的强奸结果,构成犯罪未遂。

3. 由于意志以外的原因未得逞

2021年全国卷刑法题考查了这个知识点。未遂是因意志以外的原因未得逞,而犯罪中止是行为人主观上的放弃。犯罪未遂始终违背犯罪分子的意志。客观上使犯罪不可能既遂或者犯罪人认为不可能既遂因而被迫停止犯罪的因素,常见的有:

(1)自然因素:彪哥想用定时炸弹炸死搅扰好事的刚子,结果定时炸弹出故障没响。

(2)第三人因素:犯罪行为被警察或者群众发现或者行为人在实行犯罪的时候被肇事汽车撞死。

(3)行为人自身因素:想开车撞死刚子,但是车技不好自己撞路肩上了——行为能力不行;窗外传来警笛声音,以为是抓自己的,跳窗逃跑——主观认识出现错误。

(4)被害对象自身因素:彪哥猛扎刚子数十刀,以为刚子必死无疑,离开现场,结果刚子只是休克,后被救活。

(5)虽然能够继续实施相同行为,但继续实施行为不适合实现行为计划,应当否定自动性。

判断未遂的标准:行为人着手犯罪后,只要不是自动放弃犯罪,都构成犯罪未遂。

2.10.3 犯罪中止(☆☆☆)

1. 时间性:在犯罪过程中。

犯罪中止,可以发生在预备阶段、实行阶段以及实行行为结束后,犯罪既遂前。

2. 自动性:自动放弃犯罪或者自动有效地防止犯罪结果发生。

放弃的动机是否高尚,不影响犯罪中止的成立。

3. 客观性:要有中止行为。

中止行为有两种:一是自动放弃犯罪行为,二是自动有效地防止犯罪结果发生。

(1)行为未实行终了:自动放弃犯罪就能中止。**举例:**甲骗乙的财物,见乙可怜,于是放弃。由于诈骗行为还未实行完毕,甲自动放弃犯罪,就成立诈骗罪中止。

(2)行为已实行终了:自动有效地防止犯罪结果发生才能中止。**举例:**甲投毒杀乙,乙疼痛难忍,甲心生怜悯将其送医,乙被救活。虽然甲的杀人行为已经实施完毕,但甲有效阻止了乙的死亡,构成故意杀人罪中止。

4. 有效性:没有发生法定的危害结果。

这是指没有发生犯罪既遂要求的危害结果,如果发生结果,一般成立犯罪既遂。**举例:**乙托甲买胃药,甲却将毒药交给乙。甲产生悔意后到乙家想取回毒药,乙谎称药已被服用。甲见乙无异常,未告知真相。几天后,乙服用毒药死亡。由于发生了死亡结果,即使甲有防止措施,也构成犯罪既遂。

中止行为足以防止侵害结果发生,但事实上是由与中止行为无关的其他人的行为防止侵害结果发生的,也应认定为犯罪中止。

5. 中止是行为人"能"达目的而"不欲(干)"了,迷途知返,需要嘉奖。考试常考的中止情形:

(1)真诚悔悟,良心发现而停止。

(2)因被害人的哀求、对被害人怜悯、第三人的劝说而停止。

(3)因为害怕受到法律制裁、神的处罚、鬼怪的纠缠而停止。

(4)害怕受到刑法处罚(例外:如果刑法处罚马上起作用,如警察就在身边,停止下来成立未遂)。

(5)因为已经实现构成要件外的目标,而放弃犯罪的,成立犯罪中止。

2.11 共同犯罪

共同犯罪,是指二人以上共同故意犯罪。二人以上共同过失犯罪,不以共同犯罪论处;应当负刑事责任的,按照他们所犯的罪分别处罚。

1. “两人”:如18周岁的路人甲和11周岁的路人乙,共同抢劫富商丙。

2. “共同”:只要两个行为人的客观行为是共同的(不存在谁支配、控制谁的问题),共同推进犯罪的进行,各行为人主观上对行为的意义能够基本了解(知道自己是在干坏事),交换意思、互相帮助,即便两个人的罪名完全不一致,甚至有一方最终因为没有达到责任年龄而不构成犯罪,二者也成立共同犯罪(只要有共同犯罪行为,无须共同有责性;不需要罪名一致就可以构成共同犯罪)。

3. “故意”:交通事故发生后,车辆的所有人、乘车人、单位主管人,命令/指示驾驶员逃逸,并因逃逸使被害人得不到及时救助而死亡的,车辆的所有人、乘车人、单位主管人成立交通肇事罪的共同犯罪,法定刑7年以上;如果最后法医鉴定就算救助及时也一样会死的,则不构成交通肇事罪的共同犯罪。

4. “犯罪”:两阶层理论——客观上要符合违法层面,但能否承担责任还要看是否符合主观有责层面。

2.11.1 共犯的本质

1. 共同(正犯)犯罪的本质:解决法益侵害结果的归属问题,也即多个行为人共同导致法益侵害结果时,结果应算到谁的头上?

举例:辽北彪哥、刚子相约杀死共同的仇人三虎,同时开枪。彪哥击中三虎的头部,致其死亡,刚子未击中。三虎的死亡结果应归属于谁的行为?

共同犯罪的理论价值是:虽然刚子未击中,法益侵害结果也要算到刚子的头上。

2. 违法的连带性:当各共犯参与人都与结果有因果性时,他们都要对结果负责。因果性就像一条绳子,将共犯参与人串在一起,连带着对结果负责。也就是说,他们都是结果发生的原因,共同对结果负责。

(1)“对结果负责”不是指负刑事责任,而是指当共犯参与人共同导致结果时,结果应归属于各共犯参与人,是因果关系意义上的结果归属。

(2)违法连带的例外:自损行为。

举例:辽北彪哥、刚子、三虎共谋抢劫。三人合计:如果有人反抗就立马枪杀。三人抢劫的时候,彪哥误以为旁边的三虎是反抗的被害人,开枪致三虎重伤。由于三人构成共同犯罪,彪哥的杀人行为就是刚子、三虎的杀人行为,彪哥的杀人故意就是刚子、三虎的杀人故意,故彪哥构成故意杀人罪未遂,刚子、三虎也构成故意杀人罪未遂。但是,这相当于三虎在杀人故意下朝自己开枪,致自己重伤。故三虎不构成故意杀人罪未遂,这是违法连带唯一的例外。

3. 责任的个别性：解决共犯参与人对客观上造成的法益侵害结果是否承担刑事责任的问题。

举例：彪哥想杀三虎，刚子想伤害三虎，最终彪哥、刚子共同将三虎打死了。彪哥、刚子在共同故意范围内成立共同犯罪。彪哥构成故意杀人罪，刚子构成故意伤害致人死亡罪。二人有共同的伤害行为，成立共同犯罪。

2.11.2 共犯的责任(☆☆☆)

1. 原则：部分实行，全部责任(针对正犯)。

2. 例外：实行过剩。

(1)概念：共同犯罪中部分正犯的行为超出了共同犯罪的范围，因此只有正犯(实行犯)才可能超出。

(2)判断标准：

①客观条件：共同部分与超出部分有无物理或心理上的类型化的因果关系。

②主观条件：未过剩者对超过的部分没有过失、故意。

2.11.3 间接正犯(☆☆)

间接正犯是指将他人作为犯罪的工具，通过支配他人实施犯罪。间接正犯的成立条件：一是客观上对实行者有支配力，二是主观上对实行者有支配的故意。

一、间接正犯的类型

间接正犯也是正犯，要对实行者具有支配力。

1. 利用无刑事责任能力/未达到刑事责任年龄的人实施犯罪：让智力障碍者进行强奸，间接正犯不管是男性还是女性，都构成强奸罪。

2. 利用他人不属于犯罪行为的身体的动作：明知甲梦游切西瓜，还安排甲与被害人在一起睡觉，并放上刀——间接正犯，构成故意杀人罪(致死的)。

3. 利用他人不知情的行为：隐瞒屏风后面有人，让人射击；医生将有毒针剂谎称是治疗最佳药物，欺骗护士铁钢给病人注射，致病人死亡。

4. 利用被害人自身的行为：告诉孩子从楼上跳下去就能飞，孩子跳了，行为人是间接正犯。但是让正常成年人跳，正常人跳了，行为人不构成犯罪。因为正常人有能力选择可以不跳，行为人对其没有支配地位，但是对孩子是有支配地位的。

5. 法律拟制的支配力：警察甲得知健身教练乙与嫌疑人丙有仇，便请乙殴打丙以逼取供述，乙欣然接受，致丙重伤。

(1)就故意伤害罪而言：甲并未通过欺骗或胁迫方式支配乙的行为，故乙是故意伤害罪的实行犯，甲是故意伤害罪的教唆犯。

(2)就刑讯逼供罪而言，乙没有司法工作人员的身份，不能构成刑讯逼供罪的实行犯，甲并未通过欺骗或胁迫方式支配乙的行为，原应构成刑讯逼供罪的教唆犯，但是由于乙不是实行犯，如果甲也不是实行犯，无法定罪，因此只能对甲定刑讯逼供罪的间接正犯，甲对乙的支配力来自法律的拟制。

综上所述,甲构成刑讯逼供罪的间接正犯与故意伤害罪的教唆犯,乙构成故意伤害罪的实行犯与刑讯逼供罪的帮助犯,两人都是想象竞合犯,从一重罪处罚。

二、间接正犯的责任

1. 间接正犯的着手:被利用者着手实行犯罪。**举例**:甲教唆3岁的乙盗窃,乙着手盗窃时,即为甲盗窃罪的着手。

2. 间接正犯的既遂:被利用者完成犯罪。**举例**:甲教唆3岁的乙盗窃,乙偷到手后,即使还未来得及将财物交给甲,由于乙已经完成盗窃,故甲构成盗窃罪间接正犯既遂。

3. 间接正犯的责任承担:甲教唆3岁的乙盗窃,乙盗窃10万元财物,甲构成间接正犯,犯罪数额为10万元。

2.11.4 教 唆 犯(☆☆☆)

在客观阶层,教唆犯要引起实行者着手犯罪;在主观阶层,教唆犯要有教唆他人犯罪的故意。也就是说,客观上有教唆行为,主观上有教唆故意,主客观相一致时,才能成立教唆犯。

一、教唆犯构成要件

1. 客观阶层:有教唆行为。

(1)教唆的对象:教唆的对象必须具有规范意识、责任能力,但不要求其达到责任年龄。教唆对象必须特定,让他从无心犯罪到有心犯罪。说者无心,听者有意不算教唆。

(2)教唆的行为:引起实行者着手犯罪。

2. 主观阶层:有教唆故意。

教唆故意有两层含义:一是教唆行为本身的故意,这是指故意教唆正犯着手犯罪(过失教唆无罪)。二是教唆正犯实施故意犯罪。如果故意教唆正犯实施过失犯罪,成立间接正犯。

3. 如果被教唆的人没有犯被教唆的罪,对于教唆犯,可以从轻或者减轻处罚。此处存在观点争议:

旧理论认为:即使被教唆者没有犯罪,教唆者也构成犯罪,只是可以从轻或者减轻处罚。这是共犯独立性的立场,是错误的。

张明楷老师认为:被教唆的人(实行犯)已经着手实行了犯罪,但是没有达到既遂的程度,只是未遂或者中止了,所以可以从宽处罚。这是共犯从属性的观点,法考采取该观点。

2009年的主观题刑法题:乙教唆甲抢劫甲的情妇丙的钱,甲说:“别瞎整!”乙未再吭声。过几天,甲去丙家约会的时候,临时起意抢劫了丙的钱。第一,甲拒绝接受教唆。乙不构成教唆犯,不能给乙定教唆犯未遂。第二,甲几天后的抢劫罪是单独犯罪,与乙无关。不能因为甲抢劫既遂了,就给乙定一个抢劫罪的教唆犯既遂。

二、教唆行为的正犯化

教唆行为都是由《刑法》总则规定的,如果某种教唆行为由《刑法》分则单独规定,并配备了

独立的法定刑,就成为独立的罪名。常见的教唆犯正犯化:

1.《刑法》第 103 条第 2 款:煽动分裂国家罪。

2.《刑法》第 105 条第 2 款:煽动颠覆国家政权罪。

3.《刑法》第 301 条第 2 款:引诱未成年人聚众淫乱罪。

4.《刑法》第 307 条第 1 款:妨害作证罪(引诱证人违背事实改变证言或作伪证)。

5.《刑法》第 353 条第 1 款:引诱、教唆他人吸毒罪。

6.《刑法》第 359 条第 1 款:引诱卖淫罪。

三、教唆犯的处罚

1. 我国刑法对教唆犯没有独立的处罚原则,而是根据教唆犯在共同犯罪中所起的作用大小将其分为主犯、从犯来处罚。

2. 教唆不满 18 周岁的人犯罪的,从重处罚。

3. 被教唆的人没有犯被教唆的罪的,对教唆犯可以从轻或者减轻处罚。

2.11.5 帮 助 犯(☆☆☆)

帮助正犯的,是帮助犯。成立帮助犯,要求有帮助的行为与帮助的故意,共犯从属性原理还要求被帮助者着手实行了犯罪。

一、帮助犯构成要件

1. 客观阶层:有帮助行为。

(1)帮助的时间:事前的帮助、事中的帮助、事前约定事后帮助。

(2)帮助的形式:物理帮助(提供工具,踩点)、心理帮助(提供建议,强化犯意)。

2. 主观阶层:有帮助故意。

帮助故意有两层含义:一是帮助行为本身的故意,这是指故意帮助正犯着手犯罪(过失帮助无罪)。二是帮助正犯实施故意犯罪。如果故意帮助正犯实施过失犯罪,成立间接正犯。

【总结】教唆犯、帮助犯与间接正犯的关系。

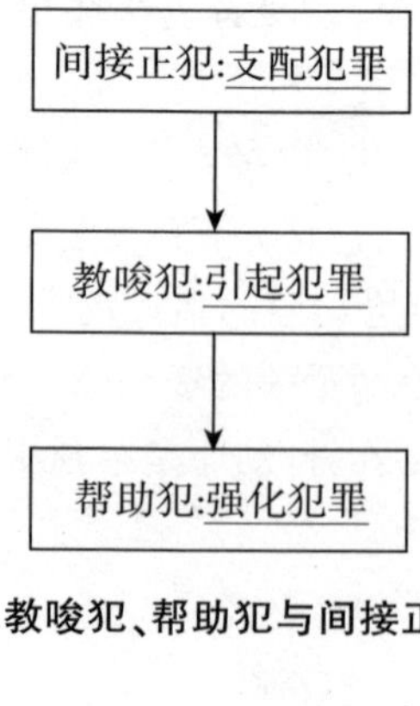

图 2-5 教唆犯、帮助犯与间接正犯的关系

二、帮助犯的既遂

1. 实行犯制造了既遂的结果(行为人已经既遂);

2. 帮助行为与既遂的发生有因果关系(没有因果关系时,是帮助犯的未遂)。

同时满足两点才是帮助犯的既遂。

2.11.6 实行过限(☆☆☆☆☆)

1. 甲、乙共谋入户抢劫,控制住被害人后,甲上楼去寻找财物。不想乙背着甲顺便又对被害人劫了个色。乙强奸的行为超出了共同犯罪的范围,责任自负,甲不负责。

2. 甲教唆乙入户盗窃,乙却入户抢劫。甲对抢劫行为不负责,但是对财产损失的结果要负责,即甲乙在盗窃罪范围内成立共同犯罪,甲是盗窃罪的教唆犯,乙成立抢劫罪。

【总结】原则上超出行为不负责,但超出的结果如果与之前共谋行为有类型化关系,就要对结果负责。

举例1:甲、乙共谋盗窃,甲在门口望风,乙入户盗窃,但乙入户后被发现,为了抗拒抓捕将被害人打成重伤,取走了财物就和甲跑了。甲对室内发生的事情不知情。则甲不对抢劫的结果负责,仅构成盗窃罪。

【错误,甲、乙有盗窃罪的共犯故意,虽然乙转化为抢劫了,但是甲、乙二人在盗窃罪范围内成立共同犯罪,甲构成盗窃罪,乙构成抢劫罪既遂,并适用致人重伤的法定刑。但甲、乙二人对取得财物这个结果都要负责,即甲、乙二人罪名不同,既遂的数额是一样的】

举例2:甲、乙想要控制丙,让丙偿还赌债,甲在门口望风,乙在室内看守。其间,乙使用暴力将丙打死。由于甲一直在门口,对死亡结果不负责。

【错误,甲、乙有非法拘禁的共同故意,虽然是乙把人打死的,但甲对死亡结果也要承担刑事责任,甲、乙二人在非法拘禁范围内成立共同犯罪,甲成立非法拘禁罪,承担致人死亡的刑事责任。乙成立故意杀人罪(转化了)】

2.11.7 共犯的形态(☆☆☆☆☆)

一、承继的共同犯罪

承继的共同犯罪,是指前行为人已经着手犯罪,后行为人中途加入。后行为人如果与前行为人共同实行,就是承继的共同正犯;如果对前行为人进行帮助,就是承继的帮助犯。**【注意】**前行为人已着手犯罪,有犯罪故意,不存在承继的教唆。

1. 承继的时间

只能存在于犯罪既遂前。犯罪既遂后对正犯的帮助,构成窝藏罪、包庇罪等;对赃物的帮助,构成掩饰、隐瞒犯罪所得罪等。这些都是独立的犯罪,不再是共犯。

2. 承继的方式

(1)在诈骗、敲诈勒索之类的犯罪中,前行为人实施欺骗、恐吓行为之后,后行为人只是参与接受财物的，应认定为承继的帮助犯。**举例**：甲诈骗乙的过程中，丙知情为甲提供账户。丙的帮助行为与甲的诈骗行为及结果有因果性，丙构成诈骗罪承继的帮助犯。

(2)在抢劫罪中，前行为人实施了暴力、胁迫等行为，后行为人参与取走财物，后行为人成立承继的共同犯罪。至于后行为人是承继的共同正犯还是承继的帮助犯，则取决于其所起的实质作用。

(3)在强奸罪中，后行为人参与部分行为，应按照前行为人的行为性质认定。

(4)在结合犯中，后行为人仅参与后一犯罪的，不构成结合犯，仅成立后一犯罪。

3. 责任的承担

(1)原则：先行为人导致的结果，后行为人不承担责任。

(2)例外：

①能证明后行为人参与后共同行为引发的结果，无论是谁导致的，前后两人都承担责任。

②能证明结果是其中一人导致，但查不清是谁，先行为人承担责任，后行为人不承担。

二、片面的共同犯罪

这是指在同一犯罪中，甲认识到自己在和乙共同犯罪，乙却没有认识到自己在和甲共同犯罪(也就是“一厢情愿”)。

1. 片面共犯的分类

(1)片面的共同实行犯(正犯)，即实行的一方没有认识到另一方的“实行”行为，即彼此之间没有“意思交互”。

(2)片面的教唆，被教唆者没有意识到自己被教唆的情况。**举例**：甲将乙的妻子丙与他人通奸的照片和一支枪放在乙的桌子上，欲教唆乙杀害丙。乙看见后立即产生杀人故意，将丙杀死。但乙并没有认识到自己是被甲“教唆”而实施犯罪。

(3)片面的帮助行为，即实行的一方没有认识到另一方的“帮助”行为(非实行行为)。**举例**：甲明知乙正在追杀丙，由于甲与丙有仇，便暗中设置障碍物将丙绊倒，从而“帮助”乙顺利地杀害丙。

2. 片面共犯的处罚

对知情的一方适用共同犯罪的处罚原则，对不知情的一方不适用。

三、不作为的共同犯罪

不作为的共同犯罪，有两种类型。

1. 不作为的共同正犯

举例1：甲、乙见儿子落水，都袖手旁观，致使儿子溺亡。甲、乙构成不作为的故意杀人罪，是不作为的共同正犯。

举例2：甲毒杀儿子，妻子乙有能力而不制止。甲是作为的故意杀人罪，乙是不作为的故意杀人罪。甲、乙构成故意杀人罪的共同正犯。

2. 不作为犯罪的共犯

(1)不作为的实行犯+作为的教唆犯。**举例**：甲跑步时不慎撞倒老人，致其重伤，如不及时救助，老人会流血过多死亡。乙唆使甲逃跑，甲接受教唆，老人死亡。甲是不作为故意杀人罪的实行犯,乙构成不作为故意杀人罪的教唆犯。甲是不作为的实行,乙是作为的教唆。

(2)不作为的实行犯+作为的帮助犯。**举例**:甲产下私生子,请邻居乙将孩子丢弃在火车站。甲是遗弃罪的实行犯,乙是遗弃罪的帮助犯。甲是不作为的实行,乙是作为的帮助。

(3)作为的实行犯+不作为的帮助犯。**举例**:甲是剧场的负责人,看到乙组织淫秽表演而不制止。乙是组织淫秽表演罪的实行犯,甲是组织淫秽表演罪的帮助犯。乙是作为的实行,甲是不作为的帮助。

(4)作为的实行犯+不作为的教唆犯。由于不作为难以构成教唆犯,这种情形不存在。**举例**:甲知道乙追求丙被拒绝,开玩笑地对乙说:"如果你强奸了丙,丙自然就会和你谈恋爱。"乙信以为真,强奸了丙,甲在现场没有制止。甲对乙开玩笑时,没有教唆乙强奸的故意,不构成强奸罪的教唆犯。甲因为先行行为负有阻止乙强奸的义务,但乙强奸的意思不是由甲的不作为引起的,这不是不作为的教唆,对甲只能认定为强奸罪的帮助犯或者共同正犯。

2.11.8 共犯认识错误问题(☆☆☆☆☆)

1.正犯中的认识错误,重点阐述同一个构成要件中的错误(具体认识错误)

举例1:张三、李四二人以杀人的故意向吴某开枪,致其死亡。后来发现死者是路人甲。此为对象认识错误,不论根据具体符合说还是法定符合说,均成立故意杀人罪既遂。【正确】

举例2:张三、李四二人以杀人的故意向吴某开枪,均没有打中吴某。李四误击中吴某身边的路人乙,致其死亡。不论根据何种学说,均成立过失致人死亡罪。【错误,此种情况属于打击错误,根据法定符合说,均成立故意杀人罪既遂。根据具体符合说,均成立故意杀人罪(未遂),由于过失没有共同犯罪,李四单独对路人乙成立过失致人死亡罪,一个行为造成两个后果,属于想象竞合】

举例3:张三、李四二人以杀人的故意向吴某开枪,误打中吴某身边的路人丙,致其死亡。按照法定符合说,均成立故意杀人罪的既遂。按照具体符合说,对于吴某的死亡,均成立故意杀人罪(未遂),对于路人丙的死亡,二人均存在过失,如果路人丙只中一弹,无法区分是谁射出的,按照具体符合说,只能认为二人对路人丙的死亡都不负责任。【正确】

2.共犯中的认识错误,重点阐述教唆犯中的认识错误

举例1:甲教唆乙杀死仇人吴某,乙以为路人丙是吴某,将其杀害。甲想要让乙杀死吴某,但是吴某没出现,客观上路人丙死了,属于打击错误,根据法定符合说,甲成立故意杀人罪的教唆既遂。但是乙是主观上认错人了,属于对象错误。【正确】

举例2:甲教唆乙杀死仇人吴某,乙看到吴某后开枪,但是由于枪法不准,打死了旁边的路人丁。甲想要杀死吴某,但客观上路人丁死了,属于打击错误。根据法定符合说,甲成立故意杀人罪的教唆既遂。而乙由于枪法不准,也是客观上把路人丁杀死了,也是打击错误。【正确】

举例3:甲主观上想教唆乙杀死吴某,实际上乙早就有杀死吴某的犯罪意图,所以乙假意答应,将吴某杀死。甲客观上只是起到了乙杀人的帮助作用,由于教唆的本质是创造犯意,强化犯意属于帮助犯,故甲在教唆和帮助的范围内重合,成立故意杀人罪的帮助犯。【正确】

3.间接正犯中的认识错误

举例1:甲以为乙也就10岁,教唆乙去盗窃,实际上乙已经18岁了。由于教唆犯和间接正犯

在利用他人犯罪这个方面有重合的地方，可以把间接正犯当成特殊的教唆。因此，甲主观上有教唆他人犯罪的故意，客观上也起到了利用的效果，主客观范围内教唆重合，甲成立盗窃罪的教唆犯。【正确】

举例2：甲想要杀死吴某，将有毒的饮料交给自己的员工乙保管，并且对乙说，“如果看到吴某，你就将这个有毒的饮料给我”。某日吴某果真来找甲，乙以帮助的故意将有毒饮料递给了甲，但是此时甲已经忘了饮料有毒的事情，在缺乏杀人故意的情况下将饮料递给了吴某喝，最后吴某死亡。间接正犯和帮助犯在帮助犯的强化犯罪中是重合的，因此乙的行为成立故意杀人罪的帮助犯。【正确】

举例3：乙让11岁的甲进入某办公楼盗窃他人财物，甲正要进入办公楼时，巧遇同龄的丙，甲便邀丙一起行动，丙同意后，二人一起进入办公楼共同盗窃，甲窃取一台价值9000元的笔记本电脑，丙窃取一部价值4000元的手机。间接正犯必须对被利用者所造成的法益侵害结果承担正犯的责任，故乙的盗窃数额认定为1.3万元。【正确】

主观题小案例

【案例1】钱某持刀抢劫沈某，将沈某控制后，吴某加入并帮钱某取得了财物，沈某受钱某伤害流血过多，抢救无效死亡。

问题：试分析钱某和吴某的行为。

答案参考：钱某、吴某成立抢劫罪共犯。钱某成立抢劫罪并适用致人死亡的加重刑。

依据刑法的规定，以非法占有为目的，使用暴力控制他人劫取财物的，成立抢劫罪，抢劫致人重伤、死亡，需要承担抢劫罪的加重刑。吴某中途加入，仅对加入以后的结果负责，但死亡结果是加入前钱某所致。

【案例2】甲、乙共谋要教训一下共同的仇人吴某，因为甲有夺妻之恨，所以暗藏杀人之心，但是并没有和乙说。某日，二人共同去找王某，和王某说：“听说吴某别墅中有巨款，我们入户盗窃，你在门口望风，事成之后，三人平分钱财。”王某欣然答应，并在门口望风，甲、乙进入别墅后对吴某实施暴力致其死亡。

问题：试分析本案中甲、乙、王某的行为。

答案参考：甲、乙在故意伤害罪范围内成立共同犯罪，甲成立故意杀人罪，乙成立故意伤害罪（致人死亡），王某不构成犯罪。

依据刑法的规定，两人以上共同故意伤害他人，成立故意伤害罪的共同犯罪。甲主观上有杀人的故意，乙仅有伤害的故意，故甲成立故意杀人罪，乙成立故意伤害罪（致人死亡）。王某主观上有盗窃的故意，但是客观上没有盗窃行为，所以不符合刑法关于盗窃罪的规定，不成立盗窃罪。

【新考法】有的同学觉得甲乙的“入户”行为是违法的，且王某有入户的主观故意，客观上为共犯入户提供帮助，可以定非法侵入住宅罪。甲、乙故意伤害（共同犯罪）已经吸收了非法侵入住宅罪，但王某的非法侵入住宅行为没有被吸收掉。所以，回答三个人在非法侵入住宅罪范围内成立共同犯罪也是正确的。对王某认定非法侵入住宅罪也可以，答案参考如下：

王某成立非法侵入住宅罪。甲、乙二人入户对吴某实施暴力，在故意伤害罪范围内成立共同犯罪，甲成立故意杀人罪，乙成立故意伤害罪（致人死亡）。甲、乙同时触犯了非法侵入住宅罪，非法侵入住宅罪被故意伤害罪吸收。但是王某主观上没有伤害的故意，仅有入户盗窃的故意，入户盗窃和非法侵入住宅有一部分是重合的,王某虽然不构成盗窃罪,但是成立非法侵入住宅罪。

【案例3】甲、乙共同去都某别墅盗窃,甲在外望风,乙在盗窃过程中发现都某某正在别墅内睡觉,于是临时起意将其强奸。

问题:试分析甲、乙的行为。

答案参考:甲、乙在盗窃罪范围内成立共同犯罪。乙的强奸行为属于实行过限,成立强奸罪。

依据刑法的规定,二人以上共同故意犯罪的,构成共同犯罪。甲、乙共谋盗窃行为成立盗窃罪的共同犯罪。乙强奸都某某的行为属于实行过限,对此,甲不承担刑事责任。所以,甲成立盗窃罪,乙成立盗窃罪、强奸罪数罪并罚。

【案例4】甲、乙共谋教训一下丙,乙在门外望风,甲在伤害丙的过程中突然想要杀死丙,于是连续用刀刺丙的要害,致丙死亡。

问题:乙是否对丙死亡结果负责,为什么?

答案参考:甲、乙在故意伤害罪范围内成立共同犯罪,甲成立故意杀人罪,乙成立故意伤害罪(致人死亡)。

甲、乙二人共谋伤害丙,依法成立故意伤害的共同犯罪,甲的杀人行为属于实行过限,超过了共谋的范围。但是故意杀人和故意伤害两者具有包容关系,乙需要对死亡结果负责,故乙承担故意伤害致人死亡的刑事责任。

【案例5】甲想要入户抢劫吴某,担心自己没办法进入吴某的别墅。于是找到乙,对乙说:"我要去吴某家入户盗窃,但是担心打不开门,能否帮忙做一把钥匙,我们一起发点财。"乙觉得甲这是看得起自己,于是利用祖传的开锁手艺做了一把万能钥匙给了甲。次日,二人见面一起去吴某别墅,乙担心坐牢,于是对甲说:"我突然想起今天要祭祖,你自己去吧。"无奈,甲一个人进入别墅,抢了80万元。

问题:试分析甲、乙的行为。

答案参考:甲、乙在盗窃罪范围内成立共同犯罪,甲成立抢劫罪(既遂),乙成立盗窃罪(既遂)。既遂数额均为80万元。

我国刑法对抢劫罪和盗窃罪有明文规定,二者之间有包容关系。两人以上共同故意犯罪成立共同犯罪。本案中,甲依法成立抢劫罪,乙成立盗窃罪。乙虽然中途没去,但是并没有明确退出也未取回钥匙,因此不属于共犯脱离。根据一人既遂整体既遂的规定,二人均既遂。

【案例6】甲、乙想要干点来钱快的事,于是想要绑架富商钱某的儿子。但是担心人手不够,于是找到丙,和丙说钱某欠钱不还,能否请丙把钱某的儿子弄来,然后逼迫钱某还债。丙按照甲提供的线索把钱某的儿子骗到自己的住所看管起来。

问题:试分析甲、乙、丙的行为。

答案参考:甲、乙、丙在非法拘禁范围内成立共同犯罪,甲、乙成立绑架罪,丙成立非法拘禁罪。

刑法规定,非法控制人质,向第三人提出不法要求的行为属于绑架罪。甲、乙共谋绑架,并利用不知情的丙实施拘禁人质的行为,依法成立绑架罪(共犯)。丙被利用,仅有非法拘禁的故意,依法成立非法拘禁罪。

2.12 罪　　数

罪数论是刑法中比较复杂的知识点，它主要解决的问题是行为人实施犯罪行为之后如何定罪。常考的知识点是想象竞合、结合犯、结果加重犯（特殊的法条竞合关系），前文已讲述。

2.12.1 罪数体系

罪数体系见图2－6、图2－7。

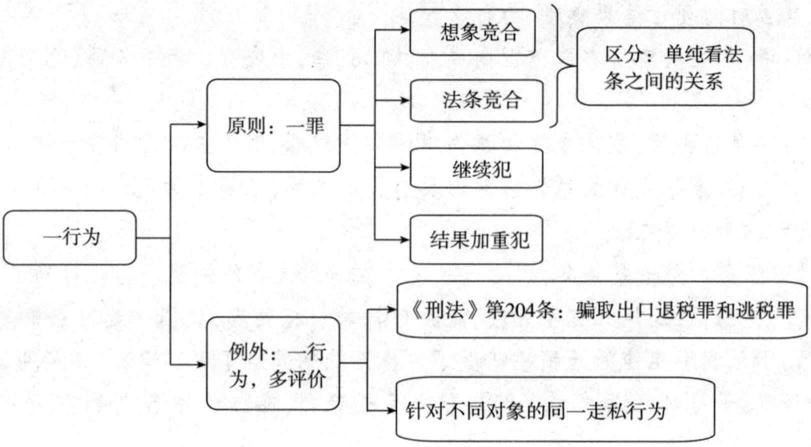

图2－6　罪数体系（一）

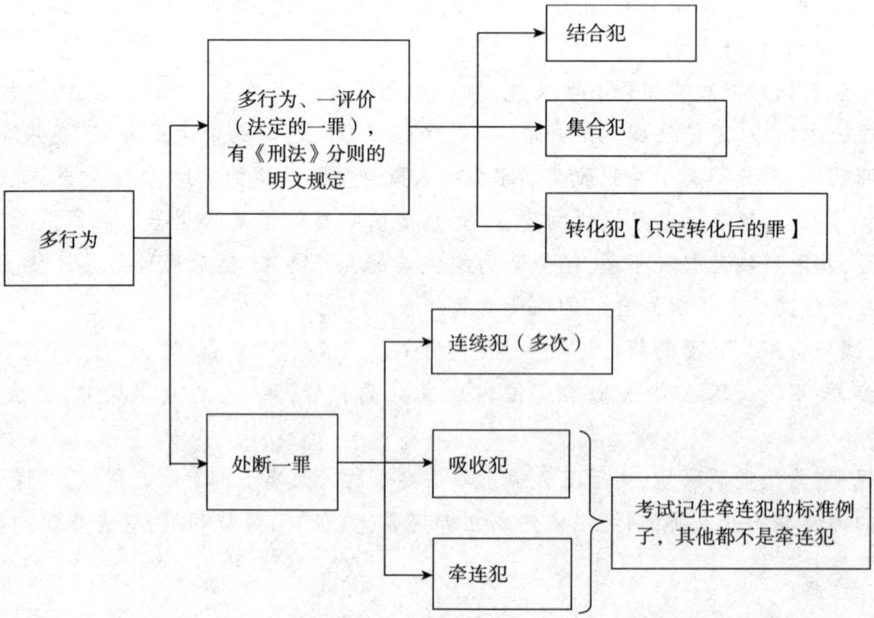

图2－7　罪数体系（二）

1. 行为人实施一个行为,原则上只能定一罪。

行为是一个还是数个,以法律规定为准,而不能自己数。**举例**:甲基于非法占有乙财物的故意,把乙打晕(轻伤)后,取走财物。有的同学觉得打晕(轻伤)是一个行为,取走财物又是一个行为。这是错误的,因为法律将其评价为"一个"抢劫行为。

2. 一行为一罪的例外情况:一个行为,但是定了数罪。

罪刑法定,法律规定了的要按照法律规定来定罪。考试中有两个知识点需要掌握:

(1)《刑法》第204条:纳税人缴纳一般税款后采用假报出口等手段骗取所缴税款,貌似骗取出口退税实为逃税,定逃税罪。骗取税款超过所缴纳税款的,超过部分构成骗取出口退税罪,数罪并罚。

(2)走私过程中,如果针对的是不同种类的物品,应当数罪并罚。**举例**:走私的对象同时包含普通货物与淫秽物品的,应数罪并罚。

3. 我国刑法原则上不承认同种数罪,比如实施了多个杀人行为,即便是每个杀人行为都可以独立构成故意杀人罪,但是最终也仅成立一个故意杀人罪。

举例:甲4月入户盗窃获得5000元现金,5月扒窃了10,000元现金。最后甲只构成一个盗窃罪,既遂数额为15,000元。

4. 行为侵犯一个法益,定一个罪。

(1)财产犯罪如果针对的是普通财物,事后处理赃物的行为无罪。

(2)如果是针对特殊物品,比如枪支、毒品、淫秽物品、文物等实施的财产犯罪,事后又干坏事,就得数罪并罚。因为侵犯了新的法益。

2.12.2 罪数原则(☆☆)

原则:一行为一罪,多行为就数罪并罚,禁止重复评价。例外:一行为要并罚,数行为定一罪。

一、一个行为实质是一罪,貌似数罪

1. 想象竞合犯:一行为侵犯数个法益,触犯了数个罪名。处理原则:择一重罪处罚。例外:《刑法》第204条,纳税人缴纳一般税款后采用假报出口等手段骗取所缴税款,貌似骗取出口退税实为逃税,定逃税罪。骗取税款超过所缴纳税款的,超过部分构成骗取出口退税罪,数罪并罚。

2. 法条竞合犯:明知是现役军人的配偶,还与之结婚——重婚罪还是破坏军婚罪。处理原则:特殊优于一般。例外:按重罪,《刑法》第140条生产、销售伪劣产品罪与第141~148条。

二、多行为定一罪

1. 事后不可罚:财产犯罪如果针对普通财物,事后处理赃物的行为不成立新罪;但如果是针对特殊物品如枪支、文物等,应数罪并罚。

2. 法定一罪(结合犯、集合犯):

(1)绑架+故意杀人=绑架罪;

(2)绑架+故意伤害致人重伤、死亡=绑架罪;

(3)拐卖+强奸=拐卖妇女罪;

(4)收买被拐卖的妇女、儿童+出卖=拐卖妇女、儿童罪;

(5)组织、运送他人偷越国边境/走私、贩卖、运输、制造毒品+妨害公务=一罪(加重处罚情节),其他+妨害公务并罚;

(6)中介组织收受他人贿赂后提供虚假证明文件的,仅定提供虚假证明文件罪一罪,作为加重量刑情节;

(7)针对假币、假发票、假货(如假冒注册商标的商品、侵犯著作权的作品)实施了一连串行为的,只要这些行为之间具有关联性,原则上仅定一罪;

(8)交通肇事+遗弃罪(逃逸)=交通肇事罪。

三、事后不可罚的行为

某个犯罪已经既遂,又实施另一个犯罪行为,但事后行为不需要处罚。不处罚的原因:第二个行为没有侵犯新的法益或者不具有期待可能性。财产犯罪如果针对普通财物,事后处理赃物的行为不成立新罪;但如果是针对特殊物品如枪支、文物等,应数罪并罚。

主观题小案例

【案例1】吴某听路人甲说周某家里有一把AK-47,吴某听完想看看是不是真的。于是深夜潜入周某家,见周某的保姆正在睡觉,于是绕到地下室把枪偷了出来。

问题:吴某的行为成立什么罪,为什么?

答案参考:盗窃枪支罪。

吴某入户盗窃的行为同时构成盗窃罪和盗窃枪支罪,在刑法理论上这属于法条竞合关系,适用于特别规定,即定盗窃枪支罪。

【案例2】甲绑架吴某某,想要索取一笔巨额的费用,但是吴某某说自己的名气很大,在朝阳很有势力,如果不放了他就弄死甲。甲一气之下把吴某某当场打死。

问题:甲的行为成立什么罪,为什么?

答案参考:绑架罪,适用法定加重刑。

刑法规定,以勒索财物为目的,控制人质向第三人提出不法要求的行为构成绑架罪。犯绑架罪,杀害被绑架人的,处无期徒刑或者死刑,并处没收财产。本案当中,甲控制吴某某,绑架罪既遂。后杀害被绑架人,属于刑法理论上的结合犯,只定绑架罪一罪。

【案例3】甲租了一辆帕萨特汽车,然后伪造机动车行驶证及"大绿本"交给二手车中介,中介公司看完证件后,把车卖给了不知情的张三,甲获利10万元。

问题:试分析甲的行为。

答案参考:诈骗罪。

甲的行为依法符合刑法关于伪造国家机关证件罪和诈骗罪的规定,依法成立伪造国家机关证件罪与诈骗罪,但是两者之间具有牵连关系,根据刑法理论,伪造是手段行为,甲最终定诈骗罪。

【案例4】张三夜里潜入富豪家中盗窃,看到了一尊金佛,在抱起金佛又寻找其他财物之际,被富豪家的忠犬发现。忠犬系纯种的贵族狗(价值10万元),直接扑向张三。张三为了窝藏金佛,使用暴力把忠犬打死后逃跑。

问题:试分析张三的行为。

答案参考:盗窃罪、故意毁坏财物罪,数罪并罚。

刑法规定,以非法占有为目的,入户盗窃的成立盗窃罪。故意毁坏他人财物的行为成立故意毁坏财物罪。本案中,张三入户盗窃金佛,被忠犬发现后使用暴力将忠犬打死,符合故意毁坏财物罪的规定。张三的行为不转化为抢劫罪,转化型抢劫罪要求为了窝藏赃物、抗拒抓捕、毁灭证据对阻碍的人使用暴力。

2.13 刑罚的裁量

2.13.1 自　　首(☆)

一、一般自首

1. 自动投案。

这是指主动将自己置于办案机关的合法控制下,接受审查与裁判的行为。可分为“自动”与“投案”两部分。

(1)“自动”投案。“自动”的本质是主动性和彻底性。

①主动性。不要求出于特定动机,由于生活所迫而投案也是自动投案。

亲友将犯罪嫌疑人送去投案,没有捆绑的,视为嫌疑人有主动性;如果有捆绑,不是自动投案。

②彻底性。这是指投案后自愿接受控制,直到最终审判。

第一,自动投案后又逃跑,不是自首;逃跑后又回来,还是自首。

第二,被动归案后又逃跑,逃跑后又回来,不是自首。

(2)自动“投案”。投案的本质是将自己置于司法机关的合法控制下。在立法精神上,鼓励自首,以节约司法资源,故投案的认定范围较大。

【注意1】自首中的“犯罪以后”是指着手实行犯罪以后,不要求犯罪行为终了。

【注意2】因特定违法行为被行政拘留、司法拘留、强制隔离戒毒等行政、司法强制措施期间,主动向执行机关交代尚未被掌握的犯罪行为,是自动投案,构成自首。**举例**:甲涉嫌嫖娼被行政拘留,又主动供述自己患有艾滋病的事实,甲是自动投案,构成传播性病罪的自首。

常考的自动投案的情况:

(1)犯罪后主动报案,虽未表明自己是作案人,但没有逃离现场,在司法机关询问时交代自己罪行的;

(2)明知他人报案而在现场等待,抓捕时无拒捕行为,供认犯罪事实的;

(3)在司法机关未确定犯罪嫌疑人,尚在一般性排查询问时主动交代自己罪行的;

(4)因特定违法行为被行政拘留、司法拘留、强制隔离戒毒等行政、司法强制措施期间,主动向执行机关交代尚未被掌握的犯罪行为的;

(5)其他符合立法本意的,应当被视为自动投案的情形。

2. 如实供述。

(1)如实供述自己的罪行,除供述自己的主要犯罪事实外,还应包括姓名、年龄、职业、住址、前科等情况。犯罪嫌疑人供述的身份等情况与真实情况虽有差别,但不影响定罪量刑的,应认定为如实供述自己的罪行。犯罪嫌疑人自动投案后隐瞒自己的真实身份等情况,影响对其定罪量刑的,不能认定为如实供述自己的罪行。

(2)犯罪嫌疑人自动投案时虽然没有交代自己的主要犯罪事实,但在司法机关掌握其主要犯罪事实之前主动交代的,应认定为如实供述自己的罪行。

二、准自首(特殊自首)

这是指被采取强制措施的犯罪嫌疑人、被告人或者正在服刑的罪犯,如实供述司法机关还未掌握的本人其他罪行。**举例**:甲犯盗窃罪,在服刑期间如实供述司法机关未掌握的强奸事实,甲就强奸罪构成准自首。

1. 主体:依法被采取强制措施的犯罪嫌疑人、被告人或者正在服刑的罪犯。

根据刑事诉讼法的规定,被采取强制措施是指被采取拘传、拘留、取保候审、监视居住与逮捕等的措施。

2. 如实供述:司法机关还未掌握的本人其他罪行。

司法机关已经"掌握"的罪行,是指证明成立的罪行。如果司法机关针对的犯罪事实不成立,行为人在此范围外交代罪行的,以自首论。**举例**:甲涉嫌盗窃被羁押,司法机关掌握的线索不足以证明甲构成盗窃罪,甲主动供述新的盗窃事实。由于该事实未被司法机关掌握,甲构成准自首。

2.13.2 立　功(☆☆)

一、立功的类型

根据刑法和司法解释,立功有三种类型:揭发型、线索型、协助型。

1. 揭发型:揭发他人犯罪行为,查证属实的。

揭发的内容是他人的"犯罪行为",只要求在客观阶层是法益侵害行为,不要求符合主观阶层,最终构成犯罪。

举例:甲揭发乙杀人,经查证属实,但乙杀人时只有11岁。由于乙客观上有犯罪行为,甲构成立功。【正确】

2. 线索型:提供重要线索,从而得以侦破其他案件的。

(1)线索的来源要合法。

①根据司法解释,通过贿买、暴力、胁迫等非法手段,获取他人犯罪线索,并"检举揭发"的,不构成立功。

②被羁押后,与律师、亲友会见过程中违反监管规定,获取他人犯罪线索,并"检举揭发"的,不构成立功。

【注意】原本不是行为人掌握，而是由亲友等先前告知的线索，由行为人检举揭发的，不影响立功的认定。**举例：**甲被逮捕后，检举揭发先前在饭店偶然听到的线索，经查证属实的，构成立功。

(2)线索不能来自负有查办犯罪、监管职责的国家工作人员。

举例1：公安局局长犯罪后，检举其利用职务便利掌握的犯罪线索，不构成立功。【正确】

举例2：甲被逮捕后，检举乙涉嫌强奸的线索，经查证属实，但是该线索是某刑警先前告知的，甲不构成立功。【正确】

【注意】揭发他人犯罪行为，或者提供重要线索从而得以侦破其他案件，这两种类型的立功使用的线索都要合法，而且不能来自负有查办犯罪、监管职责的国家工作人员。

3. 协助型：协助抓捕犯罪嫌疑人。

(1)协助抓捕的对象。

①根据司法解释，协助抓捕犯罪嫌疑人构成立功，这里的"犯罪嫌疑人"包括同案犯。**举例：**甲、乙抢劫后分头逃跑，甲被抓获后，带领警察将乙抓获，甲构成立功。

②这里的"协助抓捕犯罪嫌疑人"，包括犯罪嫌疑人已经被其他司法机关采取强制措施，但还有其他罪行不被司法机关掌握的情形。**举例：**甲因盗窃罪被逮捕，揭发因强奸罪正在服刑的乙还曾犯抢劫罪，该罪行未被司法机关掌握，且查证属实。甲属于协助司法机关抓捕犯抢劫罪的乙，构成立功。

(2)协助抓捕的方式。

根据司法解释，有下列行为之一，使司法机关抓获其他犯罪嫌疑人的，属于协助司法机关抓捕其他犯罪嫌疑人(包括同案犯)。**【注意】**必须抓获犯罪嫌疑人。

①按照司法机关的安排，以打电话、发信息等方式将其他犯罪嫌疑人约至指定地点的。

②按照司法机关的安排，当场指认、辨认其他犯罪嫌疑人的。

③带领侦查人员抓获其他犯罪嫌疑人的。

④提供司法机关尚未掌握的其他案件犯罪嫌疑人的联络方式、藏匿地址的。

⑤犯罪分子提供同案犯姓名、住址、体貌特征等基本情况，或者提供犯罪前、犯罪中掌握、使用的同案犯联络方式、藏匿地址，司法机关据此抓捕同案犯的，不能认定为协助司法机关抓捕同案犯。**【注意】**以上信息是如实供述的内容，不构成立功。

二、立功的好处

1. 一般立功：可以从轻或者减轻处罚。

以下情形属于一般立功：

(1)阻止他人实施犯罪活动的；

(2)检举、揭发监狱内外犯罪活动，或者提供重要的破案线索，经查证属实的；

(3)协助司法机关抓捕其他犯罪嫌疑人的；

(4)在生产、科研中进行技术革新，成绩突出的；

(5)在抗御自然灾害或者排除重大事故中，表现积极的；

(6)对国家和社会有其他较大贡献的。

第4项、第6项中的技术革新或者其他较大贡献应当由罪犯在刑罚执行期间独立或者为主完成，并经省级主管部门确认。

2. 重大立功:可以减轻或者免除处罚。

重大立功,是指被检举、揭发或者协助抓捕的犯罪嫌疑人、被告人可能被判处无期徒刑以上刑罚或者案件在本省、自治区、直辖市或者全国范围内有较大影响等情形。**【注意】**只要求可能判处无期徒刑以上刑罚,不要求最终被判处无期徒刑以上刑罚。

根据司法解释,以下情形属于重大立功:

(1)阻止他人实施重大犯罪活动的;

(2)检举监狱内外重大犯罪活动,经查证属实的;

(3)协助司法机关抓捕其他重大犯罪嫌疑人的;

(4)有发明创造或者重大技术革新的;

(5)在日常生产、生活中舍己救人的;

(6)在抗御自然灾害或者排除重大事故中,有突出表现的;

(7)对国家和社会有其他重大贡献的。

第4项中的发明创造或者重大技术革新应当是罪犯在刑罚执行期间独立或者为主完成并经国家主管部门确认的发明专利,且不包括实用新型专利和外观设计专利;第7项中的其他重大贡献应当由罪犯在刑罚执行期间独立或者为主完成,并经国家主管部门确认。

【注意】只要有"重大"两字,都属于重大立功;发明创造的难度很大、舍己救人很难得,也属于重大立功。

主观题小案例

【案例1】大憨和二憨系邻居,二人因为口角大打出手,大憨用小刀刺进了二憨的肚子,导致脾破裂死亡。大憨见事情不妙,就跑到派出所了。但是到了派出所,大憨说是二憨先动手的,大憨只是反击而已,要是知道这样就逃跑好了。

问题:大憨是否成立自首,为什么?

答案参考:成立自首。

犯罪后主动投案,如实供述犯罪事实属于刑法规定的自首,辩解行为不影响自首的认定,大憨的行为成立自首。

【案例2】张三因为引诱妇女卖淫被抓,在公安机关审讯之下,张三还交代了自己还容留过该妇女卖淫的事实。

问题:张三交代容留该妇女卖淫的行为是否成立特别自首?

答案参考:不成立。

引诱、容留、介绍卖淫罪属于选择性罪名,张三交代的容留该妇女卖淫的事实,属于交代同种罪行,不构成特别自首。

【案例3】杜某因为敲诈勒索罪被拘留,在讯问过程中,杜某揭发曾经被王某某强奸了,公安机关据此展开侦查工作,但是没有证据可以证明杜某说的情况。

问题:杜某的行为是否成立立功?

答案参考:不成立。

刑法规定揭发他人犯罪应查证属实,本案中无法查明杜某说的事实,不能认定为立功。

【案例4】张警官因为诈骗罪被抓,为了立功,将自己担任警察期间查办犯罪活动时掌握的路人甲抢劫财物的犯罪线索告诉了办案人员，经查证属实。

问题：张警官的行为是否成立立功？

答案参考：不成立。

虽然张警官提供的线索经查证属实，但是这个线索是其侦查办案过程中获取的，不能认定为立功。

【案例5】甲被抓获后，向侦查机关交代了同案犯另外的罪行，导致同案犯的该罪行被追究。

问题：甲的行为是否成立立功？

答案参考：成立。

依据刑法的规定，犯罪嫌疑人提供了有关机关不掌握或者有关机关按照正常工作程序无法掌握的同案犯犯罪、藏匿的线索，抓获同案犯的行为属于协助司法机关抓获同案犯，应认定为立功。

【注意】1. 对自己罪行和同案犯共同犯罪的交代，属于"如实供述"，而非立功中的"检举揭发"。

2. 协助抓捕同案犯，可以成立立功。但对同案犯基本信息的交代，属于"如实供述"，而非立功中的"协助抓捕"。当然，如果交代的是基于案发后的新罪行，就属于"协助抓捕"。

【案例6】甲实施了盗窃行为，之后又实施了强奸行为，由于被害妇女情绪不定，甲决定自动投案，但是仅交代了强奸行为。不久后其盗窃行为也被侦破。为了争取从宽处理，甲交代了邻居乙曾经抢劫杀人的行为，并经查证属实。

问题：对于甲的盗窃行为，能否减轻或免除处罚？

答案参考：可以。

甲对强奸行为的交代成立自首，对强奸行为可以从宽处理。对于盗窃行为，也可以从宽处罚。因为甲检举揭发邻居乙的行为可能被判处无期徒刑以上刑罚，属于重大立功，所以对甲的盗窃行为可以减轻或者免除处罚。

2.14 侵犯财产罪

2.14.1 财产犯罪基本原理

侵犯财产罪，是指非法取得公私财物，或者挪用单位财物、故意毁坏公私财物以及拒不支付劳动报酬的行为。

一、财产犯罪的法益

1. 财产犯罪有两项法益：一是所有权，二是占有事实。所有权有四种权能：占有、使用、收益、处分。只要侵害其中的一个权能，就是对所有权的侵犯。

(1)"白吃黑"——不管。**举例：**甲偷了乙的手机，乙发现后又偷回来，刑法不管——甲构成盗窃罪，乙无罪。

(2)"黑吃黑"——要管。**举例：**甲偷了乙的手机，丙看到后非常喜欢，于是抢劫走了——甲构成盗窃罪，丙构成抢劫罪。

【总结】既保护所有权，又保护占有。此处的“占有”包括合法占有和非法占有，非法占有可以对抗所有权人之外的其他任何第三人，因为非法占有只能通过法定程序才能予以没收、追缴，一般人无权侵犯。

2. 占有的分类。

(1)观念占有。

自己观念占有	①占有意思只需要有概括的认识。**举例**：即使记不清家中的财物，对其也存在占有 ②当物理松弛时，占有意思对物理占有可以起到补充作用
社会观念占有	这是指推定存在占有，需要根据社会的一般观念进行判断。**举例**：甲提着自己的包去乙家做客时，应当认定该包由甲占有，而不是乙占有。即使甲与乙一起到户外散步聊天，短暂离开乙家，包仍然由甲占有

(2)物理占有。

实力占有	处于主人实力控制范围之内的占有，主人在通常情况下能够左右财物，对财物的支配没有障碍，实力占有包括以下情形： 第一，身体部位现实控制的财物。**举例**：甲手中提的公文包、口袋内装的手机。 第二，与财物保持一定距离，但仍在实力控制范围内。**举例**：旅客放在火车行李架上的行李属于旅客占有。 第三，他人短暂遗忘或者短暂离开，但处于他人实力控制范围内的财物。**举例**：大学生在校园食堂先用自己的电脑占座，然后购买饭菜，该电脑仍然由大学生占有
转化占有	主人丧失了对财物的占有，当财物转化为场所管理者或者第三人占有时，也属于他人占有的财物
共同占有	两人共同占有财物时，其中一人将财物偷出变卖，定盗窃罪
存款占有	银行占有现金，存款人占有债权
封缄物占有	封缄物由受托人占有，封缄物里面的内容物由委托人占有

(3)死者占有。

争议问题		①以抢劫故意杀害他人后，当场取得死者财物 ②出于其他目的杀害他人后，又取得死者的财物 ③无关的第三人从死者身上取得财物 【结论】 第一种情况成立抢劫罪，没有争议。第二种和第三种情况如何处理？
司法解释		实施故意杀人犯罪行为之后，临时起意拿走他人财物的，以此前实施的犯罪与盗窃罪并罚
理论学说	否定说	财物的占有者已经死亡，就不可能客观上继续支配财物，也不可能有支配财物的意思，可将死者身上的财物解释为“遗忘物”
	肯定说	死者占有的观念值得保护，占有的意思对占有的成立无关紧要。其他人拿走死者身上的财物，都成立盗窃罪
	折中说	对死者的占有应当区分不同情形，根据杀人行为与取财行为之间的时空间隔等因素，有限制地承认死者对财物的占有
结论		当场杀，当场拿，定盗窃；当场杀，日后拿，定侵占；在家杀，在家拿，定盗窃；他人杀，路人拿，定侵占

二、主体及对象

1. 主体：财产犯罪的主体为已满16周岁的自然人，但是抢劫罪的主体为已满14周岁的自然人。

2. 对象：

(1)财物——实物及财产利益，包括违禁品但不包括劳务和服务。

【注意】劳务和服务本身不是财产犯罪的对象，因为他人付出的劳务或提供的服务本身不能转移给行为人占有。

(2)财物的价值：

①主观价值，又称使用价值，是指个人使用时主观上的价值。**举例：**有纪念意义的照片、情书、信用卡等。

②客观价值，又称经济价值。**举例：**一些财产犯罪的成立以“数额较大”为前提。

【注意】刑法所保护的财物必须具有一定的价值，餐巾纸、铅笔、名片等价值极为低廉的财物不是刑法保护的对象。信用卡、身份证、存折等是刑法保护的财物。

三、行为方式

毁坏型	故意毁坏财物罪，没有非法占有的目的	
取得型(非法占有目的)	完全违背了被害人意志	抢劫罪、抢夺罪、盗窃罪
	瑕疵违背了被害人意志	诈骗罪、敲诈勒索罪
	变占有为所有	侵占罪
拒不支付劳动报酬型	拒不支付劳动报酬罪	

【注意】我国刑法规定的财产犯罪，都是对个别财产的犯罪，也即只要造成被害人个别(特定)财产损失，即使被害人同时获得相应的利益，也构成犯罪。

举例：甲偷走乙价值3000元的手机，将4000元现金放在乙的桌子上。由于盗窃手机违反了乙的意志，乙对手机的占有值得保护，甲构成盗窃罪。

四、结果

侵犯财产罪的结果，一般是致使被害人遭受财产损失。

【注意】这里的损失不包括非法债权的丧失。

举例：甲许诺妓女乙高额报酬，乙服务很周到，结束交易后，甲趁机溜走。由于性行为本身不是经济利益，乙没有遭受财产损失，甲不成立诈骗罪。

五、主观要件

是否具有占有目的？	取得型财产犯罪都要求行为人主观上具有非法占有目的。取得型财产犯罪与毁弃型财产犯罪的区别在于：有无非法占有目的。非法占有目的由排除意思和利用意思构成

续表

排除意思	这是指排除占有人占有,将财物转为自己占有或者第三人占有的意思,要求严重妨碍他人对财物的使用。**举例**:甲先盗窃超市商品,又伪装退货,取得商品退货价款,甲的行为具有排除意思,成立盗窃罪
利用意思	这是指遵从财物可能具有的用法进行利用的意思。如没有利用意思,可能成立故意毁坏财物罪。**【注意】**不要求遵从财物的通常用途进行利用。**举例**:盗窃女性内衣用于观赏,也具有利用意思

主观题小案例

【案例1】大憨的宝马X5因涉嫌运输毒品被公安机关扣押,但是该车已经抵押给银行,银行知道此事以后催大憨还款,大憨便想让二憨帮忙取回被扣押的车辆。二憨夜里与大憨一起到公安局后院,未办理任何手续用备用钥匙将车开走。

问题:如果认为财产犯罪保护对象是保护财产占有权,大憨、二憨的行为如何定性?

答案参考:盗窃罪。

如果认为财产犯罪的保护对象是保护财产占有权,涉案的宝马X5虽然是大憨所有,但是现在由公安机关依法占有。大憨、二憨打破这种占有关系,私自将汽车开走,依法成立盗窃罪的共同犯罪。

【注意】考试中如果出现了观点展示类的题目,即"如果……""假如……"句式,不用引用法条,因为命题假设就不是法条规定的内容。按照"如果""假设"后面的内容进行分析。

【案例2】大憨使用暴力将路人甲打成重伤,甲立马掏出手机准备打"110",大憨一把夺过手机(价值1万元)扔进下水道。

问题:试分析大憨的行为。

答案参考:大憨的行为成立故意伤害罪、故意毁坏财物罪,数罪并罚。

大憨使用暴力将路人甲打成重伤,符合刑法关于故意伤害罪的构成要件,夺走路人甲手机,因为没有非法占有的目的,即只有排除占有意思而无利用意思,成立故意毁坏财物罪,数罪并罚。

2.14.2 抢 劫 罪(☆☆☆☆)

行为模型:强制手段→压制对方反抗→对方因无法反抗放弃财物→行为人取得财物。

一、普通抢劫罪的构成要件

1.行为对象。暴力或者暴力胁迫的对象有两个:一是财物的占有人,二是财物本身。如果只对财物实施暴力,未对人实施暴力或者暴力胁迫,构成抢夺罪。

2.行为方式:

(1)暴力手段——对被害人实施有形力,使其不能反抗。**举例**:先捆起来再抢劫。

(2)胁迫手段——对被害人实施精神强制,使其不敢反抗。

①方式:只包括暴力胁迫,不包括非暴力胁迫。**举例**:甲以公布裸照相威胁,向乙索要5万元,这属于非暴力胁迫,构成敲诈勒索罪。

②效果：足以压制被害人反抗。**举例**：甲持刀劫持乙，以杀害相威胁，要乙交出钱包，乙被迫照办。甲虽然未使用暴力，但这种威胁也足以压制乙的反抗，甲构成抢劫罪。

③目的：劫取财物。如果没有劫取财物的目的，就不是抢劫行为。**举例**：甲抢劫乙后，乙逃跑。为防止乙报警，甲追上乙后将乙杀害。甲的杀人行为不再是为了劫取财物，对甲应以抢劫罪和故意杀人罪并罚。

(3)其他手段——暴力、胁迫以外压制被害人反抗的手段。

举例1：(昏醉抢劫)甲看中乙的手机，先欺骗乙喝醉酒，再将乙的手机取走。甲的行为足以压制乙的反抗，构成抢劫罪；如果不是甲致乙醉酒，甲只是单纯利用乙的醉酒状态取走乙的手机，构成盗窃罪。

举例2：(拘禁抢劫)甲入户盗窃，发现主人乙在家。甲从外面反锁卧室的门，大摇大摆地在客厅偷东西。乙发现后无法开门出去制止，甲的行为足以压制乙的反抗，构成抢劫罪。

3. 主观要件：故意，并且具有非法占有目的。在聚众“打砸抢”过程中，毁坏公私财物的，即使没有非法占有目的，对首要分子也要定抢劫罪。

二、准抢劫——法律拟制

《刑法》第267条第2款：携带凶器抢夺的，依照《刑法》第263条(抢劫罪)的规定定罪处罚。

这是指携带枪支、爆炸物、管制刀具等国家禁止个人携带的器械进行抢夺，或者为了抢夺而携带其他器械。

1. 如果没有像上述法条的规定，携带凶器抢夺，只能定抢夺罪。

2. 主观上有随时使用的意思＋客观上有随时使用的可能性＋没有对被害人显示凶器。

3. 携带——一种现实上的支配，行为人随时可以使用自己所携带的物品。

(1)携带的方式：既可以本人携带，也可以让第三人携带。**举例**：甲抢夺丙的提包，让乙携带匕首在旁边观看。甲属于携带凶器抢夺，构成抢劫罪。

(2)携带的目的：有随时使用凶器的意思和可能性。

(3)携带的要求：不能明示或暗示使用凶器。如果对被害人明示或者暗示使用凶器，则属于以暴力相威胁，构成抢劫罪。

4. 凶器。

刑法中的凶器有两种：性质上的凶器和用法上的凶器。

(1)性质上的凶器：这是指枪支、爆炸物、管制刀具等国家禁止个人携带的器械。携带此类凶器抢夺的，原则上构成抢劫罪。**举例**：甲携带弹簧刀抢夺乙的财物，由于弹簧刀是管制刀具，法律禁止个人携带，甲属于携带凶器抢夺，构成抢劫罪。

(2)用法上的凶器：这是指为了抢夺财物而携带其他具有杀伤性的器械。

举例1：携带砖头、菜刀、铁棒等。根据司法解释，行为人随身携带国家禁止个人携带的器械以外的其他器械抢夺，但有证据证明该器械确实不是为了实施犯罪准备的，不构成抢劫罪。

举例2：甲在购买菜刀回家的途中，抢夺乙的提包。甲没有使用菜刀的意图，不构成抢劫罪。

三、事后转化型抢劫——法律拟制

《刑法》第269条：犯盗窃、诈骗、抢夺罪，为窝藏赃物、抗拒抓捕或者毁灭罪证而当场使用暴力或者以暴力相威胁的,依照《刑法》第 263 条的规定定罪处罚。

原本应以盗窃罪(诈骗罪、抢夺罪)与故意伤害罪并罚,但法条将其拟制为抢劫罪(2021 年考查)。

1. 构成要件:

(1)三个轻罪:犯盗窃、诈骗、抢夺罪。

①行为具有财产犯罪的属性,符合三个罪的构成要件,比如盗伐林木罪、信用卡诈骗罪。但盗窃尸体罪、招摇撞骗罪、抢夺国有档案罪等,不具有保护财产法益的性质,不具有财产犯罪的属性,不能转化。

②要求已经着手实行,但是不要求既遂,预备阶段不能转化,在未遂时或所取财物数额不大时也可以转化。

(2)三大目的:为窝藏赃物、抗拒抓捕或者毁灭罪证。

①窝藏赃物。要求已经取得赃物,且窝藏的赃物与先前取得的赃物具有同一性。**举例:**甲先盗窃乙的手机,3 日后又诈骗丙的电脑。如果甲在诈骗丙的时候为窝藏之前盗窃的手机而当场使用暴力,就不能转化为抢劫罪。因为赃物不具有同一性,但是如果是为了窝藏电脑就转化为抢劫罪。

②抗拒抓捕。这是指拒绝司法人员的拘留、逮捕和一般公民的扭送,要求被害人或者其他人至少要有抓捕的外观。**举例:**甲排队等公交车时,扒窃乙的手机时被发现。乙对甲破口大骂,甲为报复扇乙两耳光。甲盗窃行为已经着手,但使用暴力不是出于"三大目的",甲不构成转化型抢劫罪。

③毁灭罪证:这是指毁坏、消灭其盗窃、诈骗、抢夺罪的证据。行为人实施抢劫后,为灭口而故意杀人的,以抢劫罪和故意杀人罪定罪,实行数罪并罚。但是,针对《刑法》第 263 条的普通抢劫,如果行为人犯盗窃(诈骗、抢夺)罪后为灭口而故意杀人的,如何处理?

观点一:按照盗窃(诈骗、抢夺)罪与故意杀人罪数罪并罚,因为故意杀人属于盗窃(诈骗、抢夺)罪后新的行为。**【注意】**这是主流观点。

观点二:因为杀害证人属于毁灭罪证的行为,虽然同时触犯了故意杀人罪,但抢劫致人死亡的法定刑(可以没收财产)重于故意杀人罪,故应认定为事后转化型抢劫。

(3)客观条件:当场使用暴力或者以暴力相威胁。

①当场。当场主要是指时间条件和空间条件。"当场"要求暴力、胁迫与之前的盗窃等行为在时间与空间上具有紧密性。

②使用暴力或者以暴力相威胁。

第一,对象。暴力或者暴力威胁的对象没有限定,只要求是特定的自然人,包括被害人和其他可能妨碍的人,但不包括动物。

第二,程度。暴力或者以暴力相威胁必须达到足以压制他人反抗的程度,应与普通抢劫罪中的暴力和以暴力相威胁作相同解释。

第三,结果。暴力致对方重伤或死亡,转化成抢劫后,还要承担抢劫罪的加重责任(抢劫致人重伤、死亡)。

2. 罪数问题。

(1)普通抢劫与事后抢劫。

两者区分的标准:使用暴力的目的不同。如果为了继续取得财物,是普通抢劫罪;如果为了

"三大目的",是转化型抢劫罪。【注意】如果前三罪已经既遂,属于事后转化型抢劫。

举例1:甲抢夺乙的手机时,乙紧握手机不放手。甲掏出匕首威胁乙松开,乙被迫照办,甲携带手机逃离。甲使用暴力的目的是继续取得手机,构成普通的抢劫罪,是从抢夺罪直接升级为抢劫罪。

举例2:甲夺走乙的手机,乙拉住甲的衣服,不让甲逃跑。甲掏出匕首威胁乙松开,乙被迫照办,甲携带手机逃离。由于甲已经取得手机,使用暴力的目的是抗拒抓捕,故构成转化型抢劫罪,是从抢夺罪转化为抢劫罪。

(2)准抢劫与事后抢劫。

举例:甲携带匕首抢夺乙的手机,为抗拒抓捕当场将乙捅成重伤,对甲有两个处理方案:①携带凶器抢夺定抢劫罪,再与故意伤害罪致人重伤并罚;②将携带凶器抢夺评价为抢夺罪,构成事后转化型抢劫,属于抢劫致人重伤。两个处理方案,想象竞合,从一重罪处罚。

四、法定刑升格条件

1.入户抢劫:为实施抢劫而进入他人生活的、与外界相对隔离的住所。

(1)强调"入"的非法性,合法入户,临时起意抢劫的,不属于入户抢劫。

(2)暴力、胁迫等行为必须发生在户内,在户外将主人打晕进而入户抢劫的,不属于入户抢劫。

(3)"户"是指家庭住所(与外界隔绝,供家庭生活),集体宿舍、旅店宾馆、临时搭建的工棚等都不算"户"。商店也不算"户",但对于不分时间从事经营、不分时间用于生活起居的场所,行为人在非营业时间强行进入或者以购买东西骗开房门入内抢劫的,应当认定为入户抢劫。

(4)主观要件:要求认识到自己是进入他人的"户"。**举例**:进入室外庭院后才发现是"户",不属于入户抢劫,如果又侵入室内抢劫,属于入户抢劫。

(5)共同犯罪:在户外为入户抢劫的人望风,属于入户抢劫的帮助犯。

2.在公共交通工具上抢劫:在从事旅客运输的各种公共汽车、大中型出租车、火车、船只、飞机等正在运营中的机动公共交通工具上对旅客、乘务人员实施抢劫。

(1)公共交通工具公共性和运营性的特征。接送职工的单位班车、接送师生的校车等大中型交通工具,被视为公共交通工具。【注意】不包括小型出租车。

(2)运营途中的机动公共交通工具。对公共交通工具上的人员实施抢劫,属于在公共交通工具上抢劫。在未运营的公共交通工具上抢劫乘务人员,不属于在公共交通工具上抢劫。

(3)暴力、胁迫等行为必须发生在公共交通工具之内。

3.抢劫银行或者其他金融机构:抢劫银行或者其他金融机构的经营资金、有价证券和客户资金。抢劫正在使用中的银行或者其他金融机构的运钞车的,被视为抢劫银行或者其他金融机构。

(1)抢劫对象必须是经营资金。抢劫银行的办公用品,不属于抢劫银行,抢劫大厅储户身上的钱也不属于"抢劫银行"。

(2)抢劫正在使用中的运钞车的,属于"抢劫银行"。

4.多次抢劫或者抢劫数额巨大。

(1)多次抢劫:三次以上抢劫,以每一次抢劫都构成犯罪为前提。

(2)抢劫数额巨大:数额在3万元以上的,是抢劫数额巨大。

5. 抢劫致人重伤、死亡：抢劫罪的结果加重犯。

（1）属于结果加重犯，必须是抢劫行为本身导致重伤或死亡。如果是为了逃跑将阻挡的人打伤，或者是逃跑过程中将路人踩死，不属于抢劫致人重伤、死亡，而是抢劫罪+故意伤害/过失致人死亡罪。

（2）抢劫致人重伤、死亡中的“人”不限于被抢劫的人，也包括前来阻挡的第三人和同伙。

（3）抢劫以后为了灭口而杀人，数罪并罚。为了取财而杀人，属于抢劫致人死亡与故意杀人罪想象竞合，择一重罪（抢劫致死有并处罚金或没收财产，比故意杀人罪更重）。

6. 冒充军警人员抢劫：假冒军人或警察抢劫，既包括军人冒充警察抢劫，也包括警察冒充军人抢劫。但不包括真正的军人或者警察抢劫。

（1）无身份冒充有身份。**举例**：普通公民甲在抢劫乙时，身着警装，出示警官证，声称自己是警察，要抢劫。甲构成抢劫罪，属于冒充军警人员抢劫。

（2）此身份冒充彼身份。**举例**：警察甲在抢劫乙时，身着军装，出示军官证，声称自己是军人，要抢劫。甲构成抢劫罪，属于冒充军警人员抢劫。

（3）军警人员利用自身的真实身份实施抢劫的，不属于冒充军警人员抢劫。

7. 持枪抢劫：指使用枪支或者向被害人显示枪支进行抢劫的行为。

（1）这里的“枪”要求是真枪，不要求实弹。

（2）枪支必须向被害人显示。

（3）携带枪支抢夺，定抢劫罪，但不是持枪抢劫。**举例**：甲携带枪支抢夺乙的钱包，没有向乙显示枪支，这属于携带凶器抢夺，定抢劫罪。枪支属于这里的凶器，已经得到了评价，不能再将枪支认定为持枪抢劫中的枪支，否则就是重复评价。

8. 抢劫军用物资或者抢险、救灾、救济物资。

（1）主观认识：明知抢劫的是军用物资或者抢险、救灾、救济物资。

（2）认识错误：①误把普通财物当作特殊物资，或者误把特殊物资当作普通财物的，属于抽象的事实认识错误，定普通抢劫罪。②误把A种特殊物资当作B种特殊物资的，是具体的事实认识错误，没有影响。**举例**：甲想抢劫军用物资，抢到手后发现是救灾物资，对甲要适用升格的法定刑。

【注意】根据司法解释，抢劫罪的八种法定刑升格条件中，除“抢劫致人重伤、死亡”外，其余七种存在既遂、未遂形态。

2.14.3 抢 夺 罪

行为模型：对物有暴力→对人有危险。

一、构成要件

1. 对物有暴力。

如果对人与对物都没有暴力，属于平和手段转移财物占有，构成盗窃罪；如果对人直接实施暴力，构成抢劫罪。对物的暴力有两种方式：

第一，乘人不备。**举例**：甲躲在偏僻角落，等乙走过来时，甲突然冲过去将乙的包夺走。

第二,乘人有备。**举例**:甲发觉乙想抢自己的手包,便紧紧握住。乙冲上去还是将包夺走,虽然甲有所防备,乙依然构成抢夺罪。

2. 对人有危险。

对物有暴力时,对人有无危险应根据主人对财物的占有状态来判断。一般地,只有抢夺他人紧密占有的财物,才可能对人有危险。

举例1:甲的手机从公交车上落下,在公交车发动前,乙捡走手机逃离。甲对手机没有紧密占有,乙的行为对甲没有人身危险性,属于平和手段,甲构成盗窃罪。

举例2:甲用绳子套住乙的自行车后轮,趁乙下车查看时,抢走车筐中的提包。提包是乙紧密占有的财物,甲的行为对乙有人身危险性,构成抢夺罪。

举例3:甲看中乙戴的耳环,一把将耳环夺走,致乙鲜血直流。耳环是乙紧密占有的财物,甲的行为对乙有人身危险性,构成抢夺罪。

二、特殊规定

1. 多次抢夺。这是指2年以内有3次以上的抢夺行为,不要求每次抢夺行为都既遂。

2. 加重情节:

(1)抢夺行为过失致人重伤——其他严重情节,定抢夺罪。

(2)抢夺行为过失致人死亡——其他特别严重情节,定抢夺罪。

3. 飞车抢夺定抢劫:

(1)夺取他人财物时因被害人不放手而强行夺取的;

(2)驾驶车辆逼挤、撞击或者强行逼倒他人夺取财物的;

(3)明知会致人伤亡仍然强行夺取,并放任造成财物持有人轻伤以上后果的。

2.14.4 盗 窃 罪(☆☆☆)

行为模型:将他人占有的财物→以平和手段→转移为自己或第三人占有。

一、构成要件

1. 行为方式:以非法占有为目的(不成文的构成要件要素),盗窃公私财物,数额较大的,或者多次盗窃、入户盗窃、携带凶器盗窃、扒窃。(2021年延考卷进行考查)

2. 平和手段:这是指转移财物占有的手段必须是平和的,对人的身体没有危险。也就是说,对人身或者财物无暴力。

3. 盗窃公私财物,数额较大——财物价值在1000元以上,3000元以下。有下列情形之一,数额较大的标准为500元以上,1500元以下。

(1)曾因盗窃受过刑事处罚的;

(2)1年内曾因盗窃受过行政处罚的;

(3)组织、控制未成年人盗窃的;

(4)自然灾害、事故灾害、社会安全事件等突发事件期间,在事件发生地盗窃的;

(5)盗窃残疾人、孤寡老人、丧失劳动能力人的财物的;

(6)在医院盗窃病人或者其亲友财物的；

(7)盗窃救灾、抢险、防汛、优抚、扶贫、移民、救济款物的；

(8)因盗窃造成严重后果的。

【注意】这是盗窃罪的一般情形，其余四种特殊盗窃都不要求数额较大。

4. 多次盗窃——2年以内有3次以上的盗窃行为。

(1)每次行为都能被定为盗窃行为，但不要求每一次盗窃行为都既遂。

(2)已经受到刑罚处罚的盗窃不能计算在内。**举例**：甲因盗窃罪被判处6个月有期徒刑，释放后又两次盗窃他人财物(均在两年内)。由于甲的第一次盗窃行为已被处理，不能计算在"多次盗窃"的次数中，否则属于重复评价，甲后两次盗窃不属于多次盗窃。

(3)犯罪形态：开始盗窃是着手；取得财物是既遂，不要求数额较大。**举例**：甲2年内先后3次盗窃他人信用卡，虽然信用卡客观价值低廉，但主观价值值得保护，甲构成盗窃罪既遂。

5. 入户盗窃——非法进入供他人生活、与外界相对隔离的住所盗窃。这里的"户"与入户抢劫中的"户"含义相同。强调"入"的非法性，即入户目的具有非法性，但不限于盗窃目的。如果是合法入户，在户内临时起意盗窃的，不属于入户盗窃。

6. 携带凶器盗窃——携带枪支、爆炸物、管制刀具等国家禁止个人携带的器械进行盗窃，或者为了实施犯罪而携带其他足以危害人身安全的器械进行盗窃。

(1)可以本人携带，也可以让第三人携带。

(2)不能明示或暗示使用凶器。如果对被害人明示或者暗示使用凶器，则属于以暴力相威胁，构成抢劫罪。

7. 扒窃——在公共场所或者公共交通工具上，盗窃他人随身携带的财物。扒窃的财物不限于体积较小的财物，也不要求技术性。

二、盗窃罪的犯罪形态

1. 普通盗窃罪的犯罪形态。

(1)入罪标准：行为人具有盗窃数额较大财物的目的，并着手实行盗窃行为，如果有取得数额较大财物的可能性，就构成盗窃罪。**举例**：甲进入酒店房间盗窃乙的手机，经鉴定手机价值约800元。甲主观上有盗窃数额较大财物的目的，客观上有取得数额较大财物的可能性，盗窃行为已经着手，故甲构成盗窃罪，属于犯罪未遂。**【注意】**对普通类型的盗窃罪，实务中一般不追究未遂犯的刑事责任，只给予治安处罚。

(2)既遂标准：取得数额较大的财物，构成盗窃罪既遂。**举例**：在上例中，如果手机价值为3000元，甲构成盗窃罪既遂。

2. 特殊盗窃罪的犯罪形态。

大件扔出墙外，小件握在手中。

三、盗窃罪的罪数问题

1. 盗窃罪的特殊对象。

(1)盗窃信用卡并使用的，构成盗窃罪(《刑法》第196条第3款)。

(2)盗窃增值税专用发票或者可以用于骗取出口退税、抵扣税款的其他发票的，定盗窃罪

(《刑法》第210条第1款)。

(3)以牟利为目的,盗接他人通信线路、复制他人电信码号或者明知是盗接、复制的电信设备、设施而使用的,定盗窃罪(《刑法》第265条)。

2.盗窃罪的特殊法条。

(1)盗窃枪支、弹药、爆炸物、危险物质罪(《刑法》第127条)。

(2)盗窃商业秘密的,定侵犯商业秘密罪(《刑法》第219条)。

(3)盗窃国家机关公文、证件、印章罪(《刑法》第280条第1款)。

(4)盗窃尸体、尸骨、骨灰罪(《刑法》第302条)。

(5)盗掘古文化遗址、古墓葬罪,盗掘古人类化石、古脊椎动物化石罪(《刑法》第328条)。

(6)盗伐林木罪(《刑法》第345条)。

3.盗窃后续行为的认定。

(1)盗窃财物后,又销售的,没有期待可能性,不再定掩饰、隐瞒犯罪所得罪。但又通过销售行为诈骗他人财物的,以诈骗罪与盗窃罪并罚。

(2)盗窃财物后,又故意毁坏所盗财物的,没有侵犯新法益,不再定故意毁坏财物罪。

(3)故意盗窃违禁品,偷到手后又非法持有的,仅定盗窃罪;又利用违禁品实施其他犯罪的,侵犯了新法益,应数罪并罚。**举例:**盗窃假币后又使用假币,数罪并罚。

(4)主观上是盗窃普通财物的故意,偷到手后发现是假币、毒品等违禁品,又实施非法持有、出售、贩卖等行为,应数罪并罚。**举例:**偷到手后才发现是假币,又持有假币的,应以盗窃罪与持有假币罪并罚。

(5)盗窃国家禁止经营的文物后,又出售的,盗窃行为侵犯了他人的财产所有权,销售行为侵犯了文物保护法益,应以盗窃罪与倒卖文物罪并罚;盗窃文物后,为毁灭罪证而毁坏文物的,侵犯了新法益,以盗窃罪与故意毁坏文物罪并罚。

2.14.5 侵 占 罪

行为模型:先占有他人财物→变自己占有为自己所有。

一、构成要件

1.行为对象:他人有所有权但无现实占有的财物,包括委托保管物、遗忘物和埋藏物。

(1)委托保管物——基于委托代为保管而形成的所有权与占有权的分离。包括借用、担保、租赁等。

(2)遗忘物——主人非自愿丧失占有的财物。**举例:**邮局误投的邮件,楼下飘落的衣物,河流中的漂流物,死者身上的财物等,只要他人没有放弃所有权,均属于遗忘物。

【注意】主人控制范围内的财物,即使短暂离开或暂时遗忘,依然属于主人占有。

(3)埋藏物——主人有意将财物藏于他物之中,但对财物没有现实占有。**举例:**藏在墙缝中、沉在水下的财物,属于埋藏物。

①埋藏物有明确的所有权人。如果是无主物,可按照先占先得取得物权,不构成侵占罪。**【注意】**这里的所有权人包括他人、单位、国家。**举例:**甲从祖辈得知自己房屋的墙缝中藏有金

条，但不知道具体的位置与数量。甲将房子卖给乙并约定：如果乙拆建房屋时发现金条，金条归甲所有。但乙发现金条后却据为己有，由于金条有明确的所有权人，乙构成侵占罪。

②有意埋藏于地下且具有占有意思的财物，属于他人占有的财物，而非埋藏物。

举例：甲见乙将古董埋藏于地下，悄悄将古董挖出。由于古董属于他人占有的财物，甲构成盗窃罪。

2. 行为方式：将占有的他人财物变为自己所有。

将占有的他人财物变为己有有两种方式：一是拒不退还或者拒不交出。二是以所有权人自居，非法处分占有的财物。主要是处分权，比如变卖、消费、抵押、赠与等（作为）。

二、罪数问题

1. 侵占罪与盗窃罪。

两罪区分的关键是：财物由谁占有？如果由被害人占有，定盗窃罪；如果由行为人占有或者无人占有，定侵占罪。

举例1：甲购买乙的茅台酒，当面交易时甲以辨别真伪为由，以两瓶假茅台酒调包，谎称乙的茅台酒有问题而离开。虽然乙将茅台酒交给甲辨别，但茅台酒仍然属于乙在占有，甲构成盗窃罪。

举例2：甲委托乙鉴定钻石，乙鉴定时发现钻石价值连城，便连夜制作了一个仿制品。第二天乙将仿制品交给甲，并谎称钻石是真的。乙受委托鉴定钻石，先占有后变为所有，构成侵占罪。

2. 侵占罪与诈骗罪。

举例：甲要出国，将祖传花瓶交乙保管，乙欲占为己有，谎称花瓶被盗，让甲免除其返还义务。如果甲真的免除了乙的返还义务，那么乙只构成侵占罪一罪，不构成诈骗罪。因为乙已经侵害了甲的同一财产，事后的欺骗行为属于为了保障对花瓶变占有为所有的行为，不是单独实施诈骗，可以理解为不可罚的事后行为。所以只认定为侵占罪一罪。

2.14.6 诈　骗　罪（☆☆☆）

行为模型：实施欺骗行为→对方产生或者维持认识错误→对方基于认识错误处分财物→行为人取得财物→被害人遭受损失。

一、构成要件

1. 欺骗行为——虚构事实、隐瞒真相，使对方陷入处分财产的认识错误的行为。

（1）使对方从无到有产生认识错误。

（2）维持利用对方已有的认识错误，即有告知义务，不告知或者强化对方的认识错误。

（3）欺骗行为要达到足以使对方产生认识错误的程度，不要求足以使一般人陷入认识错误。

举例1：甲冒充秦始皇骗取乙巨额财物，虽然一般人不会相信，但只要足以使乙产生认识错误，甲也能构成诈骗罪。

【注意】对商品进行的一般性夸张宣传，不是欺骗行为。

举例2：化妆品代言人声称使用其化妆品可以让肌肤粉嫩、青春永驻，这不是欺骗行为。

2. 认识错误——欺骗行为使对方产生或者维持处分财物的认识错误。

(1)受骗者必须是具有财产处分权的人,也就是说,有一定的行为能力。

第一,幼儿与精神病患者没有处分权。骗取幼儿或者精神病患者的财物,构成盗窃罪。

第二,原则上机器不能被骗。**举例**:向自动售货机中投入铁片冒充硬币以取得商品,构成盗窃罪。

(2)必须是处分财物的认识错误,而不是其他认识错误。**举例**:甲事先买来镀金项链,假装在商店购买金项链。店员将金项链交给甲试戴时,甲将金项链藏在身上并将镀金项链退还给店员。店员对甲是否购买项链有认识错误,但没有处分项链的认识错误。也就是说,店员客观上无处分项链的行为,主观上无处分项链的意识,故甲构成盗窃罪。

(3)受骗者对行为人欺骗的事项有所怀疑,行为人维持或者强化其认识错误,构成诈骗罪。**举例**:甲看上一个标价很高的仿制品,以为是唐代文物,但又心存怀疑。乙遂拿出虚假的鉴定意见,证明确属唐代文物。甲信以为真,以高价买走,乙构成诈骗罪。

3. 处分财物——既包括处分财物的所有权,也包括处分财物的占有权(单纯骗色不构成诈骗罪)。

举例1:(处分占有权)甲谎称有急事,借乙的手机用两天。乙将手机借给甲,甲将手机卖给他人。乙客观上有处分手机占有权的行为,主观上有处分手机占有权的意思,甲构成诈骗罪。

举例2:(处分所有权)甲冒充高校老师,让学生乙将学费汇到指定账户,乙信以为真而照办。乙客观上有处分财物的行为,主观上有处分财物的意识,甲构成诈骗罪。

4. 取得财物——既可以是本人取得,也可以是第三人取得。**举例1**:甲欺骗乙,让乙将钱交给丙,乙照办,甲构成诈骗罪。**【注意】**这里的财物包括财产性利益。

举例2:使用假军牌骗免过路费,是对财产性利益的诈骗。

5. 遭受损失——成立诈骗罪要求被害人有遭受财产损失的危险,成立诈骗罪既遂要求行为人取得财物、被害人遭受实际损失。

第一,欺骗他人免除非法债务,不构成诈骗罪。**举例**:甲原本打算支付嫖资,交易后又通过欺骗手段使卖淫女乙免收嫖资。乙免除的是非法债务,没有损失,甲不构成诈骗罪。

第二,被害人没有遭受财产损失的危险,行为人不构成诈骗罪。

二、特殊类型的诈骗

1. 三角诈骗。

财产处分人与被害人不是同一人,但被骗人与财产处分人必须是同一人,这被称为三角诈骗。最典型的就是甲找法院"告"乙还钱。

甲是行为人,法院是被骗人和财产处分人,乙是被害人,即只要是三角诈骗,一定有类似"甲""法院""被害人"的三个模块,没有的话就不属于三角诈骗。

2. 二重买卖。

举例1:甲先将房子卖给乙,尚未办理产权登记。因房价大涨,甲又把房子卖给丙,并办理了产权登记。甲与丙交易时,对房子有所有权,甲对乙不构成诈骗罪,属于民事违约。

举例2:甲将房子卖给乙并办理了产权登记,甲又冒充主人将房子卖给丙,甲对房子已无处分权,对丙构成诈骗罪。

3. 无钱食宿。

举例:甲原本没有支付餐费的意思,伪装成具有支付餐费的意思,欺骗店员提供酒水饮食。无论甲是明目张胆地拒不付款,还是乘机溜走,都构成诈骗罪。这是因为,甲有非法占有目的,属于诈骗酒店的财物。

4. 赌博诈骗。

行为人伪装,诱使对方参加赌博,从而不法取得对方财物的行为。参赌者识破骗局要求退还所输钱财,设赌者又使用暴力或者以暴力相威胁,拒绝退还的,应以赌博罪从重处罚。致参赌者伤害或者死亡的,应以赌博罪和故意伤害罪或故意杀人罪,依法实行数罪并罚。

三、犯罪形态

1. 着手标准:开始实施诈骗行为是诈骗罪的着手,为了诈骗而伪造有关证件的属于诈骗罪的预备行为。

2. 既遂标准:完整符合诈骗罪的逻辑结构。也就是说,行为人基于对方的认识错误取得财物。

举例:甲诈骗乙,被乙识破骗局。但乙觉得甲穷困潦倒,实在可怜,就给其5000元,甲得款后离开。甲的欺骗行为并未使对方陷入认识错误,乙也不是基于被骗而处分财物,甲仅构成诈骗罪的未遂。

四、罪数问题

盗窃罪与诈骗罪区分:将财物的所有权或者占有权处分给对方,处分行为是导致被害人财产损失的直接原因。如果受骗人没有处分行为,行为人构成盗窃罪。"形似骗实为偷"的情形:

(1)调虎离山定盗窃。

举例1:甲谎称要购买5箱矿泉水,让小卖部的老板乙去仓库取货。乙请甲代为看店,甲趁机拿走店内的现金。甲有欺骗行为,但乙没有处分财物,甲构成盗窃罪。

举例2:(2016年真题)乙女在路上被铁丝绊倒,受伤不能动,手中钱包(内有现金5000元)摔出七八米外。路过的甲捡起钱包时,乙大喊"我的钱包不要拿",甲说"你不要喊,我拿给你",乙信以为真没有再喊,甲迅速逃离。甲有欺骗行为,但乙没有处分财物,甲构成盗窃罪。

(2)暗中调包定盗窃。

举例1:甲见乙的项链与自己的一样,谎称对比两根项链,乙同意。甲将自己镀金的项链给乙,将乙的真金项链留下。甲有欺骗行为,乙没有处分财物,甲构成盗窃罪。

举例2:甲对乙谎称可以将10元的纸币变为100元,乙给甲100张10元的纸币,让甲当场变。甲在"变"的过程中,将纸币装入包内,将一包点钞币交给乙。让乙记住咒语,回家再打开。乙将真币交给甲时,真币依然由乙占有,甲有欺骗行为,乙没有处分财物,甲构成盗窃罪。

(3)鼓捣机器定盗窃。

举例:机器不会成为被骗者,所以使用游戏币在售货机上"购买"商品的行为不构成诈骗罪,只能成立盗窃罪。

【总结】以上三种类型的盗窃,受骗人没有基于认识错误处分财物。也就是说,没有自愿将占有权处分给行为人。

2.14.7 敲诈勒索罪(☆☆)

行为模型:实施恐吓行为→使对方产生恐惧心理→对方基于恐惧心理处分财物→行为人取得财物→被害人遭受损失。

一、构成要件

1. 恐吓行为——使用暴力、胁迫等方法,以恶害相通告,使对方产生恐惧心理。

(1)不需要足以压制被害人的反抗,只要足以使被害人产生恐惧心理即可。

(2)本人或者第三人实施,但由第三人实施时,行为人必须让对方意识到自己能影响第三人。

(3)既可以通过合法途径也可以通过不法途径实现恶害的内容。

2. 恐惧心理——要求恶害的内容能使对方产生恐惧心理。单纯使人产生困惑的行为,不是恐惧心理。

举例1:甲捡到乙的手机及身份证等财物后,给乙打电话,索要1万元,并称若不付钱就不还手机及身份证等物。这不会使乙产生恐惧心理,甲不构成敲诈勒索罪。

举例2:甲捡到乙的手机及身份证等财物后,给乙打电话,索要1万元,并称若不付钱就公开乙手机中的艳照。这会使乙产生恐惧心理,甲构成敲诈勒索罪。

3. 处分财物——必须是基于恐惧心理进而处分财物,如果是基于同情、欣赏等原因给予财物,行为人成立敲诈勒索罪(未遂)。

4. 遭受损失——这里的"损失"是合法财产的损失,不包括非法债权的丧失。**举例**:甲欠乙5万元赌债,以揭发隐私相威胁,要求乙免除。乙没有合法财产损失,甲不构成敲诈勒索罪。

二、罪数问题

1. 敲诈勒索与正当维权。

(1)有权利的恐吓,不构成敲诈勒索罪。

(2)没有权利,通过恐吓来索取财物,构成敲诈勒索罪。

(3)有争议的权利的恐吓,满足以下两个条件的,不成立敲诈勒索罪:权利具有可诉性+手段具有正当性。

举例:甲从生日蛋糕中吃出苍蝇,以向法院起诉相要挟,要求生产商赔偿100万元。因为甲的权利具有可诉性,手段具有正当性,因此,不成立敲诈勒索罪。

2. 敲诈勒索罪与绑架罪。

(1)区分标准:有无实际控制人质。

(2)客观上没有绑架他人,但谎称绑架他人进而勒索财产的,仅成立敲诈勒索罪。

(3)实施绑架行为,向被绑架人的近亲属等勒索财物的,仅成立绑架罪,不再定敲诈勒索罪。

3. 敲诈勒索罪与抢劫罪。

(1)区分标准:被害人有无意志(选择)自由。如果有,成立敲诈勒索罪;如果没有,成立抢劫罪。

(2)交付财物的时间、地点是不是当场,不是两罪区分的标准。

举例:甲拿着乙儿子的照片找到乙说:“现在就给我100万元,否则下周之内就在放学路上绑架你的儿子。”乙知道甲是有名的黑社会大哥,能干出这个事情,便给了钱。虽然是乙当场交付财物,但甲不构成抢劫罪,而是敲诈勒索罪,因为甲给乙设定的条件,给予了乙一定的选择自由,乙权衡后,基于恐惧心理给钱。如果没有选择,只能给钱,就是抢劫。

两罪区分的关键:被害人有无选择的余地。如果有,定敲诈勒索罪;如果无,定抢劫罪。这是因为,抢劫罪的被害人是基于无法反抗放弃财物;敲诈勒索罪的被害人是基于恐惧心理处分财物。前者无意志自由,后者有相对的意志自由。

主观题小案例

【案例1】甲单独盗窃,携带赃物逃离,为抗拒抓捕对主人丙的腹部猛踢一脚。知道真相的乙接受甲的帮助请求也向丙的腹部猛踢一脚。丙因脾脏破裂流血过多而死亡,但不能查明是谁的行为导致的。第一,如果是甲的行为导致丙死亡,甲对死亡结果负责,乙无须负责,因为乙不需要对自己参与前的甲的行为及结果负责。第二,如果是乙的行为导致丙死亡,乙对结果负责,甲也要对结果负责。因为乙踢丙时,甲、乙已经构成共犯,部分实行全部责任。综上,无论如何,甲都要对结果负责,乙不一定对结果负责,根据存疑有利于被告人的精神,甲构成抢劫罪致人死亡,乙构成普通抢劫罪。

【案例2】憨憨兄弟做生产眼罩生意,在某眼罩加工厂加工一批眼罩,加工费每件10元,憨憨兄弟应付给加工厂加工费5万余元。由于质量问题发生纠纷,憨憨兄弟拒绝支付该款项,眼罩加工厂于是扣押500个眼罩不予发货。憨憨兄弟于次日凌晨雇用一辆面包车将扣押的眼罩拉走。

问题:憨憨兄弟构成何罪?

答案参考:憨憨兄弟构成盗窃罪。所有权不能对抗合法占有,憨憨兄弟的行为侵犯了眼罩加工厂对扣押眼罩的合法占有,成立盗窃罪。

【案例3】张三因欠李四钱,将其高档汽车质押给李四,约定了归还时间,以及约定了如果汽车被盗李四应如何赔偿等。张三在没有归还欠款的时候把车偷开回去,李四发现后又将汽车偷开回来。

问题:李四是否构成盗窃罪?

答案参考:李四不构成盗窃罪。所有权不能对抗合法占有,李四对汽车的占有是合法的,张三在归还欠款前不能开回汽车。故李四不构成盗窃罪。

【案例4】李四骑着价值1万元的摩托车去超市买菜,下车后忘记锁车。张三发现该车未锁,心生一计,对路过的大强说:“我要换个小汽车,摩托车4000元卖给你,要不要?”大强觉得很便宜就当场转账买走了。

问题:张三的行为构成什么罪?

答案参考:张三的行为构成盗窃罪与诈骗罪的想象竞合,择一重罪论处。本案中,虽然张三没有接触过摩托车,也没有直接转移摩托车的存放地点,对摩托车也构成盗窃罪(间接正犯),同时,张三对大强构成诈骗罪,盗窃罪与诈骗罪形成想象竞合。

【案例5】大憨、二憨盗窃了李四的小汽车,正要开车离开时被李四发现,李四立即乘坐出租车进行追赶。大憨、二憨快被追上时,前面遇到了集市,大憨、二憨加大油门冲过去,将集市中的两人当场撞死,然后趁机逃走。

问题:大憨、二憨构成什么罪?

答案参考:大憨、二憨构成抢劫罪(致人死亡)与故意杀人罪的想象竞合犯。集市上的人客观上妨碍了大憨、二憨实现其窝藏赃物等目的,大憨、二憨的暴力行为也实现了其目的,因此,大憨、二憨的行为成立事后抢劫(致死)罪,与故意杀人罪构成想象竞合。

【案例6】张三诈骗李四,得手后,担心司法机关发现自己与李四的通话记录,于是将李四价值6000元的手机取走,并藏在家里,准备伺机丢掉。案发时,手机仍然在张三家里。

问题:张三对手机该当何罪?

答案参考:张三构成故意毁坏财物罪。张三通过对手机施加有形力,使李四丧失了财物的使用价值,属于毁坏财物,而张三并没有利用的意思,不能认定其具有非法占有目的,不能构成盗窃罪。

2.15 侵犯公民人身权利、民主权利罪

2.15.1 故意杀人罪(☆☆☆)

行为模型:逼迫甲杀人、欺骗乙杀人(间接正犯),亲手杀人。

一、构成要件

1. 主体:已满12周岁的自然人。

2. 行为对象:他人。不包括尸体、胎儿。

3. 法律拟制的故意杀人罪。

(1)《刑法》第238条:非法拘禁使用暴力致人死亡的。

(2)《刑法》第247条:刑讯逼供或暴力取证致人死亡的。

(3)《刑法》第248条:虐待被监管人致人死亡的。

(4)《刑法》第289条:聚众"打砸抢"致人死亡的。

(5)《刑法》第292条:聚众斗殴致人死亡的。

4. 安乐死问题。

(1)积极的安乐死,是指对身患绝症、痛苦难耐的病人,采取加速其死亡的行为,成立故意杀人罪。

(2)消极的安乐死,是指对身患绝症、痛苦难耐的病人,中止维持其生命的医疗措施,不积极救助,也不加速被害人死亡,不成立犯罪。

5. 自杀问题。

(1)自杀是自己自愿地结束了自己的生命,在因果关系中,自杀是个异常的介入因素,中断了前行为和结果的因果关系,比如甲将妇女抢劫,妇女觉得没面子自杀了,此时甲对死亡结果不

负责。但是,暴力干涉婚姻自由罪和虐待罪中的被害人自杀身亡的,行为人需要对死亡结果承担责任。

(2)教唆自杀,是指故意采用引诱、怂恿等方式,使他人产生自杀意图并进而实行自杀的行为。一般认为,教唆自杀原则上不构成犯罪。

(3)帮助自杀,是指在他人已经有自杀意图的情况下,实施了帮助行为(非实行行为),不成立故意杀人罪。比如,乙想要自杀,甲为其提供毒药、麻绳、刀具等自杀的工具帮助乙自杀的,不成立故意杀人罪,因为是否自杀由乙自己决定。但是,如果甲亲自帮忙实施具体的行为,就构成故意杀人罪。

二、罪数问题

1. 故意杀人罪与遗弃罪

区分标准:要看致人死亡是否存在紧迫性,被害人对行为人的依赖程度。

(1)如果是在很短的时间内,明显具有致人死亡故意的遗弃行为,一般应以故意杀人罪论处。**举例**:母亲连续3天不给婴儿喂奶,则应当成立故意杀人罪。

(2)如果成年人对自己年迈的父母不履行赡养义务,经过一段时间造成被遗弃人死亡的,应以遗弃罪论处。

2. 罪数

(1)结合犯:犯绑架罪,杀害被绑架人的,只定绑架罪。

(2)结果加重犯:①劫持航空器致人死亡,定劫持航空器罪;②抢劫致人死亡,定抢劫罪。

(3)想象竞合犯:以放火、爆炸等方法杀人的,构成放火罪与故意杀人罪的想象竞合犯。

2.15.2 故意伤害罪

《刑法》第234条:故意伤害罪,是指故意非法伤害他人身体的行为。本罪侵犯的法益是他人的身体健康权。

1. 行为模型:暴力伤害。

2. 构成要件:

(1)主体:致人轻伤的主体是已满16周岁的自然人;致人重伤或者死亡的主体是已满12周岁的自然人。

(2)行为对象:他人的身体。

第一,自伤行为不构成本罪,但军人在作战时伤害自己身体的,可构成战时自伤罪。

第二,故意毁坏假肢、假发与假牙,不构成故意伤害罪,可能构成故意毁坏财物罪。

第三,装神弄鬼吓唬人,造成被害人精神失常的行为也成立故意伤害罪。

(3)行为:伤害行为既可以是作为,也可以是不作为。

【注意】故意使他人感染艾滋病毒的,构成故意伤害罪。**举例**:甲嫖娼时,故意将艾滋病毒传染给乙,甲构成传播性病罪与故意伤害罪的想象竞合犯,从一重罪处罚,定故意伤害罪。

(4)危害结果:伤害行为造成轻伤以上结果。如果仅造成轻微伤,不构成故意伤害罪,可予以治安处罚。

(5)主观要件:第一,对轻伤结果是故意,过失致人轻伤的,不构成犯罪;第二,对重伤结果既可以是故意,也可以是过失;第三,对死亡结果是过失,故意致人死亡的,构成故意杀人罪。

3. 故意伤害罪的间接正犯。原理同故意杀人罪的间接正犯。**举例:**欺骗、教唆幼儿、精神病患者自伤,或者强迫他人自伤的,均属于故意伤害罪的间接正犯。

4. 法律拟制的故意伤害罪。

(1)《刑法》第238条:非法拘禁使用暴力致人伤残的。

(2)《刑法》第247条:刑讯逼供或暴力取证致人伤残的。

(3)《刑法》第248条:虐待被监管人致人伤残的。

(4)《刑法》第289条:聚众"打砸抢"致人伤残的。

(5)《刑法》第292条:聚众斗殴致人重伤的。

(6)《刑法》第333条:非法组织或强迫他人出卖血液,对他人造成伤害(要求重伤以上结果)的。

5. 处罚。

(1)故意伤害罪的基本犯:伤害行为造成轻伤结果。**【注意】**伤害结果有四类:轻微伤、轻伤、重伤、死亡。轻伤的标准是指造成肢体或者容貌损害,或者其他器官部分功能障碍;重伤的标准是造成肢体残疾或者丧失器官机能(如听觉、视觉)。

(2)故意伤害罪的加重犯:伤害行为造成重伤或者死亡结果,其中故意伤害致人死亡是重点。结构:伤害行为+死亡结果=故意伤害罪+加重处罚。具体请参见"结果加重犯"。

(3)以特别残忍手段致人重伤造成严重残疾。这既有情节加重,又有结果加重的成分,要求有三:一是手段特别残忍,二是致人重伤,三是造成严重残疾。

6. 罪数问题。

(1)想象竞合犯。

第一,其他犯罪中的"暴力"原则上可以包含轻伤结果。**举例:**强奸罪,强制猥亵、侮辱罪,暴力干涉婚姻自由罪,妨害公务罪,抗税罪,强迫卖血罪,强迫卖淫罪等。

第二,实施其他犯罪,又同时故意致人重伤的,想象竞合,从一重罪处罚,一般定故意伤害罪致人重伤。**举例:**甲为抗拒执法,使用暴力将警察打成重伤。甲的行为同时触犯袭警罪和故意伤害罪,从一重罪处罚,定故意伤害罪致人重伤。

【总结】能够包含故意伤害罪重伤结果的罪名。

①抢劫致人重伤的,只定抢劫罪。

②故意伤害被绑架人致人重伤、死亡的,只定绑架罪。

③强奸致人重伤的,只定强奸罪。

④拐卖妇女、儿童致人重伤的,只定拐卖妇女、儿童罪。

(2)法条竞合犯。

故意杀人与故意伤害是性质相同、程度不同的两种行为,二者不是A与-A的对立关系,而是A与A+B的包容关系。这里的B,是指故意致人死亡的内容。因此,故意杀人罪可以包容故意伤害罪。**举例:**甲先以伤害故意砍乙两刀,后又以杀人故意砍乙两刀,致乙死亡。但无法查明哪一刀致乙死亡。如果认为杀人与伤害是对立关系,由于无法查明,死亡结果就不能归属于杀人行为或者伤害行为。由于杀人行为可以包容伤害行为,可以将前后4刀都视为伤害行为,故甲构成故意伤害罪致人死亡。

(3)故意伤害罪致人死亡与过失致人死亡罪。

两罪对死亡结果都是过失,应从客观行为性质进行分析。区分标准:致人死亡的行为性质。如果因伤害行为过失致人死亡,构成故意伤害罪致人死亡;如果因轻微的暴力行为过失致人死亡,构成过失致人死亡罪。

举例1:杨某驾驶轻型货车为吴某的杂货店送桶装水,杨某将水卸在吴某店门口,吴某要求杨某将桶装水搬入店内,遭杨某拒绝。杨某驾驶车辆欲离开,吴某遂用右手抓住汽车的车门,阻止杨某离开。杨某仍驾车向前低速行驶数米并右转弯,致吴某倒地后遭汽车后轮碾轧致死。客观上,杨某低速驾驶不是明显具有加害性的行为,通常不会致人轻伤;主观上,杨某没有故意伤害吴某的意图,故杨某构成过失致人死亡罪,而非故意伤害罪致人死亡。

举例2:程某、陈某是夫妻。在教3岁的儿子小程识字过程中,因小程屡次犯错,夫妻二人在30小时内,持拖鞋、鞋刷连续多次击打小程的臀部、后背及下肢,又扇其耳光,致小程皮下淤血。次日凌晨,小程呼吸急促、双眼瞪视,经抢救无效死亡。经鉴定,小程系被他人用钝性物体多次击打,致身体多部位广泛皮下出血致创伤性休克而死。客观上,程某、陈某的行为超出了正常教育、惩戒子女的限度,具有致幼儿轻伤以上的相当可能;主观上,两人明知幼儿的抗击打能力弱,且对殴打行为造成的体表伤害有认识,对伤害行为有故意,对死亡结果是过失,故二人构成故意伤害罪致人死亡。

【总结】故意伤害行为+过失致死结果=故意伤害罪致人死亡;轻微的暴力行为+死亡(重伤)结果=过失致人死亡(重伤)罪。

主观题小案例

【案例1】菜花希望胎儿出生后死亡,于是通过技术手段向胎儿投放药物。在药物的作用下,导致胎儿出生后不久死亡。

问题:菜花是否构成故意杀人罪?

答案参考:菜花的行为构成故意杀人罪。虽然行为人实施杀人行为时,胎儿还不是人,但杀人行为发挥作用的时间点,胎儿已出生,可认定为人,菜花的行为属于非法剥夺他人生命的行为,主观具有杀人的故意,故构成故意杀人罪。

【案例2】成年人张三与成年人李四,因口角相互斗殴,致李四轻伤。

问题:张三是否构成故意伤害罪?

答案参考:张三不构成故意伤害罪。两人互相斗殴,双方都具有攻击对方的意图,但既然与对方斗殴,就意味着双方都承诺了轻伤害的结果。对基于被害人承诺造成轻伤的,不成立故意伤害罪。

【案例3】大强在家对菜花使用严重暴力,菜花万分紧张逃到阳台大声呼救,然而不幸踩空从阳台跌下身亡。

问题:大强的行为构成什么罪?

答案参考:大强的行为构成故意伤害罪(致人死亡)。大强对菜花施暴后,菜花逃到阳台大声呼救,属于正常的介入因素,系大强的行为致人死亡的直接现实化为死亡结果,故认定为故意伤害致死。

【案例4】吴某以伤害的故意，捅了杜某一刀。由于杜某一直辱骂吴某，随即吴某起了杀心，又以杀人的故意捅了杜某一刀并致杜某死亡。事后无法查明死亡结果是第一刀还是第二刀导致的。

问题：试分析吴某的行为。

答案参考：故意伤害致人死亡。

根据存疑有利于被告人的原则，虽可分别认定为故意伤害罪未遂与故意杀人罪未遂，但杀人行为和故意伤害行为不是对立关系，而是包容关系，可以把故意杀人的行为评价为故意伤害的行为，所以不论前后哪一行为导致，都可以被评价为故意伤害致人死亡。

【案例5】张三反复用手枪击打李四头部以泄愤，其间，因枪支走火致李四当场死亡。

问题：张三是否构成故意伤害罪（致人死亡）？

答案参考：张三构成故意伤害罪（致人死亡）。张三在用手枪击打李四头部的过程中，介入了自身并不异常的过失致死行为的，依然成立故意伤害罪致人死亡。

2.15.3 强 奸 罪（☆☆☆☆☆）

《刑法》第236条：强奸罪，是指违背妇女意志，使用暴力、胁迫或者其他手段，强行与妇女性交的行为。本罪法益：妇女的性自主权。性自主权有两项内容：一是性交的决定权，二是性交时具体条件的决定权。**举例**：性交的对象、时间、地点、方式等。

1. 行为模型：使用强制手段→使妇女明显难以反抗→奸淫妇女。

2. 构成要件：

(1)主体：男性和女性都可构成强奸罪的正犯，但单独直接正犯只能是男性。女性可构成强奸罪的教唆犯、帮助犯、间接正犯和共同正犯。

(2)行为对象：妇女，妇女的社会地位、思想品德、生活作风、结婚与否等均不影响本罪的成立。

(3)行为方式：以暴力、胁迫（暴力胁迫和精神胁迫）或者其他手段强行与妇女性交。达到“不能反抗、不敢反抗、不知反抗”的一切手段。

(4)主观要件：主观有强奸的故意。奸淫幼女时，要明知对方是或可能是幼女。

①奸淫不满12周岁的幼女，推定行为人“明知”对方是幼女；

②奸淫已满12周岁不满14周岁的幼女，应从其身体发育状况、言谈举止等方面判断行为人是否明知对方是幼女。

3. 法定刑升格条件。

(1)在公共场所当众强奸妇女、奸淫幼女的。

有不特定人进出可能性的场所。**举例**：公园、广场、火车车厢、儿童游乐场等。有可能被不特定或者是多数人知悉的可能性，不要求被现实听到或者看到。

【**注意**】当众不包括共犯人，不要求必须是3人或以上。

(2)2人以上轮奸。只要客观上有两个以上的人共同实施的插入就是轮奸，至于行为人是否达到刑事责任年龄，在所不问。

(3)奸淫不满10周岁的幼女或者造成幼女伤害的。

(4)强奸致人重伤、死亡。

这是强奸罪的结果加重犯。结构:强奸行为+重伤、死亡结果=强奸罪+加重处罚。

①强奸行为本身(为了强奸实施的暴力行为、奸淫行为)导致重伤或死亡结果,否则不成立结果加重犯。**举例:**甲强奸妇女后,为了灭口杀死妇女,定强奸罪和故意杀人罪,实行数罪并罚。

②强奸行为与加重结果之间应有直接因果关系。**举例:**妇女被强奸后羞愤自杀,不属于强奸致人死亡。

③强奸致人重伤→包括强奸行为故意或者过失导致。

④强奸致人死亡→只包括过失导致;故意杀害被害妇女的,可能成立强奸罪与故意杀人罪的想象竞合犯或者数罪并罚。

4. 罪数问题。

(1)结合犯:根据《刑法》第240条的规定,拐卖妇女,又奸淫被拐卖妇女的,只定拐卖妇女罪。结构:拐卖妇女罪+强奸罪=拐卖妇女罪。

【注意】拐卖妇女罪是唯一能结合强奸罪的犯罪,犯其他罪,又强奸妇女的,数罪并罚。**举例:**先强奸又强迫卖淫,或者先强迫卖淫又强奸的,数罪并罚。

(2)想象竞合犯。

举例:甲强奸青莲,为防止青莲反抗,想先将其打成重伤,但失手致青莲死亡。第一,就基本犯:甲构成强奸罪未遂。第二,就加重犯:甲构成强奸致人死亡。第三,就竞合犯:甲的强奸行为同时触犯故意伤害罪致人死亡。故对甲应以强奸罪致人死亡与故意伤害罪致人死亡,从一重罪处罚。

2.15.4 负有照护职责人员性侵罪

《刑法》第236条之一:对已满14周岁不满16周岁的未成年女性负有监护、收养、看护、教育、医疗等特殊职责的人员,与该未成年女性发生性关系的,处3年以下有期徒刑;情节恶劣的,处3年以上10年以下有期徒刑。

有前款行为,同时又构成本法第236条规定之罪的,依照处罚较重的规定定罪处罚。

1. 对象是14~16周岁的被监护者。主体是负有照护职责的人员。

2. 行为方式主要是利用优势地位,"自愿"发生性关系。不需要采取暴力、胁迫手段,而是利用优势地位。

2.15.5 强制猥亵、侮辱罪

《刑法》第237条:以暴力、胁迫或者其他方法强制猥亵他人或者侮辱妇女的,处5年以下有期徒刑或者拘役。

聚众或者在公共场所当众犯前款罪的,或者有其他恶劣情节的,处5年以上有期徒刑。

本罪法益:他人的性自主权,主要表现为性羞耻心。

1. 行为模型:强制手段→他人明显难以反抗→猥亵、侮辱他人。

2. 构成要件:

(1)主体:已满16周岁的人,包括男性和女性。

(2)行为对象:已满14周岁的人,包括男性和女性。

①猥亵不满14周岁的人,构成猥亵儿童罪。

②猥亵妇女,不能发生性交,否则以强奸罪论处;猥亵男子,可以任何方式进行,包括性交。

③自我猥亵不构成犯罪。**举例:**在公共场合裸露下体,我国未规定公然猥亵罪。

④丈夫猥亵妻子,如果不具有公然性,一般无罪;如果丈夫公然猥亵妻子,构成本罪。

(3)行为方式:以强制手段猥亵、侮辱他人。

①强制手段:暴力、胁迫或者其他手段。

【注意】本罪与强奸罪的暴力、胁迫或其他手段可以作相同解释。

②他人明显难以反抗。

强制手段,在本质上明显违反他人意志;在程度上足以压制他人反抗,使他人不能反抗、不敢反抗、不知反抗。

③猥亵,是指侵犯他人性羞耻心的行为。主要有四种情况:一是直接对他人猥亵,二是强迫他人对行为人或第三人猥亵,三是强迫他人自行猥亵,四是强迫他人观看猥亵动作。**举例:**彪哥强迫桂花观看两条狗交配,这有可能侵犯其性羞耻心,构成本罪。男子与女子性羞耻心的程度不同,要根据社会的一般观念来判断。

(4)主观要件:主观上具有故意,但不要求具有满足性刺激的目的。

举例1:甲为报复青莲,扒光青莲的衣服,唆使自家的狼狗趴在青莲身上,甲构成本罪。

举例2:甲发现妻子无生育能力,便将未婚的青莲骗入房间,脱掉其内裤。甲用注射器将自己的精液注入青莲的体内,希望青莲能为自己生育子女。如果构成本罪要求具有满足性刺激的目的,认为甲不构成任何犯罪,这难以被人接受。

3. 法定刑升格条件:聚众或者在公共场所当众犯强制猥亵、侮辱罪。

(1)聚众。这是指由首要分子纠集多人实施猥亵、侮辱行为,不要求参加者都亲自实施。

(2)在公共场所当众。其含义与强奸罪的规定完全相同。

【注意】聚众类犯罪都要求行为人纠集多人,也即有组织他人的行为。**举例:**聚众扰乱交通秩序罪、聚众冲击国家机关罪、聚众斗殴罪等。

4. 强制猥亵、侮辱罪与强奸罪。

两罪不是A与-A的对立关系,而是A与A+B的包容关系。强奸未遂时,可能也会伴随强制猥亵、侮辱等内容,强奸罪是特殊法条,应当优先适用,故应定强奸罪未遂。

主观题小案例

【案例1】甲和乙女说:"只要发生关系,就送一个香奈儿的包包。"乙女欣然与之发生关系,事后甲送了一个高仿版。

问题:甲的行为是否成立强奸罪,为什么?

答案参考:不成立。强奸罪的前提是违背妇女意志,本案属于钱色交易,妇女自愿发生关系,甲不成立强奸罪,动机错误(被骗)不影响自愿的认定。

【案例2】大憨以暴力方式强奸了妇女甲,离开现场后,二憨恰巧经过,心生恶念,立即强行奸淫该妇女。

问题:二憨的行为是否属于轮奸?

答案参考:二憨的行为不属于轮奸。二憨没有和大憨通谋,对大憨的强奸行为不具有物理或心理上的原因力,对大憨的强奸结果也没有贡献,因此,二憨只用对自己的强奸行为承担责任。

【案例3】大强在公共女厕所内强奸妇女,女厕所外有很多人可能听到厕所内有人正在强奸妇女。

问题:大强的行为是否属于“在公共场所当众强奸妇女”?

答案参考:大强的行为属于“在公共场所当众强奸妇女”。大强在公共女厕所内强奸妇女时,公共女厕所属于可能使不特定或者众人看到、感觉到的公共场所,因此,大强的行为应当被认定为在公共场所“当众”强奸妇女。

【案例4】李四要出差几天,因不放心家里15岁女儿独自在家,于是请成年同事张三有空时去李四家照看一下女儿。其间,张三与李四女儿自愿发生了性关系。

问题:张三是否构成负有照护职责人员性侵罪?

答案参考:张三不构成负有照护职责人员性侵罪。张三并不对李四女儿的身心健康成长具有实质性的管护、指导等作用,与李四女儿也未形成一种依赖关系,故张三不构成负有照护职责人员性侵罪。

【案例5】大强和菜花结婚后,发现菜花无法生育,于是某日将邻居单身女性甲骗入房内,要求甲为其生育子女,并承诺给相应回报。遭甲拒绝,大强便强行脱掉甲内裤,用注射器将自己的精液注入甲阴道。

问题:大强该当何罪?

答案参考:大强构成强制猥亵罪。强制猥亵罪是故意犯,但不是所谓的目的犯、倾向犯。虽然大强不是出于刺激或者满足性欲的原因,但是其行为使被害人性羞耻心遭到了极大伤害,应当被认定为强制猥亵罪。

2.15.6 非法拘禁罪(☆☆☆☆)

《刑法》第238条:非法拘禁罪,是指非法剥夺他人人身自由的行为。本罪法益:人的身体活动的自由,而且是现实的身体活动自由,不包括可能的身体活动自由。

1. 行为模型:画地为牢。

2. 构成要件:

(1)主体:已满16周岁的自然人。国家机关工作人员是本罪的量刑身份,利用职权犯本罪的,从重处罚。

(2)行为对象:有身体活动自由的自然人。熟睡者、严重醉酒者、植物人、瘫痪卧床的病人、婴儿等由于没有现实的活动自由,不是非法拘禁罪的对象。

(3)行为方式:非法拘禁他人,剥夺其人身自由。

拘禁的手段主要有两种:一是直接拘束他人的身体,二是间接拘束他人的身体。拘禁的手段既可以是有形的,也可以是无形的,可以不作为的方式实施。

(4)主观要件:主观上有拘禁他人的故意,过失拘禁不构成本罪。**举例**:甲因粗心将乙锁在房间内，不构成本罪。如果发现后不开门，是不作为的非法拘禁。

3. 非法拘禁罪的处罚。

(1)具有殴打、侮辱情节的，从重处罚。

这是法定的从重处罚情节，对《刑法》第238条第1～4款全部适用。**举例**：甲非法拘禁乙，致乙重伤，又公然用言语侮辱乙，对甲应以非法拘禁罪致人重伤从重处罚。

(2)结果加重犯。

这是指《刑法》第238条第2款第1句：犯前款罪，致人重伤的，处3年以上10年以下有期徒刑；致人死亡的，处10年以上有期徒刑。结构：拘禁行为+重伤、死亡结果=非法拘禁罪+加重处罚。成立条件为：

①拘禁行为导致重伤、死亡结果。

这要求拘禁行为与重伤、死亡结果有因果关系。**【注意】**运用介入因素理论判断因果关系。

举例1：甲将乙拘禁在房间，乙跳楼自杀死亡。由于自杀是异常的介入因素，且独立导致死亡结果，拘禁行为与死亡结果无因果关系，故甲仅构成非法拘禁罪，不是非法拘禁罪致人死亡。

举例2：甲欲拘禁乙，用绳子将乙捆住，乙因血液流通不畅死亡。拘禁行为与死亡结果有因果关系，甲构成非法拘禁罪致人死亡。

②对重伤、死亡结果只能是过失。

根据《刑法》第238条第2款的规定，非法拘禁致人死亡的，处10年以上有期徒刑。如果非法拘禁故意致人死亡，应构成故意杀人罪。因此，对重伤、死亡结果只能是过失。

举例1：甲欲拘禁乙，用绳子将乙捆住，乙因呼吸不畅死亡。客观上，拘禁行为与死亡结果有因果关系；主观上，甲对乙死亡结果有过失，故甲构成非法拘禁罪致人死亡。

举例2：甲欲拘禁乙，用绳子将乙捆住。甲明知捆绑过紧可能致乙死亡，仍然放任，致乙窒息死亡。由于甲对乙的死亡是故意，不是非法拘禁罪致人死亡。甲为了拘禁而捆绑乙，客观上只有一个行为，同时触犯非法拘禁罪和故意杀人罪，想象竞合，从一重罪处罚，定故意杀人罪。

③拘禁以外的第二个行为导致重伤、死亡结果的，应数罪并罚。

举例1：甲拘禁乙3天，乙辱骂甲，甲将乙捅死。这属于另起犯意，对甲应以非法拘禁罪和故意杀人罪并罚。

举例2：甲拘禁乙3天，甲随手丢烟头引发火灾，致乙被烧死。对甲应以非法拘禁罪和过失致人死亡罪并罚。

【总结】非法拘禁罪的结果加重犯只能有一个行为——拘禁行为。

第一，拘禁行为本身过失致人重伤、死亡的，构成结果加重犯。

第二，拘禁行为本身故意致人重伤、死亡的，构成想象竞合犯。

第三，拘禁之外的第二个行为致人重伤、死亡的，数罪并罚。

【注意】警方在解救被拘禁人的时候，正常行为导致被害人重伤、死亡的，该结果归于行为人，成立结果加重犯。警方失误导致被害人重伤、死亡的，行为人不成立结果加重犯。

(3)法律拟制。

这是指《刑法》第238条第2款：使用(拘禁需要的暴力范围之外更高的)暴力(过失)致人伤残、死亡的，依照本法第234条(故意伤害罪)、第232条(故意杀人罪)的规定定罪处罚。适用条件为：

①拘禁范围外的暴力过失致人伤残、死亡的，才属于法律拟制。如果故意致人伤残、死亡，原本就应定故意杀人罪或故意伤害罪，这不是法律拟制。

②法律后果：拟制后以故意杀人罪、故意伤害罪一罪处罚，不再与非法拘禁罪并罚。

(4)索债型非法拘禁。

为索取债务非法扣押、拘禁他人的，构成本罪。

①债务的范围：既包括合法债务，也包括非法债务，但不包括单方面主张的债务。**举例**：甲谎称乙欠债不还将乙拘禁，向乙的家属要钱，这是单方面主张的债务，甲主观上有勒索财物的目的，构成绑架罪。

②他人的范围：既包括债务人本人，也包括与债务人有共同财产关系、扶养关系的亲属，但不包括其他人。

(5)量刑身份。

国家机关工作人员利用职权犯非法拘禁罪的，从重处罚。"利用职权"是指以行使职权的外观非法拘禁他人。**举例**：以拘留、逮捕、调查、审查为名非法拘禁他人。

4. 罪数问题。

(1)吸收犯：在绑架、抢劫、拐卖等犯罪中，非法拘禁他人的，拘禁行为被吸收，不再定非法拘禁罪。

(2)结合犯：在组织他人偷越国(边)境罪中，剥夺或者限制被组织人人身自由的，定组织他人偷越国(边)境罪，适用更重的法定刑。结构：组织罪+拘禁罪=组织罪+加重处罚。

2.15.7 绑　架　罪(☆☆☆)

《刑法》第239条：绑架罪，是指以向第三人提出不法要求为目的，非法控制人质的行为。本罪法益：人质的人身安全和自由。

1. 行为模型：绑架罪=非法拘禁小甲+敲诈勒索甲。

2. 构成要件：

(1)主体：已满16周岁的自然人。已满14周岁不满16周岁的人杀害、强奸人质的，构成故意杀人罪、强奸罪。

(2)行为对象：任何人。熟睡者、严重醉酒者、植物人、瘫痪卧床的病人、婴儿等虽无人身自由，但有人身安全法益。**举例**：挟持瘫痪患者，向其家属勒索赎金。

(3)行为方式：实力控制人质。

①以提出不法要求为目的。

第一，不法要求有：索要财物或者其他非法目的。**举例**：甲绑架乙，要求政府释放罪犯。

第二，如果提出合法要求，不构成绑架罪。**举例**：甲绑架乙，要求乙的家人偿还债务。由于甲没有勒索财物的目的，应构成非法拘禁罪。

②实力控制人质：非法拘禁小甲。

实力控制人质是指非法剥夺人质的身体自由，但必须具有强制性，也即以暴力、胁迫或者麻醉方法控制他人。

③向第三人提出不法要求：敲诈勒索甲。

不要求小甲和甲是亲属或者朋友关系，只要甲有担忧小甲人身安全的可能性就可以。**举例：**外国人A绑架中国劳工，向中国政府勒索赎金，构成绑架罪。

(4)主观要件：具有绑架的故意，并且以向第三人勒索财物或提出其他不法要求为目的。

3. 犯罪形态。

(1)着手：开始对人质实施控制行为是绑架罪的着手。

(2)既遂：原则上，实力控制了(适格)的人质是绑架罪的既遂。例外是，勒索到赎金，成立本罪既遂。**举例：**捡拾婴儿后产生勒索赎金的意思，开始提出勒索要求时是着手，拿到赎金时为既遂。

4. 绑架罪的处罚。

犯绑架罪，杀害被绑架人的，或者故意伤害被绑架人，致人重伤、死亡的，处无期徒刑或者死刑，并处没收财产。

结合犯：(1)绑架罪+故意杀人罪=绑架罪。

(2)绑架罪+故意伤害罪(重伤、死亡)=绑架罪。

【注意1】绑架罪+故意伤害罪(轻伤)=绑架罪与故意伤害罪数罪并罚。

【注意2】杀害的对象是被绑架人，如果是前来阻止的第三人，则以绑架罪与故意杀人罪数罪并罚。如果释放人质后，又杀死人质的，数罪并罚。

【注意3】绑架既遂后，第三人中途加入杀害或者伤害被绑架人的，第三人不属于结合犯。**举例：**甲绑架丙后，未勒索到赎金，于是请乙帮助自己撕票的，甲属于杀害被绑架人，乙属于单纯的故意杀人，不适用绑架罪结合犯的规定。

2.15.8 拐卖妇女、儿童罪

《刑法》第240条：拐卖妇女、儿童是指以出卖为目的，有拐骗、绑架、收买、贩卖、接送、中转妇女、儿童的行为之一的。本罪是选择性罪名，可分解为拐卖妇女罪与拐卖儿童罪，既拐卖妇女又拐卖儿童的，定拐卖妇女、儿童罪，不并罚。本罪法益：妇女、儿童的人身自由与安全。

1. 行为模型：以出卖为目的+控制被害人。

2. 构成要件：

(1)主体：已满16周岁的自然人。已满14周岁不满16周岁的人拐卖妇女、儿童的，不构成犯罪，如果奸淫被拐卖妇女的，定强奸罪。丈夫出卖妻子、父母出卖子女均可构成本罪。

(2)行为对象：妇女和儿童。拐卖已满14周岁男子，限制其人身自由的，定非法拘禁罪、强迫劳动罪等。

(3)行为方式：拐骗、绑架、收买、贩卖、接送、中转。

①这里的“拐骗”与拐骗儿童罪中的“拐骗”不同。前者以出卖为目的，后者以自己抚养或奴役为目的。

②这里的“绑架”与绑架罪中的“绑架”不同。前者以出卖为目的，后者以勒索财物为目的。

③这里的“接送”“中转”是实行行为，不是帮助行为。

上述行为的本质是将妇女、儿童置于自己或者第三人的非法支配下。

(4)主观要件：故意，并以出卖为目的。出卖≠营利，出于报复低价卖，也构成本罪。

3. 犯罪形态。

(1)着手:开始实施拐卖行为是本罪的着手。

(2)既遂:实力控制了被害人是本罪的既遂。

【注意】丈夫出卖妻子,父母出卖子女,出卖捡拾的儿童,收买妇女、儿童后又产生出卖的目的,以上四种情形不需要先控制被害人然后再卖出。因此,这四种情形着手的标准为:与买家商讨价格。既遂的标准为:实际将妇女、儿童卖出。

4. 法定刑升格条件。

(1)【结合犯】拐卖妇女罪+强奸罪=拐卖妇女罪。**举例**:甲拐卖青莲,又奸淫青莲,因青莲反抗而未果。甲属于奸淫被拐卖的妇女,适用结合犯的法定刑和总则未遂的规定(结合犯未遂)。

(2)【结合犯】拐卖罪+引诱罪、强迫罪=拐卖罪。

(3)【结果加重犯】拐卖行为+重伤、死亡结果=拐卖罪+加重处罚。

(4)将妇女、儿童卖往境外的。"境外"包括我国港、澳、台地区。既包括将境内的妇女、儿童卖往境外,也包括将境外的妇女、儿童卖往境内。

5. 罪数问题。

(1)被害人承诺:甲征得青莲同意,将其卖给富贵人家为妻,甲从中获得辛苦费。由于青莲有权承诺自己的人身自由和安全,甲不构成犯罪。

(2)拐卖儿童罪与遗弃罪。两罪不是A与-A的对立关系,而是A与B的中立关系,一个行为可以同时触犯两罪,想象竞合,从一重罪处罚。**举例**:甲为筹集赌资,出卖1岁的女儿。甲的行为首先触犯拐卖儿童罪,出卖女儿的行为又属于拒绝抚养女儿,情节恶劣,还触犯遗弃罪。甲的行为同时触犯拐卖儿童罪与遗弃罪,想象竞合,从一重罪处罚,定拐卖儿童罪。

(3)拐卖妇女罪与诈骗罪。**举例**:甲与青莲通谋,将青莲以2万元"卖给"丙为妻。拿到钱后,甲与青莲按事前约定逃离。甲与青莲构成诈骗罪的共犯,甲不构成拐卖妇女罪。问题是,丙是否构成收买被拐卖的妇女罪的未遂?由于丙是诈骗罪的被害人,客观上根本不存在被拐卖的妇女,故丙是不能犯,无罪。

6. 收买被拐卖的妇女、儿童罪后的罪数。

(1)原则:收买罪+其他罪=数罪并罚。

(2)例外:收买罪+拐卖罪=拐卖罪(《刑法》第241条第5款)。这有两种情形:

第一,收买前就有出卖目的:以出卖为目的→收买→卖出。根据《刑法》第240条的规定,这原本就构成拐卖妇女、儿童罪。

第二,收买前没有出卖目的:没有出卖目的→收买→卖出。收买行为构成收买被拐卖的妇女、儿童罪,卖出行为构成拐卖妇女、儿童罪,原应数罪并罚,但根据法条规定,定拐卖妇女、儿童罪,属法律拟制。

(3)从宽处罚:对被买儿童没有虐待行为,不阻碍对其进行解救的,可以从轻处罚;按照被买妇女的意愿,不阻碍其返回原居住地的,可以从轻或者减轻处罚。

(4)先收买,又妨害公务的,数罪并罚。

(5)先收买,又聚众阻碍解救被收买的妇女、儿童的,数罪并罚。聚众阻碍解救处于被拐卖状态的妇女、儿童,不构成聚众罪,可构成拐卖罪的共犯。

主观题小案例

【案例1】张三调查了李四的经济实力，并且找到了李四的联系方式，想要偷盗李四家的婴儿向李四索要财物，但是偷到婴儿后婴儿一直冲着张三微笑，张三无儿无女，当下决定自己抚养婴儿，没有向李四勒索财物。

问题：张三的行为成立绑架罪还是拐骗儿童罪，如果张三想偷回来自己养，之后才产生了向其父母勒索财物的想法然后实行，结论会有变化吗？

答案参考：

(1)张三的行为成立绑架罪，属于既遂形态。刑法规定，绑架罪是指以向第三人提出不法要求为目的，非法控制人质的行为。拐骗与绑架属于同一行为，属于法条竞合关系，绑架罪是特殊法条。

(2)如果是先拐骗后产生了向婴儿父母勒索财物的想法并实行的，属于两个行为，前行为是拐骗行为，后行为是绑架行为。张三如果不向婴儿父母勒索财物，是不会成立绑架罪的。此处又考查了"着手"的认定，提出勒索为着手，拿到钱财定既遂。

【案例2】张三把李四拘禁起来，李四为了逃脱，选择高度危险的逃脱方式，沿着下水管道逃出房间，由于楼层较高，不幸坠楼身亡。

问题：张三的行为是否构成非法拘禁罪的结果加重犯？

答案参考：张三不构成非法拘禁罪的结果加重犯。非法拘禁罪致人重伤、死亡，是指非法拘禁本身对被害人造成重伤、死亡(结果加重犯)，二者具有直接的因果关系。李四的死亡原因是自陷风险，与张三的拘禁不具有直接因果关系，故张三不构成非法拘禁罪的结果加重犯。

【案例3】张三偶遇一名逃脱的死刑犯乙，顺手将乙绑架，并以此威胁乙的亲属"如不交巨额赎金，就将乙交给司法机关"。

问题：张三的行为成立什么罪？

答案参考：张三成立绑架罪。绑架罪对绑架人的危险不限于非法行为造成的危险，也包括利用合法行为对绑架人造成的"危险"。张三扣押乙后，利用被执行死刑的"危险"，向利害关系人勒索赎金，应当认定为绑架罪。

【案例4】16岁的甲绑架乙后，使用暴力致乙意外死亡，甲无杀人故意，也无伤害故意。

问题：甲的行为构成什么罪？

答案参考：甲构成故意杀人罪。在非法拘禁过程中，使用暴力致人伤残、死亡的，依照故意伤害罪、故意杀人罪定罪处罚，故甲构成故意杀人罪。

【案例5】张三征得菜花的同意，将菜花介绍给某地的大强，大强与菜花一见倾心，成为夫妻，张三从大强处得到了巨额报酬。

问题：张三是否构成拐卖妇女罪？

答案参考：张三不构成拐卖妇女罪。拐卖妇女罪是侵犯了妇女人身自由和身体安全的犯罪，本案，张三征得了菜花的同意，有效的被害人承诺，可以阻却行为的违法性，故不应以犯罪论处。即使张三从大强那里得到了巨额报酬，也不应认定为拐卖妇女罪。

【案例6】大憨明知张三拐卖妇女，但想到自己的弟弟二憨至今没有媳妇，于是联系张三，称："下次弄到人后联系我，我给你联系买家。"后张三把拐骗的妇女菜花带到大憨家，大憨和二憨将菜花买下，给二憨做了妻子。

问题:大憨构成什么罪?

答案参考:大憨构成收买被拐卖的妇女罪。帮助收买被拐卖的妇女儿童的,成立收买被拐卖的妇女、儿童罪的共犯。大憨的行为并没有超出收买的范围,本质上还是帮助买方来收买,故不应认定为拐卖妇女罪的共犯,仅成立收买被拐卖的妇女罪。

2.16 危害公共安全罪

2.16.1 危险驾驶罪

1. 空间条件:发生在道路上。这里的道路,是指公路、城市道路,以及虽在单位管辖范围,但允许社会机动车通行的地方,包括广场、公共停车场等不特定或者多数人通行的场所。**举例:**校园里、工厂内、地下车库内的道路。

2. 行为方式:

(1)追逐竞驶,情节恶劣。

第一,速度要求:高速或者超速驾驶。缓慢驾驶,不构成本罪。

第二,人数要求:可以是二人以上,也可由单个人实施。

举例1:甲为了炫耀车技,在道路上曲折穿行、快速追赶、强行变道,并以救护车、消防车为对象进行追逐,甲构成危险驾驶罪。

举例2:甲、乙相约飙车,相互追逐,构成危险驾驶罪的共犯。

第三,程度要求:要求情节恶劣。不要求行为人以赌博竞技或者追求刺激为目的。

(2)醉酒驾驶。

第一,入罪标准:血液中酒精含量达到80mg/100ml以上,属于醉酒驾驶机动车。

第二,犯罪性质:本罪属于抽象的危险犯,不需要判断具体危险。

【注意】如果没有抽象危险,不构成本罪。**举例:**甲在没有车辆与行人的荒野道路上醉酒驾驶机动车,对于公共安全没有抽象的危险,不构成危险驾驶罪。

第三,教唆犯罪:教唆他人醉酒驾驶的,构成本罪的教唆犯。**举例:**甲明知乙醉酒,还唆使乙驾车送自己,乙构成危险驾驶罪的正犯,甲构成危险驾驶罪的教唆犯。

第四,间接正犯:支配危险驾驶行为。**举例:**甲明知乙即将开车,暗中在乙的饮料中掺入酒精。甲是间接正犯,乙在客观阶层是实行犯。乙不知情,最终无罪。

(3)超员、超速行驶。

这是指从事校车业务或者旅客运输的机动车,严重超过额定乘员载客,或者严重超过规定时速行驶。

【注意】如果机动车所有人、管理人对严重超员、超速负有直接责任,构成本罪的共犯。**举例:**甲是城乡客车的所有人,乙是司机。甲指使乙严重超载行驶,甲、乙构成本罪的共犯。

(4)违规运输危险化学品。

第一,犯罪性质:本罪是故意犯罪,属于具体的危险犯,要求危及公共安全。

第二，主观认识：必须认识到自己运输的是危险化学物品。

第三，机动车所有人、管理人对违规运输危险化学品负有直接责任的，构成本罪的共犯。

2.16.2 交通肇事罪

1. 交通肇事罪有三层核心考点：

(1)基本犯：处3年以下有期徒刑或拘役；

(2)交通肇事后逃逸：处3年以上7年以下有期徒刑；

(3)逃逸致死：处7年以上有期徒刑。

2. 基本犯构成要件：

(1)行为主体：已满16周岁的自然人，不限于驾驶交通工具的人。本罪不是身份犯，只要是公共交通的参与者就可以成为本罪的主体。包括司机、路人等。

举例1：青莲闯红灯时低头看手机，甲骑摩托车正常行驶。青莲见摩托车驶来，试图加速躲过，致人车相撞。摩托车被弹出，甲当场身亡，青莲安然无恙。青莲构成交通肇事罪。

举例2：何某饮酒后睡了2小时，醒来后想出去看看，便骑自行车出门。因未仔细观察，发现黄某时已来不及刹车，自行车撞倒黄某致其颅脑损伤死亡。何某构成交通肇事罪。

(2)行为方式：违反交通运输管理法规，因而发生重大事故，致人重伤、死亡或者使公私财产遭受重大损失。

(3)主观要件：过失，包括疏忽大意的过失与过于自信的过失。违章的故意不能认定为犯罪故意。

3. 交通运输肇事后逃逸。

(1)行为人认识到交通肇事，且法定刑升格需要逃逸之前的行为已经成立交通肇事罪。

(2)判断标准：逃逸是为了避免法律追究而逃跑的行为。

举例：甲闯红灯，不慎将乙撞成轻伤，甲为逃避法律追究而逃逸。第一，前行为(肇事行为)是一般违章，不构成交通肇事罪，故甲不构成交通运输肇事后逃逸；第二，逃离事故现场是严重违章，成立犯罪要求致1人以上重伤，而乙仅是轻伤，故甲不构成犯罪，可对其予以治安处罚。

4. 逃逸致人死亡。

根据司法解释，逃逸致人死亡，是指行为人在交通肇事后为逃避法律追究而逃跑，致使被害人因得不到救助而死亡的情形。

(1)前提条件：已经构成交通肇事罪，并且被害人没有死亡。

(2)主观条件：为了逃避法律追究。

(3)因果关系：被害人因行为人逃逸，得不到及时救助而死亡。

5. 认识错误。

- 当场未死
  - 误以为死亡
    - ①逃跑致使被害人死亡：逃逸致人死亡
    - ②处理尸体致使被害人死亡：过失致人死亡罪
  - 明知未死亡
    - ①逃跑致使被害人死亡：逃逸致人死亡
    - ②故意致人死亡：故意杀人罪

图2-8 认识错误情形

6. 共犯问题。

(1)事前瞎指挥:单位主管人员、机动车辆所有人或者承包人指使、强令他人违章驾驶,造成重大交通事故的,不定共犯,以交通肇事罪定罪处罚。

(2)事后让逃逸:司机交通肇事后,机动车辆所有人、承包人等指使行为人逃逸,致使被害人因得不到及时救助而死亡的,以交通肇事罪共犯论处。

【注意】交通事故、醉酒驾车、无证驾驶、交通肇事的区分。

主观题小案例

【案例1】李四驾驶了一辆没有年检的无故障车,行驶期间,由于张三横穿高速公路造成了交通事故,张三当场身亡。

问题:李四是否构成交通肇事罪?

答案参考:李四的行为不构成交通肇事罪。禁止驾驶没有经过年检的车辆的目的是防止车辆故障导致交通事故。本案是由乙横穿高速公路造成的,该交通事故责任不能归属于甲。

【案例2】张三酒后驾驶,出现交通事故,致一人重伤。事后,停留在原地,但未对伤者实施救助。

问题:能否认定张三的行为是"交通运输肇事后逃逸"?

答案参考:

观点一:不能。根据司法解释,"交通运输肇事后逃逸"是指行为人在发生了构成交通肇事罪的交通事故后,为逃避法律追究而逃跑的行为。

观点二:可以。犯罪后为逃避法律追究而逃跑,是不具有期待可能性的行为,逃逸是指逃避救助被害人的义务。

2.17 妨害社会管理秩序罪

2.17.1 妨害司法罪

无论是刑事案件、民事案件还是行政案件,司法机关都想努力弄清案件事实。妨害司法类犯罪主要的结构如下。

第一步:弄清案情	第二步:抓嫌疑人	第三步:追赃	第四步:坐牢
1. 伪证罪 2. 妨害作证罪,帮助毁灭、伪造证据罪 3. 辩护人、诉讼代理人毁灭证据、伪造证据、妨害作证罪 4. 虚假诉讼罪	窝藏、包庇罪	掩饰、隐瞒犯罪所得、犯罪所得收益罪	脱逃罪

一、窝藏、包庇罪

《刑法》第310条:窝藏,是帮助犯罪的人逃匿;包庇,是为犯罪的人作假证明。二者的共同点：都想使犯罪的人逃脱处罚。本罪法益：刑事侦查、审判、执行的正常活动。

1. 构成要件：

(1)行为对象：涉嫌犯罪的人。只要求涉嫌犯罪，不要求最终有罪。**举例**：乙(13岁)强奸同班的铁锤，班主任甲将乙藏于乡下老宅。虽然乙最终不构成犯罪，但乙是强奸罪的嫌疑人，甲的行为会妨害司法机关的正常活动，构成窝藏罪。

(2)行为方式：窝藏、包庇行为。

窝藏的本质：使犯罪的人难以被发现，直接使犯罪的人逃离更容易。常见的有：

①提供隐藏处所、财物。

②向犯罪的人通报侦查或追捕动静。

③向犯罪的人提供化装的用具。

④向犯罪的人提供虚假的身份证件。

⑤犯罪的人昏迷后将其送往外地。

⑥劝诱迫使犯罪的人逃匿。

【注意】以下情形不是窝藏行为。

①犯罪的人想自首，而行为人劝诱其不自首。

②受逃匿的犯罪的人委托，向犯罪的人妻子提供财物。

③配偶前往犯罪的人的逃匿地，陪同其共同生活。

包庇行为，是指向公安司法机关提供虚假证明，掩护犯罪的人的行为。**举例**：甲为了让乙逃避处罚，自己冒充作案人向公安机关投案，这也是作假证明，构成本罪。

①包庇行为只能以作为方式实施，单纯的知情不举不构成本罪。

②窝藏、包庇罪是抽象危险犯。即使公安司法机关知道犯罪的人被行为人藏于何处，或者明知行为人提供虚假证明，也不妨碍窝藏、包庇罪的成立。

2. 特殊形式的包庇罪。

《刑法》第362条：旅馆业、饮食服务业、文化娱乐业、出租汽车业等单位的人员，在公安机关查处卖淫、嫖娼活动时，为违法犯罪分子通风报信，情节严重的，依照本法第310条的规定定罪处罚。

根据最高人民法院、最高人民检察院《关于办理组织、强迫、引诱、容留、介绍卖淫刑事案件适用法律若干问题的解释》第14条，《刑法》第362条的罪名为包庇罪而非窝藏、包庇罪。该条有双重属性：

(1)注意规定：如果为强迫卖淫、组织卖淫的犯罪分子通风报信，理应构成包庇罪。

(2)法律拟制：如果为卖淫、嫖娼等违法分子通风报信，由于包庇罪的对象是犯罪分子，这时定包庇罪就是法律拟制。

【注意】仅限于在公安机关查处卖淫、嫖娼活动时，为相关人员通风报信，定包庇罪。**举例**：甲在酒店吸毒，公安机关查处时，酒店老板乙为甲通风报信，甲将毒品放入马桶冲走，逃脱了处罚。此时不能适用上述规定，乙不构成包庇罪，可能构成容留他人吸毒罪。

【注意】窝藏罪与承继的共犯的区分：窝藏罪发生在被窝藏者犯罪既遂之后，如果在甲犯罪过程中，乙为其提供帮助，成立承继的共犯。

3. 罪数问题。

(1)期待可能性问题。

①犯罪后自己窝藏、包庇自己,没有期待可能性,无罪;教唆他人窝藏、包庇自己,没有期待可能性,无罪。但被教唆者有期待可能性,构成本罪。

②共犯人相互窝藏、包庇的,没有期待可能性,无罪。但是,窝藏、包庇共犯人其他犯罪事实的,构成本罪。**举例**:甲、乙盗窃后,一起藏于甲乡下的老宅,甲不构成窝藏罪。如果甲又为乙独立实施的抢劫罪作假证明,这有期待可能性,构成包庇罪。

(2)本罪与伪证罪。

①主体不同:窝藏、包庇罪是一般主体;伪证罪是特殊主体。

②场合不同:窝藏、包庇罪可以发生在刑事诉讼之中或者刑事诉讼以外。伪证罪只能发生在刑事诉讼过程中。一般而言,立案之前定包庇罪,立案之后定伪证罪。

③两者关系:两罪不是A与-A的对立关系,而是A与B的中立关系,一个行为可以同时触犯两罪,想象竞合,从一重罪处罚。**举例**:目击证人甲在侦查阶段向警察作假证明,帮助乙逃避处罚。在刑事诉讼过程中,甲的行为同时触犯伪证罪和包庇罪,从一重罪处罚。

(3)本罪与帮助毁灭、伪造证据罪。

帮助毁灭、伪造证据罪本身不是作虚假证明,只有伪造证据后向公安司法机关出示,才是作假证明包庇。因此,以帮助犯罪的人逃避处罚为目的,先伪造证据又向公安司法机关出示的,先后触犯帮助、伪造证据罪与包庇罪,根据吸收犯原理,从一重罪处罚。这是因为前后罪侵犯相同的法益,后行为是前行为的当然结果。

(4)法条竞合犯:包庇黑社会性质组织罪、包庇毒品犯罪分子罪是包庇罪的特殊法条,应优先适用。

二、掩饰、隐瞒犯罪所得、犯罪所得收益罪(☆☆☆)

《刑法》第312条:明知是犯罪所得及其产生的收益而予以窝藏、转移、收购、代为销售或者以其他方法掩饰、隐瞒的,处3年以下有期徒刑、拘役或者管制,并处或者单处罚金;情节严重的,处3年以上7年以下有期徒刑,并处罚金。

单位犯前款罪的,对单位判处罚金,并对其直接负责的主管人员和其他直接责任人员,依照前款的规定处罚。

本罪的构成要件:

1. 行为主体:一般主体,本犯以外的自然人和单位。这里的“本犯”包括正犯、实行犯和教唆犯。**【注意】**司法工作人员不是量刑身份。

举例1:甲将盗窃的手机藏于家中,甲构成盗窃罪,不再定本罪。

举例2:甲教唆乙盗窃,乙偷了一台电脑,甲又代乙销售电脑,甲是盗窃罪的教唆犯,对销售行为不再定本罪,因为后行为没有期待可能性。

2. 行为方式。

(1)窝藏,是指隐藏、保管的行为,以使司法机关难以发现赃物。

(2)转移,是指改变赃物的存放,转移行为要足以妨害司法机关追缴赃物。**举例**:在同一房屋内转移赃物,不足以妨害追缴赃物,不构成本罪。

(3)收购,是指收买不特定的赃物或者购买大量赃物的行为。对于购买特定少量赃物自用的,不构成本罪。但购买他人机动车等重大赃物的,构成本罪。

(4)代为销售,是指替本犯有偿转让赃物的行为。在本犯与购买人之间进行斡旋的(如中介服务),也属于代为销售。**举例**:甲将盗窃的电脑交给乙销售,乙在电脑中找到被害人丙的联系方式,声称可以将电脑优先卖给丙。丙以5000元将电脑买回,乙属于代为销售赃物,构成本罪。

【注意】窝藏、转移赃物必须基于本犯的意思。明知是赃物而窃取、骗取的,构成盗窃罪、诈骗罪,不构成本罪。**举例**:甲将乙诈骗的手机偷走,甲转移手机占有的行为不是基于乙的意思,甲构成盗窃罪,不构成本罪。

3. 行为对象:犯罪所得及其产生的收益。

(1)限于财物和财产性利益。

举例1:甲窃取公民个人信息,乙为甲保管,公民个人信息不是财物,乙不构成本罪。

举例2:甲收买被拐卖的妇女,乙对该妇女负责看管。被拐卖的妇女不是财物,乙构成收买被拐卖的妇女罪的共犯,不构成本罪。

举例3:甲以诈骗所得投资股票,获利巨大,乙为甲保管股票的利润。利润属于犯罪所得的收益,乙构成本罪。

(2)只要求是"客观阶层"的犯罪所得。

举例1:甲(15周岁)偷了一辆摩托车,乙明知而购买。摩托车在客观阶层属于盗窃所得,乙构成本罪。

举例2:甲想将赃物运往外地,便向知情的乙借车,乙同意。甲客观上有掩饰赃物的行为,主观上有掩饰赃物的故意,只不过没有期待可能性,最终不构成本罪。乙在客观阶层有掩饰赃物的行为,而且有期待可能性,故乙构成本罪。

(3)不要求赃物保持同一性。

举例1:甲用盗窃的5辆自行车改装成1辆自行车,知情的乙买走自行车,构成本罪。

举例2:甲用盗窃的人民币兑换成美元,乙明知而为甲保管美元,构成本罪。

(4)要求是已经终结的犯罪行为的所得。

举例1:甲抢劫丙,还未取得财物。知道真相的乙加入进来,与甲共同取得丙的财物。甲、乙构成抢劫罪的共犯,乙不构成本罪。

举例2:甲将珠宝交给乙保管,乙与丙共谋将珠宝卖给丁。在保管期间珠宝不是赃物,故乙、丙构成侵占罪的共犯,不构成本罪。二人将珠宝非法处分给丁,当丁接手珠宝后,珠宝就是侵占罪的犯罪所得。如果丁知情而购买,构成本罪,不再定侵占罪的共犯。

4. 主观要件:故意,即明知是赃物。明知包括"明确知道"和"应当知道"两种情形。

5. 罪数问题。

(1)本罪与洗钱罪,窝藏、转移、隐瞒毒品、毒赃罪。

洗钱罪的上游犯罪只有7种(贪金走破黑毒恐),本罪的行为对象包括所有的犯罪所得及其收益。触犯洗钱罪必然会触犯本罪,洗钱罪是本罪的特殊法条;同理,窝藏、转移、隐瞒毒品、毒赃罪也是本罪的特殊法条。根据法条竞合的处理原则,洗钱罪与窝藏、转移、隐瞒毒品、毒赃罪应优先适用。

(2)本罪与侵占罪。

①侵占基于不法原因委托保管的财物。**举例**：甲将盗窃的手机交给知情的乙代为销售，乙将销售的赃款据为己有。乙构成掩饰、隐瞒犯罪所得罪，是否还构成侵占罪，理论上有争议。多数观点认为，不再定侵占罪。

②侵占基于生活原因委托保管的财物。**举例**：甲将盗窃的手机借给知情的乙使用，乙将手机据为己有，构成侵占罪。这是因为，甲对赃物的占有事实值得刑法保护，明知是赃物而盗窃、诈骗、抢夺、侵占、故意毁坏的，构成相应的财产犯罪。

(3)本罪与诈骗罪。

①告知真相的销赃行为。**举例**：甲将盗窃的手机卖给知情的乙，乙构成本罪。甲没有欺骗行为，不构成诈骗罪。

②隐瞒真相的销赃行为。**举例**：甲代乙销售盗窃的手机，谎称是自己的手机卖给丙。甲构成本罪，是否还构成诈骗罪，理论上有争议。多数观点认为，丙以正常的价格购买了有瑕疵的手机，甲对丙构成诈骗罪。因此，甲的行为同时触犯本罪与诈骗罪，想象竞合，从一重罪处罚。

2.17.2 非法吸收公众存款罪

《刑法》第176条：非法吸收公众存款罪，是指非法吸收公众存款或者变相吸收公众存款，扰乱金融秩序的行为。

1.构成要件：

(1)行为主体：不具有吸收存款资格的自然人和单位+具有吸收存款资格的金融机构，违反规定，通过擅自提高利率等方法吸收存款。

(2)行为方式：满足以下5项条件的，属于非法吸收公众存款。

①非法性：未经有关部门依法许可或者借用合法经营的形式吸收资金。

②公开性：通过网络、媒体、推介会、传单、手机信息等途径向社会公开宣传。

③利诱性：承诺在一定期限内以货币、实物、股权等方式还本付息或者给付回报。

④公众性：向社会公众即社会不特定对象吸收资金。

⑤存款性：行为人吸收存款是用于放贷等金融活动，如果是用于正当的生产经营，则仅属于吸收资金，不属于吸收存款。

(3)行为对象：公众存款，这是指吸收多数人或者不特定人(包括单位)的存款。

①"公众"：

第一，在向亲友或者单位内部人员吸收资金的过程中，明知亲友或者单位内部人员向不特定对象吸收资金而予以放任的。

第二，以吸收资金为目的，将社会人员吸收为单位内部人员，并向其吸收资金的。**【注意】**单纯向亲友或者单位内部人员吸收资金，不构成本罪。

②"存款"：

第一，存款的特征是还本付息。因此，要求行为人作出承诺，只要求承诺具有回报的可能性。

第二，数额计算。以吸收的资金全额计算。案发前后已归还的数额，可以作为量刑情节酌情考虑。**举例**：甲在5月吸收50万元，6月吸收100万元，并以此偿还5月借款。非法吸收公众存款的数额为150万元，而不是50万元。

(4)危害结果：本罪是实害犯，要求扰乱金融秩序。构成本罪，要求行为人从事金融业务。因为只有将吸收的存款用于货币、资本的经营时(如发放贷款)，才能扰乱金融秩序。

(5)主观要件：故意，不能具有非法占有目的，否则成立集资诈骗罪。

2. 罪数。

行为人擅自设立金融机构后，又非法吸收公众存款，或者非法吸收公众存款后，又擅自设立金融机构的，应以擅自设立金融机构罪(《刑法》第174条)和本罪并罚。

【注意1】本罪的成立条件：未经批准、公开宣传、面向公众、还本付息。

【注意2】单位实施非法集资犯罪活动，全部或者大部分违法所得归单位所有的，应当认定为单位犯罪。

2.17.3 信用卡诈骗罪(☆☆☆)

《刑法》第196条：信用卡诈骗罪，是指以非法占有为目的，利用信用卡进行诈骗的活动。

1.【扩大解释】信用卡的含义。

信用卡，是指由商业银行发行的具有消费支付、信用贷款、转账结算、存取现金等全部功能或者部分功能的电子支付卡。因此，普通的借记卡、储蓄卡也是信用卡。

【注意】支付宝、微信钱包、蚂蚁花呗、蚂蚁借呗、度小满账户均不属于银行卡账户，更不能解释为信用卡。

(1)信用卡的价值。信用卡本身价值低廉，因此诈骗、抢夺、侵占、敲诈信用卡不构成犯罪，但是抢劫信用卡或者入户盗窃信用卡构成犯罪。

(2)使用信用卡。非法获取他人信用卡后，又使用该信用卡的，构成犯罪。

2. 行为方式(使用虚假骗领卡，恶意作废冒用他)。

(1)使用伪造的信用卡，或者使用以虚假的身份证明骗领的信用卡的。**举例：**刷卡消费或者透支等。如果利用伪造的信用卡私下质押担保骗取他人财物的，不属于信用卡的通常使用方法，不构成信用卡诈骗罪，应定(合同)诈骗罪。

(2)使用作废的信用卡的，行为主体既可以是持卡人，也可以是其他人。**举例：**甲是信用卡持卡人，对信用卡办理了挂失手续。在银行止付前，甲以非法占有为目的使用该卡，构成信用卡诈骗罪。

(3)冒用他人信用卡的，只要未经持卡人同意，擅自使用他人名义下的信用卡，都属于冒用他人信用卡。

举例1：甲诈骗乙的信用卡，不构成诈骗罪。甲又持卡消费，属于冒用他人信用卡，构成信用卡诈骗罪。

【注意】使用自己名义下的信用卡，不构成本罪。**举例2：**甲将工资存入乙的卡内，请乙代为保管。乙擅自取出存款，拒不退还。乙没有冒用他人信用卡，不构成本罪，而应定侵占罪。

(4)恶意透支的，即持卡人以非法占有为目的，超过规定限额或者规定期限透支，经发卡银行两次有效催收后超过3个月仍不归还的行为。

3. 使用盗窃来的信用卡的，定盗窃罪；使用抢劫来的信用卡的，定抢劫罪。不区分对人还是对机器使用，除这两种情况以外，以其他方式(抢夺、侵占、诈骗、敲诈勒索、捡来的等)获取他人的信用卡,再使用的,都定信用卡诈骗罪。

主观题小案例

【案例】张三去医院看病,故意将李四的社保卡作为自己的社保卡交付给收费员。

问题:张三的行为构成何罪,如有不同观点,请分别说明?

答案参考:

观点一:可以成立信用卡诈骗罪。因为现在的社保卡加载了存储、取款、转账等功能,可以作为具有借记功能的银行卡使用,属于立法解释中的信用卡,故盗刷社保卡的行为,应认定为信用卡诈骗罪。

观点二:(命题人观点)可以成立诈骗罪。因为社保卡的发放主体不是金融机构,卡内的社保款项只用于定点医院、药店等,以POS机刷卡使用,不能提取现金。因此,行为人使用社保卡对自然人使用,构成诈骗罪。

2.18 贪污贿赂罪

2.18.1 贪　污　罪(☆)

行为模型:贪污罪=国家工作人员+利用职务便利+取得型财产犯罪+公共财物。四个方面缺一不可,否则构成普通的财产犯罪。

一、构成要件

贪污罪的本质:监守自取(近水楼台先得月)。

1.行为主体:国家工作人员。应以是否从事公务为标准来判断是否为国家工作人员,还应注意以下三点:

(1)受委托人员被拟制为国家工作人员,是本罪的主体。

(2)通过伪造国家机关公文、证件,担任了国家工作人员,是本罪的主体。

(3)一般公民伙同国家工作人员贪污的,以贪污罪的共犯论处。

2.行为方式:利用职务便利+取得财产。

(1)利用职务便利。

贪污罪的本质是监守自取,这里的“监”就是职务便利,是指利用职务上主管、管理、经营、经手公共财物的权力。有两种情形:

①利用本人主管、管理公共财物的职务便利。**举例:**国有企业的出纳甲,利用保管公款的便利,将公款非法占为己有,构成贪污罪。

②利用职务上有隶属关系的其他国家工作人员的职务便利。**举例:**(最高人民法院指导案例11号:杨某虎等贪污案)杨某虎曾任义乌市人大常委会副主任、义乌市商贸城建设领导小组副组长兼指挥部总指挥,主持指挥部全面工作。杨某虎得知共和村被列入拆迁范围后,决定在该村购

买旧房,以骗取非法利益。杨某虎利用职务便利,要求分管土地确权工作的下属吴某对拆迁安置、土地确权予以关照,致使无产权证的旧房通过确权审核。杨某虎利用职务上有隶属关系的其他国家工作人员的职务便利,非法占有公共财物,构成贪污罪。

【注意】职务便利不等于职业便利。职务便利是对公共财物的管理便利,职业便利的范围大于职务便利,还包括熟悉作案环境、易于接近作案目标等便利条件,利用这些便利条件非法占有公共财物的,不构成贪污罪。

(2)取得财产:侵吞、窃取、骗取或者其他手段。

①侵吞。这里的侵吞与侵占罪中的"侵占"含义相同,是指将自己占有的公共财物变成自己所有。自己占有的财物只能是侵占的对象,不可能是盗窃的对象。**【注意】**当行为人占有公共财物时,就表明有职务便利,不要求再额外地利用职务便利。

举例1:国家工作人员在国内公务活动或者对外交往中接受礼物,依照国家规定应当交公而不交公的,数额较大的,构成贪污罪。

举例2:国有收费站负责人将营业款据为己有,构成贪污罪。

举例3:财政局局长将办公室的电脑据为己有,构成贪污罪。

举例4:国有单位出纳收款不入账,构成贪污罪。

举例5:海关执法人员将罚没款据为己有,构成贪污罪。

②窃取。这里的窃取与盗窃罪中的"盗窃"含义相同,是指将他人占有的公共财物转移给自己占有。贪污罪的行为人对公共财物有主管、管理、经营、经手的便利,行为人一般直接占有公共财物,构成侵吞型贪污罪。因此,这里的"窃取公共财物"只有两种:一是属于自己主管、管理、经营、经手的但又没有直接占有的财物,二是与他人共同占有的财物。

【注意】贪污罪中的利用职务便利,是对公共财物主管、管理、经营、经手的便利,而不是指一切职务便利。换言之,利用与公共财物无关的其他职务便利,不构成本罪。

举例1:甲谎称危房翻新,村委会主任乙知情并代其填写虚假材料,又以村委会主任名义签字同意后上报镇政府,为甲骗取了3万元危房补助。乙协助政府从事扶贫工作,属于国家工作人员,也利用了村委会主任的职务便利。但是,乙不构成贪污罪,应定诈骗罪。这是因为,乙对危房补助款没有主管、管理、经营、经手的便利,也即乙利用的职务便利与公共财物无关。【正确】

举例2:危房改造办主任甲与村民乙勾结,由乙填写虚假材料,甲负责审批。甲对公共财物有主管、管理、经营、经手的便利,构成贪污罪,乙构成贪污罪的共犯。【正确】

③其他手段。这是指侵吞、窃取、骗取以外的利用职务便利的行为。其特点是将公共财物转移给行为人或者第三人占有,常见的情形有两种:一是在法律或事实上非法占有公共财物。

举例1:将公车登记为自己所有、将公款存入自己名下、将公物作为私有财物予以支配。

二是在法律和事实上处分了公共财物。

举例2:将公款赠与他人、将公物变卖等。

3.行为对象:公共财物,包括财产性利益。根据《刑法》第91条,公共财产的范围包括:

(1)国有财产。

(2)劳动群众集体所有的财产。

(3)用于扶贫和其他公益事业的社会捐助或者专项基金的财产。

(4)在国家机关、国有公司、企业、集体企业和人民团体管理、使用或者运输中的私人财产,以公共财产论。

二、处罚

1. 特别从宽。

贪污数额较大或者有其他较重情节,行为人在提起公诉前如实供述自己罪行、真诚悔罪、积极退赃,避免、减少损害结果的发生,对其可以从轻、减轻或者免除处罚。**【注意】**对于贪污数额巨大或者特别巨大的行为人,对其只可以从轻处罚。

2. 终身监禁。

贪污数额特别巨大或者有其他特别严重情节被判处死刑缓期执行的,人民法院根据犯罪情节等情况可以同时决定在其死刑缓期执行 2 年期满依法减为无期徒刑后,终身监禁,不得减刑、假释。

(1)前提:贪污数额特别巨大或者有其他特别严重情节。

(2)程序:被判处死刑缓期执行,两年期满后依法减为无期徒刑。**【注意】**如果在考验期内有重大立功,两年期满后减为 25 年有期徒刑的,不能适用终身监禁。

(3)结果:终身监禁,即不得减刑、假释。**【注意】**符合条件的可以申请保外就医。

三、认定问题

1. 犯罪形态。

(1)既遂:行为人实际控制公共财物。贪污既遂后又将财物捐赠给公益事业的,不影响既遂的成立。**举例:**国企出纳甲以非法占有为目的,将单位公款转到自己的账户。无论是否取出现金,甲对公款已经实际控制,构成贪污罪既遂。

(2)未遂:已经着手实施贪污,因意志以外的原因未实际控制公共财物。**举例:**国企出纳甲以非法占有为目的,虚假平账,还未将公款转出就案发,甲构成贪污罪未遂。

2. 罪数问题。

(1)贪污罪与职务侵占罪。

贪污罪的主体是国家工作人员,职务侵占罪的主体是非国家工作人员;贪污罪的对象是公共财物,职务侵占罪的对象是公司、企业或者其他单位的财物。

(2)贪污罪与盗窃罪、诈骗罪、侵占罪。

贪污罪与侵占罪、盗窃罪、诈骗罪是法条竞合关系。贪污罪对行为主体、行为方式、行为对象等方面有特殊要求,故贪污罪属于特别法条,应优先适用。

(3)贪污罪与私分国有资产罪。

《刑法》第 396 条第 1 款:国家机关、国有公司、企业、事业单位、人民团体,违反国家规定,以单位名义将国有资产集体私分给个人,数额较大的,对其直接负责的主管人员和其他直接责任人员,处 3 年以下有期徒刑或者拘役,并处或者单处罚金;数额巨大的,处 3 年以上 7 年以下有期徒刑,并处罚金。

贪污罪与私分国有资产罪的区别:

①性质不同:私分国有资产罪是单位犯罪,贪污罪是自然人犯罪。

②目的不同:私分国有资产罪是以单位名义谋取非法利益,贪污罪是为特定人谋取非法利益。

2.18.2 挪用公款罪(☆)

1. 行为主体:国家工作人员。

受委托人员没有被拟制为国家工作人员的,不是本罪的主体。也就是说,受国家机关、国有公司、企业、事业单位、人民团体委托管理、经营国有财产的人员,挪用公款归个人使用的,以挪用资金罪论处。

2. 行为对象:公款(包括国有国库券、失业保险基金、下岗职工基本生活保障资金)。

3. 行为方式:

(1)挪用公款归个人使用,进行非法活动的。

①不论挪用时间长短,立法未规定挪用数额,司法解释要求 3 万元以上。

②如果非法活动构成其他犯罪,应数罪并罚。

③明知使用人用于非法活动而挪用的,属于挪用公款进行非法活动。

(2)数额较大,进行营利活动。

①不论挪用时间长短,立法要求数额较大,司法解释要求 5 万元以上。

②明知使用人用于营利活动而挪用的,属于挪用公款进行营利活动。

(3)数额较大,超过 3 个月未还。

①非法活动、营利活动以外的一般活动,在时间上要求超过 3 个月未还。

②立法要求数额较大,司法解释要求 5 万元以上。

③不知使用人进行非法活动或者营利活动而挪用,数额较大,超过 3 个月未归还的,构成挪用公款罪。

4. 主观要件:故意,没有非法占有公共财物的目的。如果有非法占有公共财物的目的,以贪污罪论处。

5. 本罪与贪污罪。

挪用公款罪与贪污罪不是 A 与 -A 的对立关系,而是 A 与 A+B 的包容关系。这里的 B,是指非法占有公共财物的目的。因此,贪污罪可以包容挪用公款罪。两罪区分的关键:有无非法占有目的。根据司法解释,下列情形可以认定为具有非法占有目的:

(1)携带挪用的公款潜逃的,对其携带挪用的公款部分,以贪污罪定罪处罚。

【注意】只对携带走的公款定贪污罪,如果还有未携带走的部分,则构成挪用公款罪,以贪污罪与挪用公款罪并罚。

(2)行为人挪用公款后采取虚假发票平账、销毁有关账目等手段,使所挪用的公款已难以在单位财务账目上反映出来,且没有归还行为的,应当以贪污罪定罪处罚。

【注意】行为人具有归还公款的意思,只是为了应付上级的突击检查而暂时平账,因为主观上没有非法占有目的,构成挪用公款罪。

(3)行为人截取单位收入不入账,非法占有,使所占有的公款难以在单位财务账目上反映出来,且没有归还行为的,应当以贪污罪定罪处罚。

(4)有证据证明行为人有能力归还所挪用的公款而拒不归还,并隐瞒挪用的公款去向的,应当以贪污罪定罪处罚。

6. 罪数问题。

(1)因挪用公款索取、收受贿赂的,以本罪与受贿罪并罚。

(2)挪用公款进行其他犯罪的,数罪并罚。

(3)挪出公款后,无法证明行为人主观上非法占有目的,根据存疑有利于被告人的精神,应以挪用公款罪论处。

7. 共同犯罪。

根据司法解释,挪用公款给他人使用,使用人与挪用人共谋,指使或者参与策划取得挪用款的,以挪用公款罪的共犯定罪处罚。

(1)单纯使用他人挪用的公款不构成犯罪。**举例**:甲挪出公款用于经营酒庄,知情的乙与甲一起使用公款,由于使用行为不是挪用公款的构成要件,而且挪用公款罪不属于继续犯,乙不构成犯罪。

(2)单纯提出借用公款的,不构成犯罪。**举例**:甲向国有公司出纳乙询问能否借用公款,乙明知甲用于贩毒,仍然借给甲50万元,甲不构成挪用公款罪的教唆犯。

(3)教唆他人挪用公款的,构成本罪。**举例**:甲教唆乙挪出公款购买外汇,赚取利率差。这是典型的教唆行为,甲、乙构成本罪的共犯。

(4)普通人欺骗他人挪用公款的,构成教唆犯。**举例**:甲谎称购买婚房,唆使国有公司出纳乙借给自己公款,并承诺在1周内归还。乙信以为真,将公款挪给甲。实际上,甲将公款用于贩毒,并在1周内将公款还给乙。乙客观上是挪用公款进行非法活动,甲以欺骗手段支配了乙的行为,原应构成本罪的间接正犯,但甲没有国家工作人员身份,故甲构成本罪的教唆犯。

2.18.3 受 贿 罪

一、受贿罪(☆)

《刑法》第385条:受贿罪,是指国家工作人员利用职务上的便利,索取他人财物,或者非法收受他人财物为他人谋利益的行为。

1. 行为模型:利用职务便利→将职务行为与财物进行交换→侵犯职务行为的不可收买性。

2. 构成要件:

(1)行为主体:真正的身份犯,即国家工作人员。

①通过伪造国家机关公文、证件担任了国家工作人员的,是本罪的主体。

②一般公民伙同国家工作人员受贿的,以受贿罪的共犯论处。

(2)利用职务便利。

受贿罪的本质是权钱交易,这里的"权"就是职务便利,是指利用本人职务上主管、负责、承办某项公共事务的职权。有两种情形:

①利用本人的职务便利。**举例**:公安局局长收受他人财物,违规为其办理取保候审。

②利用职务上有隶属关系的其他国家工作人员的职务便利。**举例**:工商局局长甲收受乙10万元,通过辖区内的工商所所长丙,为乙谋取利益。甲、丙在职务上有隶属关系,甲构成本罪。

(3)将职务行为与财物进行交换。交换的方式有两种:

①索贿:索取他人财物。

②收受贿赂:非法收受他人财物,为他人谋取利益。

(4)主观要件:故意,明知自己的行为会侵犯职务行为的收买性,仍然希望或放任结果发生。

3. 司法解释规定的变相受贿。

(1)交易型受贿。**举例**:官员甲将价值50万元的房屋以200万元出售给商人乙,名为交易,实为行贿、受贿。甲构成受贿罪,乙构成行贿罪,数额均为150万元。

(2)干股型受贿。**举例**:甲经营的酒楼生意火爆,因有求于官员乙,将酒楼的三成股份赠送给乙。甲构成行贿罪,乙构成受贿罪。(2020年考查)

①办理股权转让登记的,或者相关证据证明股份发生了实际转让的,受贿数额按转让行为时股份价值计算,所分红利按受贿孳息处理。

②股份未实际转让,以股份分红名义获取利益的,实际获利数额应当认定为受贿数额。

(3)合作投资型受贿。由请托人出资,"合作"开办公司或者进行其他"合作"投资的,以受贿论处。受贿数额为请托人给国家工作人员的出资额。

(4)委托理财型受贿。未实际出资而获取"收益",或者虽然实际出资,但获取"收益"明显高于出资应得收益的,以受贿论处。

(5)赌博型受贿。赌博时故意输给官员,官员以此收受请托人财物的,构成受贿罪。

(6)挂名领薪型受贿。官员的特定关系人不实际工作却获取所谓薪酬的,以受贿论处。

(7)特定关系人型受贿。官员授意请托人将有关财物给予特定关系人的,以受贿论处。特定关系人知情的,构成受贿罪的共犯。

(8)借用型受贿。收受请托人房屋、汽车等物品,未变更权属登记或者借用他人名义办理权属变更登记的,构成受贿罪。

(9)关于收受财物后退还或者上交问题。

①国家工作人员收受请托人财物后及时退还或者上交的,不是受贿。"及时退还或上交",表明国家工作人员没有受贿罪的故意,原本就不构成受贿罪。因此,这属于注意规定,关键是及时。

举例1:甲得知官员乙生病住院,趁乙行动不便,将钱放在床边。乙出院后将钱退还或上交,表明乙没有受贿罪的故意,不构成受贿罪。

举例2:甲将10万元的购物卡放在官员乙的沙发垫下,乙对此不知情。两个月后,乙在清理沙发时发现购物卡,并立即退还或上交,乙没有受贿罪的故意,不构成受贿罪。

②国家工作人员受贿后,因自身或者与其受贿有关联的人、事被查处,为掩饰犯罪而退还或者上交的,不影响认定受贿罪。

(10)国家工作人员利用职务上的便利为请托人谋取利益之前或者之后,约定在其离职后收受请托人财物,并在离职后收受的,以受贿论处。离职前有约定,离职后再收钱,构成受贿罪;离职前无约定,离职后再收钱,不构成犯罪。

4. 犯罪形态。

根据司法解释,受贿罪数额较大、巨大、特别巨大的标准为:3万元、20万元、300万元,与贪污罪完全相同。

(1)入罪标准:主观上有受贿的故意,客观上有受贿罪的实行行为。至于收受的财物是否价值3万元以上,只影响受贿罪的形态,不影响受贿罪的成立。

(2)既遂标准:主观上有受贿的故意,客观上收受了数额较大的财物。

5.共同犯罪。

(1)一般公民教唆或者帮助国家工作人员受贿的,构成受贿罪的共犯,但不可能构成间接正犯或共同正犯。

(2)特定关系人收受请托人财物,国家工作人员知道后未退还或上交的,二人构成受贿罪的共犯;国家工作人员要求特定关系人及时退还或者上交,特定关系人隐瞒真相没有退还或者上交的,国家工作人员不构成受贿罪,特定关系人也不构成受贿罪的共犯。

(3)国家工作人员要求请托人将财物交付给第三人,如果第三人知情,二人构成受贿罪的共犯;如果第三人不知情,国家工作人员构成受贿罪,第三人无罪。

(4)国家工作人员索取、收受储蓄卡、购物卡、现金支票后,由于受贿罪已经既遂,第三人不构成受贿罪共犯。如果第三人知情并帮助国家工作人员掩饰、隐瞒的,构成洗钱罪或者掩饰、隐瞒犯罪所得罪。

二、事后受贿与约定受贿

事后受贿,是指国家工作人员事先通过职务行为为他人谋取利益时,没有受贿的故意,事后(在职时)明知他人交付的财物是对自己职务行为的回报而收受。事后受贿有两种。

1.事后索贿。

这是指国家工作人员实施了职务行为,为他人谋取利益后,索取他人财物。只要国家工作人员索取的财物与其职务行为有关,就意味着对方必须为国家工作人员的职务行为付出财产上的代价,国家工作人员侵犯了职务行为的不可收买性,构成本罪。

2.事后收受贿赂。

这是指国家工作人员实施了职务行为,为他人谋取利益后,明知他人交付的财物是对自己职务行为的回报而收受。事后收受贿赂,也构成受贿罪。**举例:**官员甲为乙办理税收优惠时没有收受他人财物的意思,乙事后为表达感谢,送给甲10万元。甲明知该财物是乙对自己职务行为的感谢,仍然收受。这同样属于职务行为与财物的交换,无论是乙还是一般人,都会认为甲的职务行为可以被收买,故甲构成本罪。

(1)从财物性质看,事后收受的财物是国家工作人员先前职务行为的报酬,财物与职务行为同样存在交换关系。这侵犯了职务行为的不可收买性。

(2)从法益侵害看,事前收受财物时,只要求国家工作人员许诺为他人谋取利益;事后收受财物时,国家工作人员客观上已经利用职务为他人谋取了利益,权钱交易的性质更明显。

(3)从司法实践看,如果事后收受财物不构成本罪,将为权钱交易开辟一条宽阔的绿色大道,受贿罪的条文将形同虚设。

履职时未被请托,但事后基于该履职事由收受他人财物的,属于“为他人谋取利益”。当然,如果事后提供财物因为时间长、数量小等不能或者难以认定与国家工作人员的先前职务行为存在交易关系,不构成受贿罪。

【总结】先收钱后办事,或者先办事后收钱,都构成受贿罪。

3. 约定受贿。

根据最高人民法院《关于国家工作人员利用职务上的便利为他人谋取利益离退休后收受财物行为如何处理问题的批复》,国家工作人员利用职务上的便利为请托人谋取利益,并与请托人事先约定,在其离退休后收受请托人财物,构成犯罪的,以受贿论处。国家工作人员利用职务上的便利为请托人谋取利益,离职前后连续收受请托人财物的,离职前后收受部分应计入受贿数额。

(1)离职前有约定,离职后再收钱,构成受贿罪。

国家工作人员在职期间,为他人谋取利益,并约定在其离职后收受财物。这一约定本身就侵犯了职务行为的不可收买性,应构成本罪。约定的方式有两种:一是国家工作人员主动提出约定,属于索贿;二是行贿人主动提出约定,属于非法收受财物。**举例**:官员甲在离职前突击提拔下属乙,为规避审计风险,二人约定在甲离职后,乙送给甲5万元。甲离职后,明知财物是对自己职务行为的回报仍然收受。由于行贿、受贿的约定发生在甲在职时期,已经侵犯了职务行为的不可收买性,甲构成受贿罪。

(2)离职前无约定,离职后再收钱,不构成犯罪。

国家工作人员在职期间,为他人谋取利益,并未约定在其离职后收受财物。即使其离职后收受财物,也不构成犯罪。**举例**:官员甲在离职前为乙承揽市政工程提供方便,甲没有收受财物的意思,双方也没有任何约定。甲离职后,乙为了表示感谢,乙送给甲5万元,甲不构成犯罪。这是因为,甲在离职前没有出卖职务行为,在离职后虽然明知财物是乙对自己之前职务行为的回报,但甲已经丧失了国家工作人员身份。因此,甲不构成犯罪。然而,当乙有求于甲的职务行为时,没有行贿的故意;谋取到利益后,甲已经离职,乙有多大可能再向甲赠送财物?司法实践中,一般不会发生。当然,如果乙想利用甲离职后的影响力,而给予甲财物,甲构成利用影响力受贿罪。

三、斡旋受贿(☆)

《刑法》第388条:国家工作人员利用本人职权或者地位形成的便利条件,通过其他国家工作人员职务上的行为,为请托人谋取不正当利益,索取请托人财物或者收受请托人财物的,以受贿论处。

1. 行为模型:斡旋人利用职权的便利条件→通过其他国家工作人员(被斡旋人)的职务行为→为请托人谋取不正当利益→索取或者收受请托人财物。

2. 构成要件:

(1)行为主体:斡旋人,即国家工作人员,不包括单位。如果是非国家工作人员,可能构成利用影响力受贿罪。

(2)行为方式:实施斡旋行为。

举例1:彪哥为了将桂花的孩子送到教育局工作,送给辽北某县财政局局长一笔钱,让办妥此事。财政局局长答应,向教育局局长游说,教育局局长买单。财政局局长属于斡旋受贿,成立受贿罪。

举例2:彪哥为了将桂花的孩子送到教育局工作,送给辽北某县财政局局长一笔钱,让办妥此事。财政局局长假意答应,但收完钱后,根本没有去找教育局局长,财政局局长成立诈骗罪。

第二单元 刑法

四、利用影响力受贿罪

与斡旋受贿不同，本罪的主体是非国家工作人员。既然没有国家工作人员身份，本罪的法益就不是国家工作人员职务行为的不可收买性，也不是国家工作人员的近亲属或者关系密切人的职务行为的不可收买性，因为这类人根本没有职务。

无论哪一种利用影响力受贿罪，行为人最终都要通过国家工作人员为请托人谋取不正当利益，行为人本人无法独立完成。由于行为主体与国家工作人员有特殊的关系，因此本罪保护的法益是国家工作人员职务行为的公正性，以及国民对国家工作人员职务行为不可收买性的信赖。利用影响力受贿罪可以分为两类：一是利用在职时的影响力，二是利用离职后的影响力。

1. 利用在职时的影响力。

(1)行为模型：关系密切的人(司机、保姆、情人)→通过国家工作人员→为请托人谋取不正当利益。

(2)行为主体：国家工作人员的近亲属或者与其关系密切的人。实际上近亲属也是关系密切的人，可以将本类主体归纳为与国家工作人员关系密切的人。

(3)通过国家工作人员职务上的行为→为请托人谋取不正当利益。

2. 利用离职后的影响力。

(1)行为模型：利用离职的国家工作人员原职权或者地位形成的便利条件→为请托人谋取不正当利益。

(2)行为主体：离职的国家工作人员及其近亲属、关系密切的人。实际上近亲属也是关系密切的人，可以将本类主体归纳为离职的国家工作人员及与其关系密切的人。

举例：甲原是教育局局长，乙送给甲10万元，请甲向现任教育局局长丙打招呼，为乙销售校服提供方便。甲向丙提出请求后，丙感念甲的提携之恩，同意了甲的请求。甲构成利用影响力受贿罪。如果丙不许诺，甲不构成本罪。如果甲也不退钱，多数观点认为也不构成侵占罪。

【注意1】利用影响力受贿罪中“关系密切的人”，是指与国家工作人员或离职的国家工作人员具有利益关系或利害关系的人。其中的利益关系不限于物质利益，还可以包括其他利益。**举例：**情人关系、前妻关系、秘书、司机等。除此之外，还包括制约关系，这与斡旋受贿不同。

【注意2】利用影响力受贿罪与诈骗罪、敲诈勒索罪。与国家工作人员关系密切的人、离职的国家工作人员及与其关系密切的人，以非法占有为目的，通过国家工作人员为他人谋取利益，诈骗或者敲诈他人财物的，以诈骗罪或者敲诈勒索罪论处。**举例：**甲父是市长，甲得知乙想参与市政工程，谎称可以通过其父为乙提供方便。乙送给甲10万元，甲收钱后据为己有，根本没有为乙谋利，甲构成诈骗罪。

【注意3】利用影响力受贿罪与斡旋受贿犯罪。两罪区分的关键在于主体和利用的影响力不同。前罪的主体是非国家工作人员，后罪的主体是国家工作人员。前罪利用的是与国家工作人员的密切关系或者原职权、地位形成的便利条件；后罪利用的是国家工作人员职权或者地位形成的便利条件。**举例：**甲是公安局局长，乙是监察委副主任，二人是情人关系。丙想为其子办理取保候审，送给乙10万元，请乙向甲打招呼。乙构成利用影响力受贿罪和斡旋受贿犯罪，想象竞合，从一重罪处罚。

2.18.4 行　贿　罪

一、构成要件

1. 行为主体：自然人。单位行贿的，构成单位行贿罪。

2. 行为方式：

(1)为了利用国家工作人员的职务行为，主动给予国家工作人员财物。

(2)有求于国家工作人员时，由于国家工作人员的索取而给予国家工作人员财物。

(3)在国家工作人员利用职务上的便利为自己谋取利益时或之后，给予国家工作人员以财物，作为职务行为的报酬。

3. 主观要件：故意，具有谋取不正当利益的目的。

(1)不正当利益：一切违反公平正义原则的利益，都属于不正当利益。**举例**：甲、乙作为组织考察的对象，均有同等的机会被提拔。甲送给组织部部长丙10万元，甲胜出、乙败选。甲构成行贿罪，丙构成受贿罪。

(2)是否实际谋取了不正当利益，或者行贿时具有事后索回财物的意思，均不影响行贿罪的成立。

二、认定问题

1. 犯罪形态。

(1)行贿时被当场拒绝的，构成行贿罪未遂。

(2)国家工作人员客观上接收(占有)财物为既遂。

举例1：甲将购物卡放在果篮中，送给不知情的官员乙，即使乙事后及时上交或退还，甲也构成行贿罪既遂。

举例2：甲为了能在公务员面试中获得照顾，偷偷将5万元放在面试官乙的茶几上，乙对此不知情。保姆以为乙知道此事，替乙将现金收下。甲构成行贿罪既遂，乙不构成受贿罪。

2. 处罚。

为谋取不正当利益，向国家工作人员行贿，数额在3万元以上的，以行贿罪追究刑事责任。

(1)不构成行贿罪。

①数额不足3万元。3万元是行贿罪的追诉起点。如果数额不足3万元，不构成行贿罪。**举例**：甲购买价值1万元的名画仿制品送给官员乙，乙误以为是价值20万元的真迹而收受。甲不构成行贿罪，乙构成受贿罪未遂。

②消极的构成要件要素。《刑法》第389条第3款：因被勒索给予国家工作人员以财物，没有获得不正当利益的，不是行贿。该规定适用条件有二：一是因被勒索给予国家工作人员以财物，二是没有获得不正当利益。二者应同时具备，缺一不可。

(2)从宽处罚。《刑法》第390条第3款：行贿人在被追诉前主动交代行贿行为的，可以从轻或者减轻处罚。其中，犯罪较轻的，对调查突破、侦破重大案件起关键作用的，或者有重大立功表现的，可以减轻或者免除处罚。**【注意】**符合自首条件时，不再适用总则自首的规定，本规定为特殊自首。

3. 行贿罪与受贿罪。

行贿罪与受贿罪属于对向犯。在一般情况下，双方同时成立犯罪。在特殊情况下只有一方成立犯罪。具体情形有：

(1)因被勒索给予财物，没有获得不正当利益的，不是行贿；但国家工作人员属于索取贿赂，构成受贿罪。

(2)为了谋取正当利益而给予国家工作人员财物，不是行贿；但国家工作人员属于收受贿赂，构成受贿罪。

(3)为了谋取不正当利益而给予国家工作人员财物，构成行贿罪；但国家工作人员没有接受贿赂的故意，立即将财物上交或退回的，不构成受贿罪。

主观题小案例

【案例】李某在拆迁征地的过程中，利用其村委会主任职务，协助乡政府从事宅基地确认等工作的职务之便，为其子李大某、李小某违规出具宅基地确认单，骗取拆迁腾退补偿款250万元。

问题：李某的行为构成什么罪？

答案参考：李某的行为构成诈骗罪。李某为李大某、李小某违规出具宅基地确认单的行为，虽然利用了其村委会主任的职务之便，但该行为对获得拆迁补偿不起决定性作用，该确认单尚需乡政府把关，李某不具有拆迁补偿款的审核批准权力或决定权力。因此，李某的行为属于骗取拆迁补偿款，应当认定为诈骗罪，而非贪污罪。

第三单元

刑事诉讼法

刑事诉讼法是历来被考生评价为最难学科，尤其是刑诉法主观题。对刑事诉讼法的复习，要先从工具价值和独立价值着手分析，主观题重在综合性命题，但是刑法和刑诉法仍旧单独命题，故在备考过程中，要明确刑事诉讼法考题设置，掌握核心常考点，不要脱离实务。

切记不要陷入刑事诉讼法法条检索的“怪圈”。有些考点重者恒重，不需要检索法条也能拿到80%以上的分数。本部分讲义编写也是按照功利主义原则，重点在于实用，帮助考生掌握刑事诉讼法，得高分甚至满分。

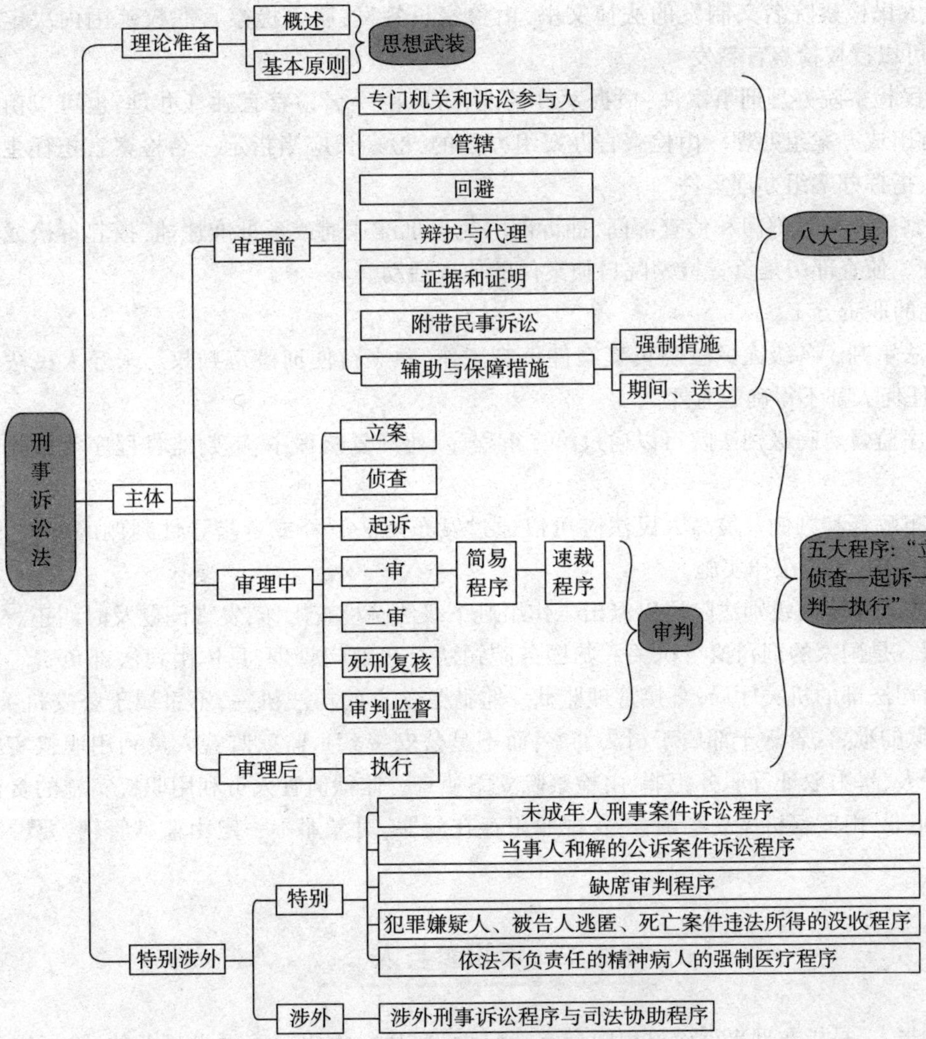

图3-1　刑事诉讼法学科知识框架

3.1 专门机关和诉讼参与人

3.1.1 刑事诉讼中的专门机关

刑事诉讼中的专门机关,是指依照法定职权进行刑事诉讼活动,并在诉讼中承担一定职能的国家机关。刑事诉讼中的专门机关主要是指人民法院、人民检察院和公安机关(国家安全机关、军队保卫部门、监狱、中国海警局等)。很多同学对管辖的知识点掌握得不很清楚,原因之一就是不知道刑事诉讼中专门机关的工作范围。

1. 检察院的职责分工。

(1)人民检察院办理刑事案件,由检察官、检察长、检察委员会在各自职权范围内对办案事项作出决定。

(2)以人民检察院名义制发的法律文书,由检察长签发;属于检察官职权范围内决定事项的,检察长可以授权检察官签发。

(3)人民检察院办理刑事案件,根据案件情况,可以由一名检察官独任办理,也可以由两名以上检察官组成办案组办理。由检察官办案组办理的,检察长应当指定一名检察官担任主办检察官,组织、指挥办案组办理案件。

(4)检察院有捕诉部门和侦查部门,捕诉部门负责批准逮捕或不批准逮捕,提起诉讼或不提起诉讼事宜。侦查部门是负责检察院自侦案件的侦查活动。

2. 法院的职责分工。

(1)司法审判。各级人民法院负责案件审判工作,独立行使刑事审判权。未经人民法院依法判决,对任何人都不得确定有罪。

(2)程序监督。高级别法院可以通过第二审程序、死刑复核程序、审判监督程序等方式监督下级法院。

(3)发布解释和判例。最高人民法院可以通过发布司法解释或者指导性判例的方式,统一法律的适用标准,监督法律实施。

(4)检查工作。高级别法院可以派出工作组赴下级法院检查工作,发现问题及时纠正。

3. 监狱。是国家的刑罚执行机关。归国务院司法行政部门管理,具体由司法部负责。监狱管理局作为司法部的机关厅局,直接管理监狱。监狱是独立的司法机关,不隶属于公安机关(公安局)。监狱的狱警、管教干部属于司法警察,而不是公安警察。监狱监管人员利用职权实施的虐待被监管人、暴力取证等职务犯罪,由检察院立案侦查。监狱监管人员利用职权实施的贪污贿赂、渎职等犯罪,由监察机关立案调查;发现罪犯存在漏罪,对漏罪不一定由监狱管辖,要看漏罪的犯罪地。

3.1.2 诉讼参与人

诉讼参与人,是指在刑事诉讼过程中享有一定诉讼权利、承担一定诉讼义务的,除了国家专门机关工作人员以外的人。诉讼参与人可以分为两类:当事人和其他诉讼参与人。当事人包括公诉案件中的犯罪嫌疑人、被告人、被害人。自诉案件中的自诉人、被告人。附带民事诉讼中的原告人和被告人。其他诉讼参与人主要是辅助诉讼活动进行,包括法定代理人、辩护人、诉讼代理人、证人、鉴定人、翻译人员。重点掌握被害人的权利。

1. 报案控告权。被害人对侵犯其人身、财产权利的犯罪事实或者犯罪嫌疑人,有权向公安机关、人民检察院或者人民法院报案或者控告。

(1)公安机关不予立案,被害人对不予立案不服的,控告人身份的被害人可以在收到不予立案通知书后7日以内向原决定机关申请复议。

(2)控告人对不予立案的复议决定不服的,可以在收到复议决定书后7日以内向上一级公安机关申请复核。

2. 申诉复查权。被害人认为公安机关对应当立案侦查的案件而不立案侦查,向人民检察院提出的,人民检察院应当要求公安机关说明不立案的理由。人民检察院认为公安机关不立案理由不能成立的,应当通知公安机关立案,公安机关接到通知后应当立案。

被害人不服不起诉决定,在收到不起诉决定书后7日以内提出申诉的,由作出不起诉决定的人民检察院的上一级人民检察院负责捕诉的部门进行复查。

3. 再审申诉权。当事人及其法定代理人、近亲属,对已经发生法律效力的判决、裁定,可以向人民法院或者人民检察院提出申诉,但是不能停止判决、裁定的执行。

4. 申请抗诉权。不服地方各级人民法院的第一审未生效的判决的,有权请求人民检察院抗诉。

5. 针对强制医疗决定的复议权。被决定强制医疗的人、被害人及其法定代理人、近亲属对强制医疗决定不服的,可以向上一级人民法院申请复议。

主观题小案例

【案例1】甲女在京州市宽城区被乙男故意伤害致轻伤,宽城区公安局决定不予立案,甲女应该如何救济?

答案参考:甲女可以向宽城区公安局申请复议,对复议决定不服的,可以在收到复议决定后7日内向京州市公安局申请复核。

【案例2】环卫工人马某在垃圾桶内发现一名刚出生的婴儿后向公安机关报案,公安机关紧急将婴儿送医院成功抢救后未予立案,了解婴儿被谁遗弃的知情人可向检察院控告。

答案参考:错误。了解婴儿被谁遗弃的知情人属于第三人,不是被害人,只有被害人才可以进行控告。

【案例3】甲公司以虚构工程及伪造文件的方式,骗取乙工程保证金400余万元。公安机关接到乙控告后,以尚无明确证据证明甲涉嫌犯罪为由不予立案。乙应先申请公安机关复议,只有不服复议决定的才能请求检察院立案监督。

答案参考:错误。被害人及其法定代理人、近亲属或者行政执法机关,认为公安机关对其控告或者移送的案件应当立案侦查而不立案侦查,或者当事人认为公安机关不应当立案而立案,向人民检察院提出的,人民检察院应当受理并进行审查。

【案例4】被告人张三涉嫌故意伤害小芳,被告人张二因涉嫌包庇张三,均被北京市公安局东城分局拘留。本案由北京市公安局东城分局侦查终结后移送东城区人民检察院审查起诉,后东城区人民检察院将案件移送至北京市人民检察院第二分院进行审查起诉并提起公诉,本案最后由北京市第二中级人民法院依法进行审理。

问题:本案中可能涉及哪些专门机关,可能处理本案的机关及主体需分别列明。

答案参考:

(1)本案的侦查机关是北京市公安局东城分局,侦查终结移送审查起诉的机关为东城区人民检察院。

(2)北京市东城区人民检察院移送北京市人民检察院第二分院审查起诉,由北京市第二中级人民法院审判管辖。

(3)被告人是张三和张二。

(4)被害人是小芳,小芳的近亲属是附带民事诉讼的原告人。

(5)如被告人张三被判处死刑缓期二年执行,北京市高级人民法院为死刑核准法院,如果被告人张三被判处死刑立即执行,最终由最高人民法院核准死刑,在最高人民法院死刑复核期间,最高人民检察院可以对死刑复核提出意见。

3.2 管　辖

3.2.1 监察机关管辖的刑事案件

监察机关的立案调查本身不属于刑事诉讼程序的一部分,但是根据《监察法》第15条,涉及下列公职人员和有关人员的案件由监察机关进行监察:

1. 中国共产党机关、人民代表大会及其常务委员会机关、人民政府、监察委员会、人民法院、人民检察院、中国人民政治协商会议各级委员会机关、民主党派机关和工商业联合会机关的公务员,以及参照《公务员法》管理的人员;

2. 法律、法规授权或者受国家机关依法委托管理公共事务的组织中从事公务的人员;

3. 国有企业管理人员;

4. 公办的教育、科研、文化、医疗卫生、体育等单位中从事管理的人员;

5. 基层群众性自治组织中从事管理的人员;

6. 其他依法履行公职的人员。

3.2.2 检察院管辖的刑事案件(☆☆☆)

检察院自侦案件的受案原则上由设区的市级人民检察院立案侦查,重点对两大类犯罪进行立案侦查:

1. 司法工作人员利用职权实施的侵犯公民权利、损害司法公正的犯罪。

(1)犯罪主体特殊,司法工作人员。

(2)需要利用其职权。

(3)涉嫌的罪名固定,包括非法拘禁、刑讯逼供、非法搜查等侵犯公民权利、损害司法公正的犯罪。

2. 公安管辖的职务犯罪。

对公安机关管辖的国家机关工作人员利用职权实施的重大犯罪案件,需要由人民检察院直接受理的时候,经省级以上人民检察院决定,可以由人民检察院立案侦查。

对此类案件,人民检察院需要直接立案侦查的,应当层报省级人民检察院决定。省级人民检察院可以决定由设区的市级人民检察院立案侦查,也可以自行立案侦查。比如,某司法局局长张三利用职权强奸女下属小芳,小芳因被强奸精神受到刺激后自杀身亡,这类案件本来应该由公安机关管辖,但经省级以上人民检察院决定,可以由人民检察院立案侦查。

【注意1】检察院现在只负责两类案件,原则上由设区的市级检察院立案侦查,但也可由基层检察院、省级检察院、最高人民检察院进行立案侦查。

【注意2】主体是司法工作人员,非法拘禁、非法搜查属于刑法上的不真正身份犯,主体身份属于量刑身份。主体为一般身份的时候,由公安机关立案侦查,主体为司法工作人员的时候由检察院立案管辖,并且判决时要从重。

【注意3】滥用职权罪和玩忽职守罪这两个罪名,考生无法直接判断出是否由司法机关工作人员实施,例如刑讯逼供罪通常由公安机关实施,民事、行政枉法裁判罪是由法官实施。但这两个罪可由司法机关工作人员实施,其他机关工作人员也能实施,因为犯罪主体是国家工作人员,所以,当司法机关工作人员实施两个罪的时候由检察院管辖,而其他工作人员实施时,则归监察委员会管辖。

3.2.3 人民法院直接受理的刑事案件

1. 告诉才处理。告诉才处理的案件是指只有经被害人及其法定代理人提出控告和起诉,人民法院才予受理的案件。也就是说,公安机关、人民检察院不可以主动插手这一类的案件。对于告诉才处理的案件,原则上是由被害人自己告诉,其他人不得代为告诉。特殊情形:不能、不敢由他人告诉。常考的有:

(1)侮辱、诽谤案(《刑法》第246条,但严重危害社会秩序和国家利益的除外);

(2)暴力干涉婚姻自由案(《刑法》第257条第1款);

(3)虐待案(《刑法》第260条第1款);

(4)侵占案(《刑法》第270条)。

2. 人民检察院没有提起公诉,被害人有证据证明的轻微刑事案件。

(1)故意伤害案;

(2)非法侵入住宅案;

(3)侵犯通信自由案;

(4)重婚案;

(5)遗弃案;

(6)生产、销售伪劣商品案(但严重危害社会秩序和国家利益的除外);

(7)侵犯知识产权案(但严重危害社会秩序和国家利益的除外);

(8)《刑法》分则第四章、第五章规定的,对被告人可能判处3年有期徒刑以下刑罚的案件。

3. 公诉转自诉案件。

被害人有证据证明对被告人侵犯自己人身、财产权利的行为应当依法追究刑事责任,且有证据证明曾经提出控告,而公安机关或者人民检察院不予追究被告人刑事责任的案件。

(1)公安机关不追究刑事责任主要表现在不立案及撤销案件;检察院主要表现为不起诉,但注意附条件不起诉时不可公转自。

(2)这类案件不可以反诉,不可以调解。

3.2.4 监察委员会与检察院管辖竞合

被调查人既涉嫌严重职务违法或者职务犯罪,又涉嫌其他违法犯罪的,一般应当以监察机关为主调查,其他机关予以协助。

【注意】【2020年新增】《人民检察院刑事诉讼规则》第17条:人民检察院办理直接受理侦查的案件,发现犯罪嫌疑人同时涉嫌监察机关管辖的职务犯罪线索的,应当及时与同级监察机关沟通。

1. 经沟通,认为全案由监察机关管辖更为适宜的,人民检察院应当将案件和相应职务犯罪线索一并移送监察机关。

2. 认为由监察机关和人民检察院分别管辖更为适宜的,人民检察院应当将监察机关管辖的相应职务犯罪线索移送监察机关,对依法由人民检察院管辖的犯罪案件继续侦查。

3. 人民检察院应当及时将沟通情况报告上一级人民检察院。沟通期间,人民检察院不得停止对案件的侦查。

【注意】公诉案件与法院自诉案件的竞合:经过审查,对告诉才处理的案件,公安机关应当告知当事人向人民法院起诉。对被害人有证据证明的轻微刑事案件,公安机关应当告知被害人可以向人民法院起诉;被害人要求公安机关处理的,公安机关应当依法受理。不可以合并第一类自诉案件,因为第一类只有被害人一方才能向法院告诉,但是第二类轻微的刑事案件本来就可以选择公诉。

3.2.5 审判管辖

一、级别管辖

在一般情况下,各级人民法院之间在审判第一审刑事案件上是有分工的,即基层人民法院审哪些案件,中级人民法院审哪些案件,高级人民法院或最高人民法院审哪些案件。考试重点是中级人民法院的管辖范围。

1. 中级人民法院管辖的案件范围

(1)危害国家安全、恐怖活动案件。

(2)可能判处无期徒刑、死刑的案件。

(3)犯罪嫌疑人、被告人逃匿、死亡案件违法所得的没收程序。

(4)第一类的缺席审判案件(对境外的被告人缺席审判案件)。

2. 高级人民法院管辖的案件范围

全省(自治区、直辖市)性的重大刑事案件。

3. 最高人民法院管辖的案件范围

管辖全国性的重大刑事案件。

4. 基层人民法院管辖的案件范围

除上级人民法院管辖以外的案件,外国人犯罪的案件不再由中级人民法院管辖,而由基层人民法院管辖。

二、移送管辖、指定管辖

级别管辖应当遵循的原则:上可以审下,下不可以审上,就高不就低。

1. 所谓级别管辖,是指各级人民法院之间在审判第一审刑事案件上的权限划分,解决的是上下级人民法院之间的权限分工问题。上级人民法院在必要的时候,是可以审理下级人民法院管辖的第一审刑事案件的。

2.【就高不就低】一人犯数罪、共同犯罪或者其他需要并案审理的案件,其中一人或者一罪属于上级人民法院管辖的,全案由上级人民法院管辖。

3. 人民检察院认为可能判处无期徒刑、死刑,向中级人民法院提起公诉的案件,中级人民法院受理后,认为不需要判处无期徒刑、死刑的,应当依法审判,不再交基层人民法院审判。

4. 基层人民法院对下列第一审刑事案件,可以请求移送中级人民法院审判:

(1)重大、复杂案件;

(2)新类型的疑难案件;

(3)在法律适用上具有普遍指导意义的案件。

需要将案件移送中级人民法院审判的,应当在报请院长决定后,至迟于案件审理期限届满15日以前书面请求移送。中级人民法院应当在接到申请后10日以内作出决定。不同意移送的,应当下达不同意移送决定书,由请求移送的人民法院依法审判;同意移送的,应当下达同意移送决定书,并书面通知同级人民检察院。

5. 基层人民法院对可能判处无期徒刑、死刑的第一审刑事案件,应当移送中级人民法院审判。具体程序:报请院长决定,至迟于案件审理期限届满15日前书面请求移送,同意移送的,应当下达同意移送决定书,并书面通知同级人民检察院。不同意移送的,应当下达不同意移送决定书,由请求移送的人民法院依法审判。

6. 指定管辖。有管辖权的人民法院因案件涉及本院院长需要回避或者其他原因,不宜行使管辖权的,可以请求移送上一级人民法院管辖。上一级人民法院可以管辖,也可以指定与提出请求的人民法院同级的其他人民法院管辖。

三、地域管辖

1. 原则:以犯罪地为主,以被告人居住地为辅。

(1)犯罪地包括犯罪行为发生地(预备地、实施地)和犯罪结果发生地。

(2)【沾边就管】针对或者主要利用计算机网络实施的犯罪,犯罪地包括用于实施犯罪行为的网络服务器所在地,网络服务提供者所在地,被侵害的信息网络系统及其管理者所在地,犯罪过程中被告人、被害人使用的信息网络系统所在地,以及被害人被侵害时所在地和被害人财产遭受损失地等。

2. 被告人居住地是指被告人的户籍地。经常居住地与户籍地不一致的,经常居住地为其居住地。被告为单位的,由登记住所地,主要营业地、主要办事机构所在地管辖。

四、并案管辖

并案管辖是指发生法律规定的事由,人民法院、人民检察院、公安机关可以在其职权范围内并案处理:

1. 一人犯数罪的。

2. 共同犯罪的。

3. 共同犯罪的犯罪嫌疑人、被告人还实施其他犯罪的。

4. 多个犯罪嫌疑人、被告人实施的犯罪存在关联,并案处理有利于查明案件事实的。

【注意】并案的前提一定要在其职责范围之内,即公、检、法本来对案件就有管辖权,否则不仅不能并案,还必须移送。例如,检察院在立案侦查徇私舞弊案时发现犯罪嫌疑人还涉嫌贪污犯罪,不仅不能并案,还需要将案件移送监察委。

五、特殊管辖

1. 内水领海发生刑事案件,犯罪地、被告人居住地、被告人登陆地法院管辖。

2. 铁路法院管辖的案件:

铁路运输法院管辖的案件是铁路公安机关、铁路检察院负责侦破的刑事案件。火车上发生的刑事案件根据不同情况具体管辖如下。

(1)运行途中被抓获。

在列车上的犯罪,被告人在列车运行途中被抓获的,由前方停靠站所在地负责审判铁路运输刑事案件的人民法院管辖。必要时,也可以由始发站或者终点站所在地负责审判铁路运输刑事案件的人民法院管辖。

【注意】前方停靠站不一定指的是首次停靠的地方,基于不同的地方管辖能力考量,修改时只规定前方停靠,实践中需要灵活把控。

(2)非运行途中抓获。

被告人不是在列车运行途中被抓获的,由负责该列车乘务的铁路公安机关对应的审判铁路运输刑事案件的人民法院管辖。

(3)车站被抓获。

被告人在列车运行途经车站被抓获的,也可以由该车站所在地负责审判铁路运输刑事案件的人民法院管辖。

3. 罪犯犯罪。

(1)发现之前的漏罪,原审地、服刑地、犯罪地法院皆可管辖。

(2)在监狱里犯新罪,服刑地法院管辖。

(3)越狱了又犯新罪,服刑地和犯罪地(被发现并且被抓获)法院有管辖权。

4. 海上发生的刑事案件。

(1) 内水、领海发生的刑事案件，由犯罪地或者被告人登陆地的法院管，如果由被告人居住地的法院审判更为适宜，可以由被告人居住地的法院管辖。

(2) 领域外发生的刑事案件，看是否在中国船舶内，在悬挂中国国旗国徽的船舶上刑事犯罪，由船舶最初停泊的中国口岸所在地或者被告人登陆地、入境地的法院管辖。

(3) 领域外发生的刑事案件，外国人对中国国家或者公民犯罪的，由该外国人登陆地、入境地、入境后居住地的人民法院管辖，也可以由被害人离境前居住地或者现居住地的人民法院管辖。

5. 涉外的刑事案件。

(1) 在中华人民共和国领域外的中国航空器内的犯罪，由该航空器在中国最初降落地的人民法院管辖。

(2) 在国际列车上的犯罪，根据我国与相关国家签订的协定确定管辖；没有协定的，由该列车始发或者前方停靠的中国车站所在地负责审判铁路运输刑事案件的人民法院管辖。

【注意】有协定，按协定；无协定，由始发的中国车站或前方停靠的车站所在地相关法院管辖。一定注意不是首次停靠的中国车站，因为首次停靠的车站所在地法院不一定有管辖的能力。

(3) 中国公民在驻外的中国使（领）馆内的犯罪，由该公民主管单位所在地或者他的原户籍地的人民法院管辖。

(4) 中国公民在中华人民共和国领域外的犯罪，由其登陆地、入境地、离境前居住地或者现居住地的人民法院管辖；被害人是中国公民的，也可以由被害人离境前居住地或者现居住地的人民法院管辖。

主观题小案例

【案例 1】某海关缉私站站长小强，在侦办一起刑事案件过程中，询问证人小花，小花拒不配合，小强对小花进行殴打致其重伤。

问题：本案由哪一部门进行立案侦查？

答案参考：本案由检察院立案侦查。本案中，小强涉嫌刑讯逼供，属于《刑事诉讼法》第 19 条第 2 款规定的人民检察院在对诉讼活动实行法律监督中发现的司法工作人员利用职权实施的非法拘禁、刑讯逼供、非法搜查等侵犯公民权利、损害司法公正的犯罪。

【案例 2】被告人张某因涉嫌故意杀害徐某，被告人菲菲因涉嫌包庇张某，二人均被北京市海淀区公安分局拘留。本案由海淀区公安分局侦查终结后移送海淀区人民检察院审查起诉，后海淀区人民检察院移送至北京市人民检察院第一分院审查起诉和提起公诉。本案由北京市第一中级人民法院依法作出判决。

问题：本案如何移送审查起诉？如何确定审判管辖？

答案参考：本案侦查终结，侦查机关应移送同级人民检察院审查起诉，即移送海淀区人民检察院审查起诉。海淀区人民检察院经审查认为不属于自己管辖的案件，应移送北京市人民检察院第一分院审查起诉。本案的第一审法院为北京市第一中级人民法院，因为被告人张某可能被判处无期徒刑以上刑罚。

【案例 3】国安局干警小王利用职务的便利为境外窃取、刺探国家秘密被发现。

问题：本案应该由哪个部门进行立案侦查？

答案参考：本案由国家安全机关立案侦查。本案属于涉及国家秘密情报类犯罪，统一由国家安全机关进行立案侦查。

【案例4】京州京西区公安局局长张某伙同初中同学李四贩卖淫秽物品，该案应当由哪一部门进行立案侦查？

答案参考：由公安机关立案侦查。虽然张某属于公职人员，但是贩卖淫秽物品牟利罪并非职务犯罪，因此应当由公安机关立案侦查。

【案例5】美丽向公安机关控告自己的丈夫张三有重婚行为，并且提供了与张三有特殊关系的妇女的信息情况。公安机关以重婚罪属于人民法院直接受理的自诉案件范围为由不予受理，并告知美丽向人民法院提起自诉。

问题：公安机关的做法是否正确？

答案参考：不正确。重婚罪属于自诉案件的第二类，即被害人有证据证明的轻微刑事案件。该类案件属于公诉和自诉交叉的案件。被害人直接向人民法院起诉的，人民法院应当受理。被害人向公安机关控告的，公安机关也应当立案侦查。

【注意】如果公安机关已经立案侦查，美丽又去法院进行自诉，法院应当说服自诉人撤回起诉，美丽不撤回起诉的，裁定不予受理。

3.3 立　案

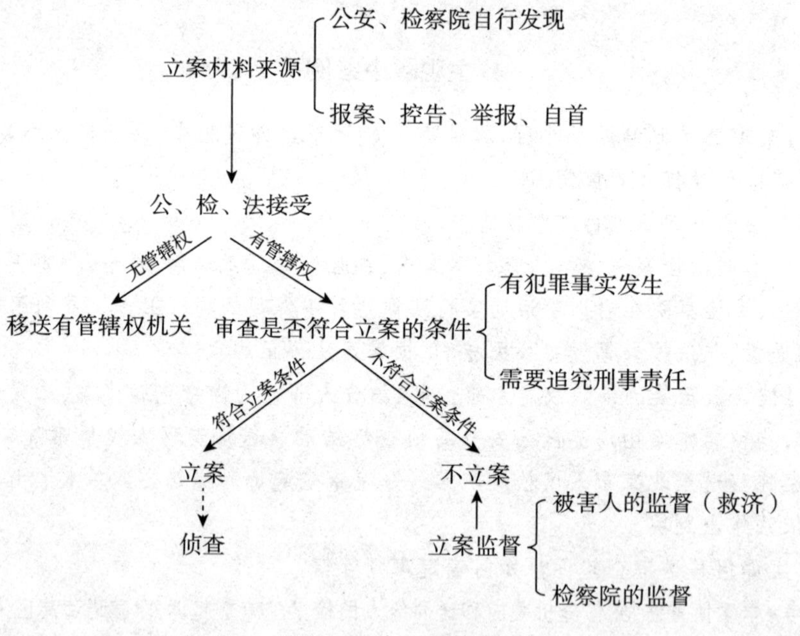

图3－2　立案流程

一、立案材料的来源

1. 公安机关、检察院自行发现的犯罪事实或者获得的犯罪线索。

2. 单位和个人的报案或举报。

3. 被害人的报案或者刑事控告。

4. 自首。

项目	报案	举报	刑事控告
主体	所有人	被害人以外的人	被害人
情形	不知道犯罪嫌疑人 但有犯罪事实发生	有犯罪事实并知道犯罪嫌疑人	有犯罪事实并知道犯罪嫌疑人

二、立案的条件

1. 有犯罪事实。

犯罪事实已经发生,必须有一定的证据予以证明,而不能是道听途说、捕风捉影。

2. 需要追究刑事责任。

虽然有犯罪事实发生,但是已经过了追诉时效的,或者经过特赦令免除处罚的,依法属于告诉才处理但没有告诉或撤回告诉的,犯罪嫌疑人、被告人死亡等情况,也不立案。

三、立案程序

1. 接受立案材料

对材料都应当接受。对不属于自己管辖的,应当移送主管机关处理,必须采取紧急措施的,应当先采取紧急措施,然后移送主管机关。

2. 对立案材料的调查核实

(1)公安机关、人民检察院、人民法院对报案、控告、举报和自首的材料,应当按照管辖范围,迅速进行审查。

(2)公安机关要重点核实是否存在犯罪事实,是否需要追究刑事责任。

3. 对立案材料的处理

立案或者不立案,书面决定,并且告知控告人。

四、对不立案的救济途径(☆☆☆)

先判断案件属于哪一个阶段,然后再决定采取何种救济方式。

1. 在立案阶段:控告人对不予立案不服,可以在收到不予立案通知书后 7 日以内向作出决定的公安机关申请复议;公安机关应当在收到复议申请后 30 日以内作出决定,并将决定书送达控告人。控告人对不予立案的复议决定也不服,可以在收到复议决定书后 7 日以内向上一级公安机关申请复核;上一级公安机关应当在收到复核申请后 30 日以内作出决定。

【注意】上级公安机关撤销不予立案决定的,下级公安机关应当执行。

2. 在侦查阶段:对撤销案件决定不服,直接找法院去自诉(公诉转自诉)。

3. 起诉阶段:对不起诉决定不服,可以找检察院申诉,或者到法院去提起自诉。

五、撤销案件

1. 撤销案件的法定情形

(1)法定撤销有两种情况:《刑诉法》第 16 条,以及没有犯罪事实和抓错人的情况,应当对有关犯罪嫌疑人终止侦查,并对该案件继续侦查,找出真正犯罪嫌疑人。

(2)酌定撤销的情况:犯罪嫌疑人自愿如实供述涉嫌犯罪的事实,有重大立功或者案件涉及国家重大利益的,经最高人民检察院核准,公安机关可以撤销案件。

2. 撤销案件程序

(1)侦查机关在侦查过程中,发现不应对犯罪嫌疑人追究刑事责任的,应当撤销案件;犯罪嫌疑人已被逮捕的,应当立即释放,发给释放证明,并且通知原批准检察院。

(2)监察机关经过调查,对没有证据证明被调查人存在违法犯罪行为的,应当撤销案件,并通知被调查人所在单位。

(3)检察院在侦查或者侦查终结后,发现有撤销案件的法定情形的,负责侦查的部门应当制作拟撤销案件意见书,报请检察长决定。

六、立案监督(☆)

1. 被害人的监督(结合不予立案救济途径)

(1)同级复议、上级复核——对公安机关的不立案决定为同级复议(7日)、上级复核(7日)对上级公安机关撤销不予立案决定的,下级公安机关应当执行(《公安机关办理刑事案件程序规定》第179条)。

(2)向检察院申诉。

(3)自诉。

2. 检察院的监督

(1)对公安的监督:人民检察院认为公安机关对应当立案侦查的案件而不立案侦查的,或者被害人认为公安机关对应当立案侦查的案件而不立案侦查,向人民检察院提出的,人民检察院应当要求公安机关说明不立案的理由。人民检察院认为公安机关不立案理由不能成立的,应当通知公安机关立案,公安机关接到通知后应当立案。

(2)对公安的监督:公安机关收到通知立案书或者撤销案件书后超过15日不立案或者既不提出复议、复核,也不撤销案件的,检察院应当发出纠正违法通知书予以纠正。公安机关仍不纠正的,报上一级检察院协商同级公安机关处理。

(3)对检察院自侦案件的监督:检察院负责捕诉的部门发现本院负责侦查的部门应立案不立案或者不该立案进行立案的,建议负责侦查的部门立案侦查或者撤销案件,建议不被采纳的,应当报请检察长决定。

主观题小案例

【案例1】甲向北京市公安局海淀分局报警,说乙将丙灌醉并趁机将丙强奸了,该行为属于报案、举报,还是刑事控告?

答案参考:举报。

【案例2】甲向北京市公安局东城分局报警,说甲昨晚喝醉睡在了公园长椅上,早上起来发现自己衣衫不整,内裤也不见了,但是不知道是谁实施的该行为。该行为属于报案、举报,还是刑事控告?

答案参考:报案。

【案例3】小强系景泰小学的体育老师，某日小强发现一年级9班的班主任张某与学生爸爸小博攀谈，小强暗恋张某许久，故用手机将这一片段录制下来发到了某音平台，并评论“老师与学生家长有不正当男女关系”的桥段。该视频被无聊的群体快速转发扩散，夜里就上了热搜头条。

问题1：张某不堪受辱，于是向北京市公安局东城分局报案，公安机关以小强涉嫌诽谤罪进行刑事立案，公安机关的做法是否正确，为什么？

答案参考：不正确。

理由：根据《刑法》第246条及《公安机关办理刑事案件程序规定》第176条，除严重危害社会秩序和国家利益外，诽谤罪属于告诉才处理的案件类型，对告诉才处理的案件，公安机关应当告知当事人向人民法院起诉，不能直接进行刑事立案。

问题2：张某不堪受辱，于是向北京市公安局东城分局报案，公安机关对小强以诽谤罪进行立案。案件移送审查起诉后，检察机关以小强犯罪情节显著轻微、危害不大为由，作出了不起诉处理，张某对决定不服，应该如何救济？

答案参考：

(1)张某在收到不起诉决定书后7日以内提出申诉的，应当由作出不起诉决定的人民检察院的上一级人民检察院负责捕诉的部门进行复查，如果张某向作出不起诉决定的人民检察院提出申诉，作出决定的人民检察院将申诉材料连同案卷一并报送上一级人民检察院；上级人民检察院经复查作出起诉决定的，应当撤销下级人民检察院的不起诉决定，交由下级人民检察院提起公诉，并将复查决定抄送移送起诉的监察机关或者公安机关。

(2)张某在收到不起诉决定书7日以后提出申诉的，由作出不起诉决定的人民检察院负责控告申诉检察的部门进行审查。经审查，认为不起诉决定正确的，出具审查结论直接答复申诉人，并做好释法说理工作；认为不起诉决定可能存在错误的，移送负责捕诉的部门进行复查。

问题3：张某向公安机关报案，公安机关没有受理，于是张某直接到东城区法院提起自诉。案件审理期间，小强认罪认罚并且积极主动地删除视频并发视频澄清此事，对自诉程序无法提供相关视频的，法院应该如何处理？

答案参考：法院可以要求公安机关协助提供相关视频及截图资料。本案是通过信息网络实施的侮辱、诽谤行为，被害人张某提供证据确有困难时，人民法院可以要求公安机关提供协助。《刑法》第246条第3款规定，通过信息网络实施第1款规定的行为，被害人向人民法院告诉，但提供证据确有困难的，人民法院可以要求公安机关提供协助。

3.4 强制措施

强制措施是指公、检、法为了保证刑事诉讼的顺利进行，依法对刑事案件的犯罪嫌疑人、被告人的人身自由进行限制或者剥夺的各种强制性方法。主体只能是公检法，针对的对象也只能是犯罪嫌疑人、被告人。区分强制措施和强制性措施：

强制性措施是指带有强制性质的措施，其包含5种强制措施，但并非只限于这5种措施。除强制措施外，强制性措施还包括查封、扣押、冻结等措施。

而强制措施只包括拘传、取保候审、监视居住、拘留、逮捕5种措施。除此之外，带有强制性的措施属于强制性措施,而不属于强制措施。如果是对物品的强制处分,不属于强制措施。

2022年法考主观题考到了理论内容“请结合本案中公安机关对传唤与拘传的适用,阐述两种措施的区别”,故我们在学习适用的程序外还要掌握相关的理论知识。另外,监察委员会采取的是留置措施,留置措施不是刑事诉讼法中的强制措施。故而在留置期间,律师是不能会见的。

3.4.1 拘　传

1. 拘传是强制措施中罪轻的一种,是指公安机关、检察院和法院对未被羁押的犯罪嫌疑人、被告人,依法强制其到案接受询问的一种强制措施。

2. 决定机关与执行机关相同:公安机关、检察院、法院。

3. 拘传的适用规定:

(1)拘传、传唤的持续时间不得超过12小时;案情特别重大、复杂,需要采取拘留、逮捕措施的,拘传的时间不得超过24小时(传唤同样适用)。

(2)不得以连续拘传、传唤的形式变相拘禁犯罪嫌疑人。拘传犯罪嫌疑人,两次拘传的时间间隔一般不得少于12小时,应当保障犯罪嫌疑人的饮食和必要的休息时间(传唤同样适用)。

【注意】拘传、传唤的时间最长可以达到24小时,但是并不可以在这24小时内连续审讯。严禁疲劳审讯,否则属于变相的刑讯逼供。

(3)拘传必须出示拘传证(公、检)或拘传票(法)。传唤不是强制措施,并且不具有强制性。传唤针对的对象是当事人,包括犯罪嫌疑人、被告人(拘传只能针对这两类人),还包括被害人、自诉人、附带民事诉讼的原告人和被告人。并且传唤原则上要用传唤通知书,对现场发现的犯罪嫌疑人可以经出示工作证件,口头进行传唤。

3.4.2 取保候审(☆☆☆)

1. 取保候审是指在刑事案件侦查、起诉或审判阶段,对涉嫌犯罪但尚不具备逮捕条件,或者虽然具备逮捕条件但因特殊情况不适宜逮捕的犯罪嫌疑人、被告人,依法采取的一种限制其部分人身自由的强制措施。在此过程中,办案机关会根据案情和嫌疑人的具体情况,决定是否采取保证金或保证人等方式,确保嫌疑人、被告人不逃避侦查、起诉或审判,并按时出庭接受审判。

2. 取保候审的决定机关是公检法,执行机关只能是公安机关(国安机关)。

3. 适用对象(条件):

(1)可能判处管制、拘役或者独立适用附加刑的。

(2)可能判处有期徒刑以上刑罚,采取取保候审不致发生社会危险性的。

(3)患有严重疾病、生活不能自理,怀孕或者正在哺乳自己婴儿的妇女,采取取保候审不致发生社会危险性的。

(4)羁押期限届满,案件尚未办结,需要继续侦查。

4. 保证人。

(1)与本案无牵连+有能力履行保证义务+享有政治权利,人身自由未受到限制+有固定的收入和住所。

(2)人数1~2人。

(3)保证人的义务:监督和报告。

(4)保证人的责任(处罚由公安机关决定):被保证人违反应当遵守的规定,保证人未履行保证义务的,对保证人处以1000元以上2万元以下罚款;构成犯罪的,依法追究刑事责任。

(5)对未成年犯罪嫌疑人,优先适用保证人保证。

5. 保证金。

(1)保证金1000元以上人民币,对未成年犯罪嫌疑人可以责令缴纳500元以上保证金。具体数额应当综合考虑保证诉讼活动正常进行的需要,犯罪嫌疑人的社会危险性,案件的性质、情节,可能判处刑罚的轻重,以及犯罪嫌疑人的经济状况等情况确定。

(2)保证金应当存入执行机关指定银行的专门账户。

(3)取保候审结束后,凭解除取保候审的通知或者有关法律文书到银行领取退还的保证金。

6. 被取保候审的犯罪嫌疑人、被告人应当遵守的义务。

(1)未经执行机关批准不得离开所居住的市、县。

(2)住址、工作单位和联系方式发生变动的,在24小时以内向执行机关报告。

(3)在传讯的时候及时到案。

(4)不得以任何形式干扰证人作证。

(5)不得毁灭、伪造证据或者串供。

7. 被取保候审的犯罪嫌疑人、被告人酌情遵守的义务(不是所有的犯罪嫌疑人、被告人都有,根据案件情况,可以在应当遵守的义务上面再增加一项或者多项)。

(1)不得进入特定的场所。

(2)不得与特定的人员会见或者通信。

(3)不得从事特定的活动。

(4)将护照等出入境证件、驾驶证件交执行机关保存。

8. 违反取保候审义务的犯罪嫌疑人、被告人的法律后果。

(1)被取保候审的犯罪嫌疑人、被告人违反应遵守的义务,已交纳保证金的,没收部分或者全部保证金,并且区别情形,责令犯罪嫌疑人、被告人具结悔过,重新交纳保证金、提出保证人,或者监视居住、予以逮捕。

对违反取保候审规定、需要予以逮捕的,可以对犯罪嫌疑人、被告人先行拘留。

(2)保证期间重新犯罪的:①暂扣保证金;②故意犯罪的,没收保证金;③过失重新犯罪或者不构成犯罪的,退还保证金。

(3)对没收保证金不服的,可以先申请复议;对复议不服的,可以申请复核。

9. 取保候审自动解除的情形。

(1)取保候审依法变更为监视居住、拘留、逮捕,变更后的强制措施已经开始执行的;

(2)人民检察院作出不起诉决定的;

(3)人民法院作出无罪、免予刑事处罚或者不负刑事责任的判决、裁定已经发生法律效力的;

(4)被判处管制或者适用缓刑,社区矫正已经开始执行的;

(5)被单处附加刑,判决、裁定已经发生法律效力的;

(6)被判处监禁刑,刑罚已经开始执行的;

(7)在侦查或者审查起诉阶段已经采取取保候审的,案件移送至审查起诉或者审判阶段时,需要继续取保候审、变更保证方式或者变更强制措施的,受案机关作出取保候审决定并执行的;

(8)案件移送至审查起诉或者审判阶段,受案机关未决定重新取保,公安机关应当在取保候审到期前通知受案机关。受案机关不重新取保的,取保到期时应当自动解除,保证金按照有关规定退还当事人。

10. 取保候审的申请主体和期限。

(1)申请主体:犯罪嫌疑人、被告人,法定代理人,近亲属,辩护人。

(2)期限:人民法院、人民检察院和公安机关对犯罪嫌疑人、被告人取保候审最长不得超过12个月(同一阶段、连续计算,不同阶段、重新计算)。

3.4.3 监视居住(☆☆☆)

1. 监视居住是指在刑事诉讼过程中,对犯罪嫌疑人、被告人实行的一种较取保候审更为严格的强制措施。被监视居住的人必须在指定的地点居住,未经批准不得离开该地点,同时,他们的行动会受到公安机关的监视。

2. 监视居住的决定机关是公检法,执行机关只能是公安机关(国安机关)。

3. 适用对象(条件):

(1)替代逮捕:符合逮捕条件,但有下列情形之一的犯罪嫌疑人、被告人,可以对其采取监视居住:①重病不能自理;②怀孕、哺乳;③生活不能自理的唯一扶养人;④特殊情况或办案需要;⑤羁押期限届满,案件尚未办结。

(2)替代取保:符合取保候审条件,但是犯罪嫌疑人、被告人不能提出保证人,也不能交纳保证金的,可以对其监视居住。

(3)对人民检察院决定不批捕的犯罪嫌疑人,需要继续侦查,并且符合监视居住条件的,可以对其采取监视居住。

(4)对被取保的犯罪嫌疑人、被告人违反应当遵守的义务的,可以监视居住。

4. 监视居住的地点:住所或指定居所。

(1)住所:犯罪嫌疑人、被告人的住处(优先选择适用)。

(2)指定居所:对无固定住所或者对涉嫌危害国安、恐怖活动 + 在住所执行可能有碍侦查的 + 经上一级公安机关批准,可以指定居所监视居住。

(3)不能在羁押场所、专门的办案场所执行监视居住。

5. 被监视居住人的义务:

(1)未经执行机关批准不得离开执行监视居住的处所。

(2)未经执行机关批准不得会见他人或者通信。

(3)在传讯的时候及时到案。

(4)不得以任何形式干扰证人作证。

(5)不得毁灭、伪造证据或者串供。

(6)将护照等出入境证件、身份证件、驾驶证件交执行机关保存。

6. 违反义务的法律后果。

情节严重的,可以予以逮捕;需要予以逮捕的,可以对犯罪嫌疑人、被告人先行拘留。

7. 执行方式。

(1)执行机关对被监视居住的人可以采取电子监控、不定期检查等方式进行监督。

(2)在侦查期间,可以对被监视居住的人进行通信监控。

8. 期限和刑期折抵。

(1)期限:最长不得超过6个月(同一阶段,连续计算;不同阶段,重新计算)。

(2)折抵刑期:监视居住1日折抵管制刑期1日,监视居住2日折抵拘役、有期徒刑1日。

3.4.4 拘　留(☆)

1. 拘留是指在犯罪行为被发现后,为了进一步调查取证,防止犯罪嫌疑人逃避侦查、起诉和审判,或者继续实施犯罪行为,或者影响证人作证等,由公安机关、国家安全机关或者人民检察院对犯罪嫌疑人采取的临时限制其人身自由的措施。

2. 拘留的决定机关是公安和检察院,执行机关是公安机关。

3. 适用对象(条件):现行犯或者重大嫌疑分子,在掌握的时候要区分公安机关拘留条件和检察院自侦案件的拘留条件。

(1)公安机关的拘留条件:

①正在预备犯罪、实行犯罪或者在犯罪后即时被发觉的。

②被害人或者在场亲眼看见的人指认他犯罪的。

③在身边或者住处发现有犯罪证据的。

④犯罪后企图自杀、逃跑或者在逃的。

⑤有毁灭、伪造证据或者串供可能的。

⑥不讲真实姓名、住址,身份不明的。

⑦有流窜作案、多次作案、结伙作案重大嫌疑的。

⑧违反取保候审、监视居住规定,需要予以逮捕的。

(2)检察机关自侦案件的拘留条件:

①犯罪后企图自杀、逃跑或者在逃的。

②有毁灭、伪造证据或者串供可能的。

4. 拘留的期限:

(1)拘留的时候,必须出示拘留证(先行拘留除外)。

(2)拘留后应在24小时送看守所(异地拘留无法及时押解的,应当在宣布拘留后24小时。到达管辖地后应立即将犯罪嫌疑人送有管辖权的看守所)—讯问(可在送看守所之前讯问,目的在于审查是否抓对了人)—通知家属(除无法通知或者涉嫌国家安全、恐怖活动犯罪,通知可能有碍侦查的情况除外)。

(3)在发现不应当拘留的时候,必须立即释放,发给释放证明。

5. 拘留期限:要区分公安机关和检察机关。

(1)公安机关:3+7日;7+7日;30+7日(流窜、结伙、多次)。

(2)检察机关:7 +7 +3 日(自侦案件);10 +4 日(监察委员会移送案件先行拘留)。

3.4.5 逮　　捕(☆☆☆)

1. 逮捕是指在刑事诉讼过程中,为了防止犯罪嫌疑人或者被告人逃避侦查、起诉、审判,继续犯罪或者发生其他危险情况,由公安机关、国家安全机关、人民检察院或者人民法院对其采取的限制其人身自由的措施。

2. 决定机关:检察院和法院。批准机关:检察院。执行机关:公安。

3. 适用对象(条件):

(1)一般逮捕:①有证据证明有犯罪事实 + ②有可能判处徒刑以上刑罚 + ③具有社会危害性(三个条件同时具备,缺一不可)。

(2)应当逮捕:①有证据证明有犯罪事实,可能判处 10 年有期徒刑以上;②有证据证明有犯罪事实,可能判处徒刑以上刑罚,曾经故意犯罪或者身份不明。(符合任一均逮捕)

(3)转化逮捕:①被取保候审、监视居住的犯罪嫌疑人、被告人违反取保候审、监视居住规定,情节严重的,可以予以逮捕;②对于被取保候审、监视居住的可能判处徒刑以下刑罚的犯罪嫌疑人、被告人,违反取保候审、监视居住规定,严重影响诉讼活动正常进行的,可以予以逮捕。

(4)可以不捕:犯罪嫌疑人认罪认罚的,若涉嫌的罪刑较轻,且没有其他重大犯罪嫌疑,可以作出不批准逮捕或者不予逮捕的决定。

4. 公安机关提请批捕的审查程序

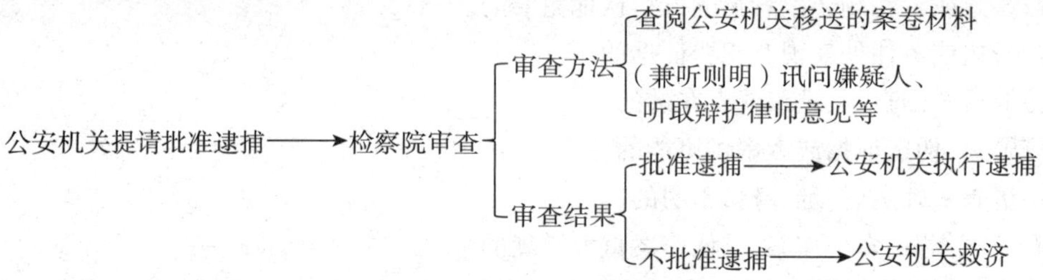

图 3－3　公安机关提请批捕的审查程序

5. 讯问、通知:

(1)逮捕后应当立即将被逮捕人送往看守所羁押。除无法通知以外,应当在逮捕后 24 小时以内,通知被逮捕人的家属。

(2)对被逮捕人,应当在逮捕后 24 小时以内进行讯问。

6. 批捕期限:

(1)已经拘留的:7 日。

(2)没有被拘留的:15 日,重大、复杂案件,最长不得超过 20 日。

7. 人民检察院办理审查逮捕案件,可以讯问犯罪嫌疑人。有下列情形之一的,应当讯问犯罪嫌疑人。

(1)对是否符合逮捕条件有疑问的。

(2)犯罪嫌疑人要求向检察人员当面陈述的。

(3)侦查活动可能有重大违法行为的。

(4)案情重大、疑难、复杂的。

(5)犯罪嫌疑人认罪认罚的。

(6)犯罪嫌疑人系未成年人的。

(7)犯罪嫌疑人是盲、聋、哑人或者是尚未完全丧失辨认或者控制自己行为能力的精神病人的。

讯问未被拘留的犯罪嫌疑人,讯问前应当听取公安机关的意见。

办理审查逮捕案件,对被拘留的犯罪嫌疑人不予讯问的,应当送达听取犯罪嫌疑人意见书,由犯罪嫌疑人填写后及时收回审查并附卷。经审查认为应当讯问犯罪嫌疑人的,应当及时讯问。

8. 听取诉讼参与人的意见。

人民检察院审查批准逮捕,可以询问证人等诉讼参与人,听取辩护律师的意见;辩护律师提出要求的,应当听取辩护律师的意见。

【注意1】对有重大影响的案件,可以采取当面听取侦查人员、犯罪嫌疑人及其辩护人等意见的方式进行公开审查。

【注意2】犯罪嫌疑人自愿认罪认罚、没有辩护人的,在审查逮捕阶段,人民检察院应当要求公安机关通知值班律师为其提供法律帮助。

9. 公安机关救济方式:

(1)检察院审查批捕案件,不批准逮捕的,可以要求公安机关补充侦查,但检察院不对案件另行侦查。

(2)检察院不批准逮捕的,公安机关可以复议、复核,但应当先将犯罪嫌疑人立即释放。

10. 径行逮捕:

(1)接到人民检察院批准逮捕决定书后,应当由县级以上公安机关负责人签发逮捕证,立即执行,并将执行回执送达作出批准逮捕决定的检察院。公安机关逮捕人的时候,必须出示逮捕证。

(2)逮捕后的24小时以内要送看守所,并进行讯问,通知家属(除无法通知除外),在发现不应当逮捕的时候,必须立即释放,发给释放证明。

3.4.6 羁押必要性审查(☆☆)

1. 羁押必要性审查是指案件已经到了审查起诉阶段,犯罪嫌疑人、被告人被逮捕后,人民检察院仍应当对羁押的必要性进行审查。

2. 审查主体:负责捕诉的部门依法对侦查和审判阶段的羁押必要性进行审查。经审查认为不需要继续羁押的,应当建议公安机关或者人民法院释放犯罪嫌疑人、被告人或者变更强制措施。

审查起诉阶段,负责捕诉的部门经审查认为不需要继续羁押的,应当直接释放犯罪嫌疑人或者变更强制措施。

负责刑事执行检察的部门收到有关材料或者发现不需要继续羁押的,应当及时将有关材料和意见移送负责捕诉的部门。

3. 启动方式:

(1)依职权:①人民检察院在办案过程中可以依职权主动进行羁押必要性审查;②已经逮捕

的犯罪嫌疑人认罪认罚的，检察院应当及时对羁押必要性进行审查。

(2)依申请：犯罪嫌疑人、被告人及其法定代理人、近亲属或者辩护人可以申请人民检察院进行羁押必要性审查。申请时应当说明不需要继续羁押的理由，有相关证据或者其他材料的，应当提供。

(3)依建议：看守所根据在押人员身体状况，可以建议人民检察院进行羁押必要性审查。

4. 审查程序：人民检察院应当根据犯罪嫌疑人、被告人涉嫌的犯罪事实、主观恶性、悔罪表现、身体状况、案件进展情况、可能判处的刑罚和有无再危害社会的危险等因素，综合评估有无必要继续羁押犯罪嫌疑人、被告人。

5. 审查结果：

人民检察院发现犯罪嫌疑人、被告人具有下列情形之一的，应当向办案机关提出释放或者变更强制措施的建议：

(1)案件证据发生重大变化，没有证据证明有犯罪事实或者犯罪行为系犯罪嫌疑人、被告人所为的。

(2)案件事实或者情节发生变化，犯罪嫌疑人、被告人可能被判处拘役、管制、独立适用附加刑、免予刑事处罚或者判决无罪的。

(3)继续羁押犯罪嫌疑人、被告人，羁押期限将超过依法可能判处的刑期的。

(4)案件事实基本查清，证据已经收集固定，符合取保候审或者监视居住条件的。

6. 结案：

(1)有继续羁押的必要：继续羁押由检察官决定。

(2)无继续羁押的必要：检察官应当报经检察长或者分管副检察长批准。

以本院的名义向办案机关发出释放或者变更强制措施建议书，并要求办案机关在10日内回复处理情况。办案机关未在10日以内回复处理情况的，可以报经检察长或者分管副检察长批准，以本院名义发出纠正违法通知书。

3.4.7 留置措施(☆☆☆)

1. 适用条件：被调查人涉嫌严重职务违法或者职务犯罪，监察机关已经掌握其部分违法犯罪事实及证据，仍有重要问题需要进一步调查，并有下列情形之一的，经监察机关依法审批，可以将其留置在特定场所：

(1)涉及案情重大、复杂的；

(2)可能逃跑、自杀的；

(3)可能串供或者伪造、隐匿、毁灭证据的；

(4)可能有其他妨碍调查行为的。

2. 留置对象：

(1)职务犯罪及违法的被调查人；

(2)对涉嫌行贿犯罪或者共同职务犯罪的涉案人员。

3. 批准机关：

(1)设区的市级以下监察机关采取留置措施，应当报上一级监察机关批准。

(2)省级监察机关采取留置措施,应当报国家监察委员会备案。

4.期限:

(1)留置时间不得超过3个月。在特殊情况下,可以延长一次,延长时间不得超过3个月。

(2)省级以下监察机关采取留置措施的,延长留置时间应当报上一级监察机关批准。监察机关采取留置措施,可以根据工作需要提请公安机关配合。公安机关应当依法予以协助。

5.通知义务:

对被调查人采取留置措施后,应当在24小时以内,通知被留置人员所在单位和家属,但有可能毁灭、伪造证据,干扰证人作证或者串供等有碍调查情形的除外。

【注意】应当保障被留置人员的饮食、休息和安全,提供医疗服务。讯问被留置人员应当合理安排讯问时间和时长,讯问笔录由被讯问人阅看后签名。

6.刑期折抵:被留置人员涉嫌犯罪移送司法机关后,被依法判处管制、拘役和有期徒刑的。留置1日折抵管制2日,折抵拘役、有期徒刑1日。

主观题小案例

【案例1】甲与邻居乙发生冲突致乙轻伤,甲被刑事拘留期间,甲的父亲代为与乙达成和解,公安机关决定对甲取保候审。甲在取保候审期间应将驾驶证件交执行机关保存。

答案参考:错误。根据《刑事诉讼法》第71条第1、2款的规定,被取保候审的犯罪嫌疑人、被告人应当遵守的法定义务包括:(1)未经执行机关批准不得离开所居住的市、县;(2)住址、工作单位和联系方式发生变动的,在24小时以内向执行机关报告;(3)在传讯的时候及时到案;(4)不得以任何形式干扰证人作证;(5)不得毁灭、伪造证据或者串供。人民法院、人民检察院和公安机关可以根据案件情况,责令被取保候审的犯罪嫌疑人、被告人遵守的酌定义务包括以下一项或者多项:(1)不得进入特定的场所;(2)不得与特定的人员会见或者通信;(3)不得从事特定的活动;(4)将护照等出入境证件、驾驶证件交执行机关保存。由上述规定可知,将驾驶证件交执行机关保存属于被取保候审人应当遵守的酌定义务。

【案例2】章某涉嫌故意伤害致人死亡,因犯罪后企图逃跑被公安机关先行拘留。拘留章某时,必须出示拘留证。

答案参考:错误。《公安机关办理刑事案件程序规定》第125条第2款规定,紧急情况下,对于符合本规定第124条所列情形之一的,经出示人民警察证,可以将犯罪嫌疑人口头传唤至公安机关后立即审查,办理法律手续。据此可知,先行拘留的,可以补办手续。

【案例3】甲、乙涉嫌非法拘禁罪被取保候审。本案提起公诉后,法院认为对甲可继续适用取保候审,乙因有伪造证据的行为而应予逮捕。对甲可变更为保证人保证。

答案参考:正确。《刑事诉讼法》第68条规定,人民法院、人民检察院和公安机关决定对犯罪嫌疑人、被告人取保候审,应当责令犯罪嫌疑人、被告人提出保证人或者交纳保证金。而且,公安司法机关可以根据案情对取保候审的保证方式进行变更。

3.5 证 据

本部分内容历来是考试命题重点,比如"非法证据排除规则"在历年考查过9次之多,对于参加主观题考试的考生而言,建议先把本部分讲义内容看懂,再去通过小案例来巩固达到熟练运用,最后再通过练习真题把琐碎的考点各个击破,取得高分。

刑事诉讼法中的证据必须具备客观性、关联性、合法性三个基本属性。其中,客观性要求证据必须是客观存在的事实,不以人的主观意志为转移,任何主观想象、猜测、假设等都不能成为刑事诉讼中的证据。而关联性是指证据与案件事实有客观的联系,能够对证明刑事案件事实具有某种实际意义,比如品格证据、前科、类似行为不能作为定罪证据使用,特定的诉讼行为(如曾经认罪后又撤回,不能作为不利于被告人的证据采纳)、特定的事实行为(如事件发生后积极救助不等于其实施了加害行为)和被害人的过去行为(如强奸案件中被害人曾经的性经历)等都不具有关联性。最后的合法性也是常考的点,证据必须是依法加以固定收集的,并且要经过法定程序出示和查证,未经法庭查证属实的材料,均不得作为定案依据,非法定程序取得的证据要依法进行排除。

3.5.1 刑事诉讼法证据种类(☆☆)

刑事诉讼法规定的证据只有8种,即物证,书证,证人证言,被害人陈述,犯罪嫌疑人、被告人供述和辩解,鉴定意见,勘验、检查、辨认、侦查实验等笔录,视听资料、电子数据。除此之外,可以作为定案的依据,但是不是法定的8种证据种类。

1.物证

物证是以物质属性、外部特征或痕迹等来证明案件真实情况。对物证的拍摄还是物证,不会因为表现介质发生变化就变成了视听资料、电子数据。

2.书证

书证是以文字、符号、图画等形式所表达的思想内容来证明案件真实情况,一般是产生于案发前、案发中、案发后,不可能产生于诉讼活动中。物证和书证可以出现同体的情况。

【注意】物证与书证的区分

书证是以其记载的内容和反映的思想起证明作用的,而物证则是以其外部特征、存在场所和物质属性起证明作用的。当物证和书证同体的时候,关键看以何种方式证明待证的案件事实:

(1)如果是以其物理属性,外部特征、颜色、大小、气味来证明待证的案件事实,则其属于物证。

(2)如果以记载的内容、思想证明待证的案件事实,则其属于书证。**举例:**一本书可以是物证,也可以是书证。书证一般应当发生在案发前中后,而非诉讼过程中。

3.证人证言

证人就其所感知的案件情况向公安司法机关所作的陈述,言词表现形式是多样的。同案犯之间的攀供不是证人证言。对证人证言需要注意:

(1)单位不能做证人,因为证人需要以自己的感官感知案情为前提来陈述,单位不能成为这样的主体。

(2)证人具有优先性,在案件中证人的身份一旦确定以后,就不能在诉讼中担任侦查、检察、审判等角色,基于证人的不可替代性。

(3)只要能正确表达、能够辨认是非,对案件发生知情或者亲身经历的人就可以作为证人,不看是否年幼、是否醉酒、是否有生理缺陷与精神上的缺陷。

4. 被害人陈述

刑事被害人就其受害情况和其他与案件有关的情况向公安司法机关所作的陈述,表现形式多样。

5. 犯罪嫌疑人、被告人供述和辩解

(1)口供包括供述与辩解。

(2)口供证明力:重证据,重调查研究,不轻信口供;只有口供,没有其他证据的,不能认定被告人有罪和处以刑罚。

(3)没有被告人供述,其他证据确定、充分的,可以认定被告人有罪和判处刑罚。

(4)被告人的口供,在庭前与庭审中不一致的,哪一个阶段有其他证据进行印证的,采信哪一个阶段的口供。

(5)犯罪嫌疑人、被告人供述不产生于案发过程中,只产生于诉讼过程中。即供述必须要有可供述的对象,可供述的对象是公安或者是司法机关。言外之意,未进入诉讼过程,此时犯罪主体即使详尽地描述了如何案发的过程,也不叫供述。

6. 鉴定意见

(1)鉴定人一定是公安司法机关指派或者聘请的,被公安司法机关所垄断。除此之外的主体所做的都不是鉴定意见。注意专家辅助人,有专门知识的人无鉴定资质,其肯定不是鉴定人,其所出具的报告或者意见肯定不是鉴定意见。

(2)特殊的鉴定意见:精神病鉴定(不计入办案期限)。

(3)鉴定意见应当告知犯罪嫌疑人和被害人。

(4)医院的诊断书,应该以书证或者证人证言的方式出示,而非鉴定意见。

【注意1】诉讼参与人委托的有专门的知识的人

(1)就鉴定意见发表的意见,不是证据,仅是参考。

(2)在案发前中后,就专门事实出具的意见,是书证。

【注意2】公安司法机关指派或者聘请的有专门知识的人

(1)协助勘验所得的笔录——笔录证据。

(2)就专门事实出具的报告,不是证据,但可以作为证据使用,套用鉴定意见程序(如火灾事故认定书)。

7. 勘验、检查、辨认、侦查实验等笔录

(1)勘验对象:现场、物品、尸体。

(2)检查对象:人身(活体)。

(3)侦查实验:模拟当时的情况,看类似的情形能否重复发生。

勘验、检查、辨认、侦查实验等笔录的制作主体必须是办案人员。

8. 视听资料、电子数据

(1)视听资料:以录音、录像所储存的信息来证明案件的材料。

(2)电子数据:以电子形式存在的、用作证明案件情况的一切材料及其派生物。电子数据包括但不限于下列信息、电子文件:

①网页、博客、微博客、朋友圈、贴吧、网盘等网络平台发布的信息;

②手机短信、电子邮件、即时通信等网络应用服务的通信信息;

③用户注册信息、身份认证信息、电子交易记录、通信记录、登录日志等信息;

④文档、图片、音视频、数字证书、计算机程序等电子文件。

以数字化形式记载的证人证言、被害人陈述,以及犯罪嫌疑人、被告人供述和辩解等证据,不属于电子数据。

(3)视听资料、电子数据形成于案发过程前、案发过程中、案发过程后,并且与案件事实相关。

【命题角度分析】

(1)《刑事诉讼法》规定的证据种类只有8种。2020年主观题全国卷刑事诉讼法题中第三问:"物价部门出具的价格认定书,属于何种证据种类?"只要不属于上述8种,就可以回答不属于《刑事诉讼法》规定的证据种类。最高人民法院《关于适用〈中华人民共和国刑事诉讼法〉的解释》(以下简称《刑诉解释》)第100条规定,因无鉴定机构,或根据法律、司法解释的规定,指派、聘请有专门知识的人就案件的专门性问题出具的报告,可以作为证据使用。但价格认定书不是鉴定意见,可参照鉴定意见的审查程序。

(2)行政机关、监察机关在办案活动中收集到的行政证据、监察证据,移送检察院、法院后,也需要经过查证属实、程序合法,方可作为定案根据。但是需要注意的是言词类证据(鉴定意见除外)不得直接作为形式证据使用,需要侦查人员重新讯问、询问,重新收集。

主观题小案例

【案例1】某国有银行涉嫌违法发放贷款造成重大损失,该行行长因系直接负责的主管人员也被追究刑事责任,信贷科科长齐某因较为熟悉银行贷款业务被确定为单位的诉讼代表人。齐某没有最后陈述的权利。

答案参考:错误。被告人享有最后陈述的权利,故齐某同样享有最后陈述的权利。

【案例2】甲、乙二人系药材公司仓库保管员,涉嫌5次共同盗窃其保管的名贵药材,涉案金额40余万元。一审开庭审理时,药材公司法定代表人丙参加庭审。经审理,法院认定其中4起盗窃事实,另一起因证据不足未予认定,甲和乙以职务侵占罪分别被判处有期徒刑3年和1年。侦查机关制作的失窃药材清单是书证。

答案参考:错误。书证是指以记载的内容和反映的思想来证明案件真实情况的书面材料或其他物质材料。侦查机关制作的失窃药材清单属于勘验、检查、辨认、侦查实验等笔录,不是书证。

【案例3】甲女与乙男在某社交软件互加好友,手机网络聊天过程中,甲女多次向乙男发送暧昧言语和色情图片,表示可以提供有偿性服务。二人于酒店内见面后因价钱谈不拢而争吵,乙男强行将甲女留在房间内,并采用胁迫手段与其发生性关系。后甲女向公安机关报案,乙男则辩称双方系自愿发生性关系。乙男提供了二人之前的网络聊天记录。关于这一网络聊天记录,属电子数据的一种。

答案参考:正确。我国《刑事诉讼法》第50条第2款规定:"证据包括:(一)物证;(二)书证;(三)证人证言;(四)被害人陈述;(五)犯罪嫌疑人、被告人供述和辩解;(六)鉴定意见;(七)勘验、检查、辨认、侦查实验等笔录;(八)视听资料、电子数据。"其中,电子数据是指以电子形式存在的、用作证据使用的一切材料及其派生物。具体来说,在当今网络社会经常使用的电子邮件、电子数据交换、网上聊天记录、网络博客、手机短信、电子签名、域名、电子公告牌记录、电子资金划拨记录、网页等均属于电子数据。

3.5.2 证据规则与适用

刑事证据规则是规范证据的收集、审查、评价等诉讼证明活动的准则。2022年的刑诉法题目第6问:"孙某的证言是否属于传闻证据?请说明理由。"虽然大多数刑事证据规则都源于英美法系,但我们对理论内容也应掌握。

1. 关联性规则

品格证明,类似行为,特定的诉讼行为、事实行为,被害人过去的行为,不具有关联性。

2. 传闻证据规则

又称传闻法则、传闻规则、传闻证据排除规则。它是指证人所陈述的非亲身经历的事实,以及证人未出庭作证时向法庭提出的文件中的主张,原则上不能作为认定犯罪事实的根据。

传闻证据规则仅针对证人证言。如果发现一份证言属于传闻,要看有没有其他证据予佐证或者补强,如果没有其他证据予以佐证或者补强,该传闻证据不得作为定案根据。

3. 最佳证据规则

该规则又称原始证据规则,是指书证的提供者应尽量提供原件,如果提供副本、抄本复印件等非原始材料,则必须提供充足理由加以说明,否则,该书证不具有可采性。最佳证据规则强调书证的真实性、可靠性,因为抄件或复制件存在虚假的可能性较高。

4. 意见证据规则

该规则指的是,证人在作证过程中,只能客观陈述自己的感知,而不能对自己感知的事实提出定性意见。证人的职责只是把事实提供给法院,而不是发表对该事实的意见。譬如,证人说:"我那天上午确实看见被告人进入被害人家里了,他们俩本来关系就不好、被害人肯定是被告人杀害的。"在证言中,"被告人进入被害人家里"和"被告人与被害人关系不好"属于证人的客观陈述,而"被害人肯定是被告人杀害的"则涉及定性,且证人又没有亲眼看到杀害过程,只是一种意见性推测。这种推测受到意见证据规则限制,不能作为证据使用。

5. 补强证据规则

该规则是指在运用某些证明力显然薄弱的证据认定案情时,必须有其他证据补充、强化其证明力,才能被法官采信为定案根据。一般来说,需要补强的证据包括犯罪嫌疑人、被告人供述,证人证言,被害人陈述等特定证据。

比如《刑诉解释》第143条规定:"下列证据应当慎重使用,有其他证据印证的,可以采信:(一)生理上、精神上有缺陷,对案件事实的认知和表达存在一定困难,但尚未丧失正确认知、表达能力的被害人、证人和被告人所作的陈述、证言和供述;(二)与被告人有亲属关系或者其他密切关系的证人所作的有利于被告人的证言,或者与被告人有利害冲突的证人所作的不利于被告人的证言。”

6. 自白任意规则

自白任意规则,又称非任意自白排除规则,是指犯罪嫌疑人、被告人所作的任何供述应当是出于自愿而非被强迫作出的,被强迫作出的自白不能作为定案根据的规则。实际上就是我国《刑事诉讼法》第52条确立的“不被强迫自证其罪”。

7. 非法证据排除规则

非法证据排除规则,是指违反法定程序、以非法方法获取的证据,原则上应当予以排除,不能采纳为定案根据的证据规则。

3.5.3 非法证据排除规则(☆☆☆☆☆)

本部分内容要想熟练掌握,必须分成三个部分学习:首先要知道排除的范围有哪些。确定排除范围后,要知道哪些可以补正,哪些可以直接排除。最后掌握在不同阶段如何排除。

一、排除的范围

根据不同标准,证据可以分为:原始证据(直接源于案件事实)与传来证据(间接来源,非第一手证据)。言词证据(证人证言,被害人陈述,犯罪嫌疑人、被告人供述和辩解,鉴定意见)与实物证据(物证,书证,勘验、检查笔录),直接证据(单独、直接证明案件主要事实)与间接证据(不能单独直接证明案件主要事实,需要与其他证据结合才能证明的证据)。

1. 实物证据

(1)收集物证、书证不符合法定程序,可能严重影响司法公正的,应当予以补正或者作出合理解释;不能补正或者作出合理解释的,对有关证据应当予以排除。

(2)对公安机关的补正或者解释,人民检察院应当予以审查。经补正或者作出合理解释的,可以作为批准或者决定逮捕、提起公诉的依据。

2. 言词证据之犯罪嫌疑人、被告人供述

(1)采用刑讯逼供等非法方法收集的犯罪嫌疑人、被告人供述,应当予以排除。

(2)采用刑讯逼供或者冻、饿、晒、烤、疲劳审讯等非法方法收集的被告人供述,应当排除。

(3)除情况紧急必须现场讯问以外,在规定的办案场所外讯问取得的供述,应当排除。

(4)未依法对讯问进行全程录音录像取得的供述,以及不能排除以非法方法取得的供述,应当排除。

【总结】应当全程录音录像的案件:可能判处无期徒刑、死刑的案件或者其他重大犯罪案件。

(5)采用暴力或者严重损害本人及其近亲属合法权益等进行威胁的方法,使犯罪嫌疑人、被告人遭受难以忍受的痛苦而违背意愿作出的供述,应当予以排除。

(6)采用非法拘禁等非法限制人身自由的方法收集的犯罪嫌疑人、被告人供述,应当予以排除。

【重复性供述的排除】采用刑讯逼供方法使犯罪嫌疑人、被告人作出供述,之后犯罪嫌疑人、被告人受该刑讯逼供行为影响而作出的与该供述相同的重复性供述,应当一并排除,但下列情形除外：

第一，侦查期间，根据控告、举报或者自己发现等，侦查机关确认或者不能排除以非法方法收集证据而更换侦查人员，其他侦查人员再次讯问时告知诉讼权利和认罪的法律后果，犯罪嫌疑人自愿供述的。

第二，审查逮捕、审查起诉和审判期间，检察人员、审判人员讯问时告知诉讼权利和认罪的法律后果，犯罪嫌疑人、被告人自愿供述的。

3. 言词证据之证人证言、被害人陈述

采用暴力、威胁以及非法限制人身自由等非法方法收集的证人证言、被害人陈述，应当予以排除。

【注意】以引诱方法取得的犯罪嫌疑人、被告人供述和证人证言以及被害人陈述并不排除。

二、证据审查判断（直接排除与可补正）

1. 物证、书证

【排除原因】没有来源、来源不明的直接排除。违反程序可补正。

【排除】原物的照片、录像或者复制品，不能反映原物的外形和特征的，不能作为定案的根据。

【排除】书证有更改或者更改迹象不能作出合理解释的，或书证的副本、复制件不能反映书证原件及其内容的，不能作为定案的根据。

【排除】经勘验、检查、搜查提取、扣押的物证、书证，未附有勘验、检查笔录，搜查笔录，提取笔录，扣押清单，不能证明物证、书证来源的，不能作为定案的根据。

2. 证人证言

【排除原因】暴力、威胁、说不出（表达能力欠佳），猜测、评论未个别（猜测性、评论性、推断性、没有个别进行询问），不经核对不通晓，应提供翻译不提供。

【排除】以暴力、威胁等非法手段取得的证人证言，不能作为定案的根据。

处于明显醉酒、麻醉品中毒或者精神药物麻醉状态，以致不能正确表达的证人所提供的证言，不能作为定案的根据。

证人的猜测性、评论性、推断性的证言，不能作为证据使用，但根据一般生活经验判断符合事实的除外。

【排除】具有下列情形之一的证人证言，不能作为定案的根据：

（1）询问证人没有个别进行而取得的证言。

（2）没有经证人核对确认并签名（盖章）、捺指印的书面证言。

（3）询问聋哑人或者不通晓当地通用语言、文字的少数民族人员、外国人，应当提供翻译而未提供的。

3. 犯罪嫌疑人、被告人的供述与辩解

【排除原因】暴力、威胁，不放、不录，没有翻译，不让核对。

【排除】具有下列情形之一的被告人供述，不能作为定案的根据：

（1）讯问笔录没有经被告人核对确认并签名（盖章）、捺指印的。

（2）讯问聋哑人、不通晓当地通用语言、文字的人员时，应当提供通晓聋、哑手势的人员或者翻译人员而未提供的。

4. 鉴定意见

【排除原因】只要出错就排除。

【排除】鉴定意见具有下列情形之一的,不得作为定案的根据:

(1)鉴定机构不具备法定资质,或者鉴定事项超出该鉴定机构业务范围、技术条件的;

(2)鉴定人不具备法定资质,不具有相关专业技术或者职称,或者违反回避规定的;

(3)送检材料、样本来源不明,或者因污染不具备鉴定条件的;

(4)鉴定对象与送检材料、样本不一致的;

(5)鉴定程序违反规定的;

(6)鉴定过程和方法不符合相关专业的规范要求的;

(7)鉴定文书缺少签名、盖章的;

(8)鉴定意见与案件事实没有关联的;

(9)违反有关规定的其他情形。

【排除】经人民法院通知,鉴定人拒不出庭作证的,鉴定意见不得作为定案的根据。

【排除】鉴定人由于不能抗拒的原因或者有其他正当理由无法出庭的,人民法院可以根据情况决定延期审理或者重新鉴定。

5. 辨认笔录

【排除原因】未经法定程序,不能确定真实性。

【排除】侦查机关组织的辨认,存在下列情形之一的,应当严格审查,不能确定其真实性的,辨认结果不能作为定案的根据:

(1)辨认不是在侦查人员主持下进行的。

(2)辨认前使辨认人见到辨认对象的。

(3)辨认人的辨认活动没有个别进行的。

(4)辨认对象没有混杂在具有类似特征的其他对象中,或者供辨认的对象数量不符合规定的;尸体、场所等特定辨认对象除外。

(5)辨认中给辨认人明显暗示或者明显有指认嫌疑的。

6. 侦查实验、笔录

【排除】侦查实验的条件与事件发生时的条件有明显差异,或者存在影响实验结论科学性的其他情形的。

7. 视听资料、电子数据

【排除】(1)电子数据系篡改、伪造或者无法确定真伪的。(2)电子数据有增加、删除、修改等情形,影响电子数据真实性的。(3)其他无法保证电子数据真实性的情形。

主观题小案例

【案例】公安机关发现一具被焚烧过的尸体,因地处偏僻且天气恶劣,无法找到见证人,于是对勘验过程进行了全程录像,并在笔录中注明原因。法庭审理时,辩护人以勘验时没有见证人在场为由,申请排除勘验现场收集的物证。本案证据因违反取证程序的一般规定,应当排除。

答案参考：错误。根据《刑事诉讼法》第56条第1款的规定，物证、书证被排除必须同时符合三个条件：一是收集物证、书证不符合法定程序，二是可能严重影响司法公正，三是不能补正或者作出合理解释。而本案证据只符合其中条件之一，故不能予以排除。

三、排除的阶段

（《关于办理刑事案件严格排除非法证据若干问题的规定》）

1. 侦查阶段

（1）犯罪嫌疑人及其辩护人在侦查期间可以向人民检察院申请排除非法证据。对犯罪嫌疑人及其辩护人提供相关线索或者材料的，人民检察院应当调查核实。调查结论应当书面告知犯罪嫌疑人及其辩护人。对确有以非法方法收集证据情形的，人民检察院应当向侦查机关提出纠正意见。

（2）侦查机关对审查认定的非法证据，应当予以排除，不得作为提请批准逮捕、移送审查起诉的根据。

（3）对重大案件，人民检察院驻看守所检察人员应当在侦查终结前询问犯罪嫌疑人，核查是否存在刑讯逼供、非法取证情形，并同步录音录像。经核查，确有刑讯逼供、非法取证情形的，侦查机关应当及时排除非法证据，不得作为提请批准逮捕、移送审查起诉的根据。

2. 审查起诉阶段

（1）审查逮捕、审查起诉期间，犯罪嫌疑人及其辩护人申请排除非法证据，并提供相关线索或者材料的，人民检察院应当调查核实。调查结论应当书面告知犯罪嫌疑人及其辩护人。

（2）人民检察院在审查起诉期间发现侦查人员以刑讯逼供等非法方法收集证据的，应当依法排除相关证据并提出纠正意见，必要时人民检察院可以自行调查取证。

（3）人民检察院对审查认定的非法证据，应当予以排除，不得作为批准或者决定逮捕、提起公诉的根据。被排除的非法证据应当随案移送，并写明为依法排除的非法证据。

3. 审判阶段

（1）人民法院向被告人及其辩护人送达起诉书副本时，应当告知其有权申请排除非法证据。

（2）被告人及其辩护人申请排除非法证据，应当在开庭审理前提出，但在庭审期间发现相关线索或者材料等情形除外。人民法院应当在开庭审理前将申请书和相关线索或者材料的复制件送交人民检察院。

（3）当事人及其辩护人、诉讼代理人申请人民法院排除以非法方法收集的证据的，应当提供涉嫌非法取证的人员、时间、地点、方式、内容等相关线索或者材料。

（4）被告人及其辩护人在开庭审理前申请排除非法证据，未提供相关线索或者材料，不符合法律规定的申请条件的，人民法院对申请不予受理。

（5）在庭前申请的程序：

①开庭审理前，人民法院可以召开庭前会议，就非法证据排除等问题了解情况，听取意见。

②证明程序：在庭前会议中，人民检察院可以通过出示有关证据材料等方式，对证据收集合法性加以说明。必要时，可以通知调查人员、侦查人员或者其他人员参加庭前会议，说明情况。

③证据的撤回：在庭前会议中，人民检察院可以撤回有关证据。撤回的证据，没有新的理由，不得在庭审中出示。

④申请之撤回：当事人及其辩护人、诉讼代理人可以撤回排除非法证据的申请。撤回申请

后，没有新的线索或者材料，不得再次对有关证据提出排除申请。

⑤调查结果：控辩双方在庭前会议中对证据收集是否合法未达成一致意见，法院对证据收集的合法性有疑问的，应当在庭审中进行调查；对合法性没有疑问，且无新的线索或者材料表明可能存在非法取证的，可以决定不再进行调查并说明理由。

(6)在庭审中提出申请的程序：

①被告人及其辩护人在开庭审理前未申请排除非法证据，在法庭审理过程中提出申请的，应当说明理由。

②对前述情形，法庭经审查，对证据收集的合法性有疑问的，应当进行调查；没有疑问的，应当驳回申请。

③法庭驳回排除非法证据申请后，被告人及其辩护人没有新的线索或者材料，以相同理由再次提出申请的，法庭不再审查。

④法庭决定对证据收集的合法性进行调查的，应当先行当庭调查。但为防止庭审过分迟延，也可以在法庭调查结束前进行调查。

3.5.4 证明责任

证明责任是指人民检察院或者某些当事人应当收集或提供证据证明应予认定的案件事实或有利于自己的主张的责任，否则，将承担主张不能成立的危险。

1. 证明责任的主体

控诉机关和负有证明责任的当事人，即公诉案件中的公诉人和自诉案件中的自诉人。法院不承担证明责任，但是可以调查核实证据中的疑问。

2. 公诉案件中控诉机关的证明责任

证明犯罪嫌疑人、被告人有罪的责任由检察院承担。

3. 自诉案件中自诉人的证明责任

自诉人应对其控诉承担证明责任。

4. 在少数持有型的特定案件中，被告人也负有提出证据的责任

被告人一般不承担证明责任，既不证明自己有罪，也不证明自己无罪。

【例外情形】巨额财产来源不明案件，非法持有国家绝密、机密文件、资料、物品案件等持有型犯罪。

3.5.5 证明标准(☆☆)

刑事诉讼中的证明标准是犯罪事实清楚，证据确实、充分。在不同阶段证明标准不同，具体规定如下：

1. 立案阶段

有犯罪事实需要追究刑事责任时，应当立案。

2. 逮捕阶段

有证据证明有犯罪事实可能判处徒刑以上刑罚的犯罪嫌疑人、被告人，采取取保候审尚不足

以防止发生社会危险性的,应当予以逮捕。有证据证明有犯罪事实是指同时具备下列情形:

(1)有证据证明发生了犯罪事实;

(2)有证据证明该犯罪事实是犯罪嫌疑人实施的;

(3)证明犯罪嫌疑人实施犯罪行为的证据已经查证属实。

犯罪事实既可以是单一犯罪行为的事实,也可以是数个犯罪行为中任何一个犯罪行为的事实。

3. 侦查终结审查起诉阶段

(1)公安机关侦查终结的案件,应当做到犯罪事实清楚,证据确实、充分,并且写出起诉意见书,连同案卷材料、证据一并移送同级人民检察院审查决定;同时将案件移送情况告知犯罪嫌疑人及其辩护律师。

(2)人民检察院认为犯罪嫌疑人的犯罪事实已经查清,证据确实、充分,依法应当追究刑事责任的,应当作出起诉决定,按照审判管辖的规定,向人民法院提起公诉,并将案卷材料、证据移送人民法院。

4. 有罪判决

对一切案件的判处都要重证据,重调查研究,不轻信口供。只有被告人供述,没有其他证据的,不能认定被告人有罪和处以刑罚;没有被告人供述,证据确实、充分的,可以认定被告人有罪和处以刑罚。证据确实、充分,应当符合以下条件:

(1)定罪量刑的事实都有证据证明;

(2)据以定案的证据均经法定程序查证属实;

(3)综合全案证据,对所认定事实已排除合理怀疑。

3.5.6 疑罪的处理

1. 结合刑法"对事实存疑"部分进行掌握:

(1)定罪证据不足的案件,应当坚持疑罪从无原则,依法宣告被告人无罪,不得降格作出"留有余地"的判决。

(2)定罪证据确实、充分,但影响量刑的证据存疑的,应当在量刑时作出有利于被告人的处理。

(3)死刑案件,认定对被告人适用死刑的事实证据不足的,不得判处死刑。

2. 在不同阶段,对"疑罪"处理方式如下:

(1)审查起诉:作出不起诉决定。

(2)一审程序:作出证据不足、指控的犯罪不能成立的无罪判决。

(3)二审程序:如果发现原判决事实不清楚或者证据不足,可以查清事实后改判;也可以裁定撤销原判,发回原审人民法院重新审判。

(4)死刑复核程序:如果认为原判事实不清、证据不足,可以裁定不予核准,并撤销原判,发回重新审判,或者依法改判。

(5)死刑立即执行复核程序:如果认为原判事实不清、证据不足,应当裁定不予核准,并撤销原判,发回重审。

主观题小案例

【案例】小刚于2018年9月15日晚至9月16日凌晨被杀死,9月16日上午当地公安机关对现场进行了勘验,现场勘验发现并提取了物证(但是并未附有笔录)。

公安机关经过排查,初步认为小强有重大嫌疑,随即对小强采取了强制措施,并在没有搜查证的情形下对小强的住所进行搜查,在其家里搜到球鞋和匕首。

之后,侦查人员对小强进行了讯问,小强对抢劫杀害小刚的事实作了有罪供述。

在庭审过程中,小强推翻了其在侦查阶段作的有罪供述,并称之所以作出有罪供述,是因为在讯问的过程中,侦查人员将其捆绑在椅子上,身体活动受限,也不准许其吃饭,对其进行长时间讯问,最终实在忍受不住,才被迫作出了有罪供述。

此外,公诉机关也提交了侦查人员关于自己在讯问过程中没有刑讯逼供的情况说明,但情况说明上只有侦查人员的签名,而没有公安机关的印章。

问题:本案中,哪些属于非法证据?对非法证据应该如何处理?

答案参考:

(1)犯罪嫌疑人、被告人小强的有罪供述属于非法言词证据,应该予以排除。在讯问的过程中,侦查人员将小强捆绑在椅子上,身体活动受限,也不准许其吃饭,对其进行长时间讯问,属于“变相肉刑”,通过上述手段获得的证据应该被认定为非法证据,并予以排除。

综上,小强的有罪供述属于非法证据,应该被排除(法条依据为《刑事诉讼法》第56条第1款)。

(2)侦查人员在勘验现场提取物证时,并未附有笔录,如果侦查人员不能证明物证、书证来源,侦查人员在现场提取的物证应当予以排除,不得作为定案的根据(法条依据为《刑诉解释》第86条第1款)。

(3)侦查人员在未出示搜查证的情况下,在犯罪嫌疑人,被告人小强家里搜到的球鞋和匕首,属于违反法定程序搜集的非法实物证据。根据《关于办理刑事案件严格排除非法证据若干问题的规定》,应当首先由侦查人员补正或者作出合理解释,即首先由侦查人员解释搜查时所处的紧急情况、取证的必要性与紧迫性,并及时补办搜查证,以消除、淡化或者弥补非法取证行为给司法公正造成的不良影响。

3.6 辩护与代理

3.6.1 辩护种类(☆)

1. 自行辩护

贯穿诉讼全过程,任何诉讼阶段、任何案件都可以。

2. 委托辩护

(1)公诉案件:自被侦查机关第一次讯问或者采取强制措施之日起。

①侦查阶段只能委托律师担任辩护人。②嫌疑人、被告人本人可委托;如其在押,也可以由其近亲属、监护人代为委托。

(2)自诉案件:随时。

3. 法律援助辩护

(1)适用前提:以没有辩护人为前提。

(2)适用阶段:适用于侦查、审查起诉、审判阶段。

(3)适用程序:只能由法律援助律师担任;公、检、法三机关通知法律援助机构指派律师,法律援助机构收到通知后3日以内应当指派律师,并将律师的姓名、单位、联系方式书面通知法院、检察院、公安机关。

(4)种类:

①申请法律援助辩护:因经济困难或者其他原因没有委托辩护人的,本人及其近亲属可以向法律援助机构提出申请。对符合法律援助条件的,法律援助机构应当指派律师为其提供辩护。

②强制法律援助辩护(指定辩护):a. 盲、聋、哑;b. 尚未完全丧失辨认或者控制自己行为能力的精神病人;c. 可能判处无期徒刑、死刑的;d. 审判的时候未满18周岁的未成年人;e. 缺席审判程序。

3.6.2 法官、检察官做辩护人的限制

1. 离任后2年

法官、检察官从法院、检察院离任后2年内,不得以律师身份担任诉讼代理人或者辩护人。

2. 离任或开除后终身限制

(1)法官、检察官离任后,不得担任原任职法院、检察院办理案件的诉讼代理人或者辩护人,但作为当事人的监护人或近亲属代理或辩护除外。

(2)法官、检察官被开除后,不得担任诉讼代理人或辩护人,但作为当事人的监护人或近亲属代理或辩护除外。

3. 任职回避的限制

法官、检察官的配偶、父母、子女有下列情形之一的,法官、检察官实行任职回避:

(1)担任该法官、检察官所任职机关辖区内律师事务所的合伙人或者设立人的。

(2)在该法官、检察官所任职机关辖区内以律师身份担任诉讼代理人、辩护人,或为诉讼案件当事人提供其他有偿法律服务的。

3.6.3 值班律师制度(☆☆☆)

法律援助机构可以在人民法院、看守所等场所派驻值班律师。犯罪嫌疑人、被告人没有委托辩护人,法律援助机构没有指派律师为其提供辩护的,由值班律师为犯罪嫌疑人、被告人提供法律咨询、程序选择建议、申请变更强制措施、对案件处理提出意见等法律帮助。

人民法院、人民检察院、看守所应当告知犯罪嫌疑人、被告人有权约见值班律师,并为犯罪嫌疑人、被告人约见值班律师提供便利。

1. 适用条件

没有委托辩护人,法律援助机构没有指派律师为其提供辩护。不能帮助被害人,一般都是为刑事案件的被告人、犯罪嫌疑人提供法律帮助。不是辩护人,不能出庭辩护。

2. 工作地点

值班律师由法律援助机构管理,派驻到法院、看守所、检察院等场所。

3. 会见方式

(1)犯罪嫌疑人、被告人要求会见。

(2)经过办案机关批准,值班律师主动会见犯罪嫌疑人、被告人。

(3)同一名值班律师可以分别为两名以上同案犯罪嫌疑人、被告人提供法律咨询、帮助。

(4)危害国家安全犯罪、恐怖活动犯罪案件,侦查期间值班律师会见在押犯罪嫌疑人的,应当经侦查机关许可。自人民检察院对案件审查起诉之日起,值班律师可以查阅案卷材料、了解案情。人民法院、人民检察院应当为值班律师查阅案卷材料提供便利。

(5)值班律师可以会见犯罪嫌疑人、被告人,看守所应当为值班律师会见提供便利。

4. 适用范围

值班律师制度的适用范围不限于认罪认罚从宽制度,而应该覆盖所有案件的所有诉讼阶段中犯罪嫌疑人、被告人没有辩护人的情形。

5. 工作内容

(1)提供法律咨询,包括告知涉嫌或指控的罪名、相关法律规定,认罪认罚的性质和法律后果等;

(2)提出程序适用的建议;

(3)帮助申请变更强制措施;

(4)对人民检察院认定罪名、量刑建议提出意见;

(5)就案件处理,向人民法院、人民检察院、公安机关提出意见;

(6)引导、帮助犯罪嫌疑人、被告人及其近亲属申请法律援助;

(7)法律法规规定的其他事项。

3.6.4 辩护人的诉讼权利

刑事案件中犯罪嫌疑人、被告人除自己刑事辩护权以外,可以委托1～2名辩护人为其辩护。一名辩护人不得同时为两名以上的同案被告人,或者未同案处理但犯罪事实存在关联的被告人辩护。辩护人以律师为主,也可以是团体、单位推荐的人(特殊单位团体),监护人、亲友(针对无限制行为能力人),其他(公检法等现职人员的被监护人或者近亲属等)。辩护人享有的权利:

1. 会见、通信权

(1)辩护律师凭“三证”即可要求会见:律师执业证书、律师事务所证明和委托书或者法律援助公函。

(2)看守所应当在48小时内安排会见。以下两类案件,在侦查阶段会见在押或被监视居住的嫌疑人,仍须经侦查机关的许可:危害国家安全犯罪、恐怖活动犯罪案件。公安机关办理危害国家安全犯罪案件、恐怖活动犯罪案件,除有碍侦查或者可能泄露国家秘密的情形外,应当作出许可的决定。

(3)自案件移送审查起诉之日起,可以向犯罪嫌疑人、被告人核实有关证据。

(4)辩护律师会见犯罪嫌疑人、被告人时不被监听。

【注意】辩护律师享有,非律师辩护人需要经过许可方可会见、通信。

2. 阅卷权

(1)阅卷时间:自人民检察院对案件审查起诉之日起。

(2)案卷材料:案卷材料包括案件的诉讼文书和证据材料,不包括合议庭、审委会的讨论记录以及其他依法不公开的材料。

(3)阅卷方式:辩护人复制案卷材料可以采取复印、拍照、扫描、刻录等方式,人民检察院不得收取费用。

【注意】辩护律师享有,非律师辩护人需要经过许可方可阅卷。

3. 调查取证权

(1)【单方同意】向证人、有关单位取证,须经证人和单位同意。

(2)【双方同意】向被害人、被害人近亲属及其提供的证人取证,须经检察院或法院许可,并且经被害人或者其近亲属、被害人提供的证人同意。

(3)【找人搜集】申请检察院、法院调取证据材料。法院认为确有收集、调取必要,且不宜或者不能由辩护律师收集、调取的,应当同意。法院收集、调取证据材料时,辩护律师可以在场(不得向律师签发准许调查决定书,应当自己取证)。

(4)在侦查、审查起诉期间公安机关、检察院收集的证明犯罪嫌疑人、被告人无罪或者罪轻的证据材料未提交的,申请检察院、法院调取有关证据。

【注意】非辩护律师没有此项权利。

4. 提出意见权

(1)【侦查阶段】在案件侦查终结前,辩护律师提出要求的,侦查机关应当听取辩护律师的意见,并记录在案。

(2)【审查批捕时】

①检察院审查批准逮捕,可以听取辩护律师的意见;辩护律师提出要求的,应当听取辩护律师的意见。

②对未成年人审查批捕、审查起诉,应当听取辩护律师的意见。

(3)【审查起诉阶段】检察院应当听取辩护人的意见。

(4)【二审阶段】第二审案件依法不开庭审理的,应当讯问被告人,听取其他当事人、辩护人、诉讼代理人的意见。合议庭全体成员应当阅卷,必要时应当提交书面阅卷意见。

(5)【死刑复核阶段】最高人民法院复核死刑案件,辩护律师提出要求的,应当听取辩护律师的意见。

适用速裁程序审理案件,在判决宣告前应当听取辩护人的意见。

5. 申请取保候审

被羁押的犯罪嫌疑人、被告人+法定代理人+近亲属+辩护人(包括律师和非律师)有权申请变更强制措施,公检法收到申请后,应当在3日以内作出决定。辩护律师的申请符合法律规定的,办案机关应当及时变更或者解除强制措施;经审查认为不应当变更或者解除强制措施的,应当告知辩护律师,并书面说明理由。

6. 申诉、控告权

辩护人、诉讼代理人认为公、检、法及其工作人员阻碍其依法行使诉讼权利的,有权向同级或者上一级检察院申诉或者控告。人民检察院对申诉或者控告应当及时进行审查,情况属实的,通知有关机关予以纠正。

3.6.5 辩护人的诉讼义务

1. 保密义务

辩护律师对在执业活动中知悉的委托人的有关情况和信息,有权予以保密。但是,辩护律师在执业活动中知悉委托人或者其他人,准备或者正在实施危害国家安全、公共安全以及严重危害他人人身安全的犯罪的,应当及时告知司法机关。

2. 不得毁灭、伪造证据、妨碍作证

(1)辩护人或者其他任何人,不得帮助犯罪嫌疑人、被告人隐匿、毁灭、伪造证据或者串供,不得威胁、引诱证人作伪证以及进行其他干扰司法机关诉讼活动的行为。

(2)辩护人违反上述规定,涉嫌犯罪的:①应当由办理辩护人所承办案件的侦查机关以外的侦查机关办理。②辩护人是律师的,应当及时通知其所在的律师事务所或者所属的律师协会。

3. 特定证据开示义务

辩护人收集的有关犯罪嫌疑人不在犯罪现场、未达到刑事责任年龄、属于依法不负刑事责任的精神病人的证据,应当及时告知公安机关、人民检察院。

3.6.6 辩护分类及内容

【注意】此处容易出文书题,命题思路是给一段案情,然后问:如果你是本案被告人聘请的辩护律师,请简述你的辩护意见。本部分重点掌握辩护的分类和辩护内容两个部分。

1. 辩护的分类

(1)无罪辩护:辩护人针对有关犯罪嫌疑人、被告人构成犯罪、应受刑事处罚的指控,依据事实和法律进行反驳和辩解,说明其不构成犯罪的一种辩护。比如事实上无罪,犯罪行为未发生,犯罪并非被追诉人所为,事实不清、证据不足等。

(2)量刑辩护:辩护人辩称检察院指控的罪名不合适,被告人只成立一个轻罪,控方指控的是重罪,这种辩护也称轻罪辩护。比如检察院指控的罪名为职务侵占罪,而辩护人认为被告人只成立侵占罪,并没有利用职务的便利。

(3)罪名辩护:犯罪嫌疑人、被告人确实实施了控方指控的罪名,并且证据确实充分,辩护人从最大限度降低最终可能判处的刑罚。比如被告人认罪认罚,自首、立功、坦白等情节是否被考虑,被害人及家属是否进行谅解等。

(4)程序辩护:辩护人发现公检法办案过程中违反了法律规定的诉讼程序,进而开展的一种辩护方案。比如通过排除非法程序获得的不利于犯罪嫌疑人、被告人的证据。

2. 辩护的主要内容

(1)指控的犯罪事实是否成立;

(2)被追诉人是否已经达到刑事责任年龄,有无不负刑事责任等其他不应当追究其刑事责任的情形;

(3)被追诉人有无法律规定的从轻、减轻或免除处罚的情节,有无酌情考虑的从轻或减轻处罚的情节;

(4)对案件定性和认定罪名是否准确,适用法律条文是否恰当;

(5)被追诉人主观上是故意还是过失,是否属于意外事件,是否属于正当防卫或紧急避险;

(6)共同犯罪案件中,对主犯、从犯、胁从犯的划分是否清楚;

(7)程序是否合法;

(8)证据之间是否有矛盾。

3.6.7 拒绝辩护

1. 辩护人拒绝辩护

在法庭审理过程中,辩护人拒绝为被告人辩护,有正当理由的,应当准许。具体包括如下几个方面。

(1)委托事项违法。如果辩护的内容涉及违法行为,律师应当拒绝辩护。

(2)委托人利用律师服务从事违法活动。如果委托人利用律师提供的服务进行违法活动,律师有权拒绝辩护。

(3)委托人故意隐瞒与案件有关的重要事实。如果委托人故意隐瞒案件的重要事实,影响律师辩护工作的正常进行,律师有权拒绝辩护。

(4)律师受到威胁、贿赂等干扰,无法公正执业。如果律师在执业过程中受到威胁、贿赂等干扰,导致无法公正地进行辩护,律师有权拒绝辩护。

2. 被告人拒绝辩护

(1)第一次拒绝:被告人当庭拒绝辩护人辩护,要求另行委托辩护人或者指派律师的,合议庭应当准许。有多名被告人的案件,部分被告人拒绝辩护人辩护后,没有辩护人的,根据案件情况,可以对该部分被告人另案处理,对其他被告人的庭审继续进行。

(2)第二次拒绝:①非应当法律援助,重新开庭后,被告人再次当庭拒绝辩护人辩护的,可以准许,但被告人不得再次另行委托辩护人或者要求另行指派律师,由其自行辩护。②应当法律援助,被告人属于应当提供法律援助的情形,重新开庭后再次当庭拒绝辩护,不予准许。

主观题小案例

【案例1】有效辩护是一项主要适用于审判阶段的原则,但侦查、审查起诉阶段对辩护人权利的保障是审判阶段实现有效辩护的前提。

答案参考:错误。有效辩护原则的内容之一是允许犯罪嫌疑人、被告人聘请合格的能够有效履行辩护职责的辩护人为其辩护,这种辩护同样应当覆盖从侦查到审判甚至执行阶段的整个刑事诉讼过程。据此可知,有效辩护原则适用于刑事诉讼的整个诉讼过程,并不是主要适用于审判阶段。

【案例2】法官齐某从A县法院辞职后,在其妻洪某开办的律师事务所从业。齐某不得担任A县法院审理案件的辩护人。

答案参考:错误。根据《刑诉解释》第41条第2款的规定,审判人员和人民法院其他工作人员从人民法院离任后,不得担任原任职法院所审理案件的辩护人,但系被告人的监护人、近亲属的除外。据此,作为被告人的监护人、近亲属进行辩护时,齐某可以担任A县法院审理案件的辩护人。

【案例3】鲁某与洪某共同犯罪,洪某在逃。沈律师为鲁某担任辩护人。案件判决生效3年后,洪某被抓获并被起诉。沈律师不得担任洪某辩护人。

答案参考:正确。《刑诉解释》第43条第2款规定:一名辩护人不得为两名以上的同案被告人,或者未同案处理但犯罪事实存在关联的被告人辩护。

【案例4】在侦查阶段,辩护律师可以向犯罪嫌疑人核实证据。

答案参考:错误。《刑事诉讼法》第39条第4款规定:辩护律师会见在押的犯罪嫌疑人、被告人,可以了解案件有关情况,提供法律咨询等;自案件移送审查起诉之日起,可以向犯罪嫌疑人、被告人核实有关证据。辩护律师会见犯罪嫌疑人、被告人时不被监听。可见,辩护律师自移送审查起诉之日起才能向犯罪嫌疑人核实证据。

3.7 刑事附带民事诉讼

刑事附带民事诉讼是指在刑事诉讼过程中,人民法院在解决被告人刑事责任的同时,附带解决由被害人及其他权利人、检察机关提起的,要求被告人或者其他负有民事赔偿义务的人对其犯罪行为所造成的物质损害进行赔偿而进行的诉讼活动。主观题能够考查的点就是成立条件及诉讼程序。

一、刑事附带民事诉讼当事人(☆☆)

1. 刑事附带民事诉讼原告人

(1)被害人本人(包括因犯罪行为遭受物质损失的公民、企业、事业单位、机关、团体)。

(2)被害人死亡或者丧失行为能力的,其法定代理人、近亲属。

(3)检察院:国家财产、集体财产遭受损失的情况。

2. 刑事附带民事诉讼被告人

(1)刑事被告人以及未被追究刑事责任的其他共同侵害人。

(2)刑事被告人的监护人。

(3)死刑罪犯的遗产继承人。

(4)共同犯罪案件中,案件审结前死亡的被告人的遗产继承人。

(5)对被害人的物质损失依法应当承担赔偿责任的其他单位和个人。

【注意】被告人亲友自愿代为赔偿的,可以准许。

3. 管辖:审理刑事案件的有管辖权的法院,且属于法院受理附带民事诉讼的范围

4. 赔偿范围

(1)因人身权利受到犯罪侵害而遭受物质损失。

(2)因财物被犯罪分子破坏而遭受物质损失。

【注意】物质损失 = 实际损失 + 必然损失(比如因为伤病减少的劳动收入,今后继续医疗的费用,被毁坏的丰收在望的庄稼等)。如果当事人就民事赔偿问题达成调解、和解协议,赔偿范围不受此限制。

5. 不赔偿范围

(1)精神损失不赔(实务当中对性侵未成年人犯罪的,被害人主张精神损害赔偿一般是可以支持的)。

(2)引发犯罪行为的民事纠纷。

(3)被告人非法占有、处置被害人的财产,依法应直接予以追缴或者责令退赔。

(4)今后可能得到的或者通过努力才能得到的物质利益(比如超产奖、发明奖、加班费等)。

(5)国家机关工作人员行使职权造成的损失,直接申请国家赔偿。

6. 常考的赔偿案例

(1)犯罪行为造成被害人人身损害的,应赔偿医疗费、护理费、交通费等为治疗和康复支付的合理费用,以及因误工减少的收入。

(2)造成被害人残疾的,还应当赔偿残疾生活辅助器具等费用。

(3)造成被害人死亡的,还应当赔偿丧葬费。

(4)机动车致人伤残或造成公私财产重大损失,构成犯罪的,依照《道路交通安全法》第 76 条的规定确定赔偿责任。

二、刑事附带民事诉讼程序(☆☆☆)

1. 前提条件

(1)以刑事诉讼成立为前提,案件进入立案、侦查、起诉、审判程序中。

(2)人民法院准许人民检察院撤回起诉的公诉案件,对已经提起的附带民事诉讼,可以进行调解。

(3)不宜调解或者经调解不能达成协议的,应当裁定驳回起诉,并告知附带民事诉讼原告人可以另行提起民事诉讼。

2. 提起方式

(1)公民可口头、可书面。

(2)检察院或单位必须书面。

3. 提起的期间

刑事案件立案后及时提起,二审可增加诉讼请求(第一审期间未提起附带民事诉讼,在第二审期间提起的,第二审人民法院可以依法进行调解;调解不成的,告知当事人可以在刑事判决、裁定生效后另行提起民事诉讼)。

4. 受理

(1)法院应当在 7 日以内决定是否受理,符合条件的受理,不符合条件的裁定不予受理。

(2)法院受理刑事附带民事诉讼后,应当在5日以内将附带民事诉讼起诉状副本送达附带民事诉讼被告人及其法定代理人,或者将口头起诉的内容及时通知附带民事诉讼被告人及其法定代理人,并制作笔录。

5. 审理组织

附带民事诉讼应当同刑事案件一并审判,只有为了防止刑事案件审判过分迟延,才可以在刑事案件审判后,由同一审判组织继续审理附带民事诉讼;同一审判组织的成员确实不能继续参与审判的,可以更换。

6. 赔偿数额

(1)对附带民事诉讼作出判决,应当根据犯罪行为造成的物质损失,结合案件具体情况,确定被告人应当赔偿的数额。

(2)犯罪行为造成被害人人身损害的,应当赔偿医疗费、护理费、交通费等为治疗和康复支付的合理费用,以及因误工减少的收入。造成被害人残疾的,还应当赔偿残疾生活辅助器具费用等;造成被害人死亡的,还应当赔偿丧葬费等。

【注意】赔偿被害人物质损失的情况可在量刑时考虑。

7. 调解

(1)人民法院审理附带民事诉讼案件,可以根据自愿、合法的原则进行调解。经调解达成协议的,应当制作调解书。调解书经双方当事人签收后即具有法律效力。

(2)调解达成协议并即时履行完毕的,可以不制作调解书,但应当制作笔录,经双方当事人、审判人员、书记员签名后即发生法律效力。

(3)调解未达成协议或者调解书签收前当事人反悔的,附带民事诉讼应当同刑事诉讼一并判决。

8. 缺席审判

附带民事诉讼原告人经传唤,无正当理由拒不到庭,或者未经法庭许可中途退庭的,应当按撤诉处理。刑事被告人以外的附带民事诉讼被告人经传唤,无正当理由拒不到庭,或者未经法庭许可中途退庭的,附带民事部分可以缺席判决。

9. 处理结果

(1)法院认定公诉案件被告人的行为不构成犯罪,对已经提起的附带民事诉讼,经调解不能达成协议的,可以一并作出刑事附带民事判决,也可以告知附带民事原告人另行提起民事诉讼。

(2)法院准许检察院撤回起诉的公诉案件,对已经提起的附带民事诉讼,可以进行调解;不宜调解或者经调解不能达成协议的,应当裁定驳回起诉,并告知附带民事诉讼原告人可以另行提起民事诉讼。

三、刑事附带民事诉讼程序(☆)

1. 启动方式:依申请+依职权

2. 保全方式:查封、扣押、冻结

3. 诉前财产保全和诉中财产保全

(1)《刑诉解释》第189条规定:人民法院对可能因被告人的行为或者其他原因,使附带民事判决难以执行的案件,根据附带民事诉讼原告人的申请,可以裁定采取保全措施,查封、扣押或者冻结被告人的财产;附带民事诉讼原告人未提出申请的,必要时,人民法院也可以采取保全措施。

（2）有权提起附带民事诉讼的人因情况紧急，不立即申请保全将会使其合法权益受到难以弥补的损害的，可以在提起附带民事诉讼前，向被保全财产所在地、被申请人居住地或者对案件有管辖权的人民法院申请采取保全措施。申请人在人民法院受理刑事案件后15日内未提起附带民事诉讼的，人民法院应当解除保全措施。

（3）人民法院采取保全措施，适用《民事诉讼法》第100条至第105条的有关规定，但《民事诉讼法》第101条第3款的规定除外。

3.8 侦　查

3.8.1 侦查行为（☆☆）

一、讯问犯罪嫌疑人

1. 讯问主体

讯问犯罪嫌疑人必须由人民检察院或者公安机关的侦查人员负责进行。讯问的时候，侦查人员不得少于二人。讯问同案犯，应当分别进行。

2. 讯问地点

（1）犯罪嫌疑人被送交看守所羁押：侦查人员对其进行讯问，应当在看守所内进行；

（2）对于不需要拘留、捕的犯罪嫌疑人：经办案部门负责人批准，可以传唤到犯罪嫌疑人所在市、县公安机关执法办案场所或者到他的住处进行讯问。

3. 讯问内容

（1）讯问犯罪嫌疑人是否有犯罪行为，让他陈述有罪的情节或者无罪的辩解，然后向他提出问题。

（2）犯罪嫌疑人对侦查人员的提问，应当如实回答。但是对与本案无关的问题，有拒绝回答的权利。

（3）侦查人员在讯问犯罪嫌疑人的时候，应当告知犯罪嫌疑人享有的诉讼权利，如实供述自己罪行可以从宽处理和认罪认罚的法律规定。

4. 讯问笔录

（1）讯问笔录应当交犯罪嫌疑人核对或者向他宣读。如果记录有漏或者差错，应当允许犯罪嫌疑人补充或者更正，并捺指印。笔录经犯罪嫌疑人核对无误后，应当由其在笔录上逐页签名、捺指印，并在末页写明"以上笔录我看过（或向我宣读过），和我说的相符"。

（2）拒绝签名、捺指印的，侦查人员应当在笔录上注明。

（3）讯问聋、哑的犯罪嫌疑人，应当有通晓聋、哑手势的人参加，并且将这种情况记于笔录。

5. 讯问录音录像

（1）公安机关侦查案件：公安机关侦查人员在讯问犯罪嫌疑人的时候，可以对讯问过程进行录音录像；对可能判处无期徒刑、死刑的案件或者其他重大犯罪案件，应当对讯问过程进行录音录像。

(2)检察院自侦案件:人民检察院办理直接受理侦查的案件,应当在每次讯问犯罪嫌疑人时,对讯问过程实行全程录音、录像,并在讯问笔录中注明。

二、询问证人、被害人

1. 询问地点

现场、证人所在单位、住处、证人提出的地点、公安机关、检察机关。对证人只能是通知,对证人不可以拘传或者传唤。

2. 通知方式

书面、电话或者当场通知。

3. 询问告知

(1)询问前,应当了解证人、被害人的身份,证人、被害人、犯罪嫌疑人之间的关系;

(2)询问时,应当告知证人、被害人必须如实提供证据、证言和有意作伪证或者隐匿罪证应负的法律责任;

(3)侦查人员不得向证人、被害人泄露案情或者表示对案件的看法。

4. 个别询问

询问证人应当个别进行,询问被害人适用询问证人的规定。

三、勘验、检查

1. 对象

(1)为了确定被害人、犯罪嫌疑人的某些特征、伤害情况或者生理状态,可以对人身进行检查,可以提取指纹信息,采集血液、尿液等生物样本;

(2)犯罪嫌疑人如果拒绝检查,侦查人员认为必要的时候,可以强制检查;

(3)检查妇女的身体,应当由女工作人员或者医师进行。

2. 必须持证

公安机关对案件现场进行勘查不得少于2人。勘查现场时,应当请与案件无关的公民作为见证人。勘验、检查需要勘查证。

3. 客观记录

勘查现场,应当拍摄现场照片、绘制现场图,制作笔录,由参加勘查的人和见证人签名。对重大案件的现场勘查,应当录音录像。

4. 专家辅助人

在必要的时候,可以指派或者聘请具有专门知识的人,在侦查人员的主持下进行勘验、检查。

5. 解剖尸体

对死因不明的尸体,公安机关有权决定解剖,并且通知死者家属到场。

6. 强制检查

(1)犯罪嫌疑人如果拒绝检查,侦查人员认为必要的时候,可以强制检查。

(2)对犯罪嫌疑人,可以强制检查。对证人和被害人不可以强制检查。检查妇女的身体,应当由女工作人员或者医师进行。

7. 侦查实验

(1)为了查明案情,在必要的时候,经县级以上公安机关负责人批准,可以进行侦查实验;

(2)进行侦查实验,应当全程录音录像,并制作侦查实验笔录,由参加实验的人签名;

(3)进行侦查实验,禁止一切足以造成危险、辱人格或者有伤风化的行为。

四、搜查

1. 搜查对象

对犯罪嫌疑人以及可能隐藏罪犯或者犯罪证据的人的身体、物品、住处和其他有关的地方进行搜查。搜查妇女的身体,应当由女工作人员进行。

2. 搜查主体

侦查人员进行搜查,必须向被搜查人出示搜查证。在执行逮捕、拘留的时候,遇有紧急情况,不另用搜查证也可以进行搜查。

3. 见证人

在搜查的时候,应当有被搜查人或者他的家属、邻居或者其他见证人在场。

4. 搜查笔录

搜查的情况应当写成笔录,由侦查人员和被搜查人或者他的家属、邻居或者其他见证人签名或者盖章。如果被搜查人或者他的家属在逃或者拒绝签名、盖章,应当在笔录上注明。

五、查封、扣押、查询、冻结

1. 对象

(1)在侦查活动中发现的可用以证明犯罪嫌疑人有罪或者无罪的各种财物、文件,应当查封、扣押;与案件无关的财物、文件,不得查封、扣押;

(2)对查封、扣押的财物、文件,要妥善保管或者封存,不得使用、调换或者损毁。

2. 在场人员

对查封、扣押的财物、文件,应当会同在场见证人和被查封、扣押财物、文件持有人查点清楚,当场开列清单一式二份,由侦查人员、见证人和持有人签名或者盖章,一份交给持有人,另一份附卷备查。

3. 不得重复冻结

人民检察院、公安机关根据侦查犯罪的需要,可以依照规定查询、冻结犯罪嫌疑人的存款、汇款、债券、股票、基金份额等财产。有关单位和个人应当配合。犯罪嫌疑人的存款、汇款、债券、股票、基金份额等财产已被冻结的,不得重复冻结。

4. 返还无关财物

对查封、扣押的财物、文件、邮件、电报或者冻结的存款、汇款、债券、股票、基金份额等财产,经查明确实与案件无关的,应当在3日以内解除查封、扣押、冻结,予以退还。

5. 随案移送

侦查机关对查封、扣押的犯罪嫌疑人的物品,作为证据使用的,应当随案移送,并制作随案移送清单一式两份,一份留存,一份交人民检察院。对实物不宜移送的,应当将其清单、照片或者其他证明文件随案移送。

六、辨认

1. 辨认主体

被害人、证人、犯罪嫌疑人。辨认前不得让其见到被辨认人或者被辨认的物。

2. 辨认对象

(1)物:物品、文件、场所、尸体;(2)人:犯罪嫌疑人。

3. 辨认数量

(1)公安机关:7 人;10 张人/物的照片;物 5 件;(不少于)

(2)检察机关:7 人;10 张人的照片;物 5 件;5 张物的照片。(不少于)

4. 单独辨认

辨认时,主持辨认的侦查人员不得少于 2 人,只能由辨认人单独进行辨认。不得给辨认人任何暗示。

5. 保密原则

对犯罪嫌疑人的辨认,辨认人不愿公开进行时,可以在不暴露辨认人的情况下进行,并应当为其保守秘密。

6. 辨认记录

对辨认经过和结果,应当制作辨认笔录,由侦查人员、辨认人、见证人签名,必要时,应当对辨认过程进行录音录像。

七、技术侦查

1. 主体

决定主体是公安机关、国家安全机关、检察机关,执行主体是公安机关、国安机关。

2. 适用范围

(1)公安机关在立案后,对危害国家安全犯罪、恐怖活动犯罪、黑社会性质的组织犯罪、重大毒品犯罪或者其他严重危害社会的犯罪案件,根据侦查犯罪的需要,经过严格的批准手续,可以采取技术侦查措施;

(2)人民检察院在立案后,对利用职权实施的严重侵犯公民人身权利的重大犯罪案件,根据侦查犯罪的需要,经过严格的批准手续,可以采取技术侦查措施,按照规定交有关机关执行;

(3)追捕被通缉或者批准、决定逮捕的在逃的犯罪嫌疑人、被告人,经过批准,可以采取追捕所必需的技术侦查措施;

(4)监察机关调查涉嫌重大贪污贿赂等职务犯罪,根据需要,经过严格的批准手续,可以采取技术调查措施,按照规定交有关机关执行。

3. 有效期限

批准决定应当根据侦查犯罪的需要,确定采取技术侦查措施的种类和适用对象。批准决定自签发之日起 3 个月以内有效。对不需要继续采取技术侦查措施的,应当及时解除;对于复杂、疑难案件,期限届满仍有必要继续采取技术侦查措施的,经过批准,有效期可以延长,每次不得超过 3 个月。

4. 查阅批准文书

采取技术侦查措施收集的材料作为证据使用的，批准采取技术侦查措施的法律文书应当附卷，辩护律师可以依法查阅、摘抄、复制，在审判过程中可以向法庭出示。

5. 证据使用

(1)使用该证据可能危及有关人员的人身安全，或者可能产生其他严重后果的，应当采取不暴露有关人员身份、技术方法等保护措施，必要的时候，可以由审判人员在庭外对证据进行核实。

(2)采取技术侦查措施获取的与案件无关的材料，必须及时销毁。

(3)采取技术侦查手段获取的证据材料，应当经过当庭出示、辨认、质证等法庭调查程序查证。当庭调查可能危及有关人员的人身安全或者可能产生其他严重后果的，法庭应当采取不暴露有关人员身份等保护措施。必要时，审判人员可以在庭外对证据进行核实。

6. 秘密侦查

为了查明案情，在必要的时候，经公安机关负责人决定，可以由有关人员隐匿其身份实施侦查。但是，不得诱使他人犯罪，不得采用可能危害公共安全或者发生重大人身危险的方法。对涉及给付毒品等违禁品或者财物的犯罪活动，公安机关根据侦查犯罪的需要，可以依照规定实施控制下交付。

3.8.2 侦查终结

1. 移送审查起诉

(1)认为犯罪嫌疑人有罪，犯罪事实清楚，证据确实、充分。

(2)侦查终结，应当将案件移送情况告知犯罪嫌疑人及其辩护律师。

2. 撤销案件

(1)发现犯罪嫌疑人无罪或符合《刑事诉讼法》第16条的规定，应当撤销案件。

(2)犯罪嫌疑人已经被逮捕的，应当立即释放，发给释放证明，并且通知原批准的人民检察院。

3. 辩护意见附卷

在案件侦查终结前，辩护律师提出要求的，侦查机关应当听取辩护律师的意见，并记录在案。辩护律师提出书面意见的，应当附卷。

3.8.3 补充侦查(☆☆☆)

1. 补侦机关

(1)公安侦查案件——公安负责(侦查阶段)——既可公安，也可检察院(起诉阶段)。

(2)检察院自侦案件——检察院自侦(侦查阶段)——检察院侦查部门，必要时负责捕诉的部门自侦(起诉阶段)。

(3)监委会调查案件——退回监委会补充调查，必要时检察院可以自行补充调查(起诉阶段)。

2. 审查批捕(仍在侦查阶段)

(1)人民检察院对公安机关提请批准逮捕的案件进行审查后，应当根据情况分别作出批准逮捕或者不批准逮捕的决定。对批准逮捕的决定,公安机关应当立即执行,并且将执行情况及时通知人民检察院。对不批准逮捕的,人民检察院应当说明理由,需要补充侦查的,应当同时通知公安机关。

(2)对批准逮捕后要求公安机关继续侦查、不批准逮捕后要求公安机关补充侦查或者审查起诉阶段退回公安机关补充侦查的案件,人民检察院应当分别制作继续侦查提纲或者补充侦查提纲,写明需要继续侦查或者补充侦查的事项、理由、侦查方向、需补充收集的证据及其证明作用等,送交公安机关。

3. 退回补充侦查的适用情形及期限

认为犯罪事实不清、证据不足或者存在遗漏罪行、遗漏同案犯罪嫌疑人等情形需要补充侦查的。每次1个月,以2次为限。

4. 补充侦查后果

(1)经过1次补充侦查、补充调查后移送起诉,仍然事实不清、证据不足的,可以不起诉,也可以继续补充侦查;

(2)经过第2次补充侦查、补充调查后移送起诉,仍然证据不足的,经检察长批准,应当不起诉。

5. 在审判阶段的补充侦查

(1)审判阶段的补充侦查,可以由检察院申请;审判期间,被告人提出新的立功线索的,人民法院可以建议人民检察院补充侦查。审判期间,合议庭发现被告人可能有自首、坦白、立功等法定量刑情节,而人民检察院移送的案卷中没有相关证据材料的,应当通知人民检察院移送。

(2)补充侦查的主体只能是检察院,补充侦查完毕,审理期限应当重新计算。

主观题小案例

【案例】公安机关在侦办一起聚众斗殴案件时,甲因为全程目击了全过程。侦查人员拟对甲进行现场询问,甲提出能否到自己租的房子里询问,侦查人员不同意,甲又表示也可以到自己工作单位附近的一家咖啡厅询问。甲开始不耐烦,言语中冲撞侦查人员,侦查人员决定传唤甲到公安局询问。(事实一)

张三和李四抢劫杀害丙,被路过的甲、乙看见并报案。张三和李四被抓获后,2名侦查人员负责组织辨认。在对张三进行辨认时,9名被辨认人员中的4名民警因紧急任务离开,在2名侦查人员的主持下,将张三混在5名人员中,由甲和乙共同进行辨认。(事实二)

甲有一女,年仅8岁。某日女儿受伤,甲将女儿送医院,医生在检查女童时发现她身上有多处伤痕,怀疑是被虐待所致,甲辩解称是不小心摔伤的,于是医生报警。侦查人员赶到时,将甲和女儿分离开,单独询问了小姑娘,然后口头传唤甲到派出所接受调查。(事实三)

问题:

(1)根据事实一,关于询问甲的证言的方式,哪些正确?哪些错误?

(2)根据事实二,关于辨认有哪些不合法之处?

(3)根据事实三,侦查人员有哪些合法与不合法之处?

答案参考:

(1)现场询问、到甲出租屋询问、到甲工作单位附近咖啡厅询问这三种方式均正确。传唤甲到公安局询问错误。

根据《刑事诉讼法》第124条第1款,侦查人员询问证人,可以在现场进行,也可以到证人所在单位、住处或者证人提出的地点进行,在必要的时候,可以通知证人到人民检察院或者公安机关提供证言。在现场询问证人,应当出示工作证件,到证人所在单位、住处或者证人提出的地点询问证人,应当出示人民检察院或者公安机关的证明文件。

本题中,采用现场询问、到甲出租屋询问、到甲工作单位附近咖啡厅询问皆合法。但应是"通知"甲到公安机关并非"传唤",所以,传唤甲到公安机关接受询问是错误的。

(2)将犯罪嫌疑人混杂在5人之内不合法,甲和乙共同辨认不合法。根据《公安机关办理刑事案件程序规定》第259条第2款,几名辨认人对同一辨认对象进行辨认时,应当由辨认人个别进行。本题中,让甲和乙共同辨认是不合法的。

根据《公安机关办理刑事案件程序规定》第260条第2款,辨认犯罪嫌疑人时,被辨认的人数不得少于7人。本题中,将张三混杂在5名人员中,不符合混杂人数要求。

(3)对甲口头传唤到派出所接受调查是合法的,单独询问女童是不合法的。根据《刑事诉讼法》第119条第1款,对在现场发现的犯罪嫌疑人,经出示工作证件,可以口头传唤,但应当在讯问笔录中注明。所以,口头传唤甲到派出所接受调查是合法的。

根据《刑事诉讼法》第281条第1款,在讯问和审判未成年人时,应当通知未成年犯罪嫌疑人、被告人的法定代理人到场。无法通知、法定代理人不能到场或者法定代理人是共犯的,也可以通知未成年犯罪嫌疑人、被告人的其他成年亲属,所在学校、单位、居住地基层组织或者未成年人保护组织的代表到场,并将有关情况记录在案。同时,《刑事诉讼法》第281条第5款规定,询问未成年被害人、证人,适用第1、2、3款的规定。所以,本题中,侦查人员在现场询问女童时,不能仅有女童在场。

3.9 审查起诉

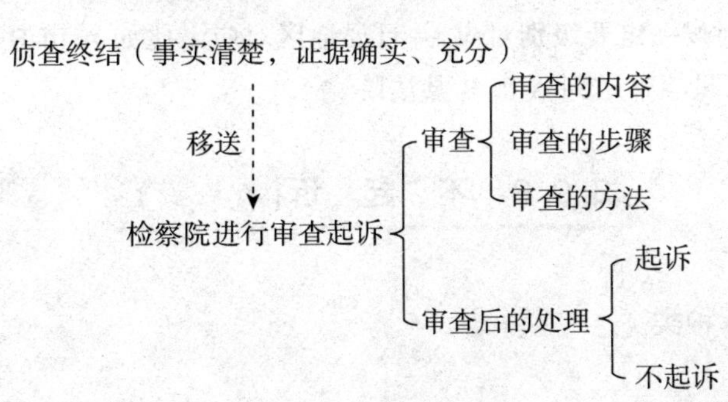

图3-4 审查起诉流程

3.9.1 审　查

1. 审查主体

人民检察院负责捕诉的部门负责审查。

2. 审查期限

(1)人民检察院对监察机关、公安机关移送起诉的案件,应当在1个月以内作出决定,重大、复杂的案件,可以延长15日;犯罪嫌疑人认罪认罚,符合速裁程序适用条件的,应当在10日以内作出决定,对可能判处的有期徒刑超过1年的,可以延长至15日。

(2)人民检察院审查起诉的案件,改变管辖的,从改变后的人民检察院收到案件之日起计算审查起诉期限。

3. 审查的内容

人民检察院审查案件,应当讯问犯罪嫌疑人,听取辩护人或者值班律师、被害人及其诉讼代理人的意见,并记录在案。辩护人或者值班律师、被害人及其诉讼代理人提出书面意见的,应当附卷。

4. 无权管辖

连同案卷材料移送有管辖权的检察院,同时通知公安机关。

5. 发现新罪

二次退回补充侦查或者二次退回补充调查的案件,在审查起诉中又发现新的犯罪事实的,应当移送公安机关或者监察机关立案;对已经查清的犯罪事实,应当依法提起公诉。

6. 审查出无犯罪事实

法定不起诉。

3.9.2 起　诉(☆)

1. 起诉主体

公诉案件一律由检察院进行审查起诉,对犯罪事实已经查清,证据确实、充分,依法应当追究刑事责任的,检察院应向对应的法院移送全部证据和案卷材料。

2. 接受的法院

检察院在移送的时候一定要级别对应,并且要地区对应。比如A市B县的检察院不能移送到A市中院提起公诉,只能移送到A市B县法院。

3.9.3 不 起 诉(☆☆☆)

一、常见的不起诉种类

1. 法定不起诉

(1)犯罪嫌疑人没有犯罪事实,或者有《刑事诉讼法》第16条规定的情形。

(2)经检察长批准,人民检察院应当作出不起诉决定。

(3)被害人可以申诉,被不起诉人不可以申诉。

2. 酌定不起诉

(1)犯罪情节轻微,依照刑法规定不需要判处刑罚或者免除刑罚的。

(2)经检察长批准,可以作出不起诉决定。

(3)被害人可以申诉,被不起诉人也可以申诉(觉得自己无罪)。

3. 证据不足不起诉(存疑不起诉)

(1)证据不足,不符合起诉条件。

(2)人民检察院对二次退回补充调查或者补充侦查的案件,仍然认为证据不足,不符合起诉条件的,经检察长批准,依法作出不起诉决定。

4. 附条件不起诉

对于未成年人涉嫌《刑法》分则第四章、第五章、第六章规定的犯罪,可能判处一年有期徒刑以下刑罚,符合起诉条件,但有悔罪表现的,人民检察院可以作出附条件不起诉的决定。人民检察院在作出附条件不起诉的决定以前,应当听取公安机关、被害人的意见。

5. 认罪认罚不起诉

(1)犯罪嫌疑人自愿如实供述涉嫌犯罪的事实,有重大立功或者案件涉及国家重大利益的,经最高人民检察院核准,公安机关可以撤销案件,人民检察院可以作出不起诉决定,也可以对涉嫌数罪中的一项或者多项不起诉。

(2)认罪认罚不起诉或者撤销案件的,人民检察院、公安机关应当及时对查封、扣押、冻结的财物及其孳息作出处理。

二、不起诉的程序

1. 宣布与生效

书面文件,公开宣布,立即生效。

2. 撤销不诉

人民检察院发现不起诉决定确有错误,符合起诉条件的,应当撤销不起诉决定,提出公诉。

3. 特殊案件不起诉的批准程序

人民检察院直接受理侦查的案件,以及监察机关移送起诉的案件,拟作不起诉决定的,应当报请上一级人民检察院批准。

4. 救济程序

(1)酌定不起诉的被不起诉人可以向原决定的检察院申诉。

(2)被害人:向上一级检察院申诉,然后向法院起诉,或者直接起诉。

(3)公安机关:向原决定机关复议,向上一级复核。

(4)监察机关:向上一级检察院提请复议。

5. 对被不起诉人和涉案财物的处理

(1)对人:被不起诉人在押的,应当立即释放;被采取强制措施的,应当通知执行机关解除。

(2)对物:对扣押、冻结的财物解除扣押、冻结。

3.9.4 检察院撤回、追加、补充、变更起诉(☆☆)

1. 撤回起诉

(1)不存在犯罪事实的;

(2)犯罪事实并非被告人所为的;

(3)情节显著轻微、危害不大,不认为是犯罪的;

(4)证据不足或者证据发生变化,不符合起诉条件的;

(5)被告人因未达到刑事责任年龄,不负刑事责任的;

(6)法律、司法解释发生变化导致不应当追究被告人刑事责任的。

2. 追加、补充起诉

(1)法院宣告判决前,检察院发现遗漏同案犯或者罪刑的,应当要求公安机关补充移送起诉或者补充侦查;

(2)对犯罪事实清楚,证据确实、充分的,可以直接追加、补充起诉。

3. 变更起诉

检察院发现被告人的真实身份或者犯罪事实与起诉书中叙述的身份或者指控犯罪事实不符的,或者事实、证据没有变化,但罪名、适用法律与起诉书不一致的。

4. 程序要求

(1)对撤回起诉的案件,检察院应当在撤回起诉后30日以内作出不起诉决定;

(2)需要重新调查或者侦查的,应当在作出不起诉决定后将案卷材料退回监察机关或者公安机关,建议监察机关或者公安机关重新调查或者侦查,并书面说明理由;

(3)对撤回起诉的案件,没有新的事实或者新的证据,检察院不得再行起诉;

(4)变更、追加、补充或者撤回起诉应当以书面方式在审判宣告前向法院提出。

主观题小案例

【案例1】壮壮酒后提着一把砍刀就去了小强家,小强刚好在家休息。壮壮和小强二人当即就发生了争吵。壮壮拿着刀就向小强的头部砍去,幸好只划伤了右脸(轻微伤)。因为壮壮是高二学生,未满18周岁,并且在讯问的时候壮壮称自己没有杀人故意,是因为喝酒失控了才做了错事,主动承担责任,对自己的行为非常后悔。检察院审查认为,壮壮没有故意杀人的主观心态,其犯罪行为没有造成严重后果,情节显著轻微,又考虑到其未成年,于是作出了附条件不起诉的决定。

问题:检察院对壮壮作出的附条件不起诉的决定是否正确?为什么?

答案参考:不正确。

理由:

(1)附条件不起诉的适用以案件构成犯罪、符合起诉条件为前提。从案件材料来看,检察机关认为壮壮没有故意杀人的主观心态,缺乏构成故意杀人罪主观方面的要件。同时,犯罪行为没有造成严重后果,被害人只受了轻微伤,也没有达到故意伤害罪的追诉标准。因此,本案中检察机关作出附条件不起诉的决定没有法律依据。

(2)人民检察院在作出附条件不起诉的决定以前,应当听取公安机关、被害人的意见。本案中,检察机关在作出附条件不起诉决定之前,没有听取公安机关的意见,在程序上也是错误的。

【案例2】张三盗窃京南便利店茅台酒后,谎称是员工内部福利,每天限购2瓶,担保酒的质量,以3000元一瓶的价格向他人销售。

问题:本案中,公安机关以张三盗窃罪移送审查起诉,如果检察院经过审查认为,犯罪嫌疑人还涉嫌诈骗罪,应该如何处理?

答案参考：人民检察院在办理公安机关移送起诉的案件中，发现遗漏罪行的，应当要求公安机关补充侦查或者补充移送起诉。要求公安机关补充侦查的，人民检察院应当制作补充侦查提纲，连同案卷材料一并退回公安机关补充侦查；人民检察院也可以自行侦查，必要时可以要求公安机关提供协助。

3.10 审　判

3.10.1 刑事审判概述

一、审判原则（☆☆）

1. 审判公开原则

（1）应当不公开审理的情形：涉及国家秘密、涉及个人隐私；审判时候被告人不满18周岁。

（2）可以不公开审理的情形：当事人提出的确属涉及商业秘密的案件。

（3）不公开审理的要求：

①不公开审理的案件，任何人不得旁听，但具有《刑事诉讼法》第285条情形的除外。

②审判的时候被告人不满18周岁的案件，不公开审理。

③宣判必须公开，但评议一律秘密进行。

④对依法公开审理，但可能需要封存犯罪记录的案件，不得组织人员旁听；有旁听人员的，应当告知其不得传播案件信息。

⑤对未成年人刑事案件，宣告判决应当公开进行。

2. 直接言词原则

（1）直接原则，包括直接审理原则和直接采纳原则，庭审中，法官、公诉人、诉讼参与人应当在场，除法律另有规定，这些人不在场的，审判无效。

（2）言词原则，法庭审理须以口头陈述的方式进行，法官必须亲自、当庭调查证据，不得以书面审查方式采信证据。

3. 集中审理原则

（1）一个案件组成一个审判庭进行审判，而且在案件审理已经开始尚未结束以前不允许法庭再审理任何其他案件。

（2）法庭成员不可更换。想要更换，则应重新审判，但更换为候补的法官和审判员除外。

（3）集中证据调查与法庭辩论。

（4）庭审不中断并迅速作出裁判。

二、审判组织之合议庭（☆☆☆）

1. 合议庭人数及组成

（1）基层、中级法院一审：审判员3人或者审判员+陪审员共3人或者7人。

(2)高级法院一审:审判员3人、5人、7人或者陪审员+审判员共3人或者7人。

(3)最高人民法院一审:审判员3人、5人、7人。

(4)二审(中级、高级、最高):审判员3人或者5人。

(5)死刑复核(高级、最高):审判员3人。

2. 人民陪审员参加合议庭的形式和职权

(1)3人合议庭:人民陪审员与法官同权,人民陪审员对事实认定、法律适用独立发表意见,行使表决权(人民陪审员在参加审判活动时,除法律另有规定外,与审判员有同等的权利义务——《民事诉讼法》第40条第3款)。

(2)7人合议庭(法官3人+陪审员4人):人民陪审员全程参加评议,对事实认定,独立发表意见,与法官共同表决;对法律适用,可以发表意见,但不参加表决;事实认定问题和法律适用问题难以区分的,视为事实认定问题。

3. 法官对陪审员的指引

(1)审判长应当履行与案件审判相关的指引、注意义务,但不得妨碍人民陪审员对案件的独立判断。

(2)合议庭评议案件,审判长应当对本案中涉及的事实认定、证据规则、法律规定等事项及应当注意的问题,向人民陪审员进行必要的解释和说明。

4. 合议庭评议规则

(1)秘密评议,合议庭成员平等、独立表达意见并说明理由。

(2)少数服从多数原则,同一合议庭原则。

(3)合议庭全体成员均应参加评议,合议庭成员、法官助理和书记员全部在评议笔录上签名。

三、审判组织之审判委员会(☆)

1. 应当上审委会

对下列案件,合议庭应当提请院长决定提交审判委员会讨论决定:

(1)高级人民法院、中级人民法院拟判处死刑立即执行的案件,以及中级人民法院拟判处死刑缓期执行的案件;

(2)本院已经发生法律效力的判决、裁定确有错误需要再审的案件;

(3)人民检察院依照审判监督程序提出抗诉的案件。

2. 可以上审委会

对合议庭成员意见有重大分歧的案件、新类型案件、社会影响重大的案件以及其他疑难复杂、重大的案件,合议庭认为难以作出决定的,可以提请院长决定提交审判委员会讨论决定。

3.10.2 简易程序

1. 适用条件

(1)案件事实清楚、证据充分+(2)被告人认罪,对指控的犯罪事实没有异议+(3)被告人同意。

2. 禁止条件(有下列情形之一都不适用简易程序)

(1)被告人是盲、聋、哑人;(2)被告人是限制精神病人;(3)有重大社会影响的;(4)共犯中部分被告人不认罪或对适用简易程序有异议的;(5)辩护人作无罪辩护的;(6)被告人认罪但经审查认为可能不构成犯罪的;(7)其他情形。

【注意】对未成年人刑事案件,未成年被告人及其法定代理人、辩护人提出异议的,不适用简易程序。

3. 审判组织

3 年有期徒刑以下的,可以独任,可以合议庭;有期徒刑超过 3 年的,应当合议庭。

4. 审限

3 年有期徒刑以下的,20 日;有期徒刑超过 3 年的,可延长至一个半月。

5. 宣判

一般应当庭宣判。

3.10.3 速裁程序

1. 适用条件

(1)案件事实清楚,证据确实、充分的 + (2)可能判处 3 年有期徒刑以下刑罚的案件 + (3)被告人认事实、认罪名、同意量刑建议——认罪认罚 + (4)被告人同意。

2. 禁止条件

(1)被告人是盲、聋、哑人,或者是尚未完全丧失辨认或者控制自己行为能力的精神病人的;(2)被告人是未成年人的;(3)案件有重大社会影响的;(4)共同犯罪案件中部分被告人对指控的犯罪事实、罪名、量刑建议或者适用速裁程序有异议的;(5)被告人与被害人或者其法定代理人没有就附带民事诉讼赔偿等事项达成调解或者和解协议的;(6)其他不宜适用速裁程序审理的。

3. 审判组织

1 名审判员独任制。

4. 审限

1 年有期徒刑以下的,10 日;有期徒刑超过 1 年的,15 日。

5. 宣判

一般应当庭宣判。

3.10.4 一审程序(☆☆☆☆☆)

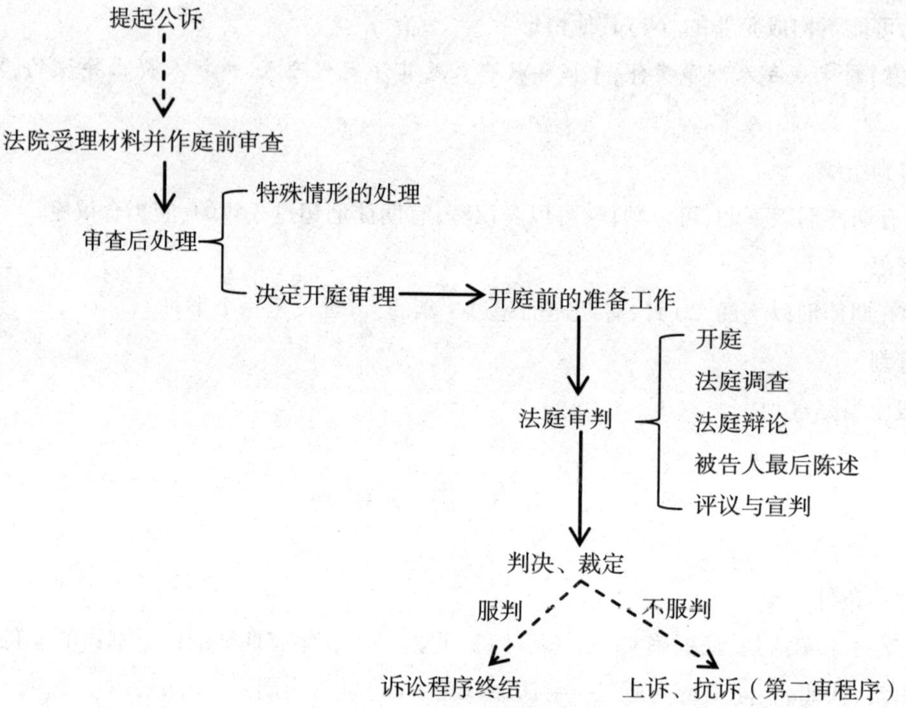

图3-5 一审程序流程

一、公诉案件庭前审查

1. 审查内容

案卷材料和全部证据。

2. 开庭审理

起诉书中有明确的指控犯罪事实并且附有证据的,应当决定开庭审判。法院对提起公诉的案件进行审查的期限计入审理期限。

3. 处理方式

(1)对不属于本院管辖或者被告人不在案的——应当决定退回人民检察院。

(2)证据不足宣告无罪的,检察院依据新的事实、证据材料重新起诉——人民法院应当依法受理(限证据不足的情形,经法庭审理,在依法作出判决时,对前案作出的判决,不予撤销)。

(3)对需要补送材料的——应当通知人民检察院在3日内补送。

(4)检察院撤诉案件,没有新的事实、证据,检察院重新起诉的——应当退回人民检察院。

(5)《刑事诉讼法》第16条第2~6项规定的情形。属于告诉才处理的案件,应当退回人民检察院,并告知被害人有权提起自诉——裁定终止审理或者退回人民检察院。

(6)对被告人真实身份不明,但符合起诉条件的——人民法院应当依法受理。

二、开庭前的准备

1. 开庭 10 日前

将起诉书副本送达被告人和辩护人，如果没有按照这个时间送达，可以要求法院重新安排开庭时间。

2. 开庭 3 日前

(1) 将开庭的时间、地点在开庭 3 日以前通知人民检察院（必须派员出庭）。

(2) 至迟在开庭 3 日以前送达传唤当事人和其他诉讼参与人的传票和通知书。

(3) 公开审判的案件，先期公布案由、被告人姓名、开庭时间和地点。

3. 庭前会议

(1) 参加主体：在开庭以前，审判人员可以召集公诉人、当事人和辩护人、诉讼代理人，了解情况，听取意见。召开庭前会议，根据案件情况，可以通知被告人参加。

(2) 在开庭以前，审判人员可以召集公诉人、当事人和辩护人、诉讼代理人，对回避、出庭证人名单、非法证据排除等与审判相关的问题，了解情况，听取意见。仅针对程序问题，比如：①证据材料较多、案情重大复杂的；②控辩双方对事实、证据存在较大争议的；③社会影响重大的；④需要召开庭前会议的其他情形。

4. 效力问题

(1) 审判人员可以询问控辩双方对证据材料有无异议，对有异议的证据，应当在庭审时重点调查；无异议的，庭审时举证、质证可以简化。

(2) 被害人或者其法定代理人、近亲属提起附带民事诉讼的，可以调解。

5. 笔录

庭前会议情况应当制作笔录。

三、法庭审判

法庭审判由合议庭的审判长主持，庭审程序包括开庭、法庭调查、法庭辩论、被告人最后陈述、评议和宣判五大阶段。

1. 开庭

(1) 由审判长查明公诉人、当事人和其他诉讼参与人是否到庭。

(2) 审判长应当告知当事人、法定代理人依法享有的诉讼权利（回避、辩护、代理、最后陈述等）。

2. 法庭调查

法庭调查是举证、质证的环节，包括“一般发问规则”“一般出庭规则”“证人调查规则”“鉴定人调查规则”“其他调查规则”五个部分。

(1) 公诉人宣读起诉书（有附带民事诉讼的，由附带民事诉讼的原告人或者其诉讼代理人宣读附带民事诉状）。

(2) 被告人、被害人分别陈述。

(3) 讯问被告人，发问被告人、被害人或附带民事诉讼原告人、被告人。讯问同案审理的被告人，应当分别进行。必要时，可以传唤同案被告人等到庭对质。

(4)询问证人、鉴定人(谁提请通知的,谁先问;发问完毕后,经审判长准许,对方也可发问)。

证人应当出庭的条件:控辩双方对证人证言有异议,且该证人证言对案件定罪量刑有重大影响,人民法院认为证人有必要出庭作证的。

鉴定人应当出庭的条件:控辩双方对鉴定意见有异议,人民法院认为鉴定人有必要出庭的。

证人拒不出庭的后果:经人民法院通知,证人没有正当理由不出庭作证的,人民法院可以强制其到庭,但是被告人的配偶、父母、子女除外。证人没有正当理由拒绝出庭或者出庭后拒绝作证的,予以训诫,情节严重的,经院长批准,处以10日以下的拘留。被处罚人对拘留决定不服的,可以向上一级人民法院申请复议。复议期间不停止执行(《刑事诉讼法》第193条)。

鉴定人拒不出庭的后果:经人民法院通知,鉴定人拒不出庭作证的,鉴定意见不得作为定案的根据。

(5)出示物证、宣读鉴定意见和有关笔录。

(6)调取新证据(法院延期审理)。

法庭审理过程中,当事人和辩护人、诉讼代理人有权申请通知新的证人到庭,调取新的物证,申请重新鉴定或者勘验。提出申请的,法庭认为有必要的,应当同意,并宣布延期审理;不同意的,应当说明理由并继续审理。

(7)补充侦查(法院延期审理)。

(8)法庭调查核实证据:①法庭对证据有疑问的,可以告知公诉人、当事人及其法定代理人、辩护人、诉讼代理人补充证据或者作出说明;必要时,可以宣布休庭,对证据进行调查核实。②人民法院调查核实证据,可以进行勘验、检查、查封、扣押、鉴定和查询、冻结。

3. 法庭辩论

(1)先控方后辩方。法庭辩论过程中,审判长应当充分听取控辩双方的意见,对控辩双方与案件无关、重复或者指责对方的发言应当提醒、制止。

(2)检察院向法院提出量刑建议的,公诉人应当在发表公诉意见时提出,检察院在审查起诉阶段宣读的是"起诉书",在法庭辩论阶段宣读的是"公诉意见"。

(3)法庭发现与定罪、量刑有关的新事实的处理:有必要时,可以宣布恢复法庭调查。

(4)公诉人当庭发表与起诉书不同的意见,属于变更、追加、补充或者撤回起诉的,法院应当要求检察院在指定时间内以书面方式提出;必要时,可以宣布休庭。

4. 被告人最后陈述

(1)被告人最后陈述权是不可剥夺的权利,不可由他人代替行使。被告人多次重复自己意见的,法庭可以制止;陈述内容蔑视法庭、公诉人,损害他人及社会公共利益,或者与本案无关的,以及在公开审理的案件中,被告人最后陈述的内容涉及国家秘密、个人隐私或者商业秘密的,应当制止。

(2)未成年被告人最后陈述后,其法定代理人可以进行补充陈述。

(3)被告人提出新的辩解理由,合议庭认为可能影响正确裁判的,应当恢复法庭辩论。

5. 评议与宣判

(1)评议一律不公开,宣判一律公开,分当庭宣判和定期宣判。

(2)判决种类:有罪判决(事实清楚,证据确实、充分,指控罪名成立/或指控罪名不当,但已经构成犯罪)、无罪判决(确定无罪,疑罪从无,部分认定)、被告人不负刑事责任(责任阻却事由出现)的判决。

6. 一审期限

(1)法院审理公诉案件,应当在受理后2个月以内宣判,至迟不得超过3个月。

(2)对于可能判处死刑的案件或者附带民事诉讼的案件,以及有《刑事诉讼法》第158条规定情形(交通不便/犯罪集团/流窜作案/涉及面广)之一的案件,经上一级人民法院批准,可以延长3个月。

(3)因特殊情况还需要延长的,报请最高人民法院批准。

【总结注意】2018年主观题试卷考查了刑事判决书,给出一段案例,然后提出问题。现总结如下提问方法供大家参考:"一审法院如何判决本案""一审法院如何处理本案""一审法院处理本案的程序要求"。

回答也有一定的技巧,现整理总结如下:

1. 法院应当组成合议庭开庭公开审理此案。开庭时,查明当事人等到庭情况,并进行权利告知。

2. 开庭后,法院应当进行法庭调查,对案件的事实、证据进行调查。如果当事人申请调取新证据,法庭认为必要的,应当统一同意,并宣布延期审理。如果被告人提出新的立功线索,法院可以建议检察院补充侦查(此处两个如何视题目题干问法而定)。

3. 法庭调查后,法院应当就案件的法律适用问题进行法庭辩论。

4. 在被告人作最后陈述后,对案件进行评议。

5. 根据案件情况作出相应处理(结合案情对证据进行认定,非法的排除,合法的认定,按照格式进行确定):如果事实清楚,证据确实、充分,作出有罪判决。如果事实不清,证据不足,作出证据不足的无罪判决。

6. 法院应当在受理后2个月以内宣判。

3.10.5 二审程序(☆☆☆☆☆)

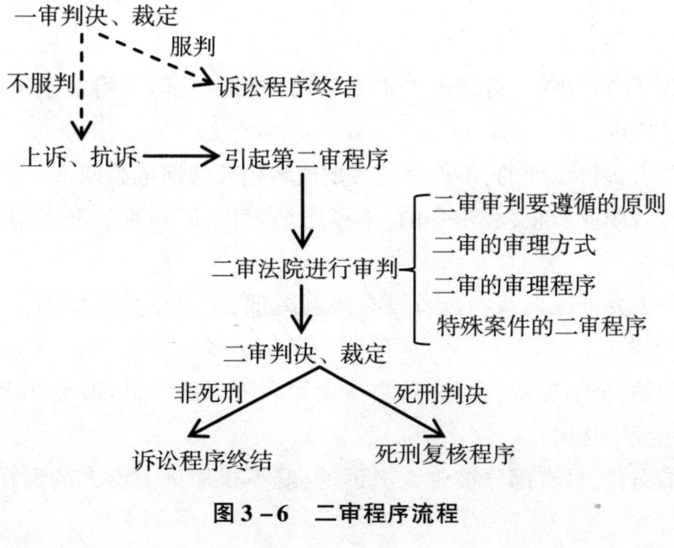

图3-6 二审程序流程

第三单元 刑事诉讼法

一、二审程序的提起

1. 上诉

(1)独立上诉主体包括:①被告人、自诉人及其法定代理人;②附带民事诉讼的当事人及其法定代理人对一审法院的判决、裁定中的附带民事诉讼部分享有独立上诉权。

(2)非独立上诉主体包括被告人的辩护人和近亲属,经被告人同意方可上诉。

2. 抗诉

(1)一审法院的同级人民检察院。

(2)被害人及其法定代理人没有抗诉权,只能自收到判决书5日以内请求检察机关抗诉。人民检察院自收到被害人及其法定代理人的请求后5日内,应当作出是否抗诉的决定并且答复请求人。

二、二审程序提起的形式与途径

1. 形式

(1)上诉可口头或者书面。(2)抗诉只能书面。

2. 上诉的途径

上诉状既可以提交原级法院,也可以提交上级法院。

3. 抗诉的途径

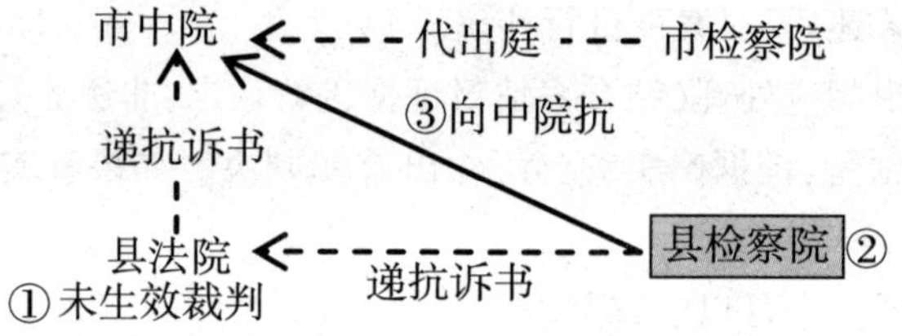

图 3-7 抗诉程序流程

三、上诉不加刑原则

1. 适用情形

(1)原判认定的罪数不当的,可以改变罪数,并调整刑罚,但不得加重决定执行的刑罚或者对刑罚执行产生不利影响。

(2)原判对被告人宣告缓刑的,不得撤销缓刑或者延长缓刑考验期。

(3)原判没有宣告职业禁止、禁止令的,不得增加宣告;原判宣告职业禁止、禁止令的,不得增加内容、延长期限。

(4)原判对被告人判处死刑缓期执行没有限制减刑、决定终身监禁的,不得限制减刑、决定终身监禁。

(5)原判事实清楚,证据确实、充分,只是认定罪名不当的,可以改变罪名,但不得加重刑罚或者对刑罚执行产生不利影响。

(6)同案审理的案件,只有部分被告人上诉的,既不得加重上诉人的刑罚,也不得加重其他同案被告人的刑罚。

2. 发回重审中的不加刑

(1)被告人或者其法定代理人、辩护人、近亲属提出上诉，检察院未提出抗诉的案件，第二审法院发回重新审判后，除有新的犯罪事实且检察院补充起诉的以外，原审法院不得加重被告人的刑罚。

(2)原审法院对上诉发回重新审判的案件依法作出判决后，检察院抗诉的，第二审法院不得改判为重于原审法院第一次判处的刑罚。

3. 刑罚不当的处理

原判判处的刑罚不当、应当适用附加刑而没有适用的，不得直接加重刑罚、适用附加刑。原判判处的刑罚畸轻，必须依法改判的，应当在第二审判决、裁定生效后，依照审判监督程序重新审判。

四、全面审查原则

第二审人民法院应当就第一审判决认定的事实和适用法律进行全面审查，不受上诉或者抗诉范围的限制。共同犯罪的案件只有部分被告人上诉的，应当对全案进行审查，一并处理。

共同犯罪案件中，上诉人死亡，其他被告人没有上诉的，二审法院应当对死亡的被告人终止审理。但有证据证明被告人无罪，经缺席审理确认无罪的，应当判决宣告被告人无罪。

五、二审程序提起的期限与效力

1. 二审的提起期限

(1)判决10日，裁定5日。

(2)对于附带民事诉讼的上诉、抗诉期限，应当按刑事部分的上诉、抗诉期限确定。附带民事部分另行审判的，上诉期限也应当按《刑事诉讼法》规定的期限确定。

2. 二审提起的效力

(1)上诉、抗诉都引起二审程序。

(2)上诉、抗诉都能使一审裁判不能马上生效。

六、二审的审理结果

1. (裁定)维持原判

(1)一审裁判没有任何错误，二审维持原判。

(2)一审量刑过轻，但受上诉不加刑原则的限制，维持原判。

2. 直接改判

(1)应当改判：原判决认定事实没有错误，但适用法律有错误，或者量刑不当的，应当改判。

(2)可以改判：原判决事实不清楚或者证据不足的，可以在查清事实后改判。

3. (裁定)发回重审

(1)可以发回

原判决事实不清楚或者证据不足的，可以裁定撤销原判，发回原审人民法院重新审判，此情形发回重审只能发回一次。

(2)应当发回

①违反本法有关公开审判的规定的；

②违反回避制度的；

③剥夺或者限制了当事人的法定诉讼权利，可能影响公正审判的；

④审判组织的组成不合法的；

⑤其他违反法律规定的诉讼程序，可能影响公正审判的。

【总结注意】2018年考查的是一审的判决，对二审的判决还没有考过，考生在复习的过程中也要注意针对二审法院如何处理本案的问法："二审法院应当如何判决本案？""二审法院处理本案的程序步骤是什么？"……

回答技巧供大家参考：

1. 二审法院应当由审判员组成合议庭进行审理。

2. (1)二审法院应当开庭审理。本案二审程序是检察院抗诉引起的/针对事实、证据有异议上诉引起的/有死刑立即执行情形（视案情而定），符合应当开庭审理的情形，故二审法院应当开庭审理。

(2)二审法院可以不开庭审理。根据刑事诉讼法规定，检察院抗诉引起的/针对事实、证据有异议上诉引起的/有死刑立即执行情形的二审程序应当开庭审理，但本案不属于应当开庭审理的三种情形之一，可以不开庭，但应当讯问被告人，听取其他当事人、辩护人、诉讼代理人的意见。

【注意】究竟答(1)还是(2)，要根据具体的案情而定。

3. 二审法院审理时，应当遵循上诉不加刑原则和全面审查原则。

4. 二审法院应当在2个月内审结。

5. 二审法院应当根据审理的情况作出判决：如果事实清楚、证据确实充分，维持原判。如果事实不清、证据不足，可在查清的基础上改判，也可以撤销原判，发回重审（但如果已经以此理由发回过一次，就不能以此为理由再发回）。程序错误的，应当发回重审。适用法律错误、量刑错误的，应当改判。但受制于上诉不加刑的原则，只能维持原判。

七、二审宣判与审限

1. 宣判

第二审法院可以委托第一审法院代为宣判，并向当事人送达第二审判决书、裁定书。委托宣判的，第二审法院应当直接向同级检察院送达第二审判决书、裁定书。

2. 审限

(1)第二审法院受理上诉、抗诉案件，应当在2个月内审结。

(2)对于可能判处死刑的案件或者附带民事诉讼的案件，以及有《刑事诉讼法》第158条规定情形（交通不便/犯罪集团/流窜作案/涉及面广）之一的案件，经省、自治区、直辖市高级人民法院批准或决定，可以延长2个月。

(3)因特殊情况还需要延长的，报请最高人民法院批准。

3.10.6 死刑复核程序(☆☆☆)

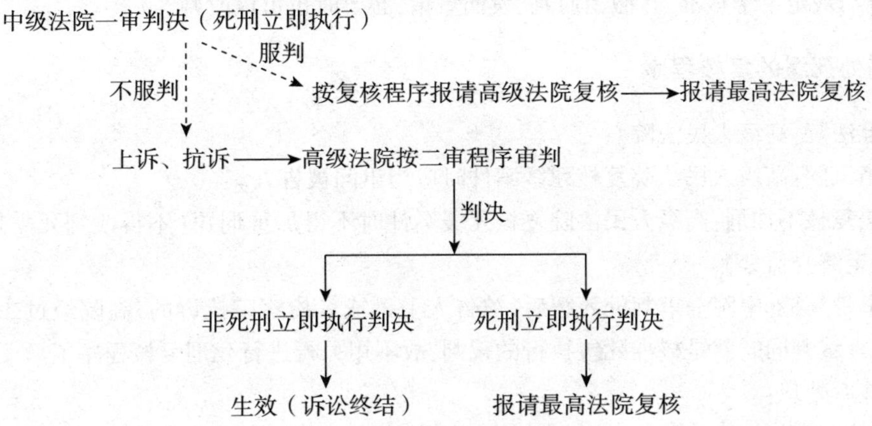

图3-8 死刑复核程序流程

一、判处死立执案件的复核程序

1. 核准法院:最高人民法院。

2. 报请程序:中院判处死立执,自动上报,逐级上报,一案一报。

(1)无上诉、抗诉——报请高院复核——高院同意报最高院核准。

(2)无上诉、抗诉——报请高院复核——高院不同意——提审或发回重审。

(3)无上诉、抗诉——报请高院复核——高院认定事实或引用法律条款有瑕疵但应判决死刑——纠正后核准——报最高院核准。

(4)有上诉、抗诉——高院二审——高院同意:维持原判——报最高院核准。

(5)有上诉、抗诉——高院二审——高院不同意——改判或发回重审。

3. 复核程序:

(1)最高人民法院复核死刑案件,应当讯问被告人,辩护律师提出要求的,应当听取辩护律师的意见。

(2)在复核死刑案件过程中,最高人民检察院可以向最高人民法院提出意见。最高人民法院应当将死刑复核结果通报最高人民检察院。

4. 律师提交手续:

(1)最高人民法院复核死刑案件,辩护律师应当自接受委托或者受指派之日起10日内向最高人民法院提交有关手续,并自接受委托或者指派之日起1个半月内提交辩护意见。

(2)辩护律师提交相关手续、辩护意见及证据等材料的,可以经高级人民法院代收并随案移送,也可以寄送至最高人民法院。

(3)最高人民法院复核裁定作出后,律师提交辩护意见及证据材料的,应当接收并出具接收清单;经审查,相关意见及证据材料可能影响死刑复核结果的,应当暂停交付执行或者停止执行,但不再办理接收委托辩护手续。

5. 处理结果:

(1)核准死刑。

(2)应当裁定不予核准,并撤销原判,发回重审。

(3)应当裁定不予核准,并撤销原判,发回重审,必要时也可以改判。

二、判处死缓的复核程序

1. 核准法院:高级人民法院。

2. 应当讯问:高级人民法院复核死缓案件时应当讯问被告人。

3. 死缓复核不加刑:高级人民法院复核死缓案件时不得加重刑罚(不得改判死立执,不得限制减刑、决定终身监禁)。

4. 二审带复核:中院一审判处死缓后,被告人上诉或者检察院抗诉的,高院经过二审维持原判的,该二审裁判同时就是核准死缓执行的裁判,故不用另行进行死刑复核程序了。

5. 复核后处理:

(1)裁定核准。

(2)原判认定的某一具体事实或者引用的法律条款等存在瑕疵,但判处被告人死缓并无不当的,可以在纠正后作出核准的判决、裁定。

(3)原判认定事实正确,但适用法律有错误,或者量刑过重的,应当改判。

(4)原判事实不清、证据不足的,可以裁定不予核准,并撤销原判,发回重审或者依法改判。

(5)原审违反法定诉讼程序,可能影响公正审判的,应当裁定不予核准,并撤销原判,发回重审。

(6)高院复核死缓案件,不得加重被告人刑罚。

【总结】死刑复核程序在主观题中命题可能有两种情形。

情形一:北京市第一中级人民法院判处死刑立即执行后,北京市高级人民法院应当如何处理?

在回答类似问题的时候,第一步要看北京市高级人民法院是二审法院还是复核法院,判断的依据主要是看被告人有没有上诉。

1. 如果北京市高级人民法院是二审法院

(1)北京市高级人民法院应当由审判员组成合议庭按二审程序审理本案。

(2)审理案件开庭情况:

①二审法院应当开庭审理。本案二审程序是检察院抗诉引起的/针对事实、证据有异议上诉引起的/有死刑立即执行情形(视案情而定),符合应当开庭审理的情形,故二审法院应当开庭审理。

②二审法院可以不开庭审理,但应当讯问被告人,听取其他当事人、辩护人、诉讼代理人的意见。

但是到底按照哪种答案回答,要根据案情具体确定。

(3)二审法院审理时,应当遵循上诉不加刑原则和全面审查原则。

(4)二审法院应当在2个月内审结。

(5)二审法院应当根据审理的情况作出判决:

①如果事实清楚,证据确实、充分,维持原判。

②如果事实不清、证据不足,可在查清的基础上改判,也可以撤销原判,发回重审。

③程序错误的,应当发回重审。

④适用法律错误、量刑错误的,应当改判。但受制于上诉不加刑的原则,只能维持原判。

2. 如果北京市高级人民法院是复核法院

北京市高级人民法院应当按复核程序审理本案。如果同意,高级人民法院应当在作出裁定后10日内报请最高人民法院核准。如果不同意,可以发回重审或者按二审程序提审。

情形二:对于死刑立即执行的复核程序,依据报请程序及处理结果进行回答即可得分。比如题目告知最高人民法院核准后裁定发回重审,读题确定最高人民法院发回的法院是一审法院还是二审法院,还是没有上诉但是复核过的高院,根据不同情况对应回答即可。

(1)如果发回的是一审法院(通常是中院),那就把一审法院如何审判的内容往上套。

(2)如果发回的是二审法院(通常是高院),那就把二审法院如何审判的内容往上套。

(3)如果发回的是按照复核程序审理过的高级人民法院,那就把高级人民法院依照复核程序审理后报请最高人民法院核准死刑,最高人民法院裁定不予核准,发回高级人民法院重新审判的,高级人民法院可以依照第二审程序提审或者发回一审法院重新审判。

如果因事实不清发回重审,要看事实不清对定罪量刑的影响程度,如果影响重大,高级人民法院应当发回一审法院重新审判。

3.10.7 审判监督程序(☆☆☆☆☆)

一、申诉及申诉审查

1. 申诉主体

(1)当事人及其法定代理人、近亲属。

(2)认为已经发生法律效力的判决、裁定侵害其合法权益的案外人。

(3)申诉可以委托律师代为进行。

2. 申诉对象:已经发生法律效力的判决、裁定

3. 对申诉的受理

(1)申诉由终审人民法院审查处理。但是,第二审人民法院裁定准许撤回上诉的案件,申诉人对第一审判决提出申诉的,可以由第一审人民法院审查处理。

(2)上一级人民法院对未经终审人民法院审查处理的申诉,可以告知申诉人向终审人民法院提出申诉,或者直接交终审人民法院审查处理,并告知申诉人;案件疑难、复杂、重大的,也可以直接审查处理。

(3)对未经终审人民法院及其上一级人民法院审查处理,直接向上级人民法院申诉的,上级人民法院可以告知申诉人向下级人民法院提出。

(4)对死刑案件的申诉,可以由原核准的人民法院直接审查处理,也可以交由原审人民法院审查。原审人民法院应当写出审查报告,提出处理意见,层报原核准的人民法院审查处理。

4. 驳回申诉

(1)申诉人对驳回申诉不服的,可以向上一级人民法院申诉。

(2)上一级人民法院经审查认为申诉不符合《刑事诉讼法》和《刑诉解释》相关规定的,应当说服申诉人撤回申诉。

(3)对仍然坚持申诉的,应当驳回或者通知不予重新审判。

【总结注意】当事人如何申诉也可能会出现在刑诉案例分析题中,问法一般会是"针对此生效判决,当事人如何申诉""此案生效后,当事人申诉的程序要求是什么"等。一定要读懂题,看一下题目有没有说向法院申诉或者是向检察院申诉,如果没有说的话,需要讨论两种情形。

情形一,没有指出向哪个机关申诉的,可以这样回答:

1. 当事人既可以向法院申诉,也可以向检察院申诉。

2. 当事人最晚应当在刑罚执行完毕后2年内提出申诉。

3. 向法院申诉的,应当向终审法院(此处应当根据案情具体化为某某法院)提出。终审法院应当受理。终审法院驳回申诉的,当事人可以继续向上一级法院申诉。上一级法院应当受理。如果当事人未经终审法院处理而直接向上一级法院申诉,可以告知申诉人向终审法院提出申诉,或者直接交终审法院审查处理,并告知申诉人;案件疑难、复杂、重大的,也可以直接审查处理。

4. 当事人向检察院申诉的,应当向终审法院的同级检察院(此处应当根据案情具体化为某某检察院)提出。该检察院驳回申诉的,可以继续向它的上一级检察院申诉。上一级检察院应当受理。当事人直接向上一级检察院申诉的,上一级检察院可以交由作出生效判决、裁定的法院的同级检察院受理;案情重大、疑难、复杂的,上一级检察院可以直接受理。

情形二,明确指出向哪个机关申诉的,在前一种情形1、2的基础上,在3、4中选一个对应回答即可。

二、提起审判监督程序的主体

1. 法院

(1)本院院长+审判委员会:各级人民法院院长对本院已经发生法律效力的判决和裁定,如果发现在认定事实上或在适用法律上确有错误,必须提交审判委员会处理——决定本院来审。

(2)最高人民法院、上级人民法院:

①最高人民法院对各级法院已经发生法律效力的判决和裁定,上级法院对下级法院已经发生法律效力的判决和裁定,如果发现确有错误,有权提审或者指令下级法院再审。

②上级法院指令下级人民法院再审的,一般应当指令原审法院以外的下级法院审理;由原审法院审理更有利于查明案件事实、纠正裁判错误的,可以指令原审法院审理。

2. 检察院

最高人民检察院对各级人民法院已经发生法律效力的判决和裁定,上级人民检察院对下级人民法院已经发生法律效力的判决和裁定,如果发现确有错误,有权按照审判监督程序向同级人民法院提起抗诉。

【总结注意】对提起审判监督程序主体进行命题,一般的问法是"生效裁判确有错误如何纠正?""生效裁判确有错误如何处理?"等。一定要读懂题,看题目有没有告诉你纠正的主体或者处理的主体是哪个。如果题目没有指明主体,那么法院和检察院都要回答。

情形一:没有指明具体纠正主体的。

1. 法院和检察院有权启动再审程序对该生效裁判予以纠正。

2. 就法院而言,要区分是终审法院还是终审法院的上级法院而有所不同。如果是终审法院自己,针对本院的生效裁判,由院长提交审判委员会讨论决定,从而启动再审程序予以纠正。启动后,终审法院只能自己另行组成合议庭进行再审。

情形二:指明主体是法院的。

1. 如果是终审法院的上级法院,则某某法院(写出具体的法院名称)可以直接决定再审。某某法院决定再审的,可以提审,也可以指令下级法院再审。

2. 如果提审,某某法院应当按二审程序组成合议庭进行审理,所作裁判即终审裁判,不得上诉、抗诉。如果指令下级法院再审,一般应当指令原审法院(把原审法院指出来)以外的下级法院再审。

3. 如果指令原审法院更有利于查明案件事实真相、纠正错误,也可以指令原审法院再审,但原审法院应当另行组成合议庭。

情形三:指明主体是检察院的。

某某检察院可以提起抗诉的方式启动再审。最高人民检察院对各级人民法院已经发生法律效力的判决和裁定,上级人民检察院对下级法院已经发生法律效力的判决和裁定,如果发现确有错误,有权按照审判监督程序向同级人民法院提起抗诉。

三、再审的审理程序

1. 审判组织

由原审人民法院审理的,应当另行组成合议庭进行。

2. 审判级别

原来是一审,按照一审;原来是二审,按照二审;提审一律按二审。

3. 再审决定书

对决定依照审判监督程序重新审判的案件,人民法院应当制作再审决定书。

4. 再审对原裁判执行的影响

再审期间不停止原判决、裁定的执行,但被告人可能经再审改判无罪,或者可能经再审减轻原判刑罚而致刑期届满的,可以决定中止原判决、裁定的执行,必要时,可以对被告人采取取保候审、监视居住措施。

5. 应当开庭审理的情形

(1)依照第一审程序审理的。

(2)依照第二审程序需要对事实或者证据进行审理的。

(3)人民检察院按照审判监督程序提出抗诉的。

(4)可能对原审被告人加重刑罚的。

(5)有其他应当开庭审理情形的。

6. 再审不加刑

除人民检察院抗诉的以外,再审一般不得加重原审被告人的刑罚。再审决定书或者抗诉书只针对部分原审被告人的,不得加重其他同案原审被告人的刑罚。

7. 强制措施

人民法院决定再审的案件，需要对被告人采取强制措施的，由人民法院依法决定；人民检察院提出抗诉的再审案件，需要对被告人采取强制措施的，由人民检察院依法决定。

8. 再审审限

人民法院按照审判监督程序重新审判的案件，应当在作出提审、再审决定之日起 3 个月以内审结，需要延长期限的，不得超过 6 个月。

9. 再审中的撤诉

(1)法院审理检察院抗诉的再审案件，检察院在开庭审理前撤回抗诉的，应当裁定准许。

(2)法院审理申诉人申诉的再审案件，申诉人在审理期间撤回申诉的，可以裁定准许；但认为原判决错误的，应当不予准许，继续按照再审案件审理。

3.11 执行程序

一、执行机关及执行种类

1. 法院：死刑立即执行、罚金、没收财产、无罪、免除刑罚。

2. 监狱：死刑缓期 2 年执行、无期徒刑、有期徒刑(剩余刑期超过 3 个月的)，由公安机关送交监狱执行。

3. 公安机关：有期徒刑(余刑不足 3 个月的，由看守所执行)、拘役、剥夺政治权利、驱逐出境。

4. 未成年犯管教所：未成年犯被判处刑罚的。

5. 社区矫正机构：管制、宣告缓刑、假释或者暂予监外执行。

二、财产型执行(☆☆)

1. 执行主体

(1)一审法院负责裁判执行。被执行的财产在异地的，可以委托财产所在地的同级法院代为执行。

(2)对没收财产，必要的时候，可以会同公安机关执行。

2. 罚金刑

被判处罚金的罪犯，期满不缴纳的，人民法院应当强制缴纳；由于遭遇不能抗拒的灾祸等原因缴纳确实有困难的，经人民法院裁定，可以延期缴纳、酌情减少或者免除。

3. 没收财产

判决生效后，法院应当立即执行。

4. 执行措施

可先行查封、扣押和冻结(为防止没收财产判决执行前罪犯转移财产)。

5. 执行顺序

(1)被判处罚金或者没收财产，同时又承担附带民事诉讼赔偿责任的，应先履行对被害人的民事赔偿责任。

（2）判处财产刑之前被执行人所负正当债务，应当偿还的，经债权人请求，先行予以偿还。

6. 执行异议

案外人对被执行财产提出权属异议的，人民法院应当审查并参照民事诉讼法的有关规定处理。

三、社区矫正（☆）

1. 机构人员

（1）决定机关：人民法院和监狱管理机关、公安机关。

（2）监督机关：人民检察院。

2. 执行地的确定

（1）社区矫正决定机关判处管制、宣告缓刑、裁定假释、决定或者批准暂予监外执行时应当确定社区矫正执行地。

（2）社区矫正执行地为社区矫正对象的居住地。社区矫正对象在多个地方居住的，可以确定经常居住地为执行地。

（3）社区矫正对象的居住地、经常居住地无法确定或者不适宜执行社区矫正的，社区矫正决定机关应当根据有利于社区矫正对象接受矫正、更好地融入社会的原则，确定执行地。

（4）社区矫正决定机关，是指依法判处管制、宣告缓刑、裁定假释、决定暂予监外执行的人民法院和依法批准暂予监外执行的监狱管理机关、公安机关。

3. 适用对象

对被判处管制、宣告缓刑、假释和暂予监外执行的罪犯，依法实行社区矫正。

4. 电子定位

（1）社区矫正对象有下列情形之一的，经县级司法行政部门负责人批准，可以使用电子定位装置，加强监督管理：

①违反人民法院禁止令的；

②无正当理由，未经批准离开所居住的市、县的；

③拒不按照规定报告自己的活动情况，被给予警告的；

④违反监督管理规定，被给予治安管理处罚的；

⑤拟提请撤销缓刑、假释或者暂予监外执行收监执行的。

（2）前述规定的使用电子定位装置的期限不得超过3个月。对不需要继续使用的，应当及时解除；对期限届满后，经评估仍有必要继续使用的，经过批准，期限可以延长，每次不得超过3个月。

（3）社区矫正机构对通过电子定位装置获得的信息应当严格保密，有关信息只能用于社区矫正工作，不得用于其他用途。

5. 教育帮扶

（1）社区矫正机构根据需要，对社区矫正对象进行法治、道德等教育，增强其法治观念，提高其道德素质和悔罪意识。

（2）对社区矫正对象的教育应当根据其个体特征、日常表现等实际情况，充分考虑其工作和生活情况，因人施教。

6. 解除终止

(1)解除矫正:社区矫正对象矫正期满或者被赦免的,社区矫正机构应当向社区矫正对象发放解除社区矫正证明书,并通知社区矫正决定机关、所在地的人民检察院、公安机关。

(2)终止矫正:社区矫正对象被裁定撤销缓刑、假释,被收监执行,或者社区矫正对象死亡的,社区矫正终止。

四、监外执行(☆☆☆)

1. 适用对象:

被判处有期徒刑或者拘役,无期徒刑的罪犯。

2. 主体:

(1)交付执行前:交付执行的法院。

(2)交付执行后:监狱提出意见——省级以上监狱管理机关批准;看守所提出意见——设区的市一级以上公安机关批准。

3. 收监的法定情形:

(1)发现不符合暂予监外执行条件的;

(2)严重违反有关暂予监外执行监督管理规定的;

(3)暂予监外执行的情形消失后,罪犯刑期未满的。

4. 决定主体:对于法院决定暂予监外执行的罪犯应当予以收监的,由法院作出决定。

5. 收监的程序:法院、公安机关对暂予监外执行的社区矫正对象决定收监执行的,由公安机关立即将社区矫正对象送交监狱或者看守所收监执行。

3.12 特别程序

3.12.1 未成年刑事诉讼程序(☆☆☆)

一、未成年人刑事案件遵循的原则

1. 以教育为主,以惩罚为辅:对犯罪的未成年人实行教育、感化、挽救的方针,坚持以教育为主、以惩罚为辅的原则。

2. 分案处理:对被拘留、逮捕和执行刑罚的未成年人与成年人应当分别关押、分别管理、分别教育。

3. 审理不公开:审判的时候被告人不满 18 周岁的案件,不公开审理。

4. 社会调查制度:公安机关、人民检察院、人民法院办理未成年人刑事案件,根据情况可以对未成年犯罪嫌疑人、被告人的成长经历、犯罪原因、监护教育等情况进行调查,调查报告可以作为检察院、法院办案和教育的参考。

5. 犯罪记录封存:犯罪的时候不满 18 周岁,被判处 5 年有期徒刑以下刑罚的,应当对相关犯罪记录予以封存。

二、程序的特殊规定

1. 法定代理人、其他合适成年人到场

(1) 对于未成年人刑事案件，在讯问和审判的时候，应当通知未成年犯罪嫌疑人、被告人的法定代理人到场。无法通知、法定代理人不能到场或者法定代理人是共犯的，也可以通知未成年犯罪嫌疑人、被告人的其他成年亲属，所在学校、单位、居住地基层组织或者未成年人保护组织的代表到场，并将有关情况记录在案。

(2) 到场的法定代理人可以代为行使未成年犯罪嫌疑人、被告人的诉讼权利。

(3) 到场的法定代理人或者其他人员认为办案人员在讯问、审判中侵犯未成年人合法权益的，可以提出意见。讯问笔录、法庭笔录应当交给到场的法定代理人或者其他人员阅读或者向他宣读。

(4) 讯问女性未成年犯罪嫌疑人，应当有女工作人员在场。

(5) 审判未成年人刑事案件，未成年被告人最后陈述后，其法定代理人可以进行补充陈述。

(6) 询问未成年被害人、证人，适用上述(1)(2)(3)的规定。

2. 审查起诉

检察院办理未成年人与成年人共同犯罪的案件，一般应当对未成年人与成年人分案办理、分别起诉。不宜分案处理的，应当对未成年人采取隐私保护、快速办理等特殊保护措施。

3. 不公开审理

(1) 审判时被告人不满 18 周岁的案件，不公开审理。

(2) 经过未成年被告人及其法定代理人同意，未成年被告人所在学校和未成年人保护组织可以派代表到场。

(3) 审理涉及未成年人的刑事案件，不得向外界披露该未成年人的姓名、住所、照片以及可能推断出该未成年人身份的其他资料。

4. 审理要求

(1) 被告人是未成年人的，不适用速裁程序。

(2) 适用简易程序审理的，应当征求未成年被告人及其法定代理人、辩护人的意见。

(3) 审理可能判处 5 年以下有期徒刑或者过失犯罪的未成年刑事案件，可以采取适合未成年特点的方式设置法庭席位(《刑诉解释》第 571 条)。

5. 强制法律援助(指定辩护)

未成年犯罪嫌疑人、被告人没有委托辩护人的，人民法院、人民检察院、公安机关应当通知法律援助机构指派律师为其提供辩护。

三、附条件不起诉

1. 适用条件

未成年人涉嫌《刑法》分则第四、五、六章规定的犯罪，可能判 1 年有期徒刑以下刑罚，符合起诉条件，但有悔罪表现的，检察院可以作出附条件不起诉的决定。检察院在作出附条件不起诉的决定以前，应当听取公安机关、被害人的意见，并制作笔录附卷。

2. 对附条件不起诉的救济

(1)对附条件不起诉的决定,公安机关可以提出复议和复核。

(2)被害人对检察院对未成年犯罪嫌疑人作出的附条件不起诉的决定和考验期满的不起诉的决定,可以向上一级检察院申诉,不可以向法院起诉。

(3)未成年嫌疑人及其法定代理人对检察院决定附条件不起诉有异议的,检察院应当作出起诉的决定。

3. 考验期

(1)在附条件不起诉的考验期内,由人民检察院对被附条件不起诉的未成年犯罪嫌疑人进行监督考察。未成年犯罪嫌疑人的监护人,应当对未成年犯罪嫌疑人加强管教,配合人民检察院做好监督考察工作。

(2)附条件不起诉的考验期为 6 个月以上 1 年以下,从人民检察院作出附条件不起诉的决定之日起计算。

(3)被附条件不起诉的未成年犯罪嫌疑人,应当遵守下列规定:

①遵守法律法规,服从监督;

②按照考察机关的规定报告自己的活动情况;

③离开所居住的市、县或者迁居,应当报经考察机关批准;

④按照考察机关的要求接受矫治和教育。

(4)人民检察院可以要求被附条件不起诉的未成年犯罪嫌疑人接受下列矫治和教育:

①完成戒瘾治疗、心理辅导或者其他适当的处遇措施;

②向社区或者公益团体提供公益劳动;

③不得进入特定场所,与特定的人员会见或者通信,从事特定的活动;

④向被害人赔偿损失、赔礼道歉等;

⑤接受相关教育;

⑥遵守其他保护被害人安全以及预防再犯的禁止性规定。

4. 起诉

被附条件不起诉的未成年犯罪嫌疑人,在考验期内有下列情形之一的,人民检察院应当撤销附条件不起诉的决定,提起公诉:

(1)实施新的犯罪的;

(2)发现决定附条件不起诉以前还有其他犯罪需要追诉的;

(3)违反治安管理规定,造成严重后果,或者多次违反治安管理规定的;

(4)违反有关附条件不起诉的监督管理规定,造成严重后果,或者多次违反有关附条件不起诉的监督管理规定的。

5. 不起诉

在考验期内没有上述情形,考验期满的,检察院应当作出不起诉的决定。

四、犯罪记录封存

1. 犯罪记录封存对象

(1)有罪判决:犯罪的时候不满 18 周岁,被判处 5 年有期徒刑以下刑罚以及免予刑事处罚的未成年人犯罪记录,应当依法予以封存。

(2)无罪判决:未成年人因事实不清、证据不足被宣告无罪的案件,应当对涉罪记录予以封存;但未成年被告人及其法定代理人申请不予封存或者解除封存的,经法院同意,可以不予封存或者解除封存。

2. 报告义务

(1)入伍就业免报告:对于犯罪记录被封存的未成年人,在入伍、就业时免除犯罪记录的报告义务。

(2)再次犯罪应报告:被封存犯罪记录的未成年人因涉嫌再次犯罪接受司法机关调查时,应当主动、如实地供述其犯罪记录情况,不得回避、隐瞒。

3. 无犯罪记录证明

被封存犯罪记录的未成年人本人或者其法定代理人申请为其出具无犯罪记录证明的,受理单位应当在3个工作日内出具无犯罪记录的证明。

4. 解除封存

(1)新罪、漏罪、再审,被判5年有期徒刑以上。

对被封存犯罪记录的未成年人,符合下列条件之一的,封存机关应当对其犯罪记录解除封存:

①在未成年时实施新的犯罪,且新罪与封存记录之罪数罪并罚后被决定执行刑罚超过5年有期徒刑的;

②发现未成年时实施的漏罪,且漏罪与封存记录之罪数罪并罚后被决定执行刑罚超过5年有期徒刑的;

③经审判监督程序改判5年有期徒刑以上刑罚的。

(2)成年故意犯罪,载明之前记录。

被封存犯罪记录的未成年人,成年后又故意犯罪的,人民法院应当在裁判文书中载明其之前的犯罪记录。

3.12.2 当事人和解的公诉案件诉讼程序(☆☆)

1. 适用条件

下列公诉案件,犯罪嫌疑人、被告人真诚悔罪,通过向被害人赔偿损失、赔礼道歉等方式获得被害人谅解,被害人自愿和解的,双方当事人可以和解:

(1)因民间纠纷引起,涉嫌《刑法》分则第四章、第五章规定的犯罪案件,可能判处3年有期徒刑以下刑罚的;

(2)除渎职犯罪以外的可能判处7年有期徒刑以下刑罚的过失犯罪案件。犯罪嫌疑人、被告人在5年以内曾经故意犯罪的,不适用相关和解程序。

2. 和解主体

双方当事人可以就赔偿损失、赔礼道歉等民事责任事项进行和解,并且可以就被害人及其法定代理人或者近亲属是否要求或者同意公安机关、检察院、法院对犯罪嫌疑人依法从宽处理进行协商,但不得对案件的事实认定、证据采信、法律适用和定罪量刑等依法属于公检法职权范围的事宜进行协商。

3. 和解主体

(1)符合《刑事诉讼法》第288条规定的公诉案件,被害人死亡的,其近亲属可以与被告人和解。近亲属有多人的,达成和解协议,应当经处于最先继承顺序的所有近亲属同意。被害人系无行为能力或者限制行为能力人的,其法定代理人、近亲属可以代为和解。

(2)被告人的近亲属经被告人同意,可以代为和解。

(3)被告人系限制行为能力人的,其法定代理人可以代为和解。

(4)被告人的法定代理人、近亲属依照前述(2)(3)代为和解的,和解协议约定的赔礼道歉等事项,应当由被告人本人履行。

4. 不同阶段达成和解协议的处理

(1)和解适用于侦查、起诉与审判三个阶段。

(2)达成和解协议的案件,公安司法机关的处理方式如下:

①对达成和解协议的案件,公安机关可以向人民检察院提出从宽处理的建议。人民检察院可以向人民法院提出从宽处罚的建议;对犯罪情节轻微,不需要判处刑罚的,可以作出不起诉的决定。人民法院可以依法对被告人从宽处罚。

②对达成和解协议的案件,人民法院应当对被告人从轻处罚;符合非监禁刑适用条件的,应当适用非监禁刑;判处法定最低刑仍然过重的,可以减轻处罚;综合全案认为犯罪情节轻微不需要判处刑罚的,可以免予刑事处罚。

(3)共同犯罪案件,部分被告人与被害人达成和解协议的,可以依法对该部分被告人从宽处罚,但应当注意全案的量刑平衡。

5. 和解后反悔处理

(1)当事人在不起诉决定作出之前反悔的,可以另行达成和解。不能另行达成和解的,检察院应当依法作出起诉或者不起诉决定。

(2)和解协议已经全部履行,当事人反悔的,法院不予支持,但有证据证明和解违反自愿、合法原则的除外。

3.12.3 缺席审判程序(☆☆)

1. 适用条件

(1)对贪污贿赂犯罪案件,以及需要及时进行审判,经最高人民检察院核准的严重危害国家安全犯罪、恐怖活动犯罪案件,犯罪嫌疑人、被告人在境外,监察机关、公安机关移送起诉,人民检察院认为犯罪事实已经查清,证据确实、充分,依法应当追究刑事责任的,可以向人民法院提起公诉。人民法院进行审查后,对起诉书中有明确的指控犯罪事实,符合缺席审判程序适用条件的,应当决定开庭审判。

(2)因被告人患有严重疾病无法出庭,中止审理超过6个月,被告人仍无法出庭,被告人及其法定代理人、近亲属申请或者同意恢复审理的,人民法院可以在被告人不出庭的情况下缺席审理,依法作出判决。

(3)被告人死亡的,人民法院应当裁定终止审理,但有证据证明被告人无罪,人民法院经缺席审理确认无罪的，应当依法作出判决。

(4)人民法院按照审判监督程序重新审判的案件，被告人死亡的，人民法院可以缺席审理，依法作出判决。

2. 审理组织和管辖法院

对在境外的犯罪嫌疑人、被告人的缺席审判，由犯罪地、被告人离境前居住地或者最高人民法院指定的中级人民法院组成合议庭进行审理。

3. 送达

人民法院应当通过有关国际条约规定的或者外交途径提出的司法协助方式，或者被告人所在地法律允许的其他方式，将传票和人民检察院的起诉书副本送达被告人。传票和起诉书副本送达后，被告人未按要求到案的，人民法院应当开庭审理，依法作出判决，并对违法所得及其他涉案财产作出处理。

4. 委托或指定辩护

人民法院缺席审判案件，被告人有权委托辩护人，被告人的近亲属可以代为委托辩护人。被告人及其近亲属没有委托辩护人的，人民法院应当通知法律援助机构指派律师为其提供辩护。

5. 被告人近亲属救济

(1)人民法院应当将判决书送达被告人及其近亲属、辩护人。被告人或者其近亲属不服判决的，有权向上一级人民法院上诉。辩护人经被告人或者其近亲属同意，可以提出上诉。

(2)人民检察院也有救济权，即人民检察院认为人民法院的判决确有错误的，应当向上一级人民法院提出抗诉。

6. 重新审判

(1)审查起诉期间，犯罪嫌疑人自动投案或者被抓获的，人民检察院应当重新审查。

(2)对严重危害国家安全犯罪、恐怖活动犯罪案件报请核准期间，犯罪嫌疑人自动投案或者被抓获的，报请核准的人民检察院应当及时撤回报请，重新审查案件。

(3)在审理过程中，被告人自动投案或者被抓获的，人民法院应当重新审理。

(4)罪犯在判决、裁定发生法律效力后到案的，人民法院应当将罪犯交付执行刑罚。交付执行刑罚前，人民法院应当告知罪犯有权对判决、裁定提出异议。罪犯对判决、裁定提出异议的，人民法院应当重新审理。

3.12.4 犯罪嫌疑人、被告人逃匿、死亡案件违法所得的没收程序(☆)

1. 适用条件

(1)依照刑法规定应当追缴违法所得及其他涉案财产，且符合下列情形之一的，检察院可以向法院提出没收违法所得的申请：

①犯罪嫌疑人、被告人实施了贪污贿赂犯罪、恐怖活动犯罪等重大犯罪后逃匿，在通缉1年后不能到案的；

②犯罪嫌疑人、被告人死亡。

(2)具有下列情形之一的，应当认定为是“重大犯罪案件”：

①犯罪嫌疑人、被告人可能被判处无期徒刑以上刑罚的；

②案件在本省、自治区、直辖市或者全国范围内有较大影响的；

③其他重大犯罪案件。

(3)在审理案件过程中，被告人死亡或者脱逃，符合《刑事诉讼法》第298条第1款规定的，人民检察院可以向人民法院提出没收违法所得的申请。

2. 申请程序

公安机关认为有前述规定情形的，应当写出没收违法所得意见书，移送人民检察院。人民检察院可以向人民法院提出没收违法所得的申请。人民法院在必要的时候，可以查封、扣押、冻结申请没收的财产。

3. 法院的受理程序

(1)管辖法院：由犯罪地或者犯罪嫌疑人、被告人居住地的中级人民法院组成合议庭审理。

(2)法院的公告：法院应当发出公告。公告期间为6个月。

(3)利害关系人申请参加诉讼：犯罪嫌疑人、被告人的近亲属和其他利害关系人有权申请参加诉讼，也可以委托诉讼代理人参加诉讼。利害关系人申请参加诉讼的，应当在公告期间提出。

【注意】"其他利害关系人"是指对申请没收的财产主张所有权的人。

4. 审理方式

(1)开庭审理和不开庭审理。利害关系人参加诉讼的，法院应当开庭审理。没有利害关系人申请参加诉讼的，可以不开庭审理。

(2)利害关系人接到通知后无正当理由拒不到庭，或者未经法庭许可中途退庭的可以转为不开庭审理，但还有其他利害关系人参加的除外。

5. 法院的裁定

(1)法院经审理，对经查证属于违法所得及其他涉案财产，除依法返还被害人的以外，应当裁定予以没收。

(2)对不属于应当追缴的财产的，应当裁定驳回申请，解除查封、扣押、冻结措施。

6. 审理期限

审理申请没收违法所得案件的期限，参照公诉案件第一审普通程序和第二审程序的审理期限执行。

7. 上诉与抗诉

对于法院作出的裁定，犯罪嫌疑人、被告人的近亲属和其他利害关系人或者检察院可以在5日内提出上诉、抗诉。

8. 没收违法所得审理过程中到案的

(1)在审理过程中，在逃的犯罪嫌疑人、被告人自动投案或者被抓获的，人民法院应当终止审理。人民检察院向原受理申请的人民法院提起公诉的，可以由同一审判组织审理。

(2)没收违法所得裁定生效后，犯罪嫌疑人、被告人到案并对没收裁定提出异议，人民检察院向原作出裁定的人民法院提起公诉的，可以由同一审判组织审理。法院经审理，应当按照下列情形分别处理：

①原裁定正确的，予以维持，不再对涉案财产作出判决。

②原裁定确有错误的，应当撤销原裁定，并在判决中对有关涉案财产一并作出处理。

法院生效的没收裁定确有错误的，除前种情形外，应当依照审判监督程序予以纠正。已经没收的财产，应当及时返还；财产已经上缴国库的，由原没收机关从财政机关申请退库，予以返还；原物已经出卖、拍卖的，应当退还价款；造成犯罪嫌疑人、被告人以及利害关系人财产损失的，应当依法赔偿。

3.12.5 依法不负刑事责任的精神病人的强制医疗程序（☆☆☆）

1.适用条件(1)+(2)+(3)缺一不可

(1)前提条件：实施暴力行为+危害公共安全或者严重危害公民人身安全。

(2)社会危害性条件：社会危害性已经达到犯罪程度，有继续危害社会可能的。

(3)医学条件：经法定程序鉴定依法不负刑事责任的精神病人。

2.适用主体

启动主体是法院和检察院，申请主体是检察院，决定主体是法院，执行主体是公安机关。

3.程序的启动方式

(1)公安机关发现精神病人符合强制医疗条件的，应当写出强制医疗意见书，移送人民检察院。

(2)对于公安机关移送的或者在审查起诉过程中发现的精神病人符合强制医疗条件的，人民检察院应当向人民法院提出强制医疗的申请。

(3)人民法院在审理案件过程中发现被告人符合强制医疗条件的，可以作出强制医疗的决定。**【注意】**对实施暴力行为的精神病人，在人民法院决定强制医疗前，公安机关可以采取临时的保护性约束措施。

4.审理程序

(1)管辖法院：被申请人实施暴力行为所在地的基层法院；由被申请人居住地的法院审判更为适宜的，可以由被申请人居住地的基层法院管辖。

(2)审判组织：应当组成合议庭审理。

(3)审理方式：开庭审理。但是，被申请人、被告人的法定代理人请求不开庭审理，并经法院审查同意的除外。审理检察院申请强制医疗的案件，应当会见被申请人。

(4)通知法定代理人：人民法院审理强制医疗案件，应当通知被申请人或者被告人的法定代理人到场。

(5)强制法律援助：被申请人或者被告人没有委托诉讼代理人的，法院应当通知法律援助机构指派律师为其提供法律帮助。

(6)审理期限：法院经审理，对于被申请人或者被告人符合强制医疗条件的，应当在1个月以内作出决定。

(7)审理结果(针对检察院申请的情形)：

①符合强制医疗条件的，应当作出对被申请人强制医疗的决定。

②被申请人属于依法不负刑事责任的精神病人，但不符合强制医疗条件的，应当作出驳回强制医疗申请的决定。

③被申请人具有完全或者部分刑事责任能力，依法应当追究刑事责任的，应当作出驳回强制医疗申请的决定，并退回人民检察院依法处理。

5. 对处理结果不服的复议

被决定强制医疗的人、被害人及其法定代理人、近亲属对强制医疗决定不服的,可以自收到决定书第2日起5日内向上一级人民法院申请复议。复议期间不停止执行强制医疗的决定。

6. 强制医疗机构的医疗与解除

强制医疗机构应当定期对被强制医疗的人进行诊断评估。对于已不具有人身危险性,不需要继续强制医疗的,应当及时提出解除意见,报决定强制医疗的法院批准。被强制医疗的人及其近亲属有权申请解除强制医疗。

被强制医疗的人及其近亲属申请解除强制医疗的,应当向决定强制医疗的人民法院提出。被强制医疗的人及其近亲属提出的解除强制医疗申请被人民法院驳回,6个月后再次提出申请的,人民法院应当受理。

主观题小案例

【案例1】被告人阿牛在17周岁的时候犯故意伤害罪,审判的时候已经20周岁。

问题:人民法院能否公开审理本案?

答案参考:能。刑事诉讼法规定被告人审判时已经成年,应当公开审理。本题阿牛犯罪时17周岁,审判时已经成年,应当公开审理,但本案可能需要进行犯罪记录封存,不得组织人员旁听。

【案例2】未成年人阿毛涉嫌组织同班女同学进行卖淫,如果阿毛认罪认罚,阿毛的辩护人张博律师对认罪认罚有异议。

问题:对于本案能否使用认罪认罚从宽制度,是否需要签署认罪认罚具结书,能否适用速裁程序?

答案参考:辩护人对认罪认罚有异议,但未成年人本人同意认罪认罚的,不需要签署认罪认罚具结书。虽然未签署具结书,同样可以对其适用认罪认罚制度从宽处理。未成年人案件不能适用速裁程序。

【案例3】张某因邻里纠纷失手将刘某打死,张某被批准逮捕。

问题:本案能否适用公诉案件和解程序,如果可以,由谁来参加?

答案参考:本案可以适用公诉案件和解程序来处理。因为被害人刘某已经死亡,刘某的近亲属可以与被告人张某和解,张某的近亲属经张某同意,也可以代张某进行和解。

【案例4】若张某因邻里纠纷将刘某打伤,被告人张某和被害人刘某双方和解。

问题:人民检察院能否因为双方和解而向法院撤回起诉?

答案参考:不能。审判阶段双方和解,法院可以依法对被告人从宽处理。如果在起诉前检察院认为本案犯罪情节轻微,不需要判处刑罚的,可以作出酌定不起诉的决定,但不能作撤诉处理。

【案例5】京州市副市长丁某犯贪污罪,潜逃到新加坡,人民检察院认为犯罪事实已经查清,证据也确实、充分,依法应当追究刑事责任,于是向人民法院提起公诉。法院决定缺席审理。经过审理,法院认定丁某构成的并非贪污罪而是合同诈骗罪。

问题:法院应该如何处理?

答案参考:法院应当裁定终止审理。《刑事诉讼法》规定,对于贪污贿赂犯罪案件,以及需要及时进行审判,经最高人民检察院核准的严重危害国家安全犯罪、恐怖活动犯罪案件,犯罪嫌疑人、被告人在境外，监察机关、公安机关移送起诉，人民检察院认为犯罪事实已经查清，证据确实、充分，依法应当追究刑事责任的，可以向人民法院提起公诉。人民法院进行审查后，对于起诉书中有明确的指控犯罪事实，符合缺席审判程序适用条件的，应当决定开庭审判。本案不属于该受案范围。

3.13 认罪认罚从宽原则

1.概念

在刑事诉讼中，以被追诉人自愿认罪认罚而在实体上和程序上予以从宽处理、处罚的制度。认罪认罚从宽，以自愿认罪、认罚为前提，从宽不仅包括实体上从宽，而且包括在程序上适用较为简化的程序。

2."认罪认罚"的把握

(1)主观上：①在侦查阶段表现为愿意接受处罚；②在审查起诉阶段表现为接受人民检察院拟作出的起诉或不起诉决定，认可人民检察院的量刑建议，签署认罪认罚具结书；③在审判阶段表现为当庭确认自愿签署具结书，愿意接受刑罚处罚。

(2)客观上：①犯罪嫌疑人、被告人虽然表示"认罚"，却暗中串供、干扰证人作证、毁灭、伪造证据或者隐匿、转移财产，有赔偿能力而不赔偿损失，则不能适用认罪认罚从宽制度；②犯罪嫌疑人、被告人享有程序选择权，不同意适用速裁程序、简易程序的，不影响"认罚"的认定。**【注意】**认罚应当结合退赃退赔、赔偿损失、赔礼道歉等因素来考量。

3."从宽"的理解

(1)范围：从宽处理包括实体结果的从宽，也包括程序上的从宽。**举例**：可以不予逮捕；轻微刑事案件，人民检察院可以依法作出不起诉决定。

(2)性质：可以从宽，不是一律从宽，对犯罪性质和危害后果特别严重、犯罪手段特别残忍、社会影响特别恶劣的犯罪嫌疑人、被告人，认罪认罚不足以从轻处罚的，依法不予从宽处罚。

4."从严"的把握

犯罪嫌疑人虽然认罪认罚，但所犯罪行具有下列情形之一的，提出量刑建议应当从严把握从宽幅度或者依法不予从宽：

(1)危害国家安全犯罪、恐怖活动犯罪、黑社会性质组织犯罪的首要分子、主犯；

(2)犯罪性质和危害后果特别严重、犯罪手段特别残忍、社会影响特别恶劣的；

(3)虽然罪行较轻但具有累犯、惯犯等恶劣情节的；

(4)性侵等严重侵害未成年人的；

(5)其他应当从严把握从宽幅度或者不宜从宽的情形。

5.与坦白等量刑情节的区分

对犯罪嫌疑人、被告人具有自首、坦白情节，同时认罪认罚的，应当在法定刑幅度内给予相对更大的从宽幅度。认罪认罚与自首、坦白不作重复评价。

6.侦查阶段

(1)告知犯罪嫌疑人享有的诉讼权利和认罪认罚的法律规定。

(2)把认罪认罚情况记录在案、随案移送。

7. 审查起诉阶段

(1)犯罪嫌疑人认罪认罚的,人民检察院应当告知其享有的诉讼权利和认罪认罚的法律规定,保障犯罪嫌疑人的程序选择权。告知应当采取书面形式,必要时应当充分释明。

(2)犯罪嫌疑人自愿认罪,同意量刑建议和程序适用的,应当在辩护人或者值班律师在场的情况下签署认罪认罚具结书。犯罪嫌疑人被羁押的,看守所应当为签署具结书提供场所。具结书应当包括犯罪嫌疑人如实供述罪行,同意量刑建议、程序适用等内容,由犯罪嫌疑人、辩护人或者值班律师签名。

(3)提出量刑建议,并随案移送认罪认罚具结书等材料。

(4)不起诉后反悔的处理:犯罪嫌疑人认罪认罚,检察院依法作出酌定不起诉决定后,犯罪嫌疑人反悔的,检察院应当进行审查:

①发现犯罪嫌疑人没有犯罪事实或者符合《刑事诉讼法》第16条规定情形之一的,应当撤销原不起诉决定,依法重新作出法定不起诉决定。

②犯罪嫌疑人犯罪情节轻微,依照刑法规定不需要判处刑罚或者免除刑罚的,可以维持原不起诉决定。

③排除认罪认罚因素后,符合起诉条件的,应当根据案件具体情况撤销原不起诉决定,依法提起公诉。

8. 审判阶段

(1)被告人认罪认罚的,审判长应当告知被告人享有的诉讼权利和认罪认罚的法律规定。

(2)审查认罪认罚的自愿性、认罪认罚具结书的真实性、合法性。

(3)对于认罪认罚的案件,法院作出裁判时,一般应当采纳检察院指控罪名和量刑建议。

(4)认罪认罚是适用速裁程序的条件之一。

9. 认罪认罚具结书

(1)原则上应当签:犯罪嫌疑人自愿认罪,同意量刑建议和程序适用的,应当在辩护人或者值班律师在场的情况下签署认罪认罚具结书。

(2)例外可不签:犯罪嫌疑人认罪认罚,有下列情形之一的,不需要签署认罪认罚具结书:

①犯罪嫌疑人是盲、聋、哑人,或是尚未完全丧失辨认或控制自己行为能力的精神病人;

②未成年犯罪嫌疑人的法定代理人、辩护人对未成年人认罪认罚有异议的;

③其他不需要签署认罪认罚具结书的情形。

10. 未成年人案件之特殊规定

(1)应当听取辩护人、法定代理人的意见。

(2)签署时须在场,不签也适用认罪认罚从宽。

未成年犯罪嫌疑人认罪认罚的,应当在法定代理人、辩护人在场的情况下签署认罪认罚具结书。法定代理人、辩护人对认罪认罚有异议的,不需要签署具结书。

未成年犯罪嫌疑人的法定代理人、辩护人对认罪认罚有异议而不签署具结书的,不影响从宽处理。

(3)未成年犯罪嫌疑人签署认罪认罚具结书时,其法定代理人应当到场并签字确认。法定代理人无法到场的,合适成年人应当到场签字确认。

第四单元

民　　法

4.1　民法调整的对象

民法调整平等主体的自然人、法人和非法人组织之间的人身关系和财产关系。

1. 平等主体

平等主体，是指民事主体参加民事活动的主体资格平等及在具体的民事法律关系中各方当事人的地位平等。民事主体包括自然人、法人、非法人组织。

2. 人身关系

民法调整的人身关系即人格关系与身份关系的合称。

人格关系，是指自然人基于彼此人格或者人格要素而形成的关系。人格要素与自然人人身不可分离，没有直接经济内容，如生命、身体、健康、肖像、名誉、荣誉、隐私等。人格关系不得抛弃和转让，其不仅仅存在于自然人之间，法人、非法人组织享有名称权、名誉权、荣誉权等有限人格权，表明人格权也存在于法人、非法人组织中。

身份关系，是指自然人基于彼此的身份而形成的相互关系，如父母、子女之间的监护关系，兄弟姐妹、祖父母、外祖父母之间的亲属关系。身份关系仅存在于自然人之间，法人、非法人组织之间不具有身份关系。身份关系不得抛弃和转让，但身份关系可以解除。比如，通过离婚解除夫妻关系，通过收养解除生父母子女关系等。

3. 财产关系

财产关系是人们基于财产的支配和交易而形成的社会关系。平等主体之间的财产关系包括支配型财产关系和流转型财产关系。

支配型财产关系表述的是财产归何人所有、归何人利用的状态。支配型财产关系包括两种：一是对物的支配，民法上称物权，主要由物权法调整；二是对智力成果的支配，民法上称知识产权，主要由知识产权法调整。

流转型财产关系表述的是财产在交易中因买卖、租赁、赠与等行为而发生的移转状态，民法上称债的关系，主要由合同法调整。

4.2 民事法律关系与非民事法律关系

4.2.1 民事法律关系

民事法律关系是由民事法律规范调整的,以平等主体之间的权利义务为内容的社会关系,包括人身法律关系和财产法律关系。

1. 平等主体

只能是自然人、法人以及非法人组织,并且民事法律关系是由自然人、法人以及其他组织根据其意思表示自主设定的。内容为私权利与私义务,不包括行政、经济管理关系。由于主观题的民综涉及民法、商法、民事诉讼法三个部门法,题目当中的主体会涉及法人,从而引出商法的考点。用人单位与其劳动者之间虽然是法人与自然人,但他们之间不是平等关系,如涉及的工资等财产关系由《劳动法》进行调整,不是民法调整的对象。

2. 人身关系

事关伦理,只有自然人主体才能发生人身关系。法人和非法人组织只能发生财产关系。

3. 财产关系

归根结底都是钱的问题,包括物权法律关系、债权法律关系等。学习的过程中要重点掌握民事主体享有的权利和应当承担的民事义务。

4. 民事法律关系的形成

(1)事件

事件是与特定民事主体的意志无关的法律事实。事件可以分为两类,一类为自然事件(绝对事件),另一类为社会事件(相对事件)。

①自然事件

是与人类活动没有直接关联的事实,如自然灾害、时间经过、果树结果、水果腐烂、自然人的自然出生和自然死亡之类。

②社会事件

是社会群体的集体行为,与特定民事主体的意志没有关系,如战争、动乱、罢工之类。

(2)行为

行为是民事主体在与意志有关的情况下为的法律事实。可以分为表意行为和非表意行为。

①表意行为

是行为人通过意思表示,旨在设立、变更或消灭民事法律关系的行为。其法律后果如何,取决于行为人的意思表示。常考的就是基于物权变动而发生的债权法律关系,比如小张要购买一部手机,商家丧失了手机的所有权,但基于买卖合同而获得了债权。

②非表意行为

又称事实行为,其不需要行为人进行意思表示,只要行为人实施了相应的行为,其法律后果就可以根据法律规定产生。比如侵权行为,被小李家的恶犬咬伤,显然不是基于意思表示而为之,但小李要对伤者进行赔偿,导致了赔偿责任的发生,此非人身关系,而是财产关系。

4.2.2 非民事法律关系(☆☆)

1. 好意施惠行为

又称情谊行为,指不能在当事人之间产生合同关系的约定或者承诺。情谊行为是一种类似于法律行为但又不属于法律行为的行为,是一种没有法律效果的约定。

(1)常考的情形包括搭乘便车,到站叫醒,顺路代为投递信件(取快递),各种社交邀请(改日吃饭、看电影、“来我家一定好好招待”),交往中的各种“承诺”(“你要是考过法考,我就嫁给你”“你要是考上研究生,我给你生孩子”)。

(2)认定为好意施惠的法律效果。

①不产生合同关系,不承担违约责任或缔约过失责任,但背后的侵权行为需要承担侵权责任。小张承诺明天早上9时搭乘小美上班,但第二天后悔了,不承担违约责任。但搭载小美的过程发生事故,小张就要承担侵权责任。

②缺乏缔约的诚意而以订约之名恶意磋商,就不属于情谊行为,需要承担缔约过失责任。缔约过程中的商谈约定,比如明天9点和小张看一下二手车这属于情谊行为,但恶意磋商就要承担缔约过失责任。

(3)特定社交活动产生的侵权责任。

①共同饮酒过程,违反基本的社交礼仪而过分劝酒、恶意劝酒行为或者共同饮酒后没有搀扶醉酒者下楼梯、过马路、送同饮醉酒者回家导致的赔偿责任。

②驴友之间负有相互照顾、相互帮助的义务,在旅游中遇到危险,驴友在有能力实施救助的情形下,放任同游的伙伴受伤或死亡,应承担侵权责任。

2. 纯粹经济损失

原则上,受害人不得就纯粹经济损失请求加害人承担侵权责任,但有例外:

(1)法律明确规定的情形。

(2)加害人故意给受害人造成纯粹经济损失的。

小张听说万力公司股票可能大涨,便告诉小七,小七信以为真大量购进,事后该股票大跌,小七要求小张赔偿损失,法院是不会支持的。

3. 婚约

不具有法律效力,但“支付彩礼”为附解除条件的赠与合同,原则上,赠与人不得请求返还已经支付的彩礼。例外:

(1)双方未办理结婚登记手续的。

(2)双方办理结婚登记手续后又离婚,确未共同生活的。

(3)婚前给付彩礼,离婚后,给付一方因为给付彩礼而生活困难的。

4. 恋爱

恋爱关系不受民法调整,但是两人结婚以后,感情破裂,双方都有离婚请求权,此时受民法调整。

5. 其他不属于法律事实的情形

(1)日出、日落、下雨、刮风等自然现象(假设没有出现不可抗力)。

(2)散步、读书、学习等不具备法律意义的行为。

(3)同学关系、师生关系、同事关系、恋爱关系等。

(4)宗教关系(出家的行为不是民事法律事实)。

主观题小案例

【案例1】中学生甲(13周岁)每天下午都去篮球场打篮球,顺带买一瓶可乐饮用。乙是拾荒者,以捡垃圾为生,经常在篮球场捡瓶子。一日甲打完篮球后,将装有半瓶可乐的瓶子放在操场上,拿着书包就和同学丙一起离开了球场。乙随后捡走了可乐瓶。

问题:甲的行为是否属于民事法律行为?属于何种民事法律行为?

答案参考:甲的行为属于民事法律行为,属于单方民事法律行为。动产所有权的抛弃系单方民事法律行为。甲虽系限制民事行为能力人(13周岁),但将喝了半瓶的可乐瓶放在操场上离去,以"行为的方式"表明抛弃的意思表示,且该单方民事法律行为合法有效。

【案例2】甲、乙、丙、丁均为资深骑马爱好者,相约去草原骑马。甲提供四匹马,骑行过程中,乙的马被突然出现的野兔惊吓,造成乙受伤。

问题:该责任如何承担?

答案参考:由乙自行承担。根据《民法典》及相关法律规定,自担风险是指受害人自愿参加某种可能发生风险的活动时,除非组织者或其他参加者存在过错,受害人自己承担由此产生的损害后果。本题中,甲、乙、丙、丁四人作为"资深"骑马爱好者,应当预见到骑马属于危险活动,仍"相约"去草原骑马。四人行为属于"自担风险"。乙的马被突然出现的野兔惊吓,属于意外事件,其他三人不存在过错。故无须对乙的受伤承担赔偿责任,即由乙自行承担。

4.3 民事法律行为

一、自然人的民事行为能力

自然人的民事行为能力是民事主体独立实施民事法律行为的资格。只有从事民事法律行为才需要民事行为能力,事实行为如创作歌曲、先占无主物、侵权行为之类,不需要具备民事行为能力。

1. 完全民事行为能力

(1)情形:

①年满18周岁的人;

②年满16周岁不满18周岁,以自己的劳动收入为主要生活来源的人。

(2)所为民事法律行为的效力:可以独立实施民事法律行为。

2. 限制民事行为能力

(1)情形

①8周岁以上,不满18周岁的人(16周岁以上+以劳动收入为主要生活来源除外);

②不能完全辨认自己行为的人。

(2)所为民事法律行为的效力

实施民事法律行为由其法定代理人代理或经其法定代理人同意、追认,但以下两种行为,可直接认定为有效:①独立实施纯获利益的民事法律行为;②与其智力、精神健康状况相适应的民事法律行为。

3. 无民事行为能力

(1)情形

①不满8周岁的未成年人;

②不能辨认自己行为的人。

(2)所为民事法律行为的效力

无民事行为能力人实施的民事法律行为无效,即使纯获利益的行为也无效。

二、意思表示

民事法律行为是指民事主体通过意思表示使民事法律关系产生、变更和消灭的行为。意思表示是指具有相应民事行为能力的民事主体将意欲发生一定私法上效果的内心意思表示于外的行为。

1. 内心的效果意思

内心的效果意思是指行为人实施行为所追求的特定法律效果的意思,也即发生一定私法上效果的意思。

私法效果就是当事人意欲建立的关系属于民法的调整对象,即人身关系或者财产关系。

2. 外在的表示行为

意思表示要想发生私法上的效果,除了要有内心的效果意思,还要求表意人通过外在的表示行为将这种内在意思表达出来。

3. 常考的意思表示

(1)在限制行为能力人实施的超越其年龄、智力、精神健康状况的行为中(效力待定),相对人可以催告其法定代理人自收到通知之日起30日内予以追认。法定代理人未作表示的,视为拒绝追认。

(2)在无权代理中,相对人可以催告被代理人自收到通知之日起30日内予以追认。被代理人未作表示的,视为拒绝追认。

(3)在债务承担中,债务人或者第三人可以催告债权人在合理期限内予以同意,债权人未作表示的,视为不同意。

(4)在试用买卖中,试用期限届满,买受人对是否购买标的物未作表示的,视为购买。

(5)在租赁合同中,出租人知道或者应当知道承租人转租,但在6个月内未提出异议,视为出租人同意转租。

(6)在继承中,继承开始后,继承人放弃继承的,应当在遗产处理前,以书面形式作出放弃继承的表示;没有表示的,视为接受继承。

(7)在遗赠中,受遗赠人应当在知道受遗赠后60日内,作出接受或者放弃受遗赠的表示;到期没有表示的,视为放弃受遗赠。

三、民事法律行为的成立

1. 民事法律行为的一般成立要件

(1)有当事人,当事人包括自然人、法人和非法人组织

在判断一个民事法律行为是否成立时,只需要有当事人即可,而不论当事人是否有民事行为能力。是否有民事行为能力,是民事法律行为生效时需要考虑的。

(2)有意思表示

单方法律行为只需要一个意思表示;双方法律行为需要两个相互对应的意思表示达成一致;多方法律行为需要两个以上相同方向的意思表示达成一致。

在判断一个民事法律行为是否成立时,只需要有意思表示即可,而不论意思表示是否真实。意思表示是否真实,是民事法律行为生效时需要考虑的。

(3)有行为内容

行为内容,有的书上也表述为标的或客体,通常用数量、质量、价款等进行描述。

这里的内容,需要满足两个基本要求:

①行为内容须达到能被具体认定的程度,如甲、乙在买卖合同中约定"甲将一样物品"卖给乙,则该合同不成立,因为"一样物品",到底是什么物品,数量如何、价值几何,均未约定,说明合同内容不确定,故无法成立。

②行为内容在客观上须具有实现的现实性,如甲、乙二人签订的以月球土地为标的物的买卖合同,即属于标的不可能的合同,故该合同不能成立。

在判断一个民事法律行为是否成立时,只需要有行为内容即可,而不论该行为内容是否合法。行为内容是否合法,是民事法律行为生效时需要考虑的。

2. 民事法律行为的特别成立要件

特别成立要件是一般成立要件以外某些民事法律行为的成立所必须具备的要件。在法考中,主要是要掌握实践性行为,其成立除需要满足上述条件外,还必须交付标的物。

四、民事法律行为的生效

民事法律行为的生效,也需要满足一定的要件,同样包括一般生效要件和特别生效要件。其中,一般生效要件对应着一般成立要件,在学习的时候要一一对应起来。

1. 民事法律行为的一般生效要件

一般生效要件是指任何民事法律行为的生效都必须具备的要件。

(1)当事人有相应的民事行为能力

当事人不具有相应的民事行为能力时,所实施的行为无效或效力待定。

此处并不要求必须是完全民事行为能力。因为限制民事行为能力人,对于纯获利益的行为或与其年龄、智力相适应的民事法律行为(主要从行为与本人生活相关联的程度,本人的智力、精神健康状况能否理解其行为并预见相应的后果,以及标的、数量、价款或者报酬等方面认定),也是有效的。

(2)意思表示真实

意思表示不真实的民事法律行为是可撤销的民事法律行为。

(3)内容合法

民事法律行为的内容不得违反法律、行政法规的强制性规定,不得违反公序良俗,即民事法律行为须有合法性。

2. 民事法律行为的特别生效要件

特别生效要件是一般生效要件以外某些民事法律行为的生效所必须具备的要件。如对于遗嘱而言,其生效除需要满足上述条件外,还必须立遗嘱人死亡。

五、无效的民事法律行为(☆☆☆)

无效的民事法律行为指已经成立的民事法律行为,因严重欠缺民事法律行为的生效要件而不按照行为人设立、变更、终止民事法律关系的意思表示发生效力。

1. 无效的民事法律行为特征

(1)国家主动干预,无效的民事法律行为是当然无效、绝对无效的。

(2)不具有可履行性,已经履行的,应当通过返还财产、赔偿损失等方式使当事人的财产恢复到行为成立之前的状态。

(3)自始无效、绝对无效,一旦被确认无效,将产生溯及力。

2. 主观题常考的无效情形

(1)行为能力欠缺者实施的民事法律行为。

①无民事行为能力人实施的民事法律行为(包括纯获利的行为)无效;

②限制行为能力人实施的超出其能力范围的单方行为无效,如订立遗嘱、抛弃价值较大的物品等。

(2)虚假民事法律行为。

行为人与相对人以虚假的意思表示实施的民事法律行为无效。行为人与相对人以虚假的意思表示实施的民事法律行为,由于双方都没有发生该法律效果的真实意思,当然属于无效。**举例:**小强不想露富,于是将自己固安的一套别墅假托赠与并登记在父亲名下,实际上自己控制着钥匙与房本并一直居住。该赠与行为就属于虚假的民事法律行为,无效。

(3)以合法形式掩盖非法目的。

一个行为包括两个意思表示,虚假的意思表示是无效的,隐藏的意思表示如果合法就有效,非法就无效。

(4)恶意串通行为。

恶意串通损害他人合法利益的民事法律行为无效。必须有恶意、串通以及损人的目的,因此,恶意仅仅是恶意串通的条件之一,而不等同于恶意串通。在做题时要时刻提醒自己:恶意不等于恶意串通。在法考中,这种情形最容易结合“一物二卖”进行考查。

举例:甲对乙享有债权,乙为了躲避债务,将价值300万元的房屋以200万元的价格卖给知情的第三人丙。乙丙之间合同无效。【**注意**】恶意串通的主观方面就是为了损害第三方合法权益,若是为了自己得利则不是恶意串通。

【错误,丙在知情的情况下依然购买,其目的在于获得低价购房的好处,而不在于损害甲的利益,所以乙、丙之间合同有效,只是甲享有债的保全中的撤销权而已。如果丙并无购买房屋的意愿,而是为了帮助乙逃债,与乙签订虚假的买卖合同,则双方存在恶意串通,乙、丙之间合同无效】

(5)违反强制性规定或者公序良俗的行为。

①损害公共秩序的合同,如以从事犯罪或者帮助犯罪为内容的合同;

②过分限制基本人权的合同,如约定配偶一方结婚后不得擅自接触异性的夫妻忠实条款;

③违反基本的伦理道德的合同,如代孕合同等。

3. 无效的后果

(1)未履行的不再履行,已履行的返还(不当得利),不能返还的折价补偿。

(2)无效或撤销后,有过错方向无过错方赔偿,均有过错的,按各自过错承担责任,此处责任的性质为缔约过失责任。

(3)当事人恶意串通,损害国家、集体或第三人利益的,双方当事人已取得和约定取得的财产收归国家所有,或返还给受损的集体、第三人。

六、可撤销的民事法律行为(☆☆☆☆☆)

可撤销的民事法律行为指因有法定的意思表示的重大瑕疵,可以通过诉讼或仲裁的方式予以撤销的民事法律行为。包括欺诈、胁迫、重大误解、显失公平。

1. 欺诈的构成要件

(1)一方或第三人故意实施欺诈行为,即故意告知虚假事实或者隐瞒真实的事实。

(2)对方因此而陷入错误认识,即欺诈与认识错误之间有因果关系。

(3)对方因错误作出不真实的意思表示,即认识错误与不真实的意思表示之间有因果关系。

第三人实施欺诈行为,使一方在违背其真实意思的情况下实施的民事法律行为,对方知道或者应当知道该欺诈行为的,受欺诈方有权请求人民法院或者仲裁机构予以撤销。

2. 胁迫的构成要件

(1)一方或第三人故意预告实施危害,即故意实施胁迫行为。

(2)对方因此陷入恐惧,即胁迫与恐惧之间有因果关系。

(3)对方因恐惧而作出意思表示,即恐惧和作出意思表示之间有因果关系。

(4)胁迫具有不正当性。所谓不正当,即违背诚实信用原则和公认的道德准则。

第三人以胁迫手段,使对方在违背真实意思的情况下实施的民事法律行为。无论合同相对人在合同成立时是否知道或者是否应当知道第三人胁迫,受胁迫人均有权撤销。

3. 重大误解的构成要件

(1)基于自己过失的错误认识,即对其所为的民事法律行为的性质、内容和主体等方面有错误认识。

(2)基于错误认识而实施了与其真实意思相悖的民事法律行为。

(3)因误解所实施的民事法律行为已经或者将要给自己造成重大损失。

【注意】双方任何一方均有撤销权。

4. 显失公平的构成要件

(1)既要求一方利用自己交易经验、经济地位上的优势或对方的不利处境,又要求产生显失公平的不利后果。例如春运期间,把火车站票以坐票的价格出售。

(2)权利义务上的不对等须发生在民事法律行为成立时。

【注意】受损失方享有撤销权。

5. 撤销权除斥期间

(1)自知道或者应当知道撤销事由之日起1年或者90日(唯有重大误解适用90日)。

(2)从行为发生之日起5年。

主观题小案例

【案例1】乙公司以国产牛肉为样品,伪称某国进口牛肉,与甲公司签订了买卖合同,后甲公司得知这一事实。此时恰逢某国流行疯牛病,某国进口牛肉滞销,国产牛肉价格上涨。

问题:乙公司是否有权以欺诈为由主张撤销合同?

答案参考:无权。根据《民法典》第148条的规定,一方以欺诈手段,使对方在违背真实意思的情况下实施的民事法律行为,受欺诈方有权请求人民法院或者仲裁机构予以撤销。本案中,乙公司以国产牛肉为样品,伪称某国进口牛肉构成欺诈,甲公司作为受欺诈方享有撤销权,乙公司作为欺诈方没有撤销权。

【案例2】甲将其自有房屋卖给乙,双方约定房屋价款为1000万元。为了避税,甲、乙双方签订的书面合同载明的价款为400万元。

问题:买卖合同效力如何?

答案参考:400万元的买卖合同无效,价款为1000万元的买卖合同有效。根据《民法典》第146条的规定,行为人与相对人以虚假的意思表示实施的民事法律行为无效。以虚假的意思表示隐藏的民事法律行为的效力,依照有关法律规定处理。本案中,甲、乙签订的价款为400万元的买卖合同系"双方虚假行为",因此无效。但是,价款为1000万元的买卖合同系"隐藏行为",该合同无其他效力瑕疵,为有效合同。

【案例3】甲拥有一幅祖传字画,乙意图购买,但屡遭拒绝。甲儿子在丙的公司里工作,丙为了帮助乙买到字画,私自找到甲,以开除其儿子相威胁,要求甲将字画卖给乙。乙对此并不知情。不久,乙再次来找甲购画,甲无奈之下以5万元的价格将字画卖给乙。

问题:甲能否以受到胁迫为由请求撤销合同?

答案参考:能。根据《民法典》第150条的规定,一方或者第三人以胁迫手段,使对方在违背真实意思的情况下实施的民事法律行为,受胁迫方有权请求人民法院或者仲裁机构予以撤销。本案中,丙是第三人,在丙的威胁之下,甲违背自己真实的意愿而与乙签订了买卖合同,属于可撤销的合同。

七、效力待定的民事法律行为(☆☆)

1. 限制民事行为能力人实施的不能独立实施的法律行为

(1)对于限制民事行为能力人实施的与其年龄、智力、健康状况不相适应的行为,法定代理人有追认权。追认权为形成权,可单方决定是追认还是拒绝:

①追认的意思表示自到达相对人时生效,合同自订立时生效。

②被代理人已经开始履行合同义务的,视为对合同的追认。

(2)相对人的权利有:

①催告权。无论相对人恶意还是善意,均可催告法定代理人自收到通知之日起1个月内予以追认。法定代理人沉默,视为拒绝追认。

②撤销权。民事法律行为被追认前，善意相对人可通知撤销。

2. 狭义无权代理

无权代理实施的民事法律行为效力待定。【注意】指的是该合同对被代理人的约束力待定，而非合同本身效力待定。合同在代理人和相对人之间是有效力的，代理人履行不了时，相对人依有效合同追究违约责任。

3. 无权处分

(1)当事人一方不得以出卖人在缔约时对标的物无所有权或处分权为由主张合同无效。

(2)出卖人因未取得所有权或处分权致使标的物所有权不能转移的，买受人可要求出卖人承担违约责任或要求解除合同并主张损害赔偿。

【注意】

(1)结合负担行为、处分行为理解，其中作为负担行为的买卖合同有效，但导致物权变动的处分行为则效力待定。

(2)若处分行为被追认，则变成正常买卖，无权处分变成有权处分，买受人继受取得标的物的权利；若处分行为未被追认，则仍为无权处分，此时如果买受人善意且支付合理对价，在动产交付后，买受人可善意取得标的物的权利。

主观题小案例

【案例1】甲委托乙为代理人，为其购买一套公寓，价款应当低于300万元。此后，乙经考察、比较，以甲的名义与丙公司签订400万元的买卖合同。结论：该买卖合同效力待定。

问题：该结论是否正确？

答案参考：正确。代理人没有代理权而实施代理行为的，属于无权代理，代理行为效力待定，经过被代理人追认后才生效。本命题中，甲是被代理人，乙是代理人，乙超越其代理权与丙公司签订400万元的买卖合同，属于无权代理，买卖合同效力待定。

【案例2】甲委托乙代购彩票，明确告知号码，乙擅自变更号码而购买，所购号码中奖。结论：中奖所得应当归甲所有。

问题：该结论是否正确？

答案参考：正确。“乙擅自变更号码而购买”属于越权型无权代理，其所实施的民事法律行为效力待定，经过甲的追认自始有效，法律效果归属于被代理人甲，而非代理人乙。

【案例3】甲、乙签订股权转让合同，约定甲将其对丙公司享有的90%股权转让给乙，乙支付1亿元股权受让款。但是此前甲已将该股权转让给丁。结论：甲、乙之间的股权转让合同效力待定。

问题：该结论是否正确？

答案参考：错误。因无权处分订立的买卖合同有效，该规定准用于股权转让合同、互易合同等有偿合同。本命题中，甲将股权转让给丁之后，向乙转让股权，属于无权处分，由此签订的股权转让合同有效。

4.4 代理、时效、期间

4.4.1 无权代理

无权代理,是指行为人不具有代理权,而以他人名义实施民事法律行为的代理现象。

1. 无权代理的认定

(1)根本没有经过被代理人授权,但代理人仍然进行代理。甲未经乙授权,即以乙的名义与丙签订合同。

(2)虽然经过被代理人授权但代理人却越权实施代理。甲得到乙的授权购买电脑,但甲却以乙的名义与丙签订购买手机的合同。

(3)虽然曾经有被代理人授权但已经终止,代理人却仍然进行代理。甲得到乙的授权在一个月之内购买电脑,但甲却在两个月之后以乙的名义与丙签订购买电脑的合同。

(4)共同代理中,某一代理人未经其他代理人同意而擅自实施代理行为。甲委托乙、丙共同代理其购买设备,但乙未经和丙商量,就擅自以甲的名义与丁订立了购买设备的合同。

2. 代理权滥用

(1)自己代理,须经被代理人事前同意或者事后追认,才能发生有权代理的效力。

(2)双方代理,属于无权代理,须经双方被代理人事前同意或者事后追认,才能发生有权代理的效力。

(3)代理人与相对人恶意串通,损害被代理人合法权益的,代理人和相对人应当承担连带责任,代理实施的法律行为无效。

3. 无权代理的法律后果

(1)被代理人的追认权。

因无权代理订立的合同效力待定,经被代理人追认后,该合同自始有效;未经被代理人追认的,对被代理人不发生效力,此时,善意相对人有权请求无权代理人履行合同或者就其受到的损害请求行为人赔偿。在确定赔偿的范围时,不得超过被代理人追认时相对人所能获得的利益。

(2)相对人的催告权。

相对人可以催告被代理人自收到通知之日起30日内予以追认。被代理人未作表示的,视为拒绝追认。

(3)善意相对人的撤销权。

行为人实施的行为被追认前,善意相对人有撤销的权利。撤销以通知的方式作出。需要考生注意的是,此处的撤销权,只有善意的相对人才能享有;而前述催告权,则无论相对人善意与否,均享有。

(4)相对人有理由相信行为人有代理权必须具备两个条件:

①存在代理权的外观;

②相对人不知道行为人行为时没有代理权,且无过失。

4.4.2 表见代理

表见代理，是指代理人虽无代理权但表面上有足以使相对人相信其有代理权而由被代理人承担法律后果的代理。

1. 表见代理的法律要件

(1)须行为人是无权代理。

(2)须相对人善意(相对人不知行为人无代理权，且无过失)。

(3)须有表见事由，即存在使相对人相信代理人有代理权的事实和理由。

常考的表见事由：授权委托书、介绍信、盖有公章的空白合同书、长期的业务往来关系、交易习惯等。

2. 表见代理的法律后果

(1)表见代理发生和有权代理同样的效力，即代理人从事代理行为的后果直接归属于被代理人。

(2)被代理人因此遭受损失的，可以向代理人追偿。

【注意】处理代理题目时的基本思路，可以分三步：(1)首先判断是否属于无权代理；(2)如果是无权代理，再判断是否构成表见代理；(3)如果不构成表见代理，则按一般的无权代理处理，即效力待定。

主观题小案例

【案例1】甲委托乙购买一套机械设备，但要求以乙的名义签订合同，乙同意，遂与丙签订了设备购买合同。后由于甲的原因，乙不能按时向丙支付设备款。

问题：在乙向丙说明了自己是受甲委托向丙购买机械设备后，丙可以向谁主张支付设备款？

答案参考：丙可以选择要求甲或乙支付设备款。根据《民法典》第926条第2款的规定，受托人因委托人的原因对第三人不履行义务，受托人应当向第三人披露委托人，第三人因此可以选择受托人或者委托人作为相对人主张其权利，但是第三人不得变更选定的相对人。乙的行为属于隐名的间接代理，原则上该买卖合同仅约束乙和丙，但由于甲的原因，乙不能按时向丙支付设备款，乙可以向丙披露被代理人甲，此时丙可以选择向甲或乙请求支付设备款。

【案例2】甲公司业务经理乙长期在丙餐厅签单招待客户，餐费由甲公司按月结清。后乙因故辞职，月底餐厅前去结账时，甲公司认为，乙当月的几次用餐都是招待私人朋友，因而拒绝支付乙所签单的餐费。

问题：甲公司是否应当付款？

答案参考：应当付款。根据《民法典》第172条的规定，行为人没有代理权、超越代理权或者代理权终止后，仍然实施代理行为，相对人有理由相信行为人有代理权的，代理行为有效。乙曾经享有在丙餐厅代理甲公司签单的委托代理权，乙在丙餐厅招待私人朋友并以甲公司名义签单的行为属于无权代理，但由于甲公司并未将乙辞职这一情况及时通知丙餐厅，丙餐厅相信乙仍然享有代理权，系善意且无过失，乙的行为构成表见代理，甲公司应当付款。

【案例3】甲委托乙订购手机，乙在订购期间身体突发疾病，联系不上甲，为赶上“双十一”优惠，于是委托丙帮忙订购手机，由于乙未交代清楚相关事项，丙虽不清楚，也未再询问，遂以甲的名义向善意的张三购买1000部手机，后发现该1000部手机型号有误。

问题：请分析其中的法律关系和责任。

答案参考：(1)构成复代理关系，在紧急情况下为了甲的利益，乙有复任权。

(2)丙以甲的名义订立合同，该合同约束的是张三和甲，张三有权要求甲承担合同责任。

(3)甲承担责任后，可以要求委托代理人乙赔偿损失，转委托代理人丙对转委托不明也有过错，丙与乙应承担连带责任。法条依据为《民法典》第169条，代理人需要转委托第三人代理的，应当取得被代理人的同意或者追认。转委托代理经被代理人同意或者追认的，被代理人可以就代理事务直接指示转委托的第三人，代理人仅就第三人的选任以及对第三人的指示承担责任。转委托代理未经被代理人同意或者追认的，代理人应当对转委托的第三人的行为承担责任；但是，在紧急情况下代理人为了维护被代理人的利益需要转委托第三人代理的除外。

4.4.3 诉讼时效

1. 诉讼时效的适用对象

诉讼时效主要适用于各种债权请求权，结合债权的产生原因，可知诉讼时效适用于合同债权请求权、侵权请求权、不当得利请求权、无因管理请求权、缔约过失请求权、单方允诺请求权等。

2. 不适用诉讼时效的请求权

(1)不适用诉讼时效的请求权

①请求停止侵害、排除妨碍、消除危险；

②不动产物权和登记的动产物权的权利人请求返还财产；

③请求支付抚养费、赡养费或者扶养费；

④人格权受到侵害，受害人主张的消除影响、恢复名誉、赔礼道歉请求权。

(2)不适用诉讼时效的债权请求权

①支付存款本金及利息请求权；

②兑付国债、金融债券以及向不特定对象发行的企业债券本息请求权；

③基于投资关系产生的缴付出资请求权；

④公司请求瑕疵出资股东交付出资的债权；

⑤公司的债权人请求公司的瑕疵出资股东(在未出资本息范围内)对公司债务承担补充责任的债权；

⑥公司的债权人请求抽逃出资的公司股东(在抽逃出资本息范围内)对公司债务承担补充责任的债权。

3. 诉讼时效的中止

(1)权利人因不可抗力而不能行使权利(不可抗力是指不能预见、不能避免并不能克服的客观情况)，待不可抗力结束后，诉讼时效继续计6个月。

(2)受害人是无民事行为能力人、限制民事行为能力人且没有法定代理人，或者法定代理人死亡、丧失民事行为能力、丧失代理权。待找到受害人的新的法定代理人后，诉讼时效继续计算6个月。

(3)继承开始后,遗产遭到他人侵犯,但继承人或者遗产管理人尚未确定,待确定继承人或遗产管理人后,诉讼时效继续计算6个月。

(4)权利人被义务人或者其他人控制,无法主张权利,待权利人恢复人身自由后,诉讼时效继续计算6个月。

(5)其他导致权利人不能行使请求权的障碍,待障碍解除后继续计算6个月。

4. 诉讼时效的中断

(1)权利人向义务人提出履行请求,产生诉讼时效中断的效力:

①当事人一方直接向对方当事人送交主张权利文书,对方当事人在文书上签名、盖章、捺指印,或者虽未签名、盖章,但能够以其他方式证明该文书到达对方当事人的;

②当事人一方以发送信件或者数据电文方式主张权利,信件或者数据电文到达或者应当到达对方当事人的;

③当事人一方为金融机构,依照法律规定或者当事人约定从对方当事人账户中扣收欠款本息的;

④当事人一方下落不明,对方当事人在国家级或者下落不明的当事人一方住所地的省级有影响的媒体上刊登具有主张权利内容的公告的,但法律和司法解释另有特别规定的,适用其规定。

(2)义务人同意履行义务,包括义务人作出分期履行、部分履行、提供担保、请求延期履行、制定清偿债务计划等承诺或者行为等。

(3)权利人提起诉讼或者申请仲裁。

(4)与提起诉讼或者申请仲裁具有同等效力的其他情形,如为主张权利而申请宣告义务人失踪或死亡、申请诉前财产保全、向人民调解委员会以及其他依法有权解决相关民事纠纷的国家机关、事业单位、社会团体等社会组织提出保护相应民事权利的请求等。

(5)诉讼时效中断的法律后果,中断事由结束后,一律再重新计算3年。

5. 无民事行为能力人、限制民事行为能力人诉讼时效起算规定

(1)无民事行为能力人或者限制民事行为能力人的权利受到损害的,诉讼时效期间自其法定代理人知道或者应当知道权利受到损害以及义务人之日起计算,但是法律另有规定的除外。

(2)无民事行为能力人、限制民事行为能力人的权利受到原法定代理人损害,且在取得、恢复完全民事行为能力或者在原法定代理终止并确定新的法定代理人后,相应民事主体才知道或者应当知道权利受到损害的,有关请求权诉讼时效期间才开始计算。

4.4.4 除斥期间

除斥期间,是指期间届满,权利即消灭的法律制度。

1. 除斥期间主要适用于形成权。

2. 除斥期间届满,权利直接消灭。

3. 除斥期间不能中止、中断和延长。

主观题小案例

【案例1】甲的房屋为夫妻共同财产,甲自信妻子李某不会反对其将旧房出卖换大房,事先未

将出卖房屋的事情告诉李某。李某知道后表示不同意。但甲还是瞒着李某与乙办理了房屋所有权转移登记。2 年后,甲与李某离婚,李某认为当年甲擅自处分夫妻共有房屋造成了自己的损失,要求赔偿。甲抗辩说,赔偿请求权已过诉讼时效。

问题:甲对其妻李某的请求所提出的时效抗辩是否成立?为什么?

答案参考:不成立。根据《民法典》第 194 条,在诉讼时效期间的最后 6 个月内,因下列障碍,不能行使请求权的,诉讼时效中止:(1)不可抗力;(2)无民事行为能力人或者限制民事行为能力人没有法定代理人,或者法定代理人死亡、丧失民事行为能力、丧失代理权;(3)继承开始后未确定继承人或者遗产管理人;(4)权利人被义务人或者其他人控制;(5)其他导致权利人不能行使请求权的障碍。自中止时效的原因消除之日起满 6 个月,诉讼时效期间届满。本案中,由于甲与李某双方实行夫妻共同财产制,夫妻关系存续是诉讼时效中止的法定事由,故甲对李某提出的时效抗辩不成立。

4.5 物权变动

4.5.1 物的分类(☆)

1. 动产与不动产

(1)动产是能够移动并且不因移动损害价值的物,如家具、电脑、汽车等;不动产是不能够移动或虽可移动但却会因移动损害价值的物,如土地、房屋等。

(2)区分意义。

①基于民事法律行为而产生的物权变动的要件不同。动产物权原则上以交付为公示方式,不动产物权以登记为公示方式。

②可设立物权的类型不同。不动产之上不得设立质权和留置权。

③能否产生相邻关系不同。不动产有相邻关系之发生,动产不存在相邻关系的问题。

④法律对不动产的诉讼管辖以及法律适用有特殊规定。**举例**:民事诉讼中不动产纠纷以不动产所在地为管辖地,国际私法中以不动产所在地法律为不动产纠纷之准据法。

2. 主物与从物

(1)主物是指能够独立发挥效用,并为从物所辅助之物;从物是指在物理上独立存在,而在功能上辅助主物发挥效用的物。

(2)从物的特征如下:

①独立于主物,即不是主物的组成部分。窗户是房屋的组成部分,轮胎是汽车的组成部分,均不是主物与从物的关系。

②在功能上协助主物发生经济效益。如遥控器协助电视机发挥作用,是从物与主物的关系。此外还有船桨与船、眼镜盒与眼镜等。

③与主物归属同一人所有。如果两个物分别归属于不同的人所有,则不存在主物与从物的区分。

④主物和从物须具有一定程度的场所上的结合关系。如张某于一年前放在安徽老家的眼镜盒就不是现位于北京的家中的眼镜的从物。

常见的主物与从物：电视机和遥控器、网球拍与网球套、汽车与备胎、台灯与灯罩。常见的不属于主物与从物的有：房屋与窗户、汽车与轮胎、上衣与裤子。

(3)区分意义。

原则上，从随主走，即除另有约定或法律另有规定，从物随同主物一起处分。《民法典》第320条规定，主物转让的，从物随主物转让，但当事人另有约定的除外。

3. 原物与孳息

(1)依产生收益的物与所生收益之间的关系而对物作的区分。原物指能够产生收益的物；孳息指原物所生的收益，包括天然孳息和法定孳息。

天然孳息是依物的自然属性而获得的收益，如植物所结的已经脱落的果实，动物产出的幼崽。但天然孳息必须与原物相分离，在与原物分离之前，不能称其为孳息，如果树上已成熟的果实、动物腹中的胎儿。

法定孳息是依法律关系所得的收益，如出租所得的租金、彩票中奖所得的奖金。

(2)主要解决孳息的归属问题。

①除法律有特别规定或者当事人有约定外，天然孳息归原物的所有权人所有，原物的所有权转让时，天然孳息物的收取权一并移转。既有所有权人，又有用益物权人的，天然孳息由用益物权人取得。

②法定孳息的归属有约定按约定，没约定按照交易习惯确定。

③买卖合同中，标的物在交付之前产生的孳息，归出卖人所有；交付之后产生的孳息，归买受人所有。

4. 特定物与种类物

(1)根据物是否有独特属性或被特定化进行划分。特定物是具有独特属性或被特定化并且无从替代的物。特定物既包括独一无二的物，如毕加索的画、《狂人日记》的手稿等；也包括经当事人指定后被特定化的种类物，如经挑选的衣服。特定物具有不可替代性。

种类物是以品种、规格、质量或度量衡确认的一类具有共同特征的物。如10斤大米、1吨煤炭等。种类物可以经指定而成为特定物。

(2)区分意义。

标的物灭失时的法律效果不同。当特定物作为债履行的标的物时，该物于交付对方当事人前灭失的，债务人可以免除交付义务，而改为承担赔偿责任；若以种类物作为债履行的标的物时，债务人不能以交付前物已灭失作为免除交付的抗辩理由，而是仍需以同样品质、数量的种类物交付。

5. 可分物与不可分物

(1)依据物能否被分割为标准进行划分。可分物是指可以分割并且不因分割而损害其价值或性能的物，如将一袋大米分成若干份；不可分物是指分割后会改变性能或价值的物，如一辆汽车、一架钢琴。

(2)区分意义。

共有物的分割方法不同。共有人在分割共有财产时，对可分物，可分割实物；对于不可分物，原则上只能进行价值上的分割,实物归于一人,由其对其他人补偿,或者将实物出卖,分割所得价金。

6. 消耗物与不可消耗物

(1)依据物能否重复使用进行划分。消耗物是指仅一次性有效使用就灭失或品质发生变化的物,如大米;不可消耗物是指可反复使用,通过使用逐渐磨损其效用的物,如车辆、电器等。

(2)区分意义。

民事法律关系的类型不同。在借用合同中,所借之物为消耗物时,合同的性质就是消费借贷,借贷物交付时所有权移转,借贷人只要返还种类物即可;反之,所借之物为不可消耗物时,合同的性质就是借用合同或租赁合同,借用或交付时仅转移使用权,而不转移所有权,承租人、借用人须返还原物。

4.5.2 基于法律行为的物权变动(☆☆☆)

一、物权变动

物权变动,是指物权的设立(取得)、变更和消灭的总称。

1. 物权的取得

(1)物权的取得,包括原始取得和继受取得两种方式。

(2)原始取得,是指不以他人的权利及意思为依据,而是依据法律直接取得物权,如通过先占、善意取得制度获得物的所有权;继受取得是指以他人的权利及意思为依据取得物权,如通过买卖取得标的物的所有权等。

2. 物权的变更

(1)物权的变更,有广义和狭义之分。

(2)广义的物权的变更,是指物权的主体、内容或者客体的变更。但是严格来讲,物权主体的变更是权利人的更迭,应属物权的取得与丧失的问题。

(3)狭义的物权的变更,仅指物权的内容或者客体的变更。

3. 物权的消灭

(1)物权的消灭有绝对的消灭和相对的消灭。

(2)绝对的消灭是指物权本身不存在了,即物权因标的物本身灭失而消灭。

(3)相对的消灭是指原主体权利的丧失和新主体权利的取得,如通过买卖行为,一方丧失所有权,一方取得所有权,就丧失权利一方而言便是物权的相对消灭。

二、基于法律行为的物权变动——不动产

1. 不动产物权变动 = 有权处分 + 法律行为(买卖、抵押等)有效 + 办理登记。

举例:小张若想获得小李的房屋的所有权,法律上要进行两步:

第一步是小张和小李之间要达成合意,签订一份房屋买卖合同,此为债权行为;

第二步是小张和小李要办理房屋过户登记,进行物权的公示。

2. 基本原则:不动产物权变动,经依法登记,发生效力;未经登记,不发生物权效力。

(1)当事人签订有效合同,若仅“交付房本”,未办理登记的,不发生物权效力。

(2)区分原则:当事人签订不动产物权合同,未登记不发生物权效力,但合同效力不受影响。

举例:甲欲出卖一栋房屋,随即与乙签订合同,约定7日后交付钥匙。次日,甲与丙签订了该房屋的买卖合同,丙当即支付了全部价款,甲将钥匙交付丙。第三日,甲又与丁签订了该房屋的买卖合同,并办理了过户登记。该房屋归谁所有?

结论:该房屋归丁所有。不动产的所有权要想发生变动,不仅要有买卖合同,还要有物权的公示,即过户登记,未经登记,不能发生物权的变动。虽然乙、丙不能取得房屋所有权,但是甲乙、甲丙之间签订的买卖合同仍然有效。是否公示,只会影响是否产生物权的变动,而不会影响债权的效力。

(3)居住权的设立:合同(或遗嘱)有效 + 处分权 + 设立登记。

3. 房地一体。

(1)建筑物转让、互换、出资或者赠与的,占用范围内的建设用地使用权一并处分。

(2)建设用地使用权转让、互换、出资或者赠与的,附着的建筑物一并处分。

(3)例外:

①土地承包经营权互换、转让只需要有效的法律行为 + 处分权,未经登记不得对抗善意第三人。

②地役权设立只需要有效的法律行为 + 处分权,地役权具有从属性,需役地转让的,地役权随之转让。善意第三人主要指不知情的供役地的受让人。故而未经登记不得对抗善意第三人。

4. 不动产多重买卖:先登记 > 先交付 > 先付钱 > 合同成立在先。

三、不动产登记及其法律后果

1. 更正登记

(1)更正登记,是登记出现错误而需要进行更正。

(2)更正登记的条件是不动产登记簿记载的权利人书面同意更正或者有证据证明登记确有错误。

2. 异议登记

(1)异议登记,是当事人对登记的事项有不同意见,从而申请异议登记。

(2)异议登记的条件,只要当事人对登记的事项有不同意见,并有初步的证据证明,就可以申请。如在更正登记中,如果当事人申请更正登记不成功,就可能转而申请异议登记。

(3)异议登记的法律效力。

①异议登记并不会限制登记簿记载的权利人的处分权。比如,甲将房屋出卖给丙,甲、丙申请过户登记,房管部门仍然会让甲、丙完成过户登记,即将房屋登记到丙的名下。

②异议登记会导致购买房屋的第三人处于恶意的状态,从而使这里的第三人不可能构成善意取得。由于房屋之上有异议登记,当第三人购买这样的房屋并到房管部门办理过户登记时,就会发现房屋登记簿上有他人的异议登记,这样第三人就明知该房屋可能归他人所有,此时其仍然购买该房屋,就构成恶意。

3. 预告登记

(1)预告登记,是当事人意图通过登记,预先告知别人其购买房屋的事实。

(2)预告登记主要适用于当事人购买房屋时,因各种原因暂时不办理过户登记,而申请办理预告登记。

(3)预告登记的法律效力。

①预告登记会限制卖方的处分权。卖方欲再次对房屋进行处分时,必须经过买方同意。此处的处分,法考中可能考查的情形包括再次出卖房屋、将房屋为第三人设定抵押、将房屋为第三人设立居住权。

②如果卖方未经买方同意而擅自处分,则第三人不能取得相应的物权,但卖方和第三人所签订的合同仍然有效。此时,第三人也应被认定为恶意。

4. 登记对不动产物权变动的意义

(1)登记对抗。

①动产浮动抵押权,即使登记,也不能对抗在正常经营活动中已支付合理价款并取得抵押财产的买受人。

②船舶、航空器和机动车。

③地役权。

④土地承包经营权互换或转让(限于给本村村民)。

农民间转让合同自完成变更登记时起生效,转让未经登记不发生效力。【错误】

(2)登记生效。

①不动产所有权变动。

②不动产抵押权、建设用地使用权抵押权变动。

③无权利凭证的有价证券、基金份额、股权、知识产权出质、应收账款出质。

主观题小案例

【案例1】甲公司开发了一幢写字楼,于2021年8月8日将其中一层卖给乙公司,约定半年后交房,乙公司于2021年8月9日申请办理了预告登记。2021年9月2日,甲公司因资金周转困难,在乙公司不知情的情况下,以该层楼向银行抵押借款并登记。

问题:现甲公司不能清偿欠款,银行有权要求实现抵押权吗?

答案参考:银行无权要求实现抵押权。根据《民法典》第221条第1款第2句,预告登记后,未经预告登记的权利人同意,处分该不动产的,不发生物权效力。本案中,抵押合同有效,但抵押权没有设立。在乙公司已经办理预告登记的情形下,未经预告登记权利人同意,设定抵押权不发生物权效力,银行无权请求实现抵押权。

【案例2】房地产开发商金地公司以在建房屋为甲设立抵押,并办理了抵押权预告登记。该商品房建好以后,未经甲同意,金地公司又以该房为乙设立抵押权,并办理了抵押登记。后来,甲在约定的时间内办理了抵押登记。

问题:乙就该商品房先于甲受偿吗?

答案参考:乙就该商品房先于甲受偿是错误的。根据《民法典》第221条第1款第2句,预告登记后,未经预告登记的权利人同意,处分该不动产的,不发生物权效力。若办理了预告登记,则未经预告登记权利人的同意,出卖、赠与、抵押该不动产,不发生物权效力。本案中,没有经过预告登记权利人甲的同意,即使金地公司把房子抵押给乙,乙也无法取得抵押权。

四、基于法律行为的物权变动——动产

1. 动产物权变动 = 有权处分 + 法律行为(买卖等)有效 + 完成交付(交付生效)。

2. 特殊动产登记对抗:船舶、航空器和机动车等的物权的设立、变更、转让和消灭,未经登记,不得对抗善意第三人。

3. 交付的分类。

(1)现实交付

即直接将标的物交付给对方,考生可简单记忆为"一手交钱一手交货"。

(2)观念交付

①简易交付,标的物在订立合同前已为买受人占有,合同生效时间为交付时间。

举例:庞某、黄某之间先借用后买卖自行车,简易交付。【正确】

②指示交付,存在两个合意,转移标的物所有权或设立质权的合意 + 让与返还请求权的合意;转让人与受让人有关转让返还原物请求权的协议生效时间为动产交付时间。

③占有改定,分为两种:一种是先买卖后借用,在占有改定意思表示成立时发生物权变动,非借用完毕才发生物权变动;另一种是不能作为设立质权、动产善意取得的交付方式,占有改定的本质是"动权不动物",没有交付,而质权和动产善意取得需要有交付。

4. 普通动产多重买卖。

先行受领交付 > 先行支付价款 > 合同成立在先。

5. 特殊动产一物多卖。

先行受领交付 > 先办理所有权转移登记 > 合同成立在先。

【注意】特殊动产没有先支付价款的规则。

举例1:张三将一头耕牛分别卖给了李四、王五、赵六,李四签订合同在先,王五通过受领交付占有了耕牛,赵六已付款,王五对该耕牛享有所有权。【正确】

举例2:甲与乙签订玉器买卖合同,约定10日后交货付款;第二天,甲又与丙签订买卖合同,丙当即支付了80%的价款,约定3天后交货;第三天,甲又与丁订立合同,将该玉器卖给丁,并当场交付,但丁仅支付了30%的价款。丙对该玉器享有所有权。**【错误。丁已先行受领交付,该动产所有权已交付转移。所以丁取得所有权,丙不能再请求甲交付玉器】**

主观题小案例

【案例1】张三的一辆轿车分别卖给了李四、王五、赵六,李四签订合同在先,王五占有了该车,赵六已办理过户登记。结论:赵六享有该车的所有权。

问题:该结论是否正确?

答案参考:错误。"一车数卖"系特殊动产多重买卖,交付具有优先于登记的效力,故应支持王五享有所有权。

【案例2】一车数卖,在数个买卖合同均有效的情况下,其履行顺序为:交付 > 登记 > 支付价款 > 合同成立在先。

问题:该顺序是否正确?

答案参考:错误。履行顺序为:交付 > 登记 > 合同成立在先。特殊动产无支付价款规则。

【案例3】甲想要转让自己的一辆汽车,3月4日,甲与乙签订合同,乙支付了全部价款,但甲未交付汽车。3月8日,甲与丙签订合同,双方办理了所有权转移登记手续,甲仍未交付汽车。4月2日,甲与丁签订合同,并将汽车交付给丁,但丁一直未支付价款。之后乙、丙、丁因汽车所有权归属发生争议。

问题:法院应判决汽车所有权归谁?

答案参考:丁。根据最高人民法院《关于审理买卖合同纠纷案件适用法律问题的解释》第7条,出卖人就同一特殊动产订立多重买卖合同,在买卖合同均有效的情况下,买受人均要求实际履行合同的,顺序如下:(1)先行受领交付的买受人;(2)均未受领交付的,为先行办理所有权转移登记手续的买受人;(3)均未受领交付,也未办理所有权转移登记手续的,为依法成立在先合同的买受人;(4)出卖人将标的物交付给买受人之一,又为其他买受人办理所有权转移登记,已受领交付的买受人请求将标的物所有权登记在自己名下的,法院应予支持。本案中,甲将汽车交付给丁,因此丁取得汽车的所有权,丁有权请求甲办理过户登记。

【案例4】甲欲出卖自家的房屋,但其房屋现已出租给张某,租赁期还剩余1年。甲将此事告知张某,张某明确表示,以目前的房价自己无力购买。

甲的同事乙听说后,提出购买。甲表示愿意但需再考虑细节。乙担心甲将房屋卖给他人,提出草签书面合同,保证甲将房屋卖给自己,甲同意。双方草签了房屋预购合同,后双方签订正式房屋买卖合同。

问题:如甲在预告登记后又与第三人签订房屋买卖合同,该合同是否有效?为什么?

答案参考:合同有效。根据《民法典》第221条的规定,当事人签订买卖房屋的协议或者签订其他不动产物权的协议,为保障将来实现物权,按照约定可以向登记机构申请预告登记。预告登记后,未经预告登记的权利人同意,处分该不动产的,不发生物权效力。预告登记后,甲与第三人签订的房屋买卖合同有效,只是不发生物权变动的效力,如果甲不履行,将对第三人承担违约责任。

【案例5】甲、乙公司于2010年3月1日签订大蒜买卖合同,约定由乙公司代办托运,货交承运人丙公司后即视为完成交付。大蒜总价款为100万元,货交丙公司后甲公司付50万元货款,货到甲公司后再付清余款50万元。2010年4月1日,乙公司按照约定将大蒜交给丙公司,甲公司将50万元大蒜货款汇付给乙公司。按照托运合同,丙公司应在10天内将大蒜运至甲公司。2010年4月5日,甲、丁公司签订以120万元价格转卖大蒜的合同。4月7日因大蒜价格大涨,甲公司又以150万元价格将大蒜卖给戊公司,并指示丙公司将大蒜运交戊公司。4月8日,丙公司运送大蒜过程中,因山洪暴发大蒜全部毁损。戊公司因未收到货物拒不付款,甲公司因未收到戊公司货款拒绝支付乙公司大蒜尾款50万元。

问题:大蒜运至丙公司时,所有权属于谁?为什么?

答案参考:甲公司。根据《民法典》第224条的规定,动产物权的设立和转让,自交付时发生效力,但是法律另有规定的除外。本案中,大蒜为动产,除合同另有约定,以交付作为其所有权转移的标准。甲、乙公司约定,大蒜交给丙公司时视为完成交付,故甲公司是大蒜的所有权人。

4.5.3　非基于法律行为的物权变动(☆☆☆)

1. 基于法律文书、征收决定取得物权

因司法裁判等引起物权变动的,并不属于当事人依法律行为旨在发生物权变动的情形,故不动产无须登记,动产无须交付,在相关法律文书发生效力时,即刻引起物权变动的结果。此处的法律文书,必须是改变了原有的物权关系,通俗理解,就是将标的物的主人给更改了。

举例1:甲乙是夫妻,共有一套房屋,所有权登记在甲名下。2015年2月1日,法院终审判决甲乙离婚,并且判决房屋归乙所有,但并未办理房屋所有权变更登记。该判决为形成判决,不用办理房屋所有权变更登记,乙即享有房屋所有权。

举例2:甲乙是夫妻,共有一套房屋,所有权登记在甲名下。2015年2月1日,法院终审判决甲乙离婚,并且判决甲变更房屋所有权登记,但过后甲并未办理。该判决非形成判决,房屋所有权并未发生变动。

结论:该判决书生效后,乙没有取得该房屋的所有权。因为法院判决书的内容是"甲配合乙办理过户登记手续",其并没有改变房屋的所有权归属,不符合上述法律文书的要求,不能直接导致对方取得所有权。

2. 基于继承取得物权

自继承开始时,当事人即取得物权。所谓继承开始时,即被继承人死亡时。

3. 基于合法建造房屋等事实行为取得物权

自事实行为成就时,当事人即取得物权。合法建造、拆除房屋等事实行为设立或者消灭物权的,自事实行为成就时发生效力。此处建造房屋,必须是合法建造,违法建造的房屋,当事人是不能取得物权的。

4. 添附(附合、混合、加工)

(1)所有权归属:①有约定,按约定;②没有约定或者约定不明的,依照法律规定;③法律没有规定的,按照充分发挥物的效用以及保护无过错当事人的原则确定。

(2)救济:因一方当事人的过错或者确定物的归属造成另一方当事人损害的,应当给予赔偿或者补偿。(《民法典》新增)

5. 先占

(1)先占的客体须为无主动产。

(2)先占人须以自主占有的意思占有。

(3)先占不得违反法律、法规的禁止性规定。

主观题小案例

【案例】李某继承了父亲的一套房屋,自继承开始时即李某父亲死亡时,物权发生变动,无须办理过户登记,李某即享有该房屋所有权。后李某将该套房屋卖给王某。

问题:请问本案中物权是怎么变动的?

答案参考:根据《民法典》第230条"因继承取得物权的,自继承开始时发生效力"以及《民法典》第209条第1款"不动产物权的设立、变更、转让和消灭,经依法登记,发生效力;未经登记,不发生效力,但是法律另有规定的除外”的规定,李某为该套房屋的所有权人,但进行处分将其卖给第三人时要先把房屋过户到自己名下,此次过户不会发生物权的效力,因为其在父亲死亡时已经继承该套房屋,取得房屋的所有权。然后再将房屋过户到王某名下,此次过户会发生物权的变动,即王某取得房屋所有权。

4.5.4 善意取得

1. 构成要件

(1)处分人以自己的名义实施了无权处分。常见的两类:一是未经同意处分他人之物,二是未经同意处分共有之物。值得注意的是,不动产的善意取得通常还需处分人在无权处分之时具有权利外观。

举例1:甲将相机出借给乙使用,乙谎称相机为自己所有,将其转让给不知情的丙。乙构成无权处分。【正确】

举例2:甲、乙共同共有一部相机,甲未经乙同意将相机转让给不知情的丙。甲构成无权处分。【正确】

(2)第三人主观上为善意。第三人受让不动产或者动产时,不知转让人无处分权且无重大过失的,应当认定第三人主观上为善意。值得注意的是:第三人受让的方式、动机无关善意的判断。具有下列情形之一的,应当认定不动产受让人知道转让人无处分权:

①登记簿上存在有效的异议登记。

②预告登记有效期内,未经预告登记的权利人同意。

③登记簿上已经记载司法机关或者行政机关依法裁定、决定查封或者以其他形式限制不动产权利的有关事项。

④受让人知道登记簿上记载的权利主体错误。

⑤受让人知道他人已经依法享有不动产物权。

真实权利人有证据证明不动产受让人应当知道转让人无处分权的,应当认定受让人具有重大过失。受让人受让动产时,交易的对象、场所或者时机等不符合交易习惯的,应当认定受让人具有重大过失。

(3)第三人以合理价格受让。因此,赠与不能产生善意取得的效果。

举例:甲将相机出借给乙使用,乙谎称相机为自己所有,将其赠与不知情的丙。丙不能善意取得相机的所有权。【正确。应当以合理的价格受让】

(4)不动产已经完成登记/动产已经完成交付。在动产交易中,现实交付、简易交付以及指示交付均可产生善意取得的效果,但是占有改定不能产生善意取得的效果。

2. 善意取得的例外情形

(1)占有脱离物不能被善意取得。占有脱离物(盗赃物、遗失物、漂流物、埋藏物、隐藏物等)不能被善意取得。也就是说,如果善意受让人受让之物为占有脱离物,即便四个要件均已具备,善意受让人也不能善意取得该物的所有权。因此,行为人无权处分占有脱离物的,权利人有权自知道或者应当知道善意受让人之日起2年内请求返还。如果善意受让人通过拍卖或者从具有经营资质的经营者处购得,那么善意受让人有权请求权利人偿付价款。言外之意乃是,如果善意受让人既非通过拍卖亦非从具有经营资质的经营者处购得，那么善意受让人无权请求权利人偿付价款。

(2)基础交易消灭后不能善意取得。具有下列情形之一，善意受让人主张善意取得的，不予支持：

①转让合同被认定无效；

②转让合同被撤销。

3. 善意取得的法律效果

(1)原所有权消灭，原所有权人不得向新所有权人主张返还原物。

(2)原所有权人可以对无权处分人主张损害赔偿以资救济。

(3)善意取得动产之后，动产之上其他原有权利随之消灭。

主观题小案例

【案例1】甲就其机器设备对乙设定抵押，未办理抵押登记。之后，甲将设备出租于丙使用。丙谎称该物为其所有，以合理价格出卖于主观上为善意的丁，并完成交付。

问题：请问本案中乙的抵押权消灭了吗？

答案参考：本案中乙的抵押权消灭了。《民法典》第311条规定："无处分权人将不动产或者动产转让给受让人的，所有权人有权追回；除法律另有规定外，符合下列情形的，受让人取得该不动产或者动产的所有权：(一)受让人受让该不动产或者动产时是善意；(二)以合理的价格转让；(三)转让的不动产或者动产依照法律规定应当登记的已经登记，不需要登记的已经交付给受让人。受让人依据前款规定取得不动产或者动产的所有权的，原所有权人有权向无处分权人请求损害赔偿。当事人善意取得其他物权的，参照适用前两款规定。"据此，丙为无权处分，丁依善意取得制度取得设备所有权。丁善意取得后，不知道也不应当知道该机器上存在抵押权，因此，该动产上的原有权利即抵押权归于消灭。

【案例2】甲出国期间将自己的单反放在乙处保管，乙对外声称该单反为自己所有，丙见了想购买，乙拒绝。丙威胁说："如果不卖，我就将你的裸照公布出去。"乙迫于无奈，将甲的单反以市价卖于丙，并交付(交付时丙不知道该单反为甲所有)。后乙以胁迫为由撤销了与丙的买卖合同。

问题：请问本案中甲可以请求丙返还相机吗？

答案参考：本案中甲可以请求丙返还相机。《民法典》第150条规定："一方或者第三人以胁迫手段，使对方在违背真实意思的情况下实施的民事法律行为，受胁迫方有权请求人民法院或者仲裁机构予以撤销。"本案中乙可以以胁迫为由撤销与丙的买卖合同，合同被撤销之后可以排除善意取得。所以，本案中甲可以请求丙返还相机。

4.5.5 拾得遗失物

1. 拾得人的权利

(1)如果遗失人发布悬赏广告，那么拾得人拾得遗失物并且通知失主或者主动送还，遗失人应当支付悬赏广告中所承诺的赏金。但是，拾得人仅拾得遗失物，既未通知亦未送还的，遗失人不必支付悬赏广告中所承诺的赏金。

(2)遗失人领取遗失物时应当向拾得人或者有关部门支付保管遗失物的必要费用(不是报

酬，而是必要费用）。但是，拾得人侵占遗失物（拒不返还遗失物即为侵占遗失物）的，不能请求必要费用。

2. 拾得人的义务

(1)向失主返还原物及其孳息。

(2)及时通知失主或者送交公安等有关部门。

(3)妥善保管，故意或者重大过失导致遗失物毁损、灭失的，拾得人应当承担民事责任。

3. 遗失物的处理规则

(1)发布招领公告之日起1年内无人认领的，该遗失物归国家所有，国家原始取得所有权，失主的所有权丧失。

(2)拾得遗失物法律规则的准用，《民法典》第319条规定，拾得漂流物、发现埋藏物、发现隐藏物的，参照适用拾得遗失物的有关规定。法律另有规定的，依照其规定。

主观题小案例

【案例】2010年4月1日，乙公司按照约定将绿豆交给丙公司，按照托运合同，丙公司应在10天内将绿豆运至甲公司。后绿豆行情暴涨，丙公司以自己名义按130万元价格将绿豆转卖给不知情的己公司，并迅即交付，但尚未收取货款。甲公司得知后，拒绝追认丙公司行为，要求己公司返还绿豆。

问题：甲公司是否有权要求己公司返还绿豆？为什么？

答案参考：无权。根据《民法典》第311条的规定，无处分权人将不动产或者动产转让给受让人的，所有权人有权追回。除法律另有规定外，符合下列情形的，受让人取得该不动产或者动产的所有权：(1)受让人受让该不动产或者动产时是善意；(2)以合理的价格转让；(3)转让的不动产或者动产依照法律规定应当登记的已经登记，不需要登记的已经交付给受让人。受让人依据前述规定取得不动产或者动产的所有权的，原所有权人有权向无处分权人请求损害赔偿。当事人善意取得其他物权的，参照适用前述规定。本案中，己公司为善意第三人，构成善意取得，甲公司无权要求己公司返还绿豆。

4.6 所有权

所有权是财产所有人在法律规定的范围内，对其财产享有占有、使用、收益、处分的权利。所有权又称自物权。

4.6.1 共　有(☆☆)

一、按份共有

1.【外部关系】因共有的不动产或者动产产生的债权债务

(1)在对外关系上，共有人享有连带债权、承担连带债务，但法律另有规定或第三人知道共有人不具有连带债权债务关系的除外。

(2)除共有人另有约定外,按份共有人按照份额享有债权、承担债务。偿还债务超过自己应当承担份额的按份共有人,有权向其他共有人追偿。

2.【内部关系】

(1)按份共有人对共有的不动产或者动产按照其份额享有所有权。

(2)按份共有的份额是所有权的份额,而不是共有物的份额。

(3)对享有的份额,没有约定或者约定不明确的,按照出资额确定;不能确定出资额的,视为等额享有。

(4)共同享有一份所有权,而非几份所有权。

(5)"份额"是抽象的,基于共有物的整体而享有权利。例如甲乙丙出资比例相同,共同购买三间面积相同的房产,则只有一份所有权,三人对每间房均享有1/3的所有权。

(6)按份共有人有权自主决定其份额的转让、抵押,无须经其他共有人同意→(区别)共有物的处分。

3. 共有物管理、处分或重大修缮分割

(1)共有物管理及费用负担:

①共有人按照约定管理共有的不动产或者动产;没有约定或者约定不明确的,各共有人都有管理的权利和义务。

②对共有物的管理费用以及其他负担,有约定的,按照约定;没有约定或者约定不明确的,按份共有人按照其份额负担。

(2)处分共有的不动产或者动产以及对共有的不动产或者动产作重大修缮的,应当经占份额2/3以上的按份共有人同意,但共有人之间另有约定的除外。

【注意】按份共有是按照份额2/3以上,而不是总人数2/3以上。共有人约定不得分割共有的不动产或者动产,以维持共有关系的,应当按照约定,但共有人有重大理由需要分割的,可以请求分割;没有约定或者约定不明确的,按份共有人可以随时请求分割,因分割对其他共有人造成损害的,应当给予赔偿。

二、共同共有

1.【外部关系】因共有的不动产或者动产产生的债权债务:

(1)在对外关系上,共有人享有连带债权、承担连带债务,但法律另有规定或者第三人知道共有人不具有连带债权债务关系的除外。

(2)在共有人内部关系上,除共有人另有约定外,共同共有人共同享有债权、承担债务。

2.【内部关系】共同共有人对共有的不动产或者动产共同享有所有权,常见类型:(1)夫妻共同共有;(2)家庭共同共有;(3)合伙财产;(4)遗产分割前,继承人对遗产的共同共有。

3. 共有物管理、处分或重大修缮。

(1)共有人按照约定管理共有的不动产或者动产;没有约定或者约定不明确的,各共有人都有管理的权利和义务。

(2)对共有物的管理费用以及其他负担,有约定的,按照约定;没有约定或者约定不明确的,共同共有人共同负担。

(3)处分共有的不动产或者动产以及对共有的不动产或者动产作重大修缮的,应当经全体共同共有人同意,但共有人之间另有约定的除外:

①共有人约定不得分割共有的不动产或者动产,以维持共有关系的,应当按照约定,但共有人有重大理由需要分割的,可以请求分割→(联想)形成权。

②没有约定或者约定不明确的,共同共有人在共有的基础上丧失或者有重大理由需要分割时可以请求分割。

③因分割对其他共有人造成损害的,应当给予赔偿。

主观题小案例

【案例1】对于共有财产,部分共有人主张按份共有,部分共有人主张共同共有,如不能证明财产是按份共有的,应当认定为共同共有。

答案参考:错误。约定不明确的,除共有人具有家庭关系等外,视为按份共有。

【案例2】甲、乙、丙共有一套房屋,其应有部分各为1/3。甲有权独自抵押自己部分的份额,不须经过乙、丙同意。

答案参考:正确。

三、按份共有人的优先购买权

1. 适用条件

(1)按份共有人向第三人转让应有份额。按份共有人转让其享有的共有份额,无须经过其他共有人同意。

(2)须同等条件下,方能主张优先购买。

2. 限制

(1)因继承或遗赠导致份额变动,非特别约定,其他共有人不得主张。

(2)共有人之间转让份额,非特别约定,其他共有人不得主张。

(3)依据强制执行程序(拍卖)、破产程序出卖标的物的,其他共有人不得主张。

(4)未在优先购买权行使期间内主张优先购买,或虽主张优先购买,但提出减少转让价款、增加转让人负担等实质性变更要求的,不予支持。

(5)以其优先购买权受到侵害为由,仅请求撤销共有份额转让合同或者认定该合同无效的,不予支持,但可请求损害赔偿。

3. 行使期间

(1)有约定时,按照约定行使权利。

(2)无约定时:

①转让人向其他按份共有人发出的包含同等条件内容的通知中载明行使期间的,以该期间为准;

②通知中未载明行使期间,或者载明的期间短于通知送达之日起15日的,为15日;

③转让人未通知的,为其他按份共有人知道或者应当知道最终确定的同等条件之日起15日;

④转让人未通知,且无法确定其他按份共有人知道或者应当知道最终确定的同等条件的,为

共有份额权属转移之日起6个月。

主观题小案例

【案例】甲、乙、丙、丁按份共有某商铺,各自份额均为25%。因经营理念发生分歧,乙将自己的份额转让给戊,未通知甲、丙、丁。

问题:丙、丁可以以优先购买权受到侵害为由,请求认定乙与戊之间的转让合同无效吗?

答案参考:不可以。最高人民法院《关于适用〈中华人民共和国民法典〉物权编的解释(一)》第12条规定:"按份共有人向共有人之外的人转让其份额,其他按份共有人根据法律、司法解释规定,请求按照同等条件优先购买该共有份额的,应予支持。其他按份共有人的请求具有下列情形之一的,不予支持:(一)未在本解释第十一条规定的期间内主张优先购买,或者虽主张优先购买,但提出减少转让价款、增加转让人负担等实质性变更要求;(二)以其优先购买权受到侵害为由,仅请求撤销共有份额转让合同或者认定该合同无效。"按份共有人以其优先购买权受到侵害为由,请求撤销共有份额转让合同或者认定该合同无效的,法院不予支持。所以本案中丙、丁不可以以优先购买权受到侵害为由,请求认定乙与戊之间的转让合同无效。

4.6.2 建筑物区分所有权

1. 建筑物区分所有权主体

(1)依法登记取得专有部分所有权的人。

(2)通过合法建造、继承、受遗赠或生效文书等取得专有部分所有权的人。

(3)基于与建筑单位之间的商品房买卖民事法律行为,已经合法占有该专有部分,但尚未依法办理所有权登记的人。

2. 专有权

(1)专有权的客体:建筑物内的住宅、经营性用房等专有部分。

(2)业主行使权利不得危及建筑物的安全,不得损害其他业主的合法权益。

(3)业主将住宅改变为经营性用房的,应当经有利害关系的业主一致同意。

①有利害关系的业主包括:本栋建筑物内的其他业主;本栋建筑物之外,能证明其房屋价值、生活质量可能受到不利影响的其他业主。

②应当经有利害关系业主全体同意,业主不得以多数有利害关系的业主同意来抗辩。

③业主不得以其改变用途未实际影响其他有利害关系业主而进行抗辩。

3. 共有权的范围

(1)共有部分包括建筑物专有部分之外的其他部分,如楼梯、电梯、屋顶、地下室等,还包括建筑物的附属建筑物和附属设施,如物业用房、道路、绿地等。

(2)小区绿地属于业主共有,但有例外:城镇公共绿地或明示属于个人所有。

(3)小区道路属于业主共有,但有例外:城镇公共道路。

(4)小区公共场所、公用设施、物业服务用房,属于业主共有,无例外。

4. 共同管理权

(1)小区车库车位的归属与利用。

①“占用业主共有的道路或者其他场地”用于停放汽车的车位,属于业主共有。

②规划用于停放汽车的车位、车库的归属,由当事人通过出售、附赠或者出租等方式约定,但应当首先满足业主的需要。

③小区业主无车位的,开发商不得将车位、车库出租或出卖给业主以外的人。

(2)共有部分的义务。

①共有部分义务的强制性:不得以放弃权利为由不履行义务。

②建筑物及其附属设施的费用分摊、收益分配等事项,没有约定的,按照业主专有部分占建筑物总面积的比例确定。

(3)附属性。

①共有权不得脱离专有部分所有权而独立取得、独立转让、独立抛弃。

②专有部分所有权转让的,共有权随同转让,其他业主不享有共有人的优先购买权。

(4)组织机构:业主大会与业主委员会。

(5)管理机构决定的表决方式:双重多数决(面积 + 人数)。

①以下事项适用绝对多数决[参与表决专有部分面积 3/4 以上的业主且参与表决人数 3/4 以上的业主同意(大于或等于 3/4)]:筹集建筑物及其附属设施的维修资金 + 改建、重建建筑物及其附属设施 + 改变共有部分的用途或利用共有部分从事经营活动。

②其他事项均适用相对多数决[两项比例均过半数(大于 1/2)]。

(6)决定的法律效力:对业主的拘束力 + 撤销权。

①业主大会与业主委员会作出的决定对全体业主有约束力。

②该决定侵害业主合法权益或者违反法律规定的程序的,受侵害的业主可以在知道或应当知道该决定 1 年内请求人民法院予以撤销。

4.7 用益物权

4.7.1 地役权

1. 地役权,是指为提高自己不动产的效益,依约定使用他人不动产的权利,其目的只能是对他人不动产进行使用。

2. 理解。

(1)地役权人有权按照合同约定,利用他人的不动产,以提高自己的不动产的效益。

(2)他人的不动产为供役地,自己的不动产为需役地。

3. 设立。

(1)当事人应当采取书面形式订立地役权合同,地役权自地役权合同生效时设立。

(2)未经登记,不得对抗善意第三人,即权利人(地役权人)变动,未登记的地役权不受影响。

义务人（供役地人）变动，未登记的地役权，不得对抗新的受让人，此时地役权仍存在，只是不能向不知情的善意第三人（新的受让人）主张。

（3）地役权的期限由当事人约定，但不得超过土地承包经营权、建设用地使用权等用益物权的剩余期限。

（4）土地上已设立土地承包经营权、建设用地使用权、宅基地使用权等权利的，未经用益物权人同意，土地所有权人不得设立地役权。

4. 权利流转。

（1）地役权不得单独转让。土地承包经营权、建设用地使用权等转让的，地役权一并转让，但合同另有约定的除外。

（2）地役权不得单独抵押。土地承包经营权、建设用地使用权等抵押的，在实现抵押权时，地役权一并转让。

（3）需役地以及需役地上的土地承包经营权、建设用地使用权部分转让时，转让部分涉及地役权的，受让人同时享有地役权（无论是否有登记）。

（4）供役地以及供役地上的土地承包经营权、建设用地使用权部分转让时，转让部分涉及地役权的，地役权对受让人具有法律约束力（前提是有登记）。

5. 土地所有权人享有地役权或者负担地役权的，设立土地承包经营权、宅基地使用权时，该土地承包经营权人、宅基地使用权人继续享有或者负担已设立的地役权，其包括2层含义：

（1）法定取得：土地所有权人享有地役权的，设立土地承包经营权、宅基地使用权时，该土地承包经营权人、宅基地使用权人继续享有已设立的地役权，无论是否登记。

（2）法定负担：土地所有权人负担地役权的，设立土地承包经营权、宅基地使用权时，该土地承包经营权人、宅基地使用权人继续负担已设立的地役权，但若未登记，则不能对抗善意受让人。

【注意】只规定了土地承包经营权、宅基地使用权须受此限制，建设用地使用权并不包含在内。

6. 地役权、相邻关系区别。

类别	相邻关系	地役权
属性	不是独立物权	是一种独立的物权
登记	采登记要件主义的，无须登记	必须登记
产生	依法律规定产生	通过当事人缔结合同产生
范围	土地相邻关系、建筑物相邻关系	只限于土地相邻关系
土地位置	主要发生在相互毗邻的土地所有人之间	不以供役地与需役地相邻为必要
权利内容	为相邻不动产所有人、使用人行使对不动产的所有权和使用权提供最低限度的便利利益和容忍义务	当事人自由设定，通常高于相邻关系对土地的利用，但期限不得超过土地承包经营权、建设用地使用权等用益物权的剩余期限
是否有偿	通常是无偿的	一般是有偿的

续表

类别	相邻关系	地役权
主要类型	1. 因土地、山岭、森林、草原等自然资源的使用或所有而产生的相邻关系 2. 因宅基地的使用而产生的相邻关系 3. 因用水、排水产生的相邻关系 4. 因修建施工、防险发生的相邻关系 5. 因排污产生的相邻关系 6. 因通风、采光产生的相邻关系	双方通过约定确定,但有如下限制: 1. 土地上已设立土地承包经营权、建设用地使用权、宅基地使用权等权利的,未经用益物权人同意,土地所有权人不得设立地役权; 2. 地役权不得单独转让,地役权不得单独抵押; 3. 需役地以及需役地上的土地承包经营权、建设用地使用权部分转让时,转让部分涉及地役权的,受让人同时享有地役权; 4. 供役地以及供役地上的土地承包经营权、建设用地使用权部分转让时,转让部分涉及地役权的,地役权对受让人具有法律约束力

主观题小案例

【案例】甲为了能在自己房中欣赏远处风景,便与相邻的乙约定:乙不在自己的土地上建造高层建筑,作为补偿,甲一次性支付给乙4万元。双方未办理地役权的登记。两年后,甲将该房屋转让给丙,同时约定将地役权一并转让给丙;乙将自己的土地使用权转让给不知道土地上有地役权的丁。

问题:甲、乙之间的约定为有关相邻关系的约定。

答案参考:错误。甲乙双方之间的约定为有偿的地役权约定;相邻关系法定,且为无偿提供。

问题:丙可禁止丁建高楼,且无须另外对丁进行补偿。

答案参考:错误。供役地本质上是一种"负担",未办理登记,供役地转让的,地役权不得对抗善意第三人,故丁不受地役权约束。

4.7.2　土地承包经营权

1. 土地承包经营权,是指土地承包经营权人为从事种植业、畜牧业、林业,对其承包的集体所有或国家所有由农民集体使用的土地所享有的占有、使用和收益的权利。常见的农业生产如种庄稼(耕地)、种草放牧(草地)、种树(林地)等。

2. 土地承包经营权的特点。

(1)权利的标的物为农村土地,主要是指村集体所有的耕地、林地、草地等农业用地,还有一些是农村里的鱼塘、养殖场,以及"四荒地"。

(2)权利的主体必须是从事农业生产的自然人或者集体。例外是农村的鱼塘、养殖场即"四荒地"可以采取招标、拍卖等方式确定非本村农户的承包人。

(3)权利的性质是用益物权,所有权归村集体组织或国家。

3. 土地承包经营权设立。

(1)取得土地承包经营权的目的只能是农业生产,不能用于其他目的。

(2)土地承包经营权原则上只能由本集体经济组织成员承包经营,称为家庭方式承包;但是在特殊情况下,也可以由本集体经济组织以外的单位或个人承包经营,称为其他方式承包。

4. 由本集体外的单位或个人承包的,需具备如下条件:

(1)只限于荒山、荒沟、荒丘、荒滩等农村土地("四荒地");

(2)只能够通过招标、拍卖、公开协商等方式承包;

(3)应当事先经本集体经济组织成员的村民会议 2/3 以上成员或者 2/3 以上村民代表的同意,并报乡(镇)人民政府批准;

(4)对于"四荒地",本集体经济组织成员在同等条件下享有优先承包权。

5. 土地承包经营权具有一定的期限。其中,耕地的承包期是 30 年,草地的承包期是 30 ~ 50 年,林地的承包期是 30 ~ 70 年。

6. 承包期内发包人不得调整承包地。例外时调整的条件:

(1)因自然灾害严重毁损承包地。

(2)必须经本集体经济组织成员的村民会议 2/3 以上成员或 2/3 以上村民代表的同意。

(3)报乡镇人民政府和县级人民政府农业农村等行政主管部门批准。

4.7.3 建设用地使用权

1. 建设用地使用权,是指在国有或集体土地之上建造建筑物的权利,其目的只能是建造建筑物(包括与此相关的构筑物、附属设施)。其中法考主要涉及国有土地使用权。

2. 建设用地使用权的设立。

(1)划拨方式。

①划拨是指土地使用人只需按照一定的程序提出申请,经主管机关批准以获得建设用地使用权。其典型特点是无须缴纳土地出让金等费用,即无偿使用土地。

②通过划拨方式取得建设用地,主要包括:国家机关用地和军事用地,城市基础设施用地和公益事业用地,国家重点扶持的能源、交通、水利等基础设施用地以及法律、行政法规规定的其他用地。上述以划拨方式取得建设用地,须经县级以上地方人民政府依法批准。

(2)出让方式。

①出让是指国家以土地所有人身份将建设用地使用权在一定期限内让与土地使用人。其典型特点是必须缴纳土地出让金,即有偿使用土地。

②所谓出让,在实践中操作时,主要包括招标、拍卖等方式。

③通过出让方式取得建设用地,主要包括:工业、商业、旅游、娱乐和商品住宅等经营性用地,同一土地有两个以上意向用地者。

4.7.4 居　住　权(☆☆)

1. 居住权,是指权利人按照合同约定,对他人的住宅享有占有、使用的权利,以满足生活居住的需要的用益物权,不同于因租赁、借用或基于亲属关系等形成的居住现象。

2. 居住权的特点。

(1)设立居住权的目的只能是用于居住,不能是其他目的。

(2)居住权的权能表现为占有和使用,没有收益的权能。居住权作为用益物权,主要体现的是用益物权中的"用"这个功能,没有"益"这个功能。

(3)通过居住权居住他人的房屋,与通过租赁合同居住他人的房屋,存在本质区别,即居住权为物权,租赁权为债权。

3. 设立。

(1)当事人应采用书面形式订立居住权合同。

(2)居住权无偿设立,但是当事人另有约定的除外。

(3)应向登记机构申请居住权登记,居住权自登记时设立。

4. 居住权的限制。

(1)无偿设立,不得转让、继承。

(2)设立居住权的住宅不得出租,但当事人另有约定的除外。

5. 居住权的消灭。

居住权人死亡的,居住权消灭,但当事人另有约定的除外。

4.8 占　有

一、占有的分类

占有是指对物在事实上的管领、控制。占有是一种事实,而非权利。有占有的主观愿望,但不需要作出占有的意思表示。判断:婴儿佩戴项链,不构成占有;5 岁的小孩对自己捡到的玩具,构成占有。

1.【依据是否有法律依据】有权占有和无权占有

(1)有本权的占有,权源包括但不限于:

①物权:所有权人、建设用地使用权人、留置权人、质权人的占有→(联想)绝对权。

②债权:借用人、承租人、保管人、运输人、买受人的占有→(联想)相对权。

③监护权:替孩子保管财产的父母对财产的占有。

(2)无权占有。

欠缺本权的占有,如遗失物拾得人的占有(构成无因管理的除外)、小偷对赃物的占有、无效买卖合同中买受人的占有等。

2.【依据占有人是否对标的物直接进行事实上的管领】直接占有和间接占有

(1)直接占有。

直接对物进行事实上的管领和控制,如质权人、承租人、保管人、借用人的占有。

(2)间接占有,虽未直接占有某物,但依据一定的法律关系而对直接占有人享有返还占有请求权,从而间接管领和控制该物。构成要件包括:

①具有出租、借用、保管、质押等占有媒介关系。

②对直接占有人享有返还请求权。

3.【依据占有人是否以所有的意思进行占有】自主占有和他主占有

(1)自主占有。

①以据为己有的意思而占有。

②自主占有不以享有所有权为前提→(区别)所有权人的占有。

③所有人的占有通常为自主占有,小偷的占有、不知买卖合同无效的买受人的占有均为自主占有,但遗失物拾得则要具体区分,侵占遗失物的拾得人的占有就属于自主占有。

(2)他主占有。

不具有据为己有的意思而对物进行的占有,为他主占有。

4.【依据占有人的主观状态】善意占有和恶意占有

(1)善意占有。

占有人不知道也不应当知道缺乏占有的本权而占有,即无权占有人的主观状态为不知情且无怀疑。

(2)恶意占有。

占有人明知无占有的权利,或者虽非明知但仍有所怀疑所形成的占有。

(3)区分善意占有和恶意占有的目的。

①属于无权占有的再分类。

②关系占有的债权保护。

③无权占有的善恶之分:注意前后转化。

二、占有的保护

1. 占有事实推定

(1)自主占有的推定:占有人不承担证明买卖、租赁等法律行为有效的证明责任,在前述法律行为无效时,也无须承担自己对无效不知情的证明责任。

(2)善意占有的推定:在占有人占有意思内容不明时,推定其以所有的意思为善意的、和平的、公然的占有。

(3)占有人在前后两个时间点对某一物占有时,推定占有人在此时间段内持续占有该物。

2. 占有权利推定

(1)在无反证时,法律推定占有人享有其所主张的权利。

【注意】基于占有所推定的权利限于"具有占有权能"的权利,排除抵押权,因此占有人不得基于占有而主张自己是抵押权人。

(2)不能基于占有人的占有,推定其随着占有的取得而享有相应债权。

3. 占有保护请求权(☆☆)

(1)占有的不动产或动产被侵占的,占有人有权请求返还原物,对妨害占有的行为,占有人有权请求排除妨害或消除危险。

(2)特征。

①不适用诉讼时效→(联想)诉讼时效。

②不要求加害人有过错。

③不要求占有人有损失。

(3)占有物返还请求权。

①占有物被侵占:因他人非法侵占,占有人丧失对该物的管领和控制。

②请求权人为占有人:包括直接占有人和间接占有人,但不包括占有辅助人。

③被请求人为物的现实侵占人:如果侵占人已丧失对该物的管领和控制且无法恢复,将出现恢复不能。

④须在发生侵占之日起1年内行使[除斥期间,即使在该除斥期间内没有行使返还原物请求权,占有人仍可依照实体权利(如所有权)提出返还请求]。

⑤因侵占或妨害造成损害的,占有人有权请求损害赔偿。

(4)排除妨害请求权与消除危险请求权。

①做题的时候要分析只有与妨害或者危险的持续状态有关才可以提出这两个请求权。如果妨害或者危险的持续状态已消失,则不存在提请排除妨害请求权、消除危险请求权的必要。

②若因侵占或者妨害造成损害,占有人有权请求损害赔偿,而该项损害赔偿请求权应受3年普通诉讼时效的限制。

③如果妨害或者危险持续发生,那么排除妨害请求权、消除危险请求权不受时效限制。

(5)返还原物请求权与占有返还请求权的区别。

项目	返还原物请求权	占有返还请求权
请求权人	须为物权人	须为占有人
构成要件	相对人为无权占有人	占有人的占有被"侵夺",无"侵夺"则无占有返还请求权
被请求的对象	现时的无权占有人	占有的侵夺人及其继受人,即使对有权占有人亦可行使占有返还请求权
权利行使期限	不适用诉讼时效及除斥期间	适用1年的除斥期间,应自侵占发生之日起1年内行使

主观题小案例

【案例】2005年1月1日,甲与乙口头约定,甲承租乙的一套别墅,租期为5年,租金一次付清,交付租金后即可入住。洽谈时,乙告诉甲屋顶有漏水现象。为了尽快与女友丙结婚共同生活,甲对此未置可否,付清租金后与丙入住并办理了结婚登记。2006年4月,甲遇车祸去世,丙回娘家居住。半年后丙返回别墅,发现戊已占用别墅。原来,2004年12月甲曾向戊借款10万元,并亲笔写了借条,借条中承诺在不能还款时该别墅由戊使用。在戊向乙出示了甲的亲笔承诺后,乙同意戊使用该别墅,将房屋的备用钥匙交付于戊。

问题:丙应如何向戊主张自己的权利?理由是什么?

答案参考:丙有权请求戊返还原物。根据《民法典》第462条第1款的规定,占有的不动产或者动产被侵占的,占有人有权请求返还原物;对妨害占有的行为,占有人有权请求排除妨害或者消除危险;因侵占或者妨害造成损害的,占有人有权依法请求损害赔偿。本案中,丙基于合法有效的租赁合同是合法占有人,且丙的占有在先,有权请求后占有人戊返还原物。

4.9 担保物权

4.9.1 担保物权概述(☆☆)

担保物权,是指在债务人不履行到期债务时,债权人可依法就担保财产优先受偿的权利。

1. 担保物权的特征

(1)优先受偿性。

优先受偿性,是指设有担保物权的债权可以获得优先受偿的机会,即谁的债权之上有担保物权,谁就能获得优先保护。

(2)从属性。

从属性,是指担保物权从属于所担保的债权(也可称主债权)。

具体而言,法考会从以下几个方面考查担保物权的从属性:

①移转上的从属性。需要严格区分两个方面进行把握:

一是当债权人将债权转让给第三人时,担保物权随同债权转让给第三人,且第三人取得从权利不因未办理转移登记手续或未转移占有而受到影响,即这种情况下担保人仍然要承担担保责任。需要注意的是,在这种情况下,应当将债权转让的事实通知担保人,否则担保人不再承担担保责任。

二是当债务人将债务转让给第三人时,除非经过担保人的书面同意,担保人不再承担相应的担保责任。

可以简单记忆为:债权转让的,有从属性;债务转让的,无从属性。

举例:甲从乙处借款100万元,丙以房屋进行抵押。乙将债权转让给丁,通知了甲、丙。但丙的房屋登记簿上登记的抵押权人一直未从乙变更为丁。后甲的债务到期未履行,丁可否主张对丙的房屋行使抵押权?

结论:可以。丁从乙处获得了债权,根据担保物权的从属性,乙所享有的抵押权也转移给了丁,丁取得抵押权,不因为未办理登记而受到影响。

②消灭上的从属性。也需要严格区分两个方面进行把握:

一是如债权全部消灭的,担保物权也随之消灭。

二是如债权仅仅是部分消灭的,担保物权并不消灭,只是在优先受偿的范围内相应地缩减,即剩余部分的债权仍然可以主张优先受偿。

可简单记忆为:债权全部消灭,担保物权消灭;债权部分消灭,担保物权缩减。

举例:甲欠乙100万元,并以其房屋进行抵押。到期之后,甲全额归还了对乙的欠款。此时,乙对甲享有的抵押权随着债权的消灭而消灭了。

(3)不可分性。

不可分性,是指担保物权始终是一个整体,无论债权的变更,还是担保物的变更,都不影响担保物权的存在。需要理解和记忆如下几句话:

①担保物部分灭失,以残存部分继续担保全部的债权;

②担保物被分割,仍以全部的担保物担保全部的债权;

③主债权部分消灭,仍以全部的担保物担保剩余的债权,但优先受偿的范围相应地缩减(这也是从属性的体现);

④主债权被分割,各债权人均可以就全部担保物实现其债权数额。

举例:甲对乙享有100万元的债权,乙将其个人所有的房屋抵押给甲以担保该笔债务。同时,由于甲不能按时偿还拖欠丙的10万元货款,于是与丙协商,将其对乙享有的债权转让10万元给丙,丙同意之后立即通知了乙。此时,甲对乙的房屋有抵押权吗?丙对乙的房屋有抵押权吗?

结论:甲、丙对乙的房屋均有抵押权。甲原先的债权总额为100万元,现剩余90万元,根据担保物权的不可分性,甲对乙的房屋仍然享有担保物权,只是优先受偿的数额缩减为90万元。丙获得了10万元,根据担保物权转移上的从属性以及不可分性,丙对乙的房屋也享有担保物权,其优先受偿的数额只有10万元。

(4)物上代位性。

物上代位性,是指担保期间,担保财产毁损、灭失或者被征收等,担保物权人可以就获得的保险金、赔偿金或者补偿金等优先受偿。在此种情况下,如果被担保的债权的履行期未届满,债权人也可以提存该保险金、赔偿金或者补偿金等。可以将物上代位性通俗地理解为"用后面的钱代替前面的物"。

举例:甲从乙处借款100万元,甲以其房屋进行抵押。债权到期后,乙还没有来得及就房屋进行拍卖,该房屋就被丙烧毁,丙依法赔偿了110万元。乙可否就该赔偿金主张优先受偿?

结论:可以。根据担保物权的物上代位性,乙可以就丙所赔偿的钱进行优先受偿。当然,乙的债权额是100万元,故其优先受偿的范围为100万元。

2. 担保物权的分类

(1)法定担保物权,留置权。

(2)意定担保物权,抵押权和质权。

3. 新贷之债的担保责任

(1)新贷的担保人有权以"所担保的主债权关系,系以偿还旧贷为目的"为由,不再承担保证责任。

(2)例外有二:

①担保人提供担保时,知道或应知道所担保的主债具有偿还旧贷的用途的,不得再以此为由拒不承担担保责任;

②当初旧贷发生时,该担保人即为其提供担保的,担保人不得以新贷具有偿还旧贷的用途为由,拒不承担保证责任。

4. 旧贷之债的担保责任

(1)原则上,新贷的债权人对于旧贷的偿还,并不构成第三人代为履行,因而不适用"代为履行的第三人可以享有债权人的权利"之规则。因此,新贷债权人不得享有旧贷债权人的担保权。

(2)旧贷的物上担保人在担保登记尚未注销的情形下,同意继续为新贷提供担保,并办理变更担保登记手续的,新贷债权人可享有该担保物权,且其担保物权登记的时间,溯及担保人为旧贷债权人办理登记的时间。

5. 反担保(☆)

(1)常考案例模型:万力公司从招商银行借款100万元,胜达公司提供保证。万力公司将其享有的专利权质押给胜达公司,以担保胜达公司追偿权的实现。万力公司给胜达公司所提供的担保,就是反担保。

(2)反担保以原担保存在为前提,原担保消灭,反担保随之消灭。上述模型中万力公司到期清偿了对招商银行的100万元债务,则胜达公司的保证责任消灭,胜达公司对万力公司的反担保随之消灭。

(3)提供反担保的人,既可以是债务人,也可以是第三人;反担保的方式,既可以是物保,也可以是人保。

4.9.2 留 置 权(☆☆☆)

1. 普通留置权。

债务人不履行到期债务,债权人可以留置已经合法占有的债务人的动产,并有权就该动产优先受偿。其中债权人为留置权人,占有的动产为留置财产。

2. 留置权的构成要件。

(1)合法占有债务人动产。对动产的占有不是因侵权行为而取得+客体以动产为限。

(2)留置不得与义务相抵触。

(3)债务已届清偿期,紧急留置除外。

(4)债权人留置的动产,应当与债权属于同一法律关系,但企业之间留置的除外:

①同一法律关系主要指同一合同关系,如保管、运输、行纪、承揽等。

举例:拾得人不得留置拾得物进而主张悬赏广告的债权。【正确】

②商事留置无须基于同一法律关系,即双方均为企业的情形。

3. 限制。

(1)法律规定或当事人约定不得留置的动产,不得留置。

(2)留置财产为可分物的,留置财产的价值应当相当于债务的金额。留置财产为可分物的,留置财产的价值应当相当于债务的金额。

(3)债务人对债权人享有抗辩权的,债权人对所占有的债务人的动产不得留置。

4. 留置权人的权利和义务。

(1)留置权人有权收取留置财产的孳息,但留置权人对收取的孳息只享有留置权,并不享有所有权。收取的孳息应当首先充抵收取孳息的费用,然后再充抵债务及其利息。

(2)保管不善致使留置财产毁损、灭失的,应当承担赔偿责任。

5. 留置权的实现,先留置并确定履行宽限期,然后再优先受偿。

(1)两次效力:当事人应约定留置财产后的债务履行期限;未约定的,应当给债务人60日以上期限;逾期仍未履行的,留置权人可就留置财产优先受偿。

(2)鲜活易腐等不易保管的动产,无须设定宽限期,可直接实现留置权。

(3)留置权人可自行拍卖、变卖留置财产,而无须申请法院为之。

6. 留置权消灭。

(1)丧失占有。

(2)债务人清偿债务或另行提供担保,债权人接受的。

7. 留置权的善意取得。

(1)基于同一法律关系,债权人留置债务人合法占有的第三人动产,即使第三人有异议,依然成立留置权。

(2)企业之间非基于同一法律关系,债务人又认为此留置并非商事留置而要求返还留置物的,法院支持债务人。

(3)企业之间非基于同一法律关系,债权人留置债务人占有的第三人财产,第三人要求返还的,法院应予支持。

8. 商事留置权。

(1)若债权人与债务人均为商事组织,且债权人在营业活动中占有债务人的动产,即使该动产与被担保的债权不属于同一法律关系,但只要"符合留置权的其他成立要件",债权人亦可行使留置权。这种留置权被称为商事留置权。

(2)商事留置权的特殊性。

①须双方均为商事组织。

②债权人基于营业关系而占有对方的动产,且该动产归债务人所有。

③留置的动产与被担保的债权"不必属于"同一法律关系。

主观题小案例

【案例】戊在使用汽车过程中因汽车故障而将其送到己公司修理。己公司以戊上次来修另一辆汽车时未付修理费为由扣留该汽车。

问题:己公司是否有权扣留汽车并享有留置权?为什么?

答案参考:无权。根据《民法典》第448条,债权人留置的动产,应当与债权属于同一法律关系,但是企业之间留置的除外。本案中,戊上次来修另一辆汽车时未付修理费形成的债权与此辆汽车无关。

4.9.3 抵 押 权(☆☆☆☆☆)

一、抵押权概述

1. 抵押权的范围

(1)抵押物可以是动产或不动产。

(2)不可抵押的财产:

①以土地所有权抵押的,抵押合同无效;

②以宅基地、自留地、自留山等集体所有土地的使用权抵押的,抵押合同无效,但法律规定可以抵押的除外;

③以违法的建筑物抵押的,抵押合同无效;

④以所有权、使用权不明或者有争议的财产抵押的,抵押合同的效力不因此受影响;

⑤以依法被查封、扣押、监管的财产抵押的,抵押合同的效力不因此受影响。

2. 抵押权的设立

设立抵押权,当事人应当采取书面形式订立抵押合同→(关系)禁止流押:抵押权人在债务履行期届满前,与抵押人约定债务人不履行到期债务时抵押财产归债权人所有的,只能依法就抵押财产优先受偿→(关系)民事法律行为部分无效,不影响其他部分的效力,其他部分仍然有效。

3. 登记生效

(1)建筑物和其他土地附着物。

(2)建设用地使用权。

(3)以招标、拍卖、公开协商等方式取得的荒地等土地承包经营权。

(4)正在建造的建筑物。

4. 登记对抗

(1)生产设备、原材料、半成品、产品。

(2)交通运输工具。

(3)正在建造的船舶、航空器。

5. 优先受偿权

(1)为担保债务的履行,债务人或者第三人不转移财产的占有,将该财产抵押给债权人的,债务人不履行到期债务或者发生当事人约定的实现抵押权的情形,抵押权人可以与抵押人协议以抵押财产折价或者以拍卖、变卖该抵押财产所得的价款优先受偿。协议损害其他债权人利益的,其他债权人可以在知道或者应当知道撤销事由之日起一年内请求人民法院撤销该协议。

抵押权人与抵押人未就抵押权实现方式达成协议的,抵押权人可以请求人民法院拍卖、变卖抵押财产。

(2)抵押财产折价或者拍卖、变卖后,其价款超过债权数额的部分归抵押人所有,不足部分由债务人清偿。

【注意】不足部分由债务人清偿,而并非由债务人与担保人(担保人为第三人时)承担连带责任。

6. 保全请求权

(1)抵押人的行为足以使抵押财产价值减少的,抵押权人有权请求抵押人停止其行为。

(2)抵押财产价值减少的,抵押权人有权请求恢复抵押财产的价值,或者提供与减少的价值相应的担保。

(3)抵押人不恢复抵押财产的价值,也不提供担保的,抵押权人有权请求债务人提前清偿债务。

【注意】抵押权人行使保全请求权的前提是因抵押人的行为,若非因抵押人的行为,则根据担保物权的不可分性,抵押权人不享有保全请求权,只能行使物上代位权。

7. 物上代位权

担保期间,担保财产毁损、灭失或者被征收等,担保物权人可以就获得的保险金、赔偿金或者补偿金等优先受偿。被担保债权的履行期未届满的,也可以提存该保险金、赔偿金或者补偿金等。

【注意】与抵押权人的保全请求权区别,此处往往是抵押人之外的原因。若未提存保险金、赔偿金或者补偿金等,则抵押权人不得主张优先受偿,只能基于抵押合同主张抵押人承担违约责任。

8. 孳息收取权

(1)抵押财产被扣押前。

(2)扣押期间至变卖前,且抵押权人未通知应当清偿法定孳息的义务人。

9. 受限制的处分权

(1)抵押期间,抵押人可以转让抵押财产。当事人另有约定的,依照其约定。抵押财产转让的,抵押权不受影响。

(2)抵押人转让抵押财产的,应当及时通知抵押权人。抵押权人能够证明抵押财产转让可能损害抵押权的,可以请求抵押人将转让所得的价款向抵押权人提前清偿债务或者提存。转让的价款超过债权数额的部分归抵押人所有,不足部分由债务人清偿。

主观题小案例

【案例】甲向乙借款,由丙以其自有的房屋提供抵押,抵押合同依法成立,但尚未办理抵押登记,该房屋即因地震毁损灭失。

问题:乙有权请求丙承担责任吗?

答案参考:乙有权请求丙承担责任。依据民法及相关法律规定:"不动产抵押合同依法成立,但未办理抵押登记手续,债权人请求抵押人办理抵押登记手续的,人民法院依法予以支持。因抵押物灭失以及抵押物转让他人等原因不能办理抵押登记,债权人请求抵押人以抵押物的价值为限承担责任的,人民法院依法予以支持,但其范围不得超过抵押权有效设立时抵押人所应当承担的责任。"在本案中甲向乙借款,由丙以其自有的房屋提供抵押,抵押合同依法成立,但尚未办理抵押登记,该房屋即因地震毁损灭失。因抵押物灭失不能办理抵押登记,乙请求丙以抵押物的价值为限承担责任的,人民法院依法予以支持,但其范围不得超过抵押权有效设立时抵押人所应当承担的责任。(最高人民法院《关于适用〈中华人民共和国民法典〉有关担保制度的解释》第46条)

二、抵押权与租赁关系

1. 先租后抵或者先抵后租+未办理抵押登记

原租赁关系不受该抵押权的影响,承租人继续承租。

2. 先抵后租+办理抵押登记

(1)租赁时,若有书面告知已设立抵押,则承租人自行承担后果。

(2)若未书面告知,则抵押人承担。

主观题小案例

【案例1】2019年2月1日,王某以一套房屋为张某设定了抵押,办理了抵押登记。同年3月1日,王某将该房屋租给李某1年。同年4月1日,李某得知房屋上设有抵押后,与王某修改租赁合同,把起租日改为2019年1月1日。张某实现抵押权时,要求李某搬离房屋。

问题:李某的租赁权是否可以对抗张某的抵押权?

答案参考：不可以。根据《民法典》及相关司法解释的规定，抵押权设立后出租的，该租赁关系不得对抗已登记的抵押权。本案中，李某的起租日实际为3月1日，其后修改的起租日与实际不符，李某的租赁权不能对抗张某的抵押权。

【案例2】甲公司从某银行贷款1200万元，以自有房产设定抵押，并办理了抵押登记。经书面协议，乙公司以其价值200万元的现有的以及将有的生产设备、原材料、半成品、产品为甲公司的贷款设定抵押，没有办理抵押登记。后甲公司届期无力清偿贷款，某银行欲行使抵押权。法院拟拍卖甲公司的房产。丙公司依法参加竞买，以1000万元竞买成功。

问题：乙公司以其现有的及将有的生产设备等动产为甲公司的贷款设立的抵押是否成立？为什么？

答案参考：成立。根据《民法典》的规定，以动产抵押的，抵押权自抵押合同生效时设立；未经登记，不得对抗善意第三人。本案中，经当事人书面协议，乙公司可以现有的以及将有的生产设备、原材料、半成品、产品设定抵押，无须以登记为设立要件。

【案例3】信用卡在现代社会的运用越来越广泛。假设甲为信用卡的持卡人，乙为发出信用卡的银行，丙为接受银行信用卡消费的百货公司。甲可以凭信用卡到丙处持卡消费，但应于下个月的15日前将其消费的款项支付给乙；丙应当接受甲的持卡消费，并于每月的20日请求乙支付甲消费的款项，丙不得请求甲支付其消费的款项。2012年3月，甲消费了5万元，无力向乙还款。甲与乙达成协议，约定3个月内还款，甲将其1间铺面房抵押给乙，并作了抵押登记。应乙的要求，甲为抵押的铺面房向丁保险公司投了火灾险，并将其对保险公司的保险赔偿请求权转让给了己。2012年4月，甲与张某签订借款意向书，约定甲以铺面房再作抵押向张某借款5万元，用于向乙还款。后因甲未办理抵押登记，张某拒绝提供借款。2012年7月，因甲与邻居戊有矛盾，戊放火烧毁了甲的铺面房。在保险公司理赔期间，己的债权人庚向法院申请冻结了保险赔偿请求权。

问题：甲将保险赔偿请求权转让给己，己的债权人庚向法院申请冻结该保险赔偿请求权，对乙的抵押权有什么影响？为什么？

答案参考：没有影响。根据《民法典》第394条第1款的规定，为担保债务的履行，债务人或者第三人不转移财产的占有，将该财产抵押给债权人的，债务人不履行到期债务或者发生当事人约定的实现抵押权的情形，债权人有权就该财产优先受偿。本案中，在甲的铺面房设定抵押后，甲将保险赔偿请求权转让给己，基于抵押权的物权效力（优先效力），不影响抵押权的效力。己的债权人庚向法院申请冻结该保险赔偿请求权，基于抵押权的优先性，不影响抵押权的效力。

三、抵押权顺位变更

1. 抵押权顺位变更

未经其他抵押权人书面同意，不得对其他抵押权人产生不利影响。反之，若经过其他抵押权人的书面同意，就按照变更后的抵押权顺位实现抵押权。

2. 做题技巧

(1)确定不变更时各债权人可获清偿的数额。

(2)变更后，没有同意的债权人所获清偿不能减少(增加可以)。

(3)同意的，按照变更后处理。

主观题小案例

【案例】黄河公司以其房屋作抵押，先后向甲借款100万元，向乙借款300万元，向丙借款500万元，并依次办理了抵押登记。后丙与甲商定交换各自抵押权的顺位，并办理了变更登记，但乙并不知情。因黄河公司无力偿还全部到期债务，甲乙丙拍卖其房屋，仅得价款600万元。

问题：对该价款该如何分配？

答案参考：《民法典》第414条规定，同一财产向两个以上债权人抵押的，拍卖、变卖抵押财产所得的价款依照下列规定清偿：(1)抵押权已经登记的，按照登记的时间先后顺序清偿；(2)抵押权已经登记的先于未登记的受偿；(3)抵押权未登记的，按照债权比例清偿。其他可以登记的担保物权，清偿顺序参照适用前述规定。所以本案中，乙获清偿300万元，丙获清偿300万元，甲不能获得清偿。在不变更的情形下清偿按登记顺序为：甲 > 乙 > 丙，则600万元中先还甲100万元，乙300万元，丙只能获得200万元。丙与甲协商交换后，若先还丙500万元，则乙只获清偿100万元。甲丙之间顺位的变更未经乙书面同意并侵害其权利，则乙不应受到不利影响，仍然应该收到自己的300万元还款。甲丙之间则因为交换顺序使丙先于甲分配，丙能分配剩下300万元，甲则得不到清偿。

四、动产浮动抵押

1. 企业、个体工商户、农业生产经营者可以将现有的以及将有的生产设备、原材料、半成品、产品抵押，债务人不履行到期债务或者发生当事人约定的实现抵押权的情形，债权人有权就抵押财产确定时的动产优先受偿。比如一个养鸡场可能每分钟都有新的鸡蛋诞生，老的母鸡死亡，新的设备买进，各种商品卖出等。

2. 设立动产浮动抵押权后，浮动抵押财产自下列情形之一发生时确定：

(1)债务履行期限届满，债权未实现。

(2)抵押人被宣告破产或者解散。

(3)当事人约定的实现抵押权的情形。

(4)严重影响债权实现的其他情形。

3. 须采用书面形式，但对于协议中的抵押财产范围并不要求详细列明→价值判断：因为浮动，无法列明。

4. 浮动抵押权的设立。

(1)抵押权自抵押合同生效时设立→价值判断：登记生效将抑制市场活跃度。

(2)即使登记，也不得对抗正常经营活动中已支付合理价款并取得抵押财产的买受人。

五、最高额抵押权

1. 最高额抵押是针对将来可能发生的一系列借款合同，一次性设立一个最高额的抵押权，免除了每次借款都要设立一个抵押合同的麻烦。比如小张的公司在一年内经常要向银行贷款，也都能按时还款，这个时候，为了避免每次贷款都重新办理抵押的麻烦，双方就可以约定，小张把二环里的房子抵押给银行，在未来一年内，担保总额不超过1000万元的贷款。

2. 基础债权的确立与变更。

最高额抵押担保的债权确定前，部分债权转让的，最高额抵押权不得转让，但当事人另有约定的除外→价值判断：最高额抵押权的制度目的是面向未来的，自然不会因为过去已经发生的部分债权的转让而转让。在抵押权人实现最高额抵押权时，就低不就高：

(1)若实际发生的债权余额 > 最高限额，则以最高限额为限，超过部分不具有优先受偿的效力。

(2)若实际发生的债权余额 < 最高限额，则以实际发生的债权余额为限对抵押物优先受偿。

最高额抵押担保的债权确定前，抵押权人与抵押人可通过协议变更债权确定的期间、债权范围以及最高债权额，但变更的内容不得对其他抵押权人产生不利影响。

3. 基于基础关系所生个别债权的确定。

(1)约定的债权确定期间届满。

(2)没有约定债权确定期间或者约定不明确，抵押权人或者抵押人自最高额抵押权设立之日起满2年后请求确定债权。

(3)新的债权不可能发生。

(4)抵押权人知道或者应当知道抵押财产被查封、扣押。

(5)债务人、抵押人被宣告破产或者解散。

(6)法律规定债权确定的其他情形。

主观题小案例

【案例】2014年7月1日，甲、乙和张某签订了《个人最高额抵押协议》，张某将其房屋抵押给乙，以担保甲在乙处进货所产生货款，最高债权额为400万元，并办理了最高额抵押登记，债权确定期间为2014年7月2日到2015年7月1日，并将甲在一周前欠乙的300万元货款纳入担保之中。债权确定期间，甲因从乙处分批次进货，又欠乙100万元。甲到期未还款。

问题：请问抵押担保的债权额为100万元吗？

答案参考：抵押担保的债权额为400万元。《民法典》第420条第2款规定："最高额抵押权设立前已经存在的债权，经当事人同意，可以转入最高额抵押担保的债权范围。"在本案中甲、乙和张某可以确定将甲在债权确定一周前欠乙的300万元货款纳入担保之中，所以抵押担保的债权额为400万元。

4.9.4　担保物权的顺位

1. 购置款超级优先权

动产抵押担保的主债权是抵押物的价款，标的物交付后10日内办理抵押登记的，该抵押权人优先于抵押物买受人的其他担保物权人受偿，但是留置权人除外。

2. 担保物权顺位总结

留置权 > 购置款超级优先权 > 已经公示的抵押权/质权（内部按照登记/交付的时间先后顺序）> 未公示但生效的担保物权（主要是未登记的动产抵押权）/普通债权（内部顺位相同）。

主观题小案例

【案例1】甲公司以一地块的建设用地使用权作抵押向乙银行借款3000万元,办理了抵押登记。其后,甲公司在该地块上开发建设住宅楼,现住宅楼已竣工验收,但甲公司未能按期偿还乙银行借款。

问题:乙银行应如何实现抵押权?

答案参考:乙银行应将建设用地使用权和新增住宅楼一并处分,但仅有权就建设用地使用权所得价款优先受偿。根据《民法典》第417条的规定,建设用地使用权抵押后,该土地上新增的建筑物不属于抵押财产。该建设用地使用权实现抵押权时,应当将该土地上新增的建筑物与建设用地使用权一并处分。但是,新增建筑物所得的价款,抵押权人无权优先受偿。本案中,抵押权人乙银行不能就新增建筑物所得价款优先受偿。

【案例2】甲向乙借款100万元,以其自有房屋提供抵押,并办理了抵押登记;此后,甲又向丙借款100万元,仍以上述房屋设立抵押,并登记。现乙、丙债权均到期,甲无力偿还欠款,乙丙将其房屋拍卖,获得拍卖款150万元。

问题:就该150万元,乙、丙应如何受偿?

答案参考:乙可以就150万元中的100万元优先受偿,丙对剩余的50万元优先受偿。根据《民法典》第414条,同一财产向两个以上债权人抵押的,拍卖、变卖抵押财产所得的价款依照下列规定清偿:(1)抵押权已经登记的,按照登记的时间先后确定清偿顺序;(2)抵押权已经登记的先于未登记的受偿;(3)抵押权未登记的,按照债权比例清偿。其他可以登记的担保物权,清偿顺序参照适用前述规定。本案中,乙、丙均对该房屋拍卖所得价款享有优先受偿权,但乙的抵押权登记在先,故乙优先于丙得到清偿,在乙实现其债权后,丙再就剩余价款行使优先受偿权。

4.10 保　证

4.10.1 一般保证

当事人在保证合同中约定,债务人不能履行债务时,由保证人承担保证责任的,为一般保证。

1. 一般保证的成立

(1)明确约定保证方式为一般保证。

(2)对保证方式没有约定或者约定不明确。

2. 特征

(1)一般保证的保证人享有先诉抗辩权,在未达到债务人"不能"履行债务的程度之前,保证人可行使先诉抗辩权,拒绝对债权人承担保证责任。

(2)一般保证的保证人行使先诉抗辩权的,保证人仅对债权人承担"补充责任",仅对债务人不能履行的债务部分,对债权人承担保证责任。

(3)所谓"债务人不能履行债务",指在债务人不履行到期债务时,债权人通过起诉或者申请仲裁对债务人取得执行根据，或者以赋予强制执行效力的公证债权文书为执行根据，就债务人的财产依法强制执行完毕后，债务人仍不能清偿全部或者部分债务。

3. 先诉抗辩权

一般保证的保证人在主合同纠纷未经审判或者仲裁，并就债务人财产依法强制执行仍不能履行债务前，有权拒绝向债权人承担保证责任。但有例外：

(1)债务人下落不明，且无财产可供执行。

(2)人民法院已经受理债务人破产案件。

(3)债权人有证据证明债务人的财产不足以履行全部债务或者丧失履行债务能力。

(4)保证人书面表示放弃相关权利。

4.10.2 连带保证

当事人在保证合同中约定保证人和债务人对债务承担连带责任的，为连带责任保证。

1. 连带责任保证，保证人"不享有"先诉抗辩权。

连带责任保证的债务人不履行到期债务或者发生当事人约定的情形时，债权人既可以请求债务人履行债务，也可以请求保证人在其保证范围内承担保证责任。

2. 连带责任保证中，债务人与保证人对债权人承担"不真正连带责任"。

(1)在对外关系上，债务人与保证人对债权人的责任与连带责任无区别。

(2)在对内关系上，保证人仅对债权人承担中间责任，保证人不承担最终责任，债务人承担全部最终责任，保证人对债权人承担保证责任后，可"全额"向债务人追偿。

4.11 债

债主要包括债权和债务两大块，债的发生原因包括不当得利之债、无因管理之债、合同之债、侵权之债、缔约过失之债和单方允诺之债。

4.11.1 债的移转(☆☆☆☆☆)

一、债权转让

1. 在债的关系不失其同一性的基础上，债权人通过让与合同将其债权移转给第三人享有的法律现象。其中的债权人称让与人，第三人称受让人。

2. 债权转让的构成要件。

(1)债权合法有效。

存在合法有效的债权是债权让与的前提。

(2)债权有可让与性。

下列债权不得进行转让：①精神损害赔偿请求权；②按照当事人约定不能转，当事人约定非金钱债权不得转让的,不得对抗善意第三人;③当事人约定金钱债权不得转让的,不得对抗第三人;④基于人身信赖关系产生的债权(如委托合同、租赁合同、授课合同);⑤专为特定人利益设定的债权(如人身损害赔偿金);⑥不作为债权(如竞业禁止协议);⑦从债权(如保证债权和地役权)。

(3)债权转让(让与)合同生效。

①合同生效时,债权就发生转移。注意时间点:是合同生效时,而不是通知债务人时。

②原债权人脱离合同关系,受让人成为合同当事人,成为新债权人。

③从权利转移:从权利(如担保)随之转移,但另有约定的除外。受让人取得从权利不因该从权利未办理转移登记手续或者未转移占有而受到影响。

④让与人(原债权人)对债权负瑕疵担保责任。

3. 通知债务人的法律效力。

(1)对债务人发生效力,债务人只能向受让人(新债权人)履行,否则是无效的履行。

(2)通知方式为不要式(口头、书面均可)。通知到达债务人之日起,诉讼时效中断。

(3)债务人的抗辩权依然存在,可以对受让人(新债权人)主张。

(4)债务人可以对受让人(新债权人)主张抵销:

①债务人接到债权转让通知时,债务人对让与人(原债权人)享有债权,并且债务人的债权先于转让的债权到期或同时到期的,可以对受让人(新债权人)主张抵销;

②债务人的债权与转让的债权是基于同一合同产生。

4. 未通知债务人的法律效力。

(1)债权转让有效(让与合同生效时,债权就发生转移),债权属于受让人(新债权人)。

(2)未通知债务人,债权让与对债务人不生效。

(3)债务人对让与人(原债权人)的履行是有效的履行,受让人(新债权人)无权要求债务人再履行一遍,只能要求让与人(原债权人)承担不当得利返还责任。

5. 产生费用。

因债权转让增加的履行费用,由让与人(原债权人)负担。

主观题小案例

【案例1】甲教授曾答应为乙校讲课,双方签订授课合同。但因讲课当天临时有急事,便让自己的博士生代为授课,未经过乙校同意。

问题:请问此合同转让合法吗?

答案参考:此合同转让不合法。《民法典》第545条规定:"债权人可以将债权的全部或者部分转让给第三人,但是有下列情形之一的除外:(一)根据债权性质不得转让……"本案中,授课合同系基于人身信赖关系产生,依据其性质为不能转让的债权,所以此合同转让不合法。

【案例2】债权人李某因急需用钱便将债务人杨某欠自己的20,000元债权以15,000元的价格转让给了柳某。李某通过电话将此事通知了杨某。

问题:请问该债权转让对杨某生效吗?

答案参考:该债权转让对杨某生效。《民法典》第546条第1款规定:"债权人转让债权,未通知债务人的,该转让对债务人不发生效力。"本案中李某已将债权转让通知债务人杨某,债权转让对杨某生效。

二、债务承担

1. 债务承担是指在债权人同意的前提下,将债务转移给新债务人的情况,分为免责的债务承担和并存的债务承担。

2. 生效要件。

(1)存在合法有效的债务。

(2)被转移的债务具有可转移性。

(3)免责的债务承担下:债务经债权人同意才转移;债务人或者第三人可以催告债权人在合理期限内予以同意,债权人沉默的,视为拒绝。

(4)第三人与债务人签订债务承担协议。

3. 法律效果。

(1)在免责的债务承担中,第三人成为新债务人。原债务人脱离债的关系,不对受让人履行债务承担担保责任(债务承担会导致诉讼时效中断)。

(2)在并存的债务承担中,原债务人并不免除债务,第三人加入债的关系,与原债务人一起对债权人承担连带清偿责任。

因为并存的债务承担没有风险,所以:①原则上不需要经过债权人同意;②债权人在合理期限内未明确拒绝的,视为同意。

(3)抗辩主体移转(债务受让人可以援用原债务人对债权人的抗辩),但不得主张抵销原债务人对债权人享有的债权。

4. 债务承担和担保。

在免责的债务承担中,第三人提供担保,未经担保人书面同意,债权人允许债务人转移全部或者部分债务的,担保人在转让范围内免责(区别于债权让与)。

并存的债务承担因为没有风险,所以担保不受影响,不需要经过担保人同意。

5. 以物抵债协议。

(1)债务人或者第三人与债权人在债务履行期限届满后达成以物抵债协议,不存在影响合同效力情形的,人民法院应当认定该协议自当事人意思表示一致时生效。

(2)债务人或者第三人履行以物抵债协议后,人民法院应当认定相应的原债务同时消灭;债务人或者第三人未按照约定履行以物抵债协议,经催告后在合理期限内仍不履行,债权人选择请求履行原债务或者以物抵债协议的,但是法律另有规定或者当事人另有约定的除外。

(3)以物抵债协议经人民法院确认或者人民法院根据当事人达成的以物抵债协议制作成调解书,债权人主张财产权利自确认书、调解书生效时发生变动或者具有对抗善意第三人效力的,人民法院不予支持。

(4)债务人或者第三人以自己不享有所有权或者处分权的财产权利订立以物抵债协议的,仅以让与人在订立合同时对标的物没有所有权或者处分权为由主张合同无效的,法院不予支持。因未取得真正权利人事后同意或者让与人事后未取得处分权导致合同不能履行,受让人主张解除合同并请求让与人承担违反合同的赔偿责任的,人民法院依法予以支持。

(5)债务人或者第三人与债权人在债务履行期限届满前达成以物抵债协议的,人民法院应当在审理债权债务关系的基础上认定该协议的效力。当事人约定债务人到期没有清偿债务，债权人可以对抵债财产拍卖、变卖、折价以实现债权的，人民法院应当认定该约定有效。当事人约定债务人到期没有清偿债务，抵债财产归债权人所有的，人民法院应当认定该约定无效，但是不影响其他部分的效力；债权人请求对抵债财产拍卖、变卖、折价以实现债权的，人民法院应予支持。

主观题小案例

【案例1】甲对乙享有10万元货款债权，乙将债务转让给戊，得到了甲的同意。

问题：乙将债务转让给戊的行为有效吗？

答案参考：乙将债务转让给戊的行为有效。《民法典》第551条第1款规定："债务人将债务的全部或者部分转移给第三人的，应当经债权人同意。"所以经债权人同意的，债务承担有效，本案中债权人甲已同意，债务转让有效。

【案例2】甲经乙公司股东丙介绍购买乙公司矿粉，甲依约预付了100万元货款，乙公司仅交付部分矿粉，经结算乙公司欠甲价值50万元的矿粉。乙公司与丙商议，由乙公司和丙以欠款人的身份向甲出具欠条。

问题：请问丙在欠条上签名的行为，构成免责的债务承担吗？

答案参考：不构成。《民法典》第552条规定："第三人与债务人约定加入债务并通知债权人，或者第三人向债权人表示愿意加入债务，债权人未在合理期限内明确拒绝的，债权人可以请求第三人在其愿意承担的债务范围内和债务人承担连带债务。"本案中，乙公司并未退出债务清偿的法律关系，非免责的债务承担，丙的加入构成并存的债务承担。

三、约定概括承受

合同的权利和义务一并转让的，适用债权转让、债务转移的有关规定。

1. 成立要件

(1)须有合法有效的双务合同存在。

(2)合同当事人一方与第三人达成合同概括承受的协议。

(3)经合同对方当事人同意：①就债务承担而言，需经债权人同意；②就债权转让而言，需通知债务人。

2. 法律效果

(1)一并取得：第三人(承受人)取得让与人所享有的合同权利及承担的合同义务。

(2)原关系人：让与人退出合同关系。

(3)一并转移：从权利、从义务随同移转，但专属于原债务人自身的除外。

(4)例外：在旅游行程开始前的合理期间内，旅游者将其在旅游合同中的权利义务转让给第三人(除合同性质不能转让或另有约定外)，请求确认转让合同效力的，人民法院应予支持(无须旅行社同意)。

3. 常考类型

(1)法人的合并与分立。

(2)买卖不破租赁。

(3)保证人承担保证责任后的追偿权。

(4)保险人承担保险责任后的追偿权。

(5)第三人代为履行的追偿权。

(6)继承人对被继承人生前债权、债务的继承。

4.11.2 债的保全

一、债权人代位权

债权人为了保障债权实现,可以以自己的名义,代债务人之位,向债务人的债务人(次债务人)主张权利。

1.行使要件

(1)债权人对债务人、债务人对相对人的债权都合法、有效、到期。

(2)债务人对相对人的债权或从权利合法、有效、到期,且不具有专属性。

(3)债务人怠于行使其到期债权或从权利,并因此影响债权人债权的实现(如债务人不履行其对债权人的到期债务,又不以诉讼或者仲裁方式向相对人主张其享有的债权或者与该债权有关的从权利,致使债权人的到期债权未能实现的)。

①怠于:债务人未对相对人起诉或申请仲裁。

②损害:债务人除了对第三人的金钱债权之外,其他财产不足以偿还债权人的债务。

③若债务人与相对人合同中有仲裁条款,亦不妨碍债权人以起诉方式行使代位权。

④代位权只能通过法院来行使,不能通过仲裁等机构来行使,也不能由债权人直接向相对人索要。

2.行使途径:诉讼处理

(1)当事人:①原告,债权人(以自己的名义行使);②被告,相对人;③第三人,债务人(原告未列债务人的,法院应当追加债务人为"无独立请求权第三人")。两个以上债权人以债务人的同一个相对人为被告的,可以合并审理。

(2)管辖:相对人住所地(被告),但依法应当专属管辖的适用专属管辖的规定。

(3)债务人或者相对人以双方之间的债权债务关系订有仲裁协议为由对法院主管提出异议的,人民法院不予支持。但是,债务人或者相对人在首次开庭前就债务人与相对人之间的债权债务关系申请仲裁的,人民法院可以依法中止代位权诉讼。

(4)债权人向人民法院起诉债务人后,又向同一人民法院对债务人的相对人提起代位权诉讼,属于该人民法院管辖的,可以合并审理。不属于该人民法院管辖的,应当告知其向有管辖权的人民法院另行起诉;在起诉债务人的诉讼终结前,代位权诉讼应当中止。

3.法律效果

(1)实体法上的效果。

①直接清偿。

②行使代位权无须经过债务人同意或与债务人协商。

③代位权诉讼主张的范围:不得超过债务人所负担的债务额、不得超过相对人对债务人所负

的债务额,两个债务额就低不就高。

(2)诉讼法上的效果。

诉讼费用由败诉的相对人承担,必要费用由债务人承担。

主观题小案例

【案例1】甲公司对乙公司享有5万元债权,乙公司对丙公司享有10万元债权,甲公司对丙公司提起代位权诉讼。

问题:请问丙公司有权要求法院追加乙公司为共同被告吗?

答案参考:无权。债权人以次债务人为被告向法院提起代位权诉讼,未将债务人列为第三人的,法院可以追加债务人为第三人。

本案中,丙有权请求追加乙公司为第三人,而不是共同被告。

【案例2】张三对李四享有10万元债权,李四对李小五享有14万元债权,但这14万元是李小五应该支付给李四的抚养费、赡养费或者扶养费。

问题:张三可否对李小五提起代位权诉讼?

答案参考:不可以。《民法典》规定的代位权不得专属于债务人自身的权利,比如:(1)抚养费、赡养费或者扶养费请求权;(2)人身损害赔偿请求权;(3)劳动报酬请求权,但是超过债务人及其所扶养家属的生活必需费用的部分除外;(4)请求支付基本养老保险金、失业保险金、最低生活保障金等保障当事人基本生活的权利;等等,如上几种不可以提起代位权诉讼。

【案例3】代位权诉讼中,人民法院经审理认为债权人的主张不符合代位权行使条件的,应该如何处理?

答案参考:应当驳回诉讼请求,但是不影响债权人根据新的事实再次起诉。债务人的相对人仅以债权人提起代位权诉讼时债权人与债务人之间的债权债务关系未经生效法律文书确认为由,主张债权人提起的诉讼不符合代位权行使条件的,人民法院不予支持。

二、债权人撤销权

债权人撤销权是一种否定债务人以“明显不合理”的方式不当减少自身财产、损害债权实现的救济途径。关于“明显不合理”的把握:

(1)应当按照交易当地一般经营者的判断,并参考交易时交易地的市场交易价或者物价部门指导价予以认定。

(2)转让价格未达到交易时交易地的市场交易价或者指导价70%的,一般可以认定为“明显不合理的低价”;受让价格高于交易时交易地的市场交易价或者指导价30%的,一般可以认定为“明显不合理的高价”。

(3)债务人与相对人存在亲属关系、关联关系的,不受前款规定的70%、30%的限制。

1.行使要件

(1)债权人与债务人之间存在债权债务关系,合法有效,无须到期。

(2)债务人有放弃债权或者主动处分财产的行为。

(3)若债务人的行为系有偿行为,需要债务人、受益人或受让人具有恶意。所谓“恶意”,采用“观念主义”而非“意思主义”予以确定,指只要债务人知道其行为将导致自己的责任财产减少，并有害于一般债权人的债权即可。

2. 行使途径

(1) 债权人自知道或应当知道撤销事由（如债务人以明显不合理的价格，实施互易财产、以物抵债、出租或者承租财产、知识产权许可使用等行为，影响债权人的债权实现）之日起 1 年内，自债务人的行为发生之日起 5 年内（受双重除斥期间限制）。

(2) 需要诉讼处理：

①原告是债权人，被告是债务人和债务人的相对人（共同被告），由债务人或者相对人的住所地人民法院管辖，但是依法应当适用专属管辖规定的除外。两个以上债权人就债务人的同一行为提起撤销权诉讼的，人民法院可以合并审理。

②依法撤销的，该行为自始无效，第三人需要返还不当处分财产的，向债务人返还。

③行使撤销权的必要费用如律师代理费、差旅费等，由债务人负担，受益人、受让人有过错的，应当适当分担。

(3) 范围。

债权人对债务人的债权数额。

3. 法律效果

(1) 实体法上的效果。

①债务人影响债权人的债权实现的行为被撤销的，自始没有法律约束力。

②债权人有权请求受益人或受让人向自己返还所受利益，并有义务将所受利益加入债务人的一般财产，作为全体一般债权人的责任财产。

(2) 诉讼法上的效果。

诉讼费用以及债权人行使债权人撤销权的必要费用，由债务人负担；受益人、受让人有过错的，应当适当分担。

主观题小案例

【案例 1】乙公司为体现自己落实《民法典》中的营利法人社会责任，承诺每年向“青少年成长基金会”捐款 1000 万元，并在媒体上宣传。为获取更多融资款，与戊信托商签订协议，由担保人子和抵押人丑（以其价值 1500 万元的房子抵押，已办理抵押登记）提供担保，但子和丑并不知道对方的存在。楼盘建成之后，乙公司陆续对外销售了大概 15% 的房屋。（节选自 2020 年民法综合题）

问题：

(1) 乙公司的债权人是否有权直接主张撤销乙公司向“青少年成长基金会”的捐款？

(2) 乙公司是否能够任意撤销对“青少年成长基金会”的捐款？

答案参考：

(1) 不能。

根据《民法典》及相关规定，债务人以放弃其债权、放弃债权担保、无偿转让财产等方式无偿处分财产权益，或者恶意延长其到期债权的履行期限，影响债权人的债权实现的，债权人可以请求人民法院撤销债务人的行为。

本案中，虽然乙公司设立基金会捐赠 1000 万元，但是其房屋才仅仅出售了 15% 左右，且债权人的债权都有相应的担保,因此乙公司设立基金会捐赠1000万元的行为并不会影响到债权人债权的实现,其债权人无权行使撤销权撤销该捐赠行为。

(2)不能。

根据《民法典》及相关规定,赠与人在赠与财产的权利转移之前可以撤销赠与。经过公证的赠与合同或者依法不得撤销的具有救灾、扶贫、助残等公益、道德义务性质的赠与合同,不适用前述规定。

本案中,乙公司将财产捐赠给基金会属于具有公益性质的赠与合同,此时乙公司不能行使任意撤销权来撤销该赠与合同。

考点:赠与的撤销,债权人撤销权。涉及法条:《民法典》第143条、第538条、第658条。

【案例2】问题:债务人有大量财产可以清偿债务是否构成对撤销权行使的障碍?为什么?

答案参考:构成。根据《民法典》第538条,债务人以放弃其债权、放弃债权担保、无偿转让财产等方式无偿处分财产权益,或者恶意延长其到期债权的履行期限,影响债权人的债权实现的,债权人可以请求人民法院撤销债务人的行为。

本案中,债务人还有其他大量财产可偿还债权人的债务,债务人的行为不会对债权人造成损害,因此构成对撤销权行使的障碍。

4.12 不当得利之债

不当得利是指没有合法依据,通过他人利益受损而使自己获得利益的事实。

1. 构成要件

(1)一方获得利益。只要当事人在财产上确实获得了利益,不管是财产总额增加,还是本该减少的没有减少,都算获得利益。

(2)他方受有损失。不当得利是通过他人利益受损而使自己获得利益,所以一方受有损失是必要的。

(3)二者之间有因果关系。一方的损失就是由另一方获得利益造成的。

(4)没有法律根据。当事人之间的财产给付行为,不是由于他们自己的意思或者法律上的原因。

2. 典型不当得利情形

无债权而受领、无依据而获得无形利益、无依据而占有现金、因添附而获得他人之物。

3. 不属于不当得利情形

(1)诉讼时效期间届满后,债务人履行,债权人不构成不当得利,无须返还。

(2)用拾得或偷盗的金钱偿债,债权人不构成不当得利,无须返还。

(3)债务人履行赌博债务,债权人不构成不当得利,无须返还。

4. 法律效果

(1)产生新物

①新物为孳息(租金、利息等):返还原物+孳息。

②新物为收益(经营所得、投资回报):返还原物,但收益扣除劳务管理费用后,国家予以收

缴,不在返还给受损人之列。

(2)原物毁损、灭失

①善意不当得利:不负赔偿责任。

②恶意不当得利:以得利时利益为限,负赔偿责任。

主观题小案例

【案例1】甲雇的装修工人,误把邻居乙的装修材料用于甲的房屋装修。

问题:请问甲构成不当得利吗?

答案参考:甲构成不当得利。《民法典》第985条规定:"得利人没有法律根据取得不当利益的,受损失的人可以请求得利人返还取得的利益,但是有下列情形之一的除外:(一)为履行道德义务进行的给付;(二)债务到期之前的清偿;(三)明知无给付义务而进行的债务清偿。"在本案中甲有得利,乙有损失,得利与损失之间存在因果关系,并且甲的得利没有法律上的原因,要件皆已齐备,所以甲构成不当得利。

【案例2】甲前往乙银行取款,由于提款机故障,甲的账户虽然仅有200元,但是甲却取得2000元。

问题:请问上述甲的行为属于不当得利吗?

答案参考:甲构成不当得利。《民法典》第985条规定:"得利人没有法律根据取得不当利益的,受损失的人可以请求得利人返还取得的利益,但是有下列情形之一的除外:(一)为履行道德义务进行的给付;(二)债务到期之前的清偿;(三)明知无给付义务而进行的债务清偿。"所谓不当得利之债,是指基于不当得利行为而发生的债,具体是指受益人应当向受害人返还不当得利。本题中,甲没有正当理由取得财物,并且不属于例外情形,所以构成不当得利。

【案例3】某日深夜,乙擅自将自己的轿车停放在甲的停车位上。甲驾车回来,发现车位被占用,且无法联系乙,附近也没有可用车位,遂致电拖车公司将乙的轿车拖走,并支付拖车费300元。

问题:请问本案中乙构成不当得利吗?

答案参考:乙构成不当得利。《民法典》第985条规定:"得利人没有法律根据取得不当利益的,受损失的人可以请求得利人返还取得的利益,但是有下列情形之一的除外:(一)为履行道德义务进行的给付;(二)债务到期之前的清偿;(三)明知无给付义务而进行的债务清偿。"在本案中。乙从对甲的物权侵害中获得不当停车利益,也没有符合法条规定的除外情形,构成侵害权利型不当得利,所以乙构成不当得利。

【案例4】甲雇人耕田,雇工误耕了乙的数亩良田。

问题:请问乙构成不当得利吗?

答案参考:乙构成不当得利。《民法典》第985条规定:"得利人没有法律根据取得不当利益的,受损失的人可以请求得利人返还取得的利益,但是有下列情形之一的除外:(一)为履行道德义务进行的给付;(二)债务到期之前的清偿;(三)明知无给付义务而进行的债务清偿。"在本案中乙有得利,甲有损失,得利与损失之间存在因果关系,本案是由于认知错误产生一方得利、一方受损失的结果,且不属于《民法典》第985条规定的除外情形,所以乙构成不当得利。

4.13 无因管理之债

1. 构成要件

(1)没有法定或约定义务。有法定或者约定的义务,就不成立无因管理。超出法定或者约定的义务,只有超出部分成立不当得利。没有法定或者约定的义务,误以为自己有义务进而管理他人事务,不成立无因管理,属于不当得利。

(2)对他人事务进行管理。其中"管理"包括事实行为和法律行为双重含义。不要求管理人具有民事行为能力,可以以管理人名义,也可以以被管理人名义。"事务"包括财产性事项或非财产性事项,民事法律行为或事实行为,一次性行为或继续性事项,但排除以下事项:

①违法事项。②不能发生债之关系的纯粹道德、宗教行为或好意施惠行为。③依法必须由本人亲自办理的事项。④非经本人授权不得办理的事项。⑤单纯的不作为。

(3)具有管理的意思。管理行为实际效果对是否构成无因管理没有影响。"意思"对无因管理的定性有影响。明知是他人事务而为自己利益管理或者误信他人事务为自己事务而管理不成立无因管理,但可适用不当得利。为了他人的利益进行管理才成立无因管理。

(4)适法化:管理事务符合受益人的真实意思。管理人为谁的利益,谁就是被管理人。若管理行为不符合本人真实意思,因欠缺适法化要件而构成不适法无因管理,但有例外,以下情形仍可构成无因管理:①为被管理人尽公益上的义务。②为被管理人履行法定扶养义务。③被管理人的意思违反公序良俗或善良风俗。

2. 认定无因管理的法律后果

(1)管理人的义务:①适当管理的义务;②通知、报告、计算义务。

(2)管理人的权利:①必要费用偿还请求权;②负债清偿请求权;③适当补偿请求权。

【注意】管理人因管理行为受到损失的,可以请求受益人给予适当补偿。

主观题小案例

【案例1】甲、乙相邻而居,一日,甲房屋失火,乙帮忙灭火,其间,由于火势凶猛,乙的外套(价值400元)被焚毁。

问题:请问上述行为产生无因管理之债吗?

答案参考:上述行为产生无因管理之债。《民法典》第979条第1款规定:"管理人没有法定的或者约定的义务,为避免他人利益受损失而管理他人事务的,可以请求受益人偿还因管理事务而支出的必要费用;管理人因管理事务受到损失的,可以请求受益人给予适当补偿。"无因管理之债,是指基于无因管理行为而发生的债,具体是指被管理人应当偿付管理人在管理过程中产生的必要费用。在本案中乙帮甲灭火,由于火势凶猛,乙的外套(价值400元)被焚毁,产生无因管理之债。

【案例2】甲在自家门口扫雪,顺便将邻居乙的小轿车上的积雪清扫干净。

问题:请问该行为会引起无因管理之债吗?

答案参考:该行为不会引起无因管理之债。《民法典》第121条规定:"没有法定的或者约定的义务,为避免他人利益受损失而进行管理的人,有权请求受益人偿还由此支出的必要费用。”甲在自家门口扫雪,顺便将邻居乙的小轿车上的积雪清扫干净,是生活中常见的互助行为,并不产生民事法律关系,不构成无因管理。

【案例3】甲拾得乙遗失的牛,寻找失主未果后牵回暂养。地震致屋塌牛死,甲出卖牛皮、牛肉获价款若干。

问题:请问甲构成无因管理吗?

答案参考:甲构成无因管理。《民法典》第979条第1款规定:“管理人没有法定的或者约定的义务,为避免他人利益受损失而管理他人事务的,可以请求受益人偿还因管理事务而支出的必要费用;管理人因管理事务受到损失的,可以请求受益人给予适当补偿。”甲拾得乙遗失的牛,寻找失主表明甲系为乙管理事物,构成无因管理。

4.14 合同之债

4.14.1 合同概述

合同是指平等主体的自然人、法人、非法人组织之间设立、变更、终止民事权利义务关系的协议。当事人对合同是否成立存在争议,人民法院能够确定当事人姓名或者名称、标的和数量的,一般应当认定合同成立。

1.【预约合同成立】当事人以认购书、订购书、预订书等形式约定在将来一定期限内订立合同,或者为担保在将来一定期限内订立合同交付了定金,能够确定将来所要订立合同的主体、标的等内容的,人民法院应当认定预约合同成立。

2.【预约合同不成立】当事人通过签订意向书或者备忘录等方式,仅表达交易的意向,未约定在将来一定期限内订立合同,或者虽然有约定但是难以确定将来所要订立合同的主体、标的等内容,预约合同不成立。

3.【本约合同成立】当事人订立的认购书、订购书、预订书等已就合同标的、数量、价款或者报酬等主要内容达成合意,符合合同成立条件,未明确约定在将来一定期限内另行订立合同,或者虽然有约定但是当事人一方已实施履行行为且对方接受的,本约合同成立。

一、合同目的

1. 预约

(1)约定将来订立一定本约的契约。例如当事人签订认购书、订购书、预订书、意向书、备忘录等。

(2)当事人就订立本约的必备要素已经达成一致,可认定本约成立。

2. 本约

为履行预约而订立的合同。

(1)预约合同生效后,当事人应按照约定履行签订本约的义务。**【注意】**商品房买卖合同的预约合同不以取得预售许可证为生效要件。

(2)违反预约而不履行订立本约义务的，当事人有权解除合同，并要求承担违约责任。

(3)当事人不能请求继续履行。预约属于"不适于强制履行"的合同。

3. 以物抵债协议

(1)履行期届满后达成的以物抵债协议：抵债物尚未交付，债权人请求交付的，人民法院审查该协议是否存在恶意损害第三人合法权益等情形，不存在以上情况，且无其他无效事由的，人民法院依法予以支持。

(2)履行期届满前达成的以物抵债协议：抵债物尚未交付，债权人请求交付的，此种情况不同于让与担保，人民法院应当向其释明，其应当根据原债权债务关系提起诉讼。经释明后当事人仍拒绝变更诉讼请求的，应当驳回其诉讼请求，但不影响其根据原债权债务关系另行提起诉讼。

主观题小案例

【案例1】甲为信用卡的持卡人，乙为发出信用卡的银行，丙为接受银行信用卡消费的百货公司。甲可以凭信用卡到丙处持卡消费，但应于下个月的15日前将其消费的款项支付给乙；丙应当接受甲的持卡消费，并于每月的20日请求乙支付甲消费的款项，丙不得请求甲支付其消费的款项。

2012年3月，甲消费了5万元，无力向乙还款。甲与乙达成协议，约定3个月内还款，甲将其1间铺面房抵押给乙，并作了抵押登记。应乙的要求，甲为抵押的铺面房向丁保险公司投了火灾险，并将其对保险公司的保险赔偿请求权转让给了乙。

问题：2012年3月之前，甲与乙之间存在什么法律关系？乙与丙之间存在什么法律关系？甲与丙之间存在什么法律关系？

答案参考：(1)甲持卡在丙处消费，由乙向丙付款，这是一种无名合同关系，参照委托合同的规定处理。甲应依其消费金额向乙还款，甲乙之间还形成借款合同法律关系（或形成还款关系）。

(2)丙负有接受符合条件的持卡人的消费的义务，即丙受乙的委托向第三人（消费者）为给付，有与第三人订立合同的义务，这是一种类似于委托的关系（或无名合同关系）。在丙完成对第三人的给付之后，丙有要求乙付款的权利。甲与丙之间构成买卖合同关系。

【案例2】甲欲出卖自家的房屋。甲的同事乙听说后，提出购买。甲表示愿意但需再考虑细节。乙担心甲将房屋卖给他人，提出草签书面合同，保证甲将房屋卖给自己，甲同意。甲、乙一起到房屋登记机关验证房屋确实登记在甲的名下，且所有权人一栏中只有甲的名字，双方草签了房屋预购合同。

问题：如甲不履行房屋预购合同，乙能否向法院请求强制履行？

答案参考：不能。根据《民法典》，预约合同一方不履行的，对方可请求其承担预约合同的违约责任。本案中，甲、乙签订的是预约合同，若甲不履行房屋预购合同中约定的义务，乙可以请求甲承担预约合同的违约责任。合同的订立须双方真实意思表示一致，故乙不能向法院请求强制履行房屋买卖合同（本约）的内容。法条依据为《民法典》第495条。

二、格式条款

1. 提供格式条款一方的法定义务

格式条款是当事人为了重复使用而预先拟定，并在订立合同时未与对方协商的条款，提供格

式条款的乙方,负有两项义务:

(1)公平合理确定格式条款内容的义务。

(2)异常格式条款注意与说明义务,对于异常格式条款,提供条款的一方未履行注意或者说明义务,致使对方没有注意或者理解与其有重大利害关系的条款的,对方可以主张该异常格式条款不成为合同的内容。

2. 格式条款的无效事由

(1)提供格式条款一方"不合理的"免除或者减轻其责任、加重对方责任、限制对方主要权利的。

(2)提供格式条款一方排除对方主要权利。

3. 格式条款的解释规则

对格式条款的理解发生争议时,依照下列规则顺序确定格式条款的含义:

(1)非格式条款优先。

(2)对格式条款的理解发生争议的,应当按照通常理解予以解释。

(3)依照通常解释该格式条款具有两种以上含义的,应当作出不利于提供格式条款一方的解释。

主观题小案例

【案例1】甲、乙于2月5日签订一份合同,约定甲以50万元购买乙收藏的张大千的山水画。之后双方关于履行地发生争议,又无从根据其他方法予以确定。

问题:该履行地应如何确定?

答案参考:乙应在乙所在地交付山水画,甲应在乙所在地付款。根据法律规定,当事人就有关合同内容约定不明确,依照《民法典》第510条的规定仍不能确定时,履行地点不明确,给付货币的,在接受货币一方所在地履行;交付不动产的,在不动产所在地履行;其他标的,在履行义务一方所在地履行。本案中,乙交付山水画应在履行义务一方即乙方所在地履行;甲履行付款义务,应在接受货币一方即乙方所在地。法条依据为《民法典》第511条。

【案例2】刘某提前两周以600元订购了海鸥航空公司全价1000元的六折机票,后因临时改变行程,刘某于航班起飞前一小时前往售票处办理退票手续,海鸥航空公司规定起飞前两小时内退票的按机票价格收取30%手续费。

问题:关于退票手续费的规定是无效格式条款吗?

答案参考:不是,该格式条款有效。根据法律规定,不合理地免除或减轻其责任、加重对方责任、限制或排除对方主要权利的格式条款无效。本案中,"起飞前两小时内退票的按机票价格收取30%手续费"的规定属于合理的免责条款。因飞机起飞前两小时内办理退票手续,很可能导致该机票无法在两小时内售出,造成航空公司损失,收取手续费并未违背公平原则,该规定没有不合理地加重客户责任、限制或排除客户的主要权利,故该格式条款有效。法条依据为《民法典》第497条。

4.14.2 合同成立

一、要约

要约,是希望与他人订立合同的意思表示。因此,如果当事人发出意思表示的目的不是和对方订立合同,则不是要约。

1. 要约的构成要件

(1)要约内容必须具体、确定。

所谓具体,指要约的内容必须是合同订立所必需的条款,即合同的主要条款。所谓确定,指要约的内容必须明确,不能含糊不清,使受要约人难以确定要约的意思。

(2)要约应有缔结合同的目的。

这说明要约本身要以缔结合同并接受合同约束为目的,此要件是要约区别于好意施惠行为和要约邀请的基本标准,在好意施惠、要约邀请中,当事人都不是以订立合同为目的。

(3)要约的类型。

①要约可分为向特定人的要约和向不特定人的要约。

②向特定人的要约一般是指向某个或某些特定的人发出的要约。如甲向乙发出要约,乙就是特定的一个人。

③向不特定人的要约则是向不特定的公众发出的要约。如自动售货机、公共汽车,自动售货机面向可能的购买者,公共汽车面向可能的乘客。

(4)要约邀请。

①要约邀请(又称要约引诱),指希望他人向自己发出要约的意思表示。可以通俗地理解为:向对方发出要约邀请,目的是引诱对方向自己发出要约。

②在法考中,区分要约与要约邀请的最简单方法,就是记住法律明确规定的要约邀请的类型。具体而言,要约邀请包括拍卖公告、招标公告、招股说明书、债券募集办法、基金招募说明书、商业广告和宣传、寄送的价目表等。

③如果商业广告和宣传的内容符合前述要约的构成条件,可以直接认定为要约;如果不符合要约的构成条件,则按要约邀请对待。

2. 要约的生效

(1)对不特定人的要约,如自动售货机、标价陈列、到站的公交、构成要约的商业广告:一经作出立即生效。

(2)对特定人的要约,以到达为标准:

①至于是否看到不影响效力→价值判断:要约的生效目的是约束要约人,而非受要约人。

②采用数据电文形式订立合同,收件人指定特定系统接收数据电文的,该数据电文进入该特定系统的时间,视为到达时间;未指定特定系统的,该数据电文进入收件人的任何系统的首次时间,视为到达时间。

3. 要约的撤回

(1)可以撤回。撤回要约的通知应在要约到达受要约人之前或与要约同时到达受要约人。

(2)例外:拍卖过程中的出价行为属于要约,但不可撤回。

4. 要约的撤销

(1)可以撤销。撤销要约的通知应当在受要约人发出承诺通知之前到达受要约人→(区别)要约撤回:撤回发生于生效前,撤销发生于生效后。

(2)要约不得撤销的情形:

①受要约人已经作出承诺;②要约人确定了承诺期限;③要约人以其他形式明示要约不可撤销;④受要约人有理由认为要约是不可撤销的,并已经为履行合同作了合理准备工作。

5. 要约的失效

(1)要约被拒绝。

(2)要约被依法撤销→(区别)要约撤回不是要约失效的原因→价值判断:失效以生效为前提,撤回发生于生效前。

(3)承诺期限届满,受要约人未作出承诺。

(4)受要约人对要约的内容作出实质性变更。

(5)拍卖中竞买人的应价要约,在有更高应价出现时,自然失效。

二、承诺

承诺是受要约人同意要约的意思表示,承诺人是受要约人。

1. 承诺的构成要件

(1)承诺人是受要约人:

①若要约人向不特定人发出要约,则任何人均可作出承诺;

②若要约人向特定人发出要约,则仅特定人可作出承诺→价值判断:合同相对性→(因果)受要约人以外的第三人知道要约内容并表示同意,不构成承诺。

(2)承诺的内容应当与要约的内容一致:

①受要约人对要约的内容作出实质性变更的,为新要约,此时合同不成立。有关合同标的、数量、质量、价款或报酬、履行期限、履行地点和方式、违约责任和解决争议方法等的变更,是对要约内容的实质性变更。

②承诺对要约的内容作出非实质性变更的,除要约人及时表示反对或要约表明承诺不得对要约的内容作出任何变更的以外,该承诺有效,合同的内容以承诺的内容为准。

(3)向要约人作出承诺的通知,承诺应当在要约确定的期限内到达要约人;要约没有确定承诺期限的,承诺应当依照下列规定到达:

①要约以对话方式作出的,应当即时作出承诺,但当事人另有约定的除外。

②要约以非对话方式作出的,承诺应当在合理期限内到达。

③期限的起点:要约以信件或电报作出的,承诺期限自信件载明的日期或电报交发之日开始计算。信件未载明日期的,自投寄该信件的邮戳日期开始计算。要约以电话、传真等快速通信方式作出的,承诺期限自要约到达受要约人时开始计算。

2. 方式

承诺应当以通知的方式作出,通知到达要约人时生效,但根据交易习惯或要约表明可以通过行为如沉默或不作为作出承诺的除外。

3. 迟到

(1)受要约人超过承诺期限发出承诺,或者在承诺期限内发出承诺,按照通常情形不能及时到达要约人的,为承诺迟到。

(2)价值判断:尽量促成交易。

4. 撤回

(1)承诺可以撤回,通过撤回阻止承诺发生法律效力。

(2)撤回承诺的通知应在承诺通知到达要约人之前或者与承诺通知同时到达要约人。

三、缔约过失责任

在缔结合同的过程中,一方违背诚实信用原则导致对方利益损失,依法应当承担的责任。

1. 构成要件

(1)发生于合同尚未成立,或虽已成立,但因不符合法定的有效要件而被确认为无效或被撤销时→(区别)违约责任。

(2)一方当事人违反依诚实信用原则所担负的先合同义务:忠实、保密、协助等。

(3)另一方的信赖利益因此而遭受损失。

(4)造成缔约过失责任的行为不限于故意行为,还包括过失行为。

2. 适用范围

(1)假借订立合同,恶意进行磋商。

(2)故意隐瞒与订立合同有关的重要事实或者提供虚假情况。

(3)泄露或不当使用在合同订立过程中知悉的对方商业秘密。

(4)其他在合同订立过程中违反诚信原则的缔约过失行为。

4.14.3 合同的履行

一、合同履行的原则

1. 合同债务人应当依照法律规定和合同约定,全面、适当地履行合同义务。若债务人不履行或不适当履行主给付义务、从给付义务、附随义务,则构成不完全履行,应承担违约责任。

2. 提前履行或部分履行:债权人可以拒绝债务人提前履行债务或部分履行债务,但提前履行、部分履行不损害债权人利益的除外→(联想)借款合同中借款人可要求提前偿还借款:

(1)提前履行或部分履行,若损害债权,须承担违约责任。

(2)提前履行或部分履行,未损害债权,却增加了费用,债权人可接受或拒绝,但增加的费用由债务人负担。此时债务人的提前履行行为不构成违约,但债务人部分履行债务的,若其未履行的部分超过债务履行期,则构成违约,债务人须承担双重责任:承担增加的费用 + 对未履行的部分承担违约责任。

3. 诚信履行原则,当事人应诚实、守信、善意地履行合同义务,不得滥用权利或规避义务。

二、履行的主体

1. 履行人

(1)债务人

①债务人负有履行债务的义务和权限,可适用履行辅助人履行债务→(联想)履行辅助人:辅助债务人履行债务的人,债务人须对履行辅助人的履行行为承担责任→(联想)债务履行辅助人、免责的债务承担、由第三人履行合同区分:债务履行辅助是由债务人基于委托或雇佣关系而为的履行;且履行辅助人是以债务人的名义履行债务,当辅助人不履行或不适当履行债务时,由债务人而不是履行辅助人承担责任。免责的债务承担,由新债务人承担责任,原债务人退出债权债务关系。而由第三人履行合同是在债权人和债务人之间订立协议,当第三人不履行债务时,由债务人承担违约责任。

②在给付为法律行为的场合,也可由代理人代理履行义务。

③无论是履行辅助人还是代理人,都属于债务人的清偿,非第三人清偿。

(2)第三人

第三人代为清偿。

2. 履行受领人

(1)受领人原则上为债权人,但基于特别事由,债权人的受领权将受限制:

①债权人被申请破产:人民法院受理破产申请后,债务人的债务人或财产持有人应当向管理人清偿债务或交付财产。债务人的债务人或财产持有人故意违反规定向债务人清偿债务或交付财产,使债权人受到损失的,不免除其清偿债务或交付财产的义务。

②债权被质押:在债权被质押时,债务人自收到质押通知时起,不能再向债权人履行,否则该履行不得对抗质权人,即债权人受领债务人清偿的权限被冻结,债务人对债权人履行债务的,不发生清偿的效果。

③债权人代位权。

(2)有权代为受领人:债权人的代理人、债权质权人、破产清算组等。

(3)债权让与无效场合债权的事实上受领人、表见继承人、持有他人银行卡且知道密码的人。

三、履行的内容

1. 在合同缔约阶段,违反先合同义务,承担缔约过失责任。

2. 在合同履行过程当中:

(1)违反主给付义务,基于合同关系所固有、必备的义务,目的在于决定合同性质,一旦违反须承担违约责任。一方不履行,另一方可通过诉讼方式请求对方履行。

(2)违反从给付义务,根据情况区分:

①主给付义务之外,不具有独立意义、只能辅助主给付义务发挥功能的义务,目的在于更好实现合同目的,一旦违反须承担违约责任。一方不履行,另一方可通过诉讼方式请求对方履行;

②从给付义务不必然与对方的给付义务处于对等给付地位,能否产生抗辩权需要依照合同的目的是否能够实现而定。如将导致对方订立合同的目的不能实现,则从给付义务与对方的给

付义务处于对等给付地位，对方可主张同时履行抗辩权；

③一方当事人违反从给付义务，只要导致守约方根据合同有权获得的东西完全落空，合同目的无法实现的法律后果，则守约方有权解除合同。

3. 合同权利义务终止后，违背后合同义务，需要承担损害赔偿责任。

4. 在合同履行全过程中，违反广义附随义务，非自始确定，基于诚信原则产生。一方不履行，另一方不可通过诉讼方式请求对方履行，仅可请求损害赔偿。

四、合同相对性

1. 向第三人履行

(1)合同当事人不包括第三人→(因果)第三人及其代理人无须在合同上签字盖章，第三人不享有变更、撤销、解除合同的权利。

(2)向第三人履行→(因果)合同生效后第三人可接受或拒绝，若接受，则合同当事人不能自行取消该权利；若拒绝，转由合同当事人享有权利，第三人不承担违约责任。

2. 由第三人履行

(1)合同当事人不包括第三人→(因果)第三人及其代理人无须在合同上签字盖章，第三人不享有变更、撤销、解除合同的权利。

(2)由第三人履行→(因果)债权人对第三人享有履行请求权→(因果)合同生效后第三人可接受或拒绝，若拒绝，第三人无须向债权人承担违约责任。

3. 主观题可能会考的合同相对性的例外情况总结

(1)无权代理未被追认，行为人没有代理权、超越代理权或者代理权终止后，仍然实施代理行为，未经被代理人追认的，对被代理人不发生效力，由行为人承担责任。这一规定表明，未被追认的合同，仍然是有效的合同，只不过仅约束代理人和相对人，也就是说无权代理人成为该合同的当事人，以代替被代理人的当事人地位。

(2)企业的合并与分立：当事人订立合同后合并的，由合并后的法人或者其他组织行使合同权利，履行合同义务。当事人订立合同后分立的，除债权人和债务人另有约定的以外，由分立的法人或者其他组织对合同的权利和义务享有连带债权，承担连带债务。合并或分立后的企业虽然不是原债的当事人，但其需要接受原债关系的约束。

(3)债权人的代位权，债权人的撤销权。

(4)买卖不破租赁，租赁物在承租人按照租赁合同占有期限内发生所有权变动的，不影响租赁合同的效力，新的所有权人应法定承受原租赁合同。

(5)单式联运合同，两个以上承运人以同一运输方式联运的，与托运人订立合同的承运人应当对全程运输承担责任。损失发生在某一运输区段的，与托运人订立合同的承运人和该区段的承运人承担连带责任→(区别)多式联运合同中，实际承运人与多式联运经营人不承担连带责任，未突破合同相对性。

(6)融资租赁合同中，出租人、出卖人、承租人可以约定，出卖人不履行买卖合同义务的，由承租人行使索赔的权利。承租人行使索赔权利的，出租人应当协助。

(7)以单位、家庭等集体形式与旅游经营者订立旅游合同，在履行过程中发生纠纷，除集体以合同一方当事人名义起诉外，旅游者个人提起旅游合同纠纷诉讼的，人民法院应予受理。

五、阻却履行请求的抗辩

1. 同时履行抗辩权。

(1)同时履行抗辩权,指未约定先后履行顺序的双务合同中,一方当事人在对方当事人未为给付前,可拒绝履行自己债务的权利。一方不可以以对方没有履行非主要债务为由拒绝履行自己的主要债务,除非致使不能实现合同目的或者当事人另有约定。

(2)同时履行抗辩权的行使条件:

①须双方当事人互负债务。

②须双方当事人就各自债务没有约定先后履行顺序。

③须双方的债务均已到履行期。

④对方对其自身债务未履行或虽履行但不符合约定。

(3)诉讼主体实务操作:

①当事人一方起诉请求对方履行债务,被告主张双方同时履行的抗辩且抗辩成立,被告未提起反诉的,人民法院应当判决被告在原告履行债务的同时履行自己的债务,并在判项中明确原告申请强制执行的,人民法院应当在原告履行自己的债务后对被告采取执行行为。

②被告提起反诉的,人民法院应当判决双方同时履行自己的债务,并在判项中明确任何一方申请强制执行的,人民法院应当在该当事人履行自己的债务后对对方采取执行行为。

③当事人一方起诉请求对方履行债务,被告主张原告应先履行的抗辩且抗辩成立的,人民法院应当驳回原告的诉讼请求,但是不影响原告履行债务后另行提起诉讼。

2. 先履行抗辩权。

(1)先履行抗辩权,也称顺序履行抗辩权,指约定了先后履行顺序的双务合同中,先履行方未履行债务或虽履行但不符合约定的,后履行方可以拒绝履行自己债务的权利。

(2)先履行抗辩权的行使条件:

①须双方当事人互负债务。

②须双方当事人就各自债务约定了先后履行顺序。

③须双方的债务均已到履行期。

④先履行方未履行债务或虽履行但不符合约定。

3. 不安抗辩权。

(1)不安抗辩权,指约定了先后履行顺序的双务合同中,先履行的一方有确切证据证明后履行方有难为履行的风险,先履行方可以拒绝履行自己债务的权利。

(2)不安抗辩权的行使条件:

①须双方当事人互负债务。

②须双方当事人就各自债务约定了先后履行顺序。

③须先履行方的债务均已到履行期。

④后履行方有难为履行的风险。所谓有难为履行的风险,在具体做题时,需要掌握如下具体表现:a. 经营状况严重恶化;b. 转移财产、抽逃资金,以逃避债务;c. 丧失商业信誉;d. 有丧失或可能丧失履行债务能力的其他情形,主要指破产。

做题技巧:三大抗辩权的本质区别在于履行顺序:未约定履行顺序的,肯定是同时履行抗辩权;约定了履行顺序的,先履行方,肯定是不安抗辩权,后履行方,肯定是先履行抗辩权。

4. 一般保证人的先诉抗辩权,当事人一方不履行非金钱债务或者履行非金钱债务不符合约定的,对方可以要求履行,但有下列情形之一的除外:

(1)法律上或者事实上不能履行;

(2)债务的标的不适于强制履行或者履行费用过高;

(3)债权人在合理期限内未请求履行。

六、清偿抵充

1. 债务人对债权人负担相同种类的数笔债务,但是债务人的偿付金额无法同时清偿数笔债务,并且不知道该偿付金额是清偿哪笔债务的。此时,用以判断债务人的偿付金额是清偿哪笔债务的规则即为清偿抵充。

2. 适用条件。

(1)同一债务人对同一债权人负担数笔债务。

(2)数笔债务种类相同,如均为交付某品种绿豆、支付账款。

(3)债务人提供的履行不足以清偿全部债务。

3. 处理规则。

(1)有约定的从约定。

(2)无约定时,优先抵充已经到期的债务→数笔债务均已经到期的,优先抵充对债权人缺乏担保或者担保最少的债务→担保数额均相同的,优先抵充债务人负担较重的债务→负担均相同的,按照债务到期的先后顺序抵充→到期时间均相同的,按照比例抵充。在抵充债务前,应当优先依次抵充实现债权的费用、利息。

4. 诉讼规则。

(1)当事人一方依据法定的债务抵销来主张抵销,人民法院经审理认为抵销权成立的,应当认定通知到达对方时双方互负的主债务、利息、违约金或者损害赔偿金等债务在同等数额内消灭。

(2)行使抵销权的一方负担的数项债务种类相同,但是享有的债权不足以抵销全部债务,当事人因抵销的顺序发生争议的,债务人的给付不足以清偿全部债务的,除当事人另有约定外,由债务人在清偿时指定其履行的债务。

(3)行使抵销权的一方享有的债权不足以抵销其负担的包括主债务、利息、实现债权的有关费用在内的全部债务,当事人因抵销的顺序发生争议的,按照如下顺序履行:实现债权的有关费用—利息—主债务。

(4)当事人互负债务,一方以其诉讼时效期间已经届满的债权通知对方主张抵销,对方提出诉讼时效抗辩的,人民法院对该抗辩应予支持。一方的债权诉讼时效期间已经届满,对方主张抵销的,人民法院应予支持。

4.14.4 合同权利义务的终止

合同成立后,未履行或未完全履行前,经当事人一方或双方的意思表示,或当具备合同解除条件时，消灭合同效力。

1. 协议解除，合同成立后，未履行或未完全履行前，当事人协议解除合同，消灭合同效力。

2. 单方解除，包括约定解除和法定解除，约定解除是指当事人在合同中约定解除权成立的条件，在合同履行完毕之前约定解除权条件成就的，由解除权人通过行使解除权消灭合同效力。法定解除是指合同成立后，未履行或未完全履行前，当事人一方通过行使法定解除权消灭合同效力。

其中协议解除和约定解除的区别：协议解除是以协议直接使合同解除，而约定解除是通过约定解除权的行使条件而解除合同。

3. 附解除条件的合同解除与约定解除，附解除条件的合同，在所附条件成就后，发生合同自然失效的后果；约定解除，即在合同中约定一定的解除条件，解除条件成就后，则解除权发生，但合同并不当然失效。

4. 合同因违约被解除的，不影响违约责任的承担。合同不成立、无效、被撤销的，无违约责任的问题，属于缔约过失责任、侵权责任、不当得利返还责任。

5. 合同的法定解除权。

(1) 双方当事人均享有解除权的情形：

①不可抗力：不可抗力致使不能实现合同目的。

②以持续履行的债务为内容的不定期合同，当事人在合理期限之前通知对方后可以解除，如不定期租赁合同。

③不定期租赁合同：双方当事人可以随时解除合同。

④委托合同：委托人或者受托人可以随时解除委托合同。

⑤因"重大变化"导致继续履行合同对与当事人一方明显不公平可申请法院解除合同。比如合同成立后，因政策调整或者市场供求关系异常变动等原因导致价格发生当事人在订立合同时无法预见的、不属于商业风险的涨跌。但是，合同涉及市场属性活跃、长期以来价格波动较大的大宗商品以及股票、期货等风险投资型金融产品的除外。

(2) 非违约方享有解除权的情形：

①预期违约：履行期限届满之前，当事人一方明确表示或以自己的行为表明不履行主要债务。须满足 3 个条件：a. 债务人有过错；b. 债务人有履行能力；c. 拒绝行为无正当理由。

②迟延履行：当事人迟延履行主要债务，经催告后在合理期限内仍未履行。须满足 3 个条件：a. 迟延履行主要债务、非次要债务；b. 对方须履行催告程序；c. 催告后经合理期限，债务人仍未履行。

③根本违约：当事人迟延履行债务或有其他违约行为致使不能实现合同目的。即使违反从给付义务，只要导致合同目的无法实现，对方也可解除合同；无须经过催告程序→(区别)迟延履行。

(3) 违约方享有解除权的情形：

合同不能履行致使不能实现合同目的，有解除权的当事人不行使解除权，构成滥用权利对对方显失公平的，法院或仲裁机构可根据对方的请求解除合同，但不影响违约责任的承担。

(4) 在特殊情况下，特定一方享有任意解除权：

①承揽合同：定作人可以随时解除合同，但承揽人不能。

②保管合同：a. 无论是否约定保管期间，寄存人均享有任意解除权。b. 未约定保管期间，保管人的解除权。

③货运合同：在货交收货人之前，托运人可要求承运人中止运输、返还货物、变更到达地或将货物交给其他收货人，但应赔偿损失。

④保险合同投保人。

(5)特殊法定条件的合同，条件成就时的解除权：

①分期付款买卖合同：买受人未支付到期价款的数额达到全部价款的1/5，经催告后在合理期限内仍未支付到期价款的，出卖人享有法定解除权。

②借款合同：借款人未按照约定的借款用途使用借款的，贷款人可以停止发放借款、提前收回借款或者解除合同。

③租赁合同：承租人擅自转租的，出租人享有法定解除权。但是出租人知道或者应当知道承租人擅自转租后，在6个月内未提出异议的，视为同意转租，出租人的法定解除权消灭。

④承揽合同：承揽人擅自将承揽的主要工作交由第三人完成的，定作人享有法定解除权。

4.14.5 违约责任(☆☆☆☆☆)

1. 归责原则

(1)严格责任，当事人一方不履行合同义务或履行合同义务不符合约定的(比如一方未根据法律规定或者合同约定履行开具发票、提供证明文件等非主要债务，对方请求继续履行该债务并赔偿因怠于履行该债务造成的损失)，应当承担继续履行、采取补救措施或者赔偿损失等违约责任。

(2)过错责任：①债务人有过错时承担责任，有偿委托、有偿保管等。②债务人只对故意或重大过失负责，赠与合同、无偿委托、无偿保管。

2. 构成要件

(1)当事人之间存在有效的合同。

(2)客观上存在违约行为，包括实际不履行、预期违约、不适当履行。

(3)免责事由。

3. 免责事由

(1)不可抗力，因不可抗力不能履行合同的，根据不可抗力的影响，部分或全部免除责任。但当事人迟延履行后发生不可抗力的，不能免除责任。

(2)特别规定，承运人应当对运输过程中旅客的伤亡承担损害赔偿责任，但伤亡是旅客自身健康原因造成的或者承运人证明伤亡是旅客故意、重大过失造成的除外。由此可见，客运合同中，不可抗力不得作为人身伤亡事件的法定免责事由。

(3)约定免责，当事人可通过合同约定违约方无须承担违约责任的条件，该约定不得违反法律、国家政策、社会公共利益，不得违背公序良俗，但有两种情况不得约定：

①造成一方人身伤亡免责的，无效；

②约定因一方故意、重大过失造成对方财产损失免责的，无效。

4. 具体的方式列举

(1)继续履行:

①金钱债务、非金钱债务,原则上应当继续履行。

②非金钱债务不适用继续履行的例外:a. 法律上或者事实上不能履行;b. 标的不适于强制履行或履行费用过高;c. 债权人在合理期限内未请求履行。

③继续履行可与违约金、定金、损害赔偿责任并用,但不能与解除合同并用。

(2)补救措施:

①适用于交付标的物或工作成果质量不符合约定的情形。

②具体方式包括修理、更换、重作、退货、减少价款或者报酬等。

③采取补救措施后对方还有其他损失的,违约方还须对损失进行赔偿。

(3)补偿性违约损害赔偿:

当事人一方不履行合同义务或者履行合同义务不符合约定,造成对方损失的,损失赔偿额应当相当于"因违约所造成的损失",包括合同履行后"可获得的利益"。

(4)惩罚性损害赔偿:

①【欺诈经营的惩罚性赔偿】经营者提供商品或者服务有欺诈行为的,应当按照消费者的要求增加赔偿其受到的损失,增加赔偿的金额为消费者购买商品的价款或者接受服务的费用的3倍;增加赔偿的金额不足500元的,为500元。法律另有规定的,依照其规定。

②【缺陷产品的惩罚性赔偿】经营者明知商品或者服务存在缺陷,仍然向消费者提供,造成消费者或者其他受害人死亡或者健康严重损害的,受害人有权要求所受损失2倍以下的惩罚性赔偿。

③【违反食品安全标准的惩罚性赔偿】生产不符合食品安全标准的食品或者经营明知是不符合食品安全标准的食品,消费者可以向生产者或者经营者要求支付价款10倍或者损失3倍的赔偿金;增加赔偿的金额不足1000元的,为1000元。

④【生产、销售缺陷产品的惩罚性赔偿】明知产品存在缺陷仍然生产销售,或者没有依据规定采取有效补救措施,造成他人死亡或者健康严重损害的,被侵权人有权请求相应的惩罚性赔偿。

5. 定金

合同当事人为了确保合同的履行,依据法律规定或者当事人双方的约定,由当事人一方在合同订立时或者订立后履行前,按照合同标的额的一定比例(不超过20%),预先给付对方当事人的金钱或其替代物。

(1)要式合同。定金合同必须以书面形式订立。

(2)实践合同。实践性主要表现在定金合同从实际交付定金之日起成立,如果约定的数额和实际交付的不一致的,以实际交付为准。

(3)限额性。定金数额由当事人自由约定,但上限不得超过主合同标的额的20%。若超过20%,则超过的部分无效。此处的无效是指对于超过的部分不认定为具有定金的效力。

(4)双方当事人均具有致使不能实现合同目的的违约行为,则双方均不可请求适用定金罚则。

(5)因不可抗力致使合同不能履行,非违约方也不可主张适用定金罚则。

6. 违约金

(1)约定支付一定数额的违约金。约定的违约金超过造成损失的30%的,一般可以认定为过分高于造成的损失。

(2)约定因违约产生的损失赔偿额的计算方法。计算后违约方主张约定的违约金过分高于违约造成的损失,请求予以适当减少的,应当承担举证责任。非违约方主张约定的违约金合理的,也应当提供相应的证据。

主观题小案例

【案例1】A房地产公司(以下简称A公司)与B建筑公司(以下简称B公司)达成一项协议,由B公司为A公司承建一栋商品房。合同约定,标的总额6000万元,8个月交工,任何一方违约,按合同总标的额20%支付违约金。

问题:若B公司延期交付工程半个月,A公司以此提起仲裁,要求支付合同总标的额20%即1200万元违约金,你作为B公司的律师,拟提出何种请求以维护B公司的利益?依据是什么?

答案参考:请求仲裁机构减少违约金。根据《民法典》的规定,约定的违约金过分高于实际损失的,法院或仲裁机构可以根据当事人的请求予以适当减少。故本案中,作为B公司的律师,可以请求仲裁机构予以适当减少。

【案例2】2月5日,甲与乙订立一份房屋买卖合同,乙购买甲的房屋一套(以下简称01号房),价格为80万元。并约定,合同签订后一周内乙先付20万元,交付房屋后付30万元,办理过户登记后再付30万元。2月8日,丙欲购买,甲告知其已与乙签订合同的事实,丙说愿出90万元。于是,甲与丙签订房屋买卖合同,约定合同签订后3日内丙付清全部房款,同时办理过户登记。2月11日,丙付清了全部房款,并办理了过户登记。2月12日,当乙支付第一笔房款时,甲说:房屋已卖掉,但同小区还有一套房屋(以下简称02号房),可作价100万元出卖。乙看后当即表示同意,但提出只能首付20万元,其余80万元向银行申请贷款。甲、乙在原合同文本上将房屋相关信息、价款和付款方式作了修改,其余条款未修改。

乙支付首付20万元后,恰逢国家出台房地产贷款调控政策,乙不再具备贷款资格。故乙表示仍然要买01号房,要求甲按原合同履行。甲表示01号房无法交付,并表示第二份合同已经生效,如乙不履行将要承担违约责任。乙认为甲违约在先。3月中旬,乙诉请法院确认甲丙之间的房屋买卖合同无效,甲应履行2月5日双方签订的合同,交付01号房,并承担迟延交付的违约责任。

问题:乙的诉讼请求是否能够得到支持?为什么?

答案参考:不能。乙与甲通过协商变更了合同,且甲、丙之间的合同有效并已办理了物权变动的手续,故乙关于确认甲、丙之间合同无效、由甲交付01号房的请求不能得到支持。但是,乙可以请求甲承担违约责任,乙同意变更合同不等于放弃追索甲在01号房屋买卖合同项下的违约责任。

4.14.6 买卖合同(☆☆☆☆☆)

买卖合同,是指出卖人转移标的物的所有权于买受人,买受人支付价款的合同。

一、买卖中的无权处分

1. 情形

出卖人在没有标的物所有权，履行时也未获得标的物所有权的情况下，将标的物出卖给买受人的行为。

2. 法律效力

(1)买卖合同一经成立，即产生债权效力→价值判断：处分行为、负担行为(债权的效力是确定有效的)。

(2)交付、登记行为效力待定(物权的变动效力待定)：

①若所有权人追认，交付、登记有效，买受人继受取得所有权(无论其是否对价有偿、善意恶意)。

②若所有权人拒绝追认，则交付、登记行为自始无效，买受人不得继受取得所有权。若买受人符合善意取得条件，可取得所有权，此时若标的物质量不符合约定，因买卖有效，买受人可请求出卖人承担瑕疵担保的违约责任；若买受人不符合善意取得条件，不能取得所有权，但因买卖合同有效，买受人可请求出卖人承担违约责任。

(3)在无权处分时，买卖合同的债权效力不受影响。

二、买受人的义务

1. 支付价款的义务

(1)支付数额、时间、地点，有约定从约定；

(2)未约定或约定不明时，协议补充；

(3)不能达成补充协议的，按照合同有关条款或交易习惯确定。

(4)仍不能确定时：

①数额：按照订立合同时履行地的市价履行，依法应当执行政府定价或政府指导价的，按照规定履行。执行政府定价或者政府指导价的，在合同约定的交付期限内政府价格调整时，按照交付时的价格计价。逾期交付标的物的，遇价格上涨时，按照原价格执行；价格下降时，按照新价格执行。逾期提取标的物或者逾期付款的，遇价格上涨时，按照新价格执行；价格下降时，按照原价格执行。

②时间：按照同时履行的原则，买受人在收到标的物或提取标的物单证的同时支付。

③地点：买受人应当在出卖人的营业地支付，但约定支付价款以交付标的物或交付提取标的物的单证为条件的，在交付标的物或提取标的物单证的所在地支付。

2. 及时检验通知义务

(1)在买卖合同中，若买受人未在约定或法定的异议期内，向出卖人提出标的物瑕疵的异议，则视为出卖人交付的标的物不存在瑕疵，就标的物在交付时就已存在的瑕疵，买受人无权请求出卖人承担违约责任。

(2)性质：不真正义务，违反该项义务，不发生违约责任的承担，但买受人须承担由此造成的损失。

(3)例外：出卖人知道或应当知道提供的标的物不符合约定的，买受人不受检验通知时间的限制。但买受人请求出卖人承担违约责任的债权仍受诉讼时效期间的限制。

(4)约定检验通知期间。

①约定的检验期间过短,依照标的物的性质和交易习惯,买受人在检验期间内难以完成全面检验的,人民法院应当认定该期间为买受人对外观瑕疵提出异议的期间,对隐蔽瑕疵不能适用该期间。

②约定的检验期间或者质量保证期短于法律、行政法规规定的检验期间或者质量保证期的,人民法院应当以法律、行政法规规定的检验期间或者质量保证期为准。

(5)法定检验通知期间。

①对于数量瑕疵和外观瑕疵,买受人应当在收货时检验并通知。

②对于隐蔽瑕疵,买受人的检验通知义务受到双重除斥期间限制:a.买受人应当在发现或应当发现瑕疵之日起的合理期间通知,“合理期间”的认定由法院根据具体情况合理确定;b.买受人还应当自标的物收到之日起2年内通知出卖人,但对标的物有质量保证期的,适用质量保证期,不适用该2年的规定。

三、出卖人的义务

1.标的物的瑕疵担保义务

出卖人就其所交付的标的物具备约定品质或法定品质,不存在物的表面瑕疵或隐蔽瑕疵所负的义务。

2.权利瑕疵担保

(1)出卖人就交付的标的物,负有保证第三人对该标的物不享有任何权利的义务,但法律另有规定的除外。

(2)买受人订立合同时知道或者应当知道第三人对买卖的标的物享有权利的,出卖人不承担标的物权利瑕疵担保的义务。

3.交付标的物不合约定时的处理规则

(1)因标的物的主物不符合约定而解除合同的,解除合同的效力及于从物。因标的物的从物不符合约定被解除的,解除的效力不及于主物。

(2)标的物为数物,其中一物不符合约定的,买受人可就该物解除,但该物与他物分离使标的物价值明显受损害的,买受人可以就数物解除合同。

(3)出卖人分批交付标的物的,出卖人对其中一批标的物不交付或交付不符合约定,致使该批标的物不能实现合同目的的,买受人可以就该批标的物解除。出卖人不交付其中一批标的物或交付不符合约定,致使今后其他各批标的物的交付不能实现合同目的的,买受人可以就该批以及今后其他各批标的物解除。买受人如果就其中一批标的物解除,该批标的物与其他各批标的物相互依存的,可以就已经交付和未交付的各批标的物解除。

四、标的物风险负担

标的物因不可归责于双方当事人的事由导致毁损灭失,损失由哪方承担。

1.一般规则

(1)标的物毁损灭失的风险,自交付时由买受人承担。交付指标的物交付,出卖人从给付义务未履行的,不影响风险负担的转移。

(2)标的物交付是风险转移的依据,与所有权是否变动无关。

(3)有约定交付地点,依约定地点交付,风险在约定地点完成交付时转移。无约定交付地点,依运输方式推定:

①如果买受人上门取货,则在出卖人提供货物的地点转移。

②如果出卖人送货上门,则买受人指定的收货地点为风险转移的地点。

③如果约定由出卖人代办托运,则自货交第一承运人时风险转移。

2. 特殊情形

(1)在途标的物买卖,风险自合同成立时起由买受人承担。

(2)无法确定交付地点且需要运输,标的物交付给第一承运人后,视为完成交付。

(3)买受人违约未受领交付,风险自买受人违反约定时起转移。

(4)出卖人交付标的物不合格,买受人有权拒绝接收,风险不转移。买受人解除合同后,风险由出卖人承担。

(5)试用买卖,适用所有权主义,待买受人在试用期内对标的物认可时买卖合同方生效。

(6)不动产,适用交付主义,在不动产所在地完成交付,风险在不动产所在地自交付时转移。

(7)所有权保留,适用交付主义,自交付给买受人时风险转移。

主观题小案例

【案例】2016年1月10日,甲与乙订立借款合同,约定甲向乙借款100万元,借款期限为1年。2016年1月12日,双方就甲自有的M商品房又订立了一份商品房买卖合同,其中约定:如甲按期偿还对乙的100万元借款,则本合同不履行;如甲到期未能偿还对乙的借款,则该借款变成购房款,甲应向乙转移该房屋所有权;合同订立后,该房屋仍由甲占有使用。2016年2月10日,甲因资金需求,瞒着乙将M房屋出卖给了庚,并告知庚其已与乙订立房屋买卖合同一事。2016年3月10日,庚支付了全部房款并办理完变更登记,但因庚自3月12日出国访学,为期4个月,双方约定庚回国后交付房屋。2016年3月15日,甲未经庚同意将M房屋出租给知悉其卖房给庚一事的辛,租期2个月,月租金5000元。2016年5月16日,甲从辛处收回房屋的当日,因雷电引发火灾,房屋严重毁损。根据甲卖房前与某保险公司订立的保险合同(甲为被保险人),某保险公司应支付房屋火灾保险金5万元。2016年7月13日,庚回国,甲将房屋交付给了庚。

问题:谁应承担M房屋火灾损失?为什么?

答案参考:应由甲承担。根据《民法典》第604条的规定,标的物毁损、灭失的风险,在标的物交付之前由出卖人承担,交付之后由买受人承担,但是法律另有规定或者当事人另有约定的除外。本案中,应当由甲承担。

五、多重买卖(☆☆)

1. 普通动产

(1)普通设备、手表、自行车的一物数卖,签订的所有合同都有效。获得所有权的顺序是交付最优先>都未交付的,先付款优先>都未交付,也都未付款时,合同成立在先的优先。

(2)签订合同未获得动产所有权可以主张违约责任。

2. 特殊动产

(1)机动车、船舶、航空器的一物数卖,签订的所有合同都有效。获得所有权的顺序是交付最优先 > 先行办理所有权转移登记手续 > 合同成立在先。

(2)签订合同未获得动产所有权可以主张违约责任。

3. 不动产

(1)房屋、土地的一物数卖,签订的所有合同都有效。但获得所有权的只有先行办理过户登记手续的。例外:①若买受人办理了预告登记,则该买受人应获得履行;②出卖人与买受人订立商品房买卖合同后,又与知情的第三人通谋损害买受人利益而订立商品房买卖合同的,出卖人与该第三人所订立的合同构成恶意串通,该合同无效。

(2)签订合同未获得不动产所有权可以主张违约责任。

六、所有权保留

1. 所有权保留的买卖

保留所有权买卖,是指当事人约定出卖人先行交付标的物,买受人未支付完全部价款或者未完成其他约定的条件之前,标的物的所有权仍归出卖人所有。仅适用于动产。当事人约定不动产保留所有权的,该约定无效。

2. 所有权保留的效力

(1)动产虽已交付,但所有权仍属于出卖人,即所有权不因交付而转移。

(2)标的物毁损灭失的风险、孳息由买受人承担。

(3)出卖人取回权。

①行使情形:a. 未按约定支付价款,经催告后在合理期限内仍未支付或未按约定完成特定条件的。b. 将标的物出卖、出质或者作出其他不当处分的。

②排除情形:a. 买受人已经支付标的物总价款的75%以上,此时在所有权保留期间,若出卖人再处分标的物,仍是有权处分,第三人并非善意取得。但因此造成第一个买受人损失的,应承担违约责任。b. 第三人已善意取得所有权或其他物权。

(4)买受人回赎权。

①买受人已经改正错误,可请求回赎。

②买受人在回赎期(双方约定或出卖人指定)内没回赎,卖方可另行出卖标的物,再卖所得价款扣除再卖费用及所欠价金,多退少补。

七、分期付款买卖

1. 分期付款买卖

分期付款买卖,指买受人将其应付的总价款按照一定期限分批向出卖人支付的买卖合同。买受人将应付的总价款在一定期间内至少分3次向出卖人支付的买卖。若未约定保留所有权,则所有权于动产交付时转移,适用于动产买卖和不动产买卖。

2. 分期付款买卖的效力

(1)法定解除权,分期付款的买受人未支付到期价款数额达到全部价款的1/5,经催告后在合理期限内仍未支付到期价款的,出卖人可以请求买受人支付全部价款或者解除合同(行使法定解除权),并要求买受人支付该标的物的使用费。

(2)解除后果,出卖人解除合同的,可以向买受人要求:

①收回标的物;

②买受人支付标的物使用费和违约赔偿,当事人对使用费没有约定的,可以参照当地同类标的物的租金标准确定;

③卖方向买方退还已经收的钱,约定可不退的,该约定无效。

主观题小案例

【案例】曾某购买某汽车销售公司的轿车一辆,总价款 20 万元,约定分 10 次付清,每次 2 万元,每月的第一天支付。曾某按期支付 6 次共计 12 万元后,因该款汽车大幅降价,曾某遂停止付款。汽车销售公司对曾某催款并给予其 3 个月的付款期限。3 个月后,曾某仍未支付价款,汽车销售公司有权要求曾某一次性付清余下的 8 万元价款或通知曾某解除合同,收回汽车,并且向曾某收取汽车使用费。

问题:题中汽车销售公司有权要求曾某付清价款、解除合同、收回汽车并收取汽车使用费吗?

答案参考:有权。《民法典》第 634 条规定:"分期付款的买受人未支付到期价款的数额达到全部价款的五分之一,经催告后在合理期限内仍未支付到期价款的,出卖人可以请求买受人支付全部价款或者解除合同。出卖人解除合同的,可以向买受人请求支付该标的物的使用费。"所以 3 个月后,曾某仍未支付价款,汽车销售公司有权要求曾某一次性付清余下的 8 万元价款或通知曾某解除合同,收回汽车,并且向曾某收取汽车使用费。

八、试用买卖和样品买卖

1. 试用买卖

试用买卖,是指当事人双方约定,出卖人将标的物交付买受人试用,待买受人在试用期内对标的物认可时买卖合同方生效。试用买卖的性质属于附生效条件的买卖合同,买卖合同虽已成立,但尚未生效,在买受人认可时生效。

2. 买受人的认可权

(1)明示方式,发邮件、电话告知等。

(2)推定方式,买受人在试用期间将标的物转卖于第三人或者出租于第三人,此时即可推定买受人愿意购买标的物。

(3)单纯默示,试用期间届满,买受人没有作出任何表示,既不认可,也不拒绝,此时视为认可,买卖合同生效。

3. 认可权的效力

(1)买受人表示认可的,买卖合同自认可时生效。

(2)买受人拒绝认可的,买卖合同确定不会生效,此时,买受人不必支付标的物的使用费。

4. 排除情形

(1)约定买受人在一定期限内可以调换标的物→价值判断:意味着当事人约定了买方享有合同变更权或解除权,但变更或解除权的前提是合同已生效,这与试用买卖合同的性质相悖→(联想)民事法律行为成立与生效的关系。

(2)约定买受人在一定期限内可以退还标的物→价值判断：意味着当事人约定了买方享有合同变更权或解除权，但变更或解除权的前提是合同已生效，这与试用买卖合同的性质相悖→(联想)民事法律行为成立与生效的关系。

(3)约定第三人经试验对标的物认可时，买受人应当购买标的物→价值判断：给买受人的“购买自由”施加限制。

(4)约定标的物经过试用或者检验符合一定要求时，买受人应当购买标的物。

九、样品买卖

(1)买受人不知道样品存在隐蔽瑕疵的，即便出卖人交付的标的物与出卖人提供的样品相同，仍属于违约行为。此时，出卖人须交付符合合同种物通常质量标准的标的物，才不属于违约。

(2)样品与样品的文字说明不一致，样品封存后发生变化的，以文字说明为准；样品封存后没有发生变化的，以样品为准。

4.14.7 赠与合同(☆☆☆)

1.赠与合同的特征

(1)无偿合同。在附负担的赠与中，受赠人的给付与赠与人的给付无对价关系，因此仍为无偿合同。

(2)双方法律行为，以赠与人、受赠人双方合意为成立条件。若仅有赠与人的赠与意思表示，而无受赠人的接受意思表示，赠与合同不成立。

(3)单务合同，附义务的赠与也属于单务合同→价值判断：所谓义务没有对应赠与人合同权利的实现，只是为了实现合同目的而加了义务，若受赠人不履行合同约定义务，是赠与人行使法定撤销权，而不是受赠人承担违约责任。

(4)诺成合同。意思表示一致，合同成立，赠与财产的交付不是合同成立要件。

2.附义务赠与合同

(1)赠与人在赠与时使受赠人负担一定义务的赠与。

(2)赠与人先完成赠与，受赠人后履行义务。

(3)附义务赠与中所附的义务与赠与合同的法律效力无关，不能因附义务而延缓或解除赠与的效力。若受赠人不履行合同约定的义务，则赠与人可行使法定撤销权。

3.附条件赠与合同

(1)当事人对赠与行为设定一定的条件，把条件的成就与否作为赠与行为的效力发生或消灭的前提。

(2)条件先成就，赠与人后履行赠与义务，即条件的成就与否关系到赠与合同的效力，当条件尚未成就时，赠与合同的权利义务虽已确定，但效力却处于待定状态。

4.违约责任

赠与合同的违约责任包括两种情形：赠与财产存在瑕疵与赠与人损坏赠与财产。

(1)赠与财产存在瑕疵。赠与财产存在瑕疵，赠与人不承担损害赔偿责任。赠与人故意不告知瑕疵或者保证没有瑕疵,造成受赠人损失的,应当承担赔偿责任。

(2)赠与人损坏赠与财产。在具有救灾、扶贫、助残等公益、道德义务性质的赠与合同或者经过公证的赠与合同中,赠与人的故意或者重大过失导致赠与财产损坏的,赠与人应当承担赔偿责任。

5. 赠与合同中赠与人的任意撤销权

在赠与财产的权利移转之前,赠与人享有任意撤销赠与合同的权利。

(1)所谓任意撤销,就是不需要任何理由,赠与人想撤销就可以撤销。当然,在时间上,必须是赠与财产的权利转移之前。

(2)在具有救灾、扶贫、助残等公益、道德义务性质的赠与合同和经过公证的赠与合同中,赠与人不享有任意撤销权。

(3)此处的法律用语是"撤销",而不是"解除"。

6. 赠与合同中赠与人的法定撤销权

在具备法定事由时,赠与人或其继承人、法定代理人可以依法撤销赠与合同。

(1)赠与人的法定撤销权。

适用于如下情形:

①受赠人严重侵害赠与人或者赠与人近亲属的合法权益;

②受赠人对赠与人有扶养义务而不履行;

③受赠人不履行赠与合同约定的义务。

(2)赠与人的继承人或法定代理人的法定撤销。

仅适用于受赠人的违法行为致使赠与人死亡或者丧失民事行为能力。

7. 赠与人的穷困抗辩权

(1)穷困抗辩权,是指赠与人的经济状况显著恶化,严重影响其生产经营或者家庭生活的,可以不再履行赠与义务。

(2)穷困抗辩权适用于一切赠与合同。

4.14.8 借款合同(☆☆☆)

1. 借款合同的一般规则

(1)还款期限,有约定,按约定。没有约定或者约定不明确,依据《民法典》第 510 条的规定仍不能确定的,借款人可以随时返还;贷款人可以催告借款人在合理期限内返还。

(2)利息支付期限,有约定从约定。没有约定或者约定不明确,依据《民法典》第 510 条的规定仍不能确定,借款期间不满 1 年的,应当在返还借款时一并支付;借款期间 1 年以上的,应当在每届满 1 年时支付,剩余期间不满 1 年的,应当在返还借款时一并支付。

(3)法定解除权,借款人未按照约定的借款用途使用借款的,借款人可以提前收回借款或者解除合同。

2. 民间借贷合同无效的情形

(1)套取金融机构贷款转贷的;

(2)以向其他营利法人借贷、向本单位职工集资,或者以向公众非法吸收存款等方式取得的资金转贷的；

(3)未依法取得放贷资格的出借人，以营利为目的向社会不特定对象提供借款的；

(4)出借人事先知道或者应当知道借款人借款用于违法犯罪活动仍然提供借款的。

3.民间借贷合同利息规则

(1)没有约定利息的，视为没有利息。

(2)利息约定不明确：当事人不能达成补充协议的，按照当地或者当事人的交易方式、交易习惯、市场利率等因素确定利息；自然人之间借款的，视为没有利息。

(3)借款的利息不得预先在本金中扣除。利息预先在本金中扣除的，应当按照实际借款数额返还借款并计算利息。

(4)借款人提前返还借款的，除当事人另有约定外，应当按照实际借款的期间计算利息。

4.民间借贷合同利率计算

(1)不超过一年期贷款市场报价利率的4倍。

(2)"利滚利"最后总额也不得超过一年期贷款市场报价利率4倍。

5.逾期利息的利率

(1)约定不得超过一年期贷款市场报价利率的4倍。

(2)没有约定：参照当时一年期贷款市场报价利率标准计算利息。

(3)约定了借款期利率，没有约定逾期利率：按照借款期内约定的利率主张责任。

(4)既约定了逾期利率，又约定了违约金或者其他费用，出借人可以选择主张逾期利息、违约金或者其他费用，也可以一并主张，但总计不能超过合同成立时一年期贷款市场报价利率4倍。

4.14.9 租赁合同

1.租赁合同最长期限

(1)租赁合同的期限最长不得超过20年，超过20年的部分无效。

(2)租赁期间届满，当事人可以续订租赁合同，但约定的租赁期限自续订之日起不得超过20年(从续订之日起不得超过20年，不是前租赁期间加续订期间不得超过20年)。

2.不定期租赁的情形

(1)当事人未约定租赁期限，依据合同解释仍不能确定的。

(2)租赁期限6个月以上，未采用书面形式，无法确定租赁期限的(租赁期限6个月以下的，不一定采用书面形式，且不能因为没有采用书面形式就认定为不定期租赁；口头订立的租赁合同中即使约定有租赁期限，其实质仍为不定期租赁合同)。

(3)租赁期限届满，承租人继续使用租赁物，出租人未提出异议的，原租赁合同继续有效，但租赁期限为不定期。

(4)经批准的临时建筑租赁合同，约定租期超过批准的使用期限的部分，为不定期租赁合同，但在一审法庭辩论终结前，经批准延长使用期限的，延长使用期限内的租赁期间有效。

(5)不定期租赁当事人可随时解除合同，但应在合理期限之前通知双方。

3. 出租人的主要权利及义务

(1)交付,出租人应当按照约定将租赁物交付承租人,并在租赁期间保持租赁物符合约定的用途。

(2)维修,有约定从约定,没有约定时,由出租人承担租赁物的维修义务。

(3)担保无权利瑕疵、质量瑕疵,出租人应保证租赁物无权利瑕疵,即不因第三人对租赁物主张权利而使承租人对租赁物的使用收益受到损害。若因第三人主张权利,承租人不能对租赁物使用收益,承租人可请求出租人减少租金或不支付租金。

4. 承租人的主要权利及义务

(1)获得租赁物收益,在租赁期间因占有、使用租赁物获得的收益,归承租人所有,但当事人另有约定的除外。

(2)承租人应按照约定的期限支付租金。对支付期限无约定或约定不明,经协商仍不能确定,租赁期间不满1年的,应在租赁期间届满时支付;租赁期间1年以上的,应在每届满一年时支付,剩余期间不满1年的,应在租赁期间届满时支付。

(3)承租人无正当理由未支付或迟延支付租金的,出租人可请求承租人在合理期限内支付。承租人逾期不支付的,出租人可以解除合同。

(4)因第三人主张权利,致使承租人不能对租赁物使用、收益的,承租人可以请求减少租金或者不支付租金。

5. 出租人的法定解除权

(1)承租人未按约定的方法或者租赁物的性质使用租赁物,致使租赁物受到损失的。

(2)承租人无正当理由未支付或迟延支付租金,经出租人要求支付后仍逾期不支付。

(3)承租人未经出租人同意转租的。

(4)房屋租赁合同中,承租人擅自变动房屋建筑主体和承重结构或扩建,在出租人要求的合理期限内仍不予恢复原状。

6. 承租人的法定解除权

(1)因不可归责于承租人的事由,致使租赁物部分或全部毁损、灭失,不能实现合同目的的。

(2)租赁物危及承租人的安全或者健康的,即使承租人订立合同时明知该租赁物质量不合格,承租人仍然可以随时解除合同。(仅限于物的瑕疵,且须达到危及承租人安全或健康的程度)

(3)出租人就同一房屋订立数份有效的租赁合同,未能取得租赁房屋的承租人可解除合同。

(4)房屋租赁合同中,因被依法查封,租赁房屋权属有争议,租赁房屋具有违反法律、行政法规关于房屋使用条件强制性规定情形,导致租赁房屋无法使用的。

7. 转租的法律规定

(1)合法转租,即经过出租人同意转租给他人:

①两个租赁合同原则上均有效。

②承租人即使与第三人约定了高于出租人与承租人之间租金,亦不构成不当得利。

③出租人不能直接向次承租人主张支付租金或违约责任→价值判断:合同相对性。

④第三人对租赁物造成损失的,承租人应当向出租人赔偿损失。

(2)非法转租,即未经过出租人同意转租给他人:

①承租人非法转租的,出租人可以解除合同。

②出租人知道或应当知道承租人转租,但在6个月内未提出异议的、视为同意转租。

③一旦解除,出租人可基于所有权从第三人处取回租赁物,若承租人收取的租金高于其向出租人支付的租金,多出的部分构成不当得利。

8. 买卖不破租赁

(1)租赁物在承租人按照租赁合同占有期限内发生所有权变动的,不影响租赁合同的效力,原租赁合同直接约束新所有权人→(因果)第三人取代出租人,成为承租人的新出租人。

(2)适用范围:

①不以房屋租赁为限→(区别)房屋承租人的优先购买权。

②租赁物所有权发生变动的情形,包括买卖、赠与、继承、投资、抵押权实现、遗赠、企业合并或互易等。

③不破转租赁。

(3)买卖不破租赁的例外情形:

①在出租前已设立抵押权,且抵押权已登记。

②房屋在出租前已被人民法院依法查封的。

③租赁物因被没收、征收发生所有权变动。

9. 一房数租的合同均有效

已经合法占有租赁房屋的 > 已经办理登记备案手续的 > 合同成立在先的。

主观题小案例

【案例1】自然人甲与乙订立借款合同,其中约定甲将自己的一辆汽车作为担保物让与乙。借款合同订立后,甲向乙交付了汽车并办理了车辆的登记过户手续。乙向甲提供了约定的50万元借款。

一个月后,乙与丙公司签订买卖合同,将该汽车卖给对前述事实不知情的丙公司并实际交付给了丙公司,但未办理登记过户手续,丙公司仅支付了一半购车款。某天,丙公司将该汽车停放在停车场时,该车被丁盗走。丁很快就将汽车出租给不知该车来历的自然人戊。

问题:丁与戊的租赁合同是否有效?为什么?丁获得的租金属于什么性质?

答案参考:(1)有效。《民法典》第215条规定,当事人之间订立有关设立、变更、转让和消灭不动产物权的合同,除法律另有规定或者当事人另有约定外,自合同成立时生效;未办理物权登记的,不影响合同效力。本案中,租赁行为系负担行为,尽管丁不享有所有权或处分权,但是并不影响租赁合同效力,汽车租赁合同合法有效。

(2)租金的性质属于不当得利。《民法典》第122条规定,因他人没有法律根据,取得不当利益,受损失的人有权请求其返还不当利益。本案中丁所获得的租金没有法律上的原因,而丙公司因此受到损害,丁出租汽车获得利益与丙公司受损之间具有因果关系。因此,属于不当得利。

【案例2】大学生李某要去A市某会计师事务所实习。此前,李某通过某租房网站租房,明确租房位置和有淋浴热水器两个条件。张某承租了王某一套二居室,租赁合同中有允许张某转租的条款。张某与李某联系,说明该房屋的位置及房屋里配有高端热水器。李某同意承租张某的房屋,并通过网上银行预付了租金。李某入住后发现,房屋的位置不错,卫生间也较大,但热水器老旧不堪,不能正常使用,屋内也没有空调。另外,李某了解到张某已拖欠王某1个月的租金,王某已表示,依租赁合同的约定要解除与张某的租赁合同。

问题:由于张某拖欠租金,王某要解除与张某的租赁合同,李某想继续租用该房屋,可以采取什么措施以抗辩王某的合同解除权?

答案参考:李某(次承租人)可以请求代张某(承租人)支付其欠付王某(出租人)的租金和违约金,以抗辩王某的合同解除权。

【案例3】2005年1月1日,甲与乙口头约定,甲承租乙的一套别墅,租期为5年,租金一次付清,交付租金后即可入住。洽谈时,乙告诉甲屋顶有漏水现象。为了尽快与女友丙结婚共同生活,甲对此未置可否,付清租金后与丙入住并办理了结婚登记。

入住后不久别墅屋顶果然漏水,甲要求乙进行维修,乙认为在订立合同时已对漏水问题提前作了告知,甲当时并无异议,仍同意承租,故现在乙不应承担维修义务。于是,甲自购了一批瓦片,找到朋友开的丁装修公司免费维修。丁公司派工人更换了漏水的旧瓦片,同时按照甲的意思对别墅进行了较大范围装修。更换瓦片大约花了10天时间,装修则用了1个月,乙不知情。更换瓦片时,一名工人不慎摔伤,花去医药费数千元。

2005年6月,由于新换瓦片质量问题,别墅屋顶出现大面积漏水,造成甲1万余元财产损失。

问题1:甲乙之间租赁合同的期限如何确定?理由是什么?如乙欲解除与甲的租赁合同,应如何行使权利?

答案参考:为不定期租赁。根据《民法典》,租赁期限6个月以上,当事人未采取书面形式,无法确定租赁期限的,视为不定期租赁。本案中,乙可以随时解除合同,但应当在合理期限前通知承租人。

问题2:别墅维修及费用负担问题应如何处理?理由是什么?

答案参考:(1)甲有权要求乙在合理期限内维修。乙未履行维修义务,甲可以自行维修,维修费用由乙负担。

(2)甲的维修属于无因管理人的行为,由乙承担其支出的必要费用。瓦片质量问题不影响乙对该项义务的承担。

(3)因维修影响了甲的使用,应当相应减少租金或延长租期。但装修期间不在延长租期的范围内。

【案例4】甲将房屋出租给乙,未经甲同意,乙擅自将房屋出租给丙。对此,甲已经知晓近8个月,但一直没有作出任何表示。

问题:该转租合同是否有效?

答案参考:有效。根据《民法典》第718条的规定,出租人知道或者应当知道承租人转租,但是在6个月内未提出异议的,视为出租人同意转租。本案中,甲已知情近8个月,却未提出异议,视为同意转租,该转租合同有效。

【案例5】甲与乙订立房屋租赁合同,约定租期5年。半年后,甲将该房屋出售给丙,但未通知乙。不久,乙以其房屋优先购买权受侵害为由,请求法院判决甲、丙之间的房屋买卖合同无效。

问题:乙的主张能否得到法院的支持?

答案参考:不能。根据《民法典》第728条的规定,出租人未通知承租人或者有其他妨害承租人行使优先购买权情形的，承租人可以请求出租人承担赔偿责任。但是，出租人与第三人订立的房屋买卖合同的效力不受影响。本案中，甲侵害了乙的优先购买权，乙可以请求甲赔偿，但不能主张该合同无效。

4.14.10 融资租赁合同(☆)

1. 出卖人与出租人之间

出租人应向出卖人支付标的物的价款。

2. 出卖人与承租人之间

(1)出卖人负有按照约定向承租人(而非出租人)直接交付标的物的义务。

(2)当出卖人交付的标的物质量有瑕疵时，由承租人行使索赔的权利。承租人行使索赔权利的，出租人应当协助。

3. 出租人与承租人之间

出租人可享有以下特殊的法律利益：

(1)租赁物不符合约定或者不符合使用目的的，出租人不承担违约责任。因此，即使租赁物本身质量有瑕疵，出租人也无须减免租金，承租人由此遭受的损失，应向出卖人主张。例外的是，如果承租人是依赖出租人的技能选择的租赁物，或者出租人干预选择租赁物的，出租人应承担违约责任。

(2)承租人在占有租赁物期间承担维修租赁物的义务。融资租赁合同中，由承租人而不是由出租人履行租赁期间的维修义务。

4.14.11 建设工程合同

建设工程合同，指承包人按照发包方的要求完成工作，交付建设工程，并由发包方支付价款的合同。包括建设工程勘察、设计、施工等。

(1)在建设工程合同中，承包人承包工程后，可以经发包人同意，将工程的非主体结构再交给第三人，称分包。但承包人应自行完成工程的主体结构。

(2)承包人不能将工程全部交给第三人，全部交给第三人的，称转包，这是法律禁止的。

(3)分包人不能再将工程交由第三人，分包人把工程交给第三人的，称再分包，这也是法律禁止的。

(4)建设工程合同是诺成、有偿、双务、要式合同(书面形式)。

建设工程竣工交付验收后，发包人未按约定支付工程款，承包人可对发包人进行催告，发包人在合理期限后仍不支付的，承包方可以请求法院将该工程依法拍卖，并就拍卖的价款优先受偿。

4.15 侵权之债

4.15.1 侵权概述

一、侵权责任保护范围

(1)人格权及其他人格利益,包括生命权、身体权、健康权、姓名权、肖像权、名誉权、隐私权、个人信息权等,比如强迫人跟狗一起吃狗粮,损害了人的人格尊严。

(2)死者的人格利益,包括死者的姓名、肖像、名誉、荣誉、隐私、个人信息及遗体。若认定为侵权行为,对死者的近亲属承担损害赔偿责任。

(3)胎儿的人格利益,比如胎儿的人身损害赔偿请求权。

(4)身份权及其他身份利益,包括配偶权、亲权、亲属权,亲属之间基于特定亲属关系而产生的,比如前妻欺骗丈夫抚养了没有血缘关系的孩子,侵害的就是配偶权之外的身份利益。

(5)其他财产利益,包括物权、债权、知识产权等财产权之外有关财产的利益。比如老高在旧厂街卖鱼,工商部门吊销了老高的营业执照,导致海鲜得不到及时处理变质扔掉,老高损失了一大笔钱,这就是财产权之外的其他财产权利。

二、侵权责任的构成要件

1. 加害人实施了违法加害行为

既可以是作为,也可以是不作为,不作为侵权义务来源:(1)合同约定的义务;(2)当事人之间的特殊身份与关系;(3)行为人的先前行为。

2. 受害人遭受了可救济的损害

侵害权利仅限于侵害物权、人身权、知识产权等绝对权。如果只有违法行为,但没有损害事实,不发生侵权责任。

3. 加害行为与损害之间具有因果关系

加害行为与损害结果之间具有引起和被引起的关系,无因果关系则不成立侵权责任。

4. 过错要件

加害人对损害的发生具有过错(故意或者过失),行为人预见到自己的行为必然或者可能产生损害后果,仍然希望其发生或者放任其发生的主观心理状态。或者是加害人应当预见,因疏忽大意没有预见,或已经预见,但轻信可以避免损害的发生。

【注意】侵权行为构成要件与刑法中的“因果关系”“主观罪过”等考点类似,因为轻一点的可救济的加害行为属于侵权,归《民法典》中侵权责任编管,严重一点的就是犯罪,归《刑法》规制。

三、侵权责任归责原则

1. 过错责任原则

(1)行为人因过错侵害他人民事权益造成损害的,应当承担侵权责任。无过错则无责任。

(2)构成要件包括四个:①加害人实施了违法加害行为;②受害人遭受了可救济的损害;③加害行为与损害间有因果关系;④加害人对损害的发生具有过错(故意或者过失)。

2. 过错推定原则

(1)依照法律规定推定行为人有过错,其不能证明自己没有过错,应当承担侵权责任。

(2)主观题常考的几种过错推定责任:

①无民事行为能力人在教育机构学习生活期间遭受人身损害;

②医疗机构违反诊疗规范、拒绝提供或遗失、伪造、篡改、违法销毁病历材料;

③动物园饲养的动物致人损害;

④建筑物及其搁置物、悬挂物脱落、坠落致人损害;

⑤堆放的物品倒塌、滚落或者滑落致人损害;

⑥在公共道路上堆放、倾倒、遗撒妨碍通行物致人损害;

⑦林木折断、倾倒或者果实坠落致人损害;

⑧地面施工或窨井等地下设施致人损害。

3. 无过错责任原则

(1)行为人造成他人民事权益损害,不论行为人有无过错,法律规定应当承担侵权责任。

(2)构成要件包括四个:①属于法律明文规定承担无过错责任的特定情形;②加害人实施了违法加害行为;③受害人遭受了可救济的损害;④加害行为与损害结果之间具有因果关系。

(3)主观题常考的几种无过错责任:

①无、限制民事行为能力人致人损害,监护人承担无过错替代责任;

②用人者责任(劳务派遣单位的过错责任、接受个人劳务一方对提供个人劳务一方遭受损害的过错责任或公平责任属于例外);

③产品责任;

④医疗产品责任;

⑤环境污染与生态破坏责任;

⑥高度危险责任;

⑦饲养的动物致人损害;

4. 公平责任原则

(1)公平责任的适用必须有法律明文规定,受害人和行为人对损害的发生都没有过错的,依照法律的规定由双方分担损失。

(2)主观题常考的几种公平责任:

①紧急避险;

②见义勇为时受益人的责任;

③完全民事行为能力人陷入无意识状态造成他人损害且没有过错时的责任;

④提供劳务一方因第三人的行为造成损害时,接受劳务一方承担的补偿责任;

⑤从建筑物中抛掷物品或者从建筑物上坠落物品造成他人损害无法确定具体侵权人时的责任。

4.15.2 担责方式

1. 财产损害赔偿

(1)是指通过支付一定数额的金钱救济受害人财产损失。

(2)侵害他人财产的,财产损失按照损失发生时的市场价格或者其他合理方式计算。

(3)侵害他人人身权益造成财产损失的,按照受害人因此受到的损失或者侵权人因此获得的利益赔偿;上述金额难以确定,并且受害人与侵权人就赔偿数额协商不一致,向法院提起诉讼的,由法院根据实际情况确定赔偿数额。

2. 人身损害赔偿

通过支付一定数额的金钱救济受害人生命、身体或者健康损害。侵害他人造成人身损害的,应当赔偿医疗费、护理费、交通费、营养费、住院伙食补助费等为治疗与康复支出的合理费用,以及因误工减少的收入。造成残疾的,还应当赔偿辅助器具费与残疾赔偿金;造成死亡的,还应当赔偿丧葬费与死亡赔偿金。

3. 精神损害赔偿

通过支付一定数额的金钱救济受害人精神损害。

(1)下列情形可以主张精神损害赔偿:

①侵害自然人人身权益造成严重精神损害的,受害人有权请求精神损害赔偿;

②因故意或者重大过失侵害自然人具有人身意义的特定物造成严重精神损害的,受害人有权请求精神损害赔偿;

③违约行为损害对方人格权并且造成严重精神损害,受害人请求其承担违约责任的,不影响受害人请求精神损害赔偿。

(2)下列情形不能主张精神损害赔偿:

①法人、非法人组织的人格权益遭受侵犯不得主张精神损害赔偿请求权;

②虽然存在精神损害,但是没有造成严重后果,不得主张精神损害赔偿请求权。

4. 惩罚性赔偿

法律规定某些情形下在补偿受害人的实际损失之外,再额外给予受害人一笔金钱。该种救济措施的目的主要是惩罚侵权人。具有下列情形之一的,可以主张惩罚性赔偿:

(1)故意侵害他人知识产权,情节严重的,受害人有权请求相应的惩罚性赔偿;

(2)明知产品存在缺陷仍然生产、销售,或者没有依据有关规定采取有效补救措施,造成他人死亡或者健康严重损害的,受害人有权请求相应的惩罚性赔偿;

(3)违反法律规定故意污染环境、破坏生态造成严重后果的,受害人有权请求相应的惩罚性赔偿。

5. 法定分担损失

受害人与行为人对损害的发生都没有过错时,依照法律规定由双方分担损失。适用法定分担损失规则应当注意当事人双方对损害的发生均无过错,并且不属于适用无过错责任原则的情形。例如:完全民事行为能力人对自己的行为暂时没有意识或者失去控制造成他人损害,有过错的,应当承担侵权责任;没有过错的,根据行为人的经济状况对受害人适当补偿。

6. 责任竞合的处理

民事主体因同一行为应当承担民事责任、行政责任和刑事责任:

(1)承担行政、刑事责任的,不影响民事责任的承担;

(2)财产不足以支付的,优先承担民事责任。

4.15.3 数人侵权行为

1. 共同侵权行为

(1)二人以上基于共同故意或共同过失致人损害。依法应承担连带责任的侵权形态,包括3种类型:共同加害行为、教唆帮助行为、共同危险行为。

(2)责任承担:对外连带,对内均等。

(3)免责事由:指明具体侵权人。

2. 共同危险行为

(1)又称准共同侵权行为,是指两个或两个以上的民事主体均实施了足以侵害他人权利的危险行为,并造成实际损害,但不能判明损害是由何人造成的侵权行为(因果关系无法查明)。

(2)责任承担:无限连带赔偿责任。

(3)免责事由:指明具体侵权人。

3. 无意思联络的数人侵权行为

(1)数人没有进行意思联络,客观上分别实施侵权行为造成同一损害后果的行为。具体包括原因力竞合和原因力结合。

(2)原因力竞合:任何一个侵害人的单独行为均可独立造成损害结果,故承担连带责任。

(2)原因力结合:任何一个侵权人单独行为都不足以单独导致损害结果,必须结合在一起共同发挥作用导致后果的发生,故承担按份责任(根据过错大小和损害份额分配;不可分配的,均等责任)。

4.15.4 帮工侵权责任

1. 帮工致人损害的责任承担

(1)帮工人致人损害的,被帮工人应当承担赔偿责任。

(2)帮工人存在故意或重大过失,被帮工人承担赔偿责任后向有故意或者重大过失的帮工人追偿。

(3)被帮工人明确拒绝帮工的,不承担赔偿责任。

2. 因帮工遭受损害的责任承担

(1)帮工人因第三人侵权遭受人身损害的,提供劳务一方有权请求第三人承担侵权责任,也有权请求接受劳务一方给予补偿(补充责任,接受劳务一方补偿后,可以向第三人追偿)。

(2)帮工人自己遭受损害,按过错责任原则处理,由被帮工人和帮工人,根据自身过错程度分担损失。

4.15.5 用工责任

1.单位用工责任

(1)内部关系:在用人单位和劳动者内部关系中,适用《劳动法》《劳动合同法》《工伤保险条例》的相关规定处理。

(2)外部关系:职务行为致他人损害的,由用人单位承担侵权责任。用人单位承担侵权责任后,可以向有故意或者重大过失的工作人员追偿。本规定同样适用个体工商户的从业人员。

(3)非职务行为:自己承担,比如犯罪行为。

(4)第三人侵权:第三人侵权所致的损害,原则上应由第三人承担民事赔偿责任,但劳动者的伤害是因执行工作任务而发生并构成工伤的,用人单位亦应按无过错责任的归责原则承担工伤赔付责任。

(5)工作人员在执行工作任务中实施的违法行为造成他人损害,构成自然人犯罪的,工作人员承担刑事责任不影响用人单位依法承担民事责任。

2.个人用工责任

(1)内部关系:提供劳务一方自己受到损害的,根据双方各自的过错承担相应的责任。

(2)外部关系:个人之间形成劳务关系,提供劳务的一方因劳务造成他人损害的,由接受劳务的一方承担侵权责任。接受劳务的一方承担侵权责任后,可以向故意或重大过失的提供劳务的一方追偿。

(3)非职务行为:自己承担。

(4)第三人侵权:提供劳务期间,第三人的行为造成提供劳务一方损害的,提供劳务的一方有权请求第三人承担侵权责任,也有权请求接受劳务一方给予补偿。接受劳务一方补偿后,可以向第三人追偿。

3.劳务派遣用工责任

(1)外部关系:劳务派遣期间,被派遣的工作人员因执行工作任务造成他人损害,被侵权人合并请求劳务派遣单位与接受劳务派遣的用工单位承担侵权责任的,依照《民法典》第1191条第2款的规定,接受劳务派遣的用工单位承担侵权人应承担的全部责任。

(2)劳务派遣单位在不当选派工作人员、未依法履行培训义务等过错范围内,与接受劳务派遣的用工单位共同承担责任,但责任主体实际支付的赔偿费用总和不应超出被侵权人应受偿的损失数额。

(3)劳务派遣单位先行支付赔偿费用后,就超过自己相应责任的部分向接受劳务派遣的用工单位追偿的,人民法院应予支持,但双方另有约定的除外。

4.15.6 监护人责任

1.监护人对被监护人因侵权行为造成他人损害的后果承担侵权责任。

2.监护人承担无过错赔偿责任。未与该子女形成抚养教育关系的继父或者继母不承担监护人的侵权责任，由该子女的生父母承担侵权责任。

3. 诉讼主体认定：(1)无民事行为能力人、限制民事行为能力人造成他人损害，被侵权人请求监护人承担侵权责任，或者合并请求监护人和受托履行监护职责的人承担侵权责任的，人民法院应当将无民事行为能力人、限制民事行为能力人列为共同被告。

(2)行为人在侵权行为发生时不满 18 周岁，被诉时已满 18 周岁的，被侵权人请求原监护人承担侵权人应承担的全部责任的，人民法院应当向原告释明申请追加原监护人为共同被告。

4. 免责事由：

(1)判决监护人承担全部责任，法院应在判决中明确，赔偿费对有财产的无民事行为能力人、限制民事行为能力人造成他人损害的，从本人财产中支付赔偿费用。不足部分，由监护人赔偿(支付)。从被监护人财产中支付赔偿费用的，应当保留被监护人所必需的生活费和完成义务教育所必需的费用。

(2)监护人尽到监护责任，可以减轻责任，而非免除责任。

(3)特殊情况的补充责任：未成年人的父母离异的，同被监护人共同生活的一方承担民事责任(被侵权人也可以请求离异夫妻共同承担侵权责任，离异夫妻间协商责任份额，协商不成法院可以确定，实际责任超出自己责任份额可向另一方追偿)；确有困难的，另一方父或母应承担无过错的补充责任；实际承担责任超过自己责任份额的一方向另一方追偿。

(4)指定监护中，擅自变更监护人的，由原被指定的监护人与变更后的监护人共同承担无过错的替代责任，依照多数观点承担连带责任。

4.15.7 教育机构侵权责任

1. 教育机构未尽教育、管理职责，对无民事行为能力人、限制民事行为能力人在教育机构学习、生活期间造成人身损害而承担的责任。

2. 教育机构直接侵权(包括工作人员 + 其他无、限人)：

(1)针对无民事行为能力人，采用过错推定原则，教育机构只有证明自己尽到职责才能免责。

(2)针对限制民事行为能力人，采用过错责任，受害人必须证明教育机构未尽到职责，应当承担侵权责任。

3. 第三人侵权行为：无民事行为能力人或者限制民事行为能力人在幼儿园、学校或者其他教育机构学习、生活期间，受到教育机构以外的第三人人身损害，第三人、教育机构作为共同被告且依法应承担侵权责任的，人民法院应当在判决中明确，教育机构在人民法院就第三人的财产依法强制执行后仍不能履行的范围内，承担与其过错相应的补充责任。被侵权人仅起诉教育机构的，人民法院应当向原告释明申请追加实施侵权行为的第三人为共同被告。第三人不确定的，未尽到管理职责的教育机构先行承担与其过错相应的责任；教育机构承担责任后向已经确定的第三人追偿的。

4.15.8 违反安全保障义务的责任

1. 责任主体特殊

宾馆、商场、银行、车站、机场、体育场馆、娱乐场所等经营场所、公共场所的经营者、管理者或者群众性活动的组织者。

2. 过错责任

未尽到安全保障义务，造成他人损害的，应当承担侵权责任。

3. 第三人侵权

第三人的行为造成他人损害的，由第三人承担侵权责任；安保义务人有过错的，在过错范围内承担相应的补充赔偿责任；承担责任后可向第三人追偿。安保义务人无过错的，不承担责任。

4.15.9 产品责任

产品责任是指产品的生产者和销售者因生产、销售缺陷产品，给他人造成了人身伤害、财产损失，应当承担赔偿责任。产品是指经过加工、制作、用于销售的产品，不包括不动产、人体器官、建设工程等。

1. 外部侵权责任

(1)产品存在缺陷造成损害的，被侵权人(买受人)既可以向产品的生产者请求赔偿，也可以向产品的销售者请求赔偿：

①生产者、销售者承担侵权责任，两者均不得以无过错进行抗辩。

②不要求被侵权人与之具有合同关系，即"被侵权人"包括直接购买并使用缺陷产品的人，也包括非直接购买使用缺陷产品但受到缺陷产品损害的其他人。

(2)惩罚性赔偿应同时满足2个条件：

①生产者、销售者明知产品存在缺陷仍然生产、销售，即要求生产者、销售者具有主观过错。

②造成他人死亡或健康严重损害的。

2. 内部追偿责任

(1)产品缺陷由生产者造成的，销售者赔偿后，有权向生产者追偿；但销售者不能指明缺陷产品生产者，也不能指明缺陷产品供货者的，销售者应当承担侵权责任。

(2)销售者的过错使产品存在缺陷的，生产者赔偿后，有权向销售者追偿。

(3)运输者、仓储者等第三人的过错使产品存在缺陷，造成他人损害的，产品的生产者、销售者赔偿后，有权向第三人追偿。

【注意】运输者、仓储者、设计者等第三人的过错使产品存在缺陷，被侵权人只能向生产者或者销售者请求赔偿，而不能直接向运输者、仓储者等第三人请求赔偿。

3. 产品责任承担方式

(1)排除妨碍、消除危险等。

(2)产品投入流通后的警示、召回等补救措施：未及时采取补救措施或补救措施不力造成损害的，应当承担侵权责任。采取召回措施的，生产者、销售者应当负担被侵权人因此支出的必要费用。

(3)损害赔偿。

(4)惩罚性赔偿,明知产品存在缺陷仍然生产、销售,或没有采取有效补救措施,造成他人死亡或健康严重损害的,被侵权人有权请求相应的惩罚性赔偿。

4. 生产者法定免责事由

(1)未将产品投入流通的;

(2)产品投入流通时,引起损害的缺陷尚不存在的;

(3)将产品投入流通时的科学技术水平尚不能发现缺陷的存在;

(4)为了符合关于产品的强制性法规所制造的产品具有缺陷的。

5. 诉讼结构

(1)侵权之诉:原告是受害人,被告是生产者、销售者或生产者+销售者。

(2)违约之诉:原告是作为合同当事人的受害人,被告是作为合同当事人的销售者。违约损害人格权,并造成严重精神损害的,可以主张精神损害赔偿。

主观题小案例

【案例1】乙公司和丙公司签订了融资租赁合同,丙公司出资购买了价值1700万元的设备2台;乙公司擅自将设备出卖给了自然人F,后设备出现了质量问题,F向乙公司主张责任。

问题:自然人F能够向谁主张什么责任?

答案参考:(1)乙公司。

依据《民法典》及相关规定,无权处分不会影响买卖合同的效力。

本案中,乙公司没有所有权,将设备出卖属于无权处分,但是无权处分并不影响买卖合同的效力。所以自然人F能向乙公司主张权利。

(2)违约责任。

依据《民法典》及相关规定,当事人一方履行合同义务不符合约定的,应当承担赔偿损失等违约责任。

本案中,乙公司交付的设备存在严重的违约行为,依据合同的相对性,自然人F可以向乙公司主张违约责任。

考点:无权处分,违约责任。涉及法条:《民法典》第577条。

【案例2】李某承租张某的房子,房子热水器老旧不堪,不能正常使用,屋内也没有空调。李某要求张某修理热水器,修了几次都无法使用。再找张某,张某避而不见。无奈之下,李某去B公司购买了全新电热水器,B公司派其员工郝某去安装。安装后郝某因有急事未按要求试用便离开,走前向李某保证该热水器可以正常使用。当晚,同学黄某来A市探访李某。黄某去卫生间洗澡,按新装的热水器上的注意刚打开热水器,该热水器的接口处迸裂,热水喷溅不止,黄某受到惊吓,摔倒在地受伤,经鉴定为一级伤残。另外,木箱内装的贵重衣物,也被热水器喷出的水流浸泡毁损。

问题:对于黄某的损失,郝某、B公司是否应当承担赔偿责任?为什么?

答案参考:郝某不应当承担赔偿责任。B公司应当承担赔偿责任。因为郝某是B公司的工作人员,执行B公司的工作任务,故不承担侵权责任。因热水器是缺陷产品,缺陷产品造成损害,被侵权人(黄某)既可向产品的生产者请求赔偿,也可向产品的销售者请求赔偿。故B公司需承担侵权责任。

4.15.10 机动车交通事故责任

1. 归责原则

(1)机动车之间发生交通事故责任,适用过错责任原则,即双方都有过错的,按照各自过错的比例分担责任,无过错方无须承担责任。

(2)机动车与非机动车驾驶人、行人之间发生交通事故的责任:

①非机动车驾驶人、行人没有过错的,由机动车一方承担责任;

②有证据证明非机动车驾驶人、行人有过错的,根据过错程度适当减轻机动车一方的赔偿责任;

③机动车一方没有过错的,承担不超过10%的赔偿责任;

④交通事故的损失是由非机动车驾驶人、行人故意碰撞机动车造成的,机动车一方不承担刑事责任。

2. 机动车租赁、借用责任承担

(1)由保险公司在机动车强制保险责任限额范围内予以赔偿,即保险公司支付交强险保险金的义务不因车辆所有人、使用人分离而受影响。

(2)交强险商业险不足弥补的部分,由机动车使用人承担赔偿责任。

(3)机动车所有人对损害的发生有过错的,承担相应的赔偿责任。

(4)机动车所有人或者管理人的免责事由:盗窃、抢劫或者抢夺的机动车发生交通事故造成损害,机动车所有人或者管理人不承担责任。

3. 机动车转让未办理过户登记责任承担

(1)当事人之间已经转让并交付机动车,但未办理所有权转移登记,发生交通事故后属于该机动车一方责任的,由保险公司在机动车强制保险责任限额范围内予以赔偿。不足部分,由受让人承担赔偿责任。

(2)在分期付款买卖机动车的情形下,若机动车已实际交付购买人,虽然出卖人仍保留机动车所有权,但在发生道路交通事故后,应当由购买人承担赔偿责任,保留机动车所有权的出卖人并不承担赔偿责任。

(3)转让拼装或已达到报废标准的机动车,发生交通事故造成损害的,由转让人和受让人承担连带责任。

4. 盗窃、抢劫或抢夺机动车责任承担

(1)盗窃、抢劫或者抢夺的机动车发生交通事故造成损害的,由盗窃人、抢劫人或者抢夺人承担赔偿责任。

(2)保险公司在机动车强制保险责任限额范围内垫付抢救费用的,有权向交通事故责任人追偿。并不免除保险公司支付交强险保险金的义务。

5. 交通事故肇事逃逸责任承担

(1)机动车驾驶人发生交通事故后逃逸,该机动车参加强制保险的,由保险公司在机动车强制保险责任限额范围内予以赔偿。

(2)机动车不明或该机动车未参加强制保险,需要支付被侵权人人身伤亡的抢救、丧葬等费用的,由道路交通事故社会救助基金垫付。

(3)道路交通事故社会救助基金垫付后,其管理机构有权向交通事故责任人追偿。

6. 套牌机动车责任承担

(1)套牌机动车发生交通事故造成损害,属于该机动车一方责任,由套牌机动车的所有人或管理人承担赔偿责任。

(2)被套牌机动车所有人或管理人同意套牌的,应当与套牌机动车的所有人或管理人承担连带责任。

7. 机动车责任承担

机动车驾驶人离开本车后,未采取制动措施等自身过错受到本车碰撞、辗轧造成损害,机动车驾驶人自己对自己的过错买单,不得请求承保本车机动车强制保险的保险人在强制保险责任限额范围内,以及承保本车机动车商业第三者责任保险的保险人按照保险合同的约定赔偿的。但可以依据机动车车上人员责任保险的有关约定支持相应的赔偿请求。

4.15.11 医疗损害责任

医疗机构,医疗产品的生产者、销售者或血液提供者的过错,致使患者在诊疗活动中受到人身或财产损害,应承担赔偿责任。不包括生活美容类损害责任承担。

1. 适用过错推定原则的情况

(1)违反法律、行政法规、规章以及其他有关诊疗规范的规定。

(2)隐匿或拒绝提供与纠纷有关的病历资料。

(3)伪造、篡改或销毁病历资料。

2. 特殊责任主体

医疗产品或者血液存在缺陷导致患者损害的,患者既可以向医疗机构主张侵权责任,也可以向药品上市许可持有人、医疗产品的生产者销售者或者血液的提供者主张侵权责任。医疗机构承担侵权责任之后可以向药品上市许可持有人、医疗产品的生产者销售者或者血液的提供者追偿药品上市许可持有人、医疗产品的生产者销售者或者血液的提供者承担侵权责任之后不能向医疗机构追偿,除非医疗产品或者血液存在缺陷是由于医疗机构的过错。

3. 责任承担

(1)医疗机构免责事由

①患者或其近亲属不配合医疗机构进行符合诊疗规范的诊疗,但若医疗机构、医务人员也有过错,应承担相应的赔偿责任。

②医务人员在抢救生命垂危的患者等紧急情况下已经尽到合理诊疗义务。

③限于当时的医疗水平难以诊疗。

(2)连带责任

医疗产品缺陷与医疗机构的过错诊疗行为共同造成同一损害,医疗机构与医疗产品的生产者或销售者、血液提供者应承担连带责任。一方承担责任后,内部按照原因力大小来追偿。

(3)不真正连带责任

①产品缺陷造成患者损害的,患者可向生产者、销售者或血液提供者请求赔偿,也可向医疗机构请求赔偿。

②患者向医疗机构请求赔偿的,医疗机构赔偿后,有权向负有责任的生产者、销售者或血液提供者追偿。

③医疗机构的过错使医疗产品存在缺陷或血液不合格,医疗产品的生产者、销售者或血液提供者承担赔偿责任后,可向医疗机构追偿。

4.15.12 环境污染责任

1.责任主体

(1)一般责任主体

环境污染导致受害人损害的,由污染者承担侵权责任。简言之,谁污染谁治理。违反国家规定造成生态环境损害,生态环境能够修复的,有关机关或者组织有权请求污染者在合理期限内承担修复责任。污染者在期限内未修复的,有关机关或者组织可以自行或者委托他人进行修复,所需费用由污染者负担。

(2)特殊责任主体

①两个以上污染者共同实施污染行为造成同一损害的,应当承担连带责任。

②两个以上污染者分别实施污染行为造成同一损害,每一个污染者的污染行为都足以造成全部损害结果的,应当承担连带责任;每一个污染者的污染行为都不足以造成全部损害结果的,应当承担按份责任。

③第三人导致环境污染侵权的,受害人既可以向污染者主张侵权责任,也可以向第三人主张侵权责任。污染者承担侵权责任之后可以向第三人追偿。

2.归责原则

无过错责任原则。亦即无论污染者是否具有主观过错,只要环境污染导致受害人损害,就要承担侵权责任。

3.免责事由:不存在因果关系

(1)排放的污染物没有造成该损害可能的。

(2)排放的可造成该损害的污染物未到达该损害发生地的。

(3)该损害于排放污染物之前已发生的。

(4)其他可以认定污染行为与损害之间不存在因果关系的情形。

(5)排污符合国家或者地方排放标准并非免责事由,污染者不能以此为由主张免除侵权责任。

4.15.13 物件损害责任

1.建筑物、构筑物或者其他设施倒塌致人损害

(1)责任主体:

①建设单位与施工单位承担连带责任,但是建设单位与施工单位能够证明不存在质量缺陷

的除外。建设单位与施工单位赔偿之后,可以向其他责任人追偿。

②所有人、管理人、使用人或者第三人导致建筑物、构筑物或者其他设施倒塌致人损害的,所有人、管理人、使用人或者第三人承担侵权责任。

(2)归责原则。

无过错责任原则。

2. 建筑物、构筑物或者其他设施及其搁置物、悬挂物发生脱落、坠落致人损害

(1)责任主体:堆放人。

(2)归责原则:过错推定原则。

3. 堆放物倒塌、滚落或者滑落致人损害

(1)责任主体:堆放人。

(2)归责原则:过错推定原则。

4. 在公共道路上堆放、倾倒、遗撒妨碍通行的物品致人损害

(1)责任主体:堆放人。公共道路的管理人不能证明已经尽到清理、防护、警示等义务的,应当承担相应责任。

(2)归责原则:过错推定原则。

5. 树木折断致人损害、窨井等地下设施致人损害

(1)责任主体:管理人或所有人。

(2)归责原则:过错推定原则。

6. 在公共场所或者道路上挖坑、修缮安装地下设施等,没有设置明显标志和采取安全措施致人损害

(1)责任主体:施工人。

(2)归责原则:过错推定原则。

7. 从建筑物中抛掷物品或者从建筑物上坠落的物品致人损害

(1)由侵权人承担侵权责任。

(2)难以确定侵权人的,由可能加害的建筑物使用人给予补偿,但是能够证明自己不是侵权人的除外。

(3)可能加害的建筑物使用人补偿之后,可以向侵权人追偿物业服务人等建筑物管理人应当采取安全保障措施防止高空抛物的发生。

(4)未采取安全保障措施的,应当承担未履行安全保障义务的侵权责任。

4.15.14 饲养动物损害责任

1. 责任主体

(1)饲养人、管理人:应具有稳定性,排除临时借用动物的人。

(2)须为饲养的动物,排除野生动物。

(3)“造成他人损害”:饲养的动物因自身固有的危险性而造成的损害,排除动物处于他人支配控制之下而成为人的加害工具的情形,此时视为人的加害行为。

2. 归责原则

（1）严格的无过错原则，没有免责事由，由动物饲养者或管理人承担：

①未对动物采取安全措施。

②饲养禁止饲养的烈性犬等危险动物（无过错承担，不能主张不承担责任或者减轻责任）。

（2）过错推定原则，针对的是动物园的动物，动物园能证明尽到管理职责的，不承担责任。

（3）第三人过错导致动物造成他人损害的，被侵权人可以向动物饲养人或者管理人请求赔偿，也可以向第三人请求赔偿。动物饲养人或管理人赔偿后，有权向第三人追偿。

（4）动物被遗弃、逃逸的动物在遗弃、逃逸期间造成他人损害的，由原动物饲养人或管理人承担无过错责任。

第五单元

民事诉讼法与仲裁制度

5.1 诉的原理

1. 诉的要素

(1)诉的主体：当事人，原告和被告。

(2)诉的理由：当事人所依据的事实与法律，即民事起诉状中的事实理由。

(3)诉讼标的：又称诉的客体，是法院裁判的对象，指当事人发生争议并请求法院作出裁判的民事实体法律关系。

(4)诉讼请求：原告基于该诉讼标的（实体法律关系）请求法院作出的特定裁判。给予处分原则，原告的诉讼请求约束法院裁判，法院裁判不得遗漏或超出原告诉讼请求。

2. 诉的分类（以诉为前提）

(1)确认之诉：原告请求法院确认与被告间是否存在某种民事法律关系。分为积极确认之诉（请求法院确认法律关系存在或有效）和消极确认之诉（请求法院确认法律关系不存在或无效）。

(2)给付之诉：原告请求法院判令被告履行一定的义务。分为财物的给付和行为的给付（比如积极的赔礼道歉和消极的停止侵害）。

(3)形成之诉：又称变更之诉，原告请求法院改变或者消灭某种既存的民事法律关系，主要针对主体、内容、客体。如解除合同、离婚等。包括实体法上的变更之诉和诉讼法上的变更之诉（第三人撤销之诉、申请再审之诉）。

3. 反诉

(1)在诉讼程序进行中，本诉被告针对本诉原告向法院提出的独立的诉。反诉具有独立性，即反诉是独立的反请求，反驳仅是对抗原告的诉讼请求。

(2)当事人条件：本、反诉主体具有同一性，即反诉由本诉的被告向本诉的原告提出。

(3)反诉时间：一审法庭辩论终结前提出。在二审中提出反诉的——调解，调解不成，告知另行起诉，但当事人同意由二审法院一并审理的除外。

(4)牵连关系：本、反诉之间应当具有牵连关系（包括：基于同一事实，基于同一法律关系，诉讼请求之间具有因果关系）。本诉撤诉，反诉不受影响、继续进行。

(5)管辖法院：向受理本诉的法院提出，且受诉法院有管辖权（牵连管辖）。反诉应由其他法院进行专属管辖的时候，不得提出反诉。

(6)适用程序：与本诉适用同一程序。

4. 重复起诉的构成要件

(1)后诉与前诉当事人相同;

(2)后诉与前诉的诉讼标的相同;

(3)后诉与前诉的诉讼请求相同或者后诉的诉讼请求在实质上否定前诉裁判结果。

主观题小案例

【案例1】甲教育培训公司(以下简称甲公司)的招生部负责人张三、教学部经理李四、办公室主任王五从甲公司离职后成立了乙公司,利用各自掌握的公司核心资源等与甲公司形成竞争,甲公司起诉乙公司不正当竞争,诉讼请求如下:(1)停止侵权行为;(2)赔偿损失500万元;(3)公开赔礼道歉、消除影响。

问题:本案是什么诉?

答案参考:给付之诉。第一项请求给付的对象为行为(消极的不作为);第二项请求给付的对象为财物;第三项请求给付的对象为行为(积极的作为)。

【案例2】张三将房屋租赁给李四,李四拒不支付租金,张三起诉李四要求支付房屋租金8000元。诉讼中,张三主张不要租金了,而是要求解除该租赁合同。

问题:本案诉讼请求是否发生变化?诉讼标的是否发生变化?诉的性质是否发生变化?

答案参考:本案中,张三提出的"支付租金8000元"与"要求解除该租赁合同"均为原告的诉讼请求,因此诉讼请求发生了变化。无论是要求支付租金还是要求解除合同都是基于租赁合同关系,所以诉讼标的没有发生变化。要求支付租金是给付的请求,为给付之诉;要求解除合同是变更的请求,为变更之诉(形成之诉),所以诉的性质也发生了变化。

总结:同样基于租赁合同关系,原告可以选择提出若干个不同的诉讼请求,如请求确认合同有效或者无效,为确认之诉;如请求支付租金,为给付之诉;如请求解除合同,为形成之诉。

【案例3】甲公司起诉乙公司违约,乙公司反诉甲公司要求解除合同。诉讼中甲公司撤回起诉,法院裁定准许甲公司撤回起诉后驳回了乙公司的反诉。乙公司对驳回反诉的裁定不服,提起上诉。

问题:二审法院应当如何处理?

答案参考:根据反诉的独立性,本诉撤诉后反诉应当继续进行,故一审法院对反诉应当继续审理,而不能驳回起诉。对于驳回起诉的裁定,乙公司可以上诉。二审法院认为裁定错误的,应当裁定撤销原裁定,指令一审法院审理。

【案例4】甲、乙两公司签订了设备买卖合同,因设备质量问题,甲公司起诉乙公司要求更换并支付违约金10万元。法院经审理判决乙公司败诉,乙公司未上诉。之后,乙公司向法院起诉,要求确认该买卖合同无效。

问题:法院应当如何处理?并说明理由。

答案参考:乙公司构成重复起诉,法院应当裁定不予受理。

根据司法解释的规定,重复起诉应当同时满足:(1)后诉与前诉的当事人相同;(2)后诉与前诉的诉讼标的相同;(3)后诉与前诉的诉讼请求相同,或者后诉的诉讼请求实质上否定前诉裁判结果。乙公司起诉甲公司确认合同无效的诉讼请求与前诉主体相同,诉讼标的相同。前诉法院判决支持甲公司诉讼请求即应包含确认合同有效,而乙公司起诉要求确认合同无效则在实质上否定前诉裁判结果,构成重复起诉,法院不应受理。

【案例5】张三起诉李四要求归还借款本金10万元,法院判决支持张三的全部诉讼请求,判决生效后,张三起诉李四要求支付该笔借款的利息5000元。

问题:是否构成重复起诉?为什么?

答案参考:不构成重复起诉。

重复起诉要求同时满足:(1)后诉与前诉的当事人相同;(2)后诉与前诉的诉讼标的相同;(3)后诉与前诉的诉讼请求相同,或者后诉的诉讼请求实质上否定前诉裁判结果。虽然本案后诉与前诉当事人相同,诉讼标的相同,但后诉与前诉的诉讼请求不同,也未在实质上否定前诉裁判结果,故不构成重复起诉。

5.2 当事人

5.2.1 当事人适格

1. 诉讼权利能力

(1)诉讼权利能力也叫当事人能力、当事人资格,是指成为诉讼当事人,享有诉讼权利、承担诉讼义务的诉讼法上的资格。公民、法人、其他组织有当事人资格。

(2)遗产继承、接受赠与等的胎儿也有诉讼权利能力(娩出时死体除外)。

(3)符合条件的其他组织,具有诉讼权利能力,始于成立,终于终止。

①依法登记并领取营业执照的个人独资企业、合伙企业、中外合作经营企业、外资企业、乡镇企业、街道企业;

②依法设立并领取营业执照的法人的分支机构;依法成立的社会团体的分支机构、代表机构;

③依法设立并领取营业执照的商业银行、政策性银行和非银行金融机构的分支机构。

2. 诉讼行为能力

(1)成为民事诉讼当事人,享有诉讼权利、承担诉讼义务的资格。

(2)亲自实施诉讼行为、行使诉讼权利和承担诉讼义务的资格。

其中自然人:

①有诉讼行为能力——完全民事行为能力人;

②无诉讼行为能力——无民事行为能力人、限制民事行为能力人。

法人和其他组织:

诉讼行为能力与诉讼权利能力同时产生、同时消灭。

3. 当事人适格

(1)对于具体的诉讼,有作为本案当事人起诉或者应诉的资格。本案所争议的民事法律关系(本案诉讼标的)的主体即为本案适格当事人。

(2)例外:

①失踪人的财产代管人、遗产管理人和遗嘱执行人、股东代表诉讼中的股东、经作者授权的

著作权集体管理组织、为保护死者名誉而起诉的死者近亲属。

②确认之诉中，对诉讼标的有确认利益的人或组织。

③依法有权提起公益诉讼的机关、组织。

4. 常考的当事人确定

(1)【个体工商户】在诉讼中，个体工商户以营业执照登记的业主为当事人。有字号的，以营业执照登记的字号为当事人，但应同时注明该字号经营者的基本信息。营业执照登记的经营者与实际经营者不一致的，以登记经营者和实际经营者为共同诉讼人。

(2)【村居委会】居民委员会、村民委员会或者村民小组与他人发生民事纠纷的，以该居民委员会、村民委员会或者有独立财产的村民小组为当事人。

(3)【解散时的法人】企业法人解散的，依法清算并注销前，以该企业法人为当事人；未依法进行清算即被注销的，以该企业法人的股东、发起人或者出资人为当事人。

(4)【劳动争议】发生劳动争议的劳动者和用人单位为劳动争议仲裁案件的双方当事人。劳务派遣单位或者用工单位与劳动者发生劳动争议的，劳务派遣单位和用工单位为共同当事人。

(5)【第三方解纷主体不可成为当事人】当事人之间的纠纷经人民调解委员会或者其他依法设立的调解组织调解达成协议后，一方当事人不履行调解协议，另一方当事人向法院提起诉讼的，应以对方当事人为被告。

5. 当事人变更

(1)自然人当事人死亡，其民事权利义务发生继承，由其继承人继承诉讼权利义务进行诉讼。但该民事权利义务具有人身专属性的除外。

(2)法人或其他组织合并、分立，由合并或者分立后的法人或者其他组织承担诉讼权利、义务，进行诉讼。

(3)当事人恒定原则：诉讼中，争议的民事权利义务关系转移的，不影响当事人的诉讼主体资格和诉讼地位。法院作出的发生法律效力的判决、裁定对受让人具有拘束力。

(4)诉讼承继原则：受让人申请以无独立请求权第三人参加诉讼的，法院可予准许。受让人申请替代当事人承担诉讼的，法院可以根据案件审理情况决定是否准许；不予准许的，可以追加其为无独立请求权第三人。

主观题小案例

【案例1】张三工商登记注册了个体餐馆，起名为"老张家饭馆"，与李四协议由李四实际经营餐馆。李四在经营过程中与王五发生争执，拟提起诉讼。

问题：本案的适格原告应当为哪个(些)?

答案参考：个体工商户有字号的，直接以字号为当事人，不用考虑经营者的问题。本案应当以"老张家饭馆"为原告。题目给出的登记经营者张三与实际经营者李四不一致的信息是干扰信息。

【案例2】张三的儿子张小三(15岁)将甲公司董事长李四的办公室砸毁，造成甲公司经济损失1万元，甲公司拟通过诉讼方式请求赔偿。

问题：请分析张三、张小三、李四是不是本案的当事人？其诉讼地位是什么？为什么？

答案参考：本案中，张三、张小三是本案的当事人，其诉讼地位是共同被告；李四不是本案当事人,其是原告甲公司的董事长,其可以作为甲公司法定代表人参加诉讼。根据司法解释,无、限制民事行为能力人致人损害,无、限制民事行为能力人和其监护人为共同被告。

【案例3】张三购买一辆中巴挂靠在红星汽运公司名下从事运输服务,红星汽运公司依约为该车辆在腾达保险公司购买了交强险。某日,张三聘请的司机王某驾驶该车辆时将行人李某撞伤。李某将张三和相关利害关系人列为被告提起诉讼。

问题:请分析本案的被告,并说明理由。

答案参考:本案中,应当以张三和腾达保险公司为被告,如果李某主张红星汽运公司承担责任,红星汽运公司为共同被告。

根据司法解释的规定,以挂靠形式从事民事活动,当事人请求由挂靠人和被挂靠人依法承担民事责任的,该挂靠人和被挂靠人为共同诉讼人(**【注意】必须答出“李某主张红星汽运公司承担责任”这一前提**)。司机王某属于提供劳务致人损害,根据司法解释,应当由接受劳务一方作为被告,故王某不能作为被告。腾达保险公司承保交强险,对受害人李某有赔偿义务,应为适格被告。

【案例4】张三在丽都酒楼吃饭,邻桌顾客李四的儿子李小四(8岁)端着一碗热汤经过,不慎将热汤洒在张三身上,张三欲起诉赔偿。

问题:请分析本案当事人。

答案参考:本案应当以李四和李小四为共同被告,如果张三主张丽都酒楼承担责任,则将丽都酒楼作为共同被告。

根据《民法典》第1198条的规定,在酒楼、饭店等受到第三人侵权的,由侵权人承担赔偿责任;酒楼、饭店没有尽到安全保障义务的,承担补充责任。同时,根据司法解释,无、限制民事行为能力人致人损害的,本人和监护人李四作为共同被告。所以,本案应当以侵权人李小四和监护人李四为共同被告,如果张三主张丽都酒楼承担责任,则丽都酒楼为共同被告。

【案例5】张三的儿子张小三在向阳幼儿园上学。一日,精神病人姜某冲入幼儿园将张小三打伤,张三就本案的赔偿问题与姜某的监护人朱某以及向阳幼儿园协商未果,拟提起诉讼。

问题:请分析本案张三、张小三、向阳幼儿园、姜某、朱某可以何种诉讼地位参加诉讼,并说明理由。

答案参考:本案应当以张小三为原告,张三为法定代理人;以姜某、朱某为共同被告。如果原告主张向阳幼儿园承担责任,应当将向阳幼儿园列为共同被告。

张小三作为侵权法律关系的受害人,是适格原告;同时因张小三没有诉讼行为能力,所以应当由其监护人张三作为法定代理人。根据《民法典》的相关规定,无、限制民事行为能力人在幼儿园受到幼儿园之外的第三人侵权的,应当由该侵权人承担侵权责任,幼儿园没有尽到管理义务的,应当承担补充责任。故本案应当以姜某为被告,权利人主张向阳幼儿园承担责任的,将向阳幼儿园列为共同被告。根据司法解释的规定,无、限制民事行为能力人致人损害的,无、限制民事行为能力人和其监护人为共同被告,故本案应当以姜某和朱某为共同被告。

5.2.2 共同诉讼

普通共同诉讼,当事人一方或者双方为两人以上,诉讼标的同种类,法院认为可以合并审理,当事人也同意合并审理。

1. 普通共同诉讼的特征

(1)两个以上同种类标的,本质上是数个可分之诉;

(2)由同一法院管辖并适用同一程序;

(3)为了实现诉讼经济而合并审理;

(4)法院认为可以合并审理,当事人也同意。

必要共同诉讼,当事人一方或者双方为两人以上,诉讼标的同一,法院必须合并审理并且在裁判中对诉讼标的合一确定。

2. 必要共同诉讼的特征

(1)一方或者双方为两人以上。

(2)诉讼标的同一(仅有一个诉讼标的,本质上是一个诉)。

(3)法院必须合并审理,合一判决。

3. 常考的必要共同诉讼情形

(1)挂靠关系,权利人主张挂靠方和被挂靠方承担连带责任的。

(2)个体工商户营业执照上登记的业主与实际经营人不一致的。

(3)个人合伙的全体合伙人。

(4)企业法人分立,因分立前行为发生的纠纷,分立后的企业为共同诉讼人。

(5)企业法人未依法清算即被注销的,以该企业法人的股东、发起人或者出资人为当事人。

(6)借用业务介绍信、合同专用章、盖章的空白合同或者银行账户的,出借单位和借用单位为共同诉讼人。

(7)在追索赡养费案件中,应当将所有赡养义务人作为共同被告。

(8)遗产继承诉讼中,部分继承人起诉的,人民法院应当通知其他继承人作为共同原告参加诉讼;被通知的继承人不愿意参加诉讼,又不明确表示放弃实体权利的,人民法院仍应将其列为共同原告。

(9)无民事行为能力人、限制民事行为能力人造成他人损害的,无民事行为能力人、限制民事行为能力人和其监护人为共同被告。

(10)在劳务派遣期间,被派遣的工作人员执行工作任务造成他人损害的,以接受劳务派遣的用工单位为当事人。当事人主张劳务派遣单位承担责任的,该劳务派遣单位为共同被告。

(11)原告起诉被代理人和代理人,要求承担连带责任的,被代理人和代理人为共同被告。

(12)共有财产权受到他人侵害,部分共有权人起诉的,其他共有权人为共同诉讼人。

(13)连带保证合同。

(14)共同侵权、共同危险等需要承担连带责任的。

主观题小案例

【案例1】腾达化工厂排污,导致河流污染,河流沿岸养殖户张三、李四、王五遭受损失,于是起诉腾达化工厂。

问题:请用共同诉讼的知识点对本案进行分析。

答案参考:本案中,本来是三个独立的侵权法律关系,是三个独立的侵权之诉,但是由于三个独立的侵权法律关系(诉讼标的)种类相同,为了实现诉讼经济,法院认为可以合并审理,并征得张三、李四、王五同意后,可以合并审理。当然,本案也可以作为三个独立的诉讼分别进行,而合并审理后,就成了共同诉讼,即普通的共同诉讼,但是张三、李四、王五各自行为独立,对其他人没有法律效力。

【案例2】某小区8名业主认为物业公司提供的物业服务未达相应标准,拖欠2年物业费一直未缴纳,物业公司起诉该8名业主要求缴纳物业管理费及相应滞纳金。

问题:请用共同诉讼的知识点对本案进行分析。

答案参考:本案中,本来存在8个独立的物业合同关系,是8个独立的违约之诉,物业公司可以分别起诉8名业主,但由于8个独立的法律关系(物业合同关系)种类相同,为了实现诉讼经济,并征得当事人同意后,可以合并审理。当然,本案也可以作为8个独立的诉讼分别进行。所以,本案为普通共同诉讼,8名业主各自行为独立,对其他人没有法律效力。

【案例3】甲向大恒银行借款100万元,乙承担连带保证责任,甲到期未能归还借款,大恒银行向法院起诉甲、乙二人,要求其履行债务。

问题:请分析本案是必要共同诉讼还是普通共同诉讼。

答案参考:甲、乙二人承担连带责任,银行起诉甲、乙二人,基于一个借款法律关系,诉讼标的同一,应当属于必要共同诉讼。

【注意】甲和大恒银行之间的债权债务关系,乙和大恒银行之间的担保法律关系,分别为主债权债务关系和担保法律关系,并不是两个独立的法律关系。换句话说,本案需要甲和乙分别向大恒银行偿还100万元吗?显然不是,只要甲和乙共同向大恒银行偿还100万元即可,故本案只有一个法律关系,所以为必要共同诉讼。

【案例4】北京市海淀区的张老头有4个儿子,老大张甲在本地工作,负责照顾张老头生活起居,老二张乙在北京市顺义区工作,每月给赡养费1500元,老三张丙在天津市滨海新区开企业,老四张丁在深圳市福田区上大学,张丙、张丁均未支付赡养费。现由于物价上涨,张老头要求张丙每月支付1500元赡养费,张丙以疫情影响、企业发展困难为由拒绝,张老头遂将张丙诉至法院,要求张丙每月支付赡养费1500元。

问题:(1)本案应当由哪些(个)法院管辖?请说明理由。

(2)本案的当事人应当如何确定?请说明理由。

答案参考:(1)本案北京市海淀区、北京市顺义区、天津市滨海新区、深圳市福田区四地法院均有管辖权。根据司法解释,追索赡养费、扶养费、抚养费案件,几个被告不在同一辖区的,可以由原告住所地法院管辖,故本案原告、被告住所地法院均有管辖权。

(2)本案张老头是原告,张甲、张乙、张丙、张丁为共同被告。根据司法解释,追索赡养费案件中,应当将所有赡养义务人列为共同被告。

5.2.3 第 三 人

1.有独立请求权的第三人,是指对原告和被告之间争议的诉讼标的认为有独立的请求权,参加到原告、被告已经开始的诉讼中进行诉讼的人。

(1)相当于原告地位,认为原告、被告的权利主张侵犯了自己的权利,因此将其一并作为被告,提起独立的诉讼请求,以本诉原告和被告为被告。

(2)案件受理后,一审法庭辩论终结前以起诉的方式参加诉讼,法院不得主动追加。

(3)享有原告的诉讼权利(如申请回避、申请撤诉、提起上诉等)。但不能提出管辖权异议。

2. 无独立请求权的第三人,对原告、被告争议的诉讼标的没有独立请求权,但与案件处理结果有法律上的利害关系而参加诉讼的人。

(1)与案件处理结果有法律上的利害关系。

(2)无权提出管辖权异议,无权放弃、变更诉讼请求或申请撤诉(可以承认诉讼请求)。

(3)被判决承担民事责任的无独立请求权的第三人,享有上诉权。

(4)法院调解时需要确定无独立请求权的第三人承担义务的,应经其同意,调解书应同时送达无独立请求权的第三人,无独立请求权的第三人在调解书送达前反悔的,调解无效,法院应当及时判决。

3. 第三人撤销之诉

(1)上述第三人(有独立请求权的第三人、无独立请求权的第三人)因不能归责于本人的事由未参加诉讼,但有证据证明发生法律效力的判决、裁定、调解书的部分或者全部内容错误,损害其民事权益的。

(2)起诉时间:自知道或者应当知道其民事权益受到损害之日起6个月内。

(3)管辖法院:作出该生效判决、裁定、调解书的法院。

(4)当事人:以第三人为原告,以原诉的全体当事人为被告,原审诉讼中没有承担责任的无独立请求权的第三人仍可列为无独立请求权的第三人。

(5)审理结果:

①诉讼请求成立的,应当改变或者撤销原判决、裁定、调解书。

②诉讼请求不成立的,驳回诉讼请求。

主观题小案例

【案例1】张三与李四因为房屋所有权发生争议,张三起诉李四,在诉讼过程中,王五向法院提起诉讼,主张对该房屋所有权。

问题:(1)当事人的诉讼地位是什么?

(2)诉讼中,原告、被告达成和解协议撤诉,本案应当如何处理?

(3)诉讼中,王五撤回起诉,本案应当如何处理?

(4)开庭时,张三经传票传唤拒不出庭,本案应当如何处理?

答案参考:(1)本案中,王五对于张三、李四所争议的标的物提出独立的请求权,属于有独立请求权的第三人。所以在本案中,张三是原告,李四是被告,王五是有独立请求权的第三人。

(2)王五提起有独立请求权的第三人之诉后,本案中存在两个独立的诉,即本诉和有独立请求权的第三人之诉。本诉中张三为原告,李四为被告;有独立请求权的第三人之诉中,王五为原告,张三、李四为被告。诉讼中,原告、被告达成和解协议撤回起诉即撤回本诉,有独立请求权的第三人之诉不受影响,即以王五为原告,张三、李四为被告,诉讼继续进行。

(3)本案中,王五撤回起诉,即撤回有独立请求权的第三人之诉,本诉不受影响继续进行。

(4)本案中,张三拒不出庭,本诉中,张三是原告,原告拒不出庭,本诉按撤诉处理;在有独立请求权的第三人之诉中张三是被告,被告不出庭,缺席判决。故法院对本诉按撤诉处理,在有独立请求权的第三人之诉中对张三缺席判决。

【案例2】张三与李四将共有商铺出租给王五。后,李四瞒着张三,与王五签订房屋买卖合同,将该商铺出卖给王五,现李四因该买卖合同履行发生纠纷,将王五诉至法院。张三得知后,坚决不同意李四将商铺出卖给王五。

问题:张三可以何种身份参加诉讼?

答案参考:张三可以有独立请求权的第三人身份参加诉讼。

本案中,原告为李四,被告为王五,原告、被告之间的法律关系为商铺买卖合同关系,张三并非该买卖合同关系的一方当事人,所以张三并非基于商铺买卖合同关系向被告主张权利。张三是以原、被告的主张侵犯了自己的房屋共有权而参与诉讼的,是基于独立的法律关系主张自己独立的权利,所以其应当作为有独立请求权的第三人参加诉讼。

【案例3】张三、李四共有一辆汽车,现在王五将该汽车损害,张三起诉王五要求赔偿,诉讼中,李四参加诉讼。

问题:李四的诉讼地位是?

答案参考:李四为必要共同诉讼的原告。

本案中,原告是张三,被告是王五,诉讼标的是侵权法律关系。李四作为汽车所有权人,王五损害该汽车显然侵犯了李四的财产权利,李四作为侵权法律关系的受害人,与王五之间存在侵权法律关系,该法律关系与原告、被告之间的侵权法律关系同一,所以李四为必要共同诉讼的原告。

【案例4】张三有三个儿子张甲、张乙和张丙,张三死亡后留有房屋三间,张甲、张乙因为房屋继承纠纷,诉至人民法院。张丙闻讯赶回,提出父亲生前立下了遗嘱,该遗嘱上记载房屋由张丙继承。

问题:张丙的诉讼地位如何?

答案参考:张丙是有独立请求权的第三人。

本题中,原告张甲与被告张乙之间的诉讼标的为法定继承法律关系,而张丙的主张既不同于原告,也不同于被告,其是基于另一法律关系(遗嘱继承)向原、被告主张自己独立的权利。所以,张丙为有独立请求权的第三人,而不是共同原告。

【案例5】张三到红星商场购买一台腾达公司生产的微波炉,现在由于微波炉质量不合格,张三欲起诉。

问题:(1)微波炉爆炸,导致张三受伤,张三提起侵权之诉,向红星商场和腾达公司要求赔偿,请问本案当事人的诉讼地位如何?

(2)张三提起违约之诉,要求红星商场赔偿,红星商场称是由于腾达公司生产的微波炉质量不合格,要求由腾达公司承担全部或者部分责任,请问本案当事人诉讼地位如何?

答案参考:(1)张三提起侵权之诉,诉讼标的为侵权法律关系,本案中红星商场和腾达公司均对张三有侵权行为,即红星商场和腾达公司均是该侵权法律关系的侵权方当事人,故其应为共同被告。因此本案只有一个侵权法律关系,为必要共同诉讼,所以,本案当事人诉讼地位应当为张三为原告,红星商场和腾达公司为必要共同被告。

(2)张三提起违约之诉,诉讼标的为合同法律关系,本案中红星商场与张三存在合同法律关系,故本案应以张三为原告,红星商场为被告,其诉讼标的为合同法律关系,而腾达公司并非该合同法律关系的一方当事人,不能作为共同被告,只是因为其与本案的结果存在法律上的利害关系(该利害关系体现在如果法院认定微波炉质量不合格,红星商场会依据该判决向腾达公司主张赔偿),所以腾达公司为无独立请求权的第三人。

5.3 主管与管辖

5.3.1 法定管辖

1. 中级人民法院管辖案件

(1)重大涉外案件;

(2)本辖区有重大影响的案件;

(3)最高人民法院确定由中级人民法院管辖的案件,具体如下:

①海事、海商案件;

②公益诉讼案件,但法律、司法解释另有规定的除外;

③专利纠纷案件,专利纠纷案件由知识产权法院(中院级别)管辖;

④仲裁相关:确认仲裁协议效力,涉外仲裁的证据、财产保全,仲裁裁决的执行,撤销、不予执行仲裁裁决等由中院管辖。

2. 一般地域管辖原则是原告就被告

(1)双方当事人都被监禁或者被采取强制性教育措施的,由被告原住所地人民法院管辖。被告被监禁或者被采取强制性教育措施1年以上的,由被告被监禁地或者被采取强制性教育措施地人民法院管辖。

(2)双方当事人均被注销户籍的,由被告居住地法院管辖。

(3)夫妻双方离开住所地超过1年,一方起诉离婚的案件,由被告经常居住地人民法院管辖;没有经常居住地的,由原告起诉时被告居住地人民法院管辖。

3. 一般地域管辖例外是原告所在地法院管辖

(1)对不在中华人民共和国领域内居住的人提起有关身份关系的诉讼,由原告所在地法院管辖。

(2)对下落不明或者宣告失踪的人提起有关身份关系的诉讼,由原告所在地法院管辖。

(3)对正在被采取强制性教育措施的人提起的诉讼,由原告所在地法院管辖。

(4)对正在被监禁的人提起的诉讼,由原告所在地法院管辖。

(5)被告被注销户籍的,由原告所在地法院管辖。

(6)追索赡养费、扶养费、抚养费的几个被告住所地不在同一辖区的,可以由原告住所地法院管辖(也可以由被告住所地法院管辖)。

(7)夫妻一方离开住所地超过1年,另一方起诉离婚的,可以由原告住所地法院管辖(也可以由被告住所地法院管辖)。

4. 合同纠纷

(1)合同纠纷管辖法院原则是被告住所地或合同履行地法院。

(2)合同没有实际履行,但当事人有一方的住所地在约定的履行地,被告住所地和合同约定履行地均有权管辖。

(3)合同没有实际履行,当事人住所地均不在约定的履行地,约定履行地无管辖权,由被告住所地管辖。

(4)信息网络方式的买卖合同,通过信息网络交付标的的,以买受人住所地为合同履行地;通过其他方式交付标的的,收货地为合同履行地(有约定的按约定)。

(5)担保案件的管辖(最高人民法院《关于适用〈中华人民共和国民法典〉有关担保制度的解释》第21条、第45条)。

①(仲裁排斥诉讼)主合同或者担保合同有仲裁协议的,法院对此无管辖权。例外:担保合同有仲裁协议,但担保物权无实质性争议的,可去法院适用“实现担保物权案件”的特别程序(非讼程序)。

②(主合同管辖为主)债权人一并起诉债务人和担保人的,应根据主合同确定管辖法院。债权人依法可以单独起诉担保人且仅起诉担保人的,应根据担保合同确定管辖法院。

5. 侵权纠纷

(1)由侵权行为地(侵权行为发生地、侵权结果发生地)或者被告住所地法院管辖。

(2)产品、服务质量不合格造成他人财产、人身损害提起的诉讼,产品制造地、产品销售地、服务提供地、侵权行为地和被告住所地法院都有管辖权。

(3)信息网络侵权案件,由被诉侵权行为的计算机等信息设备所在地(行为实施地)、被侵权人住所地和被告住所地管辖。

(4)诉前保全错误之侵权:

①当事人申请诉前保全后没有在法定期间起诉或申请仲裁,给被申请人、利害关系人造成损失引起的诉讼,由保全法院管辖。

②当事人申请诉前保全后在法定期间内起诉或申请仲裁,被申请人、利害关系人因保全受到损失提起的诉讼,由受理起诉的法院或保全法院管辖。

6. 公司事务纠纷

因公司设立、确认股东资格、分配利润、解散等纠纷提起的诉讼,由公司住所地法院管辖。

7. 运输纠纷

(1)因铁路、公路、水上、航空运输和联合运输合同纠纷提起的诉讼:运输始发地、目的地或被告住所地法院。

(2)因铁路、公路、水上和航空事故请求损害赔偿提起的诉讼:事故发生地或车辆、船舶最先到达地、航空器最先降落地或被告住所地法院。

(3)海难救助费用诉讼:救助地或被救助船舶最先到达地法院。

(4)共同海损诉讼:船舶最先到达地、共同海损理算地或航程终止地法院。

主观题小案例

【案例1】甲县的电热毯厂生产了一批电热毯,与乙县的昌盛贸易公司在丙县签订了一份买卖该批电热毯的合同。丁县居民张三在出差到乙县时从昌盛贸易公司购买了一条该批次的电热毯,后在使用过程中电热毯由于质量问题引起火灾,烧毁了张三的房屋。张三欲以侵权损害为由诉请赔偿。

问题:张三可向哪个(些)法院起诉?

答案参考:张三可以向甲、乙、丁三县法院之一提起诉讼。

根据司法解释的相关规定,产品、服务质量不合格造成他人财产、人身损害提起的诉讼,产品制造地、产品销售地、服务提供地、侵权行为地和被告住所地人民法院均有管辖权。本案中,甲县、乙县为被告住所地,乙县为侵权产品销售地,丁县为侵权结果发生地,故原告张三可以选择向甲、乙、丁三县法院之一提起诉讼。

【案例2】北京市东城区的张三和北京市西城区的李四,签订一份买卖合同,约定由李四在北京市海淀区为张三加工一批家具。后来由于生产条件的限制,李四在北京市丰台区完成了家具加工,后因家具质量问题,张三起诉李四。

问题:哪个(些)法院有管辖权?

答案参考:海淀区法院和西城区法院有管辖权。

合同纠纷应当由被告住所地或合同履行地法院管辖。本案中,存在约定履行地,约定履行地与实际履行地不一致的,以约定履行地为准。所以被告住所地西城区法院、约定履行地海淀区法院有管辖权。

【案例3】北京市东城区的张三和北京市西城区的李四签订借款合同,张三出借10万元给李四,李四于一年后归还本金10万元,利息1万元。还款期限届满,李四拒不归还,张三欲起诉李四。

问题:本案哪个(些)法院有管辖权?

答案参考:东城区法院或者西城区法院有管辖权。

合同纠纷由被告住所地或合同履行地法院管辖,同时本案争议标的为给付货币,所以应当以接收货币方为合同履行地,故本案中被告住所地西城区法院、合同履行地东城区法院有管辖权。

【案例4】北京市东城区的张三和北京市西城区的李四签订房屋买卖合同,约定李四将位于北京市海淀区的房屋卖给张三,张三支付房款800万元。

问题:

(1)张三支付房款后,李四拒不交付房屋,张三起诉李四,本案应由哪个(些)法院管辖?

(2)李四交付房屋后,张三尚欠尾款100万元拒不支付,李四起诉张三,本案应由哪个(些)法院管辖?

答案参考:

(1)本案应当由西城区或者海淀区法院管辖。

合同纠纷由被告住所地或合同履行地法院管辖。本案原告的诉讼请求是交付房屋,根据司法解释,交付不动产的,不动产所在地为合同履行地,即海淀区为合同履行地。所以,本案应当由被告住所地西城区法院或合同履行地海淀区法院管辖。

(2)本案应当由东城区或者西城区法院管辖。

合同纠纷由被告住所地或合同履行地法院管辖。本案原告诉讼请求为支付房款,根据司法解释的规定,争议标的为给付货币的,以接收货币方所在地为合同履行地,即李四住所地西城区为合同履行地。所以,本案应当由被告住所地东城区法院或者合同履行地西城区法院管辖。

【案例5】北京市东城区的甲公司与北京市西城区的乙公司签订钢材买卖合同,约定乙公司向甲公司交付一批钢材,甲公司支付货款20万元。

问题:

(1)乙公司向甲公司交付钢材后,甲公司拒不支付货款,乙公司起诉甲公司,本案哪个(些)法院有管辖权?

(2)乙公司向甲公司交付钢材后,甲公司认为乙公司交付的钢材质量不合格,甲公司起诉乙公司,本案哪个(些)法院有管辖权?

答案参考:

(1)东城区法院或西城区法院有管辖权。

合同纠纷由被告住所地或合同履行地法院管辖。本案原告的诉讼请求是支付货款,即争议标的为给付货币,根据司法解释的规定,争议标的为给付货币的,以接收货币方所在地为合同履行地,那么本案乙公司住所地西城区则为合同履行地。所以,本案应当由被告住所地东城区法院或合同履行地西城区法院管辖。

(2)西城区法院有管辖权。

合同纠纷由被告住所地或合同履行地法院管辖。本案因钢材交付发生纠纷,属于交付其他标的,根据司法解释的规定,争议标的为交付其他标的的,履行义务一方住所地为合同履行地,那么本案乙公司住所地西城区为合同履行地。本案中,被告住所地与合同履行地均为西城区,所以,应当由西城区法院管辖。

5.3.2 裁定管辖(☆☆☆☆☆)

1.移送管辖

(1)法院受理案件后,当事人在答辩期间届满后未应诉答辩,人民法院在一审开庭前,发现案件不属于本院管辖的,应当裁定移送有管辖权的人民法院。

(2)成立要件:

①已经受理案件;

②受理案件的法院发现自己无管辖权;

③受移送的法院对案件有管辖权;

④被告在答辩期间届满后未应诉答辩(受诉法院尚未取得应诉管辖权)。

2.协议管辖

(1)协议管辖,是指双方当事人在纠纷发生前或纠纷发生后,以书面的方式约定管辖法院。

(2)适用案件:适用于合同纠纷或其他财产权益纠纷。因同居或者解除婚姻、收养关系后,当事人仅就财产发生争议的案件也适用协议管辖。

(3)适用方式:必须采用书面方式。经营者使用格式条款与消费者订立管辖协议,未采取合理方式提请消费者注意,消费者可以主张管辖协议无效。

(4)法院范围:被告住所地、合同履行地、合同签订地、原告住所地、标的物所在地等与争议有实际联系地点的法院。(协议仲裁不需要选择有实际联系的地点)

(5)适用限制:不得违反级别管辖和专属管辖。

(6)效力独立性:主合同不生效、无效、被撤销或终止的,不影响合同中协议管辖条款的效力。

3. 指定管辖

(1)上级法院以裁定方式指定下级法院对案件行使管辖权。

(2)指定情形:

①受移送法院认为自己对移送来的案件无管辖权,报上级法院指定管辖;

②有管辖权法院由于特殊原因不能行使管辖权,由上级法院指定管辖;

③通过协商不能解决管辖权争议,报共同的上级法院指定管辖。

4. 专属管辖

(1)因不动产纠纷提起的诉讼,由不动产所在地法院管辖。关于不动产纠纷是指因不动产的权利确认、分割、相邻关系等引起的物权纠纷,以及农村土地承包经营合同纠纷、房屋租赁合同纠纷、建设工程施工合同纠纷、政策性房屋买卖合同纠纷。

(2)因港口作业中发生纠纷提起的诉讼,由港口所在地法院管辖。

(3)因继承遗产纠纷提起的诉讼,由被继承人死亡时住所地或主要遗产所在地法院管辖。

(4)法院受理破产申请后,有关债务人的民事诉讼,只能向受理破产申请的法院提起。

【小结】地域管辖的确定路径:专属管辖 > 协议管辖 > 特殊地域管辖 > 一般地域管辖。

5. 管辖权转移

(1)管辖权转移实质上属于对级别管辖的变通和个别调整,故需要上级法院的决定或者同意,案件在上下级法院之间转移。

(2)向上转移:

①上级法院认为下级法院管辖的案件应由自己管辖,下达裁定将管辖权转移;

②下级法院认为自己管辖的案件需要由上级法院管辖,经上级法院同意后转移。

(3)向下转移:

①上级法院"确有必要"将本院管辖的第一审案件交下级法院审理的,应当报请自己的上级法院批准,具体有以下情形:a. 破产程序中有关债务人的诉讼案件;b. 当事人人数众多且不方便诉讼的案件;c. 最高人民法院确定的其他类型案件。

②应当由上级法院管辖的第一审民事案件,下级法院不得报请上级法院交其审理。

【归纳总结】判断合同纠纷管辖权的解题思路:

步骤一:专属管辖优先。

若题目中出现专属管辖,直接由该专属管辖的法院管辖,无须考虑协议管辖和法定管辖。

步骤二:协议管辖。

在没有专属管辖的前提下,看是否存在管辖协议,且协议是否有效。如果存在有效的管辖协议,由协议所选择的法院管辖;如果没有有效的管辖协议(包括没有管辖协议或者管辖协议无效两种情形),再进入法定管辖。

步骤三:法定管辖。

在没有专属管辖,且没有有效协议管辖的前提下,看法定管辖。在法定管辖中,首先挑出被告住所地人民法院,其一定有管辖权。关键问题在于合同履行地的管辖权问题,存在两个问题,一是合同是否履行,二是约定履行地和实际履行地不一致的问题。

合同是否实际履行:(1)合同没有实际履行,但当事人有一方(无论原告还是被告)的住所地就在约定的履行地——被告住所地和约定的合同履行地法院有管辖权;(2)合同没有实际履行,当事人住所地均不在约定的履行地,此时约定的履行地与争议没有实际联系,不符合"两便原则"①,没有管辖权——只能由被告住所地法院管辖。

合同履行了,但合同实际履行地与约定的履行地不一致——以约定履行地为准,即由被告住所地或约定履行地法院管辖。

主观题小案例

【案例1】甲区法院受理了合同纠纷后,认为本案需要由中院审理,故将案件交给中级人民法院。

问题:此为移送管辖还是管辖权转移?是否需要中级人民法院同意?

答案参考:甲区法院认为本案"需要由中级人民法院审理",显然本案依法应当由甲区法院管辖,但甲区法院认为中级人民法院审理更合适,将案件交给中级人民法院是对级别管辖的变通和调整,属于管辖权转移,需要经中级人民法院同意。

【案例2】中级人民法院受理案件后认为案件确有必要由基层法院审理。

问题:中级人民法院将案件交基层法院审理属于移送管辖还是管辖权转移?是否需要高级人民法院批准?

答案参考:本案依法应当由中级人民法院管辖,但中级人民法院认为确有必要由基层法院审理,将案件交基层法院属于对级别管辖的变通和调整,属于管辖权转移,需要报高级人民法院批准。

【案例3】中级人民法院立案后认为案件依法应当由基层法院管辖。

问题:此时中级人民法院依法可以作出哪些处理?

答案参考:首先,本案依法应当由基层法院管辖,故中级人民法院可以将案件移送基层法院,以纠正级别管辖的错误;其次,本案依法应当由基层法院管辖,作为其上级法院的中级人民法院可以审理本该由下级法院管辖的案件,这属于管辖权转移。故中级人民法院可以作出两种处理:一是将案件移送基层法院管辖,此为移送管辖;二是裁定案件由本院审理,此为管辖权转移。

【案例4】广州市越秀区的张三在深圳市南山区出差过程中,将李四打伤,李四于12月1日向南山区人民法院起诉,12月3日向越秀区人民法院起诉。南山区人民法院于12月5日立案,越秀区法院于12月4日立案。越秀区法院认为本案应当由南山区法院管辖,遂裁定将案件移送南山区法院;南山区法院认为越秀区法院移送错误,遂将案件退回越秀区法院。

问题:(1)本案应该由哪个(些)法院管辖?

(2)本案中越秀区法院移送管辖的做法是否正确?

(3)本案南山区法院的做法是否正确?如果正确,请说明理由;如果不正确,请予以纠正。

答案参考:(1)本案属于共同管辖,原告向两个有管辖权的法院起诉,应当由先立案的法院管辖。越秀区法院先于南山区法院立案,本案应由越秀区法院管辖。

---

① 便于当事人诉讼,便于法院独立、公正和高效行使审判权。

(2)本案中越秀区法院是在先立案的法院,不得将案件移送给后立案的法院,所以越秀区法院移送管辖错误。

(3)移送管辖仅能移送一次,受移送的南山区法院就算认为自己没有管辖权也不得再行移送或者将案件退回移送法院,故南山区法院将案件退回越秀区法院的做法错误。正确的做法应当是将案件报上级法院指定管辖。

【案例5】A区的甲公司与B区的乙公司签订木材买卖合同,约定在C区由乙公司交付甲公司一批木材。后乙公司拒不履行合同,甲公司起诉乙公司。

问题:本案甲公司可以向哪个(些)法院起诉?为什么?

答案参考:本案甲公司可以向B区法院起诉。

根据《民事诉讼法》的相关规定,合同纠纷由被告住所地或者合同履行地法院管辖。根据司法解释的相关规定,合同没有实际履行的,并且合同双方当事人住所地均不在合同的约定履行地的,由被告住所地法院管辖。本案中约定履行地C区法院无管辖权。所以本案应当由被告住所地B区法院管辖。

5.4 证据与证明

5.4.1 证据的法定种类

1. 物证与书证

(1)物证,以载体的物理特征(如颜色、大小、损害状态、存在状态等)来证明案件事实的证据。

(2)书证,以载体上记载或表示的内容、含义来证明案件事实的证据。关于书证的规则,适用于视听资料和电子数据。

2. 视听资料与电子数据

(1)视听资料,以录音、录像等技术手段反映的声音、图像证明案件事实的材料,包括录音资料和影像资料(如照片、录像带、录音带等)。

(2)电子数据,通过电子邮件、电子数据交换、网上聊天记录、博客、微博客、手机短信、电子签名、域名等形成或者存储在电子介质中的信息。存储在电子介质中的录音资料和影像资料,适用电子数据的规定。

(3)两者区别:

①可以实现精确复制;②可以在虚拟空间内快速传播;③极易实现剪辑、修改。

3. 证人证言

(1)证人资格,知晓案件事实且能够正确表达的人即可。待证事实与其年龄、智力状况或者精神健康状况相适应的无、限制民事行为能力人可以作为证人。

(2)证人不适用回避制度,与一方当事人或者其代理人有利害关系的证人陈述的证言不能单独作为认定案件事实的根据。

(3)证人出庭的程序:

①证人以出庭作证为原则,以不出庭为例外,证人在审前准备阶段或法院调查、询问等双方当事人在场时陈述证言的,视为出庭作证。

②申请证人出庭的时间:举证期限届满前。

③出庭费用由败诉方负担,申请证人出庭作证,由申请人先行垫付,法院通知证人作证的,由法院先行垫付。

④证人在出庭作证或经法院准许以视听传输技术、视听资料方式作证时,应签署并宣读保证书。证人拒绝签署保证书的,不得作证,并自行承担出庭费用。证人经法院准许以书面证言方式作证的,应当签署保证书。无民事行为能力和限制行为能力的证人不必签署保证书,即可直接作证。

⑤证人应当客观陈述其亲身感受的事实,作证时不得使用猜测、推断或者评论性语言。证人作证前不得旁听庭审,作证时不得以宣读事先准备的书面材料的方式陈述证言。证人应当就其作证的事项进行连续陈述;审判人员可以对证人进行询问,当事人及代理人经审判人员许可后可以询问证人;询问证人时其他证人不得在场,法院认为有必要时,可以要求证人之间对质。

4. 鉴定意见

(1)鉴定意见是指专门的主体运用专门的知识,针对专门的问题,给出的专门意见。故医院诊断意见、公安机关的交通事故认定书、一方当事人就专门性问题自行委托有关机关或者人员出具的意见都不属于鉴定意见。

(2)启动方式:①法院依当事人申请启动鉴定;②法院依职权启动鉴定。

(3)鉴定人的确定:①依申请的,由双方当事人协商确定鉴定人;协商不成的,由法院指定。②依职权的,法院自行委托鉴定人(鉴定人必须由法院予以委托)。

(4)鉴定意见需要鉴定人签章,有鉴定机构的,加盖鉴定机构印章。

(5)鉴定人出庭程序:鉴定意见送交当事人→当事人提出书面异议→鉴定人解释、说明、补充→当事人仍有异议→通知当事人交钱,通知鉴定人出庭。

(6)费用承担:鉴定人出庭费用由败诉的当事人负担。因鉴定意见不明确或者有瑕疵需要鉴定人出庭的,出庭费用由其自行负担。

(7)鉴定人拒不出庭的,将产生如下后果:①鉴定意见不得作为认定案件事实的依据;②支付鉴定费用的当事人要求退还鉴定费用的,法院应当责令鉴定人退还;③建议有关主管部门或者组织对拒不出庭作证的鉴定人进行处罚。

(8)针对鉴定意见,当事人可以申请有专门知识的人出庭,对鉴定意见提出意见,被视为质证意见,对专业问题提出意见,被视为当事人陈述。

5. 当事人陈述

(1)禁反言原则,当事人故意作虚假陈述的,法院应根据情节对其罚款、拘留,构成犯罪的追究刑责。

(2)法院认为有必要的,可要求当事人本人到场,就案件有关事实接受询问,法院应在询问前责令当事人签署保证书。

主观题小案例

【案例1】张三用一本图书的棱角处砸向李四,导致李四受伤,李四起诉张三要求赔偿,提供这本图书作为证据。

问题:请问这本图书属于何种证据?

答案参考:该图书是用其外在形态证明案件事实,是物证。

【案例2】张三跟音像店老板发生争议,于是砸了音像店,老板起诉张三,向法庭提交两份证据:一是店内监控录像的录像带,以证明案发情景;二是被损害录音带、录像带,以证明损失。

问题:请分析本案的证据种类。

答案参考:其中,店内监控录像的录像带是用录像带记录的声音、图像证明案件事实,是视听资料;而被损坏的录音带、录像带则是用其损坏状态证明案件事实,是物证。

【案例3】哥哥王甲诉弟弟王乙遗产继承一案,王甲向法院提交了一份其父生前关于遗产分配方案的遗嘱复印件,遗嘱中有"本遗嘱的原件由王乙负责保管"字样,并有王乙的签名。王甲在举证责任期间书面申请法院责令王乙提交遗嘱原件,法院通知王乙提交,但王乙无正当理由拒绝提交。

问题:王乙的行为将产生何种法律效果?

答案参考:本案中,遗嘱复印件上有"本遗嘱的原件由王乙负责保管"的字样,并有王乙签名,该证据可以证明王乙持有遗嘱原件,王甲在举证期限届满前申请法院责令王乙提交,王乙无正当理由拒不提交,法院可以直接认定申请人所主张的书证内容为真实,即认定遗嘱内容为真实。

【案例4】叶某诉汪某借款纠纷案,叶某向法院提交了一份内容为汪某向叶某借款3万元并收到该3万元的借条复印件,上有"本借条原件由汪某保管,借条复印件与借条原件具有同等效力"字样,并有汪某的署名。法院据此要求汪某提供借条原件,汪某以证明责任在原告为由拒不提供,后又称找不到借条原件。证人刘某作证称,汪某告诉刘某,他在叶某起诉之后把借条原件烧毁,汪某在法院质证中也予以承认。

问题:汪某的行为将产生何种法律效果?

答案参考:本案有证据证明汪某持有借条原件,叶某申请法院责令汪某提供借条原件,汪某不仅不提交,还实施了烧毁借条这一毁灭书证的行为,据此法院可以直接认定申请人叶某主张以该借条证明的借款事实为真实,同时可以追究汪某妨碍诉讼的责任,予以罚款、拘留,构成犯罪的追究汪某刑事责任。

【案例5】借款纠纷中,被告主张借款已经归还,提供一张收条,原告主张收条为伪造。

问题:关于收条的真实性需要由谁申请鉴定?

答案参考:首先,书证的真实性,应当由主张以该收条证明案件事实的当事人对其承担证明责任。本案是被告主张以该收条证明还款事实,所以应当由被告对收条的真实性承担证明责任。

其次,既然本案应当由被告对收条的真实性承担证明责任,则应当由被告对收条的真实性提出鉴定申请,否则当收条的真实性无法查清时,应当由被告承担举证不能的后果,即推定收条为虚假。

5.4.2 证据的理论分类

1. 直接证据与间接证据

(1)直接证据,能够单独、直接证明待证事实的证据。传来证据也可以是直接证据。

(2)间接证据,不能直接或单独证明待证事实,需要与其他证据相结合。

2. 原始证据与传来证据

(1)原始证据,直接源于案件事实的证据。

(2)传来证据,又称派生证据,指不直接源于案件事实,而是通过传抄、转述、复制后所获得的证据。

3. 本证与反证

(1)本证,提出该证据的当事人对该待证事实承担举证责任。

(2)反证,提出该证据的当事人对该待证事实不承担举证责任。

主观题小案例

【案例1】张三起诉李四归还借款5万元,为证明借款事实的存在,张三提出了李四亲笔签名的借条的复印件一张。

问题:该证据在理论上如何分类?

答案参考:从来源上看,该证据经过了复印,是传来证据而不是原始证据;从与待证事实的关系来看,该证据能单独直接证明借款这一待证事实,属于直接证据;从与证明责任的关系来看,借条的待证事实是借款事实是否存在,而对于该事实,应当由主张借款关系存在的张三证明,现在该证据是张三提出,所以该借条为本证。

【案例2】接上题,在诉讼中,李四主张该借款已经归还,提出张三亲笔签名的收据一张。

问题:该收据是本证还是反证?

答案参考:对于是否已经还款应当由承担还款义务的李四证明,而该收据正是李四提出来的,是承担举证责任的人提出来的证据,是本证。

【案例3】张三起诉李四于2017年1月10日在广州市白云区开车撞伤自己,要求李四赔偿医疗费等费用。李四辩称当时自己在北京某考试培训班参加学习,张三主张的事实不属实,向法庭提供当日在该考试培训班的考勤签到表。

问题:该签到表是本证还是反证?

答案参考:李四提出的签到表是希望证明自己当日在北京,而没有在广州开车撞倒张三,所以该签到表的待证事实是不存在侵权行为,是否存在侵权行为应当由主张侵权事实成立的原告张三承担证明责任,而该证据则是由不承担证明责任的李四提供的,所以为反证。

【案例4】张三开车行驶途中,突遇李四横穿马路,紧急刹车后,发现李四倒在车前。后李四起诉张三,主张是张三撞倒自己,要求张三赔偿。张三否认该事实,向法庭提交车载行车记录仪所记录的影像资料作为证据,该影像资料显示,李四倒地的地方与张三的车相距一米以上。

问题:张三提供的影像资料是本证还是反证?

答案参考:该影像资料的待证事实是张三是否撞倒李某,对于该事实,应当由主张侵权事实存在的李四承担证明责任,现该证据由不承担证明责任的张三提供,不承担证明责任的一方提供的证据为反证。

5.4.3 自　　认

自认是指在诉讼过程中(包括证据交换、询问、调查过程中,或者在起诉状、答辩状、代理词等书面材料中),一方当事人陈述的于己不利的事实,或者对于己不利的事实明确表示承认的,另一方当事人无须举证证明,法庭应当直接将其作为认定案件事实的依据。

1. 自认的对象

对于应当由法院依职权调查的事实(涉及国家、社会、第三人利益,身份关系,程序性事实),不适用自认制度。自认的事实与查明的事实不符的,法院不予确认。

2. 自认的效果

对于自认事实,免去对方当事人举证责任,法庭直接作为裁判依据。

3. 共同诉讼中的自认

(1)普通共同诉讼中:一人或者数人作出的自认,对作出自认的当事人发生效力(对其他当事人不发生效力)。

(2)必要共同诉讼中:一人或者数人作出自认而其他共同诉讼人予以否认的,不发生自认的效力。其他共同诉讼人既不承认也不否认,经审判人员说明并询问后仍然不明确表示意见的,视为全体共同诉讼人的自认(其他共同诉讼人有一票否决权)。

4. 自认的撤销(法庭辩论终结前)

(1)经对方当事人同意的。

(2)自认是在受胁迫或者重大误解情况下作出的。

(3)人民法院准许当事人撤销自认的,应当作出口头或者书面裁定。

在诉讼中,当事人为达成调解协议或者和解目的所作出的妥协所涉及的对案件事实的认可,不得在其后的诉讼中作为对其不利的证据,但法律另有规定或者当事人均认可的除外。

主观题小案例

【案例1】张三起诉李四要求李四归还借款,主张自己分两次向李四提供借款10万元,李四没有归还。李四承认仅向张三借款一次共6万元且未归还。

问题:本案中谁来承担举证责任?

答案参考:李四承认向张三借款6万元未归还的事实,由于没有附加任何条件,构成自认,张三无须对这6万元借款事实承担证明责任,法院可以直接认定该6万元借款事实。对于张三主张的李四还欠其4万元的事实,仍由张三承担证明责任。

【案例2】张三、李四合伙做生意,因为资金困难向甲小额贷款公司贷款10万元,逾期未归还,甲公司起诉张三、李四要求归还贷款。诉讼中,张三、李四主张时效抗辩,甲公司主张在时效期间向张三、李四催讨过贷款,对此,张三予以承认。

问题:张三的承认是否构成自认?

答案参考:张三和李四共同向甲公司贷款10万元,只有一个借款关系,为必要共同诉讼。必要共同诉讼中张三对甲公司催讨贷款的事实予以承认,该承认并不当然构成自认,关键要看李四的态度。如果李四不明确表示反对,则对张三、李四均构成自认,甲公司无须对催讨贷款的事实承担证明责任;如果李四反对,则对张三、李四均不构成自认,甲公司仍然需要对催讨贷款的事实承担证明责任。

【案例3】王某以妻子马某与案外人宋某存在不正当婚外情关系为由起诉妻子马某离婚,诉讼中,马某作出如下陈述:(1)自己与王某之间确实存在婚姻关系;(2)同意离婚;(3)自己确实与宋某存在婚外情关系;(4)儿子王小某是自己与前男友张某所生。法院依法组织调解,在调解中,王某承认自己有转移财产的行为,但因为财产分割和子女抚养问题没能达成调解协议。

问题:请分析以上事实是否构成自认?为什么?

答案参考:马某承认自己与王某之间存在婚姻关系以及王小某是自己与张某所生的事实不构成自认,因为这是涉及身份关系的事实,不能适用自认制度。

马某同意离婚不构成自认,因为自认是指对对方主张的事实予以承认,这是对对方诉讼请求的承认,不构成自认,应当是认诺。

马某承认与宋某有婚外情关系的事实构成自认,虽然本案是与身份有关的案件,但该事实属于与身份无关的事实,可以自认。

王某承认转移财产的行为不构成自认,因为这是调解中为了达成调解协议所作的妥协,所涉及的对案件事实的认可,不得在其后的诉讼中作为对其不利的证据。

5.4.4 证明责任

1. 证明责任的理解

(1)证明责任的后果只有在待证事实处于真伪不明情况下才会出现。

(2)证明责任对法官来说是一种判案方法,对当事人来说是一种败诉风险。

(3)同一事实的证明责任只能由一方承担,不能同时由双方承担。

(4)证明责任由法律预先设定(当事人不得约定),不会在原被告之间发生转移。

(5)证明责任的分配,以正置("谁主张,谁举证")为原则,以倒置为例外。

2. 分配规则

(1)【一个原则】谁主张积极事实,谁承担证明责任(合同纠纷、侵权纠纷等均如此,侵权纠纷中,原告证明侵权法律构成要件,被告证明免责事由)。

(2)【归责原则】是否无过错责任原则:

①如果是无过错责任原则,侵权构成要件包含行为、结果、因果关系三要件;

②如果不是无过错责任原则,侵权构成要件包含行为、结果、因果关系、过错四要件。

(3)【两类倒置】存在倒置的两类规定(环境污染的因果关系倒置,过错推定的过错倒置)。

主观题小案例

【案例1】

(1)甲电网公司的员工张某在从事高空作业过程中不慎将作业工具落下,致行人李某受伤,李某起诉甲电网公司要求赔偿。

(2)甲工厂排污致使河流污染,河流沿岸养殖户张某养殖的鱼虾死亡,起诉甲工厂要求赔偿。

(3)张某家饲养的宠物狗将李某咬伤,李某起诉张某要求赔偿,张某主张李某被咬伤是因为李某故意逗狗。

(4)张某购买甲公司生产的微波炉,在使用过程中微波炉发生故障,致使张某受到伤害,张某起诉甲公司要求赔偿。

(5)李某从张某家楼下经过,被张某家阳台上的花盆落下砸伤,李某起诉张某要求赔偿。

问题:请分析上述案件的责任分配。

答案参考:

(1)高危作业属于无过错责任原则,原则上应当由原告证明侵权责任构成要件,即行为、结果、因果关系;被告证明免责事由,即受害人有故意。同时不存在倒置的规定。所以应当由原告李某证明行为、结果、因果关系,被告甲电网公司证明免责事由。本案为无过错责任原则,过错不是侵权构成要件,不是本案证明对象,不需要证据证明。

(2)环境污染属于无过错责任原则,原则上应当由原告证明侵权责任构成要件,即行为、结果、因果关系;被告证明免责事由。同时,环境污染的因果关系应当倒置给被告证明。所以应当由原告张某证明行为、结果,被告甲工厂证明免责事由、无因果关系。同时无过错责任原则中过错不是证明对象,不需要证据证明。

(3)动物致人损害属于无过错责任原则,原则上应当由原告证明侵权责任构成要件,即行为、结果、因果关系;被告证明免责事由,即受害人有故意或者重大过失。另外不存在举证责任倒置的规定。所以应当由原告李某证明行为、结果、因果关系,被告张某证明免责事由,即证明李某存在故意逗狗的行为。同时无过错责任原则中过错不是证明对象,不需要证据证明。

(4)产品侵权损害属于无过错责任原则,原则上应当由原告证明侵权责任构成要件,即行为、结果、因果关系;被告证明免责事由,即受害人有故意或者重大过失。不存在举证责任倒置的规定。所以应当由原告张某证明行为、结果、因果关系,被告甲公司证明免责事由。同时无过错责任原则中过错不是证明对象,不需要证据证明。

(5)搁置物致人损害不属于无过错责任原则,原则上应当由原告证明侵权责任构成要件,即行为、结果、因果关系、过错;被告证明免责事由。搁置物致人损害的过错应当倒置给被告证明。所以应当由原告李某证明行为、结果、因果关系,被告张某证明免责事由以及无过错。

【案例2】薛某雇杨某料理家务。一天,杨某乘电梯去楼下扔掉厨房垃圾时,袋中的碎玻璃严重划伤电梯中的邻居乔某。乔某将相关责任人诉至法院,要求赔偿医疗费3万元。被告主张自己无过错,且乔某明知杨某的垃圾袋中有玻璃碎片故意与杨某打闹,应当减轻或者免除被告的赔偿责任。

问题:

(1)请分析本案当事人,并说明理由。

(2)请分析本案证明责任的分配。

答案参考:

(1)本案乔某是原告,薛某为被告。根据司法解释的规定,提供劳务致人损害的,以接受劳务方为被告。本案中,应当以薛某为被告,杨某不能作为本案当事人。

(2)本案应当由原告乔某对行为、结果、因果关系承担证明责任;被告薛某对乔某故意和杨某打闹的事实(免责事由)承担证明责任。薛某是否有过错与本案无关,不是本案证明对象。

【案例3】甲公司起诉乙公司要求支付货款,乙公司主张货款已经交给甲公司的业务员张某,甲公司称张某确实是本公司员工,但其无权代为收取货款,且未将该货款交回甲公司。

问题:请分析本案当事人和证明责任问题,并说明理由。

答案参考:(1)本案甲公司是原告,乙公司是被告,张某不是本案当事人。根据司法解释的规定，工作人员在执行工作任务时致人损害的，以用人单位为当事人，工作人员不能作为当事人。所以张某作为甲公司的业务员，不能以当事人身份参加诉讼。

(2)关于证明责任，乙公司应当对其已经将货款交给张某的事实承担证明责任。因为合同纠纷中对合同是否履行产生争议的，应当由主张已经履行的一方承担证明责任。乙公司应当对张某有代理权的事实承担证明责任。因为合同纠纷中对于代理权产生争议的，应当由主张有代理权的一方当事人承担证明责任。张某是甲公司的员工属于自认的事实，不是本案证明对象；张某是否将货款交回甲公司与本案无关，不是本案证明对象。

5.5 简易程序

5.5.1 传统简易程序

1.管辖法院

基层法院及其派出法庭(审判员一人独任审理)审理的第一审民事案件。

2.适用范围

(1)事实清楚、权利义务关系明确、争议不大的简单民事案件。

(2)当事人约定适用简易程序的其他民事案件。

3.不适用简易程序的案件

(1)起诉时被告下落不明；

(2)当事人一方人数众多；

(3)发回重审或者适用审判监督程序再审；

(4)涉及国家利益、社会公共利益的；

(5)第三人撤销之诉；

(6)公益诉讼、代表人诉讼、执行异议之诉等特殊程序。

4.启动程序

(1)依职权适用：基层法院及其派出法庭审理的事实清楚、权利义务关系明确、争议不大的简单民事案件，适用简易程序。

(2)依协议适用：

①基层法院及其派出法庭审理的上述规定以外的民事案件，当事人双方可以约定适用简易程序；

②当事人约定适用简易程序审理的，应当在开庭前提出，且不得违反关于适用简易程序的禁止性规定。

5.简易程序的特点

(1)可以适用简便方式送达开庭通知，但必须确保当事人收悉，否则不允许缺席判决；不允许适用简易方式送达裁判文书。

【注意】庭审笔录应当如实记录庭审过程，不存在简化问题。

(2)庭审方式灵活：

①适用简易程序审理案件,可以简便方式进行审理前的准备；

②当事人双方可就开庭方式向人民法院提出申请,由人民法院决定是否准许。经当事人双方同意,可以采用视听传输技术等方式开庭。

(3)举证期限和答辩期间灵活：

适用简易程序案件的举证期限由人民法院确定,也可以由当事人协商一致并经人民法院准许,但不得超过15日。被告要求书面答辩的,人民法院可在征得原告同意的基础上,合理确定答辩期间。当事人双方均表示不需要举证期限、答辩期间的,人民法院可以立即开庭审理或者确定开庭日期。

(4)审限:应当在立案之日起3个月内审结;有特殊情况需要延长的,经本院院长批准,可以延长1个月。

6. 简易程序审理应先行调解的情形

(1)婚姻家庭和继承纠纷;(2)劳务合同纠纷;(3)交通事故和工伤事故引起的权利义务关系较为明确的损害赔偿纠纷;(4)宅基地和相邻关系纠纷;(5)合伙合同纠纷;(6)诉讼标的额较小的纠纷。

7. 简易程序转为普通程序

(1)法院认为案情复杂,需要转为普通程序审理的。

(2)当事人就案件适用简易程序提出异议,人民法院经审查,异议成立的。

(3)裁定转为普通程序前,双方当事人已确认的事实,可以不再进行举证、质证。

(4)普通程序的审限自立案之日起计算。

5.5.2 小额诉讼程序(☆☆)

1. 适用情形

(1)法定适用:基层人民法院和它派出的法庭审理事实清楚、权利义务关系明确、争议不大的简单金钱给付民事案件,标的额为各省、自治区、直辖市上年度就业人员年平均工资50%以下的,适用小额诉讼的程序审理,实行一审终审。

(2)约定适用:基层人民法院和它派出的法庭审理前款规定的民事案件,标的额超过各省、自治区、直辖市上年度就业人员年平均工资50%但在2倍以下的,当事人双方也可以约定适用小额诉讼的程序。

2. 不得适用小额诉讼程序

(1)人身关系、财产确权案件;

(2)涉外案件;

(3)需要评估、鉴定或者对诉前评估、鉴定结果有异议的案件;

(4)一方当事人下落不明的案件;

(5)当事人提出反诉的案件;

(6)其他不宜适用小额诉讼的程序审理的案件。

3. 举证期限

小额诉讼案件的举证期限由人民法院确定，也可以由当事人协商一致并经人民法院准许，但一般不超过7日；当事人到庭后表示不需要举证期限和答辩期间的，人民法院可立即开庭审理。

4. 审限灵活当庭宣判

(1)审限：应当在立案之日起2个月内审结。有特殊情况需要延长的，经本院院长批准，可以延长1个月。

(2)适用小额诉讼程序审理的案件，可以一次开庭审结并且当庭宣判(包括实体判决、管辖权异议和驳回起诉裁定)。

5. 转化为普通程序的情形

(1)因当事人申请增加或者变更诉讼请求、提出反诉、追加当事人等，致使案件不符合小额诉讼案件条件的，应当适用简易程序的其他规定审理。上述规定案件，应当适用普通程序审理的，裁定转为普通程序。

(2)人民法院在审理过程中，发现案件不宜适用小额诉讼的程序的，应当适用简易程序的其他规定审理或者裁定转为普通程序。

(3)当事人认为案件适用小额诉讼的程序审理违反法律规定的，可以向人民法院提出异议。人民法院对当事人提出的异议应当审查，异议成立的，应当适用简易程序的其他规定审理或者裁定转为普通程序；异议不成立的，裁定驳回。

6. 小额诉讼程序的再审

(1)管辖：向原审法院申请，法院认为理由成立的，裁定再审。

(2)审理程序：组成合议庭(不得适用独任制)，所作判决为一审判决。

(3)再审判决能否上诉：

①当事人对法院适用小额诉讼程序审理无异议，但以其判决存在法定情形为由申请再审的，再审所作判决仍然适用一审终审的规定。

②以案件不应适用小额诉讼程序为由申请再审的，再审所作判决不再适用一审终审规定，可以上诉。

主观题小案例

【案例1】夏某因借款纠纷起诉陈某，法院决定适用简易程序审理。法院依夏某提供的被告地址送达时，发现有误，经多方了解和查证也无法确定准确地址。

问题：法院应当如何处理？

答案参考：法院"多方了解和查证也无法确定准确地址"，说明本案属于原告不能提供被告准确送达地址的情况，法院查证后也无法确定被告送达地址，即本案被告不明确，不符合起诉条件，法院应当裁定驳回起诉。

【案例2】夏某因借款纠纷起诉陈某，法院决定适用简易程序审理。法院多次依夏某提供的被告地址送达时，被告家中无人，当地居委会表示陈某确实居住于此，但最近半年一直未见陈某踪影。

问题：法院应当如何处理？

答案参考：原告提供了被告的准确住址，但是由于被告陈某未见踪影，属于被告下落不明，应当公告送达,而简易程序不能公告送达,法院应当裁定转为普通程序,公告送达文书。

总结:法院在适用简易程序审理案件中无法通过原告提供的被告地址送达文书或者通知被告应诉时,应当分情形处理:如果原告提供了被告准确的送达地址,但法院无法向被告直接送达或者留置送达应诉通知书,应当将案件转为普通程序审理(此时原告提供了被告准确地址,说明被告明确,法院应当受理,只是因为无法直接或者留置送达文书,故需要公告送达,而简易程序不适用公告送达);如果原告不能提供被告准确的送达地址,人民法院经查证后仍不能确定被告送达地址,可以被告不明确为由裁定驳回原告起诉。

【案例3】甲县法院受理了张三起诉李四合同纠纷一案,当事人约定本案适用普通程序审理,但甲县法院认为本案案情简单,于是适用简易程序进行审理。法院用电子邮件方式向张三、李四送达了开庭通知,张三对该邮件予以了回复,李四未回复。开庭时,张三到庭,李四未到庭,法院缺席判决。后法院同样用电子邮件向张三送达了判决书,但李四下落不明,法院以公告方式向李四送达了判决书。

问题:请评价本案法院的做法,并说明理由。

答案参考:

(1)法院适用简易程序的做法正确。根据《民事诉讼法》的规定,适用普通程序审理的案件当事人可以约定适用简易程序,但是适用简易程序审理的案件当事人不得约定适用普通程序,所以本案中当事人关于适用普通程序的约定无效,法院可以依职权适用简易程序审理。

(2)法院用电子邮件方式送达开庭通知的做法正确。根据司法解释的规定,适用简易程序审理的案件法院可以用简便方式传唤当事人、通知证人、送达文书等,所以法院可以用电子邮件方式送达开庭通知。

(3)法院缺席判决的做法错误。根据司法解释的规定,用简便方式送达开庭通知,未经当事人确认或者其他证据证明当事人收悉的,不得缺席判决。本案中法院以电子邮件方式向李四送达了开庭通知,但未经李四确认收悉,法院不得缺席判决。

(4)法院用电子邮件方式送达判决书的做法错误。根据司法解释,法院可以用简便方式送达裁判文书以外的诉讼文书,法院不得使用简便方式送达判决书。

(5)法院公告送达的做法错误。根据司法解释,简易程序不能公告送达。

5.6 一审程序

5.6.1 法院受理案件

1.起诉的条件

(1)原告是与本案有直接利害关系的公民、法人和其他组织(诉讼权利能力+适格)。

(2)有明确的被告。

①被告不适格——依法受理,判决驳回诉讼请求;

②公司注销、自然人死亡——裁定不予受理;

③被告于原告起诉前死亡——裁定驳回起诉。

(3)有具体的诉讼请求和事实、理由(具体即可,无须正确)。

(4)属于人民法院受理的范围和受诉人民法院管辖(劳动纠纷仲裁前置)。

2. 法院对起诉的处理(立案登记制度)

(1)符合起诉条件:7日内立案并通知当事人。

(2)不符合起诉条件:7日内裁定不予受理(该裁定可上诉)。

(3)受理后发现不符合起诉条件:裁定驳回起诉(该裁定可上诉)。

(4)发现有效的仲裁协议,法院不得受理。

【总结】法院对起诉处理的原则:同一案件已经由其他有管辖权的法院依法审理,或判决、裁定、调解书已经发生法律效力的案件,当事人重复起诉的,不予受理。

例外:

(1)对于裁定不予受理、驳回起诉的案件,原告再次起诉的,如果符合起诉条件,应予受理;当事人撤诉或法院按撤诉处理后,当事人以同一诉讼请求再次起诉的,法院应予受理。

(2)赡养费、扶养费、抚养费案件,裁判生效后,因新情况、新理由,一方当事人再行起诉要求增加或者减少费用的,法院应作为新案件受理。

(3)判决不准离婚和调解和好的离婚案件,判决、调解维持收养关系的案件,没有新情况、新理由,原告在6个月内起诉的,不予受理。

(4)当事人撤诉或者人民法院按撤诉处理的离婚案件,没有新情况、新理由,原告6个月内起诉的,不予受理。

3. 管辖问题

(1)对不属于本院管辖的案件,告知原告向有管辖权的人民法院起诉;原告坚持起诉的,裁定不予受理。

(2)受理后发现管辖错误的,裁定移送管辖。

4. 回避制度

适用于法官助理、书记员、司法技术人员、翻译人员、鉴定人、勘验人。

5. 超过诉讼时效

当事人超过诉讼时效期间起诉的,法院应予受理,受理后,被告如果主张时效抗辩,并且查明无中止、中断、延长事由,判决驳回诉讼请求。

6. 庭前分流程序

(1)当事人没有争议,符合督促程序规定条件的,可以转入督促程序。

(2)开庭前可以调解的,采取调解方式及时解决纠纷。

(3)根据案件情况,确定适用简易程序或者普通程序。

(4)需要开庭审理的,通过要求当事人交换证据等方式,明确争议焦点。

【注意】质证只能发生在庭审中,开庭前进行的只能是证据交换。

7. 庭审程序

(1)宣布开庭(审判长或者独任审判员核对当事人身份,宣布案由,宣布审判人员、法官助理、书记员等的名单,告知申请回避的权利——《民事诉讼法》第140条)。

(2)法庭调查。

(3)法庭辩论。

(4)庭审笔录(书记员制作,审判人员签名,当事人和其他诉讼参与人签名盖章)。

(5)合议庭评议(少数服从多数,不同意见记入笔录;由合议庭成员签名,保密)。

(6)宣判,宣判一律公开。

主观题小案例

【案例1】甲公司拖欠张三工资8000元,张三到甲公司总经理李四办公室打闹,并将办公室办公设备砸坏,甲公司起诉张三要求赔偿损失5000元,并要求张三向李四赔礼道歉。诉讼中,张三反诉甲公司要求支付工资8000元。

问题:请分析本案法院应当如何处理,并说明理由。

答案参考:甲公司要求张三赔偿损失5000元符合起诉条件,法院应当受理;法院对甲公司要求张三向李四赔礼道歉的诉讼请求应当不予受理,因为甲公司并非张三与李四纠纷的适格原告,不符合起诉条件;对于张三反诉甲公司支付工资的诉讼请求法院应当不予受理,因为劳动纠纷仲裁前置,未经仲裁直接起诉至法院的,法院应不予受理。

【案例2】甲公司的司机李某开车将张某撞伤,张某起诉李某要求赔偿医疗费等共计30,000元。

问题:法院应当如何处理?

答案参考:法院应当依法受理,经过实体审理后判决驳回张某诉讼请求。理由:根据司法解释的规定,工作人员执行工作任务致人损害的,应当由用人单位作为当事人,所以本案李某不是适格被告;同时根据《民事诉讼法》的规定,起诉条件仅要求被告明确即可,所以本案张某以李某为被告,符合起诉条件,法院应当依法受理;由于李某不是适格被告,不应当承担赔偿责任,法院应当判决驳回张某的诉讼请求。

【案例3】张某起诉李某侵权损害赔偿,法院受理案件后,向李某送达起诉状副本时发现李某已于张某起诉前死亡。

问题:法院应当如何处理?

答案参考:法院应当驳回起诉。本案被告李某已于起诉前死亡,本案没有明确被告,不符合起诉条件;因法院已经受理案件,所以应当裁定驳回起诉。

【案例4】张三起诉李四要求归还借款20万元,法院受理前发现该笔借款已过诉讼时效。

问题:法院应当如何处理?

答案参考:法院应当依法受理,经过实体审理,被告主张时效抗辩,且查明无中止、中断事由的,判决驳回原告诉讼请求。虽然借款已过诉讼时效,但由于原告提出了具体的诉讼请求,符合起诉条件,法院应当依法受理,受理后,被告主张时效抗辩,且查明无中止、中断事由的,其诉讼请求在实体上不能得到支持,则应当判决驳回诉讼请求。

【案例5】甲公司诉乙公司货款纠纷一案,某区法院作出一审判决后发现其依职权适用诉讼时效规则是错误的。

问题:应当如何处理?

答案参考:本案中法院适用诉讼时效错误属于适用法律错误,因此只能视上诉期满前当事人是否上诉予以决定,如果上诉期满前当事人上诉,一审法院将一审判决有错的情形报二审法院,由二审法院通过二审程序予以纠正;如果上诉期满前当事人未上诉,则启动审判监督程序纠正。

5.6.2 法院调解

法院调解发生在诉讼过程中,属于民事诉讼活动。法院主持调解属于法院的职权行为。

1. 法院调解阶段

一审、二审、再审程序可以调解,执行程序不能调解(但可以和解)。

2. 不可调解的情况

适用特别程序、督促程序、公示催告程序的案件,婚姻等身份关系确认案件以及其他依案件性质不能调解的民事案件,不适用调解。

3. 对于简易程序审理的下列案件应当先行调解

(1)婚姻家庭纠纷和继承纠纷;(2)劳务合同纠纷;(3)交通事故和工伤事故引起的权利义务关系较为明确的损害赔偿纠纷;(4)宅基地和相邻权纠纷;(5)合伙合同纠纷;(6)诉讼标的额较小的纠纷。

4. 调解以不公开为原则、以公开为例外(调解人员负有保密义务)

(1)法院审理民事案件,调解过程不公开,但当事人要求或者同意公开的除外。

(2)调解协议内容不公开,但为保护国家利益、社会公共利益、他人合法权益,法院认为确有必要公开的除外。

5. 调解协议

(1)调解协议超出诉讼请求的,可以准许。

(2)双方可以就不履行调解协议约定民事责任。

(3)调解协议具有下列情形之一的,不予确认:(自愿、合法原则)①侵害国家、社会公共利益;②侵害案外人利益;③违背当事人真实意思;④违反法律、行政法规禁止性规定的。

(4)调解协议约定一方不履行协议,另一方可请求法院作出裁判的条款,不予准许。

6. 调解书

调解书是法院制定的以调解协议为主要内容的法律文书。调解书由审判人员、书记员署名,加盖法院印章。

(1)可以适用调解笔录结案的情况

①调解和好的离婚案件;

②调解维持收养关系的案件;

③能够即时履行的案件;

④当事人各方同意在调解协议上签章后生效的案件(此种情况调解协议直接生效,但仍需制作调解书,调解书送达当事人签收不再是生效条件);

⑤二审调解与再审调解必须制作调解书,不得适用调解笔录结案。

(2)可以制作判决书的调解案件

【原则】当事人自行和解或者经调解达成协议后,请求法院按照和解协议或者调解协议的内容制作判决书的,法院不予支持。

【例外】

①无民事行为能力人的离婚案件,由其法定代理人进行诉讼。法定代理人与对方达成协议要求发给判决书的,可根据协议内容制作判决书。

②涉外民事诉讼中,经调解双方达成协议,应当制发调解书。当事人要求发给判决书的,可以依协议的内容制作判决书送达当事人。

7. 二审中的调解

(1)二审调解书送达后,原审法院的判决即视为撤销,不能在调解书中注明"撤销判决"。

(2)调解不成发回重审或告知另行起诉:

①对当事人在一审中已经提出的诉讼请求,原审法院未作审理、判决的,二审法院可以进行调解,调解不成的发回重审。

②必须参加诉讼的当事人或者有独立请求权第三人在一审中未参加诉讼,二审法院可以予以调解,调解不成的发回重审。

③一审判决不准离婚的案件,上诉后二审法院认为应当判决离婚的,可以根据当事人自愿原则,与子女抚养、财产问题一并调解,调解不成的发回重审。经双方当事人同意,二审也可一并审理。

④二审中原审原告增加独立的诉讼请求或原审被告提出反诉的,二审法院可以就新增加的诉讼请求或反诉进行调解,调解不成的告知当事人另行起诉。经双方当事人同意,二审也可一并审理。

主观题小案例

【案例】张三起诉李四侵权损害赔偿纠纷,要求李四赔偿医疗费、误工费共计3.2万元,甲区法院受理该案后,组织双方当事人进行调解,达成调解协议。

问题:(1)李四于调解协议生效之日起30日内向张三支付医疗费、误工费和精神抚慰金共计3万元;(2)李四逾期支付上述费用应当按日计算3‰的违约金;(3)一方违反该协议内容,另一方当事人可以向甲区人民法院提起诉讼。请评价本案调解协议的效力,并说明理由。

答案参考:(1)调解协议约定的精神抚慰金有效,根据司法解释的规定,调解协议超出原告诉讼请求的,法院可以准许;(2)调解协议约定的违约金有效,根据司法解释的规定,调解协议可以就不履行调解协议约定民事责任;(3)调解协议约定可以向法院提起诉讼的条款无效,根据司法解释,调解协议约定一方不履行协议,另外一方有权请求法院作出裁判的条款,人民法院不予准许。

5.6.3 延期审理、诉讼中止(☆)

1. 延期审理(换个时间再开庭)用决定

(1)必须到庭的当事人和其他诉讼参与人有正当理由没有到庭;

(2)当事人临时提出回避申请;

(3)需要通知新的证人到庭,调取新的证据、重新鉴定、勘验或需要补充调查的;

(4)其他。

2. 诉讼中止用裁定

(1)一方当事人死亡,需要等待继承人表明是否参加诉讼的;

(2)一方当事人丧失诉讼行为能力,尚未确定法定代理人的;

(3)作为一方当事人的法人或者其他组织终止,尚未确定权利义务承受人的;

(4)一方当事人因不可抗拒的事由,不能参加诉讼的;

(5)本案必须以另一案的审理结果为依据,而另一案尚未审结的;

(6)其他应当中止诉讼的情形。

主观题小案例

【案例1】张某将一条价值10万元的项链寄存在银行保险柜中,后该项链丢失,张某起诉银行,在诉讼过程中,银行的出纳员李某因为盗窃该项链被公安机关刑事拘留,进入刑事诉讼程序,法院裁定诉讼中止。

问题:请分析法院的做法是否正确。

答案参考:法院的做法错误。无论是不是李某盗窃了该项链,基于合同的相对性,银行都需要对张某进行赔偿。本案的处理并非以刑事诉讼的结果为依据,因此不能中止诉讼,民事诉讼应当继续进行。

【案例2】张三起诉李四借款合同纠纷,法院受理案件后,李四因为涉嫌盗窃罪被公安机关刑事拘留。

问题:本案借款合同纠纷应当如何处理?

答案参考:继续审理。本案是借款合同纠纷,另一案是李四涉嫌盗窃罪,本民事案件的审理与另一刑事案件的处理结果没有关联关系,所以本案应当继续审理。

【案例3】张三死后,三个儿子张甲、张乙、张丙因为遗产继承纠纷诉至法院,诉讼过程中,张丙因为涉嫌杀害邻居李四,被公安机关刑事拘留。

问题:该遗产继承纠纷如何处理?

答案参考:诉讼继续进行。因为遗产继承纠纷和张丙杀害邻居李四的刑事诉讼结果无关,不需要中止诉讼。

【案例4】张三死后,三个儿子张甲、张乙、张丙因为遗产继承纠纷诉至法院,诉讼过程中,张丙因为涉嫌杀害张三,被公安机关刑事拘留。

问题:该遗产继承纠纷如何处理?

答案参考:诉讼中止。因为杀害被继承人是丧失继承权的法定理由,所以遗产继承纠纷的正确处理需要以张丙涉嫌杀害张三的刑事诉讼结果为依据,而该案尚未审结,法院应当裁定诉讼中止。

【案例5】张三起诉妻子李四离婚,一审法院判决解除婚姻关系,张三对其中的财产分割问题不服,提起诉讼,在二审中,张三遇车祸死亡。

问题:(1)本案应当如何处理?为什么?(2)李四是否有权参与对张三的遗产分割?为什么?

答案参考:(1)本案应当诉讼终结。根据《民事诉讼法》的规定,离婚诉讼一方当事人死亡,应当诉讼终结。(2)李四有权参与对张三的遗产分割。虽然一审判决解除婚姻关系,但由于张三上诉，一审判决尚未生效，婚姻关系尚未解除，此时张三死亡，妻子李四有权参与遗产分割。

5.7 二审程序

1. 二审程序的启动：上诉的提起

(1) 上诉主体：原告、被告、有独立请求权的第三人、判决承担义务的无独立请求权的第三人。

(2) 可上诉的案件：一审判决和三类裁定(不予受理、驳回起诉、管辖权异议)。

(3) 不可上诉的情形(一审终审)：

①最高人民法院的一审判决、裁定；

②调解书一审终审，不能上诉；

③一般的裁定书(除不予受理、驳回起诉、管辖权异议)一审终审，不得上诉；

④特别程序、督促程序、公示催告程序一审终审，且不得申请再审；

⑤小额诉讼程序所作的判决、裁定(包括实体判决、驳回起诉和管辖权异议裁定)一审终审。

2. 上诉期限

(1) 上诉状应当通过原审人民法院提出，并按照对方当事人或者代表人的人数提出副本。当事人直接向第二审人民法院上诉的，第二审人民法院应当在 5 日内将上诉状移交原审人民法院。

(2) 原审人民法院收到上诉状，应当在 5 日内将上诉状副本送达对方当事人，对方当事人在收到之日起 15 日内提出答辩状。人民法院应当在收到答辩状之日起 5 日内将副本送达上诉人。对方当事人不提出答辩状的，不影响人民法院审理。

总结：判决 15 天，裁定 10 天；自送达之日起计算。

3. 二审当事人诉讼地位

(1) 原则：谁上诉谁是上诉人；对谁提，谁是被上诉人；都上诉，都是上诉人，没有被上诉人。

(2) 必要共同诉讼中上诉人、被上诉人的确定：上诉人的上诉请求是对一审判决中谁的权利义务关系不满，就将谁列为被上诉人，上诉请求不涉及的当事人按照原审地位列明。

4. 二审中撤回上诉与撤回起诉

(1) 撤回上诉，二审宣判前，上诉人可申请撤回上诉，由二审法院裁定是否准许。撤回上诉后，一审判决生效。

【不应准许的情形】一审判决确有错误或者当事人恶意串通损害国家利益、社会公共利益及他人合法权益的。

(2) 撤回起诉：

①二审程序中，原审原告申请撤回起诉，经其他当事人同意，且不损害国家利益、社会公共利益、他人合法权益的，法院可以准许。准许后，裁定一并撤销一审判决。

②二审程序中撤回起诉后，原审原告不得再次起诉。

5. 二审审理范围

原则上二审法院应对上诉请求的有关事实和适用法律进行审查，但如果发现在上诉请求以外原判违反法律禁止性规定、侵害社会公共利益或他人利益的，也应予以纠正。此系处分原则的体现,不同于刑事诉讼二审的全面审查。

6. 二审原则上组成合议庭开庭审理,但有不涉及实体事实的情况可以不开庭审理

(1)不服不予受理、管辖权异议和驳回起诉裁定的;

(2)上诉人上诉请求明显不能成立的;

(3)原判认定事实清楚,但适用法律错误的;

(4)原判严重违反法定程序,需要发回重审的。

7. 二审程序对判决的处理

(1)原判决、裁定认定事实清楚,适用法律正确——用判决驳回上诉,维持原判决。

(2)原判决、裁定认定事实或者适用法律错误——用判决方式改判。

(3)原判决认定基本事实不清——可以裁定撤销原判,发回重审;也可以查清事实后依法改判。

(4)原判决严重违反法定程序(①审判组织不合法;②应回避审判人员未回避;③遗漏当事人;④违法缺席判决;⑤无诉讼行为能力人未经法定代理人代为诉讼;⑥违法剥夺当事人辩论权)——裁定撤销原判,发回重审。

8. 二审程序对裁定的处理

(1)二审法院对不服一审法院裁定的上诉案件的处理,一律用裁定。

(2)原裁定认定事实清楚、适用法律正确的,裁定驳回上诉、维持原裁定。

(3)原裁定认定事实错误或适用法律错误的,以裁定方式撤销或变更原裁定。具体又有规定:①二审查明一审作出的不予受理裁定有错误的,应撤销原裁定并指令一审法院立案受理;②查明一审作出的驳回起诉裁定有错误的,应撤销原裁定并指令一审法院进行审理。

【注意】二审法院对一审裁定,不可能作出裁定撤销原裁定发回重审的裁定。

主观题小案例

【案例1】甲、乙、丙三人共同致丁身体损害,丁起诉三人要求赔偿3万元。一审法院经审理判决甲、乙、丙分别赔偿2万元、8000元和2000元,三人承担连带责任。甲认为丙赔偿2000元的数额过低,提起上诉。

问题:本案二审中当事人诉讼地位应当如何确定?

答案参考:甲上诉,甲为上诉人。一审判决是甲、乙、丙分别赔偿丁2万元、8000元、2000元,甲的上诉请求是认为丙赔偿数额过低,假设二审法院按照甲的上诉请求改判,势必会增加丙的赔偿数额,增加丙的义务,丙会受到损失,所以丙为被上诉人。但是改判后并不会使乙和丁受到损失,所以乙和丁按照原审地位列明,乙为原审被告,丁为原审原告。

【案例2】甲对乙享有10万元到期债权,乙无力清偿,且怠于行使对丙的15万元债权,甲遂对丙提起代位权诉讼,法院依法追加乙为第三人。一审判决甲胜诉,丙应向甲给付10万元。乙、丙均提起上诉,乙请求法院判令丙向其支付剩余5万元债务,丙请求法院判令甲对乙的债权不成立。

问题:本案二审当事人诉讼地位如何确定?

答案参考:本案甲是原告,丙是被告,乙是无独立请求权的第三人(法院追加乙参加诉讼,所以乙是无独立请求权的第三人,因为有独立请求权的第三人只能以起诉的方式参加诉讼,法院不

能追加)。一审判决丙向甲支付10万元,无独立请求权的第三人乙不承担责任,其没有上诉权,所以乙的上诉无效,乙不能成为上诉人。丙上诉,丙为上诉人。一审判决丙向甲支付10万元,丙的上诉请求是改判甲对乙的债权不成立。假设丙的上诉请求成立,二审法院改判甲对乙的债权不成立,那么相对于一审判决而言,甲的债权就丧失了,甲会受到损失,甲为被上诉人。而该改判使乙的债务消灭,债务消灭对乙是有利的,乙不会受到损失,乙不是被上诉人,按照原审地位列明。综上,本案丙是上诉人,甲是被上诉人,乙是原审无独立请求权的第三人。

【案例3】朱某诉力胜公司商品房买卖合同纠纷案,朱某要求判令被告支付违约金5万元,因房屋质量问题,请求被告修缮,费用由被告支付。一审法院判决被告败诉,认可了原告全部诉讼请求。力胜公司不服令其支付5万元违约金的判决,提起上诉。二审法院经过审理认为一审判决力胜公司赔偿违约金,认定事实清楚,适用法律正确,但一审法院关于房屋有质量问题的事实认定错误。

问题:本案二审法院应当如何处理?

答案参考:本案二审法院应当判决驳回上诉,维持原判。根据司法解释,二审应当围绕当事人的上诉请求进行审理。当事人没有提出请求的,不予审理,但一审判决违反法律禁止性规定,或者损害国家利益、社会公共利益、他人合法权益的除外。本案二审应当围绕力胜公司关于违约金的上诉请求进行审理,而该上诉请求不能成立;虽然一审判决关于房屋质量问题认定事实错误,但上诉人并未对此提出上诉,同时该内容也并未违反法律禁止性规定,并未损害国家、社会、第三人利益,所以二审法院不予改判。

【案例4】张三和李四合伙开了个火锅店,后来因为经营理念不合产生诸多矛盾,张三唆使赵家兄弟赵甲、赵乙将李四打伤,李四起诉赵甲、赵乙要求赔偿医疗费60,000元和误工损失10,000元,一审法院判决赵甲、赵乙连带赔偿医疗费60,000元。赵甲、赵乙不服一审判决,提起上诉。在二审中赵甲、赵乙承认是受到张三唆使,李四遂要求追加张三参加诉讼,坚持要求赔偿医疗费60,000元和误工损失10,000元,并要求法院判决退伙析产。

问题:请分析本案二审法院应当如何处理?

答案参考:(1)对于一审遗漏的误工损失这一诉讼请求,二审法院可以调解,调解不成撤销原判,发回重审;(2)对于一审遗漏了共同被告张三,二审法院可以追加张三进行调解,调解不成撤销原判,发回重审;(3)对于二审中李四新增的退伙析产这一诉讼请求,二审法院可以调解,调解不成,告知当事人另行起诉,但当事人同意由二审法院一并审理的除外。

【案例5】张三起诉李四要求解除合同,一审判决解除合同,李四不服,提起上诉。

问题:(1)在二审中,张三是否可以撤回起诉?效果如何?

(2)在二审中,李四是否可以撤回上诉?效果如何?

答案参考:

(1)在二审中,张三可以撤回起诉,法院裁定准许撤回起诉时应当一并裁定撤销原判决。撤回起诉视为未起诉,合同未解除,案件并未得到法院实体处理,当事人之间的纠纷可以通过别的途径解决,如当事人双方协商解决、人民调解、仲裁等,但不得再次起诉。

(2)在二审中,李四可以撤回上诉,法院裁定准许撤回上诉时,一审判决生效。一审判决解除合同,根据生效的一审判决,合同已经解除,案件已经经过生效的一审判决实体解决,所以不能再次起诉。

5.8 特别程序

1. 特别程序范围

《民事诉讼法》第184条规定：人民法院审理选民资格案件、宣告失踪或者宣告死亡案件、指定遗产管理人案件、认定公民无民事行为能力或者限制民事行为能力案件、认定财产无主案件、确认调解协议案件和实现担保物权案件，适用本章规定。本章没有规定的，适用本法和其他法律的有关规定。

2. 特别程序的特点

(1)审级：一审终审。

(2)审判组织：独任审理。但对于选民资格案件、重大疑难的案件、担保财产标的额超过基层人民法院管辖范围的实现担保物权案件，由审判员组成合议庭审理。

(3)当事人：除选民资格案件外，其他案件都没有对立的双方当事人，而只有一方当事人；启动程序的当事人，不一定与本案有直接利害关系。

(4)审理期限：应当在立案之日起30日内或者公告期满30日内审结(公告期不计入审理期限)。有特殊情况需要延长的，由本院院长批准。但审理选民资格的案件必须在选举日前审结。

(5)管辖：由基层或中级(确认调解协议程序、实现担保物权可由中院)人民法院管辖。

(6)文书：确认调解协议和实现担保物权案件用裁定，其他均用判决。

(7)救济：异议，不能上诉和再审。当事人、利害关系人向原审法院提出异议，由原审法院按特别程序的规定，撤销原判决，作出新判决；或就原民事纠纷向法院起诉。

3. 选民资格案件

(1)申诉处理前置。

(2)起诉人：在选举日的5日以前起诉，并且对起诉人无限制。

(3)审理中的参与人特殊：起诉人、选民资格本人以及选举委员会的代表应参加案件的审理。

(4)选举日前由选区所在地基层法院审结。

4. 指定遗产管理人案件

(1)对遗产管理人的确定有争议，利害关系人申请指定遗产管理人的，向被继承人死亡时住所地或者主要遗产所在地基层人民法院提出。

申请书应当写明被继承人死亡的时间、申请事由和具体请求，并附有被继承人死亡的相关证据。

(2)人民法院受理申请后，应当审查核实，并按照有利于遗产管理的原则，判决指定遗产管理人。

(3)被指定的遗产管理人死亡、终止、丧失民事行为能力或者存在其他无法继续履行遗产管理职责情形的，人民法院可以根据利害关系人或者本人的申请另行指定遗产管理人。

(4)遗产管理人违反遗产管理职责，严重侵害继承人、受遗赠人或者债权人合法权益的，人民法院可以根据利害关系人的申请，撤销其遗产管理人资格，并依法指定新的遗产管理人。

5. 实现担保物权案件

(1)申请人:担保物权人以及其他有权请求实现担保物权的人(抵押人、出质人、财产被留置人、财产所有权人、其他有权的人)。

(2)管辖法院:担保财产所在地或者担保物权登记地基层人民法院。涉及特殊情况:

①实现票据、仓单、提单等有权利凭证的权利质权案件,可以由权利凭证持有人住所地人民法院管辖;无权利凭证的权利质权,由出质登记地人民法院管辖。

②实现担保物权案件属于海事法院等专门人民法院管辖的,由专门人民法院管辖。

(3)多个担保同时存在的处理:①既有物的担保又有人的担保,当事人对实现担保物权的顺序有约定,实现担保物权的申请违反该约定的,人民法院裁定不予受理(有约定从约定);没有约定或者约定不明的,人民法院应当受理。②同一财产上设立多个担保物权,登记在先的担保物权尚未实现的,不影响后顺位的担保物权人向人民法院申请实现担保物权。

(4)审理组织:由审判员一人独任审查。担保财产标的额超过基层人民法院管辖范围的,应当组成合议庭进行审查。

(5)处理:

①符合律规定:a. 裁定拍卖、变卖担保财产;b. 可以向人民法院申请执行该裁定。

②不符合法律规定:a. 裁定驳回申请;b. 当事人可以向人民法院提起诉讼。

(6)程序错误的救济:提出异议。

①对人民法院作出的确认调解协议、准许实现担保物权的裁定,当事人有异议的,应当自收到裁定之日起 15 日内提出;利害关系人有异议的,自知道或者应当知道其民事权益受到侵害之日起 6 个月内提出。

②异议成立或者部分成立的,作出新的判决、裁定,撤销或者改变原判决、裁定;异议不成立的,裁定驳回。

5.9 审判监督程序

1. 法院启动再审程序

(1)各级法院院长认为本院已生效的判决、裁定和调解书确有错误,需要再审的,提交审判委员会讨论决定。

(2)最高人民法院对各级法院,上级法院对下级法院已经生效的判决、裁定、调解书认为确有错误,有权启动再审。

2. 检察院(抗诉或检察建议)启动再审程序

(1)最高人民检察院对各级法院,上级检察院对下级法院已经生效的判决、裁定,发现有法定情形或者调解书损害国家和社会公共利益的,应当提出抗诉;

(2)地方各级检察院发现同级法院生效判决、裁定,有法定情形之一,或者调解书损害国家和社会公共利益的,可以向同级法院提出检察建议,并报上级检察院备案,或者提请上级检察院向同级法院提起抗诉。

3. 当事人申请再审程序

(1)申请再审的对象:生效的判决、裁定和调解。

(2)不得申请再审的案件:

①按特别程序、督促程序、公示催告程序、破产程序审理的案件。

②已生效的解除婚姻关系的判决、调解。其中的财产分割、子女抚养部分可再审。

(3)救济途径用尽的案件。包括:

①再审申请被驳回后再次提出申请的;②对再审判决、裁定提出申请的;③在检察院对当事人申请作出不予提出再审检察建议或者抗诉决定后又提出申请的;④再审申请人撤回再审申请或者法院按撤回再审申请处理后,再次提出再审申请的;⑤当事人达成和解协议且已履行完毕的,不得对原生效裁判申请再审,但当事人在和解协议中声明不放弃申请再审权利的除外;⑥在对方上诉案件的二审程序中,主张一审判决正确,待二审维持原判之后又申请再审。

4. 申请再审的事由

(1)判决、裁定:

①【证据问题】有新证据足以推翻原判决、裁定;伪造、未经质证、缺乏;当事人不能自行收集向法院申请收集,法院未调查收集。

②【法律问题】实体法适用有错误,严重违反程序法(审判组织不合法或应该回避没回避,无诉讼行为能力人未经法代诉讼或应参加诉讼的当事人不能归责于本人或诉讼代理人的事由未参加诉讼,剥夺当事人辩论权利,未经传票传唤缺席判决)。

③【诉讼请求】原判决、裁定遗漏或者超出诉讼请求,当事人未对一审裁判遗漏或超出诉讼请求提起上诉的除外。

④【判决依据】据以作出原判决、裁定的法律文书被撤销或者变更。

⑤【徇私枉法】审判人员在审理案件时有贪污受贿、徇私舞弊、枉法裁判行为。

(2)调解:

当事人对违反自愿或合法原则的调解书可申请再审。

5. 再审程序选择

原来是一审的,按一审程序审理,所作裁判可以上诉;原来是二审的或者上级法院提审的,按二审程序审理,所作裁判是终审不可上诉。

6. 再审程序的裁判

(1)【必须共同进行诉讼的当事人未参加诉讼,且不能归责于本人或其诉讼代理人的事由】按照一审程序再审的,应当追加其为当事人,作出新判决;按照二审程序再审,经调解不能达成协议的,应当撤销原判,发回重审,重审时应追加其为当事人。

(2)【遗漏第三人的处理】在原判生效后,第三人提起撤销之诉(相当于原案遗漏了第三人),法院又启动再审程序的,将第三人撤销之诉并入再审程序,且处理方式同上。有证据证明原审当事人恶意串通损害第三人合法权益的,法院应先行审理第三人撤销之诉案件,裁定中止再审诉讼。

(3)再审法院不解决新问题:

①法院审理再审案件应当围绕再审请求进行,原裁判损害国家、社会公共利益与他人合法权益的除外。

②当事人的再审请求超出原审诉讼请求的(包括新增或变更诉讼请求、提出反诉等),再审法院不予审理。

(4)再审发回重审可解决新问题的例外:

①原审未合法传唤缺席判决,影响当事人行使诉讼权利的;②追加新的诉讼当事人的;③诉讼标的物灭失或者发生变化致使原诉讼请求无法实现的;④当事人申请变更、增加的诉讼请求或提出的反诉,无法通过另诉解决的。

7.关于小额诉讼的再审问题

(1)当事人认为小额诉讼案件的判决、裁定符合再审情形而向原审法院申请再审的,人民法院应当受理。申请再审事由成立的,应当裁定再审,组成合议庭进行审理,所作出的再审判决、裁定,当事人不得上诉。

(2)当事人以不应按小额诉讼案件审理为由向原审人民法院申请再审的,人民法院应当受理。理由成立的,应当裁定再审,组成合议庭审理,所作出的再审判决、裁定,当事人可以上诉。

(3)管辖法院为原审法院,由于再审不能适用简易程序,应当组成合议庭审理;由于原来是一审,应当适用一审程序重新审理,所作判决为一审判决。

(4)关于所作判决能否上诉的问题,需要分情形处理:①当事人对法院适用小额诉讼程序审理无异议,但以其判决存在法定情形为由申请再审的,再审所作判决仍然适用一审终审的规定;②当事人以案件不应适用小额诉讼程序为由申请再审的,再审所作判决不再适用一审终审规定,可以上诉。

【归纳总结】一审、二审、再审的审理方式、调解、撤诉的区别:

1.审理方式:一审必须开庭审理,二审原则上应当开庭审理,但二审法院经过阅卷、调查和询问当事人,没有新的事实、证据或理由提出,合议庭认为不需要开庭的可以不开庭审理。

2.调解:一审、二审和再审程序(诉讼程序)都可以调解,但身份关系的确认案件除外,一审达成调解协议原则上制作调解书,也可以不制作;二审、再审达成调解协议应当制作调解书,调解书送达后,原判决被视为撤销。

3.撤诉:一审、二审、再审中都可以撤诉,但一审中撤诉后可以再次起诉,二审、再审中撤诉后不得再次起诉。

主观题小案例

【案例1】张三诉李四侵权纠纷一案,广州市白云区人民法院受理后,张三申请法院调查收集一份在医院保管的病历材料,白云区人民法院未予准许,判决驳回了张三诉讼请求。张三不服该判决,提出上诉,广州市中级人民法院二审驳回上诉维持原判。张三欲申请再审。

问题:

(1)张三可以向哪个(些)法院申请再审?为什么?

(2)张三申请再审的理由是什么?

(3)张三能否向检察院申请检察建议或抗诉?为什么?

答案参考:

(1)张三可以向广东省高级人民法院申请再审,也可以向广州市中级人民法院申请再审。根据《民事诉讼法》的规定,申请再审应当向上一级法院申请,但一方人数众多或者双方都是公民的案件,当事人可以选择向原审法院申请再审。本案的双方当事人都是公民,可以选择向原审广州市中级人民法院申请再审,也可以选择向上一级广东省高级人民法院申请再审。

(2)张三申请再审的理由为《民事诉讼法》第211条规定的“对审理案件需要的主要证据,当事人因客观原因不能自行收集,书面申请人民法院调查收集,人民法院未调查收集的”。

(3)张三不能向检察院申请检察建议或抗诉。《民事诉讼法》第220条第1款规定,只有在如下三种情形下当事人才能向检察院申请检察建议或者抗诉:(1)法院驳回当事人再审申请的;(2)法院逾期未对再审申请作出裁定的;(3)再审判决、裁定有明显错误的。

【案例2】甲公司诉乙公司合同纠纷一案,甲公司要求乙公司支付货款20万元,并赔偿违约金5万元,广州市海珠区人民法院一审判决乙公司支付货款18万元。判决作出后双方当事人均未上诉,判决生效后,乙公司发现新证据,申请再审,在再审中乙公司主张甲公司交付的货物存在质量问题,要求判决驳回甲公司全部诉讼请求,并要求甲公司赔偿损失2万元。

问题:

(1)乙公司应当向哪个(些)法院申请再审?

(2)法院应当适用何种程序对本案进行重新审理?

(3)再审法院对于双方当事人的诉讼请求应当如何处理?

(4)乙公司认为再审判决仍有明显错误,应当如何处理?

答案参考:

(1)乙公司应当向广州市中级人民法院申请再审。根据《民事诉讼法》的规定,当事人申请再审应当向上一级法院提出,但一方人数众多或者双方都是公民的案件,当事人可以选择向原审法院提出申请。本案不存在一方人数众多或者双方都是公民的情形,所以应当向上一级法院提出申请。

(2)法院应当适用二审程序对案件进行重新审理。根据《民事诉讼法》的规定,因当事人申请而裁定再审的案件应当由中级以上法院审理,但当事人依法选择向基层法院申请再审的除外。所以本案应当由广州市中级人民法院提审,适用二审程序重新审理。

(3)首先,对于甲公司要求违约金5万元的诉讼请求,再审法院可以组织当事人调解,调解不成的,撤销原判,发回重审。根据司法解释的规定,适用二审的再审程序中,发现一审法院遗漏了当事人诉讼请求的,再审法院可以组织当事人调解,调解不成撤销原判,发回重审。其次,对于乙公司要求甲公司赔偿损失的诉讼请求应当不予审理。根据再审范围有限原则,再审以原审范围为限,当事人超出原审范围增加、变更诉讼请求的,不属于再审范围。

(4)乙公司可以向检察院申请检察建议或者抗诉。根据《民事诉讼法》的规定,有下列情形之一的,当事人可以向检察院申请检察建议或者抗诉:①法院驳回当事人再审申请的;②法院逾期未对再审申请作出裁定的;③再审判决有明显错误的。本案中,乙公司认为再审判决有明显错误,可以向检察院申请检察建议或者抗诉。

【案例3】张三起诉甲公司合同纠纷一案,广州市白云区法院适用小额诉讼程序审理后判决张三败诉。后来张三以本案标的额超过小额诉讼程序适用标准为由向白云区法院申请再审,白云区人民法院认为理由成立,裁定再审。

问题:试分析白云区法院的做法。

答案参考:张三申请再审的理由是:本案不应当适用小额诉讼程序审理。所以法院裁定再审后应当组成合议庭，适用一审程序审理，所作判决为一审判决。此时不再适用一审终审的规定，所作判决可以上诉。

5.10 第三人撤销之诉

1. 第三人(有独立请求权的第三人、无独立请求权的第三人)因不能归责于本人的事由未参加诉讼，但有证据证明发生法律效力的判决、裁定、调解书的部分或者全部内容错误，损害其民事权益的，可以自知道或者应当知道其权益受到损害之日起 6 个月内向作出该生效判决、裁定、调解书的法院起诉，要求撤销、改变原生效判决、裁定、调解书。

2. 受理范围。

(1)符合起诉条件，收到起诉状之日起 30 日内立案。

(2)不符合起诉条件，收到起诉状之日起 30 日内裁定不予受理。

(3)受理后发现不符合起诉条件，裁定驳回起诉。对不予受理和驳回起诉裁定不服的，可以上诉。

3. 不予受理的情形。

(1)适用特别程序、督促程序、公示催告程序、破产程序等非讼程序处理的案件(有其特殊的救济方法)。

(2)婚姻无效、撤销或者解除婚姻关系等判决、裁定、调解书中涉及身份关系的内容(保护原审当事人的再婚权利)。

(3)《民事诉讼法》第 57 条规定的人民法院作出的判决、裁定，对参加登记的全体权利人发生效力。未参加登记的权利人在诉讼时效期间提起诉讼的，适用该判决、裁定(可另行起诉)。

(4)《民事诉讼法》第 58 条规定的对污染环境、侵害众多消费者合法权益等损害社会公共利益的行为，法律规定的机关和有关组织可以对公益诉讼案件的生效裁判(可另行起诉)。

4. 审理方式。

(1)开庭审理：第三人撤销之诉，法院应当组成合议庭，适用一审普通程序开庭审理；所作判决为一审判决，当事人不服可以上诉。

(2)第三人撤销之诉是形成之诉(变更之诉)，本质是要求法院改变或撤销原生效法律文书确立的权利义务关系。

(3)由作出该生效判决的法院管辖。

(4)第三人撤销之诉不得适用简易程序，不得适用独任制，不得书面审理。

5. 当事人诉讼地位。

(1)该第三人为原告；

(2)原审的原告、被告、有独立请求权的第三人和承担责任的无独立请求权的第三人是被告；

(3)原审不承担责任的无独立请求权的第三人列为第三人。

6. 中止执行。

(1)法院受理第三人撤销之诉案件后，原告提供相应担保，请求中止执行的，人民法院可以准许。

(2)第三人提起撤销之诉后,该第三人以案外人身份向执行法院提出案外人对执行标的异议,异议成立的,裁定中止执行;异议不成立的,裁定驳回。

7. 判决结果。

(1)请求成立且确认其民事权利的主张全部或部分成立的,改变原判决、裁定、调解书内容的错误部分。

(2)请求成立,但确认其全部或部分民事权利的主张不成立,或者未提出确认其民事权利请求的,撤销原判决、裁定、调解书内容的错误部分。

(3)请求不成立的,驳回诉讼请求。原判决、裁定、调解书的内容未改变或者未撤销的部分继续有效。

8. 救济。

第三人撤销之诉适用一审普通程序审理,当事人对其判决可以上诉。

9. 与再审的关系。

(1)第三人撤销之诉审理期间,法院对生效判决、裁定、调解书裁定再审的,受诉法院应当裁定将第三人的诉讼请求并入再审程序(再审优先);但有证据证明原审当事人之间恶意串通损害第三人合法权益的,法院应当先行审理第三人撤销之诉案件,裁定中止再审诉讼。

(2)将第三人诉讼请求并入再审程序审理的,按照下列情形分别处理:①按照第一审程序审理的,人民法院应当对第三人诉讼请求一并审理,所作判决可以上诉;②按照第二审程序审理的,人民法院可以调解,调解不成的,撤销原判,发回一审法院重审,重审时应当列明第三人。

主观题小案例

【案例1】甲对乙有20万元债权到期,乙对丙有20万元债权。甲对丙提起代位权诉讼,法院依法将乙列为第三人。诉讼中甲、丙达成调解协议,约定丙将一块价值20万元的手表交付给甲,用于清偿该笔债务,法院依法制作调解书送达当事人。丁主张手表是自己的,欲提出第三人撤销之诉。

问题:请分析本案的当事人。

答案参考:本题考查第三人撤销之诉中当事人的诉讼地位问题。在第三人撤销之诉中,以起诉第三人为原告,原审的原告、被告、有独立请求权的第三人为被告,原审的无独立请求权的第三人分情况讨论,原生效裁判中承担责任的无独立请求权的第三人作为被告,原生效裁判中不承担责任的无独立请求权的第三人作为第三人。据此分析本案,丁提出第三人撤销之诉,丁为原告。原审中甲是原告,丙是被告,乙是无独立请求权的第三人,所以在第三人撤销之诉中应当以原审原告甲和原审被告丙作为被告,而原审无独立请求权的第三人乙在第三人撤销之诉中的诉讼地位应当视其在生效裁判文书中是否承担义务而定。原生效调解书约定的内容是"丙将一块价值20万元的手表交付给甲",在该生效调解书中,无独立请求权的第三人乙不承担责任,所以在第三人撤销之诉中乙应当作为第三人,不能作为被告。综上,本案应当以丁为原告,甲、丙为被告,乙为第三人。

【案例2】甲对乙有20万元债权到期,乙对丙有20万元债权。甲对丙提起代位权诉讼,法院依法将乙列为第三人。诉讼中甲、乙达成调解协议,约定乙将一块价值20万元的手表交付给甲,用于清偿该笔债务，法院依法制作调解书送达当事人。丁主张手表是自己的，欲提出第三人撤销之诉。

问题：请分析本案的当事人。

答案参考：本案中丁提起诉讼，丁为第三人撤销之诉的原告；原审的原告甲和被告丙应当作为第三人撤销之诉的被告。原生效调解书的内容是乙将手表交付给甲，显然原审无独立请求权的第三人乙在调解书中需要承担责任，所以在第三人撤销之诉中乙应当作为被告。综上，本案应当以丁为原告，甲、乙、丙为被告。

【案例3】张三有三个儿子，张甲、张乙、张丙。张丙常年在外地工作。张三去世后，留下一只古董花瓶，张甲因为该花瓶的继承问题起诉张乙，广州市白云区人民法院受理本案后判决花瓶归张甲所有，张甲向张乙支付10万元。一审判决后，张甲、张乙均未上诉，判决生效。张丙得知此事后，主张自己不知道父亲的死讯以及张甲、张乙的诉讼，认为该判决侵犯自身合法权益。同时张三的朋友李四向法院主张该花瓶为自己所有，只是借给张三鉴赏，自己在一个月前刚知道张三的死讯和张甲、张乙进行诉讼。

问题：

(1)张丙应当以何种方式救济自己的权利？

(2)李四应当以何种方式救济自己的权利？

答案参考：

(1)张丙可以向白云区法院或者广州市中级人民法院申请再审。张丙本应作为本案共同原告，根据最高人民法院《关于适用〈中华人民共和国民事诉讼法〉的解释》第420条第1款，必须共同进行诉讼的当事人因不能归责于本人或者诉讼代理人的事由没有参加诉讼的，可以自知道或者应当知道之日起6个月内申请再审。

(2)李四可以依法向白云区法院提出第三人撤销之诉。因为李四对张甲、张乙争议的花瓶主张自己独立的权利，应当作为有独立请求权的第三人参加诉讼，但其未能参加诉讼，根据《民事诉讼法》第59条，有独立请求权的第三人、无独立请求权的第三人由于不能归责于本人的事由未参加诉讼，但有证据证明生效判决侵犯自身合法权益的，可以自知道或者应当知道权利受损之日起6个月内向作出该判决的法院提出第三人撤销之诉。

【案例4】丙公司因法院对甲公司诉乙公司工程施工合同案的一审判决(未提起上诉)损害其合法权益，向A市B县法院提起撤销诉讼。案件审理中，检察院提起抗诉，A市中级法院对该案进行再审。

问题：本案应当如何处理？为什么？

答案参考：本案应当由A市中级人民法院将丙公司的诉讼请求并入再审程序；法院可以组织调解，调解不成，撤销原一审判决，发回B区法院重新审理。

首先，根据司法解释的规定，第三人撤销之诉案件审理期间，人民法院对生效判决、裁定、调解书裁定再审的，受理第三人撤销之诉的人民法院应当裁定将第三人的诉讼请求并入再审程序。但有证据证明原审当事人之间恶意串通损害第三人合法权益的，人民法院应当先行审理第三人撤销之诉案件，裁定中止再审诉讼。本案不存在当事人恶意串通、损害第三人合法权益的情形，故应当将第三人诉讼请求并入再审程序审理。

其次，本案是市检察院向市中级人民法院提出抗诉，应当由接受抗诉的中级人民法院提审，应当适用二审程序审理,根据司法解释,将第三人诉讼请求并入再审程序审理的,如果按照第二审程序审理,人民法院可以调解,调解达不成协议的,应当裁定撤销原判决、裁定、调解书,发回一审法院重审,重审时应当列明第三人。

【案例5】甲公司起诉乙公司合同纠纷一案,广州市白云区人民法院作出一审判决后,双方当事人均未上诉。判决生效后,丙公司认为该判决侵犯自身合法权益,向白云区人民法院提出第三人撤销之诉。在第三人撤销之诉审理过程中,甲公司发现新证据,向广州市中级人民法院申请再审。广州市中级人民法院认为甲公司的再审理由成立,遂裁定再审。

问题:本案应当如何处理?

答案参考:本案应当将丙公司的诉讼请求并入再审程序;组织当事人调解,调解不成,撤销原判,发回重审。

根据司法解释的规定,第三人撤销之诉审理过程中法院裁定再审的,应当将第三人诉讼请求并入再审程序,但原审当事人恶意串通损害第三人合法权益的,应当先行审理第三人撤销之诉,中止再审程序。本案不存在原审当事人恶意串通损害第三人合法权益的问题,故应当将第三人诉讼请求并入再审程序。根据《民事诉讼法》的规定,因当事人申请而裁定再审的案件由中级以上法院审理,但当事人依法选择向基层法院申请再审的除外,所以本案应当由中院提审,应当适用二审程序再审。同时根据司法解释的规定,将第三人诉讼请求并入再审程序的,如果适用一审程序的再审,将第三人诉讼请求并入再审程序一并审理;适用二审程序的再审,将第三人诉讼请求并入再审程序后组织当事人调解,调解不成的,撤销原判,发回重审。综上,本案应当将第三人诉讼请求并入再审程序,组织当事人调解,调解不成的,撤销原判,发回重审。

5.11 民事执行程序

5.11.1 执行管辖

1. 执行根据

(1)法院制作的具有执行内容的生效法律文书,包括民事判决、裁定、调解书与支付令和刑事裁判的财产部分。

(2)其他机关制作的由法院执行的法律文书,包括公证机关依法赋予强制执行效力的债权文书,仲裁机构制作的依法由法院强制执行的仲裁裁决书。

(3)人民法院制作的承认并执行外国法院判决、裁定或者国外仲裁机构裁决的裁定书。

2. 执行管辖法院

(1)一审法院或与一审法院同级的被执行财产所在地法院。

(2)作出裁定、支付令法院或与其同级的被执行财产所在地法院。

3. 执行管辖异议

法院受理执行申请后,当事人对管辖权有异议的,应当自收到执行通知书之日起10日内提出。法院对当事人提出的异议,应当审查。异议成立的,应当撤销执行案件,并告知当事人向有管辖权的法院申请执行;异议不成立的,裁定驳回。

当事人对裁定不服的,可以向上一级法院申请复议,但审查和复议期间,不停止执行。

5.11.2 执行异议

1. 执行行为异议

(1)执行行为异议的提出主体:当事人、利害关系人。

(2)异议理由:认为法院的执行行为违法。

(3)形式和程序:以书面形式向负责执行的法院提出异议。

(4)处理方式:法院应在15日内对异议进行审查。

①异议不成立的,裁定驳回异议;

②异议成立的,裁定撤销相关执行行为;

③异议部分成立的,裁定变更相关执行行为;

④异议成立或者部分成立,但执行行为无撤销、变更内容的,裁定异议成立或者相应部分异议成立。

(5)救济机制:可自裁定送达之日起10日内向上一级法院申请复议。

(6)执行异议审查和复议期间,均不停止执行。被执行人、利害关系人提供充分、有效的担保请求停止相应处分措施的,法院可以准许;申请执行人提供充分、有效的担保请求继续执行的,应当继续执行。

【注意】法院对执行异议和复议案件实行书面审查。案情复杂、争议较大的,应当进行听证。

2. 执行标的异议

(1)异议主体:只能是案外人。

(2)异议理由:案外人对执行标的主张权利。

(3)异议方式和管辖法院:在执行过程中向执行法院提出书面异议,提出异议时须提供相应的证据。

(4)审查异议:

①法院应自收到书面异议之日起15日内进行审查,审查方式为实质审查。

②审查期间可以采取查封、扣押、冻结等保全措施,但是不得处分财产。

(5)审查后的处理(最高人民法院《关于适用〈中华人民共和国民事诉讼法〉的解释》第463条):

①案外人对执行标的不享有足以排除强制执行的权益的,裁定驳回其异议。

【注意】驳回案外人执行异议裁定送达案外人之日起15日内,法院不得对执行标的进行处分。

②案外人对执行标的享有足以排除强制执行的权益的,裁定中止执行。

(6)对执行标的异议裁定不服时的救济路径:

①执行标的异议与再审:如果对法院作出的执行标的异议裁定不服,认为原判决、裁定错误,依照审判监督程序处理。

②执行标的异议与执行异议之诉:如果与原判决、裁定无关,可以自裁定送达之日起15日内

提起诉讼——两种执行异议之诉，案外人执行异议之诉与申请执行人执行异议之诉。

5.11.3 执行担保

1. 担保的方式(最高人民法院《关于适用〈中华人民共和国民事诉讼法〉的解释》第468条)

(1)被执行人自己提供担保：财产保。

(2)第三人为被执行人提供担保：财产保或人保。

【注意】担保人应当具有代为履行或者代为承担赔偿责任的能力。公司为被执行人提供担保的，应提交符合公司法相关规定的公司章程、董事会或股东会、股东会决议。

2. 执行担保的成立条件

(1)启动方式：依申请启动，即被执行人或第三人向法院提供担保。

(2)获得申请执行人的同意：出具书面同意意见，或者执行人员记入笔录。

(3)获得人民法院的准许。

3. 执行担保成立的法律后果：暂缓执行

【注意】法院可以决定暂缓执行的期限，有担保期限的，暂缓执行的期限应与担保期限一致，但最长期限不得超过1年。担保期间自暂缓执行期限届满之日起计算，担保书中没有记载担保期间或者记载不明的，担保期间为1年。超过担保期间后不再执行担保财产。

4. 救济机制及其法律后果

(1)暂缓执行期限届满后被执行人仍不履行义务，或者暂缓执行期间担保人有转移、隐藏变卖、毁损担保财产等行为的，法院可以依申请执行人的申请恢复执行，并直接裁定执行担保财产或者保证人的财产，不得将担保人变更、追加为被执行人。

【注意】此时无须另行起诉。

(2)担保人的追偿权：担保人承担担保责任后，提起诉讼向被执行人追偿的，法院应予受理。

5.11.4 执行和解

1. 执行和解的性质

当事人处分自己民事权利和诉讼权利的行为。执行程序中允许和解，但是不能调解。

2. 执行和解协议的效力

(1)执行和解协议不具有强制执行力，其只能由当事人自觉履行，而不能申请法院强制执行。

(2)执行和解协议具有中止执行或终结执行的效力：申请执行人与被执行人达成和解协议后——请求中止执行的，法院可以裁定中止执行；请求撤回执行申请的，法院可以裁定终结执行。

当事人达成执行和解协议并生效后，执行程序中止；当事人按照和解协议的内容履行完毕时，法院按执行结案处理，执行程序即终结。

(3)中断申请执行期间：申请执行期间因达成执行中的和解协议而中断，其期间自和解协议约定履行期限的最后一日起重新计算。

(4)执行和解协议虽然可以终结执行程序，但并不能撤销法院原来已生效的法律文书。

3. 不履行执行和解时的救济机制:可恢复、可起诉

被执行人一方不履行执行和解协议的,申请执行人可以申请恢复执行原生效法律文书,也可以就履行执行和解协议向执行法院提起诉讼。申请执行人就履行执行和解协议提起诉讼,执行法院受理后,可以裁定终结原生效法律文书的执行。

(1)如果当事人是部分不履行和解协议,在申请恢复执行时,当事人根据和解协议已经履行的部分有效,人民法院不再执行。

(2)执行和解协议履行完毕,申请执行人因被执行人迟延履行、瑕疵履行遭受损害的,可以向执行法院另行提起诉讼。

主观题小案例

【案例1】某生效判决判定乙公司向甲公司支付30万元货款。甲公司申请执行,在执行中,发现乙公司没有可供执行的财产,但是乙公司对案外人丙公司有30万元债权,甲公司申请法院向丙公司发出履行到期债务的通知。丙公司收到通知后向法院提出异议,称该笔欠款已经归还。同时案外人丁公司向法院主张乙公司已经将该笔债权转让给自己,自己是该笔债权的受让人。

问题:

(1)丙公司提出异议会产生何种法律效力?

(2)丁公司可以何种方式救济自己的权利?(可对其行为产生的各种法律效果进行假设)

答案参考:

(1)丙公司提出异议后,法院不能对丙公司强制执行,法院无须对丙公司的异议是否成立进行审查。因为在代位申请执行中,次债务人提出异议的,法院不能对该次债务人强制执行,且无须对该次债务人的异议是否成立进行审查。

(2)丁公司可以向执行法院提出案外人对执行标的的异议,法院审查认为异议成立的,裁定中止对该债权的执行,认为异议不成立的,裁定驳回。对该裁定不服的,可以通过另行提起执行异议之诉的方式解决:①法院裁定中止执行后,申请人甲公司可以案外人丁公司为被告提起诉讼,被执行人乙公司反对的,列为共同被告,不反对的,列为第三人;②法院裁定驳回后,案外人丁公司可以申请人甲公司为被告提起诉讼,被执行人乙公司反对的,列为共同被告,不反对的,列为第三人。

【案例2】被执行人是合伙企业的,不能清偿生效法律文书确定的义务。

问题:

(1)权利人申请追加该合伙企业的普通合伙人为被执行人,法院裁定驳回,应当如何救济?

(2)权利人申请追加该合伙企业中未足额出资的有限合伙人为被执行人,法院裁定驳回,应当如何救济?

答案参考:

(1)普通合伙人本应对合伙企业债务承担连带责任,对该裁定不服,向上一级法院申请复议。

(2)有限合伙人仅仅在未足额缴纳的出资范围内承担责任,故此时需要在实体上判断该有限合伙人是否足额出资,应当通过执行异议之诉方式救济。

【案例3】有限责任公司不足以清偿生效法律文书确定的债务,申请人申请变更、追加未足额

出资或者抽逃出资的股东为被执行人,法院裁定驳回的。

问题:申请人如何救济?

答案参考:有限责任公司不足以清偿债务,公司的股东仅仅在未足额出资或者抽逃出资的情形下,才对公司债务在未足额出资范围内承担责任,故申请人对驳回申请裁定不服的,应当通过执行异议之诉救济,通过诉讼程序审理确定是否存在未足额出资、抽逃出资的情形。

【案例4】有限责任公司注销后,申请人以该公司未经清算即注销为由,申请追加该公司的股东等为被执行人,法院裁定驳回的。

问题:申请人如何救济?

答案参考:公司注销后,股东原则上对公司债务是不承担责任的,仅仅在公司未经清算即被注销的情形下,股东才承担责任,所以此时应当通过执行异议之诉方式救济,通过诉讼程序审理该公司是否存在未经清算即被注销的情形。

5.12 仲裁协议(☆)

1. 仲裁的范围

(1)【可裁】平等主体的公民、法人和其他组织之间发生的合同纠纷和其他财产权益纠纷。

(2)【不可裁】①婚姻、收养、监护、扶养、继承纠纷;②行政争议。

2. 仲裁的形式

书面形式(仲裁条款、仲裁协议书、其他书面形式)。

3. 仲裁内容

(1)请求仲裁的意思表示;

(2)仲裁事项:争议事项具有可仲裁性;

(3)选定的仲裁委员会(明确、具体)。

4. 仲裁协议的效力

(1)对当事人——纠纷发生后只能向仲裁协议约定的仲裁机构申请仲裁,不能起诉;

(2)对法院——排除法院对案件的司法管辖权;

(3)对仲裁委员会——授予其管辖权并限定其仲裁范围。

5. 法院的应诉管辖权

当事人达成仲裁协议,一方起诉未声明有仲裁协议,法院受理后,另一方在首次开庭前提交仲裁协议的,应当驳回起诉,但仲裁协议无效的除外;另一方在首次开庭前未对法院受理该案提出异议的,视为放弃仲裁协议,法院应当继续审理。

6. 仲裁条款的独立性

仲裁协议独立于合同的内容而存在,合同的变更、解除、终止或者无效,不影响仲裁协议的效力。

7. 仲裁条款效力的扩张

(1)当事人订立仲裁协议后合并、分立的,仲裁协议对其权利义务的继受人有效,另有约定的除外;

(2)当事人订立仲裁协议后死亡的,仲裁协议对承继其仲裁事项中的权利义务的继承人有效,另有约定的除外;

(3)债权债务全部或者部分转让的,仲裁协议对受让人有效,但当事人另有约定、在受让债权债务时受让人明确反对或者不知有单独仲裁协议的除外。

8.效力的确认机关

(1)法院裁定:申请人住所地、被申请人住所地、仲裁协议签订地、仲裁委员会所在地中院;

(2)仲裁委员会决定。

9.确认时间

对仲裁协议效力有异议,应当在仲裁庭首次开庭前提出。

10.法院的确认权优先

当事人对仲裁协议的效力有异议,一方当事人申请仲裁机构确认仲裁协议效力,另一方当事人请求法院确认仲裁协议无效,如果仲裁机构先于法院接受申请并已作出决定,法院不予受理;如果仲裁机构接受申请后尚未作出决定,法院应予受理,同时通知仲裁机构中止仲裁。

主观题小案例

【案例1】A区甲公司和B区乙公司签订买卖合同,约定乙公司在C区向甲公司交付一批货物,同时约定双方当事人因为履行该合同发生纠纷应当由A区仲裁委员会仲裁,后来乙公司在D区完成了货物交付,因为货物质量问题发生纠纷,甲公司欲追究乙公司的违约责任。

问题:应当如何解决,为什么?

答案参考:甲公司可以向B区或者C区法院起诉。理由:首先双方当事人虽有仲裁协议,但仲裁协议约定的A区仲裁委员会不存在,所以该仲裁协议无效,本案应由法院主管。根据《民事诉讼法》的规定,合同纠纷应当由被告住所地或合同履行地法院管辖。同时根据司法解释的规定,合同有约定履行地的,以约定履行地为合同履行地。据此本案应当由被告住所地B区法院或者合同约定履行地C区法院管辖。

【案例2】A区甲公司和B区乙公司签订租赁合同,约定乙公司将位于C区的厂房租赁给甲公司,同时约定双方当事人因为该合同发生纠纷可以向广州仲裁委员会申请仲裁,后双方达成补充协议,约定因为本合同发生纠纷也可以向被告住所地法院起诉。后双方当事人因为履行该合同发生纠纷,甲公司欲追究乙公司的违约责任。

问题:应当如何解决,为什么?

答案参考:甲公司可以向C区法院起诉。理由:首先本案虽有仲裁协议,但根据《仲裁法》的规定,仲裁协议约定或裁或审的,该仲裁协议无效,据此本案属于法院主管。其次,本案虽然约定由被告住所地法院管辖,但该管辖协议违背专属管辖而无效,所以本案应当由不动产所在地C区法院专属管辖。

【案例3】A区甲公司和B区乙公司签订买卖合同,约定乙公司在C区向甲公司交付一批货物,同时约定双方当事人因为履行该合同发生纠纷,应当由广州仲裁委员会仲裁或者由合同实际履行地法院管辖。后来乙公司在D区完成了货物的交付,因为货物质量不合格,甲公司欲追究乙公司违约责任。

问题:甲公司可以如何解决,为什么?

答案参考:甲公司可以向D区法院起诉。理由:首先本案虽有仲裁协议,但根据《仲裁法》的规定,仲裁协议约定或裁或审,该仲裁协议无效,据此本案属于法院主管。同时双方当事人协议该纠纷由合同实际履行地法院管辖,该管辖协议有效,故应当按照协议约定由合同实际履行地D区法院管辖。

【案例4】甲公司与乙公司因合同纠纷向A市B区法院起诉,乙公司应诉。经开庭审理,法院判决甲公司胜诉。乙公司不服B区法院的一审判决,以双方签订了仲裁协议为由向A市中级法院提起上诉,要求据此撤销一审判决,驳回甲公司的起诉。

问题:A市中级人民法院应当如何处理?

答案参考:A市中级人民法院应当判决驳回上诉,维持原判。理由:虽然双方当事人约定了仲裁协议,但根据《仲裁法》的规定,双方当事人虽有仲裁协议,但一方向法院起诉,另一方没有在仲裁庭首次开庭前提出仲裁协议的,视为放弃仲裁协议,法院应当继续审理,故本案一审法院有权对案件进行审理,并作出判决。乙公司的上诉请求不能成立。

【案例5】A区甲公司和B区乙公司签订买卖合同,合同中约定因为该合同产生的纠纷应当由广州仲裁委员会仲裁。后来该合同违反了法律的强制性规定而无效,甲公司欲追究乙公司缔约过失责任。

问题:甲公司可以通过何种途径解决?为什么?

答案参考:甲公司应当向广州仲裁委员会申请仲裁。理由:根据《仲裁法》的规定,仲裁协议效力独立存在,合同的无效不影响仲裁协议效力,故本案虽然合同无效,但仲裁协议依然有效,当事人应当根据仲裁协议的约定向广州仲裁委员会申请仲裁。

第六单元

商　法

6.1 公　司

1. 公司特征

商事主体是依照法定的条件和程序设立的，以营利为目的的商事组织，常考的商事主体主要是公司，即有限责任公司和股份有限公司两种类型。公司的特征为“三独”：

(1)独立的名义。公司是企业法人，具有权利能力和行为能力，可以自己的名义从事民商事活动，以自己的名义承担相应的责任。

(2)独立的财产。公司有独立的法人财产，享有法人财产权，股东出资后丧失了对财产的所有权，公司取得了财产所有权，股东取得了股权。

(3)独立的责任。公司以其全部财产对外承担责任，股东承担“有限”责任，即在其出资范围内承担责任后，实缴的股东就不再因为公司行为产生的债务承担责任，例外就是公司法人人格否认制度。

2. 公司权利能力和行为能力

公司权利能力和行为能力始于营业执照签发日，终于注销登记日，不是清算结束。法考常考的是公司担保。

(1)对外担保：公司向其他企业投资或者为他人提供担保，依照公司章程的规定，由董事会或者股东会决议。

(2)对内担保：公司为公司股东或者实际控制人提供担保的，必须经股东会决议。接受担保的股东或实际控制人控制的股东，必须回避表决，由无关联股东表决权过半数通过。

在公司经营中还会具体讲解，此处仅做了解即可。

3. 公司的分类

(1)以公司股东的责任形式为标准分类

以公司股东的责任形式划分，可将公司分为无限责任公司(对应普通合伙企业)、两合公司(对应有限合伙企业)、有限责任公司、股份有限公司。

(2)以公司之间的组织关系为标准分类

以公司之间的组织关系为标准，可以将公司分为总(本)公司和分公司、母公司与子公司。

子公司具有独立法人资格，拥有自己所有的财产，自己的公司名称、章程和“三会”(股东会、董事会、监事会)，对外独立开展业务和承担责任。但涉及公司利益的重大决策或重大人事安排，仍要由母公司决定。

(3)以公司的交易信用来源和责任承担依据为标准

以公司的交易信用来源和责任承担依据为标准,可将公司分为人合公司、资合公司以及人资兼合公司。

①有限责任公司属于人合兼资合公司。

②股份有限公司属于资合公司。

③上市公司属于典型的资合公司。

④非上市股份有限公司属于资合为主兼具人合特征的公司。

4. 公司间的关系

(1)母公司与子公司:子公司是独立法人,母公司是其控股股东。母公司无须为子公司承担责任,例如新东方教育集团公司作为母公司,100%持股北京新东方在线公司,随后新东方在线公司100%持股创立了东方优选和与辉同行公司。所有的子公司均以自己的财产、自己的名义承担自己的责任,但适用法人人格否认制度时除外。

(2)总公司与分公司:总公司、分公司是一家,分公司是业务单元,没有独立性,但需要申领营业执照,享有独立的诉权。言外之意是分公司具有附属性,没有独立人格,没有独立财产,故承担责任的时候也是在总公司授权范围内承担责任,不足部分由总公司继续承担。

6.2 有限责任公司

6.2.1 有限责任公司的设立(☆☆)

1. 有限责任公司

有限责任公司,是指股东以其认缴的出资额为限对公司承担责任,公司以其全部资产对公司债务承担责任的企业法人。

2. 有限责任公司的特征

(1)公司资本不被分为等额股份;

(2)具有"封闭性",即股权转让受到限制,不能在证券市场上自由转让;

(3)具有"人资两合性";

(4)重视意思自治,即"章程另有规定的,从其规定";

(5)设立手续和公司机关简易化。

3. 发起人规则

(1)发起人,是指为设立公司而签署公司章程、向公司认购出资或者股份并履行公司设立职责的人,包括有限责任公司"设立时的股东"。自然人、法人、非法人组织、国家均可以作为公司的发起人。

(2)内部关系:

①发起人应当签订发起人协议(发起人协议≠章程);

②发起人之间的关系类似于合伙。

(3)人数与资格:

①有限责任公司:发起人人数为1～50人。

②股份有限公司:发起人人数为1～200人。股东人数可超过200人,但半数以上的发起人在中国境内有住所(不是国籍)+必须承担公司筹办事务+必须在公司章程上签章+必须认购股份。

4. 发起人职责

(1)签订出资协议;

(2)订立公司章程;

(3)确认出资方式,对以实物、知识产权、土地使用权出资的进行协议作价或者委托评估;

(4)办理公司登记手续;

(5)其他。

5. 发起人责任

(1)设立失败责任:

①外部连带:债权人可向全部或部分发起人主张连带责任。

②内部追偿:无过错的发起人承担赔偿责任后,可以向有过错的发起人追偿。如果均无过错的,按照约定责任比例→约定出资比例→均等的顺序确定追偿份额。

(2)设立成功合同责任:

①以发起人个人名义签署合同:公司成立后,合同相对人可选择请求该发起人承担合同责任,也可选择该公司承担合同责任。

②以设立中公司名义对外签订合同:公司成立后,合同相对人请求公司承担合同责任的,人民法院应予支持。公司成立后,有证据证明发起人利用设立中公司的名义为自己的利益与相对人签订合同,公司以此为由主张不承担合同责任的,人民法院应予支持,但相对人为善意的除外。

(3)侵权责任:

①因履行公司设立职责对外侵权,由公司承担责任,公司可向有过错的发起人追偿。

②非因履行公司设立职责对外侵权,由发起人个人承担责任。

主观题小案例

【案例1】甲、乙、丙、丁拟设立A商贸公司,为方便公司设立,发起人协议约定由丙负责租赁公司运营所需仓库。因公司尚未成立,丙为方便签订合同,遂以自己的名义与戊签订仓库租赁合同。A公司成立后,迟迟未付租金。

问题:戊可以向谁主张该租金?

答案参考:戊既可以向丙主张该租金,也可以向A公司主张。

根据《民法典》第75条第2款的规定,设立人为设立法人以自己的名义从事民事活动产生的民事责任,第三人有权选择请求法人或者设立人承担。

该案中,丙签订租赁合同的原因是"方便公司设立",是设立公司需要而非为丙个人利益,现A公司已经成立,第三人有权选择。

【案例2】2019年4月,甲有限责任公司与其他5家企业共同筹建"A股份有限公司"。章程规定A公司的注册资本总额为100万元。6月,发起人以"A公司筹备组"的名义向乙公司订购一批设备,总计20万元人民币。双方商定分期付款,最后一期货款于2020年1月付清。但是由于发起人之间的分歧日渐加大,至2019年11月,6家发起人决定放弃筹建A公司。

问题:(1)A公司在筹建期间的法律地位如何?

(2)A公司筹备组和乙公司订立的合同效力如何?

(3)尚欠乙公司的货款该由谁承担偿还责任,为什么?

答案参考:(1)A公司在筹建期间类似于发起人设立的合伙。

民事主体分为自然人、法人、非法人组织三类,根据《民法典》第75条第1款的规定:设立人为设立法人从事的民事活动,其法律后果由法人承担;法人未成立的,其法律后果由设立人承受,设立人为2人以上的,享有连带债权,承担连带债务。据此可知,法人未成立时,可归入"非法人组织"一类。

本案中,A公司尚在筹建过程中,未领取营业执照,并不是严格意义上的公司,其法律性质不是独立的法人。所以,其法律性质是发起人设立的合伙。

(2)合同有效。

根据《民法典》第75条的规定,允许法人于设立阶段从事民事活动。

本案中,设立中的A公司作为合同主体合格,条款内容未出现合同无效等情形。所以,其和乙公司签订的合同有效。

(3)应当由发起人承担连带责任。

根据最高人民法院《关于适用〈中华人民共和国公司法〉若干问题的规定(三)》(以下简称《公司法解释(三)》)第4条第1款的规定,公司因故未成立的,债权人有权请求全体或者部分发起人对设立公司行为所产生的费用和债务承担连带清偿责任。

本案中,A公司设立失败,尚未付清的乙公司货款应当由甲公司等6个发起人承担连带责任。

6.2.2 有限责任公司股东出资(☆☆☆)

1. 出资形式及程序

(1)货币

无最低注册资本要求,但股东应足额存入公司在银行开设的账户(全体股东认缴的出资额应按照公司章程规定自公司成立之日起5年内缴足);用违法犯罪所得货币出资的,出资行为合法有效,相关资金转为公司的独立财产,可以取得股权(对股东个人的违法犯罪行为追责,应采取拍卖或者变卖的方式处置该股东的股权,不能直接执行公司的资金)。

(2)实物

①缴资时应当依法办理财产权的转移手续,要求以实物所有权出资。

②评估作价,核实财产,不得高估或者低估作价(市场变化或者其他客观因素导致出资财产贬值,不能认定为没有全面履行出资义务,当事人另有约定的除外)。

③出资人无权处分的,受让人可依据善意取得规定取得所有权(善意+合理价格+已登记/交付)。

④交付未登记过户,登记后自交付起算实缴,该瑕疵可补正。已登记过户未交付的,交付后

算实缴,自其实际交付时起享有相应股东权利。

(3)土地使用权

①能够作为出资的土地使用权应是以出让方式获得的国有土地使用权或集体经营性建设用地使用权,且无权利瑕疵和负担。

②出资人以划拨土地使用权出资,或者以设定权利负担的土地使用权出资,应当在指定的合理期限内办理土地变更手续或者解除权利负担,逾期未办理或者未解除的,追究出资人未依法全面履行出资义务的责任。

(4)知识产权

著作权、专利权、商标权、发现权、发明权以及其他科技成果都可以作为知识产权出资。

(5)股权

①出资的股权由出资人合法持有并依法可以转让、出资的股权无权利瑕疵或权利负担、出资人已履行关于股权转让的法定手续——股东出资不符合这三项条件的,公司、其他股东、债权人请求认定该出资人未履行出资义务的,法院责令该出资人在指定的合理期限内采取补正措施,逾期未补正的,应认定为未全面履行出资义务。

②出资的股权已依法进行了价值评估——股权出资未依法评估作价,公司、其他股东、债权人请求认定该出资人未履行出资义务的,法院应当委托具有合法资质的评估机构对该财产评估作价。评估价格显著低于公司章程所定价格的,法院应认定出资人未依法全面履行出资义务。

(6)债权

债权可以用货币估价并依法可以转让,是合法的出资形式。

(7)股东不得以劳务、信用、自然人姓名、商誉、特许经营权或者设定担保的财产等作价出资

2. 出资违约

(1)对公司:补足 + 赔偿 + 发起人连带

①股东未按期足额缴纳出资的,除应当向公司足额缴纳外,还应当对给公司造成的损失承担赔偿责任。

②其他发起人承担连带责任。

【有限责任公司】设立时,股东未按照公司章程规定实际缴纳出资,或者实际出资的非货币财产的实际价额显著低于所认缴的出资额的,设立时的其他股东与该股东在出资不足的范围内承担连带责任。

【股份有限公司】发起人不按照其认购的股份缴纳股款,或者作为出资的非货币财产的实际价额显著低于所认购的股份的,其他发起人与该发起人在出资不足的范围内承担连带责任。

(2)对债权人:补充赔偿 + 发起人连带

①股东未履行或者未全面履行出资义务,在未出资的本息范围内对公司债务不能偿还的部分对债权人承担补充赔偿责任。

②其他发起人对此承担连带责任,承担责任后,可以向该股东追偿。

3. 抽逃出资

(1)认定

股东有下列行为的,认定为抽逃出资:

①通过虚构债权债务关系将其出资转出(假债权);

②制作虚假财务会计报表虚增利润进行分配(假报表);

③利用关联交易将出资转出(关联交易合同存在无效或者可撤销情形,公司没有起诉合同相对方的,符合《公司法》第189条第1款规定条件的股东,可以依据《公司法》第151条第2、3、4款的规定向人民法院提起诉讼);

④其他未经法定程序将其出资抽回的行为。

(2)法律责任

①公司成立后,股东不得抽逃出资。

②违反前述规定的,股东应当返还抽逃的出资;给公司造成损失的,负有责任的董事、监事、高级管理人员应当与该股东承担连带赔偿责任。

③抽逃出资的股东在抽逃出资的本息范围内对债权人承担补充赔偿责任,负有责任的董事监事、高级管理人员应当与该股东承担连带赔偿责任。

4. 增资时的出资瑕疵

(1)公司新增资本时,股东有权优先按照实缴出资比例认缴出资。股东增资瑕疵,是指公司成立后,股东在公司增资时未履行或者未全面履行出资义务。

(2)对公司的责任:补足出资。

(3)对债权人的责任:补充赔偿。

(4)没有尽到忠实和勤勉义务而使出资未缴足的董事、高级管理人员对公司和债权人承担相应责任;董事、高级管理人员承担责任后,可以向该认股人追偿,其他股东无须承担连带责任。

5. 有限责任公司未足额出资的股权转让

(1)未届缴资期限的股权转让,转让行为有效,受让人承担缴纳该出资的义务,受让人未按期足额缴纳出资的,转让人对受让人未按期缴纳出资承担补充责任。

(2)到期后瑕疵出资的股权转让,转让行为有效,转让人与受让人在出资不足的范围内承担连带责任,受让人不知道且不应当知道存在上述情形的,由转让人承担责任。

6. 对违反出资义务股东的限制

(1)依照该股东的实缴出资比例限制其分配利益的权利,即新股优先认购权、公司剩余财产分配权、股息红利分配请求权(仅限制与出资有关的权利);

(2)有限责任公司的股东未履行出资义务或者抽逃全部出资,经公司催告缴纳或者返还,其在合理期间内仍未缴纳或者返还出资,公司可以股东会决议解除该股东的股东资格(前置程序:催告);

(3)股份有限公司认股人未按期缴纳所认股份的股款的,发起人可以对该股份另行募集。认股人延期缴纳股款给公司造成损失,公司可请求该认股人承担赔偿责任。

主观题小案例

【案例1】张三伪造其父遗嘱,将本应由哥哥张二继承的一套房屋归自己。随后,张三以该房屋出资和李四共同设立A公司。

问题:请评价张三出资性质。

答案参考:张三的出资性质为"无权处分",若A公司符合"善意取得"条件,则房屋的所有权归A公司。

【案例2】甲、乙、丙、丁计划设立一家从事技术开发的A有限责任公司，按照公司设立协议，甲以其持有的某房地产开发有限责任公司20%的股权出资。甲将其股权作为出资转让给A有限责任公司时，某房地产公司的另一股东已主张行使优先购买权。

问题：请评价甲的20%的股权出资，另一股东主张行使优先购买权。

答案参考：甲没有全面履行出资义务。

“股权出资”要符合“股权转让”的条件。根据《公司法》第84条第2款的相关规定，股东向股东以外的人转让股权的，应当将股权转让的数量、价格、支付方式和期限等事项书面通知其他股东，其他股东在同等条件下有优先购买权。

该案中，某房地产公司的其他股东已经主张行使优先购买权，则甲转让的股权存有瑕疵，所以甲没有全面履行出资义务。

【案例3】某高校A、国有企业B和集体企业C签订合同，决定共同投资设立一家生产性的科技发展有限责任公司。其中，A以高新技术成果出资，作价15万元；B以厂房出资，作价20万元；C以现金17万元出资。后C因资金紧张，截至出资期限届满，只实际出资14万元。

问题：(1)该有限责任公司能否有效成立？

(2)以非货币形式向公司出资，应办理什么手续？

(3)C承诺出资17万元，实际出资14万元，应承担什么责任？

(4)A的出资是否符合法律规定？

答案参考：(1)该公司可以成立。

根据《公司法》第29条的规定，设立公司，应当依法向公司登记机关申请设立登记。该案中，虽然C有出资违约情形，但不影响公司设立。所以该案股东人数符合，有认缴出资且无违法事由，公司成立合法有效。

(2)根据《公司法》第48条第2款和第49条第1款的规定，非货币财产应当评估作价，核实财产，不得高估或者低估作价，并应当依法办理其财产权的转移手续。

(3)C除应当向公司足额缴纳外，还应当向已按期足额缴纳出资的股东承担违约责任。

根据《公司法》第49条的规定，股东以货币出资的，应当将货币出资足额存入有限责任公司在银行开设的账户。股东不按照上述规定缴纳出资的，除应当向公司足额缴纳外，还应当向已按期足额缴纳出资的股东承担违约责任。

该案中，C因资金紧张，截至出资期限届满，实际出资低于认缴出资，所以，C应当向公司补足3万元出资，并应当向其他股东承担违约责任。

(4)A出资符合法律规定。

根据《公司法》第48条第1款的规定，股东可以用能够以货币估价并可以依法转让的非货币财产作价出资。

该案中，A以高新技术成果出资，作为技术成果，可以用货币估价并可依法转让。所以A的出资符合法律规定。

【案例4】鸿捷有限责任公司成立于2023年3月，公司注册资本为5000万元，股东为甲、乙、丙、丁，持股比例分别为37%、30%、19%、14%。公司在2024年1月8日召开股东会，讨论如下议案：第一，公司增资1000万元；第二，各股东新增出资的缴纳期限为20年。2024年年底，受经济下行形势影响，加上新产品研发失败，鸿捷公司经营陷入困境。至2025年3月，公司已拖欠嵩悠公司设备款债务1000万元，公司账户中的资金已不足以偿付。

问题：就鸿捷公司不能清偿的1000万元设备款债务，嵩悠公司能否向其各个股东主张补充赔偿责任？为什么？

答案参考：不能。

根据《公司法》原理，认缴资本制度下股东依法享有期限利益。债权人以公司不能清偿到期债务为由，请求未届出资期限的股东在未出资范围内对公司不能清偿的债务承担补充赔偿责任的，人民法院不予支持。

本案中，鸿捷公司在2024年1月8日召开股东会作出了“各股东新增出资的缴纳期限为20年”的有效决议，那么到2025年3月，公司不足以偿付嵩悠公司设备款1000万元，此时各股东出资期限尚未到期，作为独立法人，在未出现股东滥用股东权时，公司就自身债务应当独立担责，不能盲目适用“股东出资加速到期”。

所以，公司债权人嵩悠公司应当向鸿捷公司主张清偿，不能向各股东主张补充赔偿责任。

【案例5】张三、李四各出资10万元设立A食品有限责任公司。张三手头只有3万元的现金，就让朋友王五为其垫付7万元，并许诺一旦公司成立，就从公司中抽回偿还给王五。公司于2019年2月成立。公司成立后第3天，张三以A食品有限责任公司名义与王五签订一份买卖合同，约定A食品有限责任公司向王五购买7万元的食材。合同订立后第2天，张三指示公司财务转账付款。现查明，实际上王五从未经营过食材，也未打算履行该合同。

问题：(1)该食材买卖合同效力如何？

(2)王五是否和张三一起向A食品有限责任公司承担连带责任？

答案参考：(1)食材买卖合同属于恶意串通订立的合同，无效。

根据《民法典》第154条的规定，行为人与相对人恶意串通，损害他人合法权益的民事法律行为无效。

该案中，王五从未经营过食材生意，也未打算履行该合同，该合同系张三和王五串通捏造，且损害了A食品有限责任公司利益，所以，是无效的民事法律行为。

(2)王五无须对A食品有限责任公司承担连带责任。

根据《公司法》第53条的规定，公司成立后，股东不得抽逃出资。违反前述规定的，股东应当返还抽逃的出资；给公司造成损失的，负有责任的董事、监事、高级管理人员应当与该股东承担连带赔偿责任。但关于第三人代垫资金协助发起人设立公司，并无法律依据要求“代垫人和抽逃出资的股东承担连带责任”。

该案中，王五仅仅是代垫人，并非A食品有限责任公司的股东、董事、监事、高级管理人员或实际控制人，既然现行法律不禁止代垫出资，王五就无须对A食品有限责任公司承担连带责任。

【案例6】美森公司成立于2024年，主要经营煤炭。股东是大雅公司以及庄某、石某。公司章程规定美森公司的注册资本是1000万元，三个股东的持股比例是5:3:2，各股东应当在公司成立时一次性缴清全部出资。大雅公司将之前归其所有的某公司的净资产经会计师事务所评估后作价500万元用于出资，这部分资产实际交付给美森公司使用；庄某和石某以货币出资，公司成立时庄某实际支付了100万元，石某实际支付了50万元。

问题：如何评价大雅公司的出资行为及其法律效果？

答案参考：大雅公司以净资产估价500万元出资并实际交付美森公司使用，该出资合法有效。

根据《公司法》第48条第1款的规定,股东可以用可用货币估价并可以依法转让的非货币财产作价出资。

该案中,用于设立美森公司的这些净资产本来归大雅公司,经过会计师事务所的评估作价,现该笔净资产已经实际交付美森公司。所以,应当认为大雅公司履行了出资义务。

6.2.3 有限责任公司的股东(☆☆)

1. 股东资格的取得与确认

(1)股东,是指向公司出资、持有公司股份、享有股东权利和承担股东义务的人。股东既可以是自然人、法人、非法人组织,还可以是国家;无行为能力的要求,限制民事行为能力人和无民事行为能力人均可成为股东。

(2)出资证明书(性质为"证权证书",只记载出资股东的相关信息,不体现其他股东的出资情况),其与股东资格无必然联系,原因在于出资只是成为股东的方式之一。记载事项:①公司名称;②公司成立日期;③公司注册资本;④股东的姓名或者名称、缴纳的出资额和出资日期;⑤出资证明书的编号和核发日期。

(3)股东名册(证据效力最高),股东名册是股东身份或资格的法定证明文件。记载事项:①股东的姓名或者名称及住所;②股东认缴和实缴的出资额、出资方式和出资日期;③出资证明书编号;④取得和丧失股东资格的日期。

(4)证据冲突:公司登记只具有程序意义,未经登记不得否定股东资格。对公司内部而言,以股东名册为准;对公司外部人而言,以登记为准。

(5)诉讼,股东资格确认诉讼,均以公司为被告。与案件争议股权有利害关系的人作为第三人参加诉讼。

2. 名义股东与实际出资人

(1)名义股东(显名股东),是指被登记于股东名册及公司登记机关的登记文件,但事实上并没有向公司出资的人。形式上:名义股东是公司的股东。

(2)实际出资人(实际股东),是实际出资并实际享有股东权利,但其姓名或者名称并未被记载于公司股东名册及公司登记机关的登记文件的人,即公司的真实出资人。

(3)内部关系:实际出资人与名义股东,通过"代持股协议"(原则上是有效的)确定双方权利义务。其投资权益归属于实际出资人。

(4)【名义股东擅自处分股权】。

①名义股东将登记于其名下的股权转让、质押或者以其他方式处分,参照适用善意取得制度。

②名义股东处分股权造成实际出资人损失的,实际出资人可以请求名义股东承担赔偿责任。

(5)【名义股东对外承担赔偿责任】。

①名义股东对公司债权人承担补充赔偿责任。公司债权人以名义股东未履行出资义务为由,请求其对公司债务不能清偿的部分在未出资本息范围内承担补充赔偿责任,股东以其仅为名义股东而非实际出资人为由进行抗辩的,人民法院不予支持。

②内部追偿。名义股东向债权人承担赔偿责任后,有权向实际出资人追偿。

3. 冒名股东

(1)冒用他人名义出资并将该他人作为股东在公司登记机关登记,被冒名人对此不知情。被冒名者无权、无责。冒名登记行为人应当承担相应责任。

(2)被冒名者不是股东,无权利,不承担责任(公司、其他股东或者公司债权人以未履行出资义务为由,请求被冒名登记为股东的被冒名主体承担补足出资责任或者对公司债务不能清偿部分的赔偿责任的,人民法院不予支持)。

4. "一股二卖"问题

(1)第一次处分股权行为,有效。若第三人善意取得,则第一次受让股东可得到相应赔偿。

(2)第二次处分股权行为,性质属于无权处分,但第二次股权转让合同有效。第三人构成善意取得即可获得股权,第三人取得股权后,则第一次受让股东可获得相应赔偿。

主观题小案例

【案例1】A公司拟增资扩股,遂与丙协商,由丙出资510万元占公司30%股权。丙将款项打入了A公司账户,公司会计凭证记载为"实收资本"。公司并未发给丙出资证明书,股东名册也未记载其名字,且公司未变更公司登记中的注册资本和股东事项。之后,丙以A公司董事长的身份出席活动还剪彩,并多次参加公司股东会,讨论公司经营管理事宜。

问题:丙和A公司形成何种法律关系?

答案参考:丙是A公司股东。

股东身份的确认应根据当事人的出资情况以及股东身份是否以一定的形式为公众所认知等因素进行综合判断。

该案中,丙已经向A公司出资并参加股东会,这些证据都证明丙和A公司形成的是股权关系。同时,丙还可以请求A公司履行签发出资证明书、记载于股东名册并办理公司登记机关登记的义务。因此,丙是A公司的股东。

【案例2】2024年4月,陈明设立一家有限责任公司。陈明拟新增资本100万元,并为此分别与张巡、李贝洽谈,该二人均有意愿认缴全部新增资本,加入陈明的公司。陈明遂先后与张巡、李贝二人就投资事项分别签订了书面协议。张巡在签约后第二天,即将款项转入陈明的个人账户,但陈明一直以各种理由拖延办理公司变更登记等手续。2024年11月5日,陈明最终完成公司章程、股东名册以及公司变更登记手续,公司注册资本变更为300万元,陈明任公司董事长,而股东仅为陈明与李贝,张巡的名字则未出现在公司登记的任何文件中。

问题:在法院受理公司破产申请前,张巡是否可向公司以及陈明主张权利?主张何种权利?为什么?

答案参考:张巡不能向公司主张权利。张巡只能向陈明主张违约责任,请求返还所给付的投资以及获得相应的损害赔偿。

根据《公司法解释(三)》第22条的规定,当事人之间对股权归属发生争议,一方请求人民法院确认其享有股权的,应当证明以下事实之一:①已经依法向公司出资或者认缴出资,且不违反法律法规强制性规定;②已经受让或者以其他形式继受公司股权,且不违反法律法规强制性规定。据此可知,"股东向公司出资"是确认其享有股东权的关键前提。

该案中,陈明是以自己名义与张巡签订协议,款项也是转入陈明个人账户,则该投资协议仅存在于张巡与陈明个人之间。

所以,在张巡与公司之间:第一,张巡并未因此成为公司股东;第二,张巡与公司之间不存在法律关系。因此张巡不能向公司主张任何权利,只能向陈明主张违约责任,请求陈明返还自己所给付的投资以及获得相应的损害赔偿。

【案例3】2023年,赵某欲入股美森公司,股东白某、庄某和石某一致表示同意,于是赵某以现金出资50万元,公司出具了收款收据,但未办理股东变更登记。赵某还领取了2023年和2024年的红利共10万元,也参加了公司的股东会。

从2025年开始,公司经营逐渐陷入困境。此时,赵某提出美森公司未将其登记为股东,所以自己的50万元当时是借款给美森公司的。

问题:赵某与美森公司是什么法律关系?为什么?

答案参考:赵某是美森公司的股东。

依据《公司法解释(三)》第22条、第23条的规定:当事人之间对股权归属发生争议,一方请求法院确认其享有股权的,应当证明“已经依法向公司出资或者认缴出资,且不违反法律法规强制性规定”。公司未依相关规定签发出资证明书、记载于股东名册并办理公司登记机关登记的,当事人可请求公司履行上述义务。

该案中,赵某虽然没有被登记为股东,但是他在2023年时出于自己的真实意思表示,愿意出资成为股东,其他股东及股东代表均同意,并且赵某也实际交付了50万元出资,参与了分红及公司的经营,这些行为均非债权人可为。

所以,赵某是美森公司的股东。

【案例4】在代持股协议中,实际出资人张三承诺一次性出资10万元,李四是名义股东。但到期张三实际仅出资2万元。

问题:当公司不能清偿时,谁承担补充赔偿责任?

答案参考:李四对债权人承担补充赔偿责任。因为债权人向公司股东追偿,而名义股东是李四,张三和李四的内部约定不得对抗债权人。李四在承担补充赔偿责任后,可依照代持股协议向张三追偿。

【案例5】李贝是A公司股东,其虽名为股东但实际上是受刘宝之托,代其持股,李贝向公司缴纳的100万元出资,实际上来源于刘宝。2023年3月,在刘宝同意的情况下,李贝将其名下股权转让给善意不知情的潘龙,并在公司登记中办理了相应的股东变更。

问题:李贝能否以自己并非真正股东为由,主张其对潘龙的股权转让行为无效?为什么?

答案参考:不能,该股权转让有效。

根据《公司法解释(三)》第25条第1款的规定,名义股东将登记于其名下的股权转让、质押或者以其他方式处分,实际出资人以其对于股权享有实际权利为由,请求认定处分股权行为无效的,人民法院可以参照“善意取得”的规定处理。

该案中,李贝虽为名义股东,但在公司对外关系上其为真正的股东,其对股权的处分应为有权处分;股权的受让人潘龙主观上善意并办理了相应的股东变更,符合“善意取得”条件。

所以,潘龙合法取得该股权,李贝不得主张该处分行为无效。

【案例6】成城公司(名义股东)向中国银行借款3000万元,到期未偿还贷款。中国银行起诉至法院。判决生效后,中国银行南郊支行向法院申请执行,冻结了成城公司名下渭南信用社1000万股权。

经生效判决书确认,成城公司名下渭南信用社1000万股份属上海华冠公司(实际股东)所有。

现华冠公司以诉争股权所有权人的身份提出执行异议,请求法院中止执行成城公司名下渭南信用社1000万股份、股息及红利,并解除对该股权的执行措施。

问题:中国银行南郊支行是否可作为第三人对成城公司名下涉案股权向法院申请强制执行(实际股东华冠公司的执行异议能否得到法院支持)?

答案参考:[观点一]华冠公司的执行异议能够得到法院支持。

根据《公司法解释(三)》第25条的规定,股权善意取得制度的适用主体仅限于与名义股东存在股权交易的第三人。据此,商事外观主义原则的适用范围不包括非交易第三人。

该案中,案涉执行案件申请执行人中国银行南郊支行并非针对成城公司名下的股权从事交易,仅仅因为债务纠纷而寻查成城公司的财产还债,并无信赖利益保护的需要。若适用商事外观主义原则,将实质权利属于华冠公司的股权用于清偿成城公司的债务,将严重侵犯华冠公司的合法权利。

所以,华冠公司的执行异议能够得到法院支持。

[观点二]不能得到支持。

根据《公司法》第34条第2款的规定,公司登记事项未经登记或者未经变更登记的,不得对抗善意相对人。该款所称的"相对人",并不限于与显名股东存在股权交易关系的债权人,名义股东的非基于股权处分的债权人亦应属于法律保护的"相对人"范畴。

该案中,股权代持协议仅具有内部效力,对于外部相对人而言,股权登记具有公信力,隐名股东(华冠公司)对外不具有公示股东的法律地位,不得以内部股权代持协议有效为由对抗外部债权人(中国银行)对显名股东(成城公司)的正当权利。

所以,实际出资人提出的案外人执行异议不能得到支持。

6.3 公司治理结构

6.3.1 股东会、董事会、监事会

1. 股东是公司的出资人,是公司的所有者,股东会是权力机关,对公司享有所有权。股东会选举和变更董事、监事,决定有关董事、监事的报酬事项。

2. 董事会或执行董事是执行机构,运营公司创造价值。高级管理人员的范围主要包括经理、副经理,财务负责人、上市公司的董事会秘书和章程规定的其他人员。董事会决定聘任或者解聘公司经理及其报酬事项,根据经理的提名决定聘任或者解聘副经理、财务负责人及其报酬。经理对董事会负责,根据公司章程的规定或者董事会的授权行使职权。

3. 监事会和审计委员会是监督机构,行使的是监督权,负责对董事、高级管理人员的行为进

行监督。故董事和高级管理人员不得兼任监事。

6.3.2 法定代表人

1. 公司的法定代表人按照公司章程规定，由代表公司执行公司事务的董事或者经理担任，并依法登记。

2. 担任法定代表人的董事或者经理辞职的，视为同时辞去法定代表人。法定代表人辞任的，公司应当在法定代表人辞任之日起30日内确定新的法定代表人。

3. 法定代表人的法律责任。

①法定代表人以公司名义从事的民事活动，其法律后果由公司承受。

②公司章程或者股东会对法定代表人职权的限制，不得对抗善意相对人。

③法定代表人因执行职务造成他人损害的，由公司承担民事责任。公司承担民事责任后，依照法律或者公司章程的规定，可以向有过错的法定代表人追偿。

6.3.3 股 东 会

1. 股东会

股东会由全体股东组成，是公司的权利机关。只有一个股东的公司可以不设立股东会，股东决议应当采取书面形式，并由股东签名或者盖章后置备于公司。

2. 会议机制

①有限责任公司应当按照公司章程的规定按时召开会议。

②股份有限公司应当每年召开一次年会。

3. 临时会议

①有限责任公司召开临时会议事由有三：a. 代表1/10以上表决权的股东提议召开；b. 1/3以上的董事提议；c. 监事会提议。

②股份有限公司召开临时股东会会议情况：

a. 董事人数不足，即董事人数不足《公司法》规定人数（3人以上）或者公司章程所定人数的2/3时；

b. 未弥补亏损过大，即公司未弥补的亏损达实收股本总额1/3时；

c. 单独或者合计持有公司10%以上股份的股东请求时（提议召集），此种情况下，董事会、监事会应当在收到请求之日起10日内作出是否召开临时股东会会议的决定，并书面答复股东；

d. 董事会认为必要时；

e. 监事会提议召开时。

4. 召集和主持

（1）董事会进行召集。主持：董事长→副董事长→过半数董事共同推举1名董事。

（2）董事会不能履行或者不履行职责的时候，由监事会召集和主持。

（3）监事会不召集和主持，那就由股东自行召集和主持：

①有限责任公司：代表1/10以上表决权的股东可以自行召集和主持；

②股份有限公司:连续 90 日以上单独或者合计持有公司 10% 以上股份的股东可以自行召集和主持。

(4)召集和主持按照这个顺序进行,股东对此无诉权保护。

5. 通知程序

(1)有限责任公司:应当于会议召开 15 日前通知全体股东,但公司章程另有规定或者全体股东另有约定的除外。

(2)股份有限公司:可召开年会(提前 20 日通知各股东)、临时会议(提前 15 日通知各股东),通知的内容包括会议召开的时间、地点和审议的事项。

6. 表决规则

(1)有限责任公司:章程有规定按照规定,没有规定,按照资本多数决。

(2)股份有限公司:严格按照资本多数决,即一股一权。公司持有的"库存股"没有表决权。

7. 重大事项决议

重大事项包括改章程/增减资/合分散(合并、分立、解散)/变公司形式,以上 7 种事项表决按照如下规则进行:

(1)有限责任公司:经代表 2/3 以上表决权的股东通过;

(2)股份有限公司:经出席会议的股东所持表决权的 2/3 以上通过。

8. 担保表决

(1)对外担保:按照章程规定,经股东会、董事会决议;

(2)对内担保:必须经股东会决议,该表决由出席会议的其他股东所持表决权的过半数通过。

6.3.4 董 事 会

1. 简化设置

(1)规模较小或者股东人数较少的公司,可以不设董事会,设 1 名董事,行使公司法规定的董事会的职权。

(2)该董事可以兼任公司经理,兼任者成为法定代表人的唯一人选。

2. 董事会人数

《公司法》规定 3 人以上。

3. 职工代表

(1)一般情况,董事会成员中可以有公司职工代表。

(2)法定职工董事制度:职工人数 300 人以上的公司,除依法设监事会并有公司职工代表的外,其董事会成员中应当有公司职工代表。

(3)董事会中的职工代表由公司职工通过职工代表大会、职工大会或者其他形式民主选举产生。

4. 任期和超期服役(监事会也是这样规定)

(1)董事任期由公司章程规定,每届任期不得超过 3 年。董事任期届满,连选可以连任。

(2)期内辞职 + 低于法定人数 + 新董事就任前 = 要履职。

5. 无因解职

(1)无因解职:股东会可以决议解任董事,决议作出之日解任生效。

(2)被解职后的救济:无正当理由,在任期届满前解任董事的,该董事可以要求公司予以赔偿。公司和董事之间是委托法律关系,任何一方均可单方解除委托关系而不需要理由或者对方同意。

6. 董事会决议

(1)召集和主持:董事长→副董事长→过半数董事共同推举1名董事。

(2)表决权:一人一票。

(3)召开:董事会会议应当由过半数的董事出席方可举行。

(4)决议:董事会作出决议,应当经全体董事的过半数通过。

(5)董事会的决议方式和表决程序,除公司法有规定的以外,由公司章程规定。

(6)董事会会议,应当由董事本人出席,董事因故不能出席,可以书面委托其他股东代为出席,委托书应当明确授权范围。

主观题小案例

【案例1】A有限责任公司注册资本为5000万元,股东为张三、李四、王五与赵六四人,公司不设董事会与监事会,张三担任董事长,赵六担任总经理并兼任监事。

问题:(1)A有限责任公司不设董事会与监事会,是否符合法律规定?

(2)A有限责任公司的治理结构,存在哪些不规范之处?

答案参考:(1)符合。因为只有4名股东,符合"人数较少"的规定。

(2)公司无董事会时,张三的职位不应是董事长,而应是执行董事;赵六不得同时担任总经理和监事。

【案例2】张三为A公司执行董事。

问题:在章程无特别规定的情形下,他是否有权决定聘任李四为公司总经理?

答案参考:有权。A公司设"执行董事",说明该公司无董事会,执行董事与董事会职权相同,故张三有权决定聘任高级管理人员。

【案例3】王五任甲公司董事长。

问题:在章程无特别规定的情形下,他是否有权决定聘用赵六为公司总经理?

答案参考:无权。总经理职位属于公司高级管理人员范围,应当由董事会决定聘任,而非董事长个人决定。

6.3.5 监 事 会

1. 在董事会中设置审计委员会的,不设监事会或者监事,有限责任公司经全体股东一致同意,也可以不设监事。

2. 人数:同董事会一样,均为3人以上,规模较小或者股东人数较少的公司,可以不设监事会,设1名监事行使公司法规定的监事会的职权。

3. 职工代表:监事会成员应当包括股东代表和适当比例的公司职工代表,其中职工代表的比例不得低于1/3,具体比例由公司章程规定。

4. 主席、副主席。

(1)有限责任公司:监事会设主席1人,由全体监事过半数选举产生。

(2)股份有限公司:监事会设主席1人,可以设副主席。监事会主席和副主席由全体监事过半数选举产生。

5. 监事会议。

(1)有限责任公司:监事会每年度至少召开一次会议,监事可以提议召开临时监事会会议。

(2)股份有限公司:每6个月至少召开一次会议。监事可以提议召开临时监事会会议。

6. 决议。

(1)监事会的决议方式和表决程序,除公司法有规定的外,由公司章程规定。

(2)一人一票,决议应当经全体监事的过半数通过。

7. 董事和高级管理人员不得兼任监事,因为监事的职权主要就是督促股东会,监控董事、高级管理人员的行为和业务。

主观题小案例

【案例】刘昌担任公司董事长,钱顺担任总经理并兼任监事。刘昌与钱顺爆发严重冲突,后发生了钱顺以监事身份来罢免刘昌董事长的情况。

问题:钱顺以监事身份来罢免刘昌董事长职位是否合法?为什么?

答案参考:不合法。

根据《公司法》第78条的规定,监事会的职权包括对董事、高级管理人员执行公司职务的行为进行监督,对违反法律、行政法规、公司章程或者股东会决议的董事、高级管理人员提出解任的建议等。据此可知,监事对公司董事只有解任建议权,而无决定权。

该案中,钱顺的身份为公司监事,他无权解任董事,只有"建议"权。因此,刘昌的董事长地位不受影响。

6.3.6 股东会(董事会)决议效力瑕疵诉讼(☆☆)

1. 决议不成立

(1)有下列情形之一的,公司股东会、董事会的决议不成立:

①公司未召开会议的;

②会议未进行表决的;

③出席会议的人数或者股东所持表决权不合《公司法》或章程规定的;

④会议的表决结果未达到规定的通过比例的。

(2)诉讼当事人。

①原告:股东、董事、监事等利益相关者。

②被告:公司。

③第三人:决议涉及的其他利害关系人。

2. 决议无效

(1)无效的情形:内容违反法律、行政法规。

(2)诉讼当事人。

①原告:股东、董事、监事等利益相关者。

②被告:公司。

③第三人:决议涉及的其他利害关系人。

3. 决议可撤销

(1)可撤销的情形

①作出决议的程序违法;

②作出决议的程序违反章程;

③决议的内容违反章程,但会议召集程序或者表决方式仅有轻微瑕疵,且对决议未产生实质影响的,股东不可请求撤销该决议。

(2)诉讼当事人

①原告:股东(起诉时具有公司股东资格)。

②被告:公司。

③第三人:决议涉及的其他利害关系人。

(3)期限限制

①股东自决议作出之日起60日内,可以请求人民法院撤销;

②未被通知参加股东会会议的股东自知道或者应当知道股东会决议作出之日起60日内,可以请求人民法院撤销;自决议作出之日起1年内没有行使撤销权的,撤销权消灭。

主观题小案例

【案例1】甲公司有3位股东A、B、C,3人组成董事会。公司章程规定:董事会享有解聘经理等职权,董事会须由2/3以上的董事出席,董事会决议由占全体股东2/3以上的董事表决通过有效。某日公司召开董事会,3位董事均出席,会议形成了“鉴于总经理B不经董事会同意私自动用公司资金在二级市场炒股,造成巨大损失,现免去其总经理职务,即日生效”的决议。该决议由A、C签名,B未在该决议上签名。经查,B私自炒股与事实存在重大偏差。

问题:甲公司董事会解聘B经理职务的决议是否有效?

答案参考:有效。

根据《公司法》第26条第1款的规定,董事会的会议召集程序、表决方式违反法律、行政法规或者公司章程,或者决议内容违反公司章程的,股东自决议作出之日起60日内,可以请求人民法院撤销。

该案中:首先,董事会决议中关于“私自动用公司资金在二级市场炒股造成巨大损失”的陈述,仅是董事会解聘B总经理职务的原因,而决议内容是“董事会解聘总经理职务”,该内容本身并不违反公司章程,也不违反《公司法》的规定,董事会决议解聘B总经理职务的原因如果不存在,并不导致董事会决议被撤销。

其次,该案召集程序为“董事会由董事长召集,3位董事均出席董事会”,表决方式为“董事会决议由3位股东(兼董事)中的2名表决通过”。故在召集程序、表决方式上均未违反法律、行政法规或公司章程的规定，故不违反《公司法》第2款规定。

从上述分析可知，该项决议内容合法、程序无明显瑕疵，是有效决议。

【案例2】2024年9月份，A公司股东会讨论董事人选，下列人员可否担任董事、监事、高级管理人员？

(1)王某因担任某钢铁企业负责人犯重大责任事故罪被判处3年有期徒刑，2019年刑满释放。

(2)张某曾担任一家长期经营不善、负债累累的纺织厂的厂长，上任仅3个月该纺织厂被宣告破产。

(3)李某与他人共同投资设立甲有限责任公司，持股70%，甲公司因违法被吊销营业执照。

答案参考：(1)王某可担任。

根据《公司法》第178条第1款第2项的规定，因贪污、贿赂、侵占财产、挪用财产或者破坏社会主义市场经济秩序，被判处刑罚，执行期满未逾5年，被宣告缓刑的，自缓刑考验期满之日起未逾2年，不得担任公司的董事、监事、高级管理人员。

该题中，王某犯重大责任事故罪，并非上述犯罪类型。所以，王某可以担任A公司董事、监事或高级管理人员。

(2)张某可担任。根据《公司法》第178条第1款第4项的规定，担任因违法被吊销营业执照、责令关闭的公司、企业的法定代表人，并负有个人责任的，自该公司、企业被吊销营业执照、责令关闭之日起未逾3年，不得担任公司的董事、监事、高级管理人员。该题中，3个月时间难以说明张三对纺织厂的破产"负有个人责任"。

(3)李某可担任。《公司法》第178条规定，系对公司的董事、监事、高级管理人员的规范，并不是公司的股东。该题中李某是"股东"，并非"董事、厂长、经理、法定代表人"等经营管理人员。

【案例3】A有限责任公司的章程规定，金额超过10万元的合同由董事会批准。张三是A有限责任公司的总经理。因公司业务需要车辆，张三便将自己的轿车租给A有限责任公司，并约定年租金15万元。该事项没有向股东会或者董事会报告，后张三要求公司支付租金，股东们获知此事，一致认为租金太高，不同意支付。

问题：关于本案，应当如何处理？

答案参考：董事会可以解聘张三，A有限责任公司有权拒付租金。

首先，《公司法》第182条规定，董事、监事、高级管理人员，直接或者间接与本公司订立合同或者进行交易，应当就与订立合同或者进行交易有关的事项向董事会或者股东会报告，并按照公司章程的规定经董事会或者股东会决议通过。不得违反公司章程的规定或者未经股东会、董事会同意，与本公司订立合同或者进行交易。其次，根据《公司法》第67条第8项的规定，董事会职权包括"决定聘任或者解聘公司经理及其报酬事项"。

本案中，张三是公司高级管理人员，董事会可以决议解聘他。其将自己的轿车租给本公司的行为属"自我交易"，依据《公司法》第186条的规定，该笔租金应当归公司所有。既然公司有权取得张三从公司取得的租金收入，那么A有限责任公司可拒绝支付租金，两者效果相同。所以，A有限责任公司可以采取的措施包括：董事会可以解聘张三，有权拒付租金。

6.4 股权转让

6.4.1 有限责任公司股权协议转让(☆☆)

1. 股权对内转让

(1)有限责任公司的股东之间可以相互转让其全部或者部分股权。

(2)无须通知其他股东,其他股东没有优先购买权。

2. 股权对外转让(NEW)

(1)通知:股东向股东以外的第三人转让股权的,应当将股权转让的数量、价格、支付方式和期限等事项书面通知其他股东。

(2)其他股东的优先购买权:

①在同等条件下,其他股东有优先购买权;

②股东自接到书面通知之日起30日内未答复的,视为放弃优先购买权;

③2个以上的股东主张优先购买权,应当首先通过协商确定各自的购买比例;若协商不成,按照转让时各自的出资比例行使优先购买权;

④公司章程对股权转让另有规定的,从其规定。《公司法》尊重公司的意思自治,公司章程可以对股权转让作出其他或严格或宽松的规定,但不能约定禁止股东转让股权。

3. 股权转让的程序

(1)股东转让股权的,应当书面通知公司,请求变更股东名册;

(2)需要办理变更登记的,并请求公司向公司登记机关办理变更登记。公司拒绝或者在合理期限内不予答复的,转让人、受让人可以依法向人民法院提起诉讼;

(3)股权转让的,受让人自被记载于股东名册时起可以向公司主张行使股东权利;

(4)依照公司法转让股权后,公司应当及时注销原股东的出资证明书,向新股东签发出资证明书,并相应修改公司章程和股东名册中有关股东及其出资额的记载。对公司章程的该项修改不需要再由股东会表决。

4. 转让的股东反悔

(1)如转让股东不同意转让股权,保护转让股东的私权处分权,其他股东不得主张优先购买权。

(2)其他股东有权主张转让股东赔偿合理损失(基于缔约过失责任)。

(3)公司章程事先规定或者全体股东一致签署不允许"反悔"的承诺,转让的股东不得反悔,其他股东仍旧享有优先购买权。

5. 损害股东优先购买权的救济

(1)情形:有限责任公司的股东向股东以外的人转让股权,未就其股权转让事项征求其他股东意见或者以欺诈、恶意串通等手段,损害其他股东优先购买权。

(2)其他股东的救济:

①其他股东可主张按照同等条件购买该转让股权,但其他股东自知道或者应当知道行使优先购买权的同等条件之日起30日内没有主张或者自股权变更登记之日起超过1年的除外。

②单纯否定合同及股权变动效力,法院不支持。

③赔偿请求可获得支持,其他股东非自身原因导致无法行使优先购买权,请求损害赔偿的,人民法院可以支持。

(3)受让人的救济:

①转让合同如无其他影响合同效力的事由原则上有效。

②原受让人可主张违约责任,但不可要求继续履行合同。

6.4.2 股份有限公司股权转让

1. 股权转让自由

(1)无论对内转让还是对外转让都是自由的,无须额外的条件,也没有有限购买权的制度。

(2)公司章程对股权转让有限制的,其转让按照公司章程的规定进行。

2. 特定主体的限制

(1)原始股:公司公开发行股份前已发行的股份,自公司股票在证券交易所上市交易之日起1年内不得转让。

(2)双控人:法律、行政法规或者国务院证券监督管理机构对上市公司的股东、实际控制人转让其所持有的本公司股份另有规定的,从其规定。

(3)董事、监事、高级管理人员:自公司上市交易之日起1年内不得转让,离职后半年内不得转让,任职期间每年转让的股份≤其所持有本公司股份总数的25%。

3. 有限责任公司回购股东的股权

(1)公司的控股股东滥用股东权利,严重损害公司或者其他股东利益的,其他股东有权请求公司按照合理的价格收购其股权。

(2)有下列情形之一的,对股东会该项决议投反对票的股东可以请求公司按照合理的价格收购其股权:

①公司连续5年不向股东分配利润,而公司该5年连续盈利,并且符合公司法规定的分配利润条件的;

②公司合并、分立、转让主要财产的;

③公司章程规定的营业期限届满或者章程规定的其他解散事由出现,股东会会议通过决议修改章程使公司存续的。

4. 股份有限公司股权回购情形及限制

(1)减少公司注册资本——股东会决议/经出席会议股东所持表决权2/3以上通过——自收购之日起10日内注销。

(2)与持有该公司股份的其他公司合并——股东会决议/经出席会议股东所持表决权2/3以上通过——6个月内转让或者注销。

(3)股东因对股东会作出的公司合并、分离决议持异议,要求公司收购其股份——无须决议——6个月内转让或者注销。

(4)将股份用于员工持股计划或股权激励/将股份用于转换公司发行的可转换为股票的公司债券/上市公司为维护公司价值及股东权益所必需——可以按照公司章程或股东会的授权，经2/3以上董事出席的董事会会议决议——公司合计持有的该公司股份数不得超过该公司已发行股份总数的10%/并应当在3年内转让或者注销。

5. 质权

公司不得接受该公司的股份作为质权的标的。

6.4.3 有限责任公司股权的强制执行(☆)

1. 法院通知

法院依强制执行程序转让股东的股权，不需要征得股东同意，应当通知公司及全体股东。

2. 优先购买权

其他股东在同等条件下有优先购买权。

3. 除斥期间

其他股东自法院通知之日起满20日不行使优先购买权的，视为放弃优先购买权。

6.4.4 股权让与担保(☆)

1. 形式

(1)债务人或者第三人与债权人约定将标的股权形式上转移至债权人名下，债务人不履行到期债务，债权人有权对标的股权折价或者以拍卖、变卖该财产所得价款偿还债务。

(2)溢价回购股权：债务人与债权人约定将标的股权转移至债权人名下，在一定期间后再由债务人或者其指定的第三人以交易本金加上溢价款回购。

2. 公示产生物权效力

当事人已经完成标的股权变动的公示，债务人不履行到期债务，债权人有权请求参照《民法典》关于担保物权的有关规定就该财产优先受偿。

3. 流质条款无效

债务人或者第三人与债权人约定将标的股权形式上转移至债权人名下，债务人不履行到期债务，财产归债权人所有的：

(1)该约定无效；

(2)不影响当事人有关提供担保的意思表示的效力。

4. 债权人不具有股东身份

(1)虽然股权登记在债权人名下，但不能将债权人认定为股东。

(2)债权人不承担股东的出资义务，也不享有股东权利。

6.4.5 有限责任公司股权的继承

1. 原则上当然继承：自然人股东死亡后，其合法继承人可以继承股东资格；但是，公司章程另有规定的除外。

2. 无优先购买权:有限责任公司的自然人股东因继承发生变化时,其他股东主张行使优先购买权的,人民法院不予支持,但公司章程另有规定或者全体股东另有约定的除外。

主观题小案例

【案例1】有限责任公司的股东张三对外转让股权,消息一经放出,李四一次付清股款10万元,另一股东王五不同意,且自己愿意支付股款10万元,但要分10期付清。

问题:王五不同意转让,王五是否享有优先购买权?

答案参考:有限责任公司股东对外转让股权,虽不需要其他股东同意,但本题中王五不享有有限购买权。

根据《公司法》第84条第2款的规定:股东向股东以外的人转让股权的,应当将股权转让的数量、价格、支付方式和期限等事项书面通知其他股东,其他股东在同等条件下有优先购买权。股东自接到书面通知之日起30日内未答复的,视为放弃优先购买权。2个以上股东行使优先购买权的,协商确定各自的购买比例;协商不成的,按照转让时各自的出资比例行使优先购买权。

该案中,李四"一次付款"比股东王五"分期付款"的条件更加有利,股东王五不符合"同等条件",所以,王五不享有优先购买权。

【案例2】A公司章程规定,若股东死亡,继承人在继承股东资格前,其他股东对该部分股权享有优先购买权。如果合法继承人同意,则其他股东可以获得该部分股权。

问题:该约定是否有效?

答案参考:有效。根据《公司法》第90条及相关规定,自然人股东死亡后,其合法继承人可以继承股东资格,但是,公司章程另有规定的除外。公司法对公司章程的规定予以认可。所以,该案A公司章程约定是有效的。

【案例3】张三是A公司的股东,2024年9月15日张三和妻子李四因感情不和协议离婚。在财产分配的时候,张三同意将其在A公司所持股权的50%补偿给其妻子李四,李四放弃房子的份额。李四同意张三的提议并在离婚协议上签字。

问题:其妻李四能否依据该离婚协议取得张三在A公司持有的50%股权?

答案参考:不一定。

根据《公司法》第84条的规定,有限责任公司股东之间可以相互转让全部或者部分股权,对外转让股权的,应当将转让事项书面通知其他股东,其他股东在同等条件下有优先购买权。该题中,张三是A公司股东,但其妻李四并非A公司股东,故二人基于离婚协议对股权的分割,应当比照有限责任公司股权对外转让处理。如果其他股东接到通知后表示不予购买或者接到通知后30日内未答复,张三的妻子李四才能取得对应股权。如果有股东要行使优先购买权,则李四只能取得对应的价款。

【案例4】2024年11月,甲、乙、丙、丁、戊5人共同出资设立A贸易有限责任公司。公司章程规定:公司注册资本500万元;持股比例各20%;甲、乙各以100万元现金出资,丙以自有房屋出资,丁以专利权出资,戊以设备出资,各折价100万元;甲任董事长兼总经理,负责公司经营管理;公司前5年若有利润,甲得28%,其他4位股东各得18%,从第6年开始平均分配利润。戊不幸于2025年5月事故中遇难,其13岁的儿子幸存下来。

问题:戊13岁的儿子能否继承戊的股东资格而成为A公司的股东?为什么?

答案参考:戊13岁的儿子可以继承戊的股东资格而成为公司的股东。

根据《公司法》第90条的规定:自然人股东死亡后,其合法继承人可以继承股东资格;但是,公司章程另有规定的除外。

本案中,公司章程对继承问题没有规定,则自然人死亡其继承人可以继承股东资格,并且《公司法》并不要求股东为完全行为能力人,故戊13岁儿子继承股东资格是合法有效的。

6.5 股东权利和义务

6.5.1 股东知情权(☆)

1. 有限责任公司

(1)一般文件:有限责任公司股东有权查阅、复制章程、股东会会议记录、董事会会议决议、监事会会议决议和财务会计报告。

(2)查账权:股东可以要求查阅公司会计账簿。

①书面请求,说明目的。

②若有不正当目的,可能损害公司合法利益的,公司可以拒绝,并于15日内说明理由。

③股东可以请求人民法院要求公司提供查阅。

(3)其中"不正当目的"主要是指以下三个方面:

①股东自营或者为他人经营与公司主营业务有实质性竞争关系的业务,但公司章程另有规定或者全体股东另有约定的除外;

②股东为了向他人通报有关信息查阅公司会计账簿,可能损害公司合法利益;

③股东在向公司提出查阅请求之日前3年内,曾通过查阅公司会计账簿向他人通报有关信息损害公司合法利益。

2. 股份有限公司

(1)股东有权查阅公司章程、股东名册、公司债券存根、股东会会议记录、董事会与监事会决议、财务会计报告(不能查阅会计账簿),对公司的经营提出建议或者质询;

(2)股份有限公司的股东依据法律或章程规定起诉请求查阅公司特定文件材料的,法院应当予以受理。

3. 知情权的行使

(1)原告:起诉时有股东资格;

(2)例外:在起诉时不具有公司股东资格的,法院应当驳回起诉但原告有初步证据证明在持股期间其合法权益受到损害,请求依法查阅或者复制其持股期间的公司特定文件材料的除外。

主观题小案例

【案例1】张三向甲公司邮寄《查阅会计账簿申请函》,申请函记载"为能全面了解贵公司的真实经营状况、财务状况、维护张三作为股东的合法权益,现请求对下列材料进行查阅:2020 年 1 月 1 日 ~2024 年 12 月 31 日的会计账簿”。

另查明:张三同时是 A 公司与 B 公司的法定代表人。该两家公司的经营范围与甲公司营业执照上所列经营范围相同或相似。但这两家公司在 2020 年度、2021 年度、2022 年度中作为计税依据的各项销售额均为零,2023 年度、2024 年度缴纳各项保险金的职工数量为零。

问题:甲公司能否以张三查阅会计账簿有不正当目的并可能损害公司合法利益为由拒绝提供查阅?

答案参考:不能拒绝。

根据《公司法》第 57 条及相关规定,股东有权查阅、复制公司章程、股东名册、股东会会议记录、董事会会议决议、监事会会议决议和财务会计报告。股东可以要求查阅公司会计账簿、会计凭证。股东要求查阅公司会计账簿、会计凭证的,应当向公司提出书面请求,说明目的。公司有合理根据认为股东查阅会计账簿、会计凭证有不正当目的,可能损害公司合法利益的,可以拒绝提供查阅,并应当自股东提出书面请求之日起 15 日内书面答复股东并说明理由。公司拒绝提供查阅的,股东可以向人民法院提起诉讼。

该案中,张三提出书面请求并说明了查阅账簿的目的,其行使股东知情权程序正当。同时,张三担任法定代表人的 A 公司与 B 公司未正常营业,二者与甲公司存有同业竞争关系的主张并无事实依据。所以,甲公司拒绝作为股东的张三查阅公司会计账簿的请求没有事实与法律依据。

【案例 2】胜达公司成立于 2018 年 7 月,注册资本 100 万元。股东是甲、乙、丙、丁 4 人,持股比例为 45%、25%、21% 和 9%。甲担任董事长,乙担任总经理。鉴于 2024 年胜达公司投资失利,丙、丁和胜达公司发生了严重的冲突。他们认为甲从中收了好处,于是请求查看会计账簿。

问题:对于丙、丁申请查阅公司会计账簿,公司能否直接拒绝?

答案参考:不能直接拒绝。根据《公司法》第 57 条第 2 款的规定:股东可以要求查阅公司会计账簿、会计凭证。股东要求查阅公司会计账簿、会计凭证的应当向公司提出书面请求,说明目的。公司有合理根据认为股东查阅会计账簿、会计凭证有不正当目的,可能损害公司合法利益的,可以拒绝提供查。故公司不能拒绝丙、丁的请求。

6.5.2 股东利润分配请求权(分红权)

1. 利润分配请求权

(1)原则:非有盈余不得分配,必须以公司利润存在为分配前提(分配顺序:补亏→纳税→公积金→分红)。

(2)有限责任公司:股东按照实缴的出资比例分取红利;但是,全体股东约定不按照出资比例分取红利的除外。

(3)股份有限公司:按照股东持有的股份比例分配(认缴比例),但公司章程规定不按持股比例分配的除外。

2. 利润分配请求权之诉

(1)被告为公司。

(2)一审法庭辩论终结前,其他股东基于同一分配方案请求分配利润并申请参加诉讼的,应当列为共同原告。

(3)股东提交载明具体分配方案的股东会的有效决议,请求公司分配利润,公司拒绝分配利润且其关于无法执行决议的抗辩理由不成立的,人民法院应当判决公司按照决议载明的具体分配方案向股东分配利润。

(4)股东未提交载明具体分配方案的股东会决议,请求公司分配利润的,人民法院应当驳回其诉讼请求。但违反法律规定滥用股东权利导致公司不分配利润,给其他股东造成损失的除外。

6.5.3 股东代表诉讼权(☆☆☆☆)

1. 股东代表诉讼

股东代表诉讼,又称派生诉讼、股东代位诉讼,是指当公司的合法权益受到不法侵害而公司却怠于起诉时,股东以自己的名义起诉,所获赔偿归于公司的一种诉讼制度。

2. 适用情形及救济途径

(1)股东代表诉讼的主要适用情形是董事、监事、高级管理人员或他人损害公司合法权益,给公司造成损失的,有限责任公司股东,股份有限公司连续180日以上单独或者合计持有公司1%以上股份的股东,可以书面请求监事(会)或董事会(执行董事)向人民法院提起诉讼。所要救济的是被侵害的公司的权益,而非股东的个人权益。

(2)监事(会)或董事会(执行董事)收到前述规定的股东书面请求后拒绝提起诉讼;自收到请求之日起30日内未提起诉讼;情况紧急,不立即提起诉讼将会使公司利益受到难以弥补的损害的。

(3)上述股东有权为了公司利益以自己名义直接向人民法院提起诉讼。

(4)单纯的董事、高级管理人员未尽忠诚、勤勉义务不具备可诉性。

3. 股东代表诉讼

(1)原告:有限责任公司中任意股东;股份有限公司中连续180日持股,且持股比例为1%以上的股东(起诉时具有股东资格)。

(2)被告:董事、监事、高级管理人员、他人为被告,公司为第三人。

4. 反诉与调解

(1)反诉

①股东提起股东代表诉讼后,被告以原告股东恶意起诉侵犯其合法权益为由提起反诉的,法院应予受理。

②被告以公司在案涉纠纷中应当承担侵权或者违约等责任为由对公司提出的反诉,因不符合反诉的要件,人民法院应当裁定不予受理;已经受理的,裁定驳回起诉。

(2)调解

①只有在调解协议经公司股东会、董事会决议通过后,人民法院才能出具调解书予以确认。

②具体决议机关,取决于公司章程的规定。公司章程没有规定的,人民法院应当认定公司股东会为决议机关。

5. 股东直接诉讼

(1)股东的利益遭受损害的时候,股东可以向人民法院提起诉讼,胜诉获利归股东。股东代表诉讼是公司利益受损,胜诉利益归公司。

(2)原告:受损的股东。

(3)被告:违反法律、行政法规或者规章,损害股东利益的董事、高级管理人员。

主观题小案例

【案例1】2017年博达和海涛创办法考私塾股份有限公司,每个人投资50万元,注册资本100万元,两人商议各持有50万股,各自占比50%。2018年法考改革,提高了主观题的分值,对2人而言,主观题是专长,当年该公司发行的《主观题通关包》一售而空,前景一片大好。雨泽想要通过向法考私塾股份有限公司增资的方式加入该公司。

问题:你是律师的话,你有什么办法让雨泽实现这个目的?

答案参考:雨泽可以直接出资100万元,全部计入注册资本,增资后公司注册资本变成200万元,这样雨泽可以持有100万股,占比为50%。如果博达和海涛不同意,要求雨泽出资500万元,占比50%;则雨泽所出资金全部计入注册资本,注册资本变成了600万元,此时雨泽持有500万股。按照这种方式,雨泽出资被分为两个部分:100万元+400万元,100万元计入注册资本,则注册资本变成了200万元,新老股东各自占50%,其余400万元计入资本公积金,不影响各方的股份数量和比例。增资方出资进入资本公积金实质上是其为获得更多投资机会,超出注册资本部分而履行的出资义务。

【案例2】甲与乙分别出资60万元和240万元共同设立A有限责任公司,由乙任执行董事并负责公司经营管理,甲任监事。乙同时为其个人投资的B有限责任公司的总经理,B有限责任公司需要租用仓库,乙擅自决定将A有限责任公司的一处房屋以较低价格出租给B有限责任公司。

甲知悉上述情况后,向乙提议召开一次股东会以解决问题,乙以业务太忙为由迟迟未答应开会。

问题:针对乙将A有限责任公司的房屋低价出租给B有限责任公司的行为,甲可以采取什么法律措施?

答案参考:甲可以为公司利益向法院提起股东代表诉讼。

根据《公司法》第189条的规定,公司合法权益受到董事、高级管理人员的损害,而公司又不能自行提起诉讼的情况下,股东可以提起股东代表诉讼以维护公司利益。

该案中,乙是A有限责任公司执行董事,但擅自将公司的房屋低价出租,损害了A有限责任公司利益,但这并非股东甲的个人利益受损。所以,股东甲为了维护A有限责任公司利益,可以采取的法律措施是提起股东代表诉讼。

6.5.4 股东的义务(☆)

1.股东的共同义务

(1)出资义务是股东最主要的义务。若有限责任公司股东未履行出资义务,或抽逃全部出资公司可经法定程序剥夺其股东资格。

(2)参加股东会会议的义务。

(3)不干涉公司正常经营的义务。股东只能通过股东会行使表决权,对股东会职权范围内事项进行决议,而不得干涉董事会、经理、监事会的正常工作。这是公司所有权与经营权分离的体现。

(4)不得滥用股东权利的义务。

2. 控股股东、实际控制人的特别义务

(1)不得滥用控股股东的地位,损害公司和其他股东的利益;

(2)不得利用其关联关系损害公司利益;

(3)控股股东或实际控制人滥用股东权利或者利用关联关系损害公司或其他股东利益的,应当承担赔偿责任;

(4)关联交易损害公司利益,原告公司请求控股股东、实际控制人、董事、监事、高级管理人员赔偿所造成的损失,被告仅以该交易已经履行了信息披露、经股东会同意等法律、行政法规或者公司章程规定的程序为由抗辩的,人民法院不予支持。

主观题小案例

【案例】张三是A公司第一大股东并任董事长,同时是B公司股东、监事。2024年A公司与B公司签订《经销商合同书》,授权B公司为A公司产品的A市独家经销商,但享有省级经销商价格优惠待遇,并由A公司无条件承担B公司全部市场经营费用,这使A公司1年多花费百万余元。但该项交易A公司召开了股东会并经合法表决通过。

问题:本题中A、B两公司是否属于关联交易,股东如何维护自己的权益?

答案参考:A、B两公司属于关联交易,A公司的股东有权提起股东代表诉讼。

6.6 公司的经营

6.6.1 公司债务清偿问题(☆☆)

1. 总公司与分公司

(1)总公司又称本公司,是指依法设立并管辖公司全部组织的具有企业法人资格的总机构。

(2)分公司指在业务、资金、人事等方面受到本公司管辖而不具有法人资格的分支机构:

①分公司应当向公司登记机关申请登记,领取营业执照,其是独立的诉讼主体。

②分公司不具有法人资格,不能独立承担责任,其民事责任由总公司承担;但是分公司有权以自己的名义缔约和进行诉讼【总公司授权范围内缔约,有原被告资格等】。

2. 母公司与子公司

(1)母公司,是指拥有其他公司一定数额的股份或根据协议能够控制、支配其他公司的人事、财务、业务等事项的公司。

(2)子公司,是指一定数额的股份被另一公司控制或依照协议被另一公司实际控制、支配的公司【母公司持有子公司的股权,母公司是子公司的股东】。

(3)子公司具有独立的法人资格,依法独立承担民事责任,系独立的公司。

3. 股东的有限责任

(1)基于公司是企业法人,有独立的法人财产,所以公司以其全部财产对公司的债务承担责任。

(2)作为公司的出资人,股东除按认缴出资(认购股份)缴足出资款外,对公司的债务不承担清偿责任。

(3)股东承担有限责任的基础为:认缴的出资额或认购的股份数额(认缴出资≥实缴出资)。

(4)强调:"有限责任"是指"股东"承担有限责任,而不是"公司"承担有限责任。

主观题小案例

【案例】A科技公司位于北京市海淀区。为拓宽市场,该公司在深圳市福田区设立甲分公司、在天津市津南区设立乙分公司。

问题:(1)甲分公司的债权人在甲分公司直接管理的财产不能清偿债务时,能否主张强制执行A公司的财产?

(2)乙分公司的债权人在乙分公司直接管理的财产不能清偿债务时,能否主张强制执行甲分公司直接管理的财产?

答案参考:

(1)可以。《民法典》第74条第2款规定:"分支机构以自己的名义从事民事活动,产生的民事责任由法人承担;也可以先以该分支机构管理的财产承担,不足以承担的,由法人承担。"

该案中,甲分公司不具有独立法人地位,所以其民事责任最终由A公司承担。

(2)可以(理由同上)。

6.6.2 法人人格否认制度(☆☆☆☆)

1. 法人人格否认制度(刺破公司面纱)

该制度是指为阻止公司独立法人人格被滥用和保护公司债权人利益及社会公共利益,就具体法律关系中的特定事实,否认公司与其背后的股东各自独立的人格及股东的有限责任,责令股东对公司的债务直接负责的一种法律措施。

2. 适用情形

(1)情形:公司股东滥用公司法人独立地位和股东有限责任,逃避债务。

(2)后果:严重损害公司债权人利益,是指公司丧失清偿能力的情形。从现实意义上来讲,法人人格否认制度的适用往往隐含了公司资不抵债的前提。

(3)责任:股东对公司债务承担连带责任。

3. 股东滥用权利的常考情形

(1)人格混同

认定公司人格与股东人格是否存在混同,最根本的判断标准是公司是否具有独立意思和独立财产,最主要的表现是公司的财产与股东的财产是否混同且无法区分。

在认定是否构成人格混同时,应当综合考虑以下因素:

①股东无偿使用公司资金或者财产,不作财务记载的;

②股东用公司的资金偿还股东的债务,或者将公司的资金供关联公司无偿使用,不作财务记载的;

③公司账簿与股东账簿不分,致使公司财产与股东财产无法区分的;

④股东自身收益与公司盈利不加区分,致使双方利益不清的;

⑤公司的财产记载于股东名下,由股东占有、使用的。

(2)过度支配与控制

控制股东对公司过度支配与控制,操纵公司的决策过程,使公司完全丧失独立性,沦为控制股东的工具或躯壳,严重损害公司债权人利益,应当否认公司人格,由滥用控制权的股东对公司债务承担连带责任。

(3)资本显著不足

公司设立后在经营过程中,股东实际投入公司的资本数额与公司经营所隐含的风险相比明显不匹配。股东利用较少资本从事力所不及的经营,表明其没有从事公司经营的诚意,实质是恶意利用公司独立人格和股东有限责任把投资风险转嫁给债权人。

4. 诉讼当事人

(1)先告公司已经胜诉,告股东承担连带责任:原告是债权人,被告是股东,公司为第三人。

(2)同时告公司和股东:原告是债权人,公司+股东为共同被告。

(3)直接告股东:原告是债权人,被告是股东;法院应当向债权人释明,告知其追加公司为共同被告。债权人拒绝追加的,裁定驳回起诉。

(4)举证责任分配。

①一般由受损害的债权人举证股东存在“滥用”行为,且损害其利益。

②只有1个股东的公司举证责任倒置:只有1个股东的公司,股东不能证明公司财产独立于股东自己的财产的,应当对公司债务承担连带责任。

5. 限制适用规定

法人人格否认制度只是公司独立法人资格的补充,不是一概地否认公司人格的独立性。适用该原则时遵循个案适用的原则,对公司人格在某时、某事上否认。

(1)“只抓坏人”:只有实施了滥用法人独立地位和股东有限责任行为的股东才对公司债务承担连带清偿责任,而其他股东不应承担此责任。

(2)“对事不对人”:法人人格否认不是全面、彻底、永久地否定公司的法人资格而只是在具体案件中依据特定的法律事实、法律关系,突破股东对公司债务不承担责任的一般规则,例外地判令其承担连带责任。人民法院在个案中否认公司人格的判决的既判力仅仅约束该诉讼的各方当事人,不当然适用于涉及该公司的其他诉讼,不影响公司独立法人资格的存续。

主观题小案例

【案例1】横向人格混同。

原告徐工集团工程机械股份有限公司(以下简称徐工机械公司)诉称:成都川交工贸有限责任公司(以下简称川交工贸公司)拖欠其货款未付,而成都川交工程机械有限责任公司(以下简称川交机械公司)、四川瑞路建设工程有限责任公司(以下简称瑞路公司)与川交工贸公司人格混同,3 家公司实际控制人王某礼以及川交工贸公司股东等人的个人资产与公司资产混同,均应承担连带清偿责任。

请求判令:川交工贸公司支付所欠货款 10,916,405.71 元及利息,川交机械公司、瑞路公司及王某礼等人对上述债务承担连带清偿责任。

被告川交工贸公司、川交机械公司、瑞路公司辩称:3 家公司虽有关联,但并不混同,川交机械公司、瑞路公司不应对川交工贸公司的债务承担清偿责任。王某礼等人辩称:王某礼等人的个人财产与川交工贸公司的财产并不混同,不应为川交工贸公司的债务承担清偿责任。

请问:如果发生债务纠纷,债权人应当如何维权?如果需要提起诉讼,应如何列明当事人?

答案参考:(1)川交工贸公司与川交机械公司、瑞路公司在人员、业务、资产等方面出现混同,可以参照《公司法》第 23 条的规定,股东利用其控制的 2 家以上公司,实施滥用公司法人独立地位和股东有限责任,逃避债务,严重损害公司债权人利益的行为,各公司应当对任一公司的债务承担连带责任。该案由川交机械公司、瑞路公司对川交工贸公司的债务承担连带清偿责任。

(2)列川交机械公司、瑞路公司为被告,川交工贸公司为第三人。根据《全国法院民商事审判工作会议纪要》(以下简称《九民纪要》)第 13 点第 1 项的规定,债权人对债务人公司享有的债权已经由生效裁判确认,其另行提起公司人格否认诉讼,请求关联公司对公司债务承担连带责任的,应列承担连带责任的关联公司为被告,债务人公司为第三人。

【案例 2】纵向人格混同。

2010 年,李某明在甲公司工作期间发生工伤事故,造成右上肢截肢,经法定程序认定为工伤。经仲裁和诉讼程序,法院终审判决甲公司赔偿李某明 55 万余元,但甲公司无财产可供执行。法院另查明,陈某良、陈某胜是甲公司股东,二人为父子关系。2011 年 4 月,陈某良、陈某胜将甲公司经营地址变更,面积由数千平方米缩减至数十平方米。2011 年 3 月,陈某胜与他人在甲公司原地址成立乙公司,其经营范围与甲公司一致,陈某胜任乙公司法定代表人,并持股 90%。

问题:甲公司欠李某明的债务,陈某良、陈某胜是否承担责任?

答案参考:陈某良、陈某胜的上述行为已经具备滥用法人独立地位和股东有限责任以逃避债务的外观,且陈某良、陈某胜未能证明其行为的合理性,故陈某良、陈某胜应对甲公司欠李某明的 55 万余元债务承担连带责任。

【案例 3】A 公司的 2 个股东是甲公司和乙公司。甲公司持股 70% 并派员担任董事长,乙公司持股 30%。后甲公司将 A 公司的资产全部用于甲公司的某大型投资项目,待债权人丙公司要求 A 公司偿还货款时,发现 A 公司的资产不足以清偿。

问题:A 公司不能清偿时,谁要对丙公司的债务承担清偿责任?

答案参考:甲公司滥用股东权利,承担连带清偿责任。

根据《公司法》第 23 条第 1 款的规定,公司股东滥用公司法人独立地位和股东有限责任,逃避债务,严重损害公司债权人利益的,应当对公司债务承担连带责任。

该案中,甲公司凭借大股东便利将 A 公司的资产全部挪为己用,滥用股东权利,导致 A 公司的资产不足以清偿债务,损害了债权人丙公司的利益。

所以,应当否认 A 公司的法人人格,由甲公司对该笔债务承担连带清偿责任。

【案例 4】2014 年 3 月,A1 装饰公司与甲银行签订 100 万元贷款合同,现贷款合同逾期,但

A1 装饰公司不能清偿。现查明,A1、A2、A3 3 家公司具有股权交叉关系,3 家公司在同一地址办公、联系电话相同、财务管理人员在一段时期内相同。在经营过程中,A1 装饰公司上述贷款被大量投入 A3 公司的主题公园项目,A1 装饰公司大量财产被转移至 A2 公司名下,3 家公司还共同为 A1 装饰公司贷款还本付息。

问题:A1 装饰公司不能清偿时,甲银行可以向谁主张权利?

答案参考:甲银行可以向 A1 装饰公司主张清偿责任,还可以向 A2、A3 公司主张承担连带责任。

根据《公司法》第 23 条第 1 款的规定,公司股东滥用公司法人独立地位和股东有限责任,逃避债务,严重损害公司债权人利益的,应当对公司债务承担连带责任。

该案中,A1、A2、A3 3 家公司具有股权交关系叉,法定代表人、办公地址、联系电话等均相同,A1 装饰公司资产还被转移。这些证据说明 A1 装饰公司的股东有滥用"公司法人独立地位"的情形,符合法人人格否认的要件。

所以,该案债权人甲银行可以向 A1 装饰公司主张清偿责任,还可以向 A2 公司、A3 公司主张承担连带责任。

6.6.3 公司担保问题(☆)

1. 对外担保(公司为外人提供非关联担保)

(1)公司向其他企业投资或者为他人提供担保,依照章程的规定,由股东会或者董事会决议。因为担保行为不是法定代表人所能单独决定的事项,所以必须以公司机关的决议作为授权的基础和来源。

(2)公司章程对担保总额及单项担保数额有限额规定的,不得超过规定的限额。

(3)相对人(债权人)"善意":

①指相对人在订立担保合同时不知道且不应当知道法定代表人超越权限,即不知未经股东会或者董事会决议;

②相对人有证据证明已对公司决议进行了合理审查,人民法院应当认定其构成善意,但是公司有证据证明相对人知道或者应当知道决议系伪造、变造的除外。

(4)公司的分支机构未经公司股东会或者董事会决议,以自己的名义对外提供担保:公司或者其分支机构不承担担保责任,但是相对人不知道且不应当知道分支机构对外提供担保未经公司决议程序的除外。

2. 对内担保(为公司股东或实际控制人提供关联担保)

(1)公司为该公司股东或实际控制人提供担保的,必须经股东会决议;

(2)该项表决由出席会议的其他股东所持表决权的过半数通过(防止内部人控制股东会表决);

(3)相对人(债权人)"善意":

①该种担保类型,债权人应当证明其在订立合同时对股东会决议进行了审查,决议的表决程序符合上述规定,即在排除被担保股东表决权的情况下,该项表决由出席会议的其他股东所持表决权的过半数通过,签字人员也符合公司章程的规定;

②一人有限责任公司为其股东提供担保,公司以该行为违反《公司法》关于公司对外担保决议程序的规定为由主张不承担担保责任的,人民法院不予支持;

(4)公司承担担保责任导致无法清偿其他债务,提供担保时的股东不能证明公司财产独立于自己的财产,其他债权人请求该股东承担连带责任的,人民法院应予支持。

3. 越权担保

(1)法定代表人违反章程的授权,相对人被推定为善意,担保合同对公司发生效力,公司承担担保责任。

(2)法定代表人越权,相对人需要证明自己是善意的,如果是非善意的,担保合同对公司不发生效力,相对人可请求公司承担赔偿责任(或公司依据过错承担赔偿责任)。

(3)法定代表人越权,债权人明知法定代表人超越权限或者机关决议系伪造或者变造的,担保合同对公司不发生效力,公司不承担担保责任,也不承担其他民事责任。

(4)债权人善意的认定。

①关联担保,债权人在订立合同时对股东会决议进行合理审查;

②非关联担保,债权人在订立合同时对董事会决议或者股东会决议进行合理审查。

4. 内部权利救济,股东代为诉讼

(1)法定代表人的越权担保行为给公司造成损失,公司可请求该法定代表人承担赔偿责任。

(2)公司没有提起诉讼的,股东可以依法代为诉讼。

5. 无须机关决议的例外情况

有下列情形之一,公司以其未依照《公司法》关于公司对外担保的规定作出决议为由主张不承担担保责任的,人民法院不予支持(公司要承担担保责任):

(1)金融机构开立保函或者担保公司提供担保;

(2)公司为其全资子公司开展经营活动提供担保;

(3)担保合同系由单独或者共同持有公司2/3以上对担保事项有表决权的股东签字同意。

6. 以新贷还旧贷规定

(1)以新贷还旧贷,是指债权人(银行等金融机构)与债务人在旧贷未清偿等情况下,签订新贷款合同,以新贷款偿还全部或部分旧贷款等行为。

(2)主合同当事人协议以新贷偿还旧贷,债权人请求旧贷的担保人承担担保责任的,人民法院不予支持;债权人请求新贷的担保人承担担责任的,按照下列情形处理:

①新贷与旧贷的担保人相同的,人民法院应予支持;

②新贷与旧贷的担保人不同,或者旧贷无担保新贷有担保的,人民法院不予支持,但是债权人有证据证明新贷的担保人提供担保时对以新贷偿还旧贷的事实知道或者应当知道的除外。

(3)主合同当事人协议以新贷偿还旧贷,旧贷的物的担保人在登记尚未注销的情形下同意继续为新贷提供担保,在订立新的贷款合同前又以该担保财产为其他债权人设立担保物权,其他债权人主张其担保物权顺位优先于新贷债权人的,人民法院不予支持。

主观题小案例

【案例1】2007年2月,甲、乙、丙、丁、戊5人共同出资设立A有限责任公司。B公司总经理王五系甲的好友,B公司向建设银行借款1000万元,借期1年,王五请求A公司提供担保。甲说:"公司章程规定我只有300万元的担保决定权,超过了要上报股东会决议才行。"王五说:"你放心,我保证1年到期就归还银行,到时候与你公司无关,只是按银行要求办个手续。"甲碍于情面,自己决定以公司名义给B公司的贷款银行出具了一份担保函。

问题:A公司是否有权请求法院确认其向建设银行出具的担保函无效?为什么?

答案参考:该题需要分情况讨论。

《公司法》第15条对法定代表人的代表权进行了限制。法定代表人的担保行为必须以公司股东会、董事会等公司机关的决议作为授权的基础和来源。法定代表人未经授权擅自为他人提供担保的,构成越权代表,法院应当根据《民法典》关于法定代表人越权代表的规定,区分订立合同时债权人是否善意分别认定合同效力:债权人善意的,合同有效;反之,合同无效。

该案中,由于甲未经股东会决议对外担保1000万元,违反了担保的规定,构成越权代表。据此:(1)如果建设银行在订立担保合同时,对董事会决议或者股东会决议进行了形式审查,可认定其构成善意,则甲构成表见代表,A公司需要承担担保责任。(2)如果建设银行在订立担保合同时,没有审查董事会决议或者股东会决议,则建设银行不是"善意相对人",担保合同无效。

【案例2】中福实业公司的董事会作出为其第一大股东"中福集团公司"与甲银行的借款提供担保的决议。据此决议,中福实业公司董事长与甲银行签订担保合同,该份担保合同有董事长签名以及中福实业公司公章。

问题:中福实业公司如何担责?

答案参考:中福实业公司依据过错承担清偿责任。

根据《公司法》第15条第2款的规定,公司为本公司股东提供担保的,应当经股东会决议。该案中,中福实业公司董事会作出的关联担保决议,缺乏合法的授权基础和来源,构成越权代表。债权人甲银行没有尽到合理审查义务,所以该担保合同无效。

另根据《民法典》第388条第2款的规定,担保合同被确认无效后,债务人、担保人、债权人有过错的,应当根据其过错各自承担相应的民事责任。所以,中福实业公司向债权人承担债务人中福集团不能清偿债务部分1/2的赔偿责任。

6.6.4 对赌协议的效力及履行(☆)

1. 对赌协议

"对赌协议"又称估值调整协议,是指投资方与融资方在达成股权性融资协议时,为解决交易双方对目标公司未来发展的不确定性、信息不对称以及代理成本而设计的包含了股权回购、金钱补偿等对未来目标公司的估值进行调整的协议。

2. 分类

(1)投资方与目标公司的股东或者实际控制人"对赌"。

(2)投资方与目标公司"对赌"。

3. 法律后果

(1)协议有效。在"对赌协议"不存在法定无效事由的情况下,目标公司仅以存在股权回购或者金钱补偿约定为由,主张"对赌协议"无效的,法院不予支持。

(2)能否"实际履行"要分情况:

①投资方请求目标公司回购股权的,法院应当依据《公司法》第53条关于“股东不得抽逃出资”或者第162条关于股份回购的强制性规定进行审查。目标公司未完成减资程序的,应当驳回其诉讼请求。

②投资方请求目标公司承担金钱补偿义务的,法院应当依据《公司法》第53条关于“股东不得抽逃出资”和第210条关于利润分配的强制性规定进行审查。目标公司没有利润或者虽有利润但不足以补偿投资方的,法院应当驳回或者部分支持其诉讼请求。今后目标公司有利润时,投资方还可以依据该事实另行提起诉讼(《九民纪要》第5点)。

主观题小案例

【案例】2017年10月9日,胜达公司登记成立,注册资本为50万元。张博出资70%,海涛出资30%。张博为执行董事和法定代表人。

2022年10月9日,万力公司和胜达公司及张博、海涛签署了一份《增资扩股协议》,约定增资的股价为25元1股,万力公司以现金100万元对公司增资,其中25万元用作注册资本,75万元作为公司资本公积金。10月10日,张博、海涛作为甲方,胜达公司作为乙方,万力公司作为丙方,三方就增资的事宜达成《补充协议》,约定对股权的回购事宜:若乙方在2024年12月31日前未能在境内资本市场上市,则丙方有权要求乙方以现金形式回购丙方股份。

2022年12月31日,万力公司向胜达公司实际缴纳新增出资100万元,其中注册资本25万元,资本溢价75万元。胜达公司出具收据,载明收款事项为投资款。2024年12月31日,胜达公司未能在境内资本市场上市,万力公司向胜达公司发律师函,要求其按照《补充协议》回购股权。

问题:(1)甲方、乙方、丙方三方达成的《补充协议》是否有法律效力?

(2)如果胜达公司没有回复律师函,那么万力公司可否依据《补充协议》让胜达公司履行?为什么?

答案参考:(1)《补充协议》有效。依据《民法典》及相关规定,平等主体之间意思达成一致,只要不违反强行法规定,协议就有效。本题中甲、乙、丙三方主体签订的《补充协议》属于“对赌协议”,根据公司法及相关规定,投资方与目标公司订立的“对赌协议”在不存在法定无效事由的情形下,是有效的。

(2)律师可以根据法定的程序和条件提起诉讼,依据《九民纪要》第5点第2款的规定,投资方请求目标公司回购股权的,人民法院应当依据《公司法》关于“股权不得抽逃出资”或者关于股份回购的强制性规定进行审查。经审查,目标公司未完成减资程序的,法院应驳回其诉讼请求。该题中,胜达公司需要依法定程序履行减资手续后,方可履行协议,但不能违法抽逃出资。

6.6.5 保兑仓交易(☆)

1.保兑仓交易

作为一种新类型融资担保方式,其基本交易模式是,以银行信用为载体、以银行承兑汇票为结算工具、由银行控制货权、卖方或者仓储方受托保管货物并以承兑汇票与保证金之间的差额作为担保。其基本的交易流程是:卖方、买方和银行订立三方合作协议,其中买方向银行缴存一定比例的承兑保证金,银行向买方签发以卖方为收款人的银行承兑汇票,买方将银行承兑汇票交付卖方作为货款,银行根据买方缴纳的保证金的一定比例向卖方签发提货单,卖方根据提货单向买方交付对应金额的货物,买方销售货物后,将货款再缴存为保证金。

2. 权利义务

在三方协议中,一般来说,银行的主要义务是及时签发承兑汇票并按约定方式将其交给卖方,卖方的主要义务是根据银行签发的提货单发货,并在买方未及时销售或者回赎货物时,就保证金与承兑汇票之间的差额部分承担责任。银行为保障自身利益,往往还会约定卖方要将货物交给由其指定的当事人监管,并设定质押,因而涉及监管协议以及流动质押等问题。实践中,当事人还可能在前述基本交易模式基础上另行作出其他约定,只要不违反法律、行政法规的效力性强制性规定,这些约定应当被认定为有效。

一方当事人因保兑仓交易纠纷提起诉讼的,人民法院应当将保兑仓交易合同作为审理案件的基本依据,但买卖双方没有真实买卖关系的除外。

3. 无真实贸易背景的保兑仓交易

保兑仓交易以买卖双方有真实买卖关系为前提。双方无真实买卖关系的,该交易名为保兑仓交易实为借款合同,保兑仓交易因构成虚伪意思表示而无效,被隐藏的借款合同是当事人的真实意思表示,如不存在其他合同无效情形,应当认定有效。"保兑仓交易"被认定为借款合同的,不影响卖方和银行之间担保关系的效力,卖方仍应当承担担保责任。

4. 保兑仓交易的合并审理

当事人就保兑仓交易中的不同法律关系的相对方分别或者同时向同一人民法院起诉的,人民法院可以根据最高人民法院《关于适用〈中华人民共和国民事诉讼法〉的解释》第221条的规定,合并审理。当事人未起诉某一方当事人的,人民法院可以依职权追加未参加诉讼的当事人为第三人,以便查明相关事实,正确认定责任。

6.7 公司合并、分立及增资、减资

6.7.1 公司的合并与分立(☆☆)

1. 共同规定

(1)合并、分立需经股东会代表2/3以上表决权的股东通过;

(2)均编制资产负债表及财产清单,不进行法定清算;

(3)均通知、公告债权人(公司应当自作出合并、分立决议之日起10日内通知债权人,并于30日内在报纸上公告)。

2. 合并中的债权、债务承担

公司合并时,合并各方的债权、债务,应当由合并后存续的公司或者新设的公司承继。故合并中对于需要解散的主体,无须清算。

3. 合并中的异议回购请求权

无论是有限责任公司还是股份有限公司,对股东会作出的合并决议投反对票的股东,均有权

要求公司回购其股权/股份。

4. 分立债务承担

(1)公司分立前的债务由分立后的公司承担连带责任。

(2)公司在分立前与债权人就债务清偿达成的书面协议另有约定的除外。

5. 分立中的异议回购请求权

无论是有限责任公司还是股份有限公司,对股东会作出的分立决议投反对票的股东,均有权要求公司回购其股权/股份。

6.7.2 增资、减资(注册资本的变更)(☆☆)

1. 增加注册资本

(1)新增部分可以分期缴纳,无须一步到位。

(2)董事、高级管理人员的责任。

①股东在公司增资时未履行或者未全面履行出资义务,未尽到忠实、勤勉义务而使出资未缴足的董事、高级管理人员应当承担相应责任。

②董事、高级管理人员承担责任后,可以向被告股东追偿。

(3)决议程序。

增加注册资本属于公司的重大事项,有限责任公司需经股东会决议,经代表2/3以上表决权的股东通过。股份有限公司需经股东会决议,经出席会议的股东所持表决权的2/3以上通过。

(4)认缴权(优先认购权)。

①有限责任公司。

有限责任公司增加注册资本时,原股东有权按照实缴出资比例优先认购,但是全体股东约定不按照出资比例优先认缴出资的除外。

②股份有限公司股东无该项权利。

(5)投资者增资的处理。

①平价增资:增资款全部计入注册资本。

②溢价增资:增资款部分计入注册资本,部分计入资本公积金。

(6)公司增加注册资本,应当依法向公司登记机关办理变更登记。

2. 减少注册资本

(1)减资方案包括等比减资和非等比减资。

(2)减资的程序。

①有限责任公司需经股东会决议,经代表2/3以上表决权的股东通过。

②股份有限公司需经股东会决议,经出席会议的股东所持表决权的2/3以上通过。

(3)公司需要减少注册资本时,必须编制资产负债表及财产清单。

(4)债权人保护制度。

①公司应当自作出减少注册资本决议之日起10日内通知债权人,并于30日内在报纸上公告。

②债权人自接到通知书之日起30日内,未接到通知书的自公告之日起45日内,有权要求公

司清偿债务或者提供相应的担保。

(5)公司减少注册资本,应当依法向公司登记机关办理变更登记。

6.8 公司解散及清算

6.8.1 公司解散(☆☆)

1. 一般解散

(1)公司章程规定的营业期限届满或章程规定的其他解散事由出现;

(2)股东会决议解散(代表2/3以上表决权的股东通过);

(3)因公司合并、分立而解散(无须清算,可直接注销)。

2. 强制解散

(1)主管机关决定。国有独资公司由国家授权投资机构或者国家授权的部门作出解散的决定,即应解散。

(2)责令关闭。公司违反法律、行政法规被主管机关依法责令关闭的,应当解散。

(3)公司依法被吊销营业执照或者被撤销。

3. 司法解散

当公司经营管理发生严重困难,继续存续会使股东利益受到重大损失,通过其他途径不能解决的,持有公司全部股东表决权10%以上的股东可以请求人民法院解散公司。

(1)公司持续2年以上无法召开股东会,公司经营管理发生严重困难的;

(2)股东表决时无法达到法定或者公司章程规定的比例,持续2年以上不能作出有效的股东会决议,公司经营管理发生严重困难的;

(3)公司董事长期冲突,且无法通过股东会解决,公司经营管理发生严重困难的;

(4)经营管理发生严重困难,公司继续存续会使股东利益受到重大损失的。

主观题小案例

【案例1】某公司仅有甲和乙2名股东,二人意见存有分歧、互不配合,公司已持续4年未召开股东会,无法形成有效股东会决议。但公司经营良好尚未出现亏损状况。

问题:股东甲提出解散公司的诉讼请求能否得到法院支持?

答案参考:可以得到法院支持。

《公司法》第231条将"公司经营管理发生严重困难"作为股东提起解散公司之诉的条件之一。其重点在于公司管理存有严重内部障碍,无法就公司的经营管理进行决策等,应从公司组织机构的运行状态进行综合分析,而不是片面理解为公司资金缺乏、严重亏损等经营性困难。

该案中,公司虽处于盈利状态,但其股东会机制长期失灵,内部管理有严重障碍,已陷入僵局状态,可以认定为公司经营管理发生严重困难。其符合《公司法》及相关司法解释的规定,法院可以依法判决公司解散。

【案例2】A公司经营中,执行董事乙(持股80%)擅自将A公司货物低价出售给乙设立的B公司。股东甲(持股20%)知悉上述情况后,向乙提议召开股东会以解决问题,乙以业务太忙为由迟迟未答应开会。公司成立3年,一次红利也未分过,目前亏损严重。甲向乙提出解散公司,但乙不同意。甲决定转让股权,退出公司,但一时未找到受让人。

问题:针对乙不同意解散公司和甲决定退出公司又找不到受让人的情况,甲可采取什么法律对策?

答案参考:甲可以请求法院解散公司。

根据《公司法》第231条的规定,公司经营管理发生严重困难,继续存续会使股东利益受到重大损失,通过其他途径不能解决的,持有公司10%以上表决权的股东,可以请求人民法院解散公司。

该案中,A公司的困境通过其他途径不能解决,并且甲持有A公司20%的股权,可以请求法院解散公司。

6.8.2 股东重大分歧解决机制(☆)

人民法院审理涉及有限责任公司股东重大分歧案件时,应当注重调解。当事人协商一致以下列方式解决分歧,且不违反法律、行政法规的强制性规定的,人民法院应予支持:

1. 公司回购部分股东股份;
2. 其他股东受让部分股东股份;
3. 他人受让部分股东股份;
4. 公司减资;
5. 公司分立;
6. 其他能够解决分歧,恢复公司正常经营,避免公司解散的方式。

6.8.3 清 算(☆☆)

1. 清算

清算是公司已经出现解散事由,了结其全部债权债务、业务,终结公司的一切法律关系,处理公司剩余财产的程序。按照清算的发起方式不同,可以分为自行清算和法院的指定清算。

2. 自行清算

(1)时间:公司应当在解散事由出现之日起15日内成立清算组,开始自行清算。

(2)清算组的组成:

①有限责任公司的清算组由股东组成。

②股份有限公司的清算组由董事或者股东会确定的人员组成。

3. 指定清算(强制清算)

(1)有下列情形之一,债权人、公司股东、董事或其他利害关系人申请人民法院指定清算组进行清算的,人民法院应予受理:

①公司解散逾期不成立清算组的;

②清算组故意拖延清算的；

③违法清算可能严重损害债权人或者股东利益的。

(2)清算组成员可以从下列人员或者机构中产生：

①公司股东、董事、监事、高级管理人员；

②律师事务所、会计师事务所、破产清算事务所等社会中介机构；

③上述社会中介机构中具备相关专业知识并取得执业资格的人员。

(3)人民法院指定的清算组成员有下列情形之一的，人民法院可以根据债权人、公司股东、董事或其他利害关系人的申请，或者依职权更换清算组成员：

①有违反法律或者行政法规的行为；

②丧失执业能力或者民事行为能力；

③有严重损害公司或者债权人利益的行为。

(4)时间要求：

人民法院组织清算的，清算组应当自成立之日起6个月内清算完毕。因特殊情况无法在6个月内完成清算的，清算组应当向人民法院申请延长。

4. 申报债权

(1)清算组应当自成立之日起10日内通知债权人，并于60日内在报纸上公告。

(2)债权人应当自接到通知书之日起30日内，未接到通知书的自公告之日起45日内，向清算组申报其债权。

(3)在申报债权期间，清算组不得对债权人进行清偿。

5. 清算转破产

(1)清算组在清理公司财产、编制资产负债表和财产清单后，发现公司财产不足以清偿债务的，应当依法向人民法院申请宣告破产。

公司经人民法院裁定宣告破产后，清算组应当将清算事务移交给人民法院。

(2)协商制度：

①人民法院指定的清算组在清理公司财产、编制资产负债表和财产清单时，发现公司财产不足清偿债务的，可以与债权人协商制作有关债务清偿方案。

②债务清偿方案经全体债权人确认且不损害其他利害关系人利益的，人民法院可依清算组的申请裁定予以认可。清算组依据该清偿方案清偿债务后，应当向人民法院申请裁定终结清算程序。

③债权人对债务清偿方案不予确认或者人民法院不予认可的，清算组应当依法向人民法院申请宣告破产。

6. 清算的顺序

清算费用→职工债权→税款→债→股东分配剩余财产。

7. 清算中的法律责任

(1)未成立清算组。

有限责任公司的股东、股份有限公司的董事和控股股东未在法定期限内成立清算组开始清算导致公司财产贬值、流失、毁损或者灭失，债权人主张其在造成损失范围内对公司债务承担赔偿责任的，人民法院应依法予以支持。

(2)怠于清算导致财产、文件灭失而无法清算(《公司法解释(三)》第18~23条)。

(3)解散后恶意处置公司资产或未经清算骗取注销登记,债权人主张其对公司债务承担相应赔偿责任。

(4)股东需缴足出资,未到期的加速到期。

8.注销登记

公司清算结束后,清算组应当制作清算报告,报股东会或人民法院确认并报送公司登记机关,申请注销公司登记,公告公司终止。

主观题小案例

【案例】法考私教课公司设立于2017年,注册资本100万元,股东张博持股50%、海涛持股30%,雨泽持股20%。公司章程约定实缴出资时间是2025年12月31日,还规定了经营事项都交给总经理负责。海涛担任董事长及法定代表人,张博担任经理。法考私教课主要从事法考培训和辅导培训,为此2017年12月承租了位于延庆区某地的商业综合办公楼。小镇公司作为物业管理方及出租人与法考私教课公司签署了租赁合同,约定租期是5年,每年租金80万元。

张博对法考辅导实训比较擅长,在他的努力下,法考私教课的经营情况越来越好。2018年年底,法考私教课公司与多家公司签署了特许经营加盟合同,并且一次性收取了5年的加盟费共计800万元,还收了学员预交的500万元。海涛决定将这笔款项借给自己好友的法律出版公司用于投资,约定2024年年底归还本息,张博和雨泽知道后并没有提出反对意见。

后来,因为市场及政策影响,法考私教课公司经营陷入困境,截至2024年年底已经彻底无法继续经营。2024年,已经无力偿还小镇公司租金、剩余加盟费及学员的预付学费。

问题:(1)张博收取了加盟费800万元,全部用于营业场所的装修和购买教学软件及聘请培训师资等方面,该事项是否可以自己决定,为什么?

(2)海涛把收取的500万元学费借给了法律出版公司是否合法,为什么?

(3)若法考私教课公司开始清算,小镇公司是否有权拒绝提前解除租赁合同,为什么?进入破产程序,租赁合同是否应解除?为什么?

答案参考:

(1)有权。法考私教课公司有权对外开展加盟业务,也有权对营业场所及教学设备、师资等事项进行自主决定,因为这些均属于法考私教课公司的经营活动,根据公司章程规定,张博作为经理负责经营事项。

(2)合法。海涛是法考私教课公司的董事长及法定代表人,可以充分代表公司,根据公司法及相关规定,法定代表人海涛有权将收取的学费借给朋友公司用于投资。

(3)开始清算后,小镇公司无权拒绝提前解除合同。解散实际上是营业的终止,因此自公司解散开始,与小镇公司的租赁合同就不能继续再履行,属于法律上的履行不能。因此,法考私教课公司开始清算后,小镇公司无权拒绝提前解除租赁合同。该公司进入破产程序后,租赁合同是否应解除需要依据《企业破产法》第18条的规定,由管理人决定。

6.9 国家出资公司(新增)

1. 国家出资公司

国家出资公司,是指国家单独出资、由国务院或者地方人民政府授权本级人民政府国有资产监督管理机构履行出资人职责的公司,包括国家出资的国有独资公司、国有资本控股公司,包括国家出资的有限责任公司、股份有限公司。

2. 履行出资人职责的组织

(1)国家出资公司,由国务院或者地方人民政府分别代表国家依法履行出资人职责,享有出资人权益。

(2)国务院或者地方人民政府可以授权国有资产监督管理机构或者其他部门、机构代表本级人民政府对国家出资公司履行出资人职责。

(3)代表本级人民政府履行出资人职责的机构、部门,以下统称为履行出资人职责的机构。

3. 国有独资公司

(1)不设股东会

①不设股东会,由履行出资人职责的机构行使股东会职权。

②履行出资人职责的机构可以授权公司董事会行使股东会的部分职权,但公司章程的制定和修改,公司的合并、分立、解散、申请破产,增加或者减少注册资本,分配利润,应当由履行出资人职责的机构决定。

(2)要设董事会

①董事会成员中,应当过半数为外部董事,并应当有公司职工代表。

②董事会由履行出资人职责的机构委派;但是,董事会成员中的职工代表由公司职工代表大会选举产生。

③设董事长1人,可以设副董事长。董事长、副董事长由履行出资人职责的机构从董事会成员中指定。

(3)经理

①经理由董事会聘任或者解聘。

②经履行出资人职责的机构同意,董事会成员可以兼任经理。

(4)任职限制

董事、高级管理人员,未经履行出资人职责的机构同意,不得在其他公司或者其他经济组织兼职。

(5)审计委员会与监事会

国有独资公司在董事会中设置由董事组成的审计委员会行使公司法规定的监事会职权的,不设监事会或者监事。

6.10 企业破产法

6.10.1 破产法程序性规则(☆)

1. 破产原因(到期不还+资不抵债/到期不还+明显缺乏清偿能力)

(1)现金流标准,即"不能清偿到期债务"。

(2)资产负债表标准,即"资产不足以清偿全部债务或明显缺乏清偿能力"。对于债务人是否具备破产原因,应当采用"独立判断原则",相关当事人以对债务人的债务负有连带责任的人未丧失清偿能力为由,主张债务人不具备破产原因的,法院不予支持。

需要注意的是,破产原因是法院裁定宣告破产的条件,而不是法院裁定受理或者当事人申请破产的条件。对债权人而言,申请破产的条件只有"不能清偿到期债务"。

2. 受理破产申请的法律效果

(1)利息问题。附利息的债权自破产申请受理时起停止计息。破产申请受理后,债权人将债务人欠缴款项产生的滞纳金,包括债务人未履行生效法律文书应当加倍支付的迟延利息和劳动保险金的滞纳金作为破产债权进行申报的,法院不予确认。

(2)程序问题:

①有关债务人财产的保全措施应当解除,执行程序应当中止。

②此前正在进行的有关债务人的民事诉讼或仲裁应当中止;在管理人接管债务人的财产后,该诉讼或仲裁继续进行。上述裁判作出并生效前,债权人可以同时向管理人申报债权,但其作为债权尚未确定的债权人,原则上不得行使表决权,除非法院临时确定其债权额。

③此后有关债务人的新的民事诉讼(结合民事诉讼法考查),只能向受理破产申请的法院提起,排除其他一切诉讼管辖规则(但是此前已经达成的仲裁协议不受影响)。法院受理破产申请后,债权人新提起的要求债务人清偿的民事诉讼,法院不予受理,同时告知债权人应当向管理人申报债权。

④破产清算和解散清算。债务人同时符合破产清算条件和强制清算条件的,应当及时适用破产清算程序实现对债权人利益的公平保护。债权人对符合破产清算条件的债务人提起公司强制清算申请,经法院释明,债权人仍然坚持申请对债务人强制清算的,人民法院应当裁定不予受理。

(3)待履行合同问题。对于受理之前成立且双方均未履行完毕的合同,管理人有权决定解除或继续履行,并通知对方当事人。管理人决定继续履行合同的,对方当事人应当履行;但是,对方当事人有权要求管理人提供担保,管理人不提供担保的,视为解除合同。管理人自破产申请受理之日起2个月内未通知对方当事人,或自收到对方当事人催告之日起30日内未答复的,视为解除合同。

(4)此后发生新借款问题,按照"依法决议+优先受偿"规则处理。"依法决议"指经债权人会议决议通过,或者第一次债权人会议召开前经人民法院许可;"优先受偿"指参照共益债务清偿，管理人或者自行管理的债务人可以为前述借款设定抵押担保。抵押物在破产申请受理前已为其他债权人设定抵押的，按照《民法典》第414条规定的顺序清偿。

(5)管理人的重大财产处分行为，可以适用"事先表决+事先报告"规则。"事先表决"指应当事先制作财产管理或者变价方案并提交债权人会议进行表决，债权人会议表决未通过的，管理人不得处分；"事先报告"指管理人实施处分时应当向债权人委员会报告，没有成立债权人委员会的，管理人应当向法院报告。

3. 有保证关系的债权申报

(1)债务人破产。债务人的保证人或其他连带债务人已经代替债务人清偿债务的，以其对债务人的求偿权申报债权。债务人的保证人或其他连带债务人尚未代替债务人清偿债务的，以其对债务人的将来求偿权申报债权，但是，债权人已经向管理人申报全部债权的除外。

(2)保证人破产。

①保证人被裁定进入破产程序的，债权人有权申报其对保证人的保证债权。

②主债务未到期的，保证债权在保证人破产申请受理时被视为到期。

③一般保证的保证人主张行使先诉抗辩权的，法院不予支持，但债权人在一般保证人破产程序中的分配额应予提存，待一般保证人应承担的保证责任确定后再按照破产清偿比例予以分配。

④保证人被确定应当承担保证责任的，保证人的管理人可以就保证人实际承担的清偿额向主债务人或其他债务人行使求偿权。

(3)保证人和债务人均破产。

①债务人、保证人均被裁定进入破产程序的，债权人有权向债务人、保证人分别申报债权。

②债权人向债务人、保证人均申报全部债权的，从一方破产程序中获得清偿后，其对另一方的债权额不作调整，但债权人的受偿额不得超出其债权总额。

③保证人履行保证责任后不再享有求偿权。

4. 破产程序的合并

(1)合并重整。合并重整包括程序性合并重整和实体性合并重整。对分别进入重整程序的母公司、子公司或者其他关联企业，可以在程序上进行合并审理。在确认关联企业人格高度混同、资产和负债无法区分或区分成本过高以致将严重损害债权人利益的，在全面听取各方意见后，关联企业应进行实质性合并重整。

(2)合并破产清算。关联公司虽然为形式上的独立法人，但实际上不具备独立的法人人格，不具备分别进行破产清算的法律基础，可以合并破产清算。

主观题小案例

【案例】2016年5月21日，案外人焦某因经营需要，从张某玲处借款1000万元，按月结息至还本为止，月利息为1%，双方签订了借款合同，未约定借款期限；德信鑫源公司、案外人正长公司作为担保人在两份借款合同上盖章，未约定担保期限及担保方式。焦某偿还借款利息至2016年10月16日，后未再偿还任何本息。2017年9月4日，法院裁定受理德信鑫源公司破产重整一案。张某玲向法院申报债权，破产管理人未予确认。2018年2月12日，张某玲起诉，要求确认债权本金1000万元及利息。

【考点】破产债权确认纠纷。

【法院认为】

最高人民法院《关于适用〈中华人民共和国企业破产法〉若干问题的规定(三)》第 4 条第 1 款规定,保证人被裁定进入破产程序的,债权人有权申报其对保证人的保证债权。

该案中,德信鑫源公司是张某玲与案外人焦某债权债务的保证人,因德信鑫源公司现进入破产程序,张某玲有权申报破产债权。《破产法》第 46 条第 2 款规定,附利息的债权自破产申请受理时起停止计息。德信鑫源公司于 2017 年 9 月 4 日被法院裁定受理破产重整。因此,利息计算至 2017 年 9 月 3 日。法院判决确认张某玲在德信鑫源公司的债权为本金 1000 万元及利息(利息自 2016 年 10 月 17 日起至 2017 年 9 月 3 日止,按月息 1% 计算)。

6.10.2 破产法实体性规则(☆)

1. 债务人财产

债务人财产包括破产申请受理时属于债务人的财产以及破产申请受理后至破产程序终结前取得的财产,但是债务人占有的别人的财产不属于债务人财产。主观题考试中需要注意,债务人的股东所欠缴的出资,应当在破产申请受理时补缴,不必等待期限届满。

2. 债务人财产的保护

(1)欺诈破产行为的撤销。法院受理破产申请前 1 年内,涉及债务人财产的下列行为,管理人有权请求法院予以撤销:

①无偿转让财产的;②以明显不合理的价格进行交易的;③对没有财产担保的债务提供财产担保的;④对未到期的债务提前清偿的(若该债权在破产申请受理前已经到期,管理人不能请求撤销该清偿行为);⑤放弃债权的。另外,对于①②⑤项,管理人不撤销的,债权人可行使合同法上的债权人撤销权。

(2)个别清偿行为的撤销。法院受理破产申请前 6 个月内,债务人具备破产原因,仍对个别债权人进行清偿的,管理人有权请求法院予以撤销。但是,个别清偿使债务人财产受益的除外。这些例外包括:①债务人对以自有财产设定担保物权的债权进行个别清偿;②债务人经诉讼、仲裁、执行程序对债权人进行个别清偿;③债务人为维系基本生产需要而支付水费、电费等;④债务人支付劳动报酬、人身损害赔偿金。

(3)特别追回权。债务人的董事、监事和高级管理人员利用职权从企业获取的非正常收入(如绩效奖金、企业普遍拖欠职工工资情况下获取的工资性收入、其他非正常收入)和侵占的企业财产,管理人应当追回,并计入债务人财产。

3. 破产取回权

(1)在途标的物的取回。法院受理破产申请时,出卖人已将买卖标的物向作为买受人的债务人发运,债务人尚未收到且未付清全部价款的,出卖人可以取回在运途中的标的物。但是,管理人可以支付全部价款,请求出卖人交付标的物。

(2)代位取回权。债务人占有的他人财产毁损、灭失,因此获得的保险金、赔偿金、代偿物尚未交付给债务人,或者代偿物虽已交付给债务人但能与债务人财产予以区分的,权利人可以取回就此获得的保险金、赔偿金、代偿物。否则,权利人不能行使取回权,只能要求债务人赔偿损失。

(3)所有权保留买卖中的取回权。买方破产,所有权保留买卖合同继续履行的,买方的付款义务在法院受理破产申请时视为到期;买方不付款或不当处分标的物,卖方可以取回标的物,但买方已支付标的物总价款75%以上或者第三人善意取得标的物所有权或其他物权的除外。

4. 破产抵销权

(1)破产抵销权与民法上的法定抵销权不同,它不受期限、标的物种类和品质的限制,如果破产管理人以标的物种类或者品质不同、债务尚未到期等理由主张抵销不成立,法院不予支持。

(2)债务人的债务人在破产申请受理后取得他人对债务人的债权的,不得抵销。

(3)债务人的股东对债务人的下列债务,不得抵销:

①债务人股东因欠缴债务人的出资或抽逃出资对债务人所负的债务;

②债务人股东滥用股东权利或关联关系损害公司利益对债务人所负的债务。

【总结】

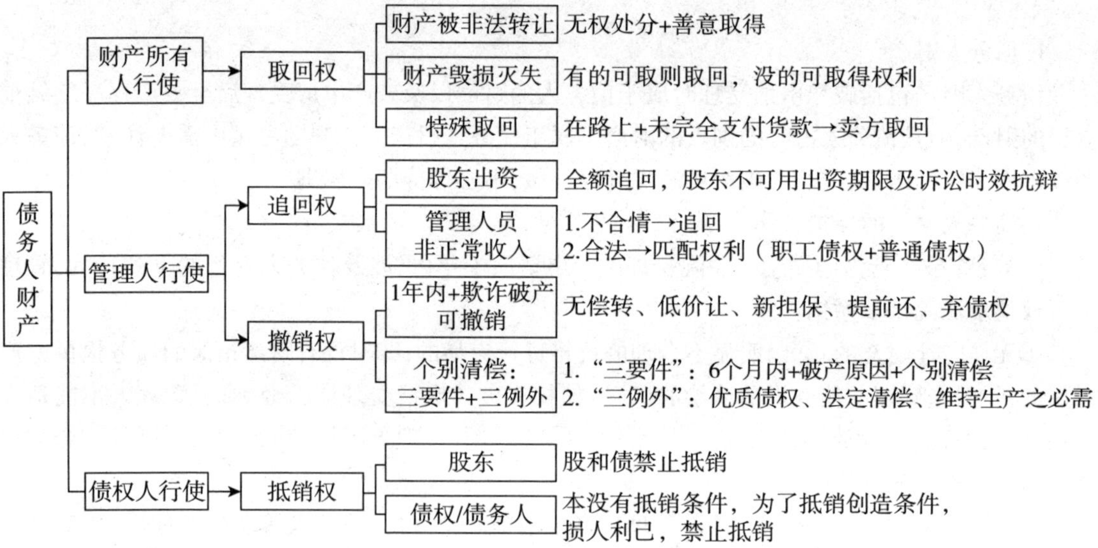

图6-1　债务人财产行使权利

5. 担保物权与企业破产法

(1)动产抵押未登记

抵押人破产,抵押权人主张对抵押财产优先受偿的,人民法院不予支持。

(2)别除权的行使

①破产清算,对破产人的特定财产享有担保权的权利人,对该特定财产享有优先受偿的权利。行使优先受偿权未能完全受偿的,其未受偿的债权转为普通债权;放弃优先受偿权利的,其债权转为普通债权。

②破产重整,重整期间,对债务人的特定财产享有的担保权暂停行使。但是,担保物有损坏或者价值有明显减少的可能,足以危害担保权人权利的,担保权人可以向人民法院请求恢复行使担保权。

③破产和解,对债务人的特定财产享有担保权的权利人,自人民法院裁定和解之日起可以行使权利。

(3)表决权限制

①对债务人的特定财产享有担保权的债权人,未放弃优先受偿权利的,对于《企业破产法》

第61条第1款第7项(和解协议)、第10项(分配破产财产)规定的事项不享有表决权。

②在重整程序中,担保物权暂定行使。但是,担保物有损坏或者价值明显减少的可能,足以危害担保权人权利的,担保权人可以向法院请求恢复行使担保权。经法院审查,若管理人或者自行管理的债务人有证据证明担保物是重整所必需,并且提供与减少价值相应担保或者补偿的,法院应当裁定不予批准恢复行使担保物权。

6. 破产债权

破产债权,是指在破产宣告前成立的,对破产人发生的,依法申报确认并可在破产财产中获得公平清偿的财产请求权。

破产债权具有以下特征:

(1)基于破产宣告前的原因成立;

(2)为对破产人发生的无财产担保的债权,或放弃优先受偿权利的有财产担保的债权;

(3)为财产上的请求权,即必须是表现为金钱或可折算为金钱的债权,具有人身性质的财产权利不得作为破产债权;

(4)可强制执行,故已过诉讼时效之自然债权或非法债权不是破产债权;

(5)依法申报登记并取得确认,有权在破产程序中受偿。

主观题小案例

【案例】2015年10月22日,原审法院作出受理华芯公司破产清算申请裁定。依据该裁定,华芯公司已于2015年4月25日停产,且截至2015年3月31日,华芯公司已处于资不抵债的境地。在合同约定还款期限届满华芯公司未能清偿借款本金及利息的情况下,建行南新支行依照合同约定于2015年4月24日从华芯公司在该支行开立的账户扣划存款22,780元作为华芯公司的还款。现华芯公司管理人起诉,请求撤销上述个别清偿行为,即建行南新支行返还款项。

【考点】个别清偿行为的撤销。

【法院认为】

《破产法》第32条规定:"人民法院受理破产申请前六个月内,债务人有本法第二条第一款规定的情形,仍对个别债权人进行清偿的,管理人有权请求人民法院予以撤销。但是,个别清偿使债务人财产受益的除外。"

依照上述规定,债务人对个别债权进行清偿构成可撤销行为必须具备以下三个条件:一是个别清偿行为发生在人民法院受理破产申请前6个月内;二是债务人必须具有《破产法》第2条第1款规定的情形,即债务人不能清偿到期债务并且资产不足以清偿债务或者明显缺乏清偿能力;三是个别清偿行为使债务人财产减少。

本案中,上述扣划行为发生于人民法院裁定受理华芯公司破产清算申请的前6个月内,此时华芯公司已经不能清偿到期债务,而且扣划华芯公司银行账户存款显然对华芯公司其他债权人利益是不利的。建行南新支行上诉主张其扣划行为是善意的,并不属于《破产法》规定的可以撤销的个别清偿行为。

对此,法院认为,《破产法》第32条规定并没有将主观上是否存在恶意作为撤销权的成立要件之一,个别清偿行为只要具备上述三个条件,都应当予以撤销。因此,建行南新支行于2015年4月24日扣划华芯公司银行账户22,780元存款的行为已经构成上述法律规定的应当予以撤销的个别清偿行为，依法应当予以撤销。

6.11 商事行为

6.11.1 票 据 法(☆)

票据是一种支付方式，因此，其可以与大部分民商法问题结合起来考查。另外，票据补救措施中的公示催告，与民事诉讼法也可以结合考查。

1. 票据无因性

票据无因性是票据法最重要的原理，也是商法效率原则的集中体现。

(1)票据效力、票据行为的效力，通常不受其原因关系的影响。作为原因关系的买卖合同、租赁合同、承揽合同等法律行为无效、被撤销、被解除的，不影响票据的效力，也不影响出票或者背书等票据行为的效力。

(2)对于票据无因性带来的不公平问题，票据法和民法的救济方式不同。票据法上的救济，主要是对人抗辩；而民法上的救济方式，可以追溯到原因关系本身。**举例：**A、B 签订买卖合同，A 签发票据给 B 以支付价款，B 将票据背书给 C，现 A、B 签订的买卖合同被确认无效，那么基于票据无因性，票据效力不受影响，C 取得票据权利，A 承担出票人的票据责任。假设由于买卖合同无效，A 最终无法取得标的物所有权，但却要承担票据责任(也就是要最终承兑票据金额)，如何救济 A 的权利？从票据法上看，A 无法对抗 C 的票据权利，但是可以以欠缺原因关系为由对 B 主张对人抗辩。当然，这种机会很小，因为很难出现 B 向 A 主张追索权的问题，但是在民法上，A 可以基于买卖合同无效向 B 主张返还价款，实际上是讨回了票据金额。

2. 票据本身的规则

(1)票据行为的独立性原理。某一票据行为无效，不影响其他票据行为效力。

(2)票据背书规则。

①背书不得附条件，附条件的，所附条件不具有汇票上的效力；②出票人在票据上记载“不得转让”字样，票据持有人背书转让的，背书行为无效；③背书人在汇票上记载“不得转让”字样，其后手再背书转让的，原背书人对后手的被背书人不承担保证责任；④回头背书的追索权受限。

(3)票据保证规则。

①要式性；②保证不得附条件，保证附条件的，不影响对汇票的保证责任；③连带责任，保证人不享有先诉抗辩权，2 名以上的保证人之间承担连带责任；④追偿权，保证人清偿汇票债务后，可以行使持票人对被保证人及其前手的追索权。

3. 与民法有关的其他票据法规则

(1)行为能力。票据行为是复杂的有偿法律行为，行为人必须具备完全民事行为能力，行为能力有瑕疵者实施的票据行为无效，但是不影响其他真实行为的效力。

(2)代理。通常情况下，代理人以自己的名义签章，明确表明为被代理人实施票据行为，其后果由被代理人承担；没有代理权而以代理人名义在票据上签章的，由签章人承担票据责任；代理人超越代理权限的,就其超越权限部分承担票据责任。

(3)质押。票据质押,本质上是权利质押。

①区分原则,票据质权必须以质押背书形式设立,即记载"质押"字样并签章。如果存在关于出质票据的约定,在没有法律和事实障碍的情形下,债权人有权请求出质人完善质押背书,使票据质权有效设立。

②其公示方法为质押背书,因此也受到《票据法》关于背书规则的限制。**举例**:出票人限制背书的,质押背书无效,票据质权不能成立。

4. 恶意申请公示催告的权利救济

公示催告程序本为对合法持票人进行失票救济的法律制度,但实践中却成为票据出卖方在未获得票款情形下,通过伪报票据丧失事实申请公示催告、阻止合法持票人行使票据权利的工具。《民事诉讼法》司法解释已规定了相关制度进行救济。需明确以下问题:

(1)在除权判决作出后,付款人尚未付款的情况下,最后合法持票人可以根据《民事诉讼法》第223条的规定,在法定期限内请求撤销除权判决,待票据恢复效力后再依法行使票据权利。最后合法持票人也可以基于基础法律关系向其直接前手退票并请求其直接前手另行给付基础法律关系项下的对价。

(2)除权判决作出后,付款人已付款情形下的权利救济。恶意申请公示催告并持除权判决获得票款行为损害了最后合法持票人的权利,构成侵权,最后合法持票人据此请求申请人承担赔偿责任的,法院应予支持。

(3)公示催告期间背书票据的,背书无效。

主观题小案例

【案例】案涉银行承兑汇票金额200,000元,号码为40200051/22971609。出票人为余姚标华公司,收款人为湖北标华公司,付款人为某农村银行,票据金额为200,000元,出票日期为2012年9月20日,到期日2013年3月20日。被背书人依次为:A公司、B公司、C公司、D公司、原告E公司、F公司、G公司、H公司、I公司、J公司。上述背书均未记载日期。

原告E公司与D公司有买卖合同关系。2012年10月8日,D公司将票面金额200,000元,号码为40200051/22971609的银行承兑汇票用于支付原告E公司货款。

2013年1月11日,余姚市人民法院受理了被告五金厂以遗失该汇票为由的公示催告申请,并于2013年3月19日作出除权判决,判决公告于同日发出。后J公司委托咸阳支行收款,付款行告知该票据已经由法院作出除权判决,并由被告五金厂作为公示催告申请人收取了票款。J公司遂将上述汇票返还给其前手,其前手又返还给再前手,直至返还至原告E公司。

现原告E公司起诉,请求法院判令被告五金厂支付原告承兑汇票损失200,000元及其利息。

【考点】恶意申请公示催告的赔偿责任。

【法院认为】

(1)以背书转让的汇票,背书应当连续,持票人以背书的连续证明其汇票权利。本案中,原告提供的银行承兑汇票背书连续,且能够证明其在公示催告前从前手合法取得该汇票;另因该汇票后手以票据被判决除权、银行拒付为由依次将该汇票退给原告,故原告是该汇票最后的合法持有人。

（2）被告五金厂没有在案涉票据背书栏内签章，亦未向法院提供有效证据证明其合法取得票据。被告并非票据的最后合法持有人，却依除权判决获得票据款项，客观上造成了原告的损失，对该损失，作为最后的合法持有人的原告理应获得赔偿；故原告要求被告赔偿承兑汇票损失200,000元及其利息的诉请合理合法，法院予以支持。

6.11.2 保险法

1. 与合同相关的考查角度

（1）保险合同的格式性，体现在保险人说明义务、不利解释原则上，另外提供格式条款的一方不合理地免除或者减轻其责任、加重对方责任、限制对方主要权利，或者排除对方主要权利的，该条款无效。

（2）保险标的转让时的自动承继原则，保险标的的受让人承继被保险人的权利和义务。保险标的已交付受让人，但尚未依法办理所有权变更登记，承担保险标的毁损灭失风险的受让人有权主张行使被保险人权利。

（3）附生效条件合同。当事人在财产保险合同中约定将投保人支付保险费作为合同生效条件，但对该生效条件是否为全额支付保险费约定不明，已经支付了部分保险费的投保人主张保险合同已经生效的，法院依法予以支持。

（4）基于合同相对性原理，再保险不影响保险人行使代位求偿权。

（5）基于公平原则，保险标的危险程度显著增加的，被保险人有通知义务；若被保险人未履行通知义务，可导致保险人免责。

2. 与侵权相关的考查角度

（1）责任保险的被保险人因共同侵权依法承担连带责任，保险人不得以该连带责任超出被保险人应承担的责任份额为由拒绝赔付保险金。保险人承担保险责任后，可以就超出被保险人责任份额的部分向其他连带责任人追偿。

（2）交通事故的受害人没有过错，其体质状况不属于减轻侵权人责任的法定情形的，责任保险的保险人不得以此为由主张减轻赔偿责任。

3. 与《民事诉讼法》代位求偿权相关的考查角度

（1）第三人的行为可以是侵权，也可以是违约。

（2）以被保险人与第三者之间的法律关系确定管辖法院。

（3）保险人提起代位求偿权之诉时，被保险人已经向第三者提起诉讼的，法院可以依法合并审理。

（4）保险人行使代位求偿权时，被保险人已经向第三者提起诉讼，保险人向受理该案的法院申请变更当事人，代位行使被保险人对第三者请求赔偿的权利，被保险人同意的，法院应予准许；被保险人不同意的，保险人可以作为共同原告参加诉讼。

（5）被保险人和第三者在保险事故发生前达成的仲裁协议，对保险人具有约束力。

主观题小案例

【案例】2011年6月1日，华泰财产保险有限责任公司北京分公司（以下简称华泰保险公司）

与北京亚大锦都餐饮管理有限责任公司(以下简称亚大锦都餐饮公司)签订机动车辆保险合同,被保险车辆的车牌号为京A8××××,保险期间为2011年6月5日0时至2012年6月4日24时。2011年11月18日,陈某某驾驶被保险车辆行驶至北京市朝阳区机场高速公路上时,与李某贵驾驶的车牌号为冀GA××××的车辆发生交通事故,造成被保险车辆受损。经交管部门认定,李某贵负事故全部责任。事故发生后,华泰保险公司依照保险合同的约定,向被保险人亚大锦都餐饮公司赔偿保险金83,878元,并依法取得代位求偿权。基于肇事车辆系在天安财产保险股份有限公司河北省分公司张家口支公司(以下简称天安保险公司)投保了机动车交通事故责任强制保险,华泰保险公司于2012年10月诉至北京市东城区人民法院,请求判令被告肇事司机李某贵和天安保险公司赔偿83,878元,并承担诉讼费用。

被告李志贵的住所地为河北省张家口市怀来县沙城镇,被告天安保险公司的住所地为张家口市怀来县沙城镇燕京路,保险事故发生地为北京市朝阳区机场高速公路上,被保险车辆行驶证记载所有人的住址为北京市东城区工体北路新中西街。

【考点】代位求偿权诉讼的管辖。

【法院认为】

根据《保险法》第60条的规定,保险人的代位求偿权是指保险人依法享有的,代位行使被保险人向对造成保险标的损害负有赔偿责任的第三者请求赔偿的权利。保险人代位求偿权源于法律的直接规定,属于保险人的法定权利,并非基于保险合同而产生的约定权利。因第三者对保险标的的损害造成保险事故,保险人向被保险人赔偿保险金后,代位行使被保险人对第三者请求赔偿的权利而提起诉讼的,应根据保险人所代位的被保险人与第三者之间的法律关系确定管辖法院。第三者侵害被保险人合法权益,因侵权行为提起的诉讼,依据民事诉讼法规定,由侵权行为地或者被告住所地法院管辖,而不适用财产保险合同纠纷管辖的规定,不应由保险标的物所在地法院管辖。该案中,第三者实施了道路交通侵权行为,造成保险事故,被保险人对第三者有侵权损害赔偿请求权;保险人行使代位权起诉第三者的,应当由侵权行为地或者被告住所地法院管辖。现二被告的住所地及侵权行为地均不在北京市东城区,故北京市东城区人民法院对该起诉没有管辖权,应裁定不予受理。

第七单元

行政法与行政诉讼法

—— 行 政 主 体 ——

行政主体,是指能够以实施者的独立名义从事行政活动和承担相关法律责任的国家行政机关和社会组织。

7.1 行政机关

7.1.1 一般行政机关和专门行政机关

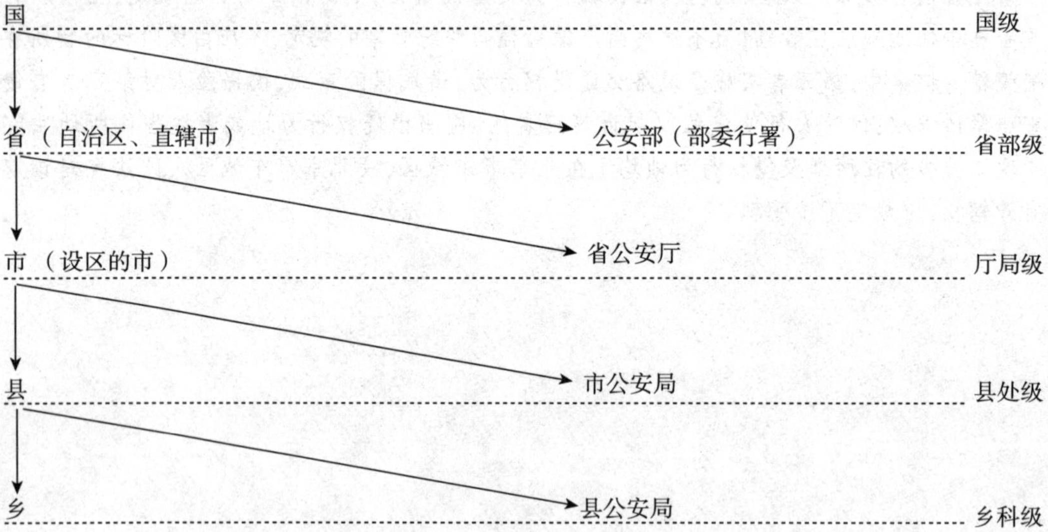

图 7-1 行政机关详情

7.1.2 地方各级政府及工作部门

1. 我国地方各级政府分为四级,包括省级政府(省、自治区、直辖市)、市(主要指设区的市)、县级政府(县、自治县、县级市、市辖区)和乡镇级政府(乡、民族乡、镇)。各级政府都具有行政主体资格。

2. 地方政府中设置工作部门,具体执行特定领域的行政管理工作,如省公安厅、市环保局。工作部门都具有行政主体资格。

7.1.3 其他行使权力的组织

1. 地方政府的派出机关是由有权地方政府在一定行政区域内设立,代表设立机关管理该行政区域内各项行政事务的行政机构。派出机关包括地区行政公署、区公所、街道办事处等。派出机关都具有行政主体资格。

2. 行政机关委托的组织,是以委托机关的名义在委托事项范围内从事行政管理活动的非政府组织。这类组织不能以自己的名义实施行政管理和对外承担法律后果。

(1)授权和委托最本质区别在于:授权是法律、法规、规章将某项行政管理权彻底从行政机关手里拿走,交给无行政权能的机构、组织;而行政委托制度中,权力还在行政主体手里,被委托者只是委托者的"帮手"。

(2)行政机关在没有法律、法规或者规章规定的情况下,授权其内设机构、派出机构或者其他组织行使行政职权的,应当视为委托。当事人不服提起诉讼的,应当以该行政机关为被告。

主观题小案例

【案例1】所有的行政机关在任何时候都能成为行政主体,是否正确?

答案参考:错误。行政机关只有在拥有行政职权,以自己的名义实施行政管理,并独立承担法律责任的时候才是行政主体。比如公安机关对违法行为人进行处罚时,就是行政主体;但公安机关工作人员去菜市场买菜的行为,则属于民事行为,此时其并不属于行政主体。

【案例2】接受委托的组织也能成为行政诉讼的被告,是否正确?

答案参考:错误。行政委托是指行政机关根据管理的需要,依法委托其他组织实施行政行为,进行行政管理,其后果归属于委托的行政机关。A委托B,B以A的名义实施行政管理,最终责任归属于A。

【案例3】甲县A乡公安派出所对蔡某作出5000元的行政处罚决定,蔡某不服,应当以甲县公安局为被告提起行政诉讼。是否正确?

答案参考:错误。以自己的名义作出的行为,自己当被告。种类越权时,被告为其所属机关。本题被告为派出所。

【案例4】甲县A乡公安派出所对刘某作出5日的行政拘留处罚决定,刘某不服,应当以A乡公安派出所为被告提起行政诉讼。是否正确?

答案参考:错误。依据行政法及相关规定,种类越权的,应该以其所属机关为被告,即甲县公安局。

【案例5】甲县公安局所辖A镇派出所以李某制造噪声干扰他人正常生活为由,对其处以500元罚款。李某不服申请复议。复议机关为甲县公安局和甲县政府。是否正确?

答案参考:错误。依据《行政复议法》,县级政府工作部门设立的派出机构为复议被申请人时,复议机关为地方政府。本题复议机关应为甲县政府,而不是甲县公安局。

—— 行政行为 ——

行政行为，是指行政机关依据相关法律对行政相对人所作出的行为，包括抽象的行政行为和具体的行政行为。

7.2 抽象行政行为

1. 抽象行政行为，是指国家行政机关制定行政法规、规章和有普遍约束力的决定、命令等行政规则的行为。抽象行政行为具体分为行政法规、规章和其他规范性文件。

2. 抽象行政行为具有显著的特征。

(1)同时针对不特定的人和事，即具有普遍约束力。比如闯红灯扣六分罚款200元。一旦针对张三进行了处罚，这种处罚就属于具体的行政行为。

(2)能够反复适用。张三闯红灯这样处罚，李四闯红灯也这样处罚。

3. 抽象行政行为不能被直接诉讼，但是可以附带审查。

(1)附带审查的条件：①只能一并审查其他规范性文件(排除行政法规、规章和国务院的其他规范性文件)。②只能附带性地提出审查要求(当事人在对具体行政行为提起诉讼的同时，可以一并请求对抽象行政行为审查)。③附带性审查的抽象行政行为必须与被诉的具体行政行为具有关联性。④一并审查请求应当在一审开庭前提出；有正当理由的，也可以在法庭调查中提出。

(2)审查程序：①法院在对规范性文件审查过程中，发现规范性文件可能不合法的，应当听取规范性文件制定机关的意见。②制定机关申请出庭陈述意见的，法院应当准许。③行政机关未陈述意见或者未提供相关证明材料的，不能阻止法院对规范性文件进行审查。

(3)审查内容：法院可以从规范性文件制定机关是否超越权限或者违反法定程序、作出行政行为所依据的条款以及相关条款等方面进行审查。

(4)审查结果：合法和不合法。其中，不合法情形有如下几种：

①超越制定机关的法定职权或者超越法律、法规、规章的授权范围的；

②与法律、法规、规章等上位法的规定相抵触的；

③没有法律、法规、规章依据，违法增加公民、法人和其他组织义务或者减损公民、法人和其他组织合法权益的；

④未履行法定批准程序、公开发布程序，严重违反制定程序的。

(5)对不合法的规范性文件的处理：规范性文件不合法的，不作为法院认定行政行为合法的依据，并在裁判理由中予以阐明。作出生效裁判的法院应当向规范性文件的制定机关提出处理建议，并可以抄送制定机关的同级政府、上一级行政机关、监察机关以及规范性文件的备案机关。

7.3 具体行政行为概述

具体行政行为,是指具有行政权能的组织为实现行政规制而运用行政权,针对特定相对人设定、变更或消灭权利义务所作的行政行为。2014 年修正的《行政诉讼法》,扩大了行政诉讼基本受案范围,把行政行为纳入受案范围。

7.3.1 具体行政行为判断标准(☆☆☆)

1.【行政性】行政行为是行政主体运用行政职权作出的行为(区别于国家行为、仲裁行为、行政协助执行行为、刑事司法行为)。

2.【处分性】行政行为是按照行政主体主观上的意思表示对行政相对人法律上的权利义务客观上进行的安排(区分于事实行为:如暴力侵权行为、行政指导行为、调解、重复处理行为、过程性行政行为)。

3.【特定性】行政行为是行政主体针对特定对象作出的行为(区别于抽象行为)。

4.【外部性】行政行为是行政主体针对外部对象、外部事务作出的行为(区别于行政机关内部行为)。

主观题小案例

【案例 1】某县政府发布公告,要求兴旺小区居民与县政府协商拆迁安置补偿款事宜,根据补偿标准签订补偿协议,并于60 日内搬离。

问题:试从行政法角度分析该公告的性质。

答案参考:该公告属于单方法律行为。

单方的具体行政行为类型下的行政命令行为,是行政主体依法要求相对人进行一定的作为或不作为的意思表示。

【案例 2】为落实淘汰落后产能政策,某区政府发布通告:凡在该通告附件所列名单中的企业2 年内关闭。提前关闭或者积极配合的给予一定补贴,逾期不履行的强制关闭。

问题:试从行政法角度分析该通告的性质。

答案参考:该通告属于具体行政行为。

区政府的通告是针对附件所列名单中的企业作出的,而附件所列的企业是特定可数的,可以逐一明确,因此该通告影响了特定人的权利义务,是行政机关针对特定行政相对人的处理,属于具体行政行为。

7.3.2 行政行为的成立与生效

1. 具体行政行为的成立,是指具体行政行为在法律上存在。具体行政行为成立的一般条件是:

(1)主体上,作出具体行政行为的主体须是享有行政职权的行政机关;

(2)内容上,对相对人作出意思表示;

(3)程序上,按照法律规定的时间和方式进行送达。未经送达受、领程序的具体行政行为,不发生法律约束力。

2. 一般而言,具体行政行为一经成立就可以立即生效。

但是,行政机关也可以安排某一事件发生后或者经过一段时间后具体行政行为才发生效力,即附生效条件的具体行政行为须条件成就时才发生法律效力;附生效期限的具体行政行为须期限到达时才发生法律效力。

7.3.3 具体行政行为的效力

1. 公定力

公定力,是指具体行政行为一经作出,除非存在重大、明显违法情形,即假定其合法有效,否则任何机关、组织和个人未经法定程序不得否定其效力。

2. 拘束力

(1)行为一经生效,行政机关和对方当事人必须遵守,其他国家机关和社会成员必须予以尊重。

(2)对方当事人应当接受并履行义务,作出具体行政行为的行政机关不得随意更改,而且其他国家机关也不得以相同的事实和理由再次受理和处理该同一案件。

3. 确定力

(1)法定救济期限届满,行为具有不可争议、不得更改的效力,行为因此取得不可撤销性;

(2)一般而言,具体行政行为作出后都会有一个可争议和可更改期。权益受到损害的当事人可以利用行政复议、行政诉讼或者其他法定途径获得救济,但是这一期限不可能无限延长。当法定的不可争议、不可更改期限到来时,该具体行政行为也就取得了确定力。

4. 执行力

(1)履行期限届满,使用国家强制力迫使当事人履行义务或者以其他方式实现具体行政行为的效力;

(2)理论上,具体行政行为发生拘束力后,有关当事人应当积极主动地履行相关义务。如果当事人不能主动履行这些义务,具体行政行为所规定的权利和义务无法实现,具体行政行为的执行力就可以发生作用。

7.3.4 具体行政行为效力的终止

1. 行政行为的无效

(1)重大明显违法。无效具体行政行为可以表现为许多具体情形,不能做一次性穷尽列举,包括:要求从事构成犯罪的违法行为,明显缺乏法律依据或事实根据的,或者要求从事客观上不可能实施的行为,实施主体没有行政主体资格或者没有依据。

(2)自发布之时起就没有任何的法律约束力。

(3)受侵害人可以在任何时候主张无效,有权国家机关可以在任何时候宣布无效,受侵害人应当获得赔偿。

2.行政行为的可撤销

(1)条件:一般违法或明显不当。

(2)必须经过法定程序由国家有权机关作出撤销决定,才能否定其效力,当事人在撤销决定作出之前要受到该行为的约束。

(3)受侵害人应当获得赔偿。

3.行政行为的废止

(1)客观条件变化:行为所依据的法律法规修改或者废止,行为所根据的客观事实已经发生重大变化;行为所期望的法律效果已经实现。

(2)自废止之日起丧失效力。

(3)原则上给当事人的利益不收回,当事人的义务不补偿。造成严重损害或不公的,应予补偿。

7.4 行政许可

行政许可,是指行政机关根据公民、法人或者其他组织的申请,经依法审查,准予其从事特定活动的行为。

7.4.1 行政许可的特征

1.外部性。行政系统内部审批或行政机关对有行政隶属关系的事项的审批,不在行政许可法规范的范围之内。

2.依申请。只能依公民、法人或者其他组织的申请而发生。无申请则无授权。

3.授益性。行政许可准予申请人从事特定的活动,即赋予了相对人从事特定活动的权利或资格。

7.4.2 行政许可设定和具体规定(立法)

1.可以不设定许可

(1)公民、法人或者其他组织能够自主决定的;

(2)市场能够有效调节的;

(3)行业协会或者中介组织能够自律管理的;

(4)事后监督能够解决的。

2.可以设定许可

(1)一般许可:从事直接涉及公共利益或个人重大利益的特殊活动(驾照、排污许可证等)。

(2)特许:有限自然资源的开发利用、公共资源的配置以及直接关系公共利益的特定行业的市场准入(煤炭、航线使用许可等)。

(3)认可:赋予公民、法人或者其他组织从事特定行业、职业资格、资质的许可(法律职业资格许可、建筑企业资质等)。

(4)核准:特定设备、设施、产品、物品的检验、检测、检疫(生猪屠宰检疫、电梯安装运营许可等)。

(5)登记:企业或者其他组织的设立(营业执照、社团设立登记等)。

3. 地方许可的限制

(1)不得设立应当由国家统一确认资质、资格的许可。

(2)不得设立企业等组织的设立登记及其前置性许可。

(3)不得限制外地的生产、经营、服务、商品进入本地的市场。

4. 行政许可的规定

(1)设定权属于立法性质的权力,指法的创制权,解决从无到有的问题。

(2)规定权属于执行性权力,解决的是从粗到细的问题。

(3)行政法规、地方性法规和行政规章都可以在上位法已设定的行政许可事项范围内,对行政许可设定的条件、程序、期限等进行细化。

主观题小案例

【案例】某市政府发布文件规定:外地物流公司到本地运输货物,应事前得到当地交通管理部门的准许,并缴纳道路特别通行费。

问题:该行为在行政法上如何定性?

答案参考:该行为违反合法行政的要求。

《行政许可法》第15条第2款规定:地方性法规和省、自治区、直辖市人民政府规章,不得设定应当由国家统一确定的公民、法人或者其他组织的资格、资质的行政许可;不得设定企业或者其他组织的设立登记及其前置性行政许可;其设定的行政许可,不得限制其他地区的个人或者企业到本地区从事生产经营和提供服务,不得限制其他地区的商品进入本地区市场。据此可知,市政府发布的文件中关于"限制其他地区的个人或者企业到该地区从事生产经营和提供服务"的内容违反合法行政的要求。

7.4.3 行政许可的实施主体

1. 一般实施机关(都可当被告)

(1)具有行政许可权的行政机关。

(2)法律、法规授权的具有管理公共事务职能的组织。

(3)委托其他行政机关(委托机关应当将受委托行政机关和受委托实施行政许可的内容予以公告)。

2. 集中实施

经国务院批准,省级政府可以决定一个行政机关行使有关行政机关的行政许可权。

3. 统一实施

多个内设机构办理的,确定由一个机构统一受理。

4. 联合实施

两个以上部门分别实施的,确定由一个部门受理,或者组织有关部门联合办理。

7.4.4 行政许可实施的一般程序(☆☆☆☆☆)

1. 申请

(1)书面申请,申请人对申请材料的真实性负责,行政机关负责提供申请书格式文本,不得收取费用。

(2)申请人可以自己或者委托代理人进行申请,但应亲自到场的除外。

2. 受理

(1)符合要求的,直接受理。

(2)不需要许可的,即时告知不受理。

(3)不属于该机关的,即时作出不予受理决定,并告知申请人向有关机关申请。

(4)存在错误的,允许当事人当场更正。

(5)材料不符合要求的,当场或者5日内一次性告知补正的全部内容,逾期不告知的,收到材料之日起为受理。

受理或者不受理,都应出具加盖本行政机关专用印章和注明日期的书面凭证。

3. 审查

(1)对实质内容进行核实,要求由2名以上工作人员核查。

(2)关系他人重大利益的,应当告知该利害关系人。

(3)下级报送材料的,上级机关不得要求申请人重复提供申请材料。

4. 听证

(1)启动方式

①依职权:法律、法规、规章规定实施许可应听证的事项,行政机关认为需要听证的其他涉及公共利益的重大行政许可事项,行政机关应当向社会公告,并举行听证。

②依申请:申请人与利害关系人有重大关系的,应当告知申请人与利害关系人有申请听证的权利,如申请,行政机关应当举行听证会。

(2)听证期限

5日内提出申请——听证的7日前将相关情况通知当事人,必要时可以予以公告——行政机关20日内组织听证。

(3)听证主持人

①行政机关指定。②非本案有关人员。③当事人可申请回避。

(4)笔录

①听证应当制作笔录,听证笔录应当交听证参加人确认无误后签名或者盖章。②行政机关应当根据听证笔录,作出行政许可决定。听证笔录具有案卷排他效力。

(5)收费

听证申请人免费,由行政机关承担费用。

(6)公开

除了涉及国家秘密、商业秘密、个人隐私的以外,听证应当公开举行。

5. 决定

(1)能够当场作出的,当场作出许可决定。

(2)一般许可,20 日 +10 日(经机关负责人批准)。

(3)统一、联合、集中办理的许可,45 日 +15 日(经政府负责人批准)。

听证、招标、拍卖、检验、检测、检疫、鉴定和专家评审的,所需时间不计算在内。

6. 变更和延续

(1)变更是对行政许可事项的范围、组织、条件等具体规定的改变。变更也必须是依申请进行的行为。

(2)延续。①在许可有效期届满 30 日前申请,法律、法规、规章另有规定的除外。②许可机关应在许可有效期届满前决定,逾期视为准予延续。

主观题小案例

【案例 1】天龙房地产开发有限公司拟兴建天龙金湾小区项目,向市规划局申请办理建设工程规划许可证,并提交了相关材料。

判断:(1)公司应到市规划局办公场所提出申请。

(2)公司的申请材料不齐全的,市规划局应作出不受理决定。

(3)市规划局为公司提供的申请格式文本可收取工本费。

答案参考:(1)错误。《行政许可法》第 29 条第 2 款和第 3 款规定,申请人可以委托代理人提出行政许可申请。但是,依法应当由申请人到行政机关办公场所提出行政许可申请的除外。行政许可申请可以通过信函、电报、电传、传真、电子数据交换和电子邮件等方式提出。该题中涉及的许可是建设工程规划许可,不具有人身属性,不属于必须由申请人到办公场所办理的情况,是可以委托办理的。

(2)错误。《行政许可法》第 32 条第 1 款第 4 项规定,申请材料不齐全或者不符合法定形式的,应当当场或者在 5 日内一次告知申请人需要补正的全部内容,逾期不告知的,自收到申请材料之日起即为受理。由此可知,当申请人申请材料不齐全的时候,行政机关是有告知补正的义务的,并非可直接作出不受理的决定。

(3)错误。《行政许可法》第 58 条第 2 款规定,行政机关提供行政许可申请书格式文本,不得收费。由此可知,行政许可申请所涉及的格式文本是不得收费的。

【案例 2】某规划局发放的建设用地规划许可证,直接涉及申请人与附近居民之间的重大利益关系,此时,该规划局应当告知当事人有听证的权利,是否正确?

答案参考:正确。行政许可直接涉及申请人与他人之间重大利益关系的,行政机关在作出行政许可决定前,应当告知申请人、利害关系人享有要求听证的权利。

7.4.5 行政许可的监督检查

行政许可机关不仅要依法进行行政许可,还要对许可事项进行监督检查,这不是行政处罚,而是行政许可。

1. 实施许可过程中违法

责令改正或者吊销许可证。

2. 获得许可过程中违法,许可决定机关或其上级机关根据情况可以撤销行政许可

①行政机关工作人员滥用职权、玩忽职守准许许可等,可以撤销,被许可人合法权益受到损害的,应给予赔偿。

②被许可人以欺骗、贿赂等不正当手段取得许可,应当撤销,被许可人基于许可取得的利益不受保护。

③符合可撤销或应撤销条件,可能对公共利益造成重大损害的,不予撤销。

3. 撤回行政许可

(1)撤回的法定情形:①公民、法人或者其他组织依法取得的行政许可受法律保护,行政机关不得擅自改变已经生效的行政许可。②行政许可所依据的法律、法规、规章修改或者废止,或者准予行政许可所依据的客观情况发生重大变化的,为了公共利益的需要,行政机关可以依法变更或者撤回已经生效的行政许可。

(2)撤回的法律后果:①被许可人合法权益受到损害的,应予补偿。②一般在实际损失范围内确定补偿数额;行政许可属于特许的,一般按照实际投入的损失确定补偿数额。

4. 注销

(1)许可有效期届满未延续。

(2)赋予公民特定资格许可,该公民死亡或丧失行为能力。

(3)法人或者其他组织依法终止。

(4)许可依法被撤销、撤回、吊销。

(5)不可抗力导致许可事项无法实施。

行政许可的实施、监督检查,原则上不收取费用,法律、行政法规另有规定的除外。

主观题小案例

【案例1】食品药品监督管理局向一药店发放药品经营许可证。后接举报称,该药店存在大量非法出售处方药的行为,该局在调查中发现药店的药品经营许可证系提供虚假材料欺骗所得。

问题:该食品药品监督管理局该如何处理该药店的药品经营许可证?

答案参考:撤销该许可。

在行政许可的监督检查过程中,撤销许可、撤回许可、吊销许可、注销许可四个概念的区分是重点考点。区分的标准很简单:如果是在颁发许可的过程中有违法行为,应当将许可撤销;如果是在实施许可过程中有违法行为,应当将许可吊销;如果在颁发与实施过程中都没有违法行为,客观因素导致许可不能继续实施,则应该撤回许可;注销许可则是撤回、撤销、吊销许可之后必经的程序。该题中食品药品监督管理局发现药店在申请许可时提供了虚假材料,这意味着在颁发

许可过程中就已经存在违法行为，所以应该撤销该许可。

【案例2】胜达公司与杨树县政府委托的住建局签署了《杨树县天然气综合利用项目合作协议》，协议约定住建局同意胜达公司在杨树县从事城市天然气特许经营，特许经营期限为20年。协议签署后，胜达公司一直在做相应的管道铺设和投放工作。后因为胜达公司从事天然气的某项资质到期没有续展审批，杨树县政府给了胜达公司3个月处理，手续没有批准就要收回天然气特许经营权。

问题：杨树县政府收回天然气特许经营权的行为的性质是什么？

答案参考：该行为是行政许可的监督管理行为。

《行政许可法》第66条规定，被许可人未依法履行开发利用自然资源义务或者未依法履行利用公共资源义务的，行政机关应当责令限期改正；被许可人在规定期限内不改正的，行政机关应当依照有关法律、行政法规的规定予以处理。

行政许可是全程性的，行政机关作出许可后要进行监督，监督检查被许可人是否合法使用许可经营权；如果发现有违法行为，可以责令改正，拒不改正的，可以作出相应的行政行为。该案中，县政府为了公共利益的需要收回行政许可，属于行政行为的监督管理。

7.5 行政处罚

7.5.1 行政处罚的种类

行政处罚，是指行政机关依法对违反行政管理秩序的公民、法人或者其他组织，以减损权益或者增加义务的方式予以惩戒的行为。依据《行政处罚法》，行政处罚包括：警告（书面）、通报批评；罚款、没收违法所得和非法财物（直接用于犯罪活动且属于本人所有）；暂扣许可证件，降低资质等级，吊销许可证件；限制开展生产经营活动、责令停产停业（责令限期改正是行政强制措施）、责令关闭、限制从业；行政拘留（只能由公安机关决定和执行，15天/合并不超过20天）。缴纳滞纳金、缴纳超标排污费、撤销、注销、撤回和责令改正等不具有惩戒性，不是行政处罚。

7.5.2 行政处罚的设定和具体规定（立法）

1. 法律可以设定各种类型的行政处罚。

2. 行政法规可以设定除限制人身自由之外的行政处罚。

3. 地方性法规可以设定除限制人身自由、吊销营业执照之外的行政处罚。

4. 部门规章可以设定警告、通告批评或者一定数额罚款（罚款的限额由国务院规定）的行政处罚。

5. 地方政府规章可以设定警告、通告批评或者一定数额罚款（罚款的限额由省级人大常委会规定）的行政处罚。

7.5.3 行政处罚的实施主体(☆☆☆)

1.一般实施主体

(1)具有行政处罚权的行政机关。

(2)法律、法规授权的具有管理公共事务职能的组织(对实施后果独立承担法律责任)。

(3)具有管理公共事务职能的受委托组织(委托行政机关和受委托组织应当将委托书向社会公布)。

2.集中实施主体

(1)国务院或者省级政府可以决定一个行政机关行使有关行政机关的行政处罚权。

(2)限制人身自由的行政处罚只能由公安机关和法律规定的其他机关行使。

主观题小案例

【案例1】某公安派出所以李某放任所饲养的烈性犬恐吓张某为由对李某处以500元罚款。

问题:派出所能否以自己的名义作出该处罚决定?

答案参考:可以。

派出所属于经过授权的派出机构,其被授权的权限范围是警告和500元以下罚款,派出所在授权范围内作出行政行为,自己具有行政主体资格,可以自己做被告或者被申请人。该题中派出所对李某作出的处罚为500元罚款,自己具有行政主体资格,可以以自己的名义作出。

【案例2】李某多次发送淫秽短信、干扰他人正常生活,公安机关经调查拟对李某作出行政拘留10日的处罚。

问题:此处罚决定能否由公安派出所作出?

答案参考:不可以。

治安管理处罚由县级以上公安机关决定,其中警告和500元以下的罚款可以由公安派出所决定。据此,拘留处罚不得由公安派出所作出。

7.5.4 行政处罚的管辖(☆☆☆)

1.级别管辖

(1)一般情形,行政处罚由县级以上地方人民政府具有行政处罚权的行政机关管辖。法律、行政法规另有规定的,从其规定。

(2)管辖权下放,省级政府根据当地实际情况,可以决定将基层管理迫切需要的县级人民政府部门的行政处罚权交由能够有效承接的乡镇人民政府、街道办事处行使,并定期组织评估。决定应当公布。承接行政处罚权的乡镇人民政府、街道办事处应当加强执法能力建设,按照规定范围、依照法定程序实施行政处罚。

2.地域管辖

行政处罚由违法行为发生地的行政机关管辖。法律、行政法规、部门规章另有规定的,从其规定。

3. 管辖争议

两个以上行政机关都有管辖权的,由最先立案的行政机关管辖。对管辖发生争议的,应当协商解决,协商不成的,报请共同的上一级行政机关指定管辖;也可以直接由共同的上一级行政机关指定管辖。

4. 行政协助

行政机关因实施行政处罚的需要,可以向有关机关提出协助请求。协助事项属于被请求机关职权范围内的,相关机关应当依法予以协助。

5. 行政执法和刑事执法衔接

(1)违法行为涉嫌犯罪的,行政机关应当及时将案件移送司法机关,依法追究刑事责任。对依法不需要追究刑事责任或者免予刑事处罚,但应当给予行政处罚的,司法机关应当及时将案件移送有关行政机关。

(2)行政处罚实施机关与司法机关应当加强协调配合,建立健全案件移送制度,加强证据材料移交、接收衔接,完善案件处理信息通报机制。

6. 一事不再罚

(1)对当事人的同一个违法行为,不得给予两次以上罚款的行政处罚。

(2)同一个违法行为违反多个法律规范应当给予罚款处罚的,按照罚款数额高的规定处罚。

7. 追究时效

(1)违法行为在2年内未被发现的,不再给予行政处罚;涉及公民生命健康安全、金融安全且有危害后果的,上述期限延长至5年。法律另有规定的除外。

(2)从违法行为发生之日起计算;违法行为有连续状态的,从行为终了之日起计算。

7.5.5 行政处罚的实施程序(☆☆☆☆☆)

1. 简易程序

(1)适用条件:违法事实确凿并有法定依据。

①【一般罚】对公民处以200元以下、对法人或者其他组织处以3000元以下罚款或者警告。

②【治安罚】对公民处以200元以下的罚款或警告。

(2)程序要求:

①当场处罚。当场作出的行政处罚决定,必须报所属行政机关备案。

②当场送达。当事人拒签的,应当在处罚决定书上注明。

简易程序属于决定程序,即在金额较小的情况下可以当场开罚单。注意,这和当场交钱是两回事,交钱原则上是罚执分离,就是拿着罚单去银行交,例外情况下可以当场交,这种属于执行程序。简易程序是先作决定,后执行。

2. 普通程序

(1)立案

行政机关发现公民、法人或者其他组织有依法应当给予行政处罚的行为的,必须全面、客观、公正地调查,收集有关证据;必要时,依照法律、法规的规定,可以进行检查。符合立案标准的,行政机关应当及时立案。

(2)调查

①出示证件:执法人员应当向当事人出示证件。执法人员不出示执法证件的,当事人或者有关人员有权拒绝接受调查或者检查。

②陈述申辩:未经陈述申辩的,不得作出处罚决定。当事人明确放弃的除外。

③接受询问:当事人或者有关人员应当如实回答询问,并协助调查或者检查,不得拒绝或者阻挠。询问或者检查应当制作笔录。

(3)先行登记保存

①行政机关在收集证据时,可以采取抽样取证的方法。

②在证据可能灭失或者以后难以取得的情况下,经行政机关负责人批准,可以先行登记保存,并应当在7日内及时作出处理决定,在此期间,当事人或者有关人员不得销毁或者转移证据。

(4)审核

有下列情形之一,在行政机关负责人作出行政处罚的决定之前,应当由从事行政处罚决定法制审核的人员进行法制审核;未经法制审核或者审核未通过的,不得作出决定:

①涉及重大公共利益的;

②直接关系当事人或者第三人重大权益,经过听证程序的;

③案件情况疑难复杂、涉及多个法律关系的;

④法律、法规规定应当进行法制审核的其他情形。

(5)决定

①决定主体:原则上由行政机关负责人决定。例外,对情节复杂或者重大违法行为给予行政处罚,行政机关负责人应当集体讨论决定。

②决定期限:行政机关应当自行政处罚案件立案之日起90日内作出行政处罚决定。法律、法规、规章另有规定的,从其规定。

(6)送达

①当事人在场的,当场送达;

②当事人不在场的,应当在7日内送达;

③当事人同意并签订确认书的,行政机关可以采用传真、电子邮件等方式,将行政处罚决定书等送达当事人。

3. 处罚听证

(1)听证范围

行政机关拟作出下列行政处罚决定,应当告知当事人有要求听证的权利,当事人要求听证的,行政机关应当组织听证:

①较大数额罚款;

②没收较大数额违法所得、没收较大价值非法财物;

③降低资质等级、吊销许可证件;

④责令停产停业、责令关闭、限制从业(口诀:责令也降调);

⑤其他较重的行政处罚;

⑥法律、法规、规章规定的其他情形。

(2)期限

当事人要求听证的,应当在行政机关告知后5日内提出,听证7日前,通知当事人及有关人员听证的时间、地点。

(3)公开

除涉及国家秘密、商业秘密或者个人隐私依法予以保密外,听证均公开举行。

(4)主持人

由行政机关指定的非本案调查人员主持;当事人认为主持人与本案有直接利害关系的,有权申请回避。

(5)笔录

①听证应当制作笔录,笔录应当交当事人或者其代理人核对无误后签名或者盖章。

②听证结束后,行政机关应当根据听证笔录,作出决定。

(6)质证

举行听证时,调查人员提出当事人违法的事实、证据和行政处罚建议,当事人对此进行申辩和质证。

(7)终止

当事人及其代理人无正当理由拒不出席听证或者未经许可中途退出听证的,视为放弃听证权利,行政机关终止听证。

(8)费用

由行政机关承担。

主观题小案例

【案例1】对非法营运的私家车车主李某,市交通局决定没收其车辆和违法所得,并处罚款1万元。

问题:就罚款1万元的处罚决定,是否应当由市交通局负责人集体讨论作出?

答案参考:不一定。

行政处罚的决定应当由行政机关的负责人作出,对于复杂、重大的处罚案件,还需要由行政机关的负责人集体讨论作出决定。该题没有交代该案是否为复杂、重大的处罚案件,所以条件不充分不能判断如何作出。

【案例2】李某多次盗版印刷他人书籍,在文化局调查时,李某欲将书籍焚烧。经过负责人批准,文化局2名工作人员将书籍先行登记保存。

问题:试分析登记保存的法律性质。

答案参考:登记保存的性质属于为了预防证据损毁而采取的行政强制措施。

【案例3】思思在直播平台从事淫秽表演活动,公安局发现思思组织淫秽表演的行为已经构成犯罪,应先予以治安处罚再追究刑事责任。

问题:此案行政处罚中的罚款和拘留能否折抵思思刑罚中的罚金和有期徒刑?

答案参考:不可以。

既然在处罚之前已经发现当事人行为构成犯罪,就不需要处罚后再来折抵,而应当直接不予处罚。只有在处罚执行后,发现当事人构成犯罪,才有可能适用折抵制度。

7.5.6 行政处罚的执行

行政处罚执行制度包括:当事人应当及时履行行政处罚决定规定的义务;原则上,在当事人申请行政复议或提起行政诉讼期间,行政处罚不停止执行。

1. 原则上,罚执分离

(1)作出罚款决定的行政机关应当与收缴罚款的机构分离。

(2)对于罚款、没收违法所得或者没收非法财物拍卖的款项,必须全部上缴国库。

2. 例外,当场收缴

(1)简易程序前提下:①100元以下的罚款;②不当场收缴事后难以执行的(不必同时具备)。

(2)特殊地区。行政机关在边远、水上、交通不便地区,当事人到指定的银行或者通过电子支付系统缴纳罚款确有困难,经当事人提出,行政机关及其执法人员可以当场收缴罚款。

3. 强制执行

(1)执行罚(每日加处罚款的3%)。

(2)强制执行。将查封、扣押的财物拍卖、依法处理或者将冻结的存款、汇款划拨抵缴罚款。

主观题小案例

【案例】经传唤调查,某区公安分局以散布谣言、谎报险情为由,决定对孙某处以10日行政拘留。

问题:如孙某对处罚决定不服直接起诉,孙某起诉后,可否暂缓执行行政拘留的处罚决定?

答案参考:不能。

暂缓拘留需要同时满足以下条件:(1)当事人已申请行政复议或提起行政诉讼;(2)当事人主动申请;(3)公安机关认为暂缓执行不致发生社会危险;(4)被处罚人或其近亲属提出符合条件的担保人,或按每日拘留200元的标准交纳保证金。

7.5.7 治安管理处罚法(☆☆)

1. 治安管理处罚

治安管理处罚是公安机关给予实施治安违法行为的公民、法人和其他组织的行政制裁。治安管理处罚由县级以上政府公安机关决定,警告、500元以下的罚款可以由公安派出所决定。

2. 治安管理处罚的种类

(1)警告。(2)罚款。(3)行政拘留。(4)吊销公安机关发放的许可证。(5)对违反治安管理的外国人,可以附加适用限期出境或者驱逐出境。其中,前四项是主罚,最后一项是附加罚。

3. 处罚主体

(1)一般主体:县级以上公安机关。

(2)授权主体:派出所(职权范围——警告,500元以下罚款)。

4. 简易程序

(1)情形

违反治安管理行为事实清楚,证据确凿,处警告或者200元以下罚款。

(2)决定书

①当场交给被处罚人。

②有被侵害人的,决定书副本抄送被侵害人。

③经办的警察应当在24小时内报所属公安机关备案。

5. 普通程序

(1)传唤

①经公安机关办案部门负责人批准,使用传唤证传唤。

②对现场发现的违反治安管理行为人,经出示工作证件,可以口头传唤。

③对无正当理由不接受传唤的,可以强制传唤。

④将传唤的原因和依据告知被传唤人,将传唤的原因和处所通知被传唤人家属。

(2)询问

①询问时间不得超过8小时。

②情况复杂可能适用拘留处罚的,不超过24小时。

③被询问人要求就被询问事项自行提供书面材料的,应当准许。

(3)检查

①检查不得少于2人,并应当出示工作证件和县级以上政府公安机关开具的检查证明文件。

②确需立即检查的,经出示工作证件,可以当场检查,但检查公民住所除外。

(4)扣押

①公安机关办理治安案件,对与案件有关的需要作为证据的物品,可以扣押;对与案件无关的物品,不得扣押。

②对被侵害人或者善意第三人合法占有的财产,不得扣押,应当予以登记。

(5)时限

受理之日起30日+30日(经上一级公安机关批准)。

6. 调解

(1)对于民间纠纷引起的打架斗殴或者损毁他人财物等违反治安管理行为,情节较轻的(前提),公安机关可以调解处理。经公安机关调解,当事人达成协议的,不予处罚。

(2)经调解未达成协议或者达成协议后不履行的,公安机关应当依照《治安管理处罚法》的规定对违反治安管理行为人给予处罚,并告知当事人可以就民事争议依法向人民法院提起民事诉讼。

7. 听证

(1)条件:吊销许可证,2000元以上罚款。

(2)启动:决定前,应当告知当事人有权要求举行听证;当事人要求听证的,公安机关应当及时依法举行听证。

8. 执行

(1)当场收缴:

①处50元以下罚款且被处罚人无异议的;

②在边远、水上、交通不便地区作出处罚后,被处罚人向指定银行缴纳罚款确有困难并自愿当场缴纳的;

③被处罚人在当地没有固定住所,不当场收缴事后难以执行的。

(2)拘留:由作出决定的公安机关送达拘留所执行;有多种违法行为的应当分别处罚,合并执行的拘留不得超过20日。

(3)行政拘留暂缓执行的条件:不服+复议或诉讼中+提出申请+不至发生社会危害+保证人或保证金(200元/天)。

9.时效

治安管理处罚:6个月内未被公安机关发现的,不再处罚。

主观题小案例

【案例1】因王某以刻画方式损坏博物馆里的文物,区公安分局决定对其作出拘留15日的处罚。

问题:若王某对此不服,在处罚之前王某是否有权要求举行听证?

答案参考:有权。

命题人认为处罚听证分为法定听证和约定听证,约定听证是对法定听证范围外的事项,如果行政机关和当事人意思表示一致,同意听证,自然可以举行听证会予以听证。其具体模式为行政机关可以发出要约,告知当事人有申请听证的权利;当事人也可以发出要约,向行政机关申请听证。

【案例2】交通局工作人员李某依法扣押非法营运车辆时,司机唐某等人以暴力方式强行阻碍,并将李某打伤,经市公安局调查,拟决定对组织人员唐某处10日拘留的治安处罚。

问题:本案中对唐某询问查证的时间最长为多久?

答案参考:24小时。

对违反治安管理行为人,公安机关传唤后应当及时询问查证,询问查证的时间不得超过8小时;情况复杂,依照法律规定可能适用行政拘留处罚的,询问查证的时间不得超过24小时。

【案例3】李某和张某因工作产生矛盾。某日晚上,李某醉酒后将张某打成轻微伤,张某随即向公安机关报案。公安局调查后决定对李某打人行为罚款200元。

问题:公安局是否有权当场处罚并当场收缴。

答案参考:无权。

当场处罚并不等于当场收缴。当场收缴是罚执分离原则的例外,在当场收缴的情况下,行政处罚的决定者与收缴者是重合的,通俗地说,就是一边送罚单,一边从钱包里掏钱。《治安管理处罚法》规定,在以下情形下可以当场收缴:(1)处50元以下罚款且被处罚人无异议的;(2)在边远、水上、交通不便地区作出罚款决定后,被处罚人向指定银行缴纳罚款确有困难并自愿提出当场缴纳的;(3)被处罚人在当地没有固定住所,不当场收缴事后难以执行的。

7.6 行政强制

7.6.1 行政强制措施/执行的概念

1.行政强制措施,是指行政机关在行政管理过程中,为制止违法行为、防止证据损毁、避免危害发生、控制危险扩大等,依法对公民的人身自由实施暂时性限制,或者对公民、法人或者其他组织的财物实施暂时性控制的行为。

2. 行政强制执行,是指行政机关或者行政机关申请法院对不履行行政决定的公民、法人或者其他组织,依法强制其履行义务的行为。

3. 行政强制措施与行政强制执行的区别。

(1)前提条件不同。实施行政强制措施的前提条件是情况紧急,并不需要有待履行义务和已生效的行政决定先行存在,行政强制措施本身就是"第一次行为"。实施行政强制执行的前提条件是行政决定,其是在先前作出的行政行为所确定义务未得到履行的情况下实施的行为,是先行政行为的后续行为,具有明显的依附性,属于"第二次行为"。

(2)法律效果不同。行政强制措施是对相对人人身、财产权利的临时性约束和处置;而行政强制执行具有终局性,是将已生效行政行为所确定的义务动态实现的过程,通常是行政程序后的最后一个阶段。从对当事人财产权的影响程度或法律效果上来看,行政强制措施是对财产权利中使用权的限制,并未涉及其所有权;而行政强制执行是对财产所有权的剥夺,故具有终局性。

(3)针对当事人的行为不同。当事人负有"不作为"和"容忍"义务的强制行为,属于行政强制措施。

举例1:当事人无权去银行冻结自己的存款,而当有权机关去银行冻结当事人的存款时,当事人有"容忍"的义务。当事人负有"作为"义务的强制行为,则属于行政强制执行。

举例2:针对拆除违章建筑的行政决定,当事人负有在规定的期限内自行拆除的作为义务。

7.6.2 行政强制措施的实施程序(☆☆☆)

一般程序:报请行政机关负责人批准—2人以上表明身份—通知当事人到场—告知权利—听取陈述申辩—制作现场笔录—各方签名盖章。

1. 实施主体

(1)行政机关。

(2)法律、行政法规授权的具有管理公共事务职能的组织。

(3)行政强制措施权不得委托。

2. 内部程序

(1)【事先报批】采取行政强制措施之前必须向行政机关负责人报告并经批准。

(2)【紧急情况】可以先不经过批准当场实施,24小时内向负责人报告并补办批准手续。但人身类的强制措施立即向负责人报告并立即补办手续。

3. 外部程序

(1)表明身份(出示执法证件);

(2)通知当事人到场;

(3)当场告知理由、依据和权利;

(4)听取陈述申辩;

(5)制作现场笔录(如实记录)。

4.查封、扣押的程序

(1)对象

①限于涉案的场所、设施或者财物。

②不得查封、扣押与违法行为无关的场所、设施或者财物。

③不得查封、扣押公民个人及其所扶养家属的生活必需品。

(2)决定书

①当事人的姓名或者名称、地址。

②查封、扣押的理由、依据和期限。

③查封、扣押场所、设施或者财物的名称、数量等。

④申请行政复议或者提起行政诉讼的途径和期限。

⑤行政机关的名称、印章和日期。

(3)形式

①制作决定书和清单,当场交付。

②一式二份,由当事人和行政机关分别保存。

(4)期限

30日+30日。

(5)义务

①对查封、扣押的对象,行政机关应当妥善保管,不得使用或者损毁;造成损失的,应当承担赔偿责任。

②对查封的对象,行政机关可以委托第三人保管。第三人的原因造成的损失,行政机关先行赔付后,有权向第三人追偿。

(6)处理

①法律、行政法规规定应当销毁的,依法销毁。

②应当解除查封、扣押的,作出解除查封、扣押的决定。

(7)费用

①因查封、扣押产生的保管费用由行政机关承担。

②检测、检验、检疫或者技术鉴定的费用由行政机关承担。

主观题小案例

【案例1】某超市售卖过期变质的香肠,市监局对其作出没收香肠和罚款1万元的处罚决定,但超市逾期不缴纳罚款。

问题:此时,市监局能否拍卖香肠抵扣罚款?

答案参考:不能。

拍卖权的行使条件可概括为"山穷水尽疑无路,扣的货款抵罚款"。该案例中没有交代该超市不复议、不诉讼、经过了催告程序也不履行,并不满足拍卖的构成要件。

【案例2】县林业局认定陈某未办理林木采伐许可证而砍伐2棵杨树,告知其拟罚款300元,并责令补种5棵杨树。陈某辩称杨树归自己所有不应处罚。林业局认为陈某对抗执法,遂处罚陈某500元,并补种10棵杨树。

问题:如陈某收到通知之日起15日内未补种10棵杨树,林业局能否对其按日加处处罚?

答案参考:不可以。

行政机关依法作出金钱给付义务的行政决定,当事人逾期不履行的,行政机关可以依法加处罚款或者滞纳金。但只有金钱给付义务行政机关才可以加处处罚,该题为补种树木的人身义务,不能按日加处处罚。

7.6.3 行政强制执行的实施程序(☆☆☆)

1. 间接强制执行

(1)主体

所有的行政机关(普遍授权)。

(2)执行罚

①执行前提。当事人逾期不履行金钱给付义务。

②标准告知。行政机关加处罚款或者滞纳金,应当将收取标准告知当事人。

③"罚不超本"原则。加处罚款或者滞纳金的数额不得超出金钱给付义务的数额。

④催告。自行政机关作出加处罚款或者滞纳金决定之日起,当事人超过30日仍不履行的,行政机关需要对当事人作出催告。催告不仅要求当事人履行原行政基础决定所确定的金钱给付义务,而且要求当事人履行执行罚所确定的新的金钱给付义务。

⑤强制执行。经催告当事人仍不履行的,具有行政强制执行权的行政机关可以强制执行。无强制执行权的行政机关,只能申请法院强制执行(原行政行为确定的给付义务+执行罚所确定的新的金钱给付义务)。

(3)代履行

①条件:人不履行+经催告还不履行+后果危害交通安全、造成环境污染、破坏自然资源+行政机关自己或者委托第三人代为履行。

②程序:送达代履行决定书—代履行3日前催告当事人—派员监督—签章确认—收费(当事人支付)。

③立即代履行:当事人在场的,行政机关责令当事人予以清除,当事人不能清除的,行政机关可以决定立即实施代履行;当事人不在场的,行政机关事后立即通知当事人,并依法收取费用。

2. 直接强制执行

(1)主体

①公安局、国安局:将被处罚人送达拘留所执行。

②税务局:扣缴存款抵扣税款或罚款(划拨)。

③海关:扣缴存款抵扣税款或罚款(划拨)。

④县级以上政府。

(2)催告

①作出强制执行决定前,应当事先催告当事人履行义务。

②应当以书面形式作出,直接送达当事人。

③当事人收到催告书后有权进行陈述和申辩。

(3)执行决定

①经催告,当事人逾期仍不履行行政决定,且无正当理由的,行政机关可以作出强制执行决定。

②应当以书面形式作出,直接送达当事人。

③在催告期间,对有证据证明有转移或者隐匿财物迹象的,行政机关可以作出立即强制执行决定。

3. 申请法院强制执行

当事人在法定期限内不申请行政复议或者提起行政诉讼,又不履行行政决定的,没有行政强制执行权的行政机关可以自被执行人的法定起诉期限届满之日起3个月内,依法申请法院强制执行。

(1)催告

①行政机关申请法院强制执行前,应当催告当事人履行义务。

②催告书送达10日后当事人仍未履行义务的,行政机关可以向所在地有管辖权的法院申请强制执行。

(2)管辖法院

原则上,行政机关所在地的基层法院。例外,不动产所在地的基层法院。

(3)法院审查

①法院应当在5日内决定是否受理。

②受理后,7日内由行政审判庭对行政行为的合法性进行书面审查,作出是否准予执行的裁定。

③裁定不准予执行的情形:明显缺乏事实根据的,明显缺乏法律、法规依据的,其他明显违法并损害被执行人合法权益的。

(4)费用

行政机关不缴纳申请费,强制执行的费用由被执行人承担。

主观题小案例

【案例1】哒哒公司为了抗议交通局强制收缴罚款的行为,将10辆报废车辆丢弃在城市主干道上,影响交通安全。市交通局责令哒哒公司立即排除妨害,哒哒公司拒不履行。

问题:交通局能否自己将车辆强行拖走,立即排除妨害?

答案参考:可以。

行政机关作出要求当事人排除妨碍、恢复原状的行政决定,当事人逾期不履行,经催告仍不履行,其后果已经或将危害交通安全、造成环境污染或破坏自然资源的,行政机关可以代履行,或者委托没有利害关系的第三人代履行。哒哒公司将10辆报废车辆丢弃在城市主干道上,影响交通安全,行政机关也已经催告其立即排除妨害,哒哒公司拒不履行,所以,行政机关可以代履行,或委托没有利害关系的第三人代履行。

【案例2】徐某在街边修建违章建筑物,区规划局向徐某发出《拆除所建房屋通知》,要求徐某在30日内拆除房屋。到期后,徐某未拆除所建房屋,次日,区规划局将其违章建筑物强制拆除。

问题:规划局强制拆除行为是否违法?

答案参考:规划局强制拆除是违法的行政行为。

第一,有权作出责令拆除决定的是规划主管部门,而有权决定强制拆除执行的是县级以上政府。因此,区规划局强制拆除行为主体违法。第二,在拆除时,区规划局也没有按照《行政强制法》的要求催告当事人、听取徐某陈述申辩,属于程序违法。同时,根据《行政强制法》第44条规定:对违法的建筑物、构筑物、设施等需要强制拆除的,应当由行政机关予以公告,限期当事人自行拆除。当事人在法定期限内不申请行政复议或者提起行政诉讼,又不拆除的,行政机关可以依法强制拆除。区规划局既未公告,也没有在徐某起诉期和复议期满后实施强拆行为,属于时限违法。

【案例3】某市建设委员会以某公司的房屋占压输油、输气管道线为由,作出限期拆除决定,要求某公司自收到决定之日起10日内自行拆除。但某公司逾期未拆除,亦未在法定期限内提起诉讼,某市建设委员会应当向其所在地的法院申请强制执行。

答案参考:错误。行政机关申请人民法院强制执行其具体行政行为,由申请人所在地的基层人民法院受理;执行对象为不动产的,由不动产所在地的基层人民法院受理。本案执行标的为不动产,应向不动产所在地的基层人民法院申请。

【案例4】行政机关申请人民法院强制执行时,需缴纳申请费。

答案参考:错误。行政机关申请人民法院强制执行,不缴纳申请费。强制执行的费用由被执行人承担。人民法院以划拨、拍卖方式强制执行的,可以在划拨、拍卖后将强制执行的费用扣除。

7.7 其他行政行为

7.7.1 行政协议(行政合同)(☆)

1. 行政协议

行政协议,是指行政机关为实现行政职能,同公民、法人或者其他组织经过协商设立、变更和终止双方权利义务关系的协议;如特许经营协议和农村集体土地使用权的承包协议等。

2. 种类

(1)政府特许经营协议;

(2)土地、房屋等征收、征用补偿协议;

(3)矿业权等国有自然资源使用权出让协议;

(4)政府投资的保障性住房的租赁、买卖等协议;

(5)政府与社会资本合作协议;

(6)其他行政协议。

3. 主体

(1)原告

因行政协议的订立、履行、变更、终止等产生纠纷,公民、法人或者其他组织作为原告,以行政机关为被告提起行政诉讼的,法院应当依法受理。

法院受理行政协议案件后，被告就该协议的订立、履行、变更、终止等提起反诉的，法院不予准许。

(2)被告

①签订行政协议的行政机关。②因行政机关委托的组织订立的行政协议产生纠纷的，委托的行政机关是被告。

4. 行政协议无效

(1)行政法上，行政行为有实施主体不具有行政主体资格或者没有依据等重大且明显违法情形，法院应当确认行政协议无效。

(2)民法上，法院可以适用民事法律规范确认行政协议无效。

5. 法院判决

(1)无效消除

行政协议无效的原因在一审法庭辩论终结前消除的，法院可以确认行政协议有效。

(2)错告无效

①当事人起诉请求确认行政行为无效，法院审查认为不属于无效情形，经释明，原告请求撤销行政行为的，应当继续审理并作出相应判决。

②原告请求撤销行政行为但超过法定起诉期限的，裁定驳回起诉。原告拒绝变更诉讼请求的，判决驳回其诉讼请求。

6. 举证责任

(1)被告对于自己具有法定职权、履行法定程序、履行相应法定职责以及订立、履行、变更、解除行政协议等行为的合法性承担举证责任。

(2)原告主张撤销、解除行政协议的，对撤销、解除行政协议的事由承担举证责任。

(3)对行政协议是否履行发生争议的，由负有履行义务的当事人承担举证责任。

7. 诉讼时效

(1)【3年】公民、法人或者其他组织对行政机关不依法履行、未按照约定履行行政协议提起诉讼的，诉讼时效参照民事法律规范确定。

(2)【6个月】对行政机关变更、解除行政协议等行政行为提起诉讼的，起诉期限依照行政诉讼法及其司法解释确定。

8. 判决形式

(1)被告变更、解除行政协议的判决形式

①合法的变更、解除行政协议。在履行行政协议过程中，可能出现严重损害国家利益、社会公共利益的情形，被告作出变更、解除协议的行政行为后，原告起诉，法院经审理认为该行为合法的，判决驳回原告诉讼请求；给原告造成损失的，判决被告予以补偿。

②违法的变更、解除行政协议。被告变更、解除行政协议的行政行为违法，法院判决撤销或者部分撤销，并可以责令被告重新作出行政行为。法院还可以判决被告继续履行协议、采取补救措施；给原告造成损失的，判决被告予以赔偿。

(2)未履约行为的判决形式

①合法的不履约；

②违法的不履约。

主观题小案例

【案例】甲市乙区政府为了进行旧城改造,发布了《国有土地征收补偿公告》,对所划定的区域内的国有土地进行征收补偿。乙区政府与乙区管委会签订《征收补偿授权协议书》,授权乙区管委会以乙区政府的名义实施征收补偿事务。

黄某是一名个体工商户,在公告所划定的区域内有厂房,该厂房登记在黄某名下,评估公司评估该房屋价值为260万元,黄某与乙区管委会签订了《资产收购协议》,约定补偿数额为300万元,同时协议中约定,如果发生争议,双方先协商解决,协商不成,任何一方均有权向仲裁机构申请仲裁。黄某认为补偿数额过低,向法院提起诉讼要求确认协议无效。

经法院查明,乙区管委会是甲市政府设立的派出机构,乙区管委会经乙区政府授权实施征收事宜。黄某认为补偿数额过低,向乙区政府申请公开其他被征收人补偿数额的信息,区政府以涉及第三人隐私为由拒绝公开。

问题:(1)《拆迁补偿协议》是否属于行政协议?

(2)该案约定的仲裁协议是否有效?为什么?

(3)如何确定该案诉讼时效?为什么?

答案参考:

(1)《资产收购协议》属于行政协议。

依据《行政诉讼法》及相关规定,行政协议是指行政机关为实现公共利益或者行政管理目标,在法定职责范围内,与公民、法人或者其他组织协商订立的具有行政法上权利义务内容的协议。该案中区政府为了对外实施行政管理,为了公共利益的需要,与黄某签订的具有行政法上权利义务内容的协议,属于行政协议。

(2)约定仲裁条款无效。

依据最高人民法院《关于审理行政协议案件若干问题的规定》,行政协议约定仲裁条款的,人民法院应当确认该条款无效。

(3)该案适用诉讼时效3年。

根据《民法典》及相关规定,公民、法人或者其他组织对行政机关不依法履行、未按照约定履行行政协议提起诉讼的,诉讼时效参照民事法律规范确定。该案中,当事人黄某的诉讼请求是请求确认无效,适用民事诉讼中3年的诉讼时效。

7.7.2 行政确认(☆)

1.行政确认,是指行政主体依法对行政相对人的法律地位、法律关系或者有关法律事实进行甄别,给予确定、认可、证明并予以宣告的行政行为。

2.内容:事实和法律关系。

3.主要形式。

(1)确定。行政主体对公民、法人或者其他组织的法律地位与权利义务予以确定。

举例:行政主体颁发土地使用权证、林权证、宅基地使用权证、房屋产权证书来确定相对人的财产权利。

(2)认可。行政主体对公民、法人或者其他组织已有法律地位和权利义务以及确认事项是否符合法律要求进行的承认和肯定。

举例:市场监督管理部门对产品质量是否合格进行的认证。

(3)证明。行政主体向他人明确肯定被证明对象的法律地位、权利义务或某种情况。

举例1:高等院校向学生颁发学位、学历证书以证明其研究水平与学习经历。

举例2:公安机关对自然人居民身份进行的证明。

(4)登记。行政机关应申请人要求,在政府有关登记簿册中记载相对方某种情况或事实,并依法予以正式确认的行为。

举例:不动产登记、户口登记、社会登记、婚姻登记。

(5)鉴定。行政主体对特定事项或客体的性质、状态、质量等进行客观评价。

举例:纳税鉴定、审计鉴定、会计鉴定。

7.7.3 行政征收(☆☆)

1. 行政征收

行政征收是指行政主体为了取得国家的财政收入及宏观调节经济活动的需要,根据国家法律、法规规定,依法向负有法定义务的行政相对人强制性、无偿性征集一定数额金钱或实物的行政行为。

2. 特征

(1)行政征收及征收对象的特定性。

(2)征收条件的无偿性。

行政机关为了履行其职能,维持其运行,需要一定的物质钱财作支撑;而作为管理机构的国家行政机关,因为其自身并不从事生产,因而只有凭借其行政权力,通过行政征收才能拥有所需物质钱财。这里的征收只能是无偿的,是以相对人负有法定缴纳义务为前提,是财产的单向流转,无须向被征收者支付对价。

(3)征收内容及征收范围的法定性。

行政征收对相对人的财产权益具有直接受侵害性,因此为了确保相对方的合法权益不受违法行政征收行为的侵害,必须遵循征收法定原则,将整个行政征收过程完全纳入法律调整范围。

(4)征收手段的强制性。

行政征收权是对相对方权益的侵害,此权力具有强制他人服从的效力。

【复习建议】掌握行政征收的特征及常见种类,注意与行政处罚的区别,行政处罚是对行政相对人违法行为的制裁,而行政征收不具有制裁性。

7.7.4 行政裁决(☆)

1. 行政裁决

行政裁决,是指行政机关依照法律授权,对平等民事主体之间发生的、与行政管理活动密切相关的特定民事争议进行审查并作出裁决的行政行为。简言之,是指行政机关作为中立的第三方就民事纠纷作出裁决的活动。

2. 特征

(1)行政裁决的主体是法律授权的特定行政机关。

(2)行政裁决的对象是特定的民事纠纷。

(3)行政裁决是依申请的行政行为。

3. 易混淆

(1)行政裁决与行政调解的区别:行政裁决与行政调解都是行政机关对民事纠纷的处理。行政裁决具有处分性,当事人必须服从政府对其作出的关于权利义务的安排,受到该行为的拘束;而行政调解没有处分性,当事人可以不遵守调解协议。

(2)行政裁决与行政确认的区别:行政裁决中行政机关是作为第三方中立的主体身份出现的,在行政裁决法律关系中,必然会涉及三方主体;但行政确认是行政机关和行政相对人之间的双方法律关系,行政机关是以管理者的身份,而非以第三方中立主体的身份出现。

7.7.5 行政给付(☆☆)

1. 行政给付

行政给付,是指政府提供必需的生存条件、防范生活风险和社会共同生活条件的行政义务。

举例:政府向公民提供最低生活保障金,提供失业、疾病、养老保险等。其中,行政机关支付抚恤金、最低生活保障待遇或者社会保险待遇案件,可以先予执行。

2. 特征

(1)行政给付的对象是特定的公民、法人或者其他组织。行政给付并不是向所有人作出的,而只是针对出现了特殊困难和特殊情况的群体,其对象是特定的。

(2)行政给付是依申请的行政行为。

(3)行政给付的内容是赋予被帮助人以一定的物质权益或与物质权益相关的权益。

(4)行政给付通常情况下属于羁束性行政行为。法律规范对行政给付的对象、条件、标准项目、数额都作出了具体规定,行政机关必须严格依照法律进行给付。

主观题小案例

【案例】甲公司工作人员张某下班途中发生车祸死亡,公司请求市劳动局申请工伤认定,劳动局驳回了其认定请求。

问题:请从行政法的角度分析工伤认定的性质。

答案参考:行政确认。

行政确认是对业已存在的主体资格、法律事实与法律关系依法进行认定,赋予其法律效力并宣示该效力的行为,户籍登记、婚姻登记和工伤认定均属于行政确认。行政确认是行政机关和行政相对人之间的双方法律关系,行政机关是以管理者的身份,而非以第三方中立主体的身份出现。

7.8 政府信息公开

政府信息:行政机关在履行职责过程中制作或者获取的,以一定形式记录、保存的信息。

1. 政府信息公开方式

(1)主动公开,对涉及公众利益调整、需要公众广泛知晓或者需要公众参与决策的政府信息,行政机关应当主动公开。

(2)申请公开,除行政机关主动公开的政府信息外,公民、法人或者其他组织都可以申请信息公开。

2. 不公开的信息

(1)国家秘密,一律不公开。该类信息指公开后可能危及国家安全、公共安全、经济安全、社会稳定的政府信息。

(2)商业秘密、个人隐私原则上不公开。例外:权利人书面同意,不公开可能对公共利益造成重大影响。

(3)内部信息可以不公开(人事管理、后勤管理、内部工作流程等)。

(4)过程性信息及行政执法案卷信息可以不公开(法律、法规、规章另有规定的除外)。

3. 政府信息公开的程序

(1)申请方式

书面或者口头申请。

(2)申请书内容

①申请人的姓名或者名称、身份证明、联系方式。

②申请公开的政府信息的名称、文号或者便于行政机关查询的其他特征性描述。

③申请公开的政府信息的形式要求。

(3)公开期限

能当场答复的当场答复;不能当场答复的在20个工作日内答复,可延20日,但是征求第三方和其他机关同意的时间不计算在内。

(4)答复方式

①公开。根据申请人的要求及行政机关保存政府信息的实际情况,确定提供政府信息的具体形式;按照申请人要求的形式提供政府信息,可能危及政府信息载体安全或者公开成本过高的,可以通过电子数据以及其他适当形式提供,或者安排申请人查阅、抄录相关政府信息。申请公开的信息中含有不应当公开或者不属于政府信息的内容,但是能够作区分处理的,行政机关应当向申请人提供可以公开的政府信息内容,并对不予公开的内容说明理由,不收取费用。但是,申请数量、频次明显超过合理范围的,可收取信息处理费。

②不公开。

③材料补正。政府信息公开申请内容不明确的,行政机关应当给予指导和释明,并自收到申请之日起7个工作日内一次性告知申请人作出补正,说明需要补正的事项和合理的补正期限。答复期限自行政机关收到补正的申请之日起计算。申请人无正当理由逾期不补正的,视为放弃

申请,行政机关不再处理该政府信息公开申请。

(5)特殊情况

①要求加工的,需要行政机关对现有政府信息进行加工、分析的,行政机关可以不予提供。

②申请动机不单纯的,【申请人以政府信息公开申请的形式进行信访、投诉、举报等活动】行政机关应当告知申请人不作为政府信息公开申请处理并可以告知通过相应渠道提出。

③已经公开的,【申请人提出的申请内容为要求行政机关提供政府公报、报刊、书籍等公开出版物的】行政机关可以告知获取的途径。

④信息有误的,【可以要求行政机关更正】有权更正的行政机关审核属实的,应该予以更正并告知申请人。不属于本行政机关职能范围的,行政机关可以转送有权更正的行政机关处理并告知申请人,或者告知申请人向有权更正的机关提出。

主观题小案例

【案例】某环保公益组织以一企业造成环境污染为由提起环境公益诉讼,后因诉讼需要,向县环保局申请公开该企业的环境影响评价报告、排污许可证信息。

问题:该环保公益组织提出申请时是否应出示其负责人的有效身份证明?

答案参考:需要。

根据《政府信息公开条例》第29条的规定:政府信息公开申请应当包括申请人的姓名或者名称、身份证明、联系方式。所以,根据该规定,为了防止权利的滥用,现在申请政府信息公开一律需要提供有效身份证明。

—— 行政救济 ——

7.9 行政诉讼的受案范围(☆☆☆☆☆)

1. 应予受理的案件

(1)行政处罚,对行政拘留、暂扣或者吊销许可证和执照、责令停产停业、没收违法所得、没收非法财物、罚款、警告等行政处罚不服;

(2)行政强制措施和行政强制执行,对限制人身自由或者对财产的查封、扣押、冻结等行政强制措施和行政强制执行不服;

(3)行政许可类行为,申请行政许可,行政机关拒绝或者在法定期限内不予答复,或者对行政机关作出的有关行政许可的其他决定不服;

(4)对行政机关作出的关于确认土地、矿藏等自然资源的所有权或者使用权的决定不服;

(5)对征收、征用决定及其补偿决定不服;

(6)不作为,申请行政机关履行保护人身权、财产权等合法权益的法定职责,行政机关拒绝履行或者不予答复;

(7)经营权,认为行政机关侵犯其经营自主权或者农村土地承包经营权、农村土地经营权;

(8)竞争,认为行政机关滥用行政权力排除或者限制竞争;

(9)收费,认为行政机关违法集资、摊派费用或者违法要求履行其他义务;

(10)给付,认为行政机关未依法支付抚恤金、最低生活保障待遇或者社会保险待遇;

(11)协议,认为行政机关侵犯其他人身权、财产权等合法权益。

2. 不予受理的案件

(1)国家行为,涉及国防、外交、军事等国家行为;

(2)抽象行政行为,行政法规、规章或者行政机关制定、发布的具有普遍约束力的决定、命令;

(3)内部行为,行政机关对行政机关工作人员的奖惩、任免等决定;

(4)行政最终裁决行为,国务院的复议决定;

(5)刑事司法行为,公安、国家安全等机关依照刑事诉讼法的明确授权实施的行为;

(6)调解、仲裁,调解行为以及法律规定的仲裁行为;

(7)指导行为;

(8)重复处理行为,驳回当事人对行政行为提起申诉的重复处理行为;

(9)非外部性行为,行政机关作出的不产生外部法律效力的行为;

(10)过程性行为,行政机关为作出行政行为而实施的准备、论证、研究、层报、咨询等过程性行为;

(11)其他行为,包括上级监督、信访或者对公民、法人或者其他组织权利义务不产生实际影响的行为。

主观题小案例

【案例1】辉煌公司向河水中超标排放污水,区环保局向其送达《限期整改通知》,要求其在规定时间内达标排放。期限届满,经过检测辉煌公司排放污水仍然不符合国家标准,于是,区环保局对该公司作出水污染防治设施验收不合格认定书,后责令该公司停业整顿。

问题:辉煌公司能否就该决定书提起诉讼?

答案参考:可以。

水污染防治设施验收不合格认定书属于行政确认,是行政机关对特定法律事实、法律关系或者法律状态作出的具有法律效力并且予以证明的行政行为。行政确认属于具体行政行为的一种,会对当事人的权利义务带来影响,所以,行政确认是可诉的。

【案例2】2019年1月国务院发布了《关于在市场监管领域全面推行部门联合"双随机、一公开"监管的意见》(国发〔2019〕5号)。

问题:简单分析该文件性质。

答案参考:《关于在市场监管领域全面推行部门联合"双随机、一公开"监管的意见》为国务院制定的其他规范性文件,判断方法如下:第一,行政法规的名称一般为"条例",也可以称"规定""办法"等。第二,行政法规会以国务院令方式公布颁行,比如行政法规《食品安全法实施条例》,其发文字号为中华人民共和国国务院令第721号。

7.10 行政诉讼的参加人

7.10.1 行政诉讼的原告

行政诉讼的原告,是指认为行政行为侵犯其合法权益,而依法向法院提起诉讼的公民、法人或者其他组织。原告和被诉行为之间有法律上的利害关系。

1.行政相对人必然具有原告资格。

2.利害关系人在一定情况下具有原告资格:

(1)被诉的行政行为涉及其相邻权或者公平竞争权的。

(2)在行政复议等行政程序中被追加为第三人的。

(3)要求行政机关依法追究加害人法律责任的。

(4)撤销或者变更行政行为涉及其合法权益的。

(5)为维护自身合法权益向行政机关投诉,具有处理投诉职责的行政机关作出或者未作出处理的。

3.资格转移。

(1)公民死亡的,其近亲属(包括配偶、父母、子女、兄弟姐妹、祖父母、外祖父母、孙子女、外孙子女和其他具有扶养、赡养关系的亲属)为原告。

(2)法人或其他组织终止的,承受其权利的法人或其他组织为原告。

主观题小案例

【案例1】某公司向规划局申请建设用地规划许可证。刘某的房屋紧邻该许可规划用地,刘某认为建筑工程完成后将遮挡其房屋采光,向法院起诉。法院认为因建筑工程尚未建设,刘某权益受侵犯不具有现实性,因此刘某不具有原告资格。

问题:法院做法是否正确?

答案参考:错误。

规划许可证一旦颁发,该公司就获得按照规划许可建设的权利,与此对应,也就为刘某设定了不得妨害该公司工程建设的义务。但该案中刘某的权利因某公司的建筑工程受到影响,已具备法律上的利害关系。

【案例2】某城市已有哒哒公司一家专车公司,为满足需要,该市人民政府拟在该市范围内再发放一个专车运行许可证。神汽公司和一到公司先后向某市人民政府提出申请,神汽公司获批准。

问题:此时,哒哒公司和一到公司是否均有权起诉?

答案参考:不是。

神汽公司和一到公司是同时申请该行政许可的公平竞争主体,如果一到公司认为在竞争中遭遇了不公平对待,有权提起行政诉讼。但是,哒哒公司并非公平竞争权人,因为哒哒公司与另外两家公司不处于同样的竞争地位,它的既得利益是否受到侵犯不具有必然性,所以,法律不保护哒哒公司这样的既存的经营者。所以,哒哒公司不具有原告资格。

7.10.2 行政诉讼的被告(☆☆☆☆☆)

行政诉讼的被告,是指由原告指控其行政行为违法,经法院通知应诉的行政机关或法律法规授权的组织。

1. 行政机关作出行政行为——自己为被告。

2. 法律、法规、规章授权的组织作出行政行为——自己为被告。

3. 受委托组织作出行政行为——委托机关为被告。

4. 被撤销的行政机关作出行政行为——继续行使其职权的行政机关为被告;无继续行使其职权的行政机关,以其所属的人民政府为被告;实行垂直领导的,以垂直领导的上一级机关为被告。

5. 内设机构、派出机构作出行为——以自己的名义作出,被告是自己。种类越权时所属机关为被告。

6. 多个行政机关共同做的行为——共同被告。如果行政机关与企业等非行政主体联合执法,这属于"假共同行政行为",应当以作出决定的行政机关为被告,非行政主体是第三人。

7. 经过复议的案件被告人确定。

(1)复议不作为:原告不服谁,谁就是被告(选择告一个,不能同时起诉)。

(2)复议维持:原行政机关和复议机关为共同被告——漏加列为共同被告。

(3)复议改变:复议机关为被告——仅限于实体结果的改变。

8. 经批准作出的行政行为——看以谁的名义作出的,被告是盖章的机关。

9. 拆除房屋的被告人确定。

(1)县级以上地方政府根据城乡规划法的规定,责成有关职能部门对违法建筑实施强制拆除,当事人不服强制拆除行为提起诉讼——以作出强制拆除决定的行政机关为被告。没有强制拆除决定书的,以具体实施强制拆除行为的职能部门为被告。

(2)县级以上地方政府已经作出国有土地上房屋征收与补偿决定,当事人不服具体实施房屋征收与补偿工作中的强制拆除房屋等行为提起诉讼——以作出强制拆除决定的行政机关为被告。没有强制拆除决定书的,以具体实施强制拆除行为的职能部门为被告。

(3)当事人对集体土地征收中强制拆除房屋等行为不服提起诉讼——以作出强制拆除决定的行政机关为被告。没有强制拆除决定书的,以具体实施强制拆除行为的职能部门为被告。

10. 开发区管理机构的被告人确定。

(1)国务院、省级人民政府批准设立的——开发区管理机构及其职能部门对各自行为均可独立为被告。

(2)非国务院、省级人民政府批准设立,取得有效授权——开发区管理机构为被告。

(3)非国务院、省级人民政府批准设立,未取得有效授权,无行政主体资格——设立该机构的地方政府为被告。

7.10.3 第 三 人

行政诉讼的第三人,是指因与被提起行政诉讼的行政行为有利害关系,通过申请或法院通知形式,参加到诉讼中来的当事人。

1. 原告型第三人

(1)与被诉行为有法律上利害关系的原告型第三人。

与原告的利益相反的利害关系人,直接追加为第三人;与原告的利益一致的利害关系人,应首先考虑追加为共同原告,当事人不同意的,才能追加为第三人。

(2)与案件处理结果有法律上利害关系的原告型第三人。

行政机关根据当事人的违法事实作出同一类行政行为,未起诉的主体,可以作为第三人。

2. 被告型第三人

(1)与行政机关共同署名作出处理决定的非行政组织。

(2)2 个以上行政机关作出相互矛盾的具体行政行为,非被告的行机关可以是第三人。

(3)应追加被告而原告不同意的,法院通知其作为第三人参加诉讼。

(4)复议改变后再起诉,被告为复议机关,原机关为第三人。

3. 参加时间

参加时间须在一审中,即诉讼程序已经开始,但判决未作出以前。

(1)【一审应通知而未通知,二审的处理方法】一审法院应当通知参加诉讼而没有通知参加诉讼的,属于遗漏了必须参加的诉讼当事人,二审法院应当撤销原判,发回重审。

(2)【一审、二审应通知而未通知的处理方法】因不能归责于本人的事由未参加诉讼,但有证据证明发生法律效力的判决、裁定、调解书损害其合法权益的,可以自知道或者应当知道其合法权益受到损害之日起 6 个月内,向上一级人民法院申请再审。

主观题小案例

【案例 1】甲企业被发现用过期肉制作三明治,该区市监局对其罚款 3000 元,甲企业不服,向区政府申请行政复议,区政府认为原机关处罚过轻,于是改为罚款 5000 元。

问题:甲企业以区政府为被告提起行政诉讼,法院追加区市监局为第三人的做法是否正确?

答案参考:正确。

该案属于违法的复议改变,但依然是复议改变,被告为复议机关。同时,根据最高人民法院行政庭的意见,被告型第三人扩充了复议改变时,原机关作为第三人的情况。

【案例 2】某区卫计局以董某擅自开展诊疗活动为由作出没收其违法诊疗工具并处 5 万元罚款的处罚。董某向区政府申请复议,区政府维持了原处罚决定。董某向法院起诉。

问题:如董某只起诉区卫计局,法院能否追加区政府为第三人?

答案参考:不可以。

最高人民法院《关于适用〈中华人民共和国行政诉讼法〉的解释》(以下简称《行政诉讼法司法解释》)第 134 条第 1 款规定:复议机关决定维持原行政行为的,作出原行政行为的行政机关和复议机关是共同被告。原告只起诉作出原行政行为的行政机关或者复议机关的,人民法院应当告知原告追加被告。原告不同意追加的,人民法院应当将另一机关列为共同被告。据此,董某只起诉区卫计局,法院应告知董某追加区政府为被告;董某不同意追加的,法院应当追加区政府为被告。

7.11 行政诉讼的管辖

管辖是指关于不同级别和地方的法院之间受理第一审行政案件的权限分工,是涉及行政审判的组织体制、公民诉权保护等基本问题的重要诉讼法律制度。

1. 地域管辖

(1)一般管辖:原告就被告——被告所在地法院(最初作出行政行为的行政机关所在地)管辖。

(2)不动产案件:行政行为导致不动产物权变动的案件,由不动产所在地的法院专属管辖。不动产已登记的,以不动产登记簿记载的所在地为不动产所在地;不动产未登记的,以不动产实际所在地为不动产所在地。

(3)限制人身自由的案件:对行政机关基于同一事实,既采取限制公民人身自由的行政强制措施,又采取其他行政强制措施或者行政处罚不服的,由被告所在地或者原告所在地的法院管辖。

①只有"被关了的人"起诉,才会有多重地域管辖,受害人起诉只能由被告所在地法院管辖。

②诉求中必须包括限制人身自由的行政强制措施,才会有多重地域管辖,拘留类的行政处罚(无论是单纯的拘留,还是拘留加罚款等财产类行为)只能由被告所在地法院管辖。

③原告所在地包括户籍所在地、经常居住地、被限制人身自由地。

(4)经过复议的案件:由原行政机关所在地或复议机关所在地法院管辖。

2. 中级人民法院管辖范围

(1)【级别高】国务院部门或县级以上政府(县政府、市政府、省政府,此处的政府不包括政府的工作部门)。

(2)【专业性强】海关处理的案件、证交所为被告或第三人(专门法院、人民法庭不审行政案件)。

(3)【人数众多】社会影响重大的共同诉讼、集团诉讼。

(4)【涉外案件】涉外行政案件 + 涉港澳台的、国际贸易案件,反倾销、反补贴案件。

主观题小案例

【案例1】张某在甲地修建了一栋别墅,在不动产登记簿上登记地址为乙地,后经县政府查明,张某的别墅违法占道,限期张某自行拆除,到期张某并未拆除,于是县政府对张某别墅进行了强拆,张某不服,向市政府申请复议,市政府认为县政府的行为合法,作了维持决定,张某不服,提起诉讼。

问题:该案管辖法院如何确定?

答案参考:

(1)地域上:有两类案件会影响地域管辖:一是不动产案件,二是经过复议的案件。这两种情况同时存在时,一般要先考虑不动产案件的地域管辖规则,所以必须以不动产所在地法院为地域管辖法院,同时根据相关司法解释的规定,不动产已经登记的,以不动产登记簿上所载的地址为不动产所在地,因而该案从地域管辖上来考虑应该是乙地法院有管辖权,甲地虽然是不动产实际所在地,但是甲地法院不具有管辖权。

(2)级别上:从级别管辖来看,因为本案是经过复议的案件,且是复议维持,所以县政府和市政府为共同被告,在复议维持中,基本的原则是以原行为机关确定级别管辖,因而是中级人民法院管辖。

【案例2】在强制关停某养猪场的过程中,养猪场工作人员李某与执法人员张某发生冲突。李某将张某打伤,市公安局将李某强制传唤8小时并罚款5000元。如果李某就罚款起诉,本案应当由原告住所地和被告住所地法院管辖。

答案参考:错误。只有"关了的人"诉"关了的强制措施",才适用多重地域管辖原则。该案中,李某仅仅起诉了罚款行为,适用一般地域管辖原则,应由被告所在地法院管辖。

7.12 行政诉讼程序

7.12.1 行政诉讼的起诉

一、行政诉讼的起诉条件

1. 一般条件

(1)有原告资格;

(2)有明确的被告;

(3)有具体的诉讼请求和事实依据;

(4)属于法院受案范围和受诉法院管辖。

2. 时间条件

(1)自知道或应当知道行政行为作出之日起6个月内提出,法律另有规定的除外。

(2)复议案件:

①自收到复议决定书之日起15日内起诉。

②复议机关逾期不作决定的,自复议期满15日内起诉。

(3)不知道的最长保护期限。

①不知道起诉期限:自知道或者应当知道起诉期限之日起6个月内提出,但从知道或者应当知道行政行为内容之日起最长不得超过1年。

②不知道行政行为内容:自知道或者应当知道该行政行为内容之日起6个月内提出。因不动产提起的诉讼,自作出之日起不得超过20年。其他案件,自作出之日起不得超过5年。

二、行政诉讼的受理

1. 立案登记制一律接受起诉状,分别处理:

(1)当场或者7天内能够判断符合起诉条件的:登记立案。

(2)当场能判断不符合立案条件的:裁定不予立案并载明理由。

(3)当场不能判断的:第一步,先接受起诉状,7 天内决定是否立案;第二步,7 天内仍不能判断的,应当先予立案。

(4)起诉状内容或材料欠缺的:法院应当指导和释明,一次性全面告知需要补正的内容、材料和期限。

2. 救济途径:

(1)不立案:向上一级法院起诉。

(2)不接受起诉状或接受不出具凭证的或不一次性告知当事人需要补正的内容:向上级法院投诉,上级法院责令改正,并对直接责任人依法给予处分。

(3)既不立案又不出具不予立案的裁定:向上一级法院起诉,上一级法院认为符合起诉条件的,应当立案、审理,也可指定其他下级法院立案、审理。

主观题小案例

【案例】郭某不服房屋征收部门对其作出的征收决定,提起行政诉讼。

问题:如法院当场不能判定起诉是否符合条件,该如何处理?

答案参考:《行政诉讼法》第 51 条第 2 款规定,对当场不能判定是否符合《行政诉讼法》规定的起诉条件的,应当接收起诉状,出具注明收到日期的书面凭证,并在 7 日内决定是否立案。不符合起诉条件的,作出不予立案的裁定。裁定书应当载明不予立案的理由。原告对裁定不服的,可以提起上诉。

7.12.2 行政诉讼的审理(☆☆☆☆☆)

1. 一审普通程序

(1)交换诉状

①立案起 5 日内将副本发送被告,被告自收到副本 15 日内提交证据。

②起诉状副本送达被告后,原告提出新的诉讼请求的,法院不予准许,但有正当理由的除外。

(2)通知

①适用普通程序审理案件,应当在开庭 3 日前用传票传唤当事人。

②对证人、鉴定人、勘验人、翻译人员,应当用通知书通知其到庭。

(3)庭审方式

①开庭审理。

②合议庭由审判员,或审判员、陪审员组成。

(4)公开审理

①法院公开审理行政案件,但涉及国家秘密、个人隐私和法律另有规定的除外。

②涉及商业秘密的案件,当事人申请不公开审理的,可以不公开审理。

(5)公开宣判

①对公开审理和不公开审理的案件,一律公开宣判。

②当庭宣判的,应当在 10 日内发送判决书;定期宣判的,宣判后立即发给判决书。

③宣告判决时,必须告知当事人上诉权利、上诉期限和上诉的法院。

(6)审限

立案之日起6个月。

2. 简易程序

(1)适用前提

①第一审+事实清楚、权利义务关系明确、争议不大。

②发回重审、按照审判监督程序再审的案件不适用。

(2)可以适用简易程序

①被诉行政行为是依法当场作出的。

②案件涉及款额2000元以下的。

③属于政府信息公开案件的。

(3)合意适用简易程序

除上述规定以外的第一审案件,当事人各方同意适用。

(4)程序要求

①由审判员一人独任审理。

②法院可以用口头通知、电话、短信、传真、电子邮件等简便方式传唤当事人、通知证人、送达裁判文书以外的诉讼文书。

③举证期限由法院确定,也可以由当事人协商一致并经法院准许,但不得超过15日。

④立案之日起45日内审结。

⑤在审理中,发现案件不宜用简易程序的,裁定转为普通程序。法院应在审限届满前作出裁定,并书面通知双方当事人。

3. 二审程序

(1)上诉期限

不服判决15天,不服裁定10天。

(2)审理组织

合议庭。

(3)审理方式

①开庭审理。

②经过阅卷、调查和询问当事人,对没有提出新的事实、证据或者理由,合议庭认为不需要开庭审理的,也可以不开庭审理。

(4)审理原则

审理上诉案件,应当对原审法院的判决、裁定和被诉行政行为进行全面审查。

(5)审理期限

收到上诉状起3个月。

主观题小案例

【案例】甲公司与乙公司发生纠纷,甲公司向工商局申请公开乙公司的工商登记信息。该局公开了乙公司的名称、注册号、住所、法定代表人等基本信息,但对经营范围、从业人数、注册资本等信息拒绝公开。甲公司向法院起诉,法院受理。

问题:关于此事法院能否适用简易程序审理?

答案参考:可以。

根据《行政诉讼法》第 82 条第 1 款第 3 项的规定,人民法院审理政府信息公开的第一审行政案件,认为事实清楚、权利义务关系明确、争议不大的,可以适用简易程序。该案为政府信息公开案件,故该案一审审理可以适用简易程序。

7.13 行政诉讼证据

7.13.1 举证责任分配

1. 原告

(1)证明符合起诉条件。

(2)依申请不作为案件中,应当证明自己提出过申请,但因正当理由不能提供证据的除外。

(3)行政赔偿、补偿案件中,原告对行政行为造成的损害提供证据。但是,被告的原因导致原告无法举证的,由被告承担举证责任。

(4)【权利】原告可以提供证明行政行为违法的证据。但证据不成立的,不免除被告的举证责任。

2. 被告

(1)被告对作出的行政行为负有举证责任,应当提供作出该行政行为的证据和所依据的规范性文件。

(2)被告不提供或者无正当理由逾期提供证据,视为没有相应证据。但是,被诉行政行为涉及第三人合法权益,第三人提供证据的除外。

7.13.2 举证期限

1. 原告、第三人

(1)应当在开庭审理前或者法院指定的交换证据清单之日提供证据。

(2)延期提供:因正当事由,经法院准许,可以在法庭调查中提供。

2. 被告

(1)应当在收到起诉状副本之日起 15 日内向法院提交证据。被告在作出行政行为时已经收集了证据,但因不可抗力等正当事由不能提供的,经法院准许,可以延期提供。

(2)在诉讼过程中,被告及其诉讼代理人不得自行向原告、第三人和证人收集证据。

(3)补充证据:原告或第三人提出其在行政处理程序中没有提出的理由或者证据的,经法院准许,被告可以补充证据。

7.13.3 证据审查(☆☆)

当事人应当围绕证据的关联性、合法性和真实性,针对证据有无证明效力以及证明效力大小,进行质证。

1. 关联性审查

证据必须与案件事实之间存在内在联系。

2. 合法性审查

(1)证据是否符合法定形式。

(2)证据的取得是否符合法律、法规、司法解释和规章的要求。

(3)是否有影响证据效力的其他违法情形。

3. 真实性审查

(1)证据形成的原因。

(2)发现证据时的客观环境。

(3)证据是否为原件、原物,复制件、复制品与原件、原物是否相符。

(4)提供证据的人或证人与当事人是否有利害关系。

主观题小案例

【案例1】某区工商分局对一公司未取得出版物经营许可证销售电子出版物100套的行为,予以取缔,并罚款6000元。该公司向市工商局申请复议。

问题:在复议过程中区工商分局是否能自行向申请人和其他有关组织或个人收集证据?

答案参考:不能。

在行政复议过程中,被申请人不得自行向申请人和其他有关组织或者个人收集证据。

【案例2】纳美公司排污,被市环保局处罚。市政府在复议过程中对纳美公司的污水进行了抽样鉴定,作出了维持决定。公司不服起诉,市政府向法院提交了抽样鉴定意见。

问题:该抽样鉴定意见能否用于证明被诉行政行为合法?

答案参考:可以。

复议维持后,原行为和维持决定成为"同呼吸、共命运"的一体行为,所以,《行政诉讼法司法解释》第135条第3款规定,复议机关作共同被告的案件,复议机关在复议程序中依法收集和补充的证据,可以作为人民法院认定复议决定和原行政行为合法的依据。

7.14 行政诉讼特殊制度

7.14.1 撤诉和缺席判决

1. 申请撤诉

(1)【一改——一审、二审、再审均可】动因:被告主动或法院建议。表现:①实质改变。改变行为结果,改变事实依据,改变规范依据并影响其定性。②视为改变。履行法定职责;采取补救补偿措施;对裁决案件,书面认可原告和第三人达成的和解。

(2)【二撤】原告书面表示撤诉。

(3)【三裁】法院裁定准予撤诉。

2. 视为撤诉

(1)原告经传票传唤拒不到庭。

(2)原告未经许可中途退庭。

(3)未交诉讼费。

3. 撤诉后果

(1)行政诉讼程序终结。

(2)裁定准许原告撤诉后,原告不得以同一事实和理由重新起诉,未交诉讼费的例外。

(3)准予撤诉的裁定确有错误,原告申请再审的,法院应当通过审判监督程序撤销原准予撤诉的裁定,重新对案件进行审理。

4. 缺席判决

缺席判决是指法院在开庭审理时,在一方当事人或双方当事人未到庭陈述、辩论的情况下,合议庭经审理所作的判决。

(1)原告或上诉人

申请撤诉,法院裁定不予准许,并且经传票传唤拒不到庭或未经法庭许可中途退庭。

(2)被告

①经传票传唤无正当理由拒不到庭。

②未经法庭许可中途退庭。

7.14.2 调解程序

1. 法院审理行政案件,不适用调解。

2. 行政赔偿、补偿以及行政机关行使法律、法规规定的自由裁量权的案件可以调解。

3. 调解应当遵循自愿、合法原则,不得损害国家利益、社会公共利益和他人合法权益。

4. 调解书。

(1)调解达成协议,法院应当制作调解书。

(2)调解书由审判人员、书记员署名,加盖法院印章,送达双方当事人。

(3)调解书经双方当事人签收后,即具有法律效力。

7.14.3 首长出庭制度

行政机关负责人原则上应当出庭应诉;不能出庭的,应当委托行政机关相应的工作人员出庭。

1. 负责人

(1)被诉行政机关负责人(正职、副职或分管负责人)应当出庭应诉。

(2)行政机关负责人出庭应诉的,可以另行委托1~2名诉讼代理人。

(3)行政机关负责人有正当理由不能出庭应诉的,应当向法院提交情况说明,并加盖行政机关印章或者由该机关主要负责人签字认可。

(4)行政机关拒绝说明理由的，不发生阻止案件审理的效果，法院可以向监察机关、上一级行政机关提出司法建议。

2. 可以委托

(1)不能出庭的，应当委托相应的工作人员出庭，不得仅委托律师出庭。

(2)不能出庭的情形：不可抗力，意外事件，需要履行他人不能代替的公务，其他正当事由。

(3)行政机关相应的工作人员：被诉行政机关中具体行使行政职权的工作人员。行政机关委托行使行政职权的组织或者下级行政机关的工作人员，可以视为行政机关相应的工作人员。

(4)负责人和相应的工作人员均不出庭，法院应当记录在案和在裁判文书中载明，并可以建议有关机关依法作出处理。

7.15 行政诉讼的裁判与执行

7.15.1 一审判决

1. 被告行政行为合法，判决驳回原告诉讼请求。

2. 被告行为违法：

(1)作为

①能撤销就撤销。

②不能撤销就确认违法，确认违法有5种情况：

a. 撤销会给国家利益、公共利益造成重大损失；

b. 诉讼中被诉行政行为已经被撤销、改变；

c. 不具有可撤销的内容；

d. 程序轻微违法，但对原告权利不产生影响；

e. 无效行政行为。

③处罚显失公正、其他行为涉及款额有误可撤、可变。

(2)不作为

①能作为的就作为：履行判决(行为)、给付判决(给钱)。

②不能作为则确认违法。

7.15.2 二审判决

1. 原来的没错【驳回上诉，维持原判】。

2. 依法改判【事实认定清楚，但法律适用错了】。

3. 剩下的全是发回【严重违法+漏人漏事】。

4. 改判和发回：一审事实不清，证据不足，一般发回，发回只限一次。

5. 原审遗漏赔偿请求。

①一审判决遗漏赔偿请求，二审法院审查认为不予赔偿的，应判决驳回行政赔偿请求。

②一审判决遗漏赔偿请求，二审认为应当赔的，先就赔偿问题进行调解，调解不成，就赔偿部分发回重审。

③遗漏普通的诉讼请求，行政诉讼二审判决和民事诉讼相同，均是撤销原判，发回重审。

④如果二审当事人提了新赔偿请求，应当先调解，调解不成的，告知另行起诉。

7.15.3 执　　行

1. 执行内容

法院发生法律效力的判决、裁定、调解书。

2. 申请期限

2 年。

3. 原告不履行

(1) 行政机关或者第三人可以向第一审法院申请强制执行。

(2) 由行政机关依法强制执行。

4. 行政机关不履行

(1) 对应当归还的罚款或者应当给付的款额，通知银行划拨。

(2) 从期满之日起，对该行政机关负责人按日处 50～100 元的罚款。

(3) 将行政机关拒绝履行的情况予以公告。

(4) 向监察机关或者该行政机关的上一级行政机关提出司法建议。

(5) 社会影响恶劣的，可以对该行政机关直接负责的主管人员和其他直接责任人员予以拘留；情节严重，构成犯罪的，依法追究刑事责任。

5. 执行机关

第一审法院。

主观题小案例

【案例 1】某计划生育委员会以李某、何某二人于 2010 年 7 月违法超生第三胎为由，作出要求其缴纳社会抚养费 12 万元的决定。

问题：法院能否作出允许少缴或免缴社会抚养费的变更判决？

答案参考：可以。行政行为款额认定、确定有误是可以判决变更的。

【案例 2】市交通局调查非法营运的专车司机向某后作出处罚，但是该决定书超过了法定送达时间，延期 1 天后才送达，法院经审理认为行政处罚行为程序轻微违法，但对原告权利不产生实际影响。

问题：法院应当如何判决？

答案参考：应当判决确认处罚决定违法。

根据《行政诉讼法》的规定，行政行为程序轻微违法，但对原告权利不产生实际影响的，法院应当判决确认被诉行政行为违法。此处的“程序轻微违法”一般指的是：第一，处理期限轻微违法;第二,通知、送达等程序轻微违法。如果剥夺了原告依法享有的听证、陈述、申辩等重要程序性权利,可能会对实体权利产生实质损害,因为听证程序有搜集证据的功能,应听证而未听证就属于有可能会损害原告合法权益的程序违法,法院是可以撤销该行政行为的。该题仅仅是送达程序轻微违法,不影响实体权利,如果法院撤销后,再让被告按期作出相同内容的行政决定,完全没有必要。所以,法院应当判决确认违法即可。

【案例3】李某聚众吸食毒品,区公安局对其罚款5000元。李某不服申请复议,市公安局以李某向他人销售毒品为由,将罚款决定改为了8000元。李某不服提起诉讼。法院应当撤销复议决定,并责令市公安局重新作出处罚行为。

答案参考:错误。复议机关加重处罚,属于违法行为,法院应当撤销复议改变决定,如果需要责令重作,那么责令对象为复议机关,则该题表述正确。但2018年《行政诉讼法司法解释》还增加了一个新的处理方案:判决恢复原行政行为的法律效力,所以,该题表述过于绝对。

7.16 行政复议

7.16.1 行政复议概述(☆☆☆)

1. 行政复议受案范围

(1)行政机关作出的具体行政行为(包括行政许可、行政处罚、行政强制、征收征用决定及其补偿决定)。

(2)行政机关作出的赔偿决定或者不予赔偿决定。

(3)行政机关作出的不予受理工伤认定申请的决定或者工伤认定结论。

(4)行政机关不依法订立、不依法履行、未按照约定履行或者违法变更、解除政府特许经营协议、土地房屋征收补偿协议等行政协议。

(5)行政机关在政府信息公开工作中侵犯其合法权益。

2. 其他规范性文件(只能附带审查)

(1)国务院部门的规范性文件。

(2)县级以上地方各级政府及其工作部门的规范性文件。

(3)乡、镇政府的规范性文件。

(4)法律、法规、规章授权的组织的规范性文件。

3. 行政复议的申请人

(1)依照法律申请行政复议的公民、法人或者其他组织是申请人。

(2)有权申请行政复议的公民死亡的,其近亲属可以申请行政复议。有权申请行政复议的法人或者其他组织终止的,其权利义务承受人可以申请行政复议。

(3)有权申请行政复议的公民为无民事行为能力人或者限制民事行为能力人的,其法定代理人可以代为申请行政复议。

4. 行政复议的被申请人(类似诉讼被告)

(1)公民、法人或者其他组织对行政行为不服申请行政复议的,作出行政行为的行政机关或者法律、法规、规章授权的组织是被申请人。

(2)两个以上行政机关以共同的名义作出同一行政行为的,共同作出行政行为的行政机关是被申请人。

(3)行政机关委托的组织作出行政行为的,委托的行政机关是被申请人。

(4)作出行政行为的行政机关被撤销或者职权变更的,继续行使其职权的行政机关是被申请人。

5. 行政复议前置规定

(1)自然资源

相关主体对行政机关作出的侵犯其已经依法取得的自然资源的所有权或者使用权的决定不服。

(2)纳税争议

纳税人、扣缴义务人、纳税担保人对税务机关确定纳税主体、征税对象、征税范围、减税、免税及退税、适用税率、计税依据、纳税环节、纳税期限、纳税地点以及税款征收方式等发生的争议。

(3)经营者集中

经营者对反垄断执法机构集中作出的决定不服的,可以先依法申请行政复议;对行政复议决定不服的,可以依法提起行政诉讼。

(4)【新增】对当场作出的行政处罚决定不服(对公民≤200 元,组织≤3000 元,或警告)

(5)【新增】行政机关存在未履行法定职责情形

(6)【新增】申请政府信息公开,行政机关不予公开

6. 复议机关(地方事务归地方,全国事务归部委,例外两个特殊记)

(1)省级以下政府为复议被申请人,复议机关是上一级政府。

(2)本级政府工作部门为复议被申请人,复议机关是本级政府。

(3)本级政府及其部门管理的被授权组织为复议被申请人,复议机关是本级政府。

(4)县级政府工作部门设立的派出机构为复议被申请人,复议机关是县政府。

(5)国务院的部委行署局为复议被申请人,复议机关是部委。

(6)国务院部门设立的派出机构为复议被申请人,复议机关是部门。

(7)国务院部门管理的被授权组织为复议被申请人,复议机关是部门。

(8)例外 1:垂直领导机关,只能是上一级主管部门为复议机关,海关、金融、外汇、税务、国安当被申请人,上一级主管部门为复议机关。

(9)例外 2:司法行政部门,本级政府或上一级主管部门为复议机关。(县)司法局为被申请人,复议机关:本级政府 + 上一级司法行政部门,即(市)司法局。

主观题小案例

【案例 1】甲市市容管理办公室是甲市政府设立的负责管理市容市貌的事业单位,根据该市人大制定的地方性法规《甲市市容管理暂行办法》的有关规定,可以对有碍市容市貌的各种行为

作出罚款处罚。刘某的杂货店超出规划，市容管理办公室作出了罚款1万元的决定。

问题：该案的复议被申请人如何确定？

答案参考：复议被申请人是甲市市容管理办公室。具备行政处罚权的有效授权文件为法律、法规，所以，该办公室取得有效授权，自然可以成为诉讼被告/复议被申请人。

【案例2】李某不服区公安分局对其作出的行政拘留5日的处罚，复议机关如何确定？

答案参考：复议机关为区政府。

根据《行政复议法》的规定，对县级以上地方各级人民政府工作部门的具体行政行为不服的，向本级人民政府申请行政复议。

7.16.2 行政复议的程序（☆☆☆☆☆）

1. 申请

(1)申请人申请行政复议，可以书面申请；书面申请有困难的，也可以口头申请。

(2)书面申请的，可以通过邮寄或者行政复议机关指定的互联网渠道等方式提交行政复议申请书，也可以当面提交行政复议申请书。行政机关通过互联网渠道送达行政行为决定书的，应当同时提供提交行政复议申请书的互联网渠道。

(3)口头申请的，行政复议机关应当当场记录申请人的基本情况、行政复议请求、申请行政复议的主要事实、理由和时间。

(4)申请人对2个以上行政行为不服的，应当分别申请行政复议。

【注意】复议中3日、5日、7日、10日均是工作日，不含法定休假日

2. 期限

复议60日（法律规定可延长），经过复议机构负责人批准可以适当延长，最多不得超过30日，诉讼6个月（法律可另作规定）。

(1)行政机关作出行政行为时，未告知公民、法人或者其他组织申请行政复议的权利、行政复议机关和申请期限的，申请期限自公民、法人或者其他组织知道或者应当知道申请行政复议的权利、行政复议机关和申请期限之日起计算，但是自知道或者应当知道行政行为内容之日起最长不得超过1年。

(2)因不动产提出的行政复议申请自行政行为作出之日起超过20年，其他行政复议申请自行政行为作出之日起超过5年的，行政复议机关不予受理。

3. 受理

(1)行政复议申请材料不齐全或者表述不清楚，无法判断行政复议申请是否符合《行政复议法》第30条第1款规定的，行政复议机关应当自收到申请之日起5日内书面通知申请人补正。补正通知应当一次性载明需要补正的事项。

(2)申请人应当自收到补正通知之日起10日内提交补正材料。有正当理由不能按期补正的，行政复议机关可以延长合理的补正期限。无正当理由逾期不补正的，视为申请人放弃行政复议申请，并记录在案。

(3)行政复议机关收到补正材料后，依照《行政复议法》第30条的规定处理。

(4)对当场作出或者依据电子技术监控设备记录的违法事实作出的行政处罚决定不服申请

行政复议的,可以通过作出行政处罚决定的行政机关提交行政复议申请。

(5)行政机关收到行政复议申请后,应当及时处理;认为需要维持行政处罚决定的,应当自收到行政复议申请之日起5日内转送行政复议机关。

(6)公民、法人或者其他组织依法提出行政复议申请,行政复议机关无正当理由不予受理、驳回申请或者受理后超过行政复议期限不作答复的,申请人有权向上级行政机关反映,上级行政机关应当责令其纠正;必要时,上级行政复议机关可以直接受理。

4. 审理程序

普通程序或者简易程序。

5. 上可审下

上级行政复议机关根据需要,可以审理下级行政复议机关管辖的行政复议案件。

下级行政复议机关对其管辖的行政复议案件,认为需要由上级行政复议机关审理的,可以报请上级行政复议机关决定(《行政复议法》第38条第2款)。

6. 行政复议中止情形

(1)作为申请人的公民死亡,其近亲属尚未确定是否参加行政复议;

(2)作为申请人的公民丧失参加行政复议的行为能力,尚未确定法定代理人是否参加行政复议;

(3)作为申请人的公民下落不明;

(4)作为申请人的法人或者其他组织终止,尚未确定权利义务承受人;

(5)申请人、被申请人因不可抗力或者其他正当理由,不能参加行政复议;

(6)依照《行政复议法》规定进行调解、和解,申请人和被申请人同意中止;

(7)行政复议案件涉及的法律适用问题需要有权机关作出解释或者确认;

(8)行政复议案件审理需要以其他案件的审理结果为依据,而其他案件尚未审结;

(9)有《行政复议法》第56条或者第57条规定的情形;

(10)需要中止行政复议的其他情形。

7. 行政复议终止情形

(1)申请人撤回行政复议申请,行政复议机构准予撤回;

(2)作为申请人的公民死亡,没有近亲属或者其近亲属放弃行政复议权利;

(3)作为申请人的法人或者其他组织终止,没有权利义务承受人或者其权利义务承受人放弃行政复议权利;

(4)申请人对行政拘留或者限制人身自由的行政强制措施不服申请行政复议后,因同一违法行为涉嫌犯罪,被采取刑事强制措施;

(5)依照《行政复议法》第39条第1款第1项、第2项、第4项的规定中止行政复议满60日,行政复议中止的原因仍未消除。

8. 复议期间停止执行的情形

行政复议期间行政行为不停止执行;但是有下列情形之一的,应当停止执行:

(1)被申请人认为需要停止执行;

(2)行政复议机关认为需要停止执行;

(3)申请人、第三人申请停止执行,行政复议机关认为其要求合理,决定停止执行;

(4)法律、法规、规章规定停止执行的其他情形。

7.16.3 普通程序与简易程序(☆☆☆)

1. 普通程序

(1)审前程序

①应当自行政复议申请受理之日起7日内,将行政复议申请书副本或者行政复议申请笔录复印件发送被申请人。

②被申请人应当自收到行政复议申请书副本或者行政复议申请笔录复印件之日起10日内,提出书面答复,并提交作出行政行为的证据、依据和其他材料。

(2)审理方式

①适用普通程序审理的复议案件,复议机构应当当面或者通过互联网、电话等方式听取当事人的意见,并将听取的意见记录在案。

②因当事人原因不能听取意见的,可以书面审理。

③应当自受理申请之日起60日内作出行政复议决定,但是法律规定的行政复议期限少于60日的除外。

(3)听证程序

①审理重大、疑难、复杂的复议案件,复议机构应当组织听证。

②行政复议机构认为有必要听证,或者申请人请求听证的,复议机构可以组织听证。

③听证由1名复议人员任主持人,2名以上复议人员任听证员,1名记录员制作听证笔录。

(4)行政复议委员会

①县级以上各级政府应当建立相关政府部门、专家、学者等参与的复议委员会。

②对于案情重大、疑难、复杂,专业性、技术性较强,省级政府作被申请人,及复议机构认为有必要的案件,应当提请委员会提出咨询意见。

③提请复议委员会提出咨询意见的案件,复议机关应当将咨询意见作为作出复议决定的重要参考依据。

2. 简易程序

(1)适用范围

复议机关审理下列复议案件,认为事实清楚、权利义务关系明确、争议不大的,可以适用简易程序:

①行政行为是当场作出的;

②行政行为是警告或者通报批评;

③案件涉及款额3000元以下;

④政府信息公开案件。

除上述规定以外的复议案件,当事人各方同意适用简易程序的,可以适用简易程序。

(2)审理程序

①3日内,将申请书副本发送被申请人。被申请人5日内,提出书面答复和证据。

②适用简易程序审理的复议案件,可以书面审理。

③应当自受理申请之日起30日内作出行政复议决定。

7.16.4 行政复议的结果(☆☆☆)

1. 被申请人胜

(1)维持原行政行为决定

行政行为认定事实清楚,证据确凿,适用依据正确,程序合法,内容适当的。

(2)驳回复议请求

被申请人没有相应法定职责或者在受理前已经履行法定职责的。

2. 申请人胜

(1)撤销决定,并可以责令被申请人在一定期限内重新作出行政行为

①主要事实不清、证据不足;

②违反法定程序;

③适用的依据不合法;

④超越职权或者滥用职权。

行政复议机关责令被申请人重新作出行政行为的,被申请人不得以同一事实和理由作出与被申请行政复议的行政行为相同或者基本相同的行政行为,但是行政复议机关以违反法定程序为由决定撤销或者部分撤销的除外。

(2)确认原行政行为违法

①依法应予撤销,但是撤销会给国家利益、社会公共利益造成重大损害;

②程序轻微违法,但是对申请人权利不产生实际影响。

【注意】行政行为有下列情形之一,不需要撤销或者责令履行的,行政复议机关确认该行政行为违法:

①行政行为违法,但是不具有可撤销内容;

②被申请人改变原违法行政行为,申请人仍要求撤销或者确认该行政行为违法;

③被申请人不履行或者拖延履行法定职责,责令履行没有意义。

3. 执行

(1)维持行政行为的行政复议决定书,由作出行政行为的行政机关依法强制执行,或者申请人民法院强制执行;

(2)变更行政行为的行政复议决定书,由行政复议机关依法强制执行,或者申请人民法院强制执行;

(3)行政复议调解书,由行政复议机关依法强制执行,或者申请人民法院强制执行。

主观题小案例

【案例1】2024年1月,胜达公司与杨树县政府签订合同约定"征地范围北部的洼地及向外延伸5公里海面作为旅游开发的配套设施"。胜达公司在杨树县五棵松镇海滩建设五星级宾馆项目。2024年5月,监管部门发现胜达公司未取得海域使用权证就开始建设,于是逐级上报至国家海洋局。国家海洋局立案后对胜达公司作出了行政处罚听证告知书,告知胜达公司拟对其作出

的处罚及事实和法律依据,并组织了听证会。2024年6月国家海洋局作出了行政处罚1号文件。

问题:

(1)胜达公司不服海洋局的处罚决定提起行政复议,复议机关是谁?

(2)胜达公司对复议机关作出的复议结果不服,欲提起行政诉讼,如何确定该案的管辖法院?

答案参考:

(1)复议机关是国家海洋局。依据行政复议法规定,国务院的部委行署局为复议被申请人,复议机关是部委。该题胜达公司为申请人,国家海洋局为被申请人,复议机关为国家海洋局。

(2)国家海洋局所在地中级人民法院管辖。依据行政诉讼法及相关规定,被告是国务院部门或县级以上政府的,由被告所在地中级人民法院管辖。该案中,从级别管辖上看,由中级人民法院管辖。从地域管辖看,使用一般地域管辖规定,原告就被告,故为国家海洋局所在地中级人民法院管辖。

【案例2】张三和李四在汉东省京州市胜达公司的工地打工,2024年8月9日,两人接到京州市逐渐部门的检查通知,两人与工地其他人员在出租屋内等待检查。该出租屋系张三承租,用于工地开会布置工作和发放工资。8月9日下午5点,张三被发现死在了出租屋内,死亡原因系猝死。

张三猝死后,其妻子洪某向京州市人社局申请工伤认定。京州市人社局作出《视同工亡认定书》,认定张三在工作时间和工作岗位,突发疾病死亡,视同因工死亡。

问题:

(1)胜达公司对《视同工亡认定书》存在异议,复议被申请人,复议机关如何确定?

(2)复议机关维持了人社局的决定,胜达公司不服,提起行政诉讼,该行政诉讼的被告是谁?如何确定该案的管辖法院?

答案参考:

(1)复议被申请人为京州市人社局,复议机关是京州市政府。依据刑事诉讼法及相关规定,公民、法人或者其他组织认为行政行为侵犯其合法权益,可以作为复议申请人,行政行为作出机关为被申请人,对本级政府工作部门作出的行政行为不服的,县级以上地方各级政府为复议机关。该题中,胜达公司对京州市人社局作出的决定不服申请行政复议,复议机关应为京州市政府。

(2)①京州市政府和京州市人社局为共同被告。依据行政诉讼法及相关规定,复议机关决定维持原行政行为的,作出原行政行为的行政机关和复议机关为共同被告。该题中京州市政府维持了京州市人社局的决定,故为共同被告。

②管辖法院为京州市人社局所在地的基层人民法院。依据行政诉讼法及相关规定,复议维持的案件,管辖法院级别根据原行政行为作出机关确定,市人社局为被告,管辖法院为基层法院。地域管辖仍旧是原告就被告。

—— 国家赔偿 ——

国家赔偿，是指国家机关及其工作人员行使职权给公民、法人及其他组织的人身权或财产权造成损害，依法应给予的赔偿。国家赔偿由侵权的国家机关履行赔偿义务。国家赔偿分为行政赔偿和司法赔偿。

7.17 行政赔偿

1. 人身权损害赔偿

(1)损害人身自由

①按日支付赔偿金，每日赔偿金为国家上年度职工日平均工资。

②上年度，应为作出赔偿决定时的上年度；复议机关或者法院赔偿委员会决定维持原赔偿决定的，按作出原赔偿决定时的上年度执行。

(2)身体伤害

赔偿医疗费、护理费、误工费。

(3)造成丧失劳动能力

①医疗费。

②护理费。

③残疾生活辅助具费、康复费等因残疾而增加的必要支出和继续治疗所必需的费用。

④残疾赔偿金。

⑤全部丧失劳动能力(伤残1~4级)：其扶养的无劳动能力人的生活费。

(4)死亡

①死亡赔偿金和丧葬费，总额为国家上年度职工年平均工资的20倍。

②其生前扶养的无劳动能力人生活费。

(5)精神损害赔偿

①为受害人消除影响、恢复名誉、赔礼道歉；造成严重后果的，应当支付相应的精神损害抚慰金。

②严重后果：受害人被非法限制人身自由超过6个月，无罪或者终止追究刑事责任的人被羁押6个月以上；轻伤以上或者残疾；精神障碍或者精神残疾。精神损害抚慰金一般应当在人身自由赔偿金、生命健康赔偿金总额的50%以下(包括本数)酌定。

③特别严重后果：受害人被限制人身自由10年以上，受害人无罪被羁押10年以上等。精神损害抚慰金可以在人身自由赔偿金、生命健康赔偿金总额的50%以上酌定。

2. 财产权损害赔偿

(1)直接损失

①存款利息、贷款利息、现金利息。

②机动车停运期间的营运损失。

③通过行政补偿程序依法应当获得的奖励、补贴等。

(2)查封、扣押、冻结财产

解除查封、扣押、冻结。

(3)其他

能返还财产的返还,并且支付银行同期存款利息。不能返还的,支付拍卖或者变卖所得的价款,如果价款明显低于财产价值,支付相应的赔偿金。

(4)吊销许可证和执照、责令停产停业的

赔偿停产停业期间必要的经常性费用开支(留守职工工资、税费、水电费、房屋场地租金、设备租金、设备折旧费)。

主观题小案例

【案例1】某县公安局以涉嫌诈骗为由将张某刑事拘留,并经县检察院批准逮捕,后县公安局以证据不足为由撤销案件,张某遂申请国家赔偿。

问题:赔偿义务机关如何确定?

答案参考:县检察院。

对公民采取逮捕措施后决定撤销案件、不起诉或者判决宣告无罪的,作出逮捕决定的机关为赔偿义务机关。所以,该案中张某被逮捕后案件被撤销,应该由批捕机关县检察院作为赔偿义务机关。

【案例2】周某被确定为贩卖毒品,区公安分局在2015年3月1日依法拘留了周某,2015年3月10日县检察院批捕,2015年6月10日县法院对其判处有期徒刑3年,周某不服上诉,2015年7月1日市中级人民法院改判有期徒刑3年,缓期2年执行,并于同日变更刑事强制措施,将其释放。2015年8月1日,市中级人民法院再审发现案发时周某为精神病人,于是再审改判无罪,将其释放。

问题:周某能否获得国家赔偿?

答案参考:不能。

该题2015年7月1日即市中级人民法院作出判决的时间是赔后不赔前的"前""后"界限点,2015年7月1日之前的羁押不予赔偿,而市中级人民法院判决内容是有期徒刑3年,缓期2年执行,并于同日变更刑事强制措施,将其释放,所以在二审判决后,当事人并没有被实际羁押,故同样无法获得赔偿。

【案例3】张某在监狱服刑,监狱管理人员放纵导致其被同室服刑人员殴打,致一条腿伤残。张某经10个月治疗,部分丧失劳动能力。

问题:张某在申请国家赔偿时,其扶养的无劳动能力人的生活费是否属于国家赔偿的范围?

答案参考:不属于。

只有在被侵害人全部丧失劳动能力时其扶养的无劳动能力人的生活费才属国家赔偿的范围。

【案例4】因对征收面积和房屋评估价格不满,孙某一直拒绝签约和搬迁。2024年5月15日,指挥部作出强制拆除决定书,并安排一建筑公司强行拆除了孙某的房屋。孙某屋内的物品因未及时搬出而遭到毁损。孙某向法院起诉,请求法院判决强制拆除行为违法并赔偿房屋及装修损失50万元，屋内物品损失5万元，房租费损失2万元。

问题：如何确定孙某被拆除房屋的赔偿数额？请说明理由。

答案参考：根据《行政诉讼法》及相关司法解释的规定，违法行政行为造成公民、法人或者其他组织财产损害，不能返还财产或者恢复原状的，按照损害发生时该财产的市场价格计算损失。市场价格无法确定，或者该价格不足以弥补公民、法人或者其他组织损失的，可以采用其他合理方式计算。违法征收征用土地、房屋，人民法院判决给予被征收人的行政赔偿，不得少于被征收人依法应当获得的安置补偿权益。该案中，孙某被拆除房屋的赔偿数额应遵循上述规定综合确定。